Rembert, Ka

Die Wiedertäufer im H

Rembert, Karl

Die Wiedertäufer im Herzogtum Jülich

Inktank publishing, 2018

www.inktank-publishing.com

ISBN/EAN: 9783747776056

All rights reserved

Die „Wiedertäufer"

im

Herzogtum Jülich.

Studien

zur

Geschichte der Reformation, besonders am Niederrhein

von

Dr. phil. Karl Rembert.

„Ipsa veritas deposita persona
suam demum velint nolint ostendet
faciem."

(Bonifacius Amerbachs Briefe.)

Berlin 1899.

R. Gaertners Verlagsbuchhandlung
Hermann Heyfelder.
SW. Schönebergerstrasse 26.

Vorwort.

In unseren Tagen werden die Blicke besonders oft zurückgelenkt auf jene ersten Jahrzehnte der neueren Geschichte, die mit
der Gegenwart noch durch tausend Fäden verknüpft sind, auf jene
Zeit, in welcher Geister und Herzen der Menschen vielfach durch
dieselben religiösen, politischen und sozialen Fragen bewegt wurden,
die uns noch heute beschäftigen.

Wer sich in vergangene Begebnisse versenkt, dem ergeht es gar
leicht wie einem Wanderer, der ein fernes Gebirge anschaut. Die
höchsten, vom helleren Himmel sich deutlich abhebenden und erkennbaren Gipfel fallen in die Augen; die Gebirgsmassen und die andern
oft ebenfalls beträchtlichen Höhen werden nur wenig gewürdigt. Wie
leicht verschwinden auch bei unsern Betrachtungen gegen die auf der
Weltbühne auftretenden und entscheidend eingreifenden Hauptakteure
die Geister, welche in kleinem Kreise mitarbeiteten, oder die bloss
passiv teilnehmende Menge, welche nur zu oft den Gesinnungsgenossen
ein Grund grosser Hoffnungen, den Widersachern ein Gegenstand beständiger Furcht und wechselnder Massnahmen waren.

Auf den folgenden Blättern wird sich uns Gelegenheit bieten zu
beobachten, wie die Reformation eine Bewegung des Volkes war
und aus seinem Schosse hervorging als eine Frucht der öffentlichen
Meinung, wie die Prädikanten anfangs vielfach nur die Leiter der
Volksstimme waren und dann die neu erwachten Ideen im Laufe
der Zeit gestaltet haben, und welche Folgen sie in Wechselwirkung
mit den Zeitumständen hervorriefen.

Ferner werden wir sehen, wie keine Zeit fertig aus den zerfallenden Trümmern der Vergangenheit entspringt, wie alte Ideen fortleben und mit neuen ringen, um allmählich diesen zu weichen, wie
sodann aus der Sphäre des ›Protestantismus‹ des 16. Säculums der
›Baptismus‹ als ein nachgeborner, aber echter Sohn und Verwandter

hervorging und hervorgehen musste, als die Reformatoren sowohl in
Niederdeutschland wie in der Schweiz hinter den Erwartungen der mit
ihnen auf demselben Boden stehenden Neologen zurückblieben, die
eine fundamentale Erneuerung der Kirche anstrebten und in den
Schöpfungen der neuen kirchlichen Ordnungen nur eitel Flickwerk
sahen, und die, zu Kraft und Einfluss gelangt, für ihre Satzungen
und Aussprüche dieselbe Autorität zu vindicieren begannen, die sie
ihren bisherigen gemeinschaftlichen Gegnern, der alten Kirche, nicht
zugestehen wollten. —

Wenn unsere Zeit den reinen, ursprünglichen Reformationsgedanken von der Freiheit des Evangeliums und die humanistische Idee
von der Selbstherrlichkeit des individuellen Denkens widerspiegelt,
und wenn uns die Toleranzidee und Gewissensfreiheit als etwas ganz
Geläufiges täglich begegnet, so führen uns die Spuren auf dem Wege
zu diesem Resultate Jahrhunderte langer, gewaltiger Geisteskämpfe auch
in die Werkstätten jener Menschen und Männer zurück, deren wir
in der folgenden Arbeit häufiger zu gedenken haben, und die in teils
verborgenem Wirken den bedeutungsvollen Wandel der Anschauungen
haben mit hervorrufen helfen.

Unsere bescheidene Darstellung sucht abweichend von der lange
Zeit traditionell gewesenen Geschichtschreibung dem »Täufertum«
gerecht zu werden.

Die Veranlassung zur Beschäftigung mit dem behandelten Gebiete der Kirchengeschichte verdanke ich einem meiner hochverehrten
Lehrer, Herrn Prof. Dr. Georg von Below in Marburg, der mich zuerst
auf das Vorkommen von Täufern in Jülicher Amtsrechnungen aufmerksam machte und auf weitere Täuferakten im Düsseldorfer Staatsarchiv hinwies. Steigendes Interesse an der Sache liess mich weiter
ausholen und führte mich allmählich auf manche Punkte, welche bisher
vielleicht allgemeinerer Aufmerksamkeit entgangen waren.

Viel Schutt war hinweg zu räumen. Mancher Zug, manche
Gestalt ist durch übereifrige Parteiung und die zerstörende Zeit bis
zur Unkenntlichkeit verwirrt und entstellt; gar manche Steine fehlen
noch, um einen geschlossenen Bau aufzuführen.

Ein besonderes Interesse scheint mir eine Geschichte der
Jülicher Täufer, abgesehen von dem in der Sache selbst liegenden
Reize, wegen ihres Zusammenhanges mit der Münsterischen Tragödie
der Jahre 1534/35 zu haben, welche ja seit 350 Jahren durch unzählige Bearbeitungen in poetischer und prosaischer Form in den

weitesten Kreisen Teilnahme gefunden hat. Der Historiker, welcher die Darstellung einer Täuferbewegung unternimmt, darf wohl der Aufmerksamkeit seiner Leser gewiss sein, da eine wahrheitsgetreue Wiedergabe des Geschehenen, eine Schilderung der wirkenden Personen und Ideen, die Stärke der religiösen Begeisterung, der Todesmut begabter Männer, die Grösse der Verirrungen und die schweren Schicksale, welche sich in rascher Aufeinanderfolge drängen, in jedem empfänglichen Gemüte das lebhafteste Mitgefühl erwecken.

Von der vorliegenden Abhandlung erschienen bereits 1893 die beiden mittleren Teile als Dissertation unter dem Titel: „Die Wiedertäufer im Herzogtum Jülich, Kap. II und III, Münster i. W. Bredt." (Jetzt mit einigen Änderungen.) Der umstehende Titel ist aus dem Grunde gewählt, weil die schon damals als Ganzes vorliegende Arbeit mannigfach erweitert ist und manche Dinge herangezogen sind, welche den engen Rahmen einer Geschichte der „Wiedertäufer" im Herzogtum Jülich überschreiten. Hindernisse, die Studien und dienstliche Verhältnisse des Verfassers mit sich brachten, haben bis jetzt die Veröffentlichung verzögert. Nur knapp bemessene und häufig längere Zeit ganz unterbrochene Mussestunden standen zur Verfügung; daher wird mancher Mangel in der Ausführung durch die langsame Art der Entstehung zu entschuldigen sein.

Dass ich manche Citate ausführlicher gegeben habe, als dem Kenner vielleicht wünschenswert erscheint, erklärt sich durch das Bestreben, eventl. ferner Stehenden ein lästiges allzu häufiges Nachschlagen zu ersparen. —

Zum Schlusse bleibt mir noch die angenehme Pflicht, allen den Herren, welche mir bei diesem schriftstellerischen Erstlingsversuche behülflich gewesen sind, meinen herzlichsten Dank abzustatten. In selbstlosester Weise hat mich neben Herrn Professor von Below unterstützt durch dankenswerte Fingerzeige bei Beschaffung seltenerer Litteratur und anderer Hülfsmittel Herr Archivrat Dr. L. Keller, Geh. Staatsarchivar in Berlin. Letzterer hat mir nicht nur seine eigene an Anabaptistica so reiche Bibliothek zur Verfügung gestellt, sondern mich auch in anregendstem Gespräch auf gar manche Punkte aufmerksam zu machen die Güte gehabt. — Herr Professor Hegler in Tübingen hat das Manuskript einer Einsicht unterworfen und mir mancherlei wertvolle Andeutungen gemacht. Mit liebenswürdigstem Entgegenkommen wurden meine Wünsche von holländischen Bibliotheken erfüllt. Vor allem bin ich hier Herrn

Professor Dr. S. Camer in Amsterdam und der Verwaltung der Universitätsbibliothek zu Utrecht verpflichtet. Mein lieber Freund und Kollege Dr. Knieke in Krefeld hatte die Güte, die zweite Korrektur zu lesen. — Allen ergebenen Dank.

Mögen die folgenden Blätter, deren Druck nur durch opferbereite Unterstützung von Freunden der Sache ermöglicht wurde, hinausgehen und ihrem Zwecke dienen, welchen der Verfasser allein im Auge gehabt hat, der Förderung historischer Wahrheit.

Krefeld, um Johanni 1899.

Inhaltsübersicht.

9

Einleitung.

Leopold von Rankes Wunsch, es möge die Täuferbewegung monographisch behandelt werden,[1] ist wohl über seine Erwartung hinaus in Erfüllung gegangen. In den letzten Dezennien ist die Geschichte der Täufer vielfach zum Gegenstande eingehender Darstellungen geworden. Man hat angefangen, die Ideen, von welchen die täuferische Bewegung getragen wurde, richtig zu erkennen, nachdem sie Jahrhunderte lang in Dunkel gehüllt gewesen waren. Aufsätze und Monographieen sind in den verschiedensten wissenschaftlichen Zeitschriften zerstreut; selbständige Forschungen über besondere Gebiete (z. B. Böhmen, Mähren, Strassburg) oder einzelne Führer (wie Joh. Denck, Hubmaier, Bünderlin, Melch. Hofmann) erscheinen fast jährlich. Erst allmählich hat man, fast möchte man sagen, den Mut gehabt, den Wert und die Bedeutung der Täuferbewegung, über welche in den Archiven Aktenmaterial in Menge schlummert, zu erkennen anzufangen.

Obwohl nun das Interesse an der Geschichte ihrer Glaubensgemeinschaft lebendiger geworden ist, so wird doch auch jetzt noch vielfach mit dem Begriffe des Wortes „Wiedertäufer" die Vorstellung von den greuelvollen Scenen des Münsterischen Aufruhrs vom Jahre 1534/5 verbunden. Wie es gar manchen Geschichtsforschern der römischen Kirche gelungen ist, bei den Angehörigen ihrer Gemeinschaft die Überzeugung zu wecken und zu befestigen, dass Luther wie Zwingli Aufwiegler und Revolutionäre waren, dass ein Thomas Münzer ein rechter Schüler Luthers gewesen ist, dass man sie schon zur Reformationszeit mit Recht Sakramentierer und Häretiker nannte, so ist noch jetzt in lutherischen wie zwinglischen Werken die Behauptung zu lesen, dass die Triebfedern der Handlungen aller Führer der Wiedertäufer in erster Linie soziale und politische Ziele gewesen, und dass Münzer und

---

[1] Deutsche Geschichte im Zeitalter der Reformation III, 361.

1

die Zwickauer Propheten die ersten Väter und Begründer des Anabaptismus seien. Noch jetzt ist mancher beim Klange des Namens „Wiedertäufer" gar bald mit seinem Urteil fertig; geringschätzig spricht er von „Sekten" und verweist auf die Münsterischen Greuelscenen. Es hat ja nun einmal die Münsterische Furie, welche jene wüste Parodie auf das Reich Davids inscenierte, den Namen „Wiedertäufer" zu einem Stichworte gemacht und ihm ein untilgbares Schandmal aufgedrückt, so dass noch heute jeder weniger Unterrichtete bei jenem Namen seine Gedanken zu der Stadt des nordwestlichen Deutschlands richtet, wo das Feuer des Münsterischen Fanatismus in seinem eigenen Blute erstickt wurde. Trotzdem sich schon früh einsichtige Männer diesen Anschauungen widersetzt haben und die Taufgesinnten selbst in eigenen Schriften derartigen unmotivierten Identificierungen entgegen getreten sind, so hat man doch immer noch nicht die besseren Grundsätze erkennen wollen, die unter dem Abscheu vor den Subjekten des Münsterischen Terrorismus verdeckt lagen. „Man sollte endlich nach Entscheidung des Kampfes dem · besiegten Gegner einen grösseren Platz in unserer Litteratur zugestehen, um so mehr, als man schon während des Kampfes gegen diese Menschen, die meist den niederen Klassen angehörten, eine tiefe Verachtung zur Schau trug."[1]

Es ist ein bekanntes Faktum der Kirchengeschichte, dass die Unterscheidung des rein und echt Christlichen von dem Unchristlichen und Sündlichen bei den einzelnen Erscheinungen des christlichen Lebens oft sehr erschwert ist, dass neben den verschiedensten Arten auch die mannigfaltigsten Abarten und Ausartungen entstanden sind, und dass letztere häufig sogar weit mehr hervortreten als die gesunden Äusserungen, so dass die Kirchengeschichte fast zur „Sektengeschichte" wird. Fassen wir den Verlauf der Weltgeschichte ins Auge, so ist weniger von dauerndem Frieden der Völker zu erzählen, als von den immer bereiten Störungen desselben. Wie durch Kriege der vorhergehende und nachfolgende Friedenszustand gegensätzlich am deutlichsten beleuchtet wird, so lässt sich auch gerade an der Ausartung des christlichen Lebens seine rechte Art, wie sie war und sein soll, am leichtesten und besten erkennen. Wie im natürlichen Leben uns Krankheiten des Leibes länger und klarer im Gedächtnis

---

[1] Keller, Westdeutsche Zeitschr. I, 429.

haften als sein gesunder Zustand, und wir letzteren durch ersteren
erst recht schätzen lernen, so führen uns auch die Ausartungen
des täuferischen Organismus auf sein inneres, ursprüngliches Leben
und seine Eigenart zurück. Gewiss ist die Geschichte der Täufer
vielfach eine Krankheitsgeschichte; aber die Ausbrüche der Krankheit haben doch auf den Körper achten und seine Kräfte erforschen gelehrt. Eine gewaltige Aufregung hatte den Organismus
beim Eintritt der neuen Entwicklung (der Reformation) ergriffen;
ältere Krankheitsstoffe wurden aufgerührt, neue aufgenommen.

Wir müssen uns erinnern, auf welcher Grundlage, durch
welche Momente sich die Bewegung gebildet hat, die in ihrer
Entartung schliesslich zu den Szenen des Münsterschen Königreichs, zur Entzündung jenes Feuers, vor dessen Glühen die Welt
erschrak, geführt hat, zu jenem furchtbaren Ausbruche, den man
nur mit der Jacobinerherrschaft in der französischen Revolution
vergleichen kann. Die Werke eines Cornelius und Keller haben
in dieser Beziehung bereits bahnbrechend gewirkt und uns Aufklärung zu verschaffen versucht über die bedeutsamen Vorgänge,
die von jeher die Geister beschäftigt haben. Und doch ist noch
manches zu thun, um zu zeigen, wie ungemein verbreitet die Ideen
der „Taufgesinnten" oder „Brüdergemeinden" in ganz Europa und
besonders in Deutschland gewesen sind. Es ist die Pflicht eines
jeden Arbeiters auf diesem Gebiete, endlich denen nach Gebühr
Gerechtigkeit widerfahren zu lassen, die Jahrhunderte lang verfolgt sind, und einen Teil der Schuld abzutragen, die durch ihr
meist unschuldig geflossenes Blut angehäuft ist.

Auch die vorliegende Arbeit soll ein Versuch sein, an ihrem
Teile zu diesem Werke beizutragen. Erst die genaueren Detail-
forschungen, die sich seit dem Erscheinen der „Geschichte des
Münsterschen Aufruhrs" von C. A. Cornelius (Lpz. 2 Bde. 1855
und 1860) beständig gemehrt haben,[1] zeigen, eine wie weit und tief
gehende Bedeutung das Täufertum allerorten in Deutschland und
darüber hinaus gehabt hat.

Die vorliegende Abhandlung nun will sich mit den „Wiedertäufern" im Herzogtum Jülich beschäftigen und sich im einzelnen
verbreiten über den Beginn der Bewegung, die Einflüsse, denen

---

[1] cf. am Schlusse das Verzeichnis der benutzten Litteratur: Röhrich,
Hochhuth, Nippold, Bouterwek, Krafft, v. Beck, Laserth, zur Linden u. a.

1 *

sie schon durch die geographische Lage des Territoriums inmitten
der Niederlande, des Bistums Münster und des Oberrheins
ausgesetzt war, über Leben und Ringen bis zur schliesslichen
Duldung.

. Für den Niederrhein ist ein genaueres Eingehen auf das
Vordringen und die Verbreitung des Täufertums ganz besonders
deshalb von nöten, weil hierdurch erst, wie Einsichtige längst
betont haben, eine Geschichte der Reformation des Niederrheins
zu verstehen und in genetisch-pragmatischer Weise zu verfassen
ermöglicht wird. — Dass es, wie in ganz Deutschland, so auch
am Niederrhein und in Jülich zur Zeit der grossen täuferischen
Propaganda „Wiedertäufer" gegeben hat, war ja längst bekannt,
dass sie aber gerade hier in grosser Stärke und mit folgenschweren
Ideen hervorgetreten sind, dürfte wohl neu sein. Es ist und bleibt
merkwürdig, dass sich in der ganzen Litteratur zur Geschichte
der Reformation und Gegenreformation am Niederrhein bis vor
kurzem, trotz der längst bekannt gewordenen zahlreichen herzoglich-
jülichschen Verordnungen gegen die Täufer, nur spärliche Andeutungen über die Anabaptisten finden, was um so eigentümlicher
ist, als auch im Jülicher Territorium „bis auf wenige Einzelheiten
die Geschichte der Wiedertäufer in den Jahren 1530—50 mit der
Geschichte der Reformation überhaupt in diesen Gegenden zusammenfällt", wie de Hoop-Scheffer es für die Niederlande nachgewiesen hat.

Der Verfasser hat sich bemüht, was an gedrucktem Material
vorhanden ist, zu sammeln und zu benutzen. Leider ist von
gleichzeitiger Litteratur gar vieles verloren gegangen oder liegt
verborgen und bleibt absichtlich oder unabsichtlich versteckt und
unzugänglich. Durch Dynastieenwechsel und Kriege sind die
Archive, die an manchen Orten Deutschlands und der Nachbarländer vielfach unversehrt erhalten sind, am Niederrhein zerstreut,
vernichtet oder ihres Inhalts beraubt.[1] Allerdings ist noch einiges
zu finden, was die Sachlage immerhin zu klären imstande ist.

Wenn es sich darum handelt, die Geschichte der religiösen
Ideen, denen das Täufertum seinen Ursprung verdankt, zu schreiben,

---

[1] Cornelius, M. A. I (Vorrede) spricht seinen tiefen Schmerz über
diesen Verlust für jeden vaterländischen Geschichtschreiber aus, „dass von
den Akten der beiden grossen niederrheinischen Regierungen nur gering-
fügige Reste aus jener Zeit auf uns gekommen sind". Viel Material ist durch

so wird Beginn und Schluss nicht Anfang und Ende des Münsterschen Königreichs bilden, sondern es ist nötig, sie weiter hinauf
zu verfolgen. Natürlich ist auch in Jülich die täuferische Bewegung
nicht plötzlich vorhanden, sondern allmählich tritt sie auf.
Weit zurück, zum Teil kaum deutlich sichtbar liegen die Veranlassungen.
Auch auf historischem Gebiete zeigt sich, dass die Natur nun einmal keine Sprünge macht. Nichts ist plötzlich da, überall geht
eine Entwicklung voraus. Der Zusammenhang mit der tiefgehenden
religiösen Strömung, wie sie das ganze Zeitalter vor und während
der deutschen Reformation beherrschte, ist unleugbar. Lange ist
das Täufertum im Jülichschen lebendig gewesen, wenn auch eine
Zeit lang das Feuer fast unmerklich unter der Asche glühte;
einige Male noch flackerte es auf, bis es schliesslich doch allzu
drückende Verhältnisse erstickt haben. Zunächst scheint die Geschichte der Wiedertäufer in Jülich wenig Interessantes, Wichtiges
zu bieten; vor allem fehlt jener hastende Wechsel der Kontraste
der Münsterschen Tragödie. Bei genauer Prüfung der Sachlage
und des noch vorhandenen Urkundenmaterials ergiebt sich erst,
welche Bedeutung doch gerade hier die Bewegung gehabt hat.
Wir dürfen es wohl schon hier aussprechen: Wenn man mit Recht
die Münstersche Herrschaft der Wiedertäufer eine Tragödie genannt hat, so bildet die Täuferbewegung in Jülich bis 1534 die
„Exposition" dazu.

die gewaltsame Unterdrückung der evangelischen Bewegung in diesen Gebieten
bereits in der Entstehung vernichtet.

In reiner Weise äussert sich darüber schon Arnold, (Kirchen- und
Ketzerhistorie I [Einleitung]): „Es ist nicht zu sagen, wie emsig, listig und
glücklich die falsche Kirche allezeit und überall in Vertretung, Bedeckung
und Verkleisterung der Zeugnisse und Fusstapfen aller Gottseligen gewesen;
also dass kaum mit der grössten Mühe die alten Gänge und Spuren zu finden
sein, weil durch das gewöhnliche Lästern und Verdammen nichts als Ekel
und Scheu vor der Wahrheit unter Gross und Klein erwecket worden."

I. Vorgeschichte.

1. Allgemeine Verhältnisse bis etwa 1533.

Dass jede kirchlich-religiöse Bewegung durch die jeweiligen politischen und wirtschaftlichen Zustände eines Landes wesentlich bedingt wird, ist eine allgemein anerkannte Thatsache. Wenn wir daher die Bewegung, welche in der ersten Hälfte des 16. Jahrhunderts in Fluss kam, und die wir uns zu schildern vorgesetzt haben, verstehen wollen, ist es nötig, auf jene einen kurzen Blick zu werfen.

Im niederrheinisch-westfälischen Kreise nahm unter den 50 grösseren und kleineren Territorien das vereinigte Herzogtum Jülich-Cleve-Berg den ersten Platz ein; es war die grösste Landesherrschaft in Nordwestdeutschland überhaupt. Unter den einzelnen Teilstücken des Herzogtums wieder hatte sich von jeher durch seine günstige Lage an den grossen rheinischen Handelsstrassen und Verbindungswegen zwischen Köln, Aachen und den niederländisch-belgischen Städten, durch die Fruchtbarkeit des Bodens Jülich ausgezeichnet.

Seit Alters hatten die jülich-clevischen Herzöge sich eine selbständige Stellung der Kirche gegenüber zu reservieren oder zu erkämpfen gewusst. Die geistliche Gerichtsbarkeit, unter welcher die Fürsten und Völker im Mittelalter so schwer seufzten, war in den Herzogtümern derart beschränkt, dass die Regierung instande war, ihre nachteiligen Wirkungen in weitem Umfange zu beseitigen. Dazu war die Regierung bemüht gewesen, die sozialen Zustände durch allerlei Massregeln nach Möglichkeit erträglich zu machen; besonders sorgte man dafür, die verkommene Rechtspflege zu bessern. Viele von den Dingen, welche in den benachbarten Territorien, besonders den geistlichen, den Anlass zu den Aufständen des Jahres 1525 gegeben hatten, hatte man erfolgreich zu beseitigen gewusst. Bereits früh war der Gütererwerb der Klöster obrigkeitlich eingeschränkt. Anfang des 16. Jahrhunderts wurden neue verschärfte Bestimmungen erlassen, und es wurde nun die Massregel getroffen, dass kein Geistlicher irgend welches Erbgut, es sei durch Kauf, Belehnung, Schenkung oder Vermächtnis sich zu eigen machen oder an sich bringen solle.[1]) Die Folge dieser heilsamen Vorkehrungen war, dass der Druck des kirchlichen Regiments auf den Massen bei weitem nicht so schwer lastete, als es gleichzeitig in vielen andern Territorien der Fall war.

So sehr man aber auch bemüht war, den Anforderungen der Zeit gerecht zu werden, vollständig Genüge leisten konnte man ihnen nicht. Ein Hauptgrund vielen Unglücks blieb zum grossen Teil die Verfassung der alten Kirche. Dieselbe war in ihrer damaligen Organisation ein Institut, welches zugleich tief in die bürgerlichen Verhältnisse eingriff. Da die berufenen Vertreter dieser Kirche trotz offenkundiger Missstände und den Symptomen einer gefahrdrohenden Gährung zu Reformen sich nicht hatten bestimmen lassen, so durfte man sich schliesslich über Widerstand nicht wundern. Die Schärfe der Gegensätze wurde dort immer grösser, wo infolge des bleibenden Druckes kirchlicher Übelstände das soziale Gleichgewicht am meisten zerrüttet war.

So viel aber auch immerhin noch zu thun übrig blieb, so viel hatte man doch in Jülich erreicht, dass die grossen sozialen Erschütterungen in den zwanziger Jahren des 16. Jahrhunderts wirkungslos vorüber gingen. Offenbar zum Teil daher haben auch die religiösen Bewegungen, welche, wie wir sehen werden, ziemliche Macht gehabt haben, in unsern Gebieten nicht den hässlichen Charakter einer sozialen Revolution angenommen. Wir haben in Jülich mehr die Fortentwicklung des ursprünglichen friedlichen Täufertums, welches nur zeitweise durch die niederländisch-münsterschen radikalen oder anders gefärbten Elemente sich in etwa schwankend machen liess, aber sehr bald wieder auf seinen alten Weg gebracht wurde. —

Wichtig für die Beurteilung des Ganzen ist die Person des regierenden Herzogs Johann III., seit 1511 in Jülich-Berg herrschend. Er hatte am burgundisch-österreichischen Hofe in Brüssel eine ritterliche, aber wenig wissenschaftliche Erziehung genossen. Persön-

---

[1]) cf. Wolters, Conrad v. Heresbach 1867 p. 37; J. Hansen, Rheinland und Westfalen im 15. Jahrh.; G. v. Below, Landtagsakten 1, S. 112 ff.

lich waren ihm achtenswerte Eigenschaften eigen; vor allem war
er friedliebend und gerecht; dagegen bemerken wir bei ihm nicht
Zeichen einer regeren Thätigkeit und einer tieferen politischen
Einsicht. Als die politischen Verhältnisse und die Regierungs-
geschäfte immer komplizierter und verwickelter wurden, da war der
Herzog allmählich ganz auf seine Räte angewiesen, die die Leitung
fast vollständig in ihre Hand nahmen. [1]) Lediglich Vertreter des
Adels und der Aristokratie standen an der Spitze; sie handhabten
weltliche und kirchliche Macht meist nach den eigenen Bedürfnissen. Freilich darf nicht unbeachtet gelassen werden, dass neben
Herzog und Räten vor allem die Landstände [2]) in wichtigen Fragen
zu entscheiden hatten oder wenigstens ihren Einfluss geltend machten.
Sie machten den 3. Faktor aus, der bei allen Massregeln im Laufe
der Zeit immer bestimmender in den Vordergrund trat und das
Schicksal der vereinigten Herzogtümer mit entschied. Besonders
die Stände von Kleve-Mark besassen grosse Macht. [3])

Auch der Stellung der Stadt Köln ist hier zu gedenken.
Köln war nicht nur die reichste Stadt dieser Gegenden, sondern
in kommerzieller und geistiger Beziehung trotz aller lokalen Trennung
die eigentliche Hauptstadt des deutschen Nordwestens. Die Stadt
ragt damals hervor durch ihre Stellung im Reiche, gehoben durch
Alter, Reichtum und hierarchische Macht; Heilige, Reliquien und
Tradition umgaben sie mit besonderem Glanze. Als Metropole
der römischen Kirche im ganzen Niederlande bezeugte sie sich
selbst in ihrem Siegel als der römischen Kirche treue Tochter.
Die gefeiertsten Fürsten der scholastischen Theologie hatten in
ihren Mauern geweilt und auf den Lehrstühlen ihrer Universität
gesessen. In Erzbischof und Domcapitel vereinigten sich die Re-
präsentanten des gesamten Adels von Rheinland und Westfalen.
Nach mancher Seite hin hat sie die Geschicke der Nachbar-

---

[1]) Keller, W. T. p. 54; Janssen, Gesch. des deutschen Volkes I, 187,
wo Wimpheling im Jahre 1507 sagt: „dass die Beamten sich als die eigentlichen Herren des Landes aufzuspielen beginnen und die Geschäfte so zu
gestalten wissen, dass die Fürsten selbst möglichst wenig regieren".

[2]) s. unten § 6.

[3]) Ritterschaft und Städte, durch fortwährende Geldbewilligungen in
Mitleidenschaft gezogen, hatten ihre Privilegien in den grossen Kämpfen des
15. Jahrh. mit dem Erzbistum Cöln um die Vorherrschaft in Rheinland und
Westfalen, Soester Fehde — zu einer umfassenden Ausdehnung gebracht.
Cf. Hansen, Rheinland und Westfalen im 15. Jahrh. Bd. I. 1888.

gebiete massgebend beeinflusst. Im Jahre 1533 sagt Wilhelm von Grevenbroich: „Dem Beispiel und den Anschauungen dieser Stadt pflegt ganz Niederdeutschland und ein sehr grosser Teil Oberdeutschlands zu folgen."[1]

Köln war in erster Linie Handelsstadt. Natürlich war der Handel und sein Interesse auch für die Politik massgebend. Vor allem war also Freundschaft mit dem Landesherrn ihrer Hauptexportgebiete: Brabant, Flandern, Holland, also mit dem Kaiser Karl V. geboten. Nach dem Beispiele jener Gebiete begann daher in Köln sehr bald die religiöse Verfolgung jeder Art; schon 1520 wurden Luthers Schriften öffentlich verbrannt. Wie wandte man sich da erst gegen die „Wiedertäufer und andere Sektarier"! In allen wichtigen Fragen der Zeit beeilte sich die Stadt, ihre Übereinstimmung mit dem Kaiser zu dokumentieren.[2] —

Nach dem Bauernkriege brachen überall in den Städten und auf dem Lande Aufstände und Unruhen aus. In den geistlichen Territorien, wo die sozialen Missstände schreiend waren, platzten die Gegensätze am schärfsten aufeinander. Bezeichnend nun für die allgemeine Lage im Herzogtum Jülich und den Charakter seiner Bewohner ist es, dass wir hier von keinerlei offenen Unruhen hören, obwohl in manchen Gemeinden die geistlichen Übelstände, die vielleicht anderswo bereits geschwunden, in krassester Form ruhig weiter bestanden.[3]

---

[1] Krafft, Aufzeichnungen H. Ballingers p. 111. Welch führende Stellung Cöln u. a. auch in dem Kampfe gegen Bestrebungen von Neuerern jeder Art, z. B. in der Zeit von 1530—1570 einnahm, ergiebt sich aus den Verhandlungen der Hansetage. (s. Höhlbaum, Kölner Inventar. Bd. I. Lpz. 1896; dazu Literar. Centralblatt 1896, Sp. 1501.)

[2] Schmeichelhaft ist das Lob der Stadt ausgesprochen in einem Briefe des Papstes Clemens VII. an dieselbe (1531 Nov. 29.): vestra civitas, olim Romani Imperii insignis colonia, deindeque Christianae pietatis solida in istis regionibus columna, pollens opibus, robusta viribus, celebrata litteris .... Vestra enim virtus et constantia non solum sibi ad salutem, verum caeteris proficiet ad exemplum, secuturis authoritatem tam insignis tamque eximiae nedum in Germania sed etiam in cuncta Europa civitatis . . . ." Reiffenberg, historia societatis Jesu II, 9.

[3] cf. unter § 4.

2. Anfänge täuferischer Bewegung am Niederrhein (bes. in Jülich). Einfluss des Desiderius Erasmus.

Es ist merkwürdig, dass gerade am Niederrhein, den gesegnetsten Landen des römischen Katholicismus, wo so ausschliesslich das gesamte geistige Leben aller Schichten des Volkes von der Macht der Kirche beherrscht wurde, eine Reihe der verschiedenartigsten kirchlichen Verhältnisse und religiösen Elemente und Bestrebungen aufkamen, welche einerseits auf eine relative Selbständigkeit und Unabhängigkeit der Gestaltung des dortigen Kirchenwesens schliessen lassen, andererseits auf eine gewisse Empfänglichkeit des Volkes für religiöse Interessen hinweisen, welche daher überhaupt auch das Verhalten desselben in der Reformationszeit erklärlich machen. Man hat sich in unserer Zeit von vielen Seiten mit pietätvoller Liebe in die dem evangelischen Christen fremd gewordenen Formen des katholischen Mittelalters vertieft und auf diese Weise zugleich überall die Keime nachzuweisen gelernt, aus welchen die Reformation des 16. Jahrhunderts — die als Erneuerung des Evangeliums zugleich die Fortführung aller ähnlichen älteren Bestrebungen war — emporwuchs. Unmittelbar vor der Reformation war die selbständige Geistesarbeit zu grosser Blüte gelangt. Die Reformatoren waren es nicht, die mit neuen Ideen hervortraten; wenn dieses wirklich der Wahrheit entspräche, würden die Zeitgenossen einmütig über sie hergefallen sein. Was sie vorbrachten, hat nicht deshalb so gewaltig eingeschlagen, weil es neu war, sondern weil die Zeit reif war, es öffentlich und mit äusserem Erfolge zu sagen, was vielen Tausenden auf dem Herzen lag und ihnen aus dem Herzen gesprochen wurde.

Halten wir diesen Gedanken fest und machen wir uns gleichzeitig von der alten Tradition los, uns die vorreformatorische Kirche als Glaubenseinheit vorzustellen, dann erst werden wir auch recht verstehen, wie die täuferische Bruderschaft zugleich mit und neben der Reformation und in Opposition gegen sie aus dem Katholicismus herauswachsen konnte.

Dem gemütvollen Charakter der Bewohner des Niederrheins sagt die Mystik besonders zu. Schon in der 2. Hälfte des 15. Jahrhunderts wurde der für die damaligen Zustände vollständig neue Fundamentalsatz aufgestellt, dass die Religion nicht

in äusseren Andachtsübungen, sondern in der Liebe zu Gott
und dem Nächsten und in der Besserung des Herzens zu
suchen sei. Dazu kam die Lehre der Vorläufer der „Brüder vom
gemeinsamen Leben", „dass die Wurzel des Studiums und der
Spiegel des Lebens" in erster Linie das Evangelium Christi
sein müsse. Durch die Verbindung dieser folgenschweren Gedanken
war der Gegensatz zur Scholastik, die auf Tradition und die
Schriften der Kirchenväter schwur, während die heilige Schrift
vielfach in Vergessenheit geraten war, hergestellt. Der Inhalt
der beiden angeführten Sätze wurde der Mittelpunkt eines Bundes,
der für das ganze nordwestliche Deutschland von grösster Bedeutung geworden ist, dessen Ideen von anderen Männern wiss-
begierig aufgenommen und ausgebildet wurden: es waren die
„Fratres de communi vita".[1] Wenn ich auch zunächst nicht
nachweisen kann, dass sie bestimmte Niederlassungen im Jülichschen
selbst gehabt haben, jedenfalls durchdrangen ihre Lehren auch
das Jülicher Land: mancher Sohn dieses Gebietes verdankt ihren
Schulen besonders in den Niederlanden und den benachbarten
grösseren Städten, Lüttich, Köln etc. seine Erziehung und Bildung.
Wichtig ist, dass sie besonders den Unterricht der Jugend als
ihre erste Aufgabe betrachteten, zu deren Unterweisung sie als
„Elementarbuch" die heilige Schrift zu Grunde legten. (In der
ersten Zeit war es Hauptbeschäftigung der Conventualen gewesen,
Abschriften der Bibel zu liefern, bis sie sich schliesslich zuerst
im weitesten Umfange die Kunst Gutenbergs zu diesem Zwecke
dienstbar machten.) Dazu veranstalteten sie Versammlungen von
Erwachsenen, in welchen die Evangelien in der Landessprache[2]
vorgelesen und ausgelegt wurden: eine Art Gottesdienst ausserhalb der Kirche. Das schon erinnert lebhaft an die in den

[1] Die neue Kirche des 16. Jahrh. hat ihre Wurzeln tief in der alten
Mutterkirche:

op dezen gezegenden grond is een gezuiverd christendom geleerd en
betuigd lang voor dat de „groote wonderlycke ende haestige veranderingen"
in de kerk tot stand kwamen, die in de geschiedboeken vermeld zyn geworden!"
s. J. J. van Toorenenbergen, Summa der godliker scrifturen. (Monumenta
reform. Belgicae I. Leiden 1882 p. XII.)

[2] Deutsche Übersetzungen der hl. Schrift waren übrigens im Erzbistum
Trier unter den dortigen Ketzergruppen schon im 13. Jahrh. in Umlauf und
Gebrauch (s. P. Fredericq, Corp. documentorum inquisitionis haereticae
pravitatis Neerlandicae 2. Teil. Gent 1896 p. 40).

Visitationsprotokollen von 1533 in Jülich erwähnten „Conventikuln",
wo in irgend einem Hause eine Anzahl Leute zusammen kommen,
das Evangelium lesen, es besprechen und sich still wieder entfernen (s. Clarenbach).

Das formale Prinzip der Reformation war in den Kreisen
der Gebildeten jedenfalls in diesen Gebieten vielfach längst praktisch
durchgebildet, als es Luther zum besonderen Ausdruck brachte.
Wieviel denkende Menschen mögen sich am Niederrhein nicht schon
der stillen mystischen Richtung jener „Brüder" zugewandt haben!
Gerade dem gemeinen Mann musste ja diese Strömung gefallen,
der da religiöse innere Befriedigung suchte und bei dem Formel-
und Ceremonienwesen seiner Kapläne nicht fand.[1]

[1] 1518 gab Luther zum zweiten Male ein Büchlein heraus, das gerade
für das Volk bestimmt war und weite Verbreitung fand: „Eyn deutsch
Theologia", ein religiöses Glaubensbekenntnis aus dem 15. Jahrh. Es
entstammte Kreisen von Männern, die Luther selbst als „Mystiker" bezeichnet
und den Scholastikern vorzieht (de Wette I, 102). Wie mag der schlichte
Inhalt dieses einfachen Büchleins den zu stiller Betrachtung neigenden gewöhnlichen Mann, wie viel mehr den grübelnden Täufer angemutet haben,
wenn er die Vorrede Luthers las:

„Man liest, dass Sankt Paulus, geringer und verächtlicher Person,
doch gewaltige und tapfere Briefe schreibt, und er selbst von sich rühmt,
dass seine Rede nicht mit geschmückten und verblümten Worten geziert, doch
voller Reichtums aller Kunst der Weisheit erfunden (sei). Auch so man
Gottes Wunder ansieht, ist's klar, dass allezeit zu seinen Worten nicht
erwählet sind prächtige und hervorscheinende Prediger, sondern als dass geschrieben steht: Ex ore infantium, durch den
Mund der Unberedten und Säuglinge hast du aufs beste verkündet dein Lob.
Item, die Weisheit Gottes macht die Zungen der Unberedten auf
das allerberedteste ... Und dass ich nach meinem alten Narren rühme,
ist mir nächst der Bibel und St. Augustin nicht vorgekommen ein Buch,
daraus ich mehr erlernt hab und will, was Gott, Christus, Mensch und alle
Ding seien. Und befinde nun allererst, dass es wahr sei, dass etliche Hochgelehrte von uns Wittenbergischen Theologen schimpflich reden, als wollten
wir neue Dinge vornehmen, gleich als wären solche nicht vorhin und
anderswo auch Leute gewesen .... Les das Büchlein, wer da will,
und sag dann, ob die Theologie bei uns neu oder alt sei, denn dieses Buch
ist ja nicht neu ..... s. F. Thudichum, die „Deutsche Theologie". Ein
religiöses Glaubensbekenntnis aus dem 15. Jahrh. Monatshefte der Comenius-
Gesellsch. 5. 46. Das von Luther herausgegebene Werk des 15. Jahrh.
wird von den Brüdergemeinden des 16. Jahrh. als aus ihrem Kreise
hervorgegangen angesehen, weshalb denn auch die Verleger grösstenteils zu
denen gehörten, die den Brüdergemeinden nahe standen. (s. a. O. p. 47,
Anm. 1); s. ferner Walch XIV, 221.

Es ist nötig, bei dieser Betrachtung etwas länger stehen zu bleiben. Jene „Brüder“ hatten also vor Luther bereits dem Volke die Bibel in seiner eigenen Sprache in die Hand gedrückt und zum Selbststudium empfohlen. So war denn jenes Element inauguriert, welches wir Mystik nennen, das neben dem Humanismus die Gemüter der Nation des 16. Jahrhunderts geteilt beherrscht hat. Die Mystik, in der Luther selbst wurzelt, der ihr gerade seine Volkstümlichkeit und seinen Anhang im niederen Volke verdankte, das sich persönlich mit seinem Gott in Verbindung setzen wollte, ist gerade deshalb hier so wichtig für uns, weil aus ihr eine Reihe weit verbreiteter und folgenreicher Ideen und Unternehmungen hervorgingen, die man später mit dem wenig zutreffenden Namen „wiedertäuferisch“ bezeichnet hat.[1] Ganz besonders trat ein Büchlein in den Vordergrund, das an Verbreitung wohl so bald von keinem Buche überhaupt übertroffen wird, das gleichsam die gesamten Ideen jener weitverbreiteten Brüderschaft zusammenfasste und einen Gedanken an die Spitze stellte, der später auch im Mittelpunkte der täuferischen Bestrebungen stand: es war das „Büchlein von der Nachfolge Christi“. Wir wissen, dass die ersten Täufer besonders gepredigt haben (Zwingli selbst bezeugt es): „Wer Christo nachfolgen wolle, der möge zu ihnen übertreten.“ Dasselbe wissen wir von Melchior Hofmann, und in gleichem Sinne lehrte Menno Simons. Gerade die niederdeutschen Täufer waren es, welche, was uns daher nicht Wunder nehmen darf, die Idee von der Nachfolge Christi besonders betonten.[2]

Es lässt sich wohl verstehen, ja, man möchte sagen, es ist natürlich, dass in Verbindung mit den Gedanken des Büchleins von der Nachfolge Christi einzelnen mit der heiligen Schrift in der Hand bald Zweifel an verschiedenen Dogmen der herrschenden Kirche kommen mussten. Jedenfalls wurden gleichzeitig an manchen

---

[1] „In der Mystik haben wir die Hauptwurzel jener grossen spiritualistischen Oppositionspartei zu suchen, welche man in wenig zutreffender Weise mit dem Namen der Wiedertäuferei zu bezeichnen pflegt, und die Jahrhunderte lang verkannt, in neuerer Zeit vielfach zum Gegenstand wissenschaftlicher Untersuchung gemacht worden“. F. O. zur Linden, Melch. Hofmann p. 14.

[2] Bouterwek, Zur Gesch. u. Litt. der W. T. p. 40; Keller, Gesch. der W. T. p. 79; s. Clarenbach.

Orten „ketzerische" Anschauungen gezeitigt. Besonders skeptisch wurde die Lehre von der Transsubstantiation betrachtet, die ja allmählich zum Mittelpunkte des ganzen Gottesdienstes gemacht worden war. Dazu traten andere abweichende Auffassungen von der Lehre des Altarsakraments zu Tage. Das Werk Johann Wessels von Groningen: de sacramento eucharistiae war gewiss nicht geeignet, die Zweifel zu beseitigen. Im Gegenteil zeigten sich deutliche Spuren späterer täuferischer Lehre.

Hier in diesem Zusammenhange haben wir es aber nicht mit all jenen älteren Bestrebungen zu thun. Es gilt hier vielmehr darzuthun, welche Verbreitung spez. täuferische Ideen bis etwa 1533 gefunden haben. Die meisten Quellen über all diese neuen Gemeindebildungen, soweit es dazu gekommen ist, sind systematisch vernichtet.

Die ungeheure geistige Bewegung, welche die Gewissensfrage erregte: was muss ich thun, dass ich selig werde, bewirkte, dass neben den besten Kräften auch die wildesten Elemente an die Oberfläche geworfen wurden.

Viele und vielerlei Personen haben reformierend auf die Bevölkerung der Landschaften am Niederrhein und in den Niederlanden gewirkt. Ausser den Mystikern ein Erasmus und Luther, ein Melchior Hofmann, Campanus und Menno Simons, ein a Lasco, Bullinger, Melanchthon, Zwingli, Bucer und Calvin. Die Einheit fehlte. Nicht Männer wie Luther oder Zwingli, Calvin oder Knox waren als Reformatoren persönlich aufgetreten; der grosse Reformator, die Bibel, hatte bei der Verschiedenartigkeit der Lehrer, an die man sich anschloss, vor allem ihre eigentümliche Macht ausgeübt und einen Geist selbständiger Untersuchung bei vielen gefördert. Uns, den Kindern des 19. Jahrhunderts, wird es nicht leicht, uns eine Vorstellung zu bilden von dem überwältigenden Eindrucke, den die eben erschlossene Bibel mit ihren gewaltigen Bildern sowohl bei den Propheten, die den furchtbaren Tag des Herrn verkünden, als in der Offenbarung, wo der Fall des gottlosen Babels ausgemalt wird, auf empfängliche Gemüter machte. Wir dürfen nicht vergessen, wie sehr dies alles verwirklicht zu werden schien durch den Zusammenbruch einer Kirche, die anderthalb Jahrtausende hindurch allen Stürmen getrotzt hatte und die in ihrem Sturze alle die Mächte mit hineinzog, die ihre Autorität von ihr zu Lehen trugen. [1]

---

[1] cf. Hofstede de Groot, Hundert Jahre . . . p. 84.

In Wesel sagte ein Bürger, als er das Sakrament über den Kirchhof tragen sah, zu seinem Nachbarn: „davon hält man in Lübeck und Hamburg nichts." Dieser antwortete: „damit mögen sie wohl Recht haben, denn Christus will nicht wohnen in Tempeln mit Menschenhänden gemacht und lässt sich nicht tragen, wie ein Vogler einen Habicht auf der Hand trägt, denn S. Paulus sagt: „sie sind Tempel Gottes, in denen der Geist wohnen will."[1] Allerwärts lief alles bunt durcheinander, Gutes und Schlimmes; überall offenbarte sich das Grosse und Spannende der Periode darin, dass jeder einzelne mehr als vor- und nachher gezwungen wurde, seine Seligkeit selbst zu schaffen, zu forschen, zu prüfen, zu fragen.

Die Art aber all der Prüfungen und Bestrebungen war verschieden an Kraft und Wert, verschieden nach Inhalt, Ursprung, Charakter der leitenden Personen, die der Bewegung den Stempel aufdrückten.

Am Niederrhein war der Boden für individuelle Bestrebungen besonders günstig: auf der einen Seite gab es, wie gesagt, dort von den Tagen des Thomas von Kempen und der „Brüder vom gemeinsamen Leben" religiöse, teils mehr zu stiller Betrachtung geneigte, teils mehr auf praktische Bethätigung des Christentums gerichtete Kreise, denen die religiöse Seite der Bewegung sympathisch war; auf der anderen Seite war dort eine beispiellose Zerklüftung weltlicher und geistlicher Herrschaften; keine kräftige Faust, die Ordnung hielt, wohl eine Menge grosser und kleiner Tyrannen: Herzöge, Grafen, Bischöfe, Äbte, Domkapitel, Magistrate, denen gegenüber der Bürgerstand nach politischer Freiheit und sozialer Verbesserung seiner Lage rang, ein günstiger Boden für soziale Reformen und auch Revolutionäre.

Von Westen drang bald in die rheinischen Gebiete die Kunde von offenbarem Glaubensmute niederländischer Märtyrer herüber. Hätte nicht, von andern Gründen abgesehen, der Osten diese Stimme hören und beherzigen sollen, welche aus den Gräbern der Blutzeugen herüberhallte, Stimmen, welche von den herrlichen Früchten redeten, die trotz Inquisition und Verfolgung gerettet waren?[2] —

---

[1] Wolters, Wesel p. 52; s. Clarenbach.

[2] Im Jülichschen wird, soweit mir bekannt geworden, der erste Täufer 1532 getötet: Fyt Pelgrims, „ein hoogduytsch broeder", zu Glabbeck

Die täuferische Bewegung war keineswegs mit dem Bauernkriege unterdrückt; sie musste nur der Gewalt weichen. Sie erscheint in eine Menge von Sekten gespalten, welche zwar in der Opposition gegen weltliche und geistliche Gewalten gemeinsame Sache machten, im übrigen aber je nach der Persönlichkeit ihrer Führer, je nach den Sätzen, die sie namentlich betonten, je nach der Umgebung, in der sie standen, auseinander gingen. Natürlich ist das Wesen des Anabaptismus nicht zu begreifen, wenn man denselben von der Reformation lostrennt und ihm eine isolierte Stellung anweist.

Die ältesten „Bundgenossen" — wie sich die Täufer wohl nannten — hinterliessen keine Schriften, und die Obrigkeit von 1530 war nicht imstande, sie von ihren anderen ketzerischen Genossen speziell zu unterscheiden; sie wusste nur von „Lutherianen"; sie dachte bei jedem Inquisitionsgerichte fast nur an das Messopfer, an die Verehrung der Maria und der Heiligen, an die Beobachtung einiger kirchlicher Verordnungen; dass aber auch über die Taufe und andere wichtige Punkte eine Meinungsverschiedenheit herrschen könnte, das sollte erst eine spätere Erfahrung lehren. Daher lässt sich mit Sicherheit, mit bestimmter Gewissheit nichts über das Aufkommen, die Verbreitung der „christlichen Brüder", der „Bundgenossen"[1] im Anfange feststellen, bevor nicht neue Berichte aus jenen Tagen ans Licht gefördert sind, wenn uns auch manche Fingerzeige gegeben werden, wie sich zeigen wird.

Bringt man verschiedene Vorfälle und Umstände miteinander in Verbindung, so machen es diese höchst wahrscheinlich, dass auch hier zu Lande sich der oberdeutsche Einfluss gerade in dem Augenblicke fühlbar machte, als die Verfolgung gegen die „Sakramentisten" am heftigsten wütete, nämlich in J. 1525. Ottius, einer der erbittertsten, aber auch scharfsinnigsten und bestunterrichteten

(Gladbach). Im Winter wird er sehr grausam hingerichtet. (Braght, Martelaerspiegel II, 33). Es ist derselbe wohl identisch mit jenem Vitus to Pylgrams, der nach Norrenberg, Gesch. der Pfarreien des Dekanats M. Gladbach p. 187 im Jahre 1537 in Gladbach stirbt. (Quelle ist leider nicht angegeben.)

[1] Später führte man ihren Ursprung fälschlich auf Melch. Hofmann zurück. Ottius p. 36 sagt zum Jahre 1525: „A bello rusticano Melchior Hofmannus Suevius pellio circa Rhenum paradoxa evomit". Ihm folgte hierin z. B. Mollerus in seiner Cimbria literata II, 347. Dass hierbei aber nicht an das Jahr 1525 zu denken ist, zeigt zur Linden, M. Hofmann p. 96, Anm. 1.

Schriftsteller, welche den Anabaptismus anfeinden, wird wohl Recht haben, wenn er in seiner Historia anabaptistica p. 35 sagt: „hoc anno (i. e. 1525) Anabaptistae in inferiorem Germaniam se recepere, praecipue in Westfaliam". M. Goebel (Gesch. des christl. Lebens I, 164) behauptet sogar: „Schon sehr frühe kommen in den Niederlanden und am Niederrhein Wiedertäufer vor, wenigstens seit 1524". Worauf er sich bei Angabe dieser Jahreszahl stützt, teilt er indessen nicht mit.[1]) Vielleicht denkt Goebel an den Brief Luthers an die Christen zu Antwerpen 1525[2]), welche Luther auseinander gesetzt hatten, dass der heilige Geist nichts als die Vernunft und der Verstand sei etc. Luther bemerkte schon 1525 (jene Ideen waren dort aber jedenfalls nicht neue, sodass Goebel Recht habeu mag): „Dieser will keine Taufe haben, jener leugnet das Sakrament, ein anderer setzt noch eine Welt zwischen sich und den letzten Tag; etliche lehren, Christus sei nicht Gott etc. Kein Rülze ist jetzt so grob, wenn ihm etwas träumt oder dünkt, so muss der heilige Geist es ihm eingegeben haben und will ein Prophet sein" u. a. Wir haben es hier ohne Zweifel schon damals mit einer kleinen Gemeinde „christlicher Brüder" oder Bundgenossen zu thun.[3])

Um jene Zeit, auch wohl schon vorher, sind einzelne flüchtige Täufer aus Oberdeutschland nach Niederdeutschland gekommen.[4]) Weit bedeutsamer war jedenfalls die besonders seit 1523 hervortretende Separation von stillen Leuten, welche, von dem evangelischen ebenso wie vom katholischen Kirchentume abgestossen, sich zu einer besonderen „Brüderschaft" vereinigten, um die Wiederkunft Christi zu erwarten.

---

[1]) Cf. de Hoop-Scheffer, Geschiedenis p. 553.
[2]) de Wette II, 641, III, 62; vergl. auch Plitt, Einleitung in die Augustana, II, 152.
[3]) Cf. Antwerpsch Archievenblad VII, 311.
[4]) S. Schagen, de Kerk der Nederlandsche Doopsgezinden p. 22; Blaupot ten Cate a. a. O. p. 8 auf Grund des „Martelaerspiegel der Doopsgezinden". Ob sie es allein waren, welche jene stark rationalistischen Schriften verbreiteten, von denen Luther hörte, wissen wir allerdings nicht sicher. Es ist aber nicht ausgeschlossen, dass dieselben weit älter und einheimische sind. Näheres s. u. — Wer möchte ausserdem entscheiden wollen, wie weit neue Ideen damals in Antwerpen schon Platz gegriffen hatten. Schon etwa 1520 hat der spätere Täuferapostel Dionysius Vinne dort gewirkt (s. Beilage 2, Brief an Luther vom Jahre 1530 etwa: ante X annos) und ist verfolgt worden.

2

Der erste Blutzeuge in Nordholland ist der Küfer Willem Dircks (1525, Juli 10., in Utrecht verbrannt). An ihn war ein Brief gelangt, den er geöffnet hatte, mit der Anrede: „Lieber Bruder in Christo." Dies wurde der Anlass zu der Beschuldigung, dass er ein „schlimmer lutherischer Bube" sei. In seinem Verhör sagte er aus: „Das hochwürdige Sakrament sei nichts als Brot und Wein." Als man ihm vorhielt, er habe doch nichts gelernt und keine gelehrte Erziehung empfangen, um über solche Fragen zu urteilen, rühmte er sich dessen, dass ihm „durch Gottes Gnade die nötige Erkenntnis ebensosehr zuerteilt sei als den Aposteln, die doch auch nur arme Fischer gewesen seien". Er war der Vorläufer von Tausenden nach und neben ihm. Kein Gelehrter oder Priester, sondern ein einfacher Handwerker, kannte er keine andere Weisheit als die der Schrift.[1)]

Das erste Ketzerverhör zu Wesel förderte, nachdem Adolf

In seinem Briefe spricht er Campanische Ansichten aus, bes. betr. des Abendmahls. Wenn wir die Gedanken dieses Briefes mit denen der Antwerpener an Luther (1525) zusammenhalten und vergleichen, so gewinnt die Vermutung Wahrscheinlichkeit, dass diese spiritualistischen Ideen dort durch Vinne und andere (Campanus) verbreitet oder, was wahrscheinlicher ist, als alte Überlieferung schon damals (1520) vorgefunden sind. Wie weit man in kleinen Kreisen schon 300 Jahre früher gegangen war, ergeben die Mitteilungen aus den Gesta Treverorum (13. Jahrh.) über Ketzerverfolgungen in Deutschland und Ausbreitung etc. der Ketzerei im Gebiete des Erzbischofs von Trier: „Et plures erant secte, et multi eorum instructi erant scripturis sanctis, quas habebant in Theutonicum translatas. Et alii quidem baptisma iterabant, alii corpus Domini non credebant"; Verwerfung von Fasten, stellvertretender Genugtuung durch Gebete u. a. Nec Treverica dyocesis ab hac infectione exsors fuit. Nam in ipsa civitate Treveri tres fuisse sculas hereticorum (Ketzerschulen s. u.) publicatum est. — Auf einer Trierer Synode wurde bekannt gemacht, die Häretiker hätten ihren eigenen Bischof. Cf. Fredericq, Corp. doc. inquisitionis II, 41, 46.

[1)] Hofstede de Groot, Hundert Jahre aus der Gesch. der Ref. in den Niederl. p. 56 f. — s. o. p. 12 Anm. 1.

Zu Mastricht hielten sich noch viele Bundesgenossen auf, obwohl dort 1524 (Aug.) ihr Anführer Albert von Münster enthauptet war.

Köln, die Mutterstadt m. a. Ketzereien, war auch zur Reformationszeit ein Zufluchtsort für allerlei Sekten, natürlich auch für Wiedertäufer: darunter der unruhige, schwärmerische Gerhard Westerburg, der sich bald (1520) an Storch angeschlossen hatte, jedoch erst später getauft wurde (M. Q. II, 405). Ihm ist es sicherlich nicht zum wenigsten zuzuschreiben, dass auch in den Herzogtümern bald viele zu den „Bundesgenossen" gehörten.

Clarenbach, das Haupt der Sakramentisten, aus der Stadt verbannt war (11. Sept. 1525), die Existenz der „Bundesgenossen" zu Tage (1527). Nicht das Sakrament des Altars, nicht die Verehrung der Maria oder der Heiligen, nicht das Fasten kam dieses Mal beim Verhör in Betracht, sondern es handelte sich um die Behauptung, welche ein Bürger aufgestellt und ein Priester gebilligt hatte, dass nämlich die Kindertaufe nichts als Unsinn und Thorheit sei, dass das Wasser im Taufbecken nicht mehr Kraft oder Bedeutung habe, als das Wasser in einem Wagengeleise.[1]

Mit Rücksicht darauf klagt der Fürst, welcher mit Clarenbachs Entfernung alles gewonnen glaubte, streng katholisch: der Unglaube erhebt sich aufs neue (!), und aus demselben Grunde hielt es der Herzog 1529 für nötig, den Abgeordneten der Städte das kaiserliche Mandat mitzuteilen, welches anbefahl, die „Luthryanen", welche es wagten, von neuem zu taufen, ohne Verzug zu bestrafen, verbrennen, enthaupten oder zu ertränken.[2]

Der Einfluss, welchen die Bundesgenossen von Antwerpen, Jülich und Cleve etc. ausübten, ihre geheimen Predigten, welche sie 2—3 Jahre lang unter den hirtenlosen Gemeinden der sog. Sakramentisten hielten, waren also nicht vergeblich gewesen. Mochten sie auch in den Augen der katholischen Obrigkeiten, die für alle Abtrünnigen von der Kirchenlehre aber nur einen Sektennamen hatten, für „Luterianen" gelten, sobald sie in ein Land kamen, wo das evangelische Glaubensbekenntnis gar zur Staatsreligion erhoben war, da erkannte man diese vermeinten Lutheraner sofort als Wiedertäufer, Anabaptisten, Bundesgenossen. —

Schon zeitig treten uns in den zwanziger Jahren am Niederrhein unter den Neugesinnten mancherlei Personen entgegen, die sich der Lehre von der Person Christi und dem heiligen Geiste gegenüber sehr skeptisch verhielten. (Die Nicolsburger Artikel

---

[1]) Wolters, Wesel p. 38 ff. — Monatsb. der Comenius-Gesellsch. V, Heft 5/6.

[2]) Mit Unrecht denkt Wolters (a. a. O. p. 45) an eine beabsichtigte List des Kaisers, als ob dieser die Lutheraner nur Wiedertäufer nenne, um das Volk gegen sie aufzuhetzen. Vielmehr ist dieses Edikt — andernfalls wäre es ein Anachronismus — ein neuer Beweis dafür, dass die Obrigkeit den genauen Unterschied zwischen beiden Parteien damals noch gar nicht kannte und die „Bundesgenossen" nur für eine besondere Art Lutheraner hielt. Vergl. auch de Hoop-Scheffer p. 554, Anm. 3.

2*

(1527/28)[1]) nennen übrigens ausdrücklich als „artikel der widertäufer, dass Christus kein Gott sei, sunder allein ein Prophet,
welchem die Heimlichkeiten Gottes vertraut sind".)

Der Übertritt vom Luthertum zum Anabaptismus war fast
Regel. Es erklärt sich dies nicht nur aus dem Mangel an Lehrern
und Leitern bei den Evangelischen, nicht nur aus der Überreizt-
heit, in welche sie sowohl die täglichen Gefahren der Verfolgung
als auch der Mangel an Aufklärung beim Lesen der Bibel ver-
setzte, sondern auch aus der Lehre der Bundesgenossen selbst.
Stimmten sie doch in ihrem Widerstande gegen die Geistlichkeit
und den Kirchenglauben, gegen die Ceremonien und den Heiligen-
dienst ganz mit dem überein, was die Sakramentisten lehrten;
auch sie behaupteten, „im abentmal des Hern ist allein prot und
wein", und unter ihren Anhängern befanden sich bereits einige,
welche wegen des Eides Bedenken trugen. Andere Glaubenssätze
mochten neu sein; z. B. „alle, die gelert sein und das evangelium
verkünden, seind verkerrer der schrift", oder „das evangelium sei
nit zu predigen in der kirche, sondern in den eigenen heussern",
oder „kein gewalt noch oberkeit sol sein unter den cristen", —
aber mussten sie nicht sofort Aufnahme finden gerade da, wo
keine anderen gelehrten Prediger sich hören liessen als streng
katholische, wo andere geflohen waren oder sich verborgen hielten,
— gerade jetzt, da das Wort Gottes fast nirgends als allein in
den geheimen Zusammenkünften gepredigt wurde?

Wenn auch durch das Wirken Melchior Hofmanns und des
Campanus in Niederdeutschland die Wiedertaufe besonders in
Schwung kam, so ist doch nicht ausser Acht zu lassen, dass vor
ihnen also längst Täuferlehrer aufgetreten sein müssen und sind.
Selbst in Emden gab es bereits vor M. Hofmann Täufer.[2]) —

Vielleicht darf ich hier noch ein Zeugnis anfügen, welches,
zwar selbst aus späterer Zeit, die Stimmung vieler denkenden
Menschen im Anfang des 16. Jahrhunderts wiedergiebt.

Während im Gelderlande alle Versuche zur Verbreitung einer
neuen Lehre an der streng katholischen Haltung seines Fürsten,
der Landstände und der Eingesessenen scheiterten und der Katho-

---

[1]) Cornelius M. A. II, 239.
[2]) Vergl. das Bekenntnis einer zu Leeuwarden gerichteten Frau. Doopsgezinde Bydragen 1865 p. 113.

lizismus bis 1566 ungestört fortbestand, hatten die reformatorischen Neuerungen in Jülich-Cleve bereits an verschiedenen Orten in verschiedener Färbung Eingang und Verbreitung gefunden. Herzog Johann nahm in kirchlichen Fragen nicht den entschiedenen Standpunkt ein, den der Herzog Karl von Geldern bekundete. Er trat nicht, wie dieser, mit äusserster Strenge gegen Nengläubige auf, sondern legte mehr ein passives Verhalten gegen diese an den Tag. Er hoffte, dass ein zu berufendes Konzil die auf kirchlichem Gebiete vorhandenen Missstände beseitigen werde.

Der Bericht eines späteren Mennoniten nun lautet: „Sintemahl ich anno 1542 in Papstthum gebohren und auferzogen, so bin ich in meiner Jugend mit Fleiss und Eifer darinnen einige Jahr unterrichtet worden, also dass ich schon den Chorgesang ziemlicher massen gelernet hatte, auch im Papstthum gedachte etwas grosses zu werden. Als ich aber ohngefehr das ein und zwanzigste jahr meines Alters erreichete: so erweckte bey mir einiges nachdenken das grosse verfolgen, tödten, ersäuffen, verbrennen und erwürgen, so zu der Zeit in den Niederlanden über viele fromme Menschen ergieng; des wegen ich Anno 1563 ein Testament (wie mans ins gemein nennet) oder besser zu reden, eine zusammenfassung der apostolischen schrifften, so damals unter dem nahmen des Nicolaus Biestkens van Diest neulicher Zeit in den Druck ausgegangen, heimlich (weil die Zeit sehr gefährlich, ich auch ein sänger in der Kirchen und Kustos oder hüter der schulen war) zur Hand nahm, und mich zu fleissiger untersuchung selbiger schrifften begab. Und obschon ich darinnen sehr fremdd, unbekant und unerfahren war, so begriff und verstunde ich dennoch so viel ohne einige menschliche unterweisung, dass ich mich eines anderen und besseren lebens befleissigen, auch frommer leute conversation nachtrachten und suchen müsste, woferne ich nach diesem Leben verlangete erhalten und selig zu werden. Weswegen ich denn mein Studium mit dem, was ihm anhängig, und alles, worauf ich meinen gewinn setzte, samt dem gantzen pabstthum, so viell mir davon offenbaret und bekant war, verliess und in keine geringe angst gerieth; auch die verfolgten leute und ihre conversation mit aufrichtigem einfältigen Hertzen suchte, fand und mich darunter begab; und folglich auf meinen Glauben mich taufen liess, da ich denn nicht anders wusste noch vermuthete, als dieses volck wäre alleine

die einige gemeine und braut Gottes und Christi
auf Erden."[1])

* * *

Ein Mann, der ohne es gewollt zu haben, mittelbar dafür
gesorgt hat, dass die späteren spezifisch täuferischen Lehren bei
Gelehrten und schliesslich auch bei dem gemeinen Manne ein
verständnisvolles Publikum fanden, war Erasmus von Rotterdam. Auch er hat ihnen den Boden ebnen helfen, wie sehr er
sich später auch gegen die ihm von den Zeitgenossen gemachten
Zumutungen wehrte. So wunderlich die Behauptungen seiner
Gegner vielleicht anfangs klingen mussten bei ihm, der am herzoglichen Hofe zu Düsseldorf alles galt, dem selbst des Herzogs
Kirchenordnung von 1532 zur Prüfung, ja zur Ausarbeitung (?)
vorgelegt wurde: seine Schriften sind voll von anregenden, be-
fruchtenden Ideen, die bei Männern von Charakter und Überzeugungstreue forterbten und zu reformatorischen Thaten ausreiften.[2])
Zunächst ist seiner prinzipiellen Unterscheidung zwischen
Religion und Theologie zu gedenken.[3]) Nur für die erstere
postulierte Erasmus bindende Normen, deren gröbliche Verletzung
und Entweihung streng zu bestrafen seien, während er hingegen
für letztere das Recht freiester Gedankenbewegung und
Diskussion in Anspruch nahm und überhaupt den Grundsatz der
(ernstgemeinten!) Glaubens- und Gewissensfreiheit als Ideal hinstellte. Hier liegt etwas Modernes, das ihn im allgemeinen auch
zur Täuferbewegung anfangs eine objektive, betrachtende Stellung
einnehmen liess.[4]) Im „Enchiridion" findet sich sogar das Wort:
„Was du irgendwo Wahres antriffst, das betrachte als christlich."

Wegen seiner zum Teil ursprünglich isolierten Stellung, von
der aus er Angriff und Abwehr in gleicher Weise in Scene setzte,
geriet er mit der katholischen Kirche früh in Konflikt. Sein
Name prangt daher in der „prima classis" der verbotenen Bücher

---

[1]) Cf. Jehring, Gründliche Historie p. 74.

[2]) Vergl. u. a. Melanchthon im Corp. Ref. I, 1083; Keller in Z. d. berg.
Gesch. XV, p. 105 ff.; Seb. Franck, Chronik der röm. Ketzer fol. CXVIII ff.,
Luthers Tischgespräche. f. m. 294 (Frankf. 1568); Schellhorn, Amoen. litt. XI, 87.
(cf. auch unten.)

[3]). Cf. Schlottmann, Erasmus redivivus I, 172.

[4]) Stähelin, Erasmus' Stellung zur Reformation p. 43 und derselbe in
Theol. Studien und Kritiken 1875 p. 756 ff., bes. 774.

des Index von Paul IV. Interessante Mitteilungen über die Verhandlungen der Index-Kommissionen enthält die Korrespondenz
des Erzbischofs von Prag mit dem kaiserlichen Hofe 1563 (Febr. 3.):
„Wir sind jetzt mit den Schriften des Erasmus beschäftigt. Viele
derselben sind verworfen worden: Moria, Colloquia, einige apolo-
getische Schriften und viele Briefe; andere werden so überängstlich
korrigiert, dass Erasmus, wenn er auf die Erde zurück käme, sie
nicht als die seinigen anerkennen würde."[1]

Den Anlass zu Angriffen gegen Erasmus von katholischer
Seite gaben namentlich seine satirischen Bemerkungen über kirchliche Zustände und Einrichtungen, Mönche und Geistliche, besonders im Encomion moriae, Colloquia, Adagia, Querela pacis, ferner
die direkte oder indirekte Bekämpfung der wirklichen oder ver-
meintlichen Mängel der kirchlichen Frömmigkeit, wie sie damals
geübt wurde, in seiner praktisch-theologischen Schrift: Enchiridion[2]), drittens die Bekämpfung der Scholastik vom Standpunkte des Humanismus und in Verbindung damit Abweichungen,
wie Erasmus meinte, von der scholastischen, wie seine Gegner
behaupteten, von der kirchlichen Dogmatik in seinen biblischen
Arbeiten, endlich in den letzteren ganz besonders seien Abweichungen von der Vulgata und der herkömmlichen Exegese.

Der Einfluss nun der Schriften des Erasmus auf die erste
reformatorische Bewegung am Niederrhein und die Ideen, welche
sie in Fluss brachte, ist ein ganz ausserordentlicher.

Den Gebildeten der Bewegung gab er eine Hauptwaffe und
ein Werkzeug bei der Wiederherstellung des reinen Christentums,
in Gestalt der ersten griechischen Ausgabe des neuen Testaments
welche engherzige Zeloten als Attentat auf die Vulgata betrachteten, in die Hand (1516). So eröffnete er die lauteren Quellen
wahrer Religion. Mit grösstem Nachdruck betonte er den Satz,
dass die Schrift die alleinige reine Quelle der christ-

---

[1]) Reusch, Index der verbotenen Bücher I, 1883 p. 320. Nach dem
Tridentinum wurde er also in Rom noch als Ketzer und Autor primae
classis behandelt.

[2]) 1502. Er tritt hier selbst reformierend auf; in elegantester Sprache
liefert er der gebildeten Welt ein Andachtsbuch, das von allem abwich, was
man bisher in dieser Beziehung kannte. Es sollte, dies war des Verfassers
ausgesprochene Absicht, dem Irrtum derer entgegenwirken, welche die Frömmigkeit in Ceremonien und in der Beobachtung äusserlicher Dinge suchen und
daher ihr wahres Wesen vernachlässigen. S. Kolde, Luther I, 119.

lichen Wahrheit sei. Er wünschte die Übersetzung der Schrift in alle Sprachen, damit auch die Laien die Schrift lesen könnten. In der Vorrede zu „Die Paraphrase oder Umschreibung des Matthäus - Evangeliums" (März 1522) sagt Erasmus, indem er dafür eintritt, dass die Leute selbst das Evangelium lesen und wieder lesen in ihrer Muttersprache (wodurch er Rom den Fehdehandschuh hinwarf, denn darin wurzelte die Autorität der Kirche, dass die höchste Wahrheit den Laien verborgen gehalten wurde und nur den Geistlichen zugänglich war): „Warum wird es für unziemlich gehalten, dass einer das Evangelium höre in der Sprache, in der er geboren und die er versteht? Mir scheint's unziemlich oder vielmehr lächerlich, dass Weiblein die Psalmen und das Vaterunser wie Papageien herleiern, ohne irgend etwas zu verstehen von dem, was sie murmeln. Weit eher würde ich mit dem heiligen Hieronymus es der Ehre des Kreuzes förderlich und für höchst dankenswert und ruhmvoll halten, wenn es in allen Sprachen von allen Völkern gepriesen würde; wenn der Landmann hinter dem Pfluge in seiner eigenen Sprache die Psalmen hersagte und der Weber durch Wiederholung köstlicher Evangelien- sprüche das Einerlei seiner Arbeit belebte. Über Gottes Wort sinne der Steuermann, während seine Faust die Ruderpinne hält; aus ihm lasse die Hausfrau durch eine Freundin oder Nachbarin sich vorlesen unter dem Schnurren des Spinnrades." Wenig ahnte Erasmus, dass sein feuriger Wunsch so schnell in Erfüllung gehen sollte; denn gerade in jenem Jahre erblickte eine Anzahl von neuen Übersetzungen der Evangelien und des neuen Testaments das Licht. [1]

Das „Enchiridion militis christiani", ein religiös - asketisches Handbuch, schildert das Christenleben als einen Kampf in sehr schriftmässig - evangelischer Weise.

In den Ausgaben der Kirchenväter erlaubt er sich (z. B. in den Scholien zur Ausgabe des Hieronymus) sehr freimütige Äusserungen über römisches Kirchenregiment, römische Kirchen- gebräuche, Aberglauben, falschberühmte Autoritäten. Wo der Kirchenvater vom römischen Bischof redet, merkt er an, dass damals nur dieser Titel, nicht der des „summus episcopus" ge- bräuchlich gewesen sei.

---

[1] Cf. Hofstede de Groot, a. a. O. p. 62.

Scharf lässt sich „Encomion morias" aus über das unapo-
stolische Leben, die Habsucht, Kriegslust der Päpste und des
Klerus, unerbittlich geisselt er die Zehntensucht und mannigfachen Erpressungen der Priester für ihre Amtshandlungen.

In allen Schriften ereifert sich Erasmus über die Verkehrung
der Religion in ein äusserliches Ceremonienwesen. Über die Aus-
wahl der Speisen z. B. schreibe Christus nirgends etwas vor und
die apostolischen Schriften verabscheuen sie (Enchiridion).

Die späteren Täufer, unter ihnen nicht zuletzt Campanus,
nehmen häufig Bezug auf ihn und verweisen bei Verteidigung
ihrer Lehren auf ihn als Autorität.[1] Warum kam man nun gerade
auf ihn?

Indem Erasmus von der Schriftlehre zum Religionsbegriff
überging, hob er hervor, dass das Christentum wesentlich Leben
in der Nachfolge Christi sei. „Christus hat als der vom
Himmel gekommene Lehrer ein neues Volk auf Erden geschaffen,
welches ganz vom Himmel abhängt und gerade in der Verwerfung
aller irdischen Güter reich ist."[2]

Christus wird zwar vornehmlich nach seiner zentralen Bedeutung fürs christliche Leben von ihm gewürdigt, trotzdem strebt
er nicht minder auch eine ethische Vertiefung und Befruchtung der
von ihm in ihrer abergläubischen Entartung scharf gegeisselten
Heiligen- und Reliquienverehrung an.

Das christlich-soziale Element betont er als besonders
wichtig. Für seine ursprünglich sehr humane Geistesrichtung
legt er dadurch Zeugnis ab, dass er als Friedensapostel bei jeder
Gelegenheit den Krieg als eine der Christenheit unwürdige Barbarei
bekämpft und verurteilt. „Manche schützen beim Kriegführen
die Verteidigung der Kirche vor, als ob nicht das Volk die Kirche
wäre und als ob die ganze Würde der Kirche auf dem Reichtum
der Priester beruhte, oder als ob die Kirche durch Kriege begründet, gefördert und gefestigt wäre und nicht vielmehr
durch das Blut standhafter Dulder und durch Verachtung dieses Lebens."

---

[1] Ich erwähne z. B. Thomas Imbroich; ferner von Adam Pastor die
Schrift: „Underscheit tusschen rechter unde valscher leer . ." p. O¹ (220):
wo Erasmus unter den Gegnern der Kindertaufe aufgeführt wird.

[2] Ratio theologiae; vergl. R. Stähelin in seiner Recension von Drum-
mond, Erasmus in „Theol. Stud. u. Krit." 1875, p. 779.

Erasmus begann von seinem rationalistischen, historisch-kritisch festgegründeten Standpunkte aus die Dogmatik zu unterminieren. Er ist der eigentliche Begründer des theologischen Rationalismus d. h. der souveränen Reflexion des Verstandes über den Glaubensinhalt, durch welche dieser in ein Verhältnis von Gott, Christus, Mensch, von freiem Willen und Einwirkungen Gottes, von lauter einander fremden Selbständigkeiten zerlegt wird.[1]

Seine Lehre von den Sakramenten und der Trinität, von der vom freien Willen abgesehen, brachten ihn bald in den Verruf, den Sakramentierern und Wiedertäufern nicht nur Vorschub zu leisten, sondern selbst zu ihnen zu gehören. Melanchthon schrieb am 12. Oktober 1529, kurz nach dem Marburger Gespräch[2]: „Zwingli hat mir bekannt, dass er aus den Schriften des Erasmus zuerst seine Meinung vom Abendmahl des Herrn geschöpft habe.“[3] Wir sind also in erster Linie nicht auf die Niederländer, an die man schon zufolge einer Bemerkung in Zwinglis Schriften gedacht hatte[4], sondern speziell auf Erasmus

---

[1] Im Jahre 1505 sprach er in der Vorrede zu einem Werke des ital. Humanisten Laurentius Valla den folgenschweren Satz aus, dass die Theologie auf den Grundtext der Schrift zurückgehen müsse und diese allein nach den Regeln der Grammatik ausgelegt werden dürfe.

[2] Corp. Ref. I, 1083; IV, 970.

[3] Cf. Ullmann, Reformatoren vor der Reformation II, 563; Gieseler, K. G. III, 193.

Erasmus über Carlstadt (Erasmi opp. 1703 tom. III. p. 894 A. B. — 1525. Okt. 3. d. d. Basel: Carolstadius quum hic clanculum latitaret, sparsit libellos germanice scriptos, quibus contendit in Eucharistia nihil esse praeter panem et vinum. Permansit ilico plerisque. Huius sententiam Zwinglius jam editis aliquot libellis confirmavit. Batavus quidam ante annos quattuor egit idem epistola, sed sine nomine, quae nunc excusa est: verum Oecolampadius quum eadem hic quotidie concionaretur, movit multis stomachum, etiam iis, qui non oderunt Lutherum. Tandem emisit libellum tam accurate scriptum, tot argumentis tot testimoniis instructum, ut possit vel electos in errorem pertrahere. Liber tamen hic excusus non est, nec publice venditur. In hanc arenam ego pertrudor, multo aliis rebus natus. Et interim diu omissis rebus meis hoc ago, non abeque capitis mei periculo, ii pro quibus depugno, alii aliunde confodiant me libellis furiosis (vergl. über den in diesem Briefe genannten Batavus (Cornelius Hoen, Honius) de Hoop-Scheffer, Gesch. der Ref. in den Niederl. deutsch. 1886 p. 89 Anm. 3, p. 98 Anm. 2; vergl. über Hoen: Erasmi Opp. Tom. III p. 766 F.)

[4] Sigwart, Ulrich Zwingli p. 209 unter Berufung auf Zwinglis Werke III, 553, womit indessen II, 2, p. 62 zu vergleichen ist.

hingewiesen. Den schon in den Taufstreitigkeiten konkrete Gestalt gewinnenden Zwinglischen Sakramentsbegriff [1]) finden wir bereits bei Erasmus, der die in den asketischen Schriften des Hieronymus vorkommende Parallele mit dem Fahneneide der Römer in seinen Scholien weiter ausführte.

Betreffs seiner Abendmahlslehre wurde dem Erasmus von seinen Gegnern der Vorwurf gemacht, er habe die gleiche Anschauung davon wie Carlstadt und sein Anhang. Im Enchiridion findet sich im 5. Canon eine bezeichnende Stelle; sie zeigt (worauf auch Campanus den Hauptaccent legte): Christus achtet das Essen des Fleisches und das Trinken seines Blutes gering, wenn es nicht geistlicher Weise geschieht. Du opferst vielleicht alle Tage und lebst doch dir, und die Leiden deines Nächsten bekümmern dich nicht. Du bist noch in carne sacramenti (im fleischlichen Wesen des Sakraments); aber wenn du opfernd dich bemühst, das zu sein, was jenes Nehmen bedeutet, nämlich: Ein Geist mit dem Geiste Christi, Ein Leib mit dem Leibe Christi, ein lebendiges Glied der Kirche, dann opferst du erst mit reichem Gewinn, weil geistlich. [2])

Die Bemerkungen in den Paraphrasen zu 1. Corinther 10 und 11 fassen das Abendmahl wesentlich als Erinnerungs-, Bundes- und Gemeinschaftsfeier. Hier waren schon die rudimenta der Zwinglischen und auch täuferischen Auffassung: „Christus hat gewollt, dass dieses Mahl das Gedächtnis des Todes und das Symbol eines ewigen Bundes sein soll. Bezeugt jener heilige Kelch, den wir zum Gedächtnis des Todes Christi mit Danksagung nehmen und weihen, nicht die Gemeinschaft, weil wir nämlich gleicher Weise durch Christi Blut erkauft sind? Wiederum jenes heilige Brot, welches wir nach Christi Beispiel unter uns teilen, bezeugt es nicht den Bund und die innigste gegenseitige Gemeinschaft unter uns, die wir durch das gleiche Sakrament geweiht sind? Das Brot ist aus unzähligen nicht mehr zu unterscheidenden Körnern bereitet. Der Leib besteht aus verschiedenen Gliedern, aber so, dass ihre Gemeinschaft eine ganz unzertrennliche ist.

---

[1]) s. Staehelin, Zwingli, I. Bd. Basel 1895 p. 474 f., 484.

[2]) Leo Judae hat später in einer pseudonymen Schrift diese und andere Stellen dem Apostaten Erasmus vorgehalten. Hess, Erasmus II, 277 ff.

Die Trinität betr. führt Seb. Franck[1]) mit einer gewissen
Genugthuung die von des Erasmus Feinden als ketzerisch aus
dessen Schriften gezogenen Artikel an, darunter auch folgende:
In seinen Anmerkungen zum 5. Cap. der 1. Epistel Johannis verwirft er den Spruch, auf den die Verteidiger der Trinität u. a.
gern zurückgreifen: „Drei sind, die da Zeugnis geben im Himmel:
der Vater, das Wort und der heilige Geist, und diese drei sind
eins" — als dem Text Johannis zugesetzt, der im Griechischen
nicht vorhanden sei.... Es wäre Nutz, dass wir allen Fleiss
ankerten, dass wir eins mit Gott würden, anstatt mit fürwitzigem
eifer und übungen zanken, wie der Sohn von dem Vater ein
Unterschied habe und von ihnen beiden der heilige Geist; wahrlich
das die Ariani verneinen, sehe ich nit, dass man mag beybringen
und schliessen, dann mit bewerlichen Argumenten. Zuletzt weil
dieses ganzes Ort finster ist, mag es nit viel dienstlich
sein, zu bereden und überwinden die Ketzer.
Es seindt da in den büchern Hieronymi und Augustini etlich
sentenz, wer sie hart wolt verfechten, würd für ein Ketzer gehalten .... Will sagen, dass die Alten wider die Arianer darumb
so lang geschwiegen haben, nemlich biss auf das Concilium zu
Nicen; dass sie sich mit ausstruckten lauteren Worten wider die
Arianer nit genugsam gerüstet sein geachtet haben." Man hat
ihn oft des Arianismus beschuldigt und nannte ihn deshalb wohl
Arianismus, je Erasmus (die dahingehörige Streitlitteratur findet man
angezeigt bei J. A. Fabricius de religione Erasmi, in dessen Opus-
culis (Hamburg 1738, p. 401). Eine Hauptveranlassung dazu war
seine Vorrede zu seiner Ausgabe der Werke des Hilarius (1522).
In dieser Vorrede tadelt Erasmus diejenigen Theologen,
welche mit gefährlicher Neugier eine unendliche Menge von Streitfragen untersuchten, und meint, dass sie besser thun würden, wenn
sie sich befleissigten, ihre Seele vor Neid, Hass und Stolz zu
bewahren. Dabei sagt er: „Wenn du nicht weisst, ob der Heilige
Geist ein Principium habe oder zwei (ob er bloss vom Vater oder
auch vom Sohne ausgehe), deswegen wirst du nicht verdammt
werden; wohl aber wirst du deinem Verderben nicht entrinnen,
wenn du nicht dafür Sorge trägst, dass du die Früchte des Geistes
habest." Weiter sagt er: „Die theologische Gelehrsamkeit besteht

---

[1]) Chronik der römischen Ketzer 1543, p. 139.

darin, nichts weiter zu erklären, als was und wie die Schrift uns
lehrt, und das, was sie uns lehrt, treulich anzuwenden." Nachdem
er hierauf gezeigt, wie die apostolische Einfachheit, wobei
der Glaube mehr im Leben als in Bekenntnissen bestanden,
allmählich untergegangen, und die Kirche, von den Ketzern gedrängt und in Zänkereien verflochten, eine zahllose Menge von
Glaubensartikeln aufgestellt, wobei die Religion abgenommen,
die Liebe erkaltet und die Lehre Jesu vom Verstande der Philo-
sophen abhängig geworden sei, kommt er wieder auf die Lehre
vom Heiligen Geiste.

Hier sagt er nun unumwunden, dass in der heiligen Schrift
nirgends etwas ausdrücklich von der Gottheit des Heiligen Geistes
gesagt sei, und dass man diese Lehre bloss aus Achtung gegen
die Kirche annehmen müsse. Von Hilarius (Bischof von Poitiers
† 368) sagt er dann: „dieser schreibt nirgends, dass der heilige
Geist angebetet werden müsse, legt ihm nirgends den Namen Gott
bei." Und darauf spricht er: „Wir aber sind kühner als Hilarius,
wir unterstehen uns den heiligen Geist wahren Gott, vom Vater
und Sohn ausgehend, zu nennen, was die Alten entscheidend zu
sagen nicht gewagt haben!"[1]

So viel steht fest: Erasmus hat die Trinitätslehre erschüttert;
von ihm geht eine gerade Linie zu den Sozinianern und Arminianern.[2]

Überall zeigt sich bei Erasmus die Neigung, Kritik zu üben
und durch Verbreitung neuer Ideen zum Widerspruch zu reizen.
Aber nur eine Summe von Schwenkungen und Schwankungen,

---

[1] cf. Stichart, Erasmus von Rotterdam, Lpz. 1870, p. 251 f.

[2] Dilthey, Auffassung und Analyse des Menschen im 15. und 16. Jahr-
hundert. Archiv für Gesch. der Phil. V, 385. —
In Luthers Tischgesprächen ed. Francf. 1568: Erasmus ist rex Amphi-
boliarum. — Er hat Crotum Rubianum, Witzeln, Oecolampadium,
Campanum und andere Schwaermer und Epicureer gesäet und
gezeuget. (cf. u. a. Bock, histor. Antitrinit. II, 305.)
Die Socinianer rechnen ihn zu den ihrigen, und die Jesuiten (Bellarmin,
Possevin) haben nicht versäumt, ihn zu den hartnäckigsten Leugnern der
Trinität zu zählen.
Sandius, in H. E. p. 423: Hoc sane constat haud pauca eum scripsisse in favorem Arianorum et plurima scripturae loca, quae contra Arianos
allegantur, suis explicationibus penitus enervasse. Praefatione imprimis in
tertium tomum operum Hieronymi admodum in gratiam Arianorum
scripsit.

Schlangenwindungen, Zweideutigkeiten aller Art war die Folge. Andere Männer traten auf, um seine Ideen fruchtbar zu machen und furchtlos, ohne jene allzustarke Empfindlichkeit für die Ehre bei den Menschen, ohne die feige Sorge für die zeitliche Küche, für Annehmlichkeiten und Bequemlichkeiten, die ihm eigen waren, für das von ihnen als wahr Erkannte mannhaft einzutreten. Welch ein Unterschied zwischen ihm und z. B. einem Thomas Imbroich, dem wir später begegnen, der sich sogar auf der Folter im Schatten des Todes auf ihn, der längst dahin war, berief. —

Erasmus hatte durch den belebenden und erfrischenden Strom wissenschaftlicher Studien Theologie und Kirche erneuern und eine durch Bildung gereinigte und geläuterte Religiosität in den Menschen erwecken wollen. Das Auftreten Luthers hatte ihn aber in eine eigentümliche Lage gebracht. Je mehr dieser den wahren Charakter seiner radikalen Veränderung kirchlicher Dinge entfaltete, desto entschiedener hatte sich Erasmus zurückgestossen gefühlt. —

Am Niederrhein standen jedenfalls viele auf des Erasmus Seite, besonders in dessen Streite gegen Luther. Durch seine wissenschaftliche Arbeit für die Reinigung der Theologie und verstandesmässige Darlegung der Hauptdogmen wurden gar manchem aus dem Volke viele Schwierigkeiten gehoben und das Verständnis der biblischen Schriftenwelt erleichtert, während er sich durch seine Bestrebungen, die kirchliche Praxis durch die einfache, schlichte und reine Frömmigkeit des Herzens zu beleben, die Freundschaft aller jener erwarb, welche eine wahrhafte Reformation der Kirche wünschten. Andererseits traten viele auf seine Seite lediglich aus dem Grunde, weil er zu ihrer Freude die Entartungen und Auswüchse kirchlicher Einrichtungen mit Spott und Hohn überschüttet hatte.

Wir wissen, dass Erasmus besonders am clevischen Hofe einen ausserordentlichen Einfluss hatte, der noch dadurch erhöht wurde, dass Leute, wie Joh. Caesarius von Jülich, der selbst ein typischer Vertreter der sogen. erasmischen Richtung ist, den rheinischen, besonders jülichschen Adel: Grafen Hermann von Neuenahr, von Wied, von Stolberg etc. erziehen durften.[1] —

----

[1] Keller, Zur Kirchengeschichte Nordwest-Deutschlands in Z. d. berg. Gesch. XV, 127.

Des Erasmus praktischer Ratschlag ging unverändert dahin, dass die streitlustigen Theologen und Prediger zur Ruhe verwiesen oder entfernt werden sollten, dass die kirchliche und seelsorgerische Unterweisung nicht die Kontroversen der dogmatischen Theorien, sondern ausschliesslich die Lehren behandle, welche die Frömmigkeit und Sittlichkeit der Menschen zu fördern imstande seien; er empfahl, dass die Obrigkeiten einstweilen jedem Menschen nach seinem Gewissen zu verfahren gestatten, dagegen aber jeden Versuch, Unruhen und Tumult zu erregen, schwer bestrafen sollten. Durch weitherzige Toleranz aller Richtungen, während inzwischen alle Streitfragen durch gütliche Verhandlung für die Entscheidung des Konzils vorzubereiten seien, war es den kleinen Gemeinden stiller Leute am Niederrhein möglich, im geheimen und gar offen, ihre Ideen eine Zeitlang zu verbreiten.

Leider führten die vermittelnden Wege nicht zum Ziele. Das Bestehende, gegen das Erasmus ankämpfen wollte, leistete Widerstand; aus seinen eigenen Saaten und kritischen Bemühungen erwuchsen Tendenzen, die seine Ruhe störten, und die, als sie gar über seine Gedanken hinausströmten, in ihrem radikalen Wesen seines Beifalls entbehrten, so dass er als ein zürnender Vater auf seine Kinder niedersehen musste, wie er es später gegen die Täufer that. Den „Täufern" aller Schattierungen war daher die Haltung des Erasmus ebenso wenig sympathisch, wie Luthern und den Lutheranern. Aber die Chroniken der Täufer, die durchschnittlich die strengste Richtung der letzteren (die nachmals im engeren Sinne sogen. Wiedertäufer) vertreten, sprechen mit hoher Achtung von Erasmus, bezeichnen ihn neben Luther und Zwingli als Anfänger der religiösen Bewegung und nennen ihn eine Zier deutscher Nation.[1] Die sogen. Biestkens-Bibel von 1562 und ff., welche in mennonitischen Kreisen ausschliesslich in Gebrauch war, hat, wohl auf ältere Vorlagen zurückgehend, nicht ohne Grund die Kommentare des Erasmus stark benutzt. Wie hoch sein Ansehen in den Kreisen der „Täufer" war, geht daraus hervor, dass speziell Menno Simons ihn einen „hochverständigen, gelehrten Mann" nennt und sich in seinen Schriften auf niemanden häufiger beruft als auf ihn.[2] — —

---

[1] Beck, Geschichtsbücher p. 12, Anm. 2; Mon.-Hefte der Com.-Ges. V, 285 Anm. 1.

[2] s. Keller, die Reformation p. 435; die Waldenser p. 154.

Allmählich hatte sich auch der gemeine Mann gegen die herrschenden Kirchenlehren gewandt. Bereits 1531 hatte sich, wie sich später ergeben wird, eine weitgehende Abneigung im Jülichschen erhoben. Ob die Annahme berechtigt ist, dass die „neuen ultrareformierten" Lehren aus Oberdeutschland den Rhein hinab in die Niederlande und Umgebung gekommen oder hier schon vorher längst vorhanden gewesen sind, kann keinem Zweifel unterliegen, wie sich § 5 ergeben wird. An dieser Stelle ist die Frage von Wichtigkeit: waren schon spezifisch täuferische Lehren auch in unserer Gegend vorhanden, als wir solche in Sachsen und der Schweiz in radikaler Form bereits hervortreten sehen?

Offenbar täuferische Anschauungen — von der Einführung des Bundeszeichens der Wiedertaufe, die sicherlich von Oberdeutschland übertragen wurde, ist hier abzusehen, — waren allerdings auch hier schon frühzeitig lebendig, wenn wir an die sogen. „christlichen Brüder" denken, von denen z. B. 1525 in Antwerpen die Rede ist, und von denen 1527 einer in Maastricht gefänglich eingezogen wurde. So viel aber ist als sicher anzunehmen, dass der Boden für die neuen Ideen der oberdeutschen Täufer längst vorbereitet war. Die letzteren brauchten nur ihren Samen auszustreuen, um bald eine treffliche Saat zu schauen. Sie waren eben den konservativen Niederdeutschen bereits vorausgeeilt und hatten die Konsequenzen aus den beiden gemeinsamen Lehren gezogen. Die Prinzipien und Ausgangspunkte waren wohl gleich alt, im Norden wie im Süden: Verwerfung der Tradition und strenges Festhalten am Worte selbst, besonders die Betonung der Nachfolge Christi und vielfach Negation der Transsubstantiation. Wie nachhaltig sich die Ideen von der Nachfolge Christi, dass die wahre Liebe in der Liebe zu Gott und dem Nächsten und in der Besserung des Herzens zu suchen sei, eingeprägt haben, wird der Einfluss des Menno Simons zeigen, den derselbe seit 1536, nachdem er die besseren Elemente des Täufertums von den Schlacken, die ihnen durch die Verführung des Fanatismus anhafteten, gereinigt hatte, mit solchem Erfolge ausgeübt hat, dass seine Stiftung bis in die Jetztzeit alle Stürme überdauert hat.

Die oppositionellen Elemente konsolidierten sich allmählich zu festen Gemeinden, die unter der Leitung einzelner Männer, je nach ihrer verschiedenen Richtung eine bestimmte Färbung erhielten.[1]) Wie im benachbarten Maastricht nannten sie sich — mit jenen standen sie in den engsten Wechselbeziehungen — auch im Jülichschen „christliche Brüder". Die ersten an sie gerichteten religiösen Traktate tragen z. B. stets die Adresse: „an die christlichen Brüder und Schwestern" (z. B. zu Süstern und Maastricht u. a.).

An dieser Stelle möge schon ausdrücklich bemerkt werden, dass wir es im Jülicher Lande mit einer rein „evangelischen" Bewegung zu thun haben. Die ersten Lehrer und Prädikanten, die den Gemeinden ihre religiösen Anschauungen recht zum Bewusstsein brachten, waren fast durchgehends Männer, die wirklich Prediger von Beruf waren und unter solchen Verhältnissen lebten, dass sie nicht durch ihre Person allein schon der religiösen Bewegung einen sozialen Charakter aufgedrungen hätten. Dass die Wassenberger Prädikanten, von denen im folgenden noch ausführlich die Rede sein wird, aufrichtigen, inneren Anteil an der religiösen Wahrheit nahmen, dass es ihnen nicht etwa nur um Verwirklichung egoistischer Pläne zu thun war, wird weiter darzuthun sein. Eine Vermengung religiöser und politischer Fragen hatte bei ihnen nicht statt.

3. Äussere Einflüsse. Gerhard Westerburg. Herzogliche Reformbestrebungen.

Von welcher Seite die ersten nachhaltigen spezifisch täuferischen Einwirkungen gekommen sind, ist bestimmt nicht nachzuweisen. Der regen Thätigkeit eines Mannes aber ist es ohne Zweifel zuzuschreiben, dass sich allmählich gar viele auch in den Herzogtümern am Niederrhein den sogen. Bundgenossen oder Brüdern anschlossen: es ist Gerhard Westerburg. Durch ihn sind sicherlich Mitte der zwanziger Jahre die Schriften Karlstadts[2]) in Jülich verbreitet, nach denen während der Kirchenvisitation von 1533 hier so eifrig geforscht wird. Vertreter des sächsischen Radikalismus sind ferner persönlich in Köln gewesen und haben mit dem Kölner Patrizier verkehrt.

---

[1]) Zu eigentlich anabaptistischen Gemeinden wurden sie freilich erst, als das äussere Bundeszeichen für die Neubekehrten, die Wiedertaufe, zur Besiegelung eines in der Liebe thätigen Glaubens eingeführt war.

[2]) In den benachbarten Niederlanden werden während der Jahre 1525—29 die Bücher Karlstadts und Hubmaiers verschiedentlich genannt; sie sollen verbrannt werden.

3

Westerburg hat den ganzen Entwicklungsgang des Anabaptismus miterlebt und durchgemacht, die ganze Bahn der radikalen schwärmerischen Bewegung seiner Zeit von den Zwickauer Propheten bis zum Münsterschen Wiedertäufertum durchlaufen. Sein Leben ist das Spiegelbild dieser Bewegung im kleinen. Aber nur die äusseren Umrisse seines Lebensbildes lassen sich ziehen; die inneren Motive seines Handelns und seiner Wandlungen bleiben zum grössten Teile verborgen.

Nachdem er seine humanistischen Studien in Italien vervollkommnet hatte, hielt er sich in Köln auf, seiner Vaterstadt. Hier genoss er, immatrikuliert, den Unterricht des bekannten Humanisten Matthias Kremer von Aachen.

Seine Vaterstadt Köln, obwohl die treue Dienerin und Tochter der römischen Kirche, trotzdem aber eine Mutterstadt mittelalterlicher Ketzereien, war auch im Reformationszeitalter ein Zufluchtsort für allerlei Sekten, natürlich auch für die Wiedertäufer, unter denen sich hier Anfang der zwanziger Jahre ein besonders unruhiger und schwärmerischer Kopf zeigte: Nicolaus Storch.[1]

Luthers Lehre war hier früh bekannt geworden und hatte Anhänger gefunden.[2] Westerburg scheint früh in sich den Drang gefühlt zu haben, mit den ihm von Gott verliehenen Kräften sich an dem gewaltigen Kampfe gegen das alte kirchliche System und an dem Ringen nach besseren kirchlichen, sozialen und politischen Zuständen zu beteiligen und als einer der thätigsten und rührigsten Vorkämpfer für die neuen Ideen in den Vordergrund zu treten.

Während sich Storch in Köln aufhielt, war er, sicherlich nicht zufällig, mit Westerburg bekannt geworden und hatte Aufnahme in dessen Hause gefunden. Durch ihn wurde dann der letztere unterrichtet über die radikalen Ansichten der „Zwickauer", die eine gänzliche Veränderung aller Verhältnisse der Welt erstrebten, die Taufe der unmündigen Kinder verwarfen, weil sie keine Taufe sei, die Wissenschaft verachteten, weil entbehrlich durch die höhere Offenbarung des Geistes, und die Auflösung der bestehenden Kirche und die Sammlung einer Gemeinde der Er-

[1] cf. u. a. Seidemann, Thomas Münzer 1842.
[2] Zu den Begünstigern der neuen Richtung Luthers gehörte auch der Graf Hermann von Neuenahr, ein Schüler des Joh. Caesarius aus Jülich.

wählten, Erweckten, Heiligen aus den niederen Klassen des Volkes anstrebten.

Im Jahre 1522 zog Westerburg mit Storch nach Wittenberg, wo sie ihren Verkehr fortsetzten. Storchs Hinneigung zu sozialen Problemen und sein Widerstand gegen die Kindertaufe scheinen ihn besonders angezogen zu haben. Wohl um mit Luther dieserhalb zu verhandeln, war er nach Wittenberg gereist.

Luther schrieb über ihn an Spalatin[1]) (1522, Mai): doctor ille Agrippinensis Gerhardus vocatur, natus e divitum civium Coloniensium sanguine, sincerus vir, qui studio veritatis huc ascendit et primo in Cygnaeorum prophetarum incidit dogmata, e quibus juvenem Coloniae aluerat et audierat et adhuc satis illorum somniis (ut neophytus) movetur.

Die fernere Mitteilung in einem Briefe Luthers an Spalatin vom 4. Sept. 1522[2]) scheint sich zu beziehen auf die Absicht Westerburgs, Luther zu einer Erklärung gegen die Kindertaufe zu bewegen: Fuit apud nos princeps prophetarum Claus Storck, incedens more et habitu militum istorum quos Lanzknecht dicimus, adjuncto alio in longa tunica et Doctore Gerardo Coloniensi, ... nihilque tractavit nisi de baptismo parvulorum . . ."[3])

Auf die Dauer vermochte Westerburg aber nicht mit den Zwickauern zu harmonieren; er kehrte sich von ihnen. Dem Einflusse Storchs verdankt er aber wohl für die Folge die Anschauungen, die ihn später nach Münster gehen liessen."[4])

Nachdem er die Zwickauer aufgegeben hatte, fand er Anschluss an Karlstadt. Was ihn dort abstiess, zog ihn viel-

[1]) de Wette II, 190.

[2]) de Wette II, 245.

[3]) cf. R. Bachmann, Niclas Storch, der Anfänger der Zwickauer Wiedertäufer. — Zwickau 1880 p. 27.

[4]) Melanchthon schrieb am 13. Februar 1543 an den Herzog Albrecht von Preussen, wo Westerburg eine Stellung gefunden hatte: Wiewohl ich auch nicht zweifle, „Euer fürstl. Gnaden werden als ein weiser Fürst selbst ihrer Kirche und Regierung Frieden bedenken und auf fremde Leute Acht haben, so kann ich doch Euer fürstl. Gnaden nicht bergen, dass ich ernste Sorgen habe, Doctor Westerburg aus Cöln werde Unruhen anrichten, als er weiland mit Claus Storcken und denselben Propheten umgezogen, welche die Wiedertaufe erstlich erwecket und viel böser Opinien der Zeit umgeführt." Es bedarf wahrlich Aufsehens, denn ich habe ihre Heuchelei gesehen. (Corp. Ref. V, 42.)

3*

leicht hier an. Er hat sich später als eifrigen Anhänger und Verfechter seiner Grundsätze erwiesen. Keiner hat für sie entschiedener Propaganda gemacht; länger sogar als der Meister hat der Jünger an ihnen festgehalten; rücksichtsloser noch ist er bis zu den äussersten Consequenzen derselben fortgeschritten, sogar zu einer Zeit, als jener bereits zur Ruhe gekommen war. Westerburg bot alles auf, um den kirchlichen Brand zu schüren, den glühendsten Hass gegen das alte System zu wecken, der Geldmacherei der Geistlichkeit Schranken zu setzen und einer radikalen Reform die Wege zu bereiten. Nicht durch Predigen und öffentliches Lehren wollte er sein Ziel erreichen, sondern durch Verbreitung kleiner Druckschriften und zwar in deutscher Sprache, um zu der grossen Menge zu reden und hier seinen Ideen Eingang zu verschaffen. Voll Feuer und geistreich geschrieben, liessen sie, reflektierende Erörterungen vermeidend, die ursprüngliche Quelle selbst reden. Den Einfluss derartiger Schriften erhöht noch der Charakter der Reformationszeit, in welcher ein öffentlich gesprochenes oder in Schriften veröffentlichtes Wort die Nation noch ganz anders bewegte als in unserer Zeit.

Wie Karlstadt nach dem durch Luther bezwungenen Bildersturme als „ein neuer Laie" zum Volke redete und unterschrieb, so verschmähte auch Westerburg meist seinen Doktortitel. Er verlegte seinen Wohnsitz, nachdem er sich mit einer Schwester Karlstadts verehelicht hatte, nach Jena und war in der Stille für die Ausbreitung der Grundsätze Karlstadts thätig; davon zeugt seine aus dieser Zeit bewahrte und im Sinne seines Lehrers gehaltene Schrift: „Vom Fegfeuer[1]) und Stand verscheiden Seelen; ein christlich Meinung durch Doctor Gerhard Westerburch von Cöllen, neulich aussgangen. Gedruckt im Jahr 1523." 8 Blätter in kl. 4°[2]) (sonst schreibt er in demselben Jahre seinen Namen nur mit dem Zusatze „genanter Doctor").

Diese deutsche Schrift wurde in mehreren Ausgaben gedruckt.

---

[1]) Spottend nannten ihn seine Gegner bis in die 40er Jahre: „Doctor Fegfeuer", wie Westerburg selbst in einer seiner zu Strassburg 1545 gedruckten Schriften erwähnt.

[2]) cf. Steitz, Gerhard Westerburg; ferner: Sepp, Geschiedkundige Nasporingen 1873 II, 230; Sepp, Kerkhistor. Studiën p. 27 ff.; Varrentrapp, H. v. Wied p. 61.

Einige sind noch erhalten.[1] Auch lateinisch wurde sie gefasst und in 3000 Exemplaren in die Niederlande gesandt.

Der Grund der Veröffentlichung kann nur gewesen sein, für die Grundsätze Karlstadts, ohne durch Nennung seines Namens Anstoss zu erregen, in den Niederlanden und in Köln Propaganda zu machen und den römischen Kultus (besonders die unnützen Kosten und die „teuflische Pracht" der Totenmessen zu verringern)

[1] Ein Exemplar auf der Stadtbibliothek in Köln und der Kgl. Bibl. zu Berlin. Mir hat ein Exemplar von der Universitäts-Bibliothek zu Utrecht vorgelegen (Miscellanea Theologica. Quarto Nr. 288; Sammelbändchen von 8 verschiedenen Schriften, darunter mehreren täuferischen):

„Vom fegefewer und standt der
verscheyden selen eyn Chrystliche
meynung durch Doctor
Gerhart Westerburch
von Coellen Neu /
lich ausgangen.
Gedruckt jm jar M. D. xxjjj. (12 Blätter in 4°.)

Er richtete die Schrift an den Rat seiner Vaterstadt. Unentgeltlich liess er sie hier verteilen. Bald waren Frankfurt, Köln, die Niederlande voll von seinen Schriften.

Die Schrift musste um so mehr Aufsehen erregen, als seine Gedanken dort schon von anderen verbreitet waren. Zahlreiche Studenten hatten sich Wittenberg zum Studium ausgewählt. Zwischen Wittenberg und dem Niederrhein waren ja durch die Verwandtschaft der Fürstenhäuser die Beziehungen enger geworden. Warum sollten z. B. am Niederrhein Luthers Lehren allein Eingang gefunden haben und nicht auch die seiner Gegner?

Als die Reformbewegung in Wittenberg immer mehr zunahm, schrieb am 30. Oktober 1521 der Augustiner-Prior Helt einen mit Klagen über die Neuerungen angefüllten Bericht an den Kurfürsten, worin er sich namentlich darüber beschwert, dass die ärgsten Agitatoren unter seinen Mönchen meist Ausländer aus den Niederlanden seien. (Jäger, Karlstadt p 247.)

Die Karlstadtischen Unruhen waren und blieben keineswegs Wittenberger Lokalgeschichten. Die zu- und abströmende Menge von Theologen, welche sich in Disputationen zu Wittenberg einen akademischen Grad erwerben wollten, wurden damals mehr oder weniger von der extremen Richtung Karlstadts angesteckt: man höre nur, was Erasmus Alberus von sich selbst bekennt, und beachte, dass Karlstadt alle seine Sätze in Disputationen durch solche junge Männer als seine Respondenten verfechten liess, wie uns ein Blick in Riederers Notizen (Nachrichten Bd. 4) über die ältesten Disputationen in Wittenberg belehrt. Dass solche Zugvögel die Bewegung weiter trugen, kann keinem Zweifel unterliegen, wie Melanchthon noch später in einem Briefe an Joh. Hess (4. Dez. 1522) schreibt: insaniunt plerique e schola nostra, ubi alio venerint, quiritantes continuo de mutandis ceremoniis."

da mit Erfolg anzugreifen, wo er mit dem bürgerlichen Leben am
engsten verwachsen war und dem Klerus die ergiebigste Einnahmequelle eröffnete.

Im übrigen ist die Schrift nur ein Plagiat, ein litterarischer
Plünderungszug Westerburgs aus der gleichlautenden Schrift Karlstadts[1].

Er verlangt in seiner Schrift, dass die Bibel unbedingte
Grundlage und Autorität für Lehre und Leben sei. In seiner
Vorrede an Bürgermeister und Rat der Stadt Köln sagt er u. a.:
„es wäre meine begirliche bitt, F. L. wöllen dareyn sehen, dass
hiefür der unnutz unkost und teuflichs bracht (so allein aus hoffart, geizigkeit und unerkentnus der, die da das wort gottes trewlich
un nit mit unnutz geschwetz vermischt sollen an den tag brengen,
erstanden ist,) hingelacht und je gemindert würdt".

Das Fegefeuer ist der Pfaffen Erfindung.

Hiermit will ich meinen Dienst allen gläubigen Christen, in
besonderheit meinen Mitbürgern angezeigt haben. „Byt darneben,
das eyn jeder eynmals die augen aufthu / und die warheit durch
das warhaftig evangelium Christi oder Gottes wort erkenne / dar
von nit abweyche. Auch die grossen unkost an begrebnus, begegnguss, vigilien / commendatzien, seelmessen, jarmessen / jargezeyten,
mänstunden / hochgezyffern / wachssen kertzen / seyden balcken /
glocken leuten / gräber weyhen unn dergleychen ungegrundten erdichten ceremonien und weysen / anlagen / wyl ich trewlich vor
jrem schaden warnen — alle haben keinen Grund in der Schrift" (s. u.).

Wegen der Unkosten wäre es besser, anstatt sie unnütz den
Armen abzudringen, den lebendigen Notdürftigen d. h. unsern
Brüdern nach Christi Lehre zu geben, woraus gemeiner Nutzen
entstehen würde.

Den Einfluss seiner Reden und Schriften können wir deutlich in den Visitations-Protokollen von 1533 verfolgen (s. Clarenbach
u. Fliesteden).

Es dürfte nicht uninteressant sein, seinen Pfaden hier weiter
zu folgen.

1524 (Okt.) ist sein Lehrer Karlstadt in Strassburg, wo er
Gönner fand. Als Westerburg wegen seiner Parteinahme für ihn
aus Sachsen ausgewiesen wurde, begab er sich ebenfalls nach Süd

---

[1] cf. Nippold, Jenaer Litteraturzeitung 1876 p. 385.

deutschland (Zürich) und trat mit den dortigen „Brüdern" in Verbindung, zu denen ihn Karlstadt mit Büchern und Traktaten gesandt hatte. Beide fanden in Oberdeutschland anfangs bei angesehenen Männern Teilnahme und Gunst, die sich aber bei den Häuptern bald in Misstrauen verwandelte, als sie keinen Anstand nahmen, mit den zum Aufruhr geneigten Massen in Verbindung zu treten. Karlstadt wandte sich von Strassburg nach Basel [1]), wo er mehrere Schriften verfasste, darunter auch die berühmte Auslegung der Einsetzungsworte des Abendmahls. (Während er mit Münzer zerfiel, der das Schwert Gideons sich umgürtete, hantierte Karlstadt fleissig und scharf das Schwert des Geistes) [2]).

Die Schweizer Reformatoren: Oecolampadius, Zwingli, Bucer versagten ihm zu den Hauptpunkten seiner Lehre ihre Zustimmung nicht, selbst da, wo er sich als Gegner der Kindertaufe erwies. 1524 verfasste Karlstadt u. a. die Schrift: „Ob man mit der heiligen Schrift erweisen möge, dass Christus mit Leib, Blut und Seele im Sakrament sei". Hatte er schon in seiner schriftstellerischen Thätigkeit zu Orlamünde die leibliche Gegenwart Christi im Abendmahl mit wachsender Entschiedenheit bestritten und den geistigen Genuss für das allein Wesentliche erklärt, so bezog er nun das Wort τοῦτο in der Rede: das ist mein Leib, nicht auf das Brot, sondern auf Jesu eigenen, den Jüngern gegenüber sitzenden Leib, den er im Begriffe sei, für die Welt dahin zu geben. Nicht an das Sakrament, sagte er, weise uns Christus in diesen Worten mit unserm Glauben, sondern an das Kreuz, an welchem er uns erlöset habe [3]). Erst bei der Annahme, dass Christus das τοῦτο auf sich selbst gedeutet habe, sei es zulässig, statt dieser Worte geradezu den Satz: „Mein Leib wird für euch gegeben", zu setzen [4]).

---

[1]) Erasmi Opp. 1703. Tom. III. f. 831 E. (Erasmus aus Basel an Melanchthon. 1524 Dez. 10.): Carolstadius hic fuit, sed clam; edidit sex libellos germanice scriptos, in quibus docet in Eucharistia nihil esse praeter signum corporis et sanguinis Dominici. Hic duo typographi, qui excuderunt, pridie conceptae Virginis conjecti sunt in carcerem. (Vergl. auch den gleichzeitigen Brief an Henr. Stromerus p. 834 B.)

[2]) s. Cornelius, M. A. II, 240 ff.; Staehelin, Zwingli, I, 472.

[3]) cf. Steitz, Westerburg p. 29; Jäger, Karlstadt p. 455.

[4]) Vergl. auch die Schrift aus dem Anfange des Jahres 1524: „Ob die Ohrenbeichte oder der Glaube allein oder was den Menschen zur würdigen Empfahung des hl. Sacraments geschickt macht."

Diese rationalistische und natürliche Auffassung der Abendmahlslehre und

Am Schlusse verdeutlicht Karlstadt (auch hierin folgte ihm Campanus) seine obengezeigte Auslegung der Einsetzungsworte mit Matth. 16, 18, wo auch das letzte Demonstrativum (*καὶ ἐπὶ ταύτῃ τῇ πέτρᾳ*) nicht auf den unmittelbar vorhergenannten Petrus gehe, sondern wo Christus sich selbst gemeint habe; also gehe das *τοῦτο* in den Einsetzungsworten nicht auf das zuvorgenannte Brot, sondern deute auf Christi leibhaftige Person.

Das im Abendmahl dargereichte Brot ist nach Karlstadt nur ein Bild (Symbol) des sterbenden Erlösers, welches den Menschen zur Bekämpfung der Sünde stärken solle. Er negiert also offenbar die leibliche Gegenwart Christi im Abendmahl, welche Luther aus allen Kräften verteidigte[1]).

Die Ansicht Karlstadts war übrigens nicht neu. Moneta sagt in seinem Buche „Wider die Katharer und Waldenser", dass zu seiner Zeit (Mitte 13. Jahrh.) Leute gewesen, die sich diese Auslegung hätten gefallen lassen[2]): Dixit Hereticus aliquando, quod per Pronomen Hoc demonstravit Deus corpus proprium, intelligens sic: Accipite materialem panem et comedite eum, et postea tangens corpus suum dixit: Hoc est corpus meum[3]".

An dieser Stelle ist auch Melch. Hofmanns Erwähnung zu thun, denn er hat indirekt in Westerburgs weitere Entwicklung

-feier werden wir später in den Schriften des Campanus wiederfinden. Wer kann heute die verborgenen Fäden eruieren, die ihn mit ihm und Westerburg verknüpfen!

[1]) Röhrich, Geschichte der Ref. im Elsass I, 297; vergl. ferner „Gutachten Martin Buzers über den Streit Karlstadts und Luthers vom heiligen Abendmahl, gestellt den 26. Christmonats 1524." Vorrede p. XII. Melch. Adamus in vita Carolstadii: Suum illud τοῦτο ita collegit Carolstadius, quia Panis discipulis prius sit a Christo datus, ab ipsis acceptus et comestus, postea autem dixerit: Hoc est corpus meum. Itaque per Hoc non panem, sed δεικτικῶς corpus Christi ibi accumbentis demonstrari." Erasmus Alberus, Wider die Lere der Carlstader, 1565. (Berl. Bibl.) Bl. R.¹: „Das ist mein Leib deutet er mit dem Wörtlein (DAS) nicht aufs Brot, sondern auf sich selbst;" ferner Z⁶: „Carlstad nennt das Sakrament ein Bröteren Gott;" a⁵: „Carlstad spricht Christus hab mit dem Wort (DAS) auf sich selbst gedeut und gesagt: Hie sitzt mein Leib."

[2]) Monetae contra Catharos et Waldenses Liber IV, c. III; Füsslin, Beyträge 5. Theil. Zürich. 1753 p. XV.

[3]) Karlstadt hat sich also Luther gegenüber wohl mit Unrecht gerühmt, dass seit der Apostel Zeit diese Erklärung niemals vorgebracht worden sei. Koldes Ansicht (Luther II, 149) dürfte darnach also auch wohl unzutreffend sein.

später eingegriffen. Vielleicht liegt auch hier der Schlüssel zum Verständnisse der Beziehungen zwischen Karlstadt-Westerburg und Campanus.

Hofmann hat den Lehren Karlstadts vom Abendmahl manches entnommen. Zwar deckt sich Hofmanns Ansicht vom Abendmahl mit keiner der im Reformationszeitalter hervortretenden Ansichten völlig. Insofern er das Sakrament als eine Gedächtnisfeier des Todes Christi und zugleich als eine Feier der innigsten Vereinigung zwischen Christo und den Gläubigen fasst, stimmt er am meisten mit Karlstadt überein. Seiner Deutung der Einsetzungsworte tritt Hofmann indessen nicht bei. Die Vereinigung mit Christo kommt nicht durch ein wirkliches Essen des verwandelten Leibes, sondern durch den Glauben an die Verheissung der Einsetzungsworte zustande.

In der Lehre vom Abendmahle macht Hofmann sich unverkennbar von Luthers Standpunkte los, oder vielmehr Luther tritt zu Ansichten, die er früher verfochten und die vom Kürschner festgehalten wurden, in Gegensatz. In der ersten Periode kommen bekanntlich bei Luther Andeutungen einer mehr spiritualistischen Auffassung vom Abendmahle vor. An diese klammerte sich Hofmann, dem ja eine entschiedene Abkehr von allem Sinnenfälligen in Sachen der Religion eigentümlich war, fest, und so war er, als durch Karlstadt der Sakramentsstreit begonnen wurde, für die geistigere Auffassung vom Abendmahl vorbereitet. Hofmanns Abendmahlslehre ist ein Syncretismus von Gedanken Luthers aus seiner ersten Periode und Karlstadtischer Ideen, die aber nur insofern verwertet sind, als sie ihm durch seine eigentümliche Schriftauslegung ihre Bestätigung zu finden schienen.[1] —

Doch zurück zu Westerburg: Was er früher im Verkehr mit den Zwickauern verworfen hatte, das machte er nun zu dem Seinen; auch er umgürtete sich mit dem Schwerte Gideons, wozu ihn die Bauernbewegung geführt hatte[2]. In Frankfurt a. M. versuchte er eine gewaltige soziale Umwälzung. Es blieb aber beim Versuche: Mai 1525 musste er die Stadt verlassen. Nach Melanchthons Meinung war er mit Recht als ein Nachfolger und Schüler Storchs verurteilt.

---

[1] cf. Jäger, Karlstadt p. 434, 35, 38; Zur Linden, Melch. Hofmann p. 30.
[2] s. u.

Steitz a. a. O. p. 103 glaubt, dass er, nach Köln zurückgekehrt, wieder zu seiner ursprünglichen Ansicht übergegangen sei, dass das Schwert des Geistes allein die würdige Waffe gegen die Macht seiner Feinde sei. Wieweit er jetzt, wo er, in Köln durch den Einfluss mächtiger Freunde und Verwandten[1] geschützt, einige Jahre verweilen durfte, radikalen Theorien gehuldigt hat, entgeht unserer Kenntnis. Das einzige, was zu dieser Zeit an anabaptistische Eigenart erinnern könnte, ist die oben erwähnte Geringschätzung seiner Titel.

„Eine auch durch sonstige Ermittelungen festzustellende Thatsache ist, dass die ersten reformatorischen Regungen in Köln, namentlich in den Jahren 1522—24, durch die Wirksamkeit von Westerburg, Nicolaus Symmen und Martin Reinhardt[2] den Charakter des Karlstadtischen Radikalismus an sich trugen, bis durch den von Wittenberg gekommenen Theodor Fabritius die Sache eine andere Gestalt erhielt".[3]

Manches hiervon durchdrang die rheinischen Gebiete und hielt sich. Nachdem Westerburg sein Buch vom Fegefeuer verbreitet hatte, schrieb ein Mitglied des rheinischen Adels, der Deutschordensritter Wilhelm von Isenburg in Köln, eine Reihe deutscher Schriften, worin er eintrat für die Lehre, „dass wir allein um des Glaubens willen gerechtfertigt und allein durch Christum

[1] Die Frau seines Bruders Caspar ist Gertrude von Paffendorf; ihre Familie begegnet uns in der Geschichte der Wiedertäufer am Niederrhein häufiger.

[2] In welchem Ideenkreise diese Männer lebten, beleuchtet die Thatsache, dass Martin Reinhardt 1524 ein Schriftchen neu herausgab, das ohne Zweifel aus den Kreisen der „böhmischen Brüder" stammt und den bezeichnenden Titel hat: „Anzeigung, wie die gefallene Christenhait widerbracht mög werden in jren ersten standt, in wölchem sie von Christo und seinen aposteln erstlich gepflantzt und aufgebawet ist. Vor hundert jaren beschriben und jetzt aller erst gefunden und durch den druck an tag geben. 1524. Das Concilium zu Basel und die Böhem betreffende. / Am Schlusse: Marti Reinhart von Eyvelstatt, Prediger zu Ihen." — s. u. § 5.

Martin Reinhardt stammte aus Sachsen und hielt zu Köln in der der juristischen Fakultät angehörigen Kronenburse Vorträge. Er wurde während der Gefangenschaft Clarenbachs ebenso wie die evangelisch gesinnten Augustiner aus Köln verwiesen. — Der Priester Nikolaus Symmen, ein Karlstadianer, war in den Ehestand getreten und hatte Schriften im reformatorischem Sinne veröffentlicht. s. Krafft, die Geschichte der beiden Märtyrer. Elberfeld 1886 p. 54 f.

[3] Theolog. Arbeiten III, 108.

selig werden, und nicht durch Werke, die wir doch aus Pflicht
göttlicher Gebote zu thun schuldig sind etc". [1]

Unter Westerburgs Einfluss hat wohl auch der junge Peter
von Fliesteden (in Jülich) gestanden, der im Dezember 1527 wegen
Achtungsverletzung katholischer Gebräuche im Kölner Dom gefangen genommen wurde. [2]

Westerburg wurde nach J. Cochlaeus [3] 1526 (19. März) zu
Köln für einen Ketzer erklärt und musste deshalb die Stadt
wieder verlassen.

In den nächsten Jahren erschien von ihm die weitere Schrift:
„Wie die hochgelarten von // Köln, Doctores in der Gottheit und
Ke / tzermeister, den Doctor Gerhart Westerburg des Feg- / fewers
halben als einen ungläubigen verur- / theilt und verdampt haben.
// ... Gedruckt zu Marburg im Paradiss, durch Frantzen Rhodiss.
Anno MDXXXIII [4]. Seinen Feinden in Köln ruft er hier zu:
„Sehet zu, das Fegfeuer will an allen Orten und allhie nächst,
im Lande von Jülich und Berg, ja vor euren Porten erlöschen

---

[1] Varrentrapp, H. v. Wied p 61; s. u. § 5.
[2] Steitz, Westerburg p. 126; s. u. § 5.
[3] J. Cochlaei „Von Seelen im Fegefeuer", Köln, das wider Westerburgs Buch vom Fegefeuer geschrieben ist. Cochlaei Vorrede ist an Hans
Karl zu Geldern gerichtet. F. S. 1734. p. 531. Burkhardt, Luthers Briefwechsel. Lpz. 1866 p. 46.
[4] Auch diese Schrift wurde weit verbreitet.
Die Colporteure spielen eine wichtige Rolle bes. im Dienste der
Reformation und aller Sonderbestrebungen. Durch sie sind die Schriften
Karlstadts wie auch Westerburgs massenhaft verbreitet und auch im Jülichschen
bekannt geworden. Daher wird während der Kirchenvisitation etc. auf sie
gefahndet. Eigene Druckerpressen gestatteten ihnen, im Verborgenen ihre
Traktate und Flugschriften herzustellen, die dann ebenso verborgen, wo-
möglich ohne Namen des Verfassers, Druckers und Druckortes, in Menge
heimlich feilgeboten wurden. Wie Karlstadt in Jena, Melch. Hofmann in
Flensburg, so hatten auch die Münsterschen (Bernhard Rothmann) ihre eigenen
Winkelpressen. (Jäger, Karlstadt 426.) 1529 sah sich der Weseler Rat veranlasst, einem Buchhändler Schmähschriften auf die Messe (von Karlstadt und Westerburg?) und das Buch von der babylonischen Gefangenschaft
nach richterlichem Spruche (weil er Schriften feilhielt, „unter denen etliche
schändlich auf die Messe gedichtet waren") wegzunehmen und zu verbrennen.
Der Mann wollte eidlich bestätigen, dass er die Bücher von niemand an-
derem empfangen habe „als von Joeden off andern Onchristen, om die hier
to verbreiden;" er habe dieselben um seinen Pfennig binnen Gosseler (Goslar)
gekauft. (Z. d. berg. Geschv. I, 290.)

und ausgehen". Er schliesst sein Werk, charakteristisch genug für ihn: „Aber ihr Theologen, ihr Doctores in der Gottheit, die ihr dem Wort Gottes muthwillig und wissentlich widerstehet, lasset ab, Christum und die Seinen zu verfolgen; ihr habt Bluts genug vergossen, sunderlich mit den zween nächst verbrannten Adolphus und Petrus, deren Tod ihr durch euer Urtheil ein Ursach geworden seid, obgleich sie den christlichen Glauben bis in den Tod bekannt und darauf als Christen gestorben sind. Bedenkt doch, dass ihr auch einst dahin müsset. Lasset doch diesen Christum allein einen Herrn, Fürsprecher und Seligmacher sein, stosset ihn doch nicht aus seinem Reich . . . . . . lehret das Volk, dass es sich auf das Verdienst Christi, des Sohnes Gottes, verlasse, der allein die Seelen aus dem Fegfeuer helfen kann, denn er ist allein der Weg, die Wahrheit und das Leben, er ist's allein, durch welchen man zum himmlischen Vater kommt . . . . diesen Christum sollen alle gläubigen Seelen loben, ehren und preisen in Ewigkeit, Amen. Eine veste Burg ist unser Gott, eine gute Wehr und Waffen."[1]

Mit Klopreis (s. u.) kann Westerburg nicht unbekannt geblieben sein; vielleicht ist er sogar einer der zahlreichen Freunde, die jenem mit Fabritius aus dem Gefängnis in Köln zur Flucht verhalfen. Bei der geringen Entfernung des Jülicher Landes von Köln ist es geradezu undenkbar, dass er nicht durch ihn auch zu den übrigen Gliedern des dortigen Kreises in Verkehr getreten wäre, denen er durch seine ganze Vergangenheit und seinen Grundsätzen nach in mehr als einer Beziehung sich geistesverwandt fühlen musste. Über die Vorgänge im Jülichschen war er denn auch genau unterrichtet.

1529 kam Westerburg auch nach Marburg, wohin u. a. auch der später eingehender zu behandelnde Joh. Campanus seine Schritte gelenkt hatte. Erfolge hatte er hier nicht.

„Man darf gewiss Cornelius' richtigem Blicke vertrauen, wenn er (Aufsatz über die niederl. Wiedertäufer) die Brüder Westerburg an die Spitze aller auswärtigen Förderer des Münsterschen Täuferreichs stellt."[2] Und Cornelius hat Recht. Wenn auch Westerburg vielleicht einige Jahre vorher gemässigtere Bahnen gewandelt war, die Neuerungen in Münster zu Anfang der dreissiger Jahre liessen

---

[1] Steitz a. a. O. p. 133.
[2] Nippold, Jenaer Litteraturzeitung 1876 p. 388.

ihn nicht ruhen; schien doch die Wiedergeburt aller sozialen Verhältnisse aus dem christlichen Geiste und auf dem Grunde des Evangeliums in Münster alle seine Jugendträume zu erfüllen.

Gerhard Westerburg wurde mit seinem Bruder Arnold die Seele des Täuferwesens in der Stadt Köln (1533/34), wohin er sich bei der ersten Nachricht von der kirchlichen Bewegung am Niederrhein zurückbegeben hatte. Laut Wiedertäufer-Bekenntnisse sind Gerhard und Arnold 1534 persönlich in Münster gewesen, um den „Triumpf der Heiligen" mitzumachen, und haben hier in Knipperdollings Hause durch Heinrich Roll die Taufe erhalten.[1] Um Fastnacht war Gerhard wieder in Köln, wo er viele taufte;[2] darunter befand sich auch der später zu erwähnende rührige Apostel Joh. Krufft.

Während der Belagerung der Stadt Münster stand er mit deren Bewohnern in Verbindung, wenigstens rechneten sie noch bestimmt auf ihn. Seinem Einflusse ist jedenfalls das starke Wachsen der täuferischen Gemeinden und ihre Bedeutung am Niederrhein und in Köln zu danken, wenn wir auch den übertriebenen Gerüchten, welche darüber nach Münster gelangten, nicht vollen Glauben schenken dürfen, wenn es z. B. heisst in dem Bekenntnis des Johann Scheiffart von Merode[3] (1534. Dez. 11.): „dass Collen, Wesel und Aich heimlich widderteuffer dabinnen an sie gesant, ihren handel zu vernemen, und mogen auch noch vielleicht dabinnen sein und enthalten werden; und haven dieselve die vertroistung dabinnen gebracht, wie das der Kunig zu Frankreich, Engellant und Schotland die widertauf angenommen und getauft. Aus Collen Ant und Gerhardt Westerburg gebrueder, und binnen Collen der widdertäufer ungefehrlich 700, doch binnen Wesel und Aichen nit so viel" (im übrigen vergl. darüber weiter unten). —

Es sei gestattet, hier auf die letzten Lebensjahre Westerburgs hinzuweisen. Steitz hatte bereits früher in seiner Biographie über seinen Aufenthalt am Hofe Albrechts von Preussen[4]

[1] M. Q. II, 276, 405.
[2] Ennen, Gesch. der Stadt Cöln IV, 337; Keller, W. T. p. 160 ff.
[3] M. Q. II, 293.
[4] Dass er sich gerade nach Preussen wandte, ist durchaus nicht zufällig. Es hatte sich den verfolgten Täufern dort seit 1525 ein schützendes Asyl geöffnet, in dem sich eine ganze Reihe von Männern zusammen fand.

einige Notizen gebracht. Weitere Mitteilungen machte dann jüngst Tschackert in seinem „Urkundenbuche zur Reformationsgeschichte des Herzogtums Preussen" [1] nach Auszügen aus dem Königl. Staats-Archiv in Königsberg. [2] In Preussen hat sich Westerburg nur wenige Jahre aufhalten dürfen. Um 1545 weilte er in Basel. [3] Wo und wie er geendet, ist bis jetzt nicht bekannt geworden.

1545 wurden von ihm in Strassburg drei Schriften gedruckt, welche zeigen, dass sein Kampfeseifer gegen die römische Kirche nicht erlahmt ist. Ihre Titel lauten:

„Das der Allerheiligster Vatter der Pabst vnd die Heilige Mutter die Römische Kirch, mit ihrer aller getrewsten Dochter der Stadt Cöllen in sachen des glaubens nicht ihrren können"; ferner „Von dem anbette des h. Sacraments, ein Kurtzer Bericht. An den geistl. Adel des wirdigsten cöllschen Thumcapittels"; ferner „Von dem grossen Gottesdienst der löblichen Statt Cöllen. Eine vergleichung der Statt Cöllen mit dem heiligen Hierusalem im Gottesdienst, genomen auss dem XVI. Capitel Ezechielis", sämtlich durch Doctor Gerhart Westerburg in 4°.

Zur Charakteristik der Schriftchen möge aus dem letzten

Vergl. Näheres bei A. Brons. Ursprung p. 242 ff.; Keller, Joh. von Staupitz. — p. 380; s. u.

[1] Bd. III. Lpz. 1890 (Publikationen aus den Kgl. preuss. Staatsarchiven Bd. 45.)

[2] a. a. O. p. 20: Glaubensbekenntnis Westerburgs vom 30. Sept. 1542; p. 29: W. sendet am 29. Dez. 1542 an Bischof Paul Speratus den Katalog seiner Bücher und sein Buch gegen die Kölner Theologen; p. 40: 1543 (Juni 15.) wird er vom Herzog und seinen Räten des Landes verwiesen, weil er trotz vorhergegangener Warnungen sich mit „ungeschickten Worten" über das Sakrament geäussert habe. — Vielleicht war es neben dem angegebenen Grunde der Brief Melanchthons an Herzog Albrecht, siehe oben p. 35, Anm. 4, (d. d. Wittenberg 1543. Febr. 18. (Corp. Ref. V, 41; Tschackert ... III, 33) welcher die Katastrophe herbeiführte.

G. Gnapheus bestellt 1544 (Juli 14.) aus Königsberg in einem Briefe an Johann a Laski einen Gruss an „Doctorem nostrum Westerburgum", cf. Gabbema, Epistolarum ab illustribus et claris viris scriptarum Centuriae tres (1663) p. 25 ff.; Tschackert, U. B. III p. 78.

[3] Brief des Martin Borhäus (antea: Cellarius, der anfänglich auch mit Münzer und Storch in Wittenberg verkehrte, bald vertrieben wurde, nach Basel kam, in gemässigtere Geleise einlenkte und hier eine Predigerstelle erhielt) an Heinr. Bullinger. 1545 Sept. 25: „De Gerhardo Westerburgio vehementer mihi gratum fuit, quod eum domi tuae exceptum tam liberaliter tractasti", cf. Füsslin, Epistolae 1742 p. 225.

folgender Passus folgen: C. [4]: „Wen aber der sommer her kompt,
dan lassen wir die Königinne der himmeln mit unserem Herrgot
aus brot gemacht vn andere lieben steinernen und holtzeren heiligen
der selbigen Kirchen heraus auff der gassen spacieren gehen . . .
das nachtmal des Herrn ist verschimpfiret . . . durch die Glocken-
taufe . . hat der teufel durch seinen botten, den römischen Ente-
christen vn seine Babilonische hur . . . pfaffen . . genarrt." E. [1]. —

Westerburgs Schriften sind nicht das Erzeugnis religiöser
Gemütstiefe oder gar eines genialen Geistes, sondern durchweg
der verständigen Reflexion. Sie zeigen keine grosse Gelehrsamkeit, sondern bewegen sich vorwiegend auf dem Boden des kirchlichen Lebens; wo sie sich auf die Bestreitung des Dogmas einlassen, wie der Transsubstantiation, verraten sie nicht einmal das
volle Verständnis, sondern gehen meist, vielleicht nicht ohne
Absicht, von der volksmässigen Auffassung desselben
aus. Sie wollen überhaupt nicht aufbauen, sondern niederreissen
und für einen neuen Bau Raum schaffen. Sie lassen sämtlich in
ihrem Verfasser nicht sowohl eine reformatorische Persönlichkeit
als einen Plänkler im reformatorischen Kampfe erkennen, legen
aber sämtlich Zeugnis ab für einen verständigen und redlichen
Sinn, für eine aufrichtige Liebe zur Kirche und ein warmes Mitgefühl mit den Schäden seiner Zeit, für einen heftigen, aber
furchtlosen und geraden Charakter.) [1]

*　　*　　*

Neben diesen Einflüssen verfehlten die Beziehungen zu
Oberdeutschland natürlich nicht ihre Wirkung. Die Tradition
der Wiedertäufer berichtet, dass 1524 ihre Lehre zuerst von
Oberdeutschen in den Niederlanden verkündet sei. [2]) Der grossen
Verbreitung und Propaganda der Oberdeutschen seit ihrer Verfolgung (1525) haben sich die niederrheinischen Lande, durch die
grosse Verkehrsstrasse des Rheins mit der Schweiz und Oberdeutschland nahe verbunden, um so weniger entziehen können, als
sich gerade hier so manche Freistadt zu heimlichem und offenem
Aufenthalt bot, wie wir unten zeigen werden. Wie sich im Frühjahr 1525 die Aufstände von Oberdeutschland z. B. nach Köln
und Münster fortsetzten, so drangen in derselben Weise auch die

---

[1]) Steltz a. a. O. p. 210.
[2]) Martelaerspiegel der doopsgezinden bei Erbkam p. 564.

religiösen Ideen von Stadt zu Stadt langsam, aber erfolgreich vor. Zuerst wurden natürlich zwinglische Lehren auf diesem Wege vermittelt, die im Jülichschen besonders früh bekannt waren.[1] Ohne Zweifel ist das „Evangelium des gemeinen Mannes" (wie das Täufertum wohl mit Recht genannt ist) zunächst durch Handwerker und reisende Kaufleute nach dem Norden gebracht (vergl. die Bewegung in den Zünften). Natürlich vollzog sich dieser Prozess ganz im stillen, und wir müssen uns gegenwärtig vergeblich abmühen, diesen „Aposteln" nachspüren zu wollen. Auf die Verbreitung der oberdeutschen Täufer[2] bezieht sich die Notiz bei Ottius p. 42 (zum Jahre 1527): Durch die Verfolgung, als Manz in Zürich ertränkt, Blaurock gestäupt war, „inde factum, ut anabaptistae varie hoc anno vagati reperirentur. Sic eisdem vere temporibus diversis in locis theatra sibi erexere." Über ihre Erfolge wird berichtet: „Um welche Zeit (1527) man auch lieset, dass an der Eyfel bis iu Mähren in die 50 Gemeinden und deren jegliche in die 500—600 (?) stark gewesen."[3]

Dazu kam nun, dass im Jahre 1529 ein bestimmter Führer, Melchior Hofmann, die Leitung in die Hand bekam, et anabaptisticum dogma spargere coepit. In ihm haben wir so recht eigentlich denjenigen zu sehen, der die Verbindung des Südens mit dem Norden herstellte. —

Schon früh kamen in des Herzogs von Cleve ... Landen krasse Abweichungen von der herrschenden Kirchenlehre vor. Aus Jülich wurde Peter von Fliesteden[4] in Köln gefasst. In Wesel[5] waren mancherlei Unregelmässigkeiten zu konstatieren. Diese wichtige Stadt des Herzogtums Cleve, welche später ein Bollwerk

---

[1] Hamelmann p. 1015: Cum vero non satis clare esset praedicatum Evangelium per Clivium et reliquas ditiones Principum de Berga ab initio multi passim in oppidis et urbibus latuerunt Anabaptistae.

[2] Ottius, anal. anabapt. p. 35 (1525): „(Anabaptistae) hoc anno per Helvetiam et alias partes Germaniae pervagati et tum a doctis tum a Magistratibus convicti ac ejecti in inferiorem Germaniam se recepere, praecipue in Westfaliam, Frisiam, Hollandiam etc. Sic etiam Antwerpiam usque progressi somnia sua jactare coeperunt". Anachronistisch aber fügt er hinzu: a bello rusticano Melchior Hofmannus Suevus pellio circa Rhenum paradoxa evomit. De facto war dieses erst 1529 der Fall (s. o. p. 17).

[3] Arnold I, 77 (sich auf Ottius p. 126 stützend).

[4] S. o. p. 43; vergl. Krafft, Theol. Arbeiten 1882 Bd. 5 und Bd. 12 (1892).

[5] S. o. p. 18; Wolters, Rfgsch. v. Wesel p. 38 ff.

des Anabaptismus und Vorort der Münsterschen Schwärmerei wurde, giebt uns für die Verbreitung von Neugesinnten in diesen Jahren manche interessante Nachrichten. Als der streng katholische Fürstenberg in Wesel, der nach Clarenbachs Vertreibung gewonnenes Spiel zu haben glaubte, kurz darauf sich zu dem Ausrufe veranlasst sah, „dass der Unglaube sich von neuem erhebe", da hielt es der Herzog Johann für nötig, des Kaisers Ediot von 1529 zur allgemeinen Kenntnis und strengen Durchführung bei Städten und Amtleuten bekannt zu geben. [1] Es war die drakonische Verordnung des Reichstages zu Speier (April 1529), welche für die ganze Folgezeit zu Recht bestehen geblieben und daher von besonderer Wichtigkeit ist. Der erste kaiserliche Erlass gegen die Täufer erschien bereits am 4. Januar 1528, wonach alle Täufer und Eltern, welche ihre Kinder nicht zur Taufe brächten, dem Tode verfallen sein sollten. § 6 des Reichstagsabschiedes von 1529 lautet: „dass alle und jede Widertäuffer und widergetauffte Mann- und Wybspersonen verstendigen Alters vom Leben zum Tod mit Feuer, Schwert oder derglychen nach Gelegenheit der Personen ohne vorhergehend der geistlichen Richteren Inquisition gerichtet und zum Tode gebracht werden. Und sollend derselben Friedbrecher, Hauptsächer, Landlaüffer und die auffruhrigen Auffwickler dess berührten Lasters des Widertauffs, auch die, so darauff beharren oder zum andernmal umfallen, in sollichem keineswegs begnadet, sondern gegen ihnen vermög solcher Satzung ernstlich mit der Straff gehandelt werden. Welche Person aber ihre Irrsal für sich selbst oder auf Underricht und Vermahnung unverzüglich bekennten, denselben zu widerrufen, auch Buss und Straff darüber anzunemen willig sind und umb Gnade bitten würdend, dass dieselbige nach Gelegenheit ihres Stands, Wesens (Jugend) und allerley Umbstand mögen begnadet werden." [2]

---

[1] S. o. p. 19.

[2] Vollständig abgedruckt in der „Neuen und vollständigen Sammlung der Reichs-Abschiede, Frankfurt a. M. 1747. II, 284; in J. J. Schmaussens, Corpora juris publici Academ. (3. Aufl. 1755) Nr. XIX p. 141—43; Krohn, Gesch. der fanat. W. 1758 p. 213; Auszug bei Ottius p. 48 f. Vergl. die bemerkenswerte Kritik Kellers, Reformation p. 447 ff.

In allen Edicten auch der Territorien wird auf obigen Reichstagsabschied recurriert. Es herrscht in diesem Punkte eine erstaunliche Einmütigkeit zu jener Zeit; vergl. z. B.: edictum gravissimum Joannis Gebhardi, Archiepiscopi Coloniensis, adversus Sectam Anabaptistarum, publicatum

4

In Jülich brachen sich unterdessen neben der alten Kirche die verschiedensten Dogmen weiter Bahn. Besonders stark verbreiteten sich die Zwinglianer („Sakramentisten") mit ihrer freien Auffassung vom Abendmahle. Dazu wurde bekannt, dass Zwingli selbst lange Zeit betreffs der Lehre von der Kindertaufe geschwankt hatte.[1]

Kempenae 1560 ... Inprimis forma et modus Constitutionis Caesareae, quae anno 29. Spirae promulgata et anno postmodum 1544 denuo Spirae et demum in Anglia renovata est, serio servari et in effectum deduci debet" (Reiffenberg, historia Soc. Jesu. II, 21,22).

Bei seiner Vernehmung wegen der plötzlichen Vertreibung der Mennoniten aus Rheydt sagt 1694 (!) der jülichsche Hofrat von Heyden aus, dass die constitutio imperii de dato 1529, den 22. Aprilis, in Augsburg (?) aufgerichtet, per extractum hiesiger Landes Polizei - Ordnung inseriert sei. Letztere habe u. a. den Passus enthalten: wir wollen auch, dass ein jeder sein kinder nach christlicher ordnung, herkommen und gebrauch in der jugend taufen lassen soll, welche aber das verachten und nicht thun würden aus meinung, als ob der kinder tauf nichts sey, der soll, wo er darauf zu beharren understündt, für ein wiederauffer geachtet und obangezeigter unser constitution underworffen sein. (D. St. A. IV. c. 14c.) —

An dieser Stelle möge gleichzeitig die Bestimmung des Reichstages zu Augsburg (1530) vorweggenommen werden, welche das Vorbild für zahlreiche ähnliche Edikte in allen deutschen Landen in der Folgezeit geworden ist: „ut nulli libri sine nomine et loco edantur; nimirum ne delitescere haeretici et fanatici, libereque spargere virus suum possint; quae sane regula in omnibus rebusque observanda: simul etiam sine censura et adprobatione nihil imprimendum". (Ottius p. 51.)

Ein Henneberger Graf gab als Erzbischof von Mainz zuerst für seinen Sprengel 1486, anknüpfend an die ältere Praxis, die Anweisung, „dass vor der Drucklegung jedes Buch von bischöflichen Zensoren auf sein Verhalten zum Glauben der Kirche geprüft, eventuell also seine Verbreitung durch den Druck untersagt werden sollte". — Diese Mainzer Zensurbestimmungen, die also gerade in der Heimat des Buchdrucks erlassen waren, wurden zu einer allgemeinen kirchlichen Einrichtung. Vergl. weiter Maurenbrecher, Gesch. der kathol. Reformation I, 80.

[1] Zwingli (opp. II, 1, 245) bekennt selbst, dass er früher geglaubt habe, es sei besser, man taufe die Kindlein erst, so sie zu gutem Alter gekommen wären. vergl. Staehelin, Zwingli I, 474 ff. Balthasar Hubmaier erzählt uns: „da hat er (d. h. Zwingli) mir Recht gegeben, dass man die Kinder nicht taufen soll, ehe sie im Glauben unterrichtet seien. Es sei dies vor Zeiten auch so gewesen, derohalben man sie Katechumenos genannt habe". (1523) (Loserth, Hubmaier p. 29.) Hubmaier zitiert gern Äusserungen seiner Schweizer Freunde, durch die er ihre anfängliche Übereinstimmung in der Tauffrage beweist.

Zum Verteidiger der Kindertaufe wurde Zwingli erst durch seine Opposition gegen die „Rottierung" der Wiedertäufer. s. a. a. O. p. 84.

Der Übergang von der alten Lehre über Luthertum und Zwing-
lianismus zum Täufertum war ein leichter, wenn sich erst die
Abwendung von der katholischen Kirche vollzogen hatte. An
einigen der Wassenberger Prädikanten, so Klopreis und Vinne,
lässt sich dieses z. B. im einzelnen nachweisen. Einen besonders
grossen Raum nahm unter den Anschauungen der „Neugesinnten",
wie wir diese Richtung statt Täufer während der Zeit von 1527—30
zunächst nennen wollen, die spiritualistische Kritik der Lehre
von der Trinität, die Leugnung der 3. Person und der Gottheit
Christi ein, wofür oben bereits einige Beispiele gegeben wurden. —

Der Herzog von Jülich nebst seinen humanistisch gesinnten
Räten war unterdessen nach Kräften bemüht, eine Kirchenspaltung
zu verhüten und die Einheit des Dogmas zu wahren. Nachdem
er verschiedene einzelne Verordnungen erlassen hatte, berief er
auf den 11. Januar 1532 sämtliche Räte der 4 Landschaften nach
Düsseldorf zur Beratung. Hier erklärten ihm diese, dass sein
Vorhaben, selbst zu reformieren, „nicht nur gut, sondern höchst
nötig sei"; dass es erforderlich sei, mit Hülfe des weltlichen
Schwertes „die Missbräuche, die das Land in Aufruhr stürzten",
abzustellen, da die geistliche Obrigkeit, zu deren Amt es gehöre,
unthätig bleibe. Dabei verwiesen die Räte zur Durchführung
auf eine Kirchenvisitation.[1] Ganz besonders aber stimmten
sie einem strengen Verbote gegen alle Art von „Winkelpredigern" bei.

Die Visitation kam auch im folgenden Jahre zustande. Man
folgte darin im allgemeinen dem Beispiele Sachsens. Vor allem
galt es dabei, die herzogliche Kirchenordnung, „die die Dinge
gehen liess, wohin sie wollten, die nicht Fisch noch Fleisch war",
im Sinne des erasmischen Hofes ins Leben einzuführen und sie dem
Volke und seinen Lehrern durch persönliche Belehrung zum Verständnis zu bringen. Als Richtschnur des Handelns sollte den

---

[1] 1533 (Aug. 16.) „der vurste van Cleve, Wilhelm (?), heft durch sein
lant visitatores, als mit namen Dr. Olisleger, den scholaster to Aachen und
Johann van Loe, Drosten etc. geschickt, die kerspelkerken to besien, den
pastoren bevel to doen mit sampt iren vicarien, wie sie sich in ihren kerken
halten und schicken, wie und wat sie dem volk predichen, vuerdragen und
leren solten". (Chronik des Dietrich Westhoff in „Chroniken
der deutschen Städte" Bd. 20. Lpz. 1887 p. 429.) s. Jacobson, Quellen I, 21:
Wolters, Heresbach p. 71; Keller, Gegenreformation I, 4.

4*

Visitatoren ausser der genannten Kirchenordnung[1]) vom
11. Januar 1532 die zu dieser am 8. April 1533 erschienene
„Deklaration"[2]) dienen, welche beide darauf bestanden, dass in

---

[1]) Über diese Kirchenordnung ist seit 300 Jahren von Hamelmann bis
in die neueste Zeit viel geschrieben worden. Das historisch Bedeutsame
dieser an und für sich nicht bedeutenden herzogl. Kirchenordnung liegt
darin, dass ein von der katholischen Kirche nicht geschiedener deutscher
Landesfürst nach dem Vorgange der protestantischen Fürsten aus eigener
Machtvollkommenheit eine die innersten kirchlichen Angelegenheiten regelnde
Ordnung erlässt, die ohne Mitwirkung der geistlichen Oberen ausgearbeitet,
mit Gesetzeskraft verkündigt und mit einer späteren Deklaration eingeführt wird. Zur Erklärung dieses eigentümlichen Verhältnisses einer
Cäsareopapie in der römischen Kirche kommen die Privilegien in Betracht,
welche den Herzog allmählich vom Bischof und Erzbischof eximiert hatten.

Die Kirchenordnung des Herzogs, ein Werk seiner Räte, hat, wie
allseitig anerkannt wird, den Charakter der Unentschiedenheit und Halbheit.
Die Frage, wer der eigentliche Verfasser sei, kann mit Bestimmtheit dermalen nicht beantwortet werden. Heresbach hatte sie dem „miraculum
mundi", Erasmus, zur Begutachtung vorlegen lassen müssen. Zum Lohne
für erfolgreichen Beistand in kirchlichen Landesangelegenheiten erhielt Erasmus
im Mai 1533 die Anweisung auf ein kleines Jahrgehalt.

Im „Chronicon Dominicanorum Tremoniensium" (Handschrift in Berlin)
heisst es: Hoc anno (1533) ordinantur per Joannem Ducem Clivensem visitatores cleri, licet aliqui laici essent et Lutherani aliqui, contra ecclesiasticam
immunitatem, in quibus erat Scholasticus in Aquisgrano, Doctor Oliegschleger
cancell. Juliacensis, Joannes in Loe Drossatus in Bokem, immunes a Lutheranica
factione usque in praesentem diem. Hi visitaverunt singulos Parochiales et
Ecclesias scire volentes... ordinationes principis tradentes a D. Erasmo Roterod., ut dicitur, compilatas". (Die evangelisch gesinnten Glieder
der Kommission, wozu vor allen der Landrentmeister von Jülich und Berg,
Joh. von Harff, zählt, verschweigt das Chronicon merkwürdigerweise.) vergl.
Z. d. Berg. Gesch. VI, 208.

[2]) In der „Declaration" wird von vornherein aller Unfehlbarkeit der
Kirche zum Trotz eingestanden, dass allezeit in der Kirche viel
Dinge gewesen, die allerdings lieber gebessert wären, die man
aber des Friedens willen übersehen und geduldet hätte; es wird
gefordert, dass statt der Legenden und Exempel der Heiligen auf der Kanzel
die Predigt des Evangeliums alten und neuen Testaments getrieben werde
und — wie der Grundsatz der Protestanten lautete, dass die Schrift sich
selbst auslege — die Pfarrer werden gegen die Tradition ermahnt, die dunkeln
Stellen der heiligen Schrift gemäss den deutlichen zu erklären. Daneben
wird gelehrt: Einige Lehre zur Seligkeit bleibe Gottes Wort. Der Glaube
sei kein leichtfertig Meinen, sondern Begreifen in sich: dass man erstlich
alles, was die heilige Schrift sage, für gewiss und wahrhaftig halte, ferner,
dass man deshalb ein festes und lebendiges Vertrauen auf die Barmherzig-

den herzoglichen Landen jede Scheidung des Volkes in 2 oder gar mehr kirchliche Gemeinschaften vermieden würde. Für uns kommt zunächst besonders in Betracht der Auftrag an die Visitatoren, eingehende Aufmerksamkeit dem Sektenwesen zu widmen, und zwar:

1) Aufenthalt, Thun und Treiben der Winkelprediger,
2) Zahl und Namen ihrer Anhänger,
3) Zeit, Ort und Einrichtung ihrer Sonderversammlungen zu erforschen und
4) den Schriften von oberländischen oder radikalen Theologen nachzuspüren.

Der Erfolg aber war kein durchschlagender. Nach wie vor wurde eine gewisse Neutralität gegen das Luthertum beobachtet, unter dessen Deckmantel sich mancher, den des Herzogs Vorgehen eigentlich treffen sollte, halten konnte. Daher wurde ein vollständiger Sieg nicht erlangt, trotz der energischen Schritte gegen alles, was irgendwie über Luthers Ansichten hinausging. Radicalismus jeder Art suchte man unerbittlich zu verscheuchen, vor allem „Winkelprediger und Wortführer". Der grösste Teil ihres Anhangs wurde zur Unterwerfung gezwungen oder des Landes verwiesen, wodurch man begonnene Sektenbildungen vernichtet oder ihr Fortbestehen besonders erschwert glaubte. Aber die Jülicher Lande waren eingeschlossen von Gebieten, in denen jene „Sekten" schon in Flor waren und von Tag zu Tag sich mehrten. Zu ihnen wandte man sich auch in grösseren Scharen. Was aber half es? kamen doch bald dieselben und viele andere zurück. Der grösste Teil der „Verdächtigen" zog in die Mark und das Bistum Münster, in dessen Hauptstadt sie eine ausserordentliche Bedeutung gewinnen sollten. Hier war bereits der Pfarrer Bernhard Rothmann[1]) als Reformator im Zwinglischen Sinne aufgetreten und

---

keit habe, welche Christus mildiglich uns erworben. Die Lehre von der Messe, worauf es für das öffentlich kirchliche Leben besonders ankam, hat die Deklaration in die vom heiligen Abendmahl umgebildet, die Privatbeichte aber nur als heilsam, nicht mehr als notwendig zu behaupten gewagt.

[1]) Bernt Rothmann, Kaplan zu St. Mauriz und Inhaber einer Pfründe, mit der das Predigtamt verbunden war, hatte, humanistisch gebildet und angeregt, sich zur evangelischen Überzeugung durchgerungen und durch seine Predigten in der Charwoche 1531 einen Sturm des Volkes gegen die Kirche St. Mauriz heraufbeschworen. Infolgedessen verliess er auf einige Monate Westfalen; er reiste nach Wittenberg, Marburg, Strassburg, den drei protestantischen Hochschulen Deutschlands und knüpfte Verbindungen mit

hatte gegen seine Feinde namhafte Erfolge errungen. Noch jetzt
war die Gährung dort nicht zu Ende.[1]) Dort bei dem Feinde ihrer
Feinde mussten die von der katholischen Obrigkeit Ausgestossenen,
von der lutherischen als Rottenmacher und Schwärmer Verabscheuten
und Verfolgten mit offenen Armen empfangen werden, um so
mehr, als sie nicht genauer auf ihre inneren Absichten geprüft
werden konnten, was, wie wir sehen werden, teilweise wohl von
nöten gewesen wäre.

Melanchthon, Schnepf und Capito an. Die Eindrücke, die er auf dieser
Wanderfahrt empfing, scheinen bereits seine Richtung zu Gunsten des Zwinglia-
nismus entschieden zu haben, obgleich er die Korrespondenz mit den Wittenbergern noch geraume Zeit unterhielt (s. Beilage 3.) und vor diesen zunächst
seine schweizerische Gesinnung geflissentlich verbarg. Im Juli 1531 zurückgekehrt, nahm er den reformatorischen Kampf wieder auf und behielt die
Leitung desselben in seiner Hand.

Vergl. über ihn: Keller, in der Allg. deutsch. Biographie; über seine
Schriften: Sepp, Kerkhist. Studiën.

[1]) Im Soester Stadt'-Archiv fand sich in den Vorwerkschen
Manuskripten (I, 6, fol. 55—57) folgender Brief Rothmanns an die Stadt
Soest. Der Inhalt dieses Briefes, verglichen mit dem eines späteren vom
Jahre 1534 (ebenfalls an die Stadt Soest, s. u.), zeigt recht deutlich den
schnellen Wechsel der Ansichten dieses psychologisch wohl stets ein Rätsel
bleibenden Mannes.

Bernhard Rothmann von Münster an den Bürgermeister und Rat von
Soest. 1532, 2. Febr.

Genade u. frede durch Christum sampt myme guitwillygen
denste steitz vor an. Erbaren Ersamen u. vorsychtigen leven Heren
Bürgermesteren undt Raidt der Stadt Soist.

Wy sollen Godt dem Vader alle wege hoichlyck dancken, de in
dussen lesten tyden den schat synes goedelyken rykedoms, syne mylde
genade u. barmhertycheit durch syn hyllyghe evangelion so rykelyken
leth uithdeln, dat tho vermoden ys, dat genadenryke lecht der erkentnysse
Christi sy biss here in deutschen landen noch nu so hel erschienen, wyl
oick derhalven under uns hoich beteinen (?) u. gantz van nöden syn, dat
wy so eynen durbaren schat treatlyck achten und slytich bewaren, up dat
de leste erronghe nicht boeser werde, dan de erste gewesen ys; dat uns
also solde wederfaren, wanner wy dat evangelion by uns lathen to schanden
werden, war oick voelle beter, wo sunt peter betughet, dat wy de erkentnysse der warheyt nu gehadt hedden, dan so wy dar van in ennygher
wyse wedder afftreden. Dyt iw E. L. kortlyck vermanen, drynckt my
tom ersten mye hertlyck leve tho iw, kent godt, dar tho, dat by uns van
iw etlyke fama gesprenget sye, de dat evangelion hyr thom dele verletten,
up dat overmytz iw L. warafftych berycht, sodane geruchte gestellet moegen
werden, tho forderinghe des evangelii u. troist unser aller. Men seht hyr,

4. Was lehren die uns erhaltenen Protokolle der Kirchen-
· visitation des Jahres 1533?

Einige Nachrichten und Vermutungen über etwaige Herkunft oder Übertragung täuferischer Ideen ins Jülichsche sind bereits angeführt. In diesem § ist auf Grund der Visitationsprotokolle von 1533, welche in 2 umfangreichen Fascikeln glücklicherweise

---

u. de godtlosen ropen lude, darmedde dat evangelion gehoent und verachtet werde, wo dat in iwer Stadt groith twyst u. unwylle solde syn, thom ersten tüschen den predykern des Evangelii und den burgeren umme der besoldunghe wyllen, dat yck nycht hape, want et weren io nycht rechte predycker, de tytlyker belonunghe halven unmoit anrichteden. wattan men sie leyden vynt, wo selden de apostel sunder Judas synt.

Thom anderen, wo dat dergelyken under den burgeren groith hatt solde syn u. dat de gemeyn widder umme under dat antichristische paweslyke inck boger tho kommen.

Thom derden ys eyn geschrey, wilcher gestalt iw F. L. so unchristlyke und geweldychlyke den geystlyken ere guidt solden entfrömmende, wo groith u. gruwelyk sodane stucke weren u. dem evangelio baven mathen hynderlyck u. hoenlyck, want wo eth also were, wer gewyslyck gsyn evangelion Christi by iw, so voelle weiniger verhape yk, dat eth in der warheyt alzo sy, dan dat eth van den gotlosen lestermeulern, wo or art ys, tho schenden dat evangelion Christi erdacht sy. Eth ys uns hyr thom dele hynderlyck, dat sodane geruchte gehn, wante baven dat dat de ynveldygen geergert werden, weret oick unse Erbar overycheyt dem evangelio ungenegender durch soelken exempel.

Dusse orsake oick befft my gedrungen, dat yck, de yck hyr dem Heren Christo in dem evangelio dene, an iw E. L. to schriven sy understanden, u. bidde iw E. L. andechtygh, umme godes wyllen, ys eth sake, dath eth alzo by iw staet, des my kent godt van herten leeth were, iw. E. L. amptz halven wyl syck myt anderen u. getruwen predykern versorgern u. mit hogsten vlyte tho frede u. metycheyt trachten, ys eth overs nycht alzo, (wo yck genslyck verhape) ys myn oitmodych boger, iw F. L. wylle an lewe overicheyt burgermester und Stadt fruntlyck doen schriven; wo iw E. L. vernomen, dat sodane geruchte hyr solde syn, darmedde nycht alleyne iw. E. L. Stadt, der oick dat evangelion Jesu Christi gesmehet werde, sy erdacht u. gelogen, myt korter vermanynghe darbeneven, wo nicht van noeden, dat yck iw. E. L. sodanes voerschrive; hyr medde wert gy dem evangelio ser forderlyck u uns allen de Christum leef hebben seer troistlyck syn, drege yck derhalven geynen twivel, I. E. L. werde mit Christlyken gemoite hyr ynen syck guitwyllich und geschycklich bewysen. Des wy uns to iw als unse geleveden in Christo Broidern genslyck versehen. Wyl wy oick altyt gerne verdenen war wy konnen, kendt godt, de uns allen tho erkentnisse syner heylsamer genade durch dat evangelion Christi

erhalten sind,[1] näher einzugehen auf das, was uns über die Lehrmeinungen und die kirchliche Organisation neugesinnter Gemeinden
geboten wird. Zuvor werden jedoch die allgemeinen kirchlichen
Zustände, wie sie vor und während der Visitation vorgefunden
wurden, näher zu beleuchten sein. Gerade ihre Kenntnis trägt
manches bei zur Erklärung der so schnellen Verbreitung von
Lehrmeinungen, welche von der alten herrschenden Kirche sowohl
als der neuen lutherischen gleich weit abwichen.[2]

Ein hervorragendes Zeugnis der damaligen Zeit, machen die
Protokolle uns in derber Ursprünglichkeit und bunter Mannig-
faltigkeit mit den von den Visitatoren vorgefundenen Verhältnissen bekannt. Jeder einsichtige Kenner oder vaterländische
Geschichtsfreund wird es lebhaft bedauern, dass uns die Protokolle
von Cleve und der Mark nicht auch gerettet sind.

Aber nicht jeder urteilt, wie wir, über die Bedeutung dieser
Originalakten. Als litterarisches Curiosum mag hier eine Ansicht
angeführt werden, welche sich findet in „Norrenbergs Geschichte
der Pfarreien des Dekanats M.-Gladbach, Köln 1889."[3] Der Verfasser tischt uns darin folgende Neuigkeiten auf: Der Zweck
der Visitation sei gewesen, „die Fortschritte zu konstatieren, welche
die lutherisch-täuferischen Irrlehren in den einzelnen Ortschaften gemacht haben." (p. 157) „Das Ergebnis dieser Kirchenvisitation von 1533, welches bisher nur unvollständig bekannt

---

in allen vreden moithe geleyden. Amen. Datum up dach purificationis
Anno xxxjj. Iw beschreven antwort wyl yck verwachten.

Bernt Rothman eyn dener
des evangelii tho Munster.

Zur Erklärung dieses Briefes ist hinzuzufügen: Der Rat zu Soest,
welcher in demselben Jahre 1532 dem Herzoge bestimmt erklärt hatte: „wy
hedden dat wort gotz angenohmen und wolden dair semptlichen by blywen"
(vgl. a. a. O. fol. 54), hatte kurz vorher sich aus Lippstadt den Magister
Gerd Oemeken als Prediger verschrieben, der ihnen die erste lutherische
Kirchenordnung verfasst hatte. s. E. Knodt, Gerdt Omeken. Gütersloh,
1898 p. 12.

[1] Düsseld. Staats-Archiv. J. C. L. A. IV. c. 5. 6; im Auszuge bei
Cornelius M. A. I, 225 ff.

[2] Über den Boden, auf dem diese Eigenarten erwuchsen, s. den folgenden Abschnitt.

[3] Es ist ein Band der Sammlung: Geschichte der Pfarreien der Erz-
diözese Köln, hrsgb. von Dumont. Köln (Bachem) Bd. XXI. 1889.

geworden ist, wird gewöhnlich als ein Beweis für die gründliche Demoralisation des niederrheinischen Klerus verwertet. Unbefangene Beurteiler (!) werden diesen Visitationsberichten einen nur geringen geschichtlichen Wert beimessen und den Geist, aus welchem diese unnoble Zusammenstellung von beglaubigten und unbeglaubigten Skandalgeschichten hervorgegangen ist, nur verurteilen müssen." (Solche authentischen Berichte sind freilich manchem manchmal unbequem.) „Es ist ja offenbar, (!) die Düsseldorfer Regierung konnte in ihrem fortwährenden Kampfe mit der Kölner Kurie ungünstige Berichte über den Klerus, besonders in Rom, recht gut gebrauchen, aber dass die Abfassung dieser Berichte eine geschickte war, lässt sich nicht behaupten." (Wer die Protokolle selbst einmal mit eigenen Augen gesehen hat, wird wissen, dass wir Aufzeichnungen vor uns haben, die an Ort und Stelle gemacht sind, und dass von einer besonderen tendenziösen Redaktion der mündlichen Aussagen oder des ganzen Berichts keine Rede sein kann.) „Trotz ihrer Instruktionen, die Schultheissen, Schöffen und Kirchmeister auf Eid zu befragen, nahmen die Visitatoren in ihre Berichte manchmal das ordinärste Altweibergewäsch auf und machten sich selbst über die Geschwätzigkeit der befragten Personen häufig genug lustig. Die Befragten wussten im voraus, (sic!) was die Revisoren am liebsten hörten, und erwiesen ihnen den Gefallen, sie mit den ehrenrührigsten Anekdötchen, alten und neuen, gegen ihren Klerus zu unterhalten. Dass einige wenige Geistliche aufgetrieben wurden, deren sittliches Leben wirklich Anstoss erregen musste, ist nicht zu bestreiten, aber auch nicht zu verwundern. Seit 15 Jahren war der Cölibat des katholischen Klerus von den sächsischen Reformatoren der Verachtung preisgegeben, die Nonnen geschändet und das eigene Gelübde gebrochen worden; . . . alles in allem sind die gerügten Missstände auf die Rechnung der herzoglichen Politik zu setzen." (!) Obige Urteile sprechen für sich selber. Wie windet sich aber unser Historiker aus folgender Affaire? Man höre (p. 158): „Am ungünstigsten lautet vor allem der Bericht über Süchteln, und ist das Schöffengeschwätz über die damaligen kirchlichen Verhältnisse Süchtelns seit Cornelius von den protestantischen Historikern weidlich ausgenutzt worden. Der Süchtelner Kaplan sei ein echter Typus des Geistlichen des 16. Jahrhunderts gewesen, Sterben und Genesung habe er sich von den besuchten Kranken (!) bezahlen lassen.

Man vergisst, dass der Mann nur 7 Gulden Gehalt hatte und
auf die Sporteln zum Lebensunterhalt angewiesen war. (Über
seinen geistlichen, moralischen Wandel s. u.) Sieben Gulden
war auch damals nicht viel ... Die Schöffen, die über den Kaplan,
der mit seinen 7 Gulden nichts mehr als ein Proletarier war,
das herbe Urteil fällten, waren auch keine genügsamen Leute.
Auf dem Andreas-Essen machten sie solche Anforderungen, dass
St. Pantaleon gezwungen war, seinem damaligen Schultheiss Duikers
noch eine Extra-Beisteuer von 3 Ohm Weisswein zu gewähren."
(Was die geistlichen Bekehrungsversuche der Herren etwa 20 Jahre
später kosteten, darüber s. u.)

Das möge zur Charakteristik des Abschnittes jenes Buches
über das Reformationszeitalter genügen. Hoffentlich hat der
gelehrte Verfasser für seine neuen Entdeckungen die verdiente
Anerkennung gefunden. —

Für die allgemeinen politischen und kirchlichen Verhältnisse
scheint ein zeitgenössisches Urteil beachtenswert zu sein, welches
der ungenannte Verfasser des ziemlich unbekannten Büchleins
„Von dem Kindertauff ... klarer Gegenbericht"[1] in seiner Vorrede
an „eine adelige Dame" am Niederrhein abgiebt: „Es ist nun
(leider) ein welt / da alle ding vermischet seint und werden / nit
anders denn do das ungestalte Chaos (davon die Poeten schreiben)
noch in der welt war. Denn siehe einmall in aller Stånden, was
darumb gehet / du wirst nit vil guts finden. Die König und
Fürsten füren krieg wider einander. Die Bâpst / Cardinål und
Bischoff hoffiren in wolleben. Die Prediger und Pfarheren sauffen
und hûrirn / die Underthanen disputiren und zancken / die gemeine
ungelerten fellen urtheil von allen der schriftl. artikeln / wie es jnen
nur für gut angesehen wirt. Folge du aber solcher torheit nit
nach. Denn sihestu nit, in was ellend wir hie durch gerhaten?
Das gantz Christenthumb ligt nider und ist schier in zweien
fürnemen theilen getheilet und zerrissen / wölche wiewohl durch
Gottes gnad ein mal zu verhoffen stehet / das sie vereiniget möchten
werden / so haben wir doch widerumb einen newen Krieg mit den
tauffgenossen / damit ich nit woll sehe, wölcher massen man sich
kündt vertragen / dweil sie nun (wie ich vernimm) so weit und
zu solchem vertrawen uff sich selbst kommen seint / das alles

---

[1] s. Litteraturverzeichnis.

was sie neben jrer Lehre von jemandt hören / für ein tentation und anfechtung des Teuffels achten u. s. w."

Dass auch einzelne Prediger der alten Kirche sich den neuen Lehren zugewandt haben, vielleicht und wahrscheinlich gar den täuferischen, dafür zeugt folgende Notiz. Im Königlichen Staats-Archiv zu Münster findet sich im 69. Bande der bekannten Kindlinger-Manuscripte (fol. 87) ein Auszug, wahrscheinlich aus Kirchenvisitations-Protokollen der ersten Hälfte des 16. Jahrhunderts. Die Überschrift lautet: Seculares sacerdotes, pastores, Capellani cum laicis diversorum criminum." Es ist eine bunte Sammlung von Notizen über einzelne Prediger der 4 Herzogtümer. Bei den einzelnen Namen wird hingewiesen auf ein mir unbekanntes Verzeichnis (?), mit den Worten: require in registro delatorum. Auf den vier Folio-Seiten, auf denen auch von einzelnen Anabaptisten geredet wird (verwiesen wird dabei auf Reg. delat. fol. 16) heisst es u. a.: Wolterus N in decanatu Berhemensi (Bergheim) nempe in Odenkyrchen, de heresi suspectus ut qui Cesareae Maiestatis reformationi se accomodare nolit.

Christianus N. civis Coloniensis in parochia apostolorum et N. venditor butyri (?), Item Wylhelmus Luych in der diepen gassen et domicellus Stammell de heresi sunt suspecti. (Reg. delat. fol. 19.) Am Ende mit blasserer Tinte nachgetragen: Matthias songen de Gladbach, olim pastor in Lieskyrchen pessimus hereticus prior predicatorum."

Jener Wolter wird 1550 als Wiedertäuferapostel erwähnt. Er sei früher Pastor in Odenkirchen gewesen.

Welches Bild geben nun die Jülicher Protokolle von den äusseren Zuständen?

Sie eröffnen betreffs des Zustandes der Pfarreien in Jülich einen geradezu erschreckenden Einblick. Ungewöhnlich war die kirchliche Verwahrlosung, eine Parodie auf die Bestimmung: „Ihr seid das Salz der Erde."

„Kaum ein Schatten von dem Wesen der alten Kirche [1] blieb in unsern Kathedralkirchen zurück, niemand thut mehr seine Pflicht in alter Weise; die Namen haben wir beibehalten, das Amt verwaltet niemand: kein Wunder, dass die Ketzer, wenn sie sehen, dass kaum einer von den zum geistlichen Dienst Bestimmten seines

---

[1] Varrentrapp, H. v. Wied p. 29.

Amtes waltet, Amt und Personen zugleich verspotten", so liess sich Gropper, der nicht ohne Grund als der Retter des Katholizismus in Köln bezeichnet wird, in seiner „Institutio compendiaria Fo. CXCIII" vernehmen.

Was die Persönlichkeit der Leiter des Kirchenwesens betrifft, so ist nur selten etwas zu berichten, was vielleicht der Anerkennung wert. Das Pfarramt war zu einem Geldgeschäft geworden, das ausgenutzt wurde. Meist wurden die Pfarreien von auswärts vergeben. Die Eingesessenen hatten kein Recht, eigene Wünsche zu äussern. Verschiedentlich lesen wir, dass das Amt von Rom aus verliehen wird (so z. B. in Süstern, Wassenberg). Der Pfarrer selbst weilt meist an einem andern Orte, oft ist er gar noch Student. Der eingesetzte Pfarrer geniesst die Pfründe, deren Erträge er eifrig eintreibt, während er für sich zur Führung der Amtsgeschäfte einen Kaplan einsetzt, der, ungebildet, unwissend, lüderlich, den Pfarrkindern, die er anleiten soll, anstatt Achtung vor dem Diener des Wortes nur Mitleid oder ein Lächeln des Spottes und der Verachtung abnötigt. Waren die Kapläne oder Pfarrherren, die vielfach nicht über die Anfänge der elementarsten Bildung hinausgekommen (in Wassenberg z. B. hatte der Pastor, der sich selbst in Rom aufhielt, einen Kaplan eingesetzt, von dem man nicht wusste, ob er ein Koch sei oder nicht), einmal doch so weit in theologicis vorgeschritten, dass es von ihnen nicht heisst: „er weiss nichts von Taufe und Abendmahl, (wie in Düloken, Saeffelen, Millen, Born, Süsteren) und liefen die Leute nicht aus der Kirche, wenn er predigte (wie in Süsteren), so stiessen sie ihre Pfarrkinder ab durch ihre Unsittlichkeit. Alle Gesetze der Moral scheinen sich in jener Zeit gerade in den Ämtern, in denen sich später rege täuferische Gemeinden bildeten, gelöst zu haben. Der Cölibat war längst Gegenstand einer nebelhaften Sage geworden,[1] so in Süchteln, Dalen, Breeberen, Doveren, Heinsberg. Das Concubinat der Pfarrer war Landessitte. Fast ein Wunder ist es, einmal die Notiz zu finden (Millen): „der Pastor frauwirt nicht."

[1] Urkunde aus dem Clevischen: „Amtliches Register des Offizialats zu Xanten über die Einnahmen der Strafgelder von den für Totschlag, Ehebruch, Hurerei u. s. w. bestraften Personen." Unter 18 Exzessen sind allein 13 von Geistlichen verübt. A. a. O. p. 35.

2 Aktenstücke als Belege für die weite Verbreitung des Konkubinats unter der Geistlichkeit des ausgehenden Mittelalters und das geistliche Proletariat

Auch auf Jülich trifft das Urteil eines Theologen vom Jahre
1503 zu: „Aus langer Weile bei ihrem Amte verfallen sie anstatt auf Bücher aufs Spiel, Schwelgen und unzüchtiges Leben,
ohne sich aus der allgemeinen Verachtung etwas zu machen. Das
Evangelium nennt den Weg zum Himmel enge, sie aber machen
ihn breit und lustig."[1]

Wie wenig sich das übrigens gebessert hatte, und wie nachhaltig solche Beispiele der berufenen Seelsorger auf das Volk
wirken mussten, zeigen die Protokolle der geistlichen Visitationen
aus der 2. Hälfte des 16. Jahrhunderts, welche trotz aller Edikte
und Vorkehrungen der auch in dieser Hinsicht auf Besserung ganz
aufrichtig bedachten herzoglichen Regierung[2] noch dieselben Schäden
aufweisen, wie vorher.

Zu jenen wenig guten Eigenschaften der Pfarrer kamen
übrigens bei den meisten noch viele andere, die gewiss nicht zur
Belebung des religiösen Lebens der Gemeinden und zu einer
Befriedigung der Herzenswünsche nach dem würdigen Empfange
der heiligen Sakramente aus den Händen dieser Muster ungeist-
licher Amtsverwaltung beitrugen. Bei ihrer schlechten sozialen und
pekuniären Stellung griffen viele zu unerlaubten Mitteln: sie prellten
die Leute (so in Heinsberg etc.: „der Pastor nimmt wacker von
den Armen" oder „er sieht sehr auf sein Verdienst, unternimmt,
von den Nachbarn Geld zu gewinnen"; in Süchteln wird geklagt,
dass man bei jedem Anlasse von der Wiege bis zum Grabe schwere
Abgaben zu entrichten habe. Alles musste bezahlt werden, die
Verwaltung der Sakramente, Geburt, Hochzeit, Genesung und Tod,

jener Zeit gab von Below. (2 Aktenstücke zur Geschichte des Landeskirchentums
in Jülich). s. Briegers Zeitschr. für Kirchengeschichte 11, p. 158—161.

Ein quasi offizielles Zeugnis der vorhandenen Unordnung des damaligen
kirchlichen und bürgerlichen Lebens ist die am 2. Juli 1525 erschienene herzogl.
„Ordnung" kirchlicher Angelegenheiten. (Scotti, Sammlung, 1821. 1, p. 19—25).

[1] von Recklinghausen, Reformationsgeschichte I, 7.

Ennen, Gesch. der Stadt Köln IV, 48 ff. weist auf eine Aussage
Jakobs von Hochstraten hin: „Der grösste Teil der Weltgeistlichen sind
Mietlinge und haben kein Herz für die Herde; die meisten Pfarrer sind die
ersten und letzten im Wirtshause und stets tapfer beim Zechen; häufig
plaudern sie bei ihren Gelagen im Trunk die ihnen anvertrauten Geheimnisse aus".

[2] Den lebhaften Wunsch der Regierung, wissenschaftliche Bildung des
Klerus und Aufhebung des Cölibats zu erzielen, zeigen die Verhandlungen
des Herzogs mit Rom. (Vgl. Lossen, Briefe des Andreas Maxius.)

die Fürbitte für die Verstorbenen, der Kirchgang für die Wöchnerin,
Messen, Jahrzeiten und Mahnstunden. Je mehr äussere Werke,
desto höher das Einkommen; immer that der Pfarrer seine Hand
weit auf.[1] Manche wurden aber ihres Amtes und seiner Pflichten
überdrüssig und glaubten ihrem Ärger und Eifer in Wirtshäusern
Luft machen zu müssen, wo sie sich mit allerlei fremdem Volk
in Disputationen einliessen (so in Breil und Süstern etc.) oder es
heisst von ihnen: „sie sind zänkisch" oder „sie trinken". —

Alle Notizen zusammen geben ein betrübendes Bild; alle
jene Eigenschaften, sinnliche Ausschweifung, Prellerei der ehrlichen
Einfalt sowie Gewissenlosigkeit in religiösen Dingen, durch Mangel
an Bildung nicht zuletzt bedingt, vollenden die Vorstellung von
„jenen derben, leuteschindenden Pfaffengestalten", womit sich der
mittelalterliche Volkswitz so gern beschäftigt hatte.[2]

---

[1] Aus dem Amte Brüggen wird für Süchteln notiert: „der pastor ist
gudes leven, hait gain ontzuchtige person. Der caplan hait nit im huisse,
aver sust bricht es wail uss, dar kumpt frucht van. — Wae eyn kint geborn wirt, gift man 1 sch., er beischt nit, dan er helt die hant uf. Ein fr.
in der kerken 1 sch. Bicht gift ider, was er wilt. Wan er by die krancken
geit mit dem sacrament, hait davan ein mengelt wins; wan die luid uffstain,
9 hell., wan sie sterven, davan nimpt er 1 g. g. of 1 phil. g.; das fordert er
hart, und ist in sonderheit vertzalt van einer f., die er so hart beswerte. Er
fordert van armen und reichen, er wil es haven, of sie moessen sich mit ime
verdragen. Das seelboich liest er, die jaergetziden kondigt er, er nimpt presens van jargetziden und maenstunden, uf dat graf zu gain, davan hait er
3 alb. Es ist selden, es sy alle dags jargetziden of mainstunde und davon
haven der pastor und vicarien jr presens na den missen sie begern". Cornelius
M. A. I, 226, vergl. darüber oben Westerburgs Klagen p. 39.

[2] Es mögen hier einige andere zeitgenössische Urteile und Bemerkungen
hinzugefügt werden.
Ein Analogon zu den Klagen in den Jülicher Visitations-Protokollen
findet sich bei de Hoop-Scheffer, Gesch. der Ref. p. 26 Anm. 1: Brief der
Statthalterin Margarethe an ihren Unterstatthalter in Holland (Memorial
's Hofs van Holland fol. 152 [Haager Archiv]): „Ich mache sie darauf aufmerksam, dass sich in Holland ebenso wie in Brabant, aus den anderen
jenseits gelegenen Ländern mehrere einfältige Personen durch die lutherische
Sekte und andere Irrlehren haben verleiten lassen. Infolge der gebührlichen
Inquisition, die ich habe durchführen lassen, um zu wissen und zu erfahren,
wodurch denn eigentlich diese abscheulichen Sekten ins Leben gerufen und
weshalb und warum sie sich täglich immer mehr ausbreite, habe ich gefunden,
dass sie ihre Ursache in den Missbräuchen hat, welche sich die Geistlichen zu Schulden kommen lassen durch unrechtmässige und gesetzwidrige
Auferlegung von Kirchenbussen sowie durch Erpressungen und grosse ausser-

Dass auf die Dauer eine heftige Reaktion sich äussern musste,
selbst wenn von aussen keine anderen leitenden Motive hinzugekommen wären, ist zu natürlich und blieb auch hier nicht aus.
Zunächst trat bei allen bessergesinnten Elementen der Gemeinden
allmählich eine Erlahmung in der Erfüllung der kirchlichen
Pflichten ein.

Man war nicht mehr geneigt, das Abendmahl aus den Händen
der Priester zu empfangen, ja man verweigerte ihnen die Abgaben
und Zinsen (Dremmen). Der Kirchenbesuch wurde immer schwächer;
es kam sogar zu öffentlichen Demonstrationen, so u. a. zu Ratheim,
wo man ostentativ die Kirche während der Predigt verliess. Eine
Rückwirkung auf den Charakter der Bewohner solcher Gemeinden,
wo die kirchlichen Verhältnisse besonders zu wünschen übrig liessen,

gewöhnliche Abgaben, die sie von den Laien aller Stände fordern für den
Verkauf der kirchlichen Sakramente, bei Begräbnissen und Bestattungen, bei
Heiratsgenehmigungen in der von ihnen verbotenen Zeit, bei Dispensationen
vom kirchlichen Aufgebot und anderweitig, ja thatsächlich durchweg in allen
Angelegenheiten, worin die Laien mit ihnen zu thun haben, sei es bei der
Geburt, im Leben oder bei Todesfällen u. s. w. Es scheint mir daher ratsam,
und es giebt nach meiner Ansicht kein besseres Mittel, jenen durch Luther
ans Licht gebrachten und unter das Volk gestreuten Irrlehren und Missbräuchen zu steuern, als wenn man den Ursachen, durch welche sie hervorgerufen wurden, selbst steure und abhelfe."

Wichtig sind hier die Beschlüsse des Kölner Provinzialkonzils 1536
(bei Hartzheim, Conc. Germ. VI, 235). Von der Kölner Synode wird ausdrücklich anerkannt, dass die allgemeine Verachtung sich nur auf die allgemeine Versunkenheit des Klerus gründete. Die Synode wirft mit ernstem
Tadel dem Klerus der Provinz als die drei Hauptlaster: Stolz, Üppigkeit und
Habsucht vor. — Aber eine Hauptsache vergisst die Synode zu nennen:
Das war die allgemeine Unwissenheit des Klerus in den wichtigsten Dingen,
in den Glaubenssätzen, die der Katechismus sonst den Kindern einprägt, ja
selbst in den Anfängen aller wissenschaftlichen Bildung. Wie viele lasen die
Messen, die kaum drei Worte Lateinisch sprechen konnten. An Büchern besassen die Pastoren und Kapläne, wie die Visitations-Protokolle zeigen, zwei
oder drei Nothelfer zur Predigt, den Discipulus paratus, Dormi secure und
vielleicht ein Brevier. (Einige hatten allerdings noch Bibel, Theophylact, Ambrosius in Paulum, Haimon, Vincentius . . . s. Ergänzungshefte zu den
„Stimmen aus Maria-Laach". 67, p. 154.

„Klage des Hauptgerichts Jülich bei der Herzoglichen Regierung zu
Düsseldorf über unwürdige Priester im Lande, übergeben am Sonntag Can-
tate 1522 (durch Johann Palant): besonders die üblen Folgen der Ver-
pachtung und Vermietung der Pfarrstellen hervorhebend". (Theolog. Arbeiten
Bonn 1892, p. 37.)

zeigte sich z. B. in Höngen, wo erwähnt wird, „dass da wohnt
ein quaet Volk". In Süstern gährt es schon, denn „die nabern
begern einen andern cappellain, sust gruwelt inen für fernen unrait". Soweit war es also schon gekommen. Nun drangen die
Lehren des Wittenberger Mönchs und der Oberdeutschen ins
Jülicher Land, die fruchtbaren Boden fanden. Zu der allgemeinen
Missstimmung war die Unzufriedenheit der Masse mit der Lehre
ihrer alten Kirche gekommen. Den Laien war die Bibel in die
Hand gedrückt, die sie in der Volkssprache lasen. Zweifel stiegen
auf. Viele schlossen sich vollständig von der Kirche aus. Es
wurde viel disputiert. Die Lehre von den Sakramenten stand im
Mittelpunkte des Interesses. Die Bürger stritten unter sich und
mit dem Pastor. Allmählich ging man weiter. Man versammelte
sich zu besonderen Konventikeln, wo die neuen Lehren lebhaft
erörtert wurden. [1] Manchem der Kapläne wurde der Boden zu
heiss unter den Füssen, weshalb er es vorzog, seine Gemeinde
andern zu überlassen. [2]

Bei solcher Lage der Dinge, bei dieser Stimmung der Bewohner war es erklärlich, dass fremde Prädikanten, welche die
Anschauungen des Volkes teilten, mit offenen Armen aufgenommen
wurden. Bei dem angeborenen Bedürfnisse des Volkes, seine religiösen Anschauungen zu bethätigen, mussten natürlich die verlassenen geistlichen Stellen wieder besetzt werden. Es trat eine
grosse Verwirrung der Gemüter ein. Alle belebte ein heftiger
Widerwille gegen alle Lehrer von der oben geschilderten Art.
Dass diese selbst die Schuld daran trugen, bestätigen die Akten
ausdrücklich. In Höngen ist z. B. der Pastor weggezogen und
hat, „einen Regenten" eingesetzt; „seitdem ist dies Irrtum einge-
brochen". So fanden sich ganz allmählich fremde Prädikanten unter
dem Volke ein, das, blind in seinem Hasse gegen seine bisherigen
„Seelsorger", begierig den neuen Lehren lauschte, ohne auf ihren

---

[1] Obwohl die Bewegung gegen die alte Kirche lebhaft gefördert wurde,
so war doch die Zeit zur Gründung einer evangelischen Gemeinde in unserm
heutigen Sinne noch nicht gekommen. Die ersten positiven Grundlagen zu
einer solchen wurden bald von umherziehenden Lehrern wieder untergraben,
so dass es den Evangelischen unmöglich war, sich von der Herrschaft der
subjektiven Willkür in Glaubenssachen zu befreien.

[2] Eine interessante Schilderung dieser Werkzeuge der alten Kirche
entwirft Cornelius M. A. I, 23 ff.

Wert oder Unwert zu achten. Ausserlich liessen sich die neuen Prädikanten nichts zu Schulden kommen. Ihre Lehren waren im allgemeinen mehr praktisch bedacht, das religiöse Bedürfnis der Menge
zu befriedigen. Dadurch ist der ungeahnte Einfluss, die grosse
Zahl ihrer Anhänger zu erklären, wie ihn die statistische Aufstellung
aller derer zeigt, die „letzten Paschen" nicht ihrer kirchlichen Pflicht
genügt hatten: in Hückelhofen z. B. schon $^1/_6$, in Ratheim bereits
$^4/_5$ aller Kommunikanten. So wurden sie allmählich der Kirche
entfremdet und in gesonderte Konventikel gedrängt, die eifrig
und zahlreich besucht wurden: so besonders in den Ämtern
Wassenberg, Heinsberg, Born, Millen, Brüggen etc. Natürlich
durfte es nicht offenkundig geschehen; unter dem Schutze der
finstern Nacht, an heimlichen Orten, in Häusern und Scheunen kam
man zusammen, um das Evangelium zu lesen, das unter Leitung
der neuen Lehrer besprochen wurde.

Die Zeit war eine sehr bewegte. Von Oberdeutschland, von
Schwaben, Franken und dem Elsass hatte sich der Aufruhr bis zum
Main verbreitet (vergl. o. unter Westerburg) und war von diesem den
Rhein hinab bis nach Köln, ja bis nach Münster ins Herz Westfalens gedrungen. In den Städten hatten die „Frankfurter Artikel",
durch den Druck vervielfältigt, die Gemüter aufgeregt und lange
verhaltenen Wünschen Ausdruck gegeben; fast überall Schauplätze
unruhiger, stürmischer Bewegung. Dazu kamen nicht allzu lange
nachher die Streitigkeiten zwischen Zwinglianern, Sektierern und
Lutheranern. Kein Wunder, dass ernste religiöse Gemüter von
dem Tummelplatze wüster Leidenschaften in sich selbst zurückgeführt wurden, schlichte Bürger und Landleute in der Stille die
Schrift lasen und sich selbst ohne Prediger auslegten. Dadurch
wurden immer mehr die kleinen Vereine verstärkt, deren Angehörige durch einfache prunklose Kleidung schon den inneren Ernst
bezeugten; sie nannten sich unter einander Brüder und Schwestern,
redeten sich mit dem Friedensgrusse an, erbauten und unterwiesen
sich gegenseitig: ein Erntefeld für volkstümliche Führer, denen es
gelang, ihr Vertrauen zu erwerben.

Doch man blieb nicht bei der Heimlichkeit. Bald ging man
zu offenkundigen Demonstrationen über; es kam zu öffentlichen
Rottungen. Kam ein fremder Prädikant in den Ort, so wurden die
Glocken gezogen (so z. B. in Höngen); im Triumphzuge scheint man auswärtige Prediger eingeholt zu haben, um sie in die Kirche zu führen. „Zog

5

man die Glocken, so lief man dahin gleich wie bien na dem kare." In Höngen und Havert ging man so weit, dass man die kirchen erbrach, die man ihnen nicht freiwillig öffnen wollte. —
In der Lehre kam man bald zur Verachtung des Sakraments in alter Form. Als der Pastor in Ratheim in der Kirche vom Sakrament predigte, „machten sie einen Rumor". Um einen Prediger zu hören und das Sakrament aus der Hand der neuen Prädikanten zu empfangen, scheute man nicht einen Weg von vielen Stunden, wenn sich im eigenen Flecken keine Gelegenheit dazu bot. (Von Maastricht kam man ins Jülicher Gebiet.) Neugesinnte Prediger zogen unermüdlich von einem Orte zum andern, durch das ganze Jülicher Land. An manchen Stellen hatten sich Bekehrer schon dauernd niedergelassen. Ausser den hauptsächlich in Jülich thätigen und daher vielgenannten Heinrich von Tongern, Herr Dioniss und Klopreis kamen noch manche andere von auswärts: so zu Kaldenkirchen, wohin „ein Hutmacher von Venlo" kam, ferner zu Bracht, wo ein „her Antonius" erschien, um zu predigen, bei dessen Ankunft man ebenfalls die Glocken zog.

Natürlich konnten derartige Vorgänge den herzoglichen Beamten nicht unbekannt bleiben; die Regierung schritt ein, doch ohne Erfolg, da sie das Übel nicht bei der Wurzel ergriff. Zwar waren die lärmenden Kundgebungen jetzt mehr zurückgedrängt in die Stille und Heimlichkeit; im allgemeinen aber blieb es doch beim Alten.

Endlich war die Visitation zustande gekommen, die mit allem Eifer und aufrichtigem Bemühen, die Fehler zu erkennen und abzustellen, ausgeführt war. So lehrreich die Ergebnisse auf der einen Seite waren, so betrübend waren sie auf der andern. Die Behauptung des Herzogs vom Jahre 1525, dass sein Land noch „rein sei und nicht befleckt von der neuen Lehre und allerlei Sekten", hatte sich als unwahr erwiesen. Man hatte sich überzeugen müssen, dass die Lehren der neuen Prädikanten, die man so lange geduldet, wider Erwarten bereits tief in den Herzen des Volkes eingewurzelt waren. Dass die Edikte zur Ausweisung der Prädikanten nur wenig gefruchtet hatten, bewiesen während der Visitation zahlreiche Spuren jüngst vergangener Thätigkeit derselben im Lande. —

Bevor ich mich über die Persönlichkeit der Prädikanten und ihre Wirksamkeit in Jülich eingehender verbreite (im Zusammenhang in § 7), ist es nötig, über ihre Lehren auf Grund der

Protokolle einiges vorauszuschicken. Es ist dies um so wichtiger, als jene den Boden für die ausserordentlich ausgedehnten täuferischen Bestrebungen vorbereitet haben und die eigentlichen anabaptistischen Grundlehren, die sie bereits hier verbreitet, in Münster in Verbindung mit anderen Elementen in ein festes System und zur Herrschaft brachten. —

Den Hauptgegenstand der Abweichung bildet zunächst die Lehre von den beiden Sakramenten: Abendmahl und Taufe. Haben wir auch im einzelnen kein umfassendes Glaubensbekenntnis in den Protokollen dieser Jahre vor uns, so lässt sich doch aus den Aussagen ein solches mosaikartig zusammenstellen. Überall zeigt sich ein unsicheres Tasten, Versuchen, da die Prädikanten, die selbständig schalteten, selbst unter sich im einzelnen nicht einig waren. Manche gingen in ihren Anschauungen etwas radikaler vor: so Heinrich Slachtscaep, „der die Sache wohl etwas weiter mag haben laufen lassen". Zum Teil hielten sie mit ihren wahren inneren Überzeugungen noch hinter dem Berge. Mit ihren krassen religiösen Ansichten, die in eigener Fortentwicklung erst in Münster mit der jenen späteren Schriften eigenen sicheren konsequenten logischen Deduktion zu einem festen System verbunden wurden, wagten sie sich jetzt natürlich nicht hervor. Das Volk, das der alten Kirche, an welcher es so lange in treuer Pietät gehangen, den Rücken gewandt hatte, bedurfte ausserdem erst der Erziehung. Erst allmählich offenbarten sie ihm ihr Innerstes. Charakteristisch hierfür sind die Worte des Heinrich Slachtscaep, der schon vorher seinen „Brüdern" gegenüber etwas weit gegangen war, so dass „die naheren ihn nit geleit haben"; er sagt in einer Predigt vor der Stadt Süsteren, die ihm ihre Thore verschlossen hatte: Jetzt wolle er ihnen sagen, was er sonst nicht willens gewesen, das Sakrament sei nur ein Kuckuck (s. Aussagen in Wesel p. 17, 24).

Zunächst stellten die Gemeinden das formale Prinzip der Reformation, das ja uralt, von Luther von neuem und mit besonderem Nachdruck hervorgekehrt war, in den Vordergrund. „Man müsse sich an das Wort Gottes in der heiligen Schrift halten"; sie müsse als Grundlage aller Dogmen dienen. Bald aber gingen sie weiter; es bildete sich ein rationalistischer Zug aus. Alles Übernatürliche wollten sie ausscheiden; nur was sie mit ihrem einfachen Verstande begreifen könnten, wollten sie für wahr halten. Der blosse Glaube galt ihnen nichts, jedes Mysterium ward ver-

5 *

worfen. So lesen wir des öfteren, z. B. in Dremmen von Peter
up gen Hofe: er glaube nicht mehr, als er verstehen könne; in
Hückelhofen: „das er sich na dem text . . . halte" u. a. Indem
man immer mehr das „reine Wort" predigte und das Volk zu
glauben und zu halten verpflichtete, wurden allmählich die Konsequenzen gezogen. Zunächst polemisierten sie (was ihnen von Anfang an Erfolg garantierte), im Anschluss an den genannten Satz
gegen Einrichtungen und Lehren der alten Kirche, besonders
gegen das Messopfer. Klopreis und Slachtscaep hatten übereinstimmend gelehrt: das Sakrament, das herumgetragen werde, sei
ein Kuckuck. In Süsteren „thun sie keine Ehrerbietung dem
Sakrament, das die Pfaffen aufheben". Jede Transsubstantiation
wurde von ihnen durchaus verworfen. Dass diese Lehre nicht neu,
sondern in dieser Gegend längst bekannt war, wird an einem
andern Orte gezeigt. Der Ruf nach dem Abendmahle sub utraque
war fast allgemein geworden. Natürlich kamen die Prädikanten
diesem Verlangen eifrigst nach, um so mehr, als das Abendmahl
in dieser Form manchem Hochgestellten, z. B. dem Drosten von
Palant, in ihrer Nähe gestattet war, und man wohl wusste, dass
auch am herzoglichen Hofe Strömungen nach dieser Richtung hin
lebendig geworden waren.

Zugleich aber benutzten sie die Gelegenheit, um ihre für
nüchterne Naturen leichter zu fassende Lehre zu verbreiten, dass
der ganze Vorgang im Abendmahl natürlich zu fassen sei, wodurch
die „reformierte" Lehre zur allgemeinen Geltung kam. So sagt
in Dremmen Peter up gen Hofe: „er glaube nicht mehr, als er
verstehen könne; er glaube, dass das Wort wahrhaftig sei, aber
Gott habe es ihm nicht gegeben zu glauben, dass da wahrhaftig
Fleisch und Blut Christi sei"; andere sagen: „es sei ihnen schrecklich
zu glauben, dass sie wahrhaftig Leib und Blut Christi essen und
trinken sollten; dass sie es ässen, und es doch dort sitzen bleibe".
In Millen sagt Joh. Bere aus, „dass das Blut und Fleisch Christi
wahrhaftig empfangen werde sub utraque specie durch den
Glauben nach der Einsetzung Christi". In Süsteren bekennt Noel Richartz: „sie hätten das Abendmahl empfangen zum
Gedächtnis des Todes Christi". Besonders ausgeprägt finden
wir die Lehren der Prädikanten bei dem letzteren und dem Diederich
Canis, welche beide bestimmt erklären, dass sie bei ihrem Wesen
bleiben wollen. Der Kaplan habe nicht nach dem Worte Gottes

gepredigt; er sei mit den Worten zufrieden und halte vom
Sakrament, wie die Schrift lehre: „er glaube nicht, dass da wahrhaftig Leib und Blut Christi sei".

Aus dem Princip der unbedingten Anlehnung an die Schrift
geht ferner ihre eigentliche Lehre von der Taufe hervor.
Auch hier sehen wir die Anfänge des Täufertums in derselben
Weise hervortreten, wie z. B. in Oberdeutschland.[1]) Nachdem sie
eine der von Christo eingesetzten Handlungen des sakramentalen Inhalts entleert hatten, wurden sie in logischer Folge auch zur Negierung
des Sakramentbegriffes in der andern geführt. Wer im Abendmahl die kirchliche Tradition vollständig bei Seite schob und rein
evangelisch dachte, musste eigentlich notwendig dem Anabaptismus
verfallen.[2])

Man begann mit der Geringschätzung der Kindertaufe. Hier
liegen die ersten Anfänge der Untersuchungen und Befehdungen
des Sakraments der Taufe, bis man zur vollständigen Ausbildung des
anabaptistischen Lehrbegriffes durchgedrungen ist.

Ich will die Akten selbst reden lassen: Diederich Canis in
Süstern sagt: „er halte von der Taufe, wie der Herr die
eingesetzt hat". In Hückelhofen hat Slachtscaep ein Kind
„kristen gedain" (d. h. getauft) im Hause des Godert Reinartz.
(Anfang 1532.) Viele Leute taufen ihre Kinder schon selbst; so
der Kammmacher Diederic Jurdens: „die Gevatter hätten von dem
Pastor verlangt, er solle das Kind nach ihrer beger taufen. Als
dieser das verweigert, habe er es selbst gethan." In einem andern
Falle hatte ein Prädikant das zu taufende Kind in einen Eimer
Wasser getaucht und dabei die Taufformel gesprochen. Der Schuh-

---

[1]) Über die Entwicklung der Theologie der oberdeutschen Täufer weiter
auszuholen, würde hier zu weit führen. Ich verweise deshalb auf die betr.
Abschnitte in den Werken von Röhrich, Z. f. histor. Theologie 1858 ff. passim;
Cornelius, M. A., Keller, W. T. etc.

[2]) Interessante Beispiele aus der Weseler Wiedertäufergeschichte:
Z. d. berg. Geschw. I, p. 360 ff.
Die Kritik wurde als berechtigt anerkannt. War dieses aber erst geschehen, so blieb man nicht nur bei der Bekämpfung der Lehrsätze stehen,
welche das äussere Kirchenregiment stützten, sondern man wagte sich, wie
sich bald zeigen wird, auch an solche Lehren des Christentums, welche bis
dahin von der Reformation noch unangetastet geblieben waren: man zweifelte
an der Gottheit Christi, an der Dreieinigkeit, an der Ewigkeit der Höllen-
strafen u. s. w.

macher Carl von Süstern (Jülich) war, von Lüttich „der lutherischen
Sekt halben" verjagt, mit seiner Frau nach Wesel gekommen. Der
Wiedertaufe wegen hier vor den Richter gestellt, leugnete er
zwar, wiedergetauft zu sein, bekannte aber endlich, „dass der kindertauff eine lasterung Gades sy."[1])

Die Visitations-Protokolle bieten noch mancherlei andere über-
zeugende Notizen, die zusammen ein ganz überraschendes Bild
von neu begründeten Gemeinschaften geben. Das unbedingte Vertreten des „formalen Princips" führte sie noch zu anderen Konsequenzen. Während ihre Trennung von der herrschenden Kirche
immer schärfer wurde, wandten sie ihre Blicke immer häufiger auf
die idealen Zustände der apostolischen Zeit. Die Lehren der
damaligen Gemeinden hatten sie bereits angenommen; der nächste
Schritt war, dass sie auch deren äussere Einrichtungen für sich
in Anspruch nahmen: sie wollten christliche apostolische
Gemeinden sein. In dieser Richtung waren bereits manche
Schritte gethan: So in Wassenberg: die, welche dem Evangelio
anhangen, kommen bei einander und lesen das Evangelium. Wohl
60 seien bei einander gewesen. In Süstern sagt Gierke Thiesges:
es seien so viele gewesen, dass sie sie nicht alle zu zählen wissen.
Sie lesen aus dem Texto des Evangeliums, dann gehen sie weg.
In Hückelhofen haben sie in Godert Reinartz' Hause Sermonen
halten; gepredigt hat Slachtscaep und der Küster. Sie versammeln
sich um die Vesperzeit, auch des Nachts (Dremmen). Manche
kommen sogar täglich zusammen; in Havert ebenso, von Haus
zu Haus, wohin sie sich bescheiden. Sie lesen das Evangelium,
wozu sie gewöhnlich Kinder verwenden. (Z. B. in Havert:
„junge Kinder lesen ihnen vor aus Büchern".) Die Emancipation
wurde allmählich bestimmter, fester; man gab den Vereinigungen
einen sichern Halt. Andreas Brantz in Havert sagt unter Eid
aus: „Vor einem Jahre hätten etliche einen Vertrag gemacht, wo
Irrung oder Zwist zwischen ihnen einfiele, dass die 2 Erwählten
sollten die Obersten sein und sie entscheiden". In Hückelhofen,
wo die Anhänger besonders zahlreich waren, bestand eine fest
organisierte Gemeinde, die ganz nach täuferischen Grundsätzen
eingerichtet war. Durch den Verrat des Gerrit[2]) von Dovern

---

[1]) vergl. Z. des berg. Geschv. I, 361; vergl. dazu den „Trostbrief" c. 2.
[2]) Akten in D. St. A. Jül. Berg. L. A. IV. c. 6. II. fol. 290. Cornelius
M. A. II. 243 ff.

sind wir genauer darüber unterrichtet: An der Spitze stehen
Herr Henrich und Joh. der Küster (in gen Hamboich). Aus der
Mitte der Gemeinde haben sie 4 Richter bestellt: Peter den
Wirt, Gortgen Reinartz (der sein Haus für die Versammlungen
hergegeben), „den Reits erhalder Arndt in gen Eschenbroich
„er ist der irste anfenger und der prediger införer") und Peter
Smyt (? „Mitkundschafter"). [1])

Über das Leben in der Gemeinde, über Gottesdienst u. s. w.
können wir einige Schlüsse ziehen: Die Versammlungen wurden
durch gegenseitige heimliche Mitteilungen an einem bestimmten
Orte anberaumt. Man las die heilige Schrift und besprach den
betreffenden Abschnitt unter Leitung des Prädikanten oder legte
ihn selbst aus, wie es später oft geschehen musste. [2]) An eine
solche Zusammenkunft schloss sich gewöhnlich die Feier des
Abendmahls, die sie in apostolischer Weise begingen, indem sie sich
gegenseitig das Brot brachen. Sie verwandten hiezu gewöhnliches
Brot, um ein einfaches Gedächtnismahl zu halten, was ihnen
natürlich nicht wenig verdacht wurde. Bei dem genannten Arndt
wird besonders hervorgehoben, „dass er in Peter Smyts Haus
einen Korb mit Brot und Wein bestellt habe, um das unchristliche Nachtmahl zu halten". Besonderer Beachtung bedarf die
Erwähnung, Arndt sei der erste Anfänger und der Prediger Einführer gewesen. Es hat also wohl bereits vor der Ankunft des
Prädikanten eine solche Gemeinschaft bestanden, welche die Einrichtung der „Richter" gehabt hat. Eine Ergänzung dazu bietet
die Aussage des Brantz aus Havert: „er wäre von den andern

---

[1]) s. unten Cap. IV. § 3.

[2]) Vergl. dazu die „Statuten" der Gemeinde „der Brüder und Schwestern
in Bern", wie sie in den Wiedertäufer-Akten des dortigen Archivs erhalten sind:
„Zum andern. Wenn die brüder und schwestern by einanderen sind,
söllend sy etwas für sich nemen zu lesen, welchem Gott den besten verstandt
geben hat, der sol es usslegen, die andern aber sollend schwigen und hören,
uff das mit zwen oder try ein sunderlich gesprech fürhalten, und die andern
verbindern, der psalter soll teglich by inen gelesen werden . . . . . . Zum
siebenden. Das nachtmal des herrn sol man halten, wie offt die brüder by
einander sind, hermidt den dodt des herren verkunden und einen yecklichen
vermanen daby zu gedenken, wie christus sein lib für uns gebon und sein
Blut für uns vergossen, das wir ouch willig sien, unser lib und leben, um
christus willen, das ist für alle brüder zu geben". Vgl. E. Müller, Gesch.
der Bern. Täufer p. 37.

Sacramentirern ersucht, sich in ihre Rotte zu begeben und
ihnen zu lesen. Er habe sich aber geweigert. Er habe das
Evangelienbuch, das lese er aber zu Hause. Dass Brantz hier
von andern Sacramentariern und ihrer Rotte spricht, giebt zu denken.
Er selbst ist ebenfalls nicht zum Sacrament gewesen, hat ein
Evangelienbuch zu Hause und liest darin. Ferner sagt er aus,
dass jene vor einem Jahr „einen Vertrag gemacht hätten, Irrungen
und Zwist unter sich durch Erwählte zu schlichten". Jedenfalls
haben wir also zwei neue Richtungen zu unterscheiden, von denen
die eine etwa die „reformierte", die andere sicherlich die
„täuferische bezw. die altchristliche" ist.

Natürlich ist nicht jede hier berichtete Separation als täuferisch
anzusehen. Völlig ausser Zweifel sind wir nur in Fällen wie den
aus Havert berichteten. Über manches andere derartige mögen die
Mitteilungen aus irgend welchen Gründen unterblieben sein. In
den meisten Fällen haben wir wohl ursprünglich an vorwiegend
reformierte, seltener lutherische Sondergemeinden zu denken. Vielleicht wäre es angebracht, für alle Neugesinnten in Fällen, wo
nicht mit positiver Sicherheit rein täuferische Elemente zu konstatieren sind, um Missverständnisse zu vermeiden, nur von
„Sakramentisten" zu reden, eine Bezeichnung, welche die Reformierten, d. h. Anhänger der sog. Zwinglischen Abendmahlslehre
(nach dem Marburger Gespräch allgemein so genannt) und die
Evangelischen oder Lutheraner umfasst. Dadurch, dass die Behörde
lange Jahre hindurch in ihren Erlassen und Akten alle Neugesinnten und „Anhänger des neuen Lichts" Lutheraner, Luthryaner
u. a. nannte, entsteht für uns eine grosse Schwierigkeit, welche
allerdings für die damalige Zeit ziemlich natürlich war. Weil
nämlich bei dem grossen Reformationsstreit im 16. Jahrhundert
Luthers Name am weitesten verbreitet war, und er für den Erz-
ketzer gehalten wurde, weil die Schattierungen in den Ansichten
der alten und neuen Neugesinnten erst nach und nach zu Tage
traten, weil sie sich selbst am Anfange kaum der feineren Unterschiede bewusst waren, — so hiessen alle Anhänger des Evangeliums während der ersten Jahre beim Volke, bei der weltlichen
Macht und bei der Geistlichkeit Lutheraner (cf. u. p. 75). Fast 10
Jahre verstrichen, ehe genauer geschieden wurde zwischen Ad-
härenten Luthers „und anderer verkehrten Opinion oder Lutherianern"
und ihren Complizen mit dem Namen „Sacramentarissen", d. h.

Gegnern des ehrwürdigen Sacraments der Eucharistie. Die grosse Menge lernte den Unterschied zum grössten Teile erst ein halbes Jahrhundert später kennen. In der Schweiz, also an der Geburtsstätte der Zwinglischen Reformation, heissen die „Reformierten" noch lange „Lutheraner". Dieselbe Verwirrung herrschte, wie wir sehen werden, in Maastricht, ebenso im Lütticher Lande, wie Lenoir, Histoire de la réform. dans le pays de Liège p. 21 nachgewiesen hat. Eine ähnliche Verwechselung endlich — hier vielleicht absichtlich — zeigte sich in Bezug auf die Wiedertäufer allgemein. Wie lange dauerte es hier gar, bis die Obrigkeiten die verschiedenen „Sekten" der Wiedertäufer, Melchioriten, Mennoniten, Davidjoristen, Schwertgeister u. s. w. unterscheiden lernten! —

Dass bei der herzoglichen Regierung zur Zeit der Visitation Vermutungen, dass schon täuferische Gemeinschaften im Lande vorhanden seien, nicht ausgeschlossen waren, geht schon daraus hervor, dass permanent die Frage gestellt wird, ob man auch die Obrigkeit verwerfe.

Man erfuhr sogar, dass sie sich zusammen als „Bruderschaft" bezeichnen, wie der Name unter den älteren Täufern lautet. In Hückelhofen wird ausdrücklich ausgesagt: „es war eine Bruderschaft angefangen, aber die vergeit nu" (d. h. nach Erlass der strengen Edicte und nach der Visitation).

An die Verhältnisse der oberdeutschen Täufer erinnert uns ferner die Art, Propaganda zu machen und für die eigenen Interessen zu wirken. In Hückelhofen ist der alte Küster, der einmal mit Slachtscaep gepredigt hat, abends mit einem Buche unter dem Arme von Haus zu Haus gegangen, hat vorgelesen und gepredigt und stets ermahnt, „das sie sich na dem text ... halten".[1]

Slachtscaep hat jenen Küster, der eine besondere Rolle spielt und oft genannt wird, offenbar zum Prediger an seiner Statt bestellt; daher lehrt er in dessen Abwesenheit und sucht Freunde für die neue Sache zu gewinnen.

---

[1] Vgl. dazu eine Aussage aus dem Jahre 1560 (D. St. A. Jül. Berg. L. A. IV. c. 14 e); er habe nicht wiedergetauft; wohl habe er den Leuten, bei denen er sein Handwerk getrieben, zuweilen aus dem Neuen Testament etwas Gutes vorgelesen und allen Fleiss angewandt, sie zur Wiedertäufer Sekte zu bringen. Sie seien auch mit ihm gegangen zur Nacht in den Busch etc. Über die Art anabaptistischer Propaganda s. die anziehende Schilderung de Hoop-Scheffers, Gesch. der Kerkhervorming, deutsch ... p. 551.

Auch der brüderlichen Unterstützung durch Mitteilung von Gaben haben sie schon vor 1533 Rechnung getragen. In Süstern heisst es: „man pflege dar zu seenden; aver das ist in 3 (?) jaren nit beschehen; sagen sie plaegen zu seenden in den budel." —

Nach dem Gesagten wird also kein Zweifel bestehen können, dass wir es in Jülich neben vielen anderen neuen Gemeinwesen auch mit solchen zu thun haben, die vollständig auf täuferischer Grundlage beruhen. Es ist dieselbe Basis, auf der fussend sich die oberdeutschen Gemeinden vor der Einführung der Wiedertaufe aufgebaut haben. Wir haben einen Bund von „Brüdern" unter selbst gewählten „Richtern", zugleich mit Absonderung sowohl von der kirchlichen als der weltlichen Gemeinschaft der „Ungläubigen" vor uns, wie es eben die Täufer von je gepredigt haben. —

Die Täufer hatten die Leute gefunden, die Luther vergeblich suchte; sie gründeten die Gemeinde, welche er wünschte.[1] Schon versuchten sie die Ideale zu realisieren, die Luther und seinen ersten Mitarbeitern in Bezug auf die Gestaltung der neuen Kirche vorschwebten. Luther meinte 1526: „diejenigen, so mit Ernst Christen wollen sein und das Evangelium mit Hand und Mund bekennen, müssen mit Namen sich einzeichnen und abgesondert von dem allerlei Volk in einem Haus allein sich versammeln, zum Gebete, zum Lesen, zum Taufen, das Sakrament zu empfangen und andere christliche Werke zu üben. In dieser Ordnung könnte man die, so sich nicht christlich hielten, kennen, strafen, bessern, ausstossen oder in den Bann thun. Hier könnte man auch ein gemeines Almosen den Christen auflegen, das williglich gegeben und unter die Armen ausgeteilt würde." Luther klagte aber, dass er eine solche Gemeinde noch nichte rrichten könne, „denn ich habe noch nicht die Leute dazu, sehe auch nicht viele, die dazu dringen."[2]

5. Die Anfänge des Täufertums in Maastricht. — Strassburg und die Wiedertäufer.

In Maastricht[3] haben wir eine der Jülicher ganz analoge Entwicklung, die sich um ein gutes Stück weiter hinauf verfolgen

[1] Cornelius, M. A. II, 47.

[2] vergl. z. B. Müller, Geschichte der bernischen Täufer p. 6.

[3] Vergl. hier im einzelnen das lediglich auf Akten des Maastrichter Archivs aufgebaute Werk des verstorbenen Archivars Habets, de Wederdoopers te Maastricht.

lässt, was von besonderer Wichtigkeit ist, da die Beziehungen
zwischen der genannten Stadt und den Jülicher Ämtern von jeher
sehr lebhafte gewesen sind. Manche Frage, die im vorigen Abschnitt noch offen gelassen werden musste, darf nach Kenntnis
der Maastrichter Verhältnisse bestimmt bejaht werden. Weil ferner
zahlreiche Namen, die uns später häufiger begegnen werden, hier
zum ersten Male erwähnt werden, so ist es von nöten, uns die
Geschichte der Maastrichter Gemeinde kurz zu vergegenwärtigen.

In Maastricht war es ebenfalls bereits zur Ausbildung einer
festen Gemeinde gekommen, deren Glieder sich selbst, wie wir
bestimmt erfahren, „christliche Brüder" nannten. Auch sie
sind noch keine eigentlichen Wiedertäufer, sondern emanzipierte
„Neugesinnte", deren Grundlehren die Anabaptisten benutzten und
ausgestalteten. Als dies geschehen war, hören wir natürlich nichts
mehr von einer besonderen Gemeinde der ersteren, denn auch sie
machten den gefährlichen Wandel mit durch. Sobald aber die
krassen Ideen überwunden und in den Hintergrund gedrängt sind,
tauchen jene stillen Gemeinden mit ihren friedlichen Elementen,
wenn auch unter neuen Namen, wieder auf.

Jene „christlichen Brüder" waren längst vor 1533, ja, wie
auch in Jülich, vor dem Auftreten der „Wassenberger Prädikanten"
in Maastricht vorhanden. In den Akten werden sie, wenn sie
wegen ihrer Lehre mit der Obrigkeit in Konflikt kommen, stets
als „Lutheraner" bezeichnet, zu denen sie aber in entschiedenem
Gegensatz stehen.[1]) Schon früher traten unter ihnen Prädikanten
auf, die Habets schon als Anabaptisten bezeichnet, trotzdem uns
von der Wiedertaufe nichts berichtet wird. Von einem solchen
Prediger hören wir in den Akten z. B. am 16. August 1533:
Der Herzog von Jülich schreibt an den Bischof Eberhard von
Lüttich[2]), dass in Unna sich ein „Sectarier" (!) befunden, der wegen
Aufruhrs aus der Stadt Aachen verbannt sei, mit Namen Stupmann
alias Mottencop, ein Glasmacher von Beruf. Er hatte einen Knecht
gehabt, ebenfalls Glasmacher, der aus Lüttich vertrieben war und
laut eigener Erklärung einer „abfälligen Sekte" angehören sollte.
Der Diener habe selbst bekannt, „dass er dickmaels gepredigt
und daeselffs zu Lutgen und Triecht, auch zu Achen eyn sonder

[1]) s. o. p. 72 cf. de Hoop-Scheffer, II, 629; Hegler, Geist und Schrift
bei Sebastian Franck. Freiburg i. B. 1892.

[2]) Habets a. a. O. p. 71 f., Keller, W. T. p. 129. (Anlage 10) p. 301.

secte oder gemeynde, als sie die genant, angericht[1]), die sich
under eyn andern verbonden und cristliche Broeder nennen und
haven auch hyr vier vuer oversten oder richter gekoren der
gestalt, das die oversten sy regieren und was unwillens zwischen
inen erwoesse, niederleggen und dass sie sich sunst des gerichtes
und rechts enthalden sollen und mit anderen onderdanen, die nyt
in irer secten syn und sie gottloisen schelden, nyet zu doin
haven willen . . . und wiewol wyr fliessliche Erfarung haven gescheen lassen, umb zu wissen, wer die oversten binnen Luytgen
gewcest, soe er uns doch dieselvige nyet zu nennen gewusst,
sondern allein etliche zu Triecht aengezeigt, die mit in sulliche
faction syn sollen, mit namen eynen Schomeker, genant Berne,
wont niet fern von den gulden hoith, eyner Mullner Goischen genant und eynen Goltsmeyt uf der Muntz, der lieset und die
Scriefft usslegt, und dass by Triecht oppen Locht (zw. Heughem
und Maastricht) der ufroerischer Predicant Heinrich van Tongern
geweaen in eym grossen nouwen huyss, dae er brieff und anders
gescreven." Nun waren jene drei hier genannten Männer bereits
1527 in Maastricht „wegen Angehörigkeit zu falschen Secten" eingezogen worden, mit ihnen damals zugleich der Spangenmacher
Jan von dem Busche und Joh. Schlossmecker te Lenkulen. Es
ergiebt sich also, dass bereits 1527 diese Gemeinde bestand und
nicht erst durch jenen Glasmacher „angerichtet" ist. Auf den
Brief vom 16. August wurde am 4. November (s. o. p. 72 f.) beschlossen: Merten Goldschmit, Berne und Müller Goswin als „beschmutzt mit der Lutherschen Secte" gefangen zu setzen. —
Dass Heinrich von Tongern, der bekannte Prädikant von Höngen
und Süstern (s. u.), sich wirklich in Maastricht und in der Nähe
aufgehalten habe, wurde als Thatsache festgestellt. Der Herzog
von Jülich hatte bereits am 16. Juli 1533 (Habets p. 73) die
Stadt Maastricht auf diesen „fornemen Lehrer und Einführer von
Irrtümern" aufmerksam gemacht.[2]) Er solle bei einem Schuh-

---

[1]) Die Aussage, dass er christliche Brüdergemeinden gestiftet habe,
ist wohl nur dahin zu verstehen, dass er die einzelnen Glieder und zerstreuten
Gesinnungsgenossen an den einzelnen Plätzen gesammelt und ihnen einen
festen Halt durch Einsetzung von Diakonen etc. gegeben hat.

Peter Huismann, genannt Glasmacher, ist wohl der Geselle, den er gehabt hat, und derselbe, welcher in Westfalen genannt wird. Keller, Westd.
Z. 1887 p. 462; Hansen, Z. des Aach. Geschv. VI. 300.

[2]) Ich glaube, wir brauchen nicht anzustehen zu erklären, dass Slacht-

macher wohnen. Dieser ist jedenfalls kein anderer als der genannte Jan Berne.

Bald darauf, am 23. August, wurden zwei Fremde, ebenfalls
weil „befnemt van Lutherye", gefasst und eingekerkert. Der eine
war ein Priester aus Zeeland (Cornelis van Kouwerkerke), der
andere Jan Stevens aus Saeffelen [1]), einem Dorfe auf Jülichschem
Gebiet: „er sei Küster in Höngen gewesen, und es seien bei ihm
„Lutherische" Bücher gefunden. Ihre Aussagen und die bei beiden
vorgefundenen Bücher veranlassten den Rat von Maastricht zu dem
Befehle, binnen acht Tagen alle Bücher abzuliefern, mit der Mo-
tivierung: „want die boecken quaede ende oncristelicke lerongen
inhebbende eyn van de principalsten oirsaken is, daerdoer dat die
sympelen ende onnoselen dwalinge deser luthersse ende anderen
quaeden secten komen."

Über die in Maastricht organisierte Gemeinde hören wir ferner
noch folgendes: Merten Goldschmit auf der Muntz las die heilige
Schrift und legte sie aus. Er bekleidete den offiziellen Rang als
Vorleser und hatte die Leitung der Gemeinde, wenn die Prädikanten abwesend waren. In Mottencop haben wir einen jener

---

scaep schon 1532 als Wiedertäufer anzusehen ist. Nur so ist auch die zu
berichtende Thatsache zu erklären, dass er „die Sache habe weiter laufen
lassen", als die übrigen Prädikanten. Er war jedenfalls neben Campanus die
Seele der täuferischen Umgebung in Maastricht und Umgegend, bevor er nach
Münster aufbrach.

[1]) (s. u.) Er war ein Schüler des Dionis. Vinne, der 1530
in Höngen gepredigt hatte. In seiner Sekte hiess er der Evangelist.
Der Drost von Millen, Goddert von Hauxeler war seiner Sache
nicht abgeneigt. Daher wagten sich zahlreiche Freunde des Stevens an ihn
um Hülfe zu wenden. Goddert schrieb daraufhin drei Briefe an die Stadt
Maastricht, ihn frei zu geben; ja er suchte ihn sogar in einem längeren
Schreiben vor dem Rate zu verteidigen und wagte dringend um seine Aus-
lieferung zu bitten; doch ohne Erfolg. Die Stadt antwortete ihm, der Grund
seiner Gefangennahme sei, dass er „conversatie des öftern gehalten habe in
der Stadt mit Mitbürgern, die von derselben Secto angesteckt seien. Er
selbst habe gesagt, er sei als Evangelist gekommen, sie zu trösten; sie möchten
nur zufrieden sein, es würden schon bessere Zeiten kommen". — Stevens blieb
gefangen; er sass noch 1534, als sich sein Neffe Lens Bruyninx alias
Valkenborch, Schultheiss in Neustadt bei Sittard, für ihn vergeblich verwandte. Als alles schliesslich nichts geholfen hatte, gelang es ihm unter Beihülfe zahlreicher Freunde am 10. August 1534 zu entfliehen (Habets
p. 88 f.). Weiteres über ihn s. u.   cf. Rahlenbeck, l'église de Liège
p. 63 Anm. 2; van Braght, Bloedig toonel II, 144.

„Bischöfe" zu sehen, die herumreisten, die Gemeinden und ihre Angehörigen besuchten und neue Lehrer einsetzten oder bestätigten. Dass er Gemeinden zu Maastricht, Lüttich, Unna gestiftet habe, ist unrichtig; dieselben waren vielmehr bereits vor ihm vorhanden. Auch die innere Organisation rührt nicht lediglich von ihm her. Die engverwandten Gemeinden mit ihrer Organisation im Jülich-schen bestanden bereits vor seiner Wirksamkeit.[1])

Der Schuhmacher Jan Berne[2]) in Maastricht stand schon 1527 wegen „Lutherye" vor Gericht; er lese verbotene Bücher. Gegen offene Kirchenbusse wird er freigelassen. 1¹/₂ Jahre später sitzt er schon wieder hinter Schloss und Riegel, gleichzeitig mit ihm Joh. von dem Busche, ein Spangenmacher (1529), der ebenfalls bereits 1527 (August) mit der Obrigkeit in Konflikt gekommen war, weil er lutherische Bücher gelesen habe. Lenart Ketelbueter, (= Kesselflicker)[3]) der Ende 1534 Diakon der Täufergemeinde in Maastricht war, wird am 6. März 1533 angeklagt, weil er „in blasphemie von Gott gesprochen". Der genannte Jan Berne steht 1533 (März) schon wieder vor Gericht, nachdem man ihn September 1532 schon „angesprochen wegens blasphemie gegen das heilige Sacrament". „Er halte heimliche Conversatie und disputiere von dieser quaeden Sekten".

Sämtliche Angeklagten waren Mitglieder der Zünfte. — Am 9. Oktober 1533 verbot der Magistrat z. B. die Wahl des

---

[1]) Ob Mottenkop und Peter Huismann, gewöhnlich Peter Glasmacher genannt, identisch sind (Keller, Westd. Z. 1887 p.462), ist unsicher. (s.o.p.76 Anm.1.)

Huismann wurde 1537 vom Bischof Franz von Münster mit mehreren Häuptern der Anabaptisten in Oldenburg gefangen.

Im Jahre 1534 wurde in Aachen (cf. Noppius Aacher Chronik II, 175) ein Glasmacher mit Zunamen Motteköpgen gefangen. Vielleicht ist er später freigegeben; denn 1534/35 wird er im Lager von Münster erwähnt: „er sei aus Aachen wegen Aufruhrs verbannt". Niesert, U. S. (Bekenntnis des Klopreis) p. 118; „dass ein Glasmacher in der Schantz vor Münster knecht-weise mit Dionysio geredet hab". An anderer Stelle wird hier häufiger ein Glasmacher Peter als eifriger Zwischenträger zwischen Wesel und Münster erwähnt.

[2]) Er war als ein Hauptglied der von Mottencoop in Maastricht „ge-stifteten" Gemeinde „christlicher Brüder" (1533) bezeichnet. Vorher hatte er aber schon „conversatie metter falscher secten" gehalten.

[3]) 1534 taufte in seinem Hause der Bischof Jan Smeitken; zu ihm wurde „das Büchlein von Amsterdam" gesandt, „dass eine Stimme aus dem Himmel kommen sollte".

Monyx van Houten zum Obmann der Müllerzunft, „weil er gegangen sei nach Höngen bei Sittard, um alda zu hören eine
Predigt des Herrn Dionyss". Gleiches widerfuhr dem Dries Pauwels
alias Ketelbueters, der zum Obmann der Krämer [1]) gewählt war.
Gegen die Gefangennahme des Merten Goldschmied [2]) (er
war Vorleser der geheimen Gemeinde) opponierte am 7. November 1533 die ganze Schmiedezunft, zu der er gehörte. Die
Mitglieder derselben verbrachten die ganze Nacht auf ihrem Dinghause und wollten nicht eher scheiden, als bis ihr Mitbruder dorthin
gebracht sei. Nicht allein aus politischen Motiven trat die Zunft
einmütig für ihren Angehörigen ein, sondern ohne Zweifel auch aus
Gründen, die man nicht offen auszusprechen wagte. Die ganze
Zunft [3]) teilte offenbar auch die Anschauungen dessen, für den sie
sich so wacker verwandte, wie es schon früher der Fall gewesen war.

Im Frühjahr 1530 sind Maastrichter Bürger nach Höngen
bei Sittard (Jülich) gegangen, um eine „ketzerische" Predigt zu
hören. 1532 und in der Zwischenzeit haben sich Bürger zu
Paschen nach Süstern begeben, um auf Jülicher Boden verboten

---

[1]) 1534 wird Servaes von der Maer, Oberster der Zunft der Krämer,
gefangen gesetzt wegen „unchristlicher Worte gegen die Gottheit Christi"
(gleichzeitig mit ihm Heinrich Roll).

[2]) Merkwürdig ist, dass gerade die Goldschmiede der neuen Sache
geneigt waren: so auch in Strassburg: hier beherbergt der Velten Goldschmit
trotz des strengsten Verbots, „einen W. T. zu husen, herbergen, etzen oder
trenken", 1533 den Melchior Hofmann, als gerade lebhaft auf diesen gefahndet
wurde. (s. Z. f. hist. Theol. 1860 p. 33); so in Münster: Dusentschur aus
Warendorf etc.

[3]) Dieses Vorkommnis erinnert an eine fast gleichzeitige Episode in
Münster: am 11. Dezember 1533 war hier der Schmiedegeselle Joh. Schroeder
öffentlich aufgetreten, um zu predigen und die Lehren der Wiedertäufer zu
verkünden. Als er deswegen verhaftet wurde, zog die ganze Schmiedezunft
aufs Rathaus und verlangte ihren Angehörigen frei (Keller, W. T. p. 136).
In Lüttich standen die Zünfte ebenfalls auf der Seite der Neuerer, deren
Ideen in mehr oder weniger täuferischer Form verbreitet wurden. In Münster
traten bald die sämtlichen Zunftgenossen für die neue Lehre Rothmanns ein.
cf. Krumbholtz, Gewerbe Münsters, Publikationen aus den preuss. Staatsarch.
Bd. 70 p. 42* ff. Vergl. auch Monatsh. der Com.-Ges. V, 277: „Die Ketzerschulen", die um den Beginn der grossen religiösen Bewegung aus dem
Dunkel, mit dem sie sich bis dahin umgeben hatten, hervortraten, besassen
ihre vornehmste Stütze in den Zünften und Gewerken, und die Formen
und Ordnungen der letzteren waren es, die ihnen vielfach die Verhüllung
ihrer Existenz ermöglichten".

zu kommunizieren. Weil an diesem Orte kein Pastor anwesend war (er wohnte bei Antwerpen), und der Kaplan, welcher die Pfarre verwaltete, ungelehrt war und ein übles Leben führte, war dorthin der Prädikant Dionysius Vinne gekommen. Lutheraner waren aber die Leute, welche dorthin kamen, nicht oder nicht mehr, sondern „Sakramentisten". Dietrich Canis in Süstern sagt aus: „er helt van der douf, wie der Her die ingesatzt hait".[1] 1533 (Juli 7.) war Lemmen Bruyne, ein „Budelmeker" (mit vielen andern später ein eifriger Wiedertäufer) „ongehorsam gewest den eydt te doen".

Alle Momente zusammen berechtigen uns zu dem Schlusse, dass vielleicht die ganze Genossenschaft täuferisch gewesen ist, und dass auch die bereits früher Inkriminierten Täufer waren oder deren Gemeinden nicht fern standen. Die wenigen Notizen, die uns erhalten sind, lassen erkennen, dass im Stillen eine grössere Menge Gleichgesinnter ihre Versammlungen und Gottesdienste abhielt und regen Verkehr mit auswärtigen Gemeinden der Art pflegte. Die Maastrichter Gemeinde, vielleicht älter, stärker und fester organisiert als die benachbarten, war weithin bekannt. Daher hielten sich auch, wie wir noch oft hören, Flüchtlinge aus den benachbarten Städten und dem Jülicher Lande dort auf. Von einigen wird ausdrücklich erwähnt, dass sie eine „luthersche" Predigt gehalten haben. Sie werden gewöhnlich als „Anhänger der lutherschen und anderen quaeden Secten" bezeichnet. Ihre Gemeinde konnte sich deshalb besonders gut erhalten und ist auch deshalb vielleicht älter, weil die Zünfte[2]), bestimmt jedenfalls die Schmiedezunft, ihr angehörten. In dem an und für sich abgeschlossenen Kreise der Zunft, die ja auf ihrem Dinghause ihre regelmässigen Versammlungen abhielt, konnten unbemerkt die religiösen Fragen erörtert werden, ohne Verdacht fremde Prädikanten einkehren und Mitteilungen vom Stande ihrer Sache machen. Im allgemeinen werden wir mit Habets annehmen dürfen, dass diese

---

[1]) Habets p. 53; Cornelius, M. A. I, 241.

[2]) Auch die Schuhmacherzunft scheint der Lehre angehangen zu haben; so sagt der Schuhmacher Henric von Daelhem (Dalheim, Dalen) in seiner peinlichen Vernehmung (Habets a. a. O. p. 142): „dat die scoenmaker hem erst bracht heeft in die gesellschap van dese secten".

September 1534 wird gleichzeitig mit Hendric van Hilversum (Roll) der Vorsteher der Krämer-Gilde verhaftet. (Habets a. a. O. p. 101 ff.)

Gemeinde der Neugesinnten eine täuferische war, und dass schon damals hier die Wiedertaufe eingeführt war, was im folgenden weiter darzuthun sein wird.

Die Vereine „christlicher Brüder", der Widerstand der Zünfte erinnern an ähnliche Vorkommnisse in Oberdeutschland und am Main. Zuerst ist uns die Stiftung einer evangelischen Bruderschaft zu Waldshut bekannt geworden. Mit ihr verkehrte wahrscheinlich Karlstadt, der Lehrer und Führer des Kölners Gerhard Westerburg, auf seiner Reise von Basel nach Zürich, wie sein Auftreten zu Frankfurt am Main als „evangelischer Mann", als Haupt und Stifter einer „evangelischen Brüderschaft" dort zu beweisen scheint. Sein Schüler und Gesinnungsgenosse Westerburg ist ebenfalls Stifter eines solchen Bundes. Er fand eine nicht unbeträchtliche Zahl von Anhängern unter den Zünften, von denen er Vertreter namentlich bei Nacht in seiner Wohnung zu versammeln pflegte, wo er ihnen seine Grundsätze einpflanzte. Ich lasse das Frankfurter „Aufruhrbuch", die offizielle Darstellung, die der Rat den Ereignissen des Jahres 1525 gab, sprechen; es heisst dort[1]) (p. 26): „Neben dem sich eingerissen, dass Einer, genannt Westerburg, Doctor, der sich ein evangelischer Mann genennet, so ein gute Zeit in Herr Hans Brommen Hof in der Gallengasse als ein Zinsmann sich gehalten, by Nacht und Tag etliche evangelische Brüder mit nit geringer Anzahl by ihm gehabt, als nämlich Hans von Siegen und seine Mitgenossen. Was sie also bei gemelten Westerburgern vor, in und nach der Aufruhr (d. i. 18.—22. April 1525) by Nacht sonderlich, auch im Tag beratschlagt und unchristlich prakticirt, ist bei einem jeden Verständigen leichtlich zu bedenken."

Wie weit und ob diese „Brüderschaften" mit ihren religiösen und ethisch-sozialen Bestrebungen besonders bei den Zünften mit den uns in Maastricht und in etwas anderer Form auch in Jülich begegnenden ähnlichen Erscheinungen zusammenhängen oder verwandt sind, entzieht sich unserer Kenntnis. Die Teilnahme Westerburgs aber, der am Niederrhein um diese Zeit, wie oben geschen, eine bedeutende Rolle gespielt hat, giebt uns jedenfalls zu denken. —

Die Prädikanten im Jülichschen, wohin sich die Maastrichter so zahlreich begaben, hatten den Übergang zum Täufertum all-

---

[1]) vergl. Steitz a. a. O. p. 71.

6

mählich mehr oder weniger schon vollzogen. Die meisten Anhänger der neuen Richtung gehörten wohl schon den Taufgesinnten an. „Op weinig na, is de geschiedenis van het Anabaptisme de geschiedenis der hervorming in ons vaderland von 1530 tot 1566", sagt de Hoop-Scheffer in seiner „Geschichte der Reformation in den Niederlanden" (p. 3). Seine Worte treffen für eine kurze Zeit auch zu auf unsere Gegenden. Fast alle Gemeinden, die sich in den Jülicher Ämtern und weiter nord- und westwärts in Ermangelung „evangelischer" Prediger organisieren, sind offenbar täuferisch oder stehen den Taufgesinnten nicht fern.[1] — Heinrich von Tongern (Slachtscaep), der mit Mottencop aus Aachen in den Gemeinden der „christlichen Brüder" predigte, ist ebenfalls einer jener Prädikanten und Lehrer, die unstät von Ort zu Ort zogen und ihre zerstreut sitzenden Gesinnungsgenossen besuchten. Überall fanden sie bei ihnen gastliche Aufnahme. Häufig traten sie inmitten der Gemeinden auf, überzeugten sich von ihrem gegenwärtigen Stande, trösteten und ermahnten zur Standhaftigkeit und Festigkeit und setzten Lehrer ein, die ihrerseits wieder dieselbe Verpflichtung übernahmen. Um die Wende des Jahres 1532/33 scheint die Agitation besonders eifrig betrieben zu sein. Man bemühte sich, die Verbindungen nach aussen möglichst zu erweitern und zugleich zu verinnerlichen. In Maastricht hatte sich die Gemeinde in ihrer Heimlichkeit schnell entwickelt. Die Lehren erscheinen schon weiter und exclusiver ausgebildet, als im benachbarten Jülich, wo man früher gegen sie einschritt und ihr durch die Visitation ein nur schwer zu überwindendes Hindernis in den Weg legte. Daher hören wir dort schon von der Verwerfung des Eides, von einer streng abgeschlossenen Kirche der Gläubigen, die sich jedem Verkehr mit den „Gottlosen" entziehen wollte, von Zweifeln an der Trinität und dergl.

---

[1] Kaplan Norrenberg sagt in seiner „Geschichte der Pfarreien des Dekanats M.-Gladbach" p. 155: „Die Verkündiger der Revolution, der Rache an der verrotteten Gesellschaft hatten ihren Einzug in die rheinischen Lande gehalten. Die geheimen Kräfte der Häresie, die Jahrhunderte im Volke im Verborgenen gewirkt hatte und durch die Harmonie der geistlichen und weltlichen Gewalt glücklich unterdrückt war, brachen nun mit unwiderstehlicher Gewalt hervor und erfüllten die mit erasmischem Spott angehäuften oder lutherisch gesinnten Fürstenhöfe nicht minder mit Entsetzen als die gläubigen katholischen Kreise."

Über die weiteren Schicksale dieser Gemeinde wird weiter unten die Rede sein.

Die Verhöre der in Maastricht zahlreich Inhaftierten sind deswegen hier von besonderer Wichtigkeit, weil sie zeigen, wie bedeutend der Anhang in Jülich war. Die Mitteilungen der Visitationsprotokolle erhalten dadurch eine sehr erwünschte Ergänzung. Sie belehren uns über den engen Zusammenhang Jülichs mit der Stadt, die ausserordentliche Propaganda der „Wassenberger Prädikanten", die unter dem Schutze einiger Herren vom Adel in deren Herrschaften, Ämtern . . . eine Reihe von Jahren nicht unthätig gewesen sind, das Bestreben, auf einen weiteren Umkreis zu wirken, und anderes mehr. Zahlreiche Büchlein und religiöse Traktate wurden von ihnen verbreitet. 1530 wurden z. B. solche nach einer Predigt des Dioniss zu Höngen, wohin sich zahlreiche Personen aus Maastricht begeben hatten, verteilt, denn es werden kurz nachher in den Wohnungen derselben viele „neue Bücher" gefunden. Jener Küster aus Saeffelen, Jan Stevens, wurde, wie ein Priester aus Zeeland, ebenfalls im Besitz deutscher Bücher betroffen. So wurde im Kampfe der Ideen auch der Buchdruck dienstbar gemacht. Seine Produkte machen sich später in grösstem Massstabe z. B. bei der Agitation der Münsterschen bemerkbar.[1]

Jülich bildete sich allmählich zu einem Hauptherde der neuesten Bestrebungen heraus. Als in den benachbarten Städten die Gemeinden bereits der Verfolgung erlegen waren, bestanden sie hier noch lange im geheimen fort. Besonders treten vier

---

[1] Trotz aller Scheiterhaufen haben die Volks- und Flugschriften neben zahlreichen Ausgaben der Bibel und des neuen Testaments die „Sakramentisterei" befördert. Worin bestanden nun jene Schriften? Meist waren es kurze Abhandlungen, Traktätchen, nur wenige Seiten stark, bald geschrieben, bald gedruckt, für gewöhnlich ohne Namen des Schreibers, Druckers und Ortes. Meist dienten sie Zwecken des Augenblicks. Ihr Inhalt war oft polemisch oder rein dogmatischer Natur. -- Leider sind nur wenige erhalten. Nicht die Unachtsamkeit der Leser trägt hier die Hauptschuld, sondern die Obrigkeit, welche sich im Erlassen von Edikten überstürzte, die Vernichtung gottloser Bücher mit „quaeden Lehrungen" geboten. Auch in unserm Gebiet begegnen uns dieselben in grösster Zahl. Es ist im Interesse der Kenntnis der inneren Entwicklung der ganzen Bewegung ausserordentlich zu bedauern, dass nur verschwindende Reste dieser Litteratur erhalten sind. Mit seltener Pietät bewahrt uns die Bibliothek der „taufgesinnten Gemeinde zu Amsterdam" eine Reihe solcher Dokumente, von denen der verstorbene Professor de Hoop-Scheffer ein ausführliches Verzeichnis herausgegeben hat.

6*

Ämter im Nordosten des Herzogtums hervor: Wassenberg, Süstern, Born und Millen, ein nicht allzu breiter Zipfel Landes, der sich weit ins Bistum Lüttich hinein bis zur Maas erstreckte. Diese exponierte Lage und die besonderen politischen Verhältnisse sowie die Nähe der schon sehr früh von der reformierten Lehre und dem Anabaptismus stark infizierten Niederlande haben es bewirkt, dass sich hier ein wichtiges täuferisches Zentrum herausbilden konnte. Durch die Gefahrlosigkeit und Ungeniertheit, mit der hier einige Jahre unter Leitung redebegabter und begeisterter Prädikanten Versammlungen abgehalten wurden, erhielt dieses Feld bald eine besondere Anziehungskraft. Von nah und fern strömte das Volk trotz der Gefahr, die von seiten seiner eigenen Behörden drohte, herbei. Daher gingen von hier aus bald zahlreiche „Apostel" und „Evangelisten" in die Nachbargebiete, daher wurde jenes Feld später auf keiner Agitationsreise, die irgendwie in jene Gegenden führte, übergangen. Hierher zogen, besonders nach Höngen und Süstern, ganze Scharen aus Maastricht und Umgegend, „um auf verbotene Weise zu kommunizieren". Durch diesen regen gegenseitigen Verkehr entstand so allmählich neben Strassburg, Münster und den eigentlichen Niederlanden jener Hort des Anabaptismus, der uns im folgenden immer deutlicher und fester begrenzt entgegentritt.

Von den ferneren Beziehungen Jülichs zu Maastricht ist noch unter Roll, Jan Smeitken, Gielis von Rothem etc. zu sprechen, die 1534 besonders häufig in den Versammlungen der Brüder erschienen, um sie durch die Fülle und Kraft des Bekenntnisses und des religiösen Schwunges zu mahnen, zu festigen und zu trösten.

Als infolge der herzoglichen Edikte und besonders der Visitation zahlreiche Bewohner als Anhänger „verfluchter Sekten" aus Jülich entwichen oder ausgewiesen wurden, da flohen sie anfangs vielfach nach Maastricht, um dort Aufenthalt zu suchen, besonders Landleute aus Dieteren, Born und den Dörfern bei Sittard. In der Stadt wurden an verschiedenen Stellen zahlreiche Versammlungen bei Tag, Abend und Nacht abgehalten, so dass der Rat sehr bald aufmerksam wurde und ebenfalls einschritt. Als dann in Münster die Wühlereien begannen und zahlreiche Anschläge auf verschiedene niederländische Städte bekannt wurden, da wurde eine heftige Verfolgung inszeniert, die an Grausamkeit ihres Gleichen sucht. —

In Jülich war schon vor der Kirchenvisitation einigen der
Mut entfallen; sie hatten sich auf die Flucht gemacht. Viele aber
waren geblieben und verhaftet. Nach der Visitation wurden von
diesen viele gegen das Versprechen, sich ferner nach des Fürsten
Ordnung (Juli und November 1533) zu halten, entlassen. Die
Häupter der Bewegung blieben „bis auf ferneren besonderen Befehl" in Haft. Nur wenige wurden nach ihrer Entlassung noch
ausgewiesen. Durch diese Milde veranlasst, kehrten manche vor
der Visitation Entflohene frohen Mutes zurück und fanden Gnade,
nachdem sie öffentlich Poenitenz und Kirchenbusse geleistet hatten.

*   *   *

Mit dem unglücklichen Ausgange der grossen ober- und
mitteldeutschen Bewegung des Jahres 1525 war auch das Schicksal
der Täufer dort entschieden. Vernichtet und versprengt fristeten
sie nur noch ein kümmerliches Dasein, und es schien, als ob für
die ganze „Sekte" das letzte Stündlein geschlagen habe. Aber
noch war die alte Kraft nicht ganz gebrochen, noch gährten die
Geister; noch einmal erhielten sie neue Mittelpunkte. Was einst
Zürich und Augsburg gewesen, wurde jetzt Strassburg[1]: ein Zufluchtsort, der sich wie kein anderer zu einem Ausgangspunkte und
Arsenal für neue Eroberungen eignete, nicht allein wegen der
Lage inmitten des Lebens der Nation, sondern vor allem wegen
der günstigen Bedingungen im Innern der Stadt.

Eine eigentümliche Verwicklung der Dinge verschaffte ihnen
hier Duldung, ja liess das Täufertum zu einer Entwicklung kommen,
dass es massgebend für Niederdeutschland in vielen Stücken wurde.

In Strassburg war Zwinglis Kirche nominell zur Herrschaft
gelangt; doch fehlte ihr ein bestimmter Führer; es fehlte ein
Luther. Man gestattete den verschiedensten Strömungen möglichst
viel Raum, da kein wohl normiertes System vorhanden war und
nur ein unbestimmtes Hin- und Herschwanken sich geltend machte.
Natürlich fanden hier auch anabaptistische Bestrebungen fruchtbaren Boden: ihre Gemeinschaft zog den grössten Nutzen. Eine
Reihe von Jahren durfte sie sich hier einer ungestörten Entwicklung
freuen. Hier bestanden die Lehren und Einrichtungen der ersten

---

[1] vergl. die verschiedenen Arbeiten von Th. W. Röhrich; Magazin für
die Litteratur des Auslandes; C. Gerbert, Strassburger Sektenbewegung;
Baum, Magistrat und Reformation in Strassburg.

Täufer unter den Augen ihrer Begründer fort, bis diese auch hier endlich wieder weichen mussten.

Eine bedeutsame Wendung trat ein, als Melchior Hofmann[1]) nach grösseren Reisen im Norden sich nach Strassburg wandte und dort 1530 die Wiedertaufe empfing. Unter ihm und durch ihn erfuhr das Täufertum in den wesentlichsten Punkten eine völlige Umwandlung. Er brachte vor allem das schwärmerische, enthusiastische Element hinein. Er bildet die Brücke zum Täufertum im Norden, das sich um dieselbe Zeit erhob und grossartige Perspektiven eröffnete, als es im Süden niederging.

Hofmann hielt sich für den von Gott gesandten Propheten, der zur Predigt des Evangeliums berufen sei. Unbestimmte Vorstellungen von der Nähe der Zukunft des Herrn und seine Gedanken über die letzten Dinge schob er in den Vordergrund. Er war der rechte schwärmerische Apostel, der durch seinen nie rastenden Wandertrieb, seine nie ermüdende Thätigkeit in Schrift und Wort in verzückter Begeisterung die erregten Zuhörer hinriss und ausserhalb aller Wesenheit setzte. Dabei hat er es verstanden, sich überall in kurzer Zeit Schüler heranzubilden, die auf den von ihm verlassenen Posten blieben und als Lehrer in seinem Sinne wirkten.

Wenn es sich nun auch von Melchior Hofmann nicht nachweisen lässt, dass er im Jülichschen geweilt und persönlich agitiert hat, so treten hier andere begabte und begeisterte Apostel an seine Stelle, die für ihn lebten: Johannes Campanus und Heinrich Roll. Letzterer (und wohl auch Campanus) hatte durch einen Aufenthalt in Strassburg die Verhältnisse dort persönlich kennen zu lernen Gelegenheit gehabt. Beide hatten die täuferischen Ideen allmählich zu den ihrigen gemacht und verbreiteten sie im Jülicher Lande mit um so mehr Erfolg, als dort der Boden durch zahlreiche andere Prädikanten vorzüglich bereitet war und wurde. Diese hatten hier zur selben Zeit, als in Oberdeutschland die Städte Herde des Anabaptismus waren, eine verwandte Richtung vertreten. Ursprünglich zwar nicht vollständig täuferisch gesinnt, waren sie allmählich ins anabaptistische Lager abgeschwenkt, hatten sich unter dem Schutze des ihren Ideen nicht abgeneigten Pfandinhabers der Vogtei im Amte Wassenberg, Werners von Palant,

---

[1]) Vgl. über ihn die Werke von Leendertz und F. O. zur Linden.

längere Zeit im Jülichschen gehalten und ihre Lehren verbreitet,
welche sie, als sie dem äusseren Drucke weichen mussten, nach
Münster übertrugen und dort zur Herrschaft brachten.[1]

6. Evangelische Brüdergemeinden. Adolf Clarenbach.

Wir haben im Vorstehenden das erste Auftreten der Täufer
auf Jülicher Boden und in den Nachbarländern sowie ihre Grundsätze verfolgt. Hier muss des weiteren die Frage berührt werden:
„Sind die Jülicher Taufgesinnten lediglich ein Produkt der Reformation oder sind sie die Fortsetzung bereits früher vorhandener
Brüderschaften?"

Die bei den Versuchen der Beantwortung dieser und ähnlicher Fragen entstandenen Kontroversen werden leider von mehr
als einer Seite immer noch mit einer eigentümlichen, der Erkenntnis des wahren Zusammenhangs nur schädlichen Erbitterung verfochten. Konfessionelle Polemik gar wird uns sicherlich hier nicht
weiter bringen. — Ich brauche an dieser Stelle nicht auf die
mancherlei, zum Teil erfolgreichen Versuche einzugehen, welche im
vorigen Jahrhundert z. B. Fuesslin und in neuester Zeit vor allen
Keller gemacht haben, um die mündliche und schriftliche Tradition
der Taufgesinnten betreffs ihres Zusammenhangs mit den sog. „altevangelischen" Gemeinden als begründet zu erweisen. Ausser den
von den genannten Historikern und jüngst in der Schrift von
Ernst Müller, Geschichte der bernischen Täufer (Frauenfeld, 1895)
angeführten und den unten zu bringenden weiteren Gründen möchte
ich zunächst etwa folgende allgemeine Gesichtspunkte geltend
machen, welche einen Zusammenhang der Täufer mit den altevangelischen Gemeinden der „Waldenser", „böhmischen Brüder" und
dergl. oft mehr als zu bestätigen scheinen.

Sollte denn eine Bewegung, die zur Zeit der Reformation
besonders intensiv hervortrat, die zwei Jahrhunderte fortdauerte
und noch nicht erloschen ist, für die Tausende in den Tod gegangen
sind und die alle Verfolgungen nicht haben ausrotten können,
sollte sie nur das Ergebnis dogmatischer oder vielleicht ethischer
Meinungsverschiedenheiten sein, die zur Zeit der Reformation in
Wittenberg oder Zürich zu Tage getreten sind? Es hat solcher
Meinungsverschiedenheiten gewiss genug gegeben, die viel tiefer

---

[1] s. u. § 7; Cap. II, § 1 u. 2.

begründet waren, aber doch Gegenstand gelehrter Kontroversen
geblieben sind! In welchem Punkte ist wohl das Volk konser-
vativer als in der Religion? Sollte wirklich ein Bauer oder Handwerker, zumal auf dem Lande, für ganz neue Gedanken ins
Gefängnis, aufs Schafott gehen? In den harten Kämpfen der
Taufgesinnten, an denen alle die Beredsamkeit und Exegese der
gelehrten Prädikanten und Inquisitoren abprallte, trieben Ideen, die
uralt überliefert waren und gegen die Meinungen des Tages alles
ausmachten, Ideen, welche ohne Zweifel in langen Generationen
lebendig geblieben waren. Gewiss sind unter den Vertretern dieser
Richtung zuerst viele zu erblicken, die gegen Luther und Zwingli
kämpften, weil diese ihnen zu wenig reformierten; der Grundstock
aber hielt jedenfalls fest an einer alten Tradition, welche die
katholische Kirche in ihrer Verborgenheit nicht störte.

Die hervorragende Bibelkenntnis, welche fast alle Vertreter,
selbst aus den niedrigsten Ständen, bei Gelegenheit der Prozesse
und Disputationen zeigen, konnte nicht in den kurzen Jahren seit
dem Auftreten Luthers und dem Erscheinen der Reformations-
bibeln erworben sein, um so mehr als diese Bibelkenntnis keine
naive, sondern systematische ist. Übereinstimmend mit Erscheinungen
längst vergangener Jahre sehen wir Bibelstellen für jede dogmatische und ethische Frage herausgesucht und als Rüstzeug mündlicher Apologetik und Polemik zusammengestellt. Die vorreformatorischen Bibeln, welche, wie in den letzten Decennien bekannt
geworden ist, eine sehr weite Verbreitung gehabt haben, sind hier
von bedeutendem Einfluss gewesen. [1]

Gewiss sind das alles noch keine zwingenden Beweise. Gewiss
bringen gleiche Ursachen gleiche Wirkungen hervor; Opposition
gegen die herrschende Kirche gab es zu allen Zeiten.

Von besonderer Wichtigkeit sind zwei Fragen: Sind die
beiden Begriffe „Täufer" und „Böhmische Brüder" und deren Verwandtschaft verschiedene Erscheinungsformen ein und derselben
religiösen Gemeinschaft? oder ist nur Familien- oder Gattungs-
verwandtschaft zwischen diesen vorhanden?

E. Müller hat in seinem erwähnten Werke einige für die
bejahende Beantwortung der ersten Frage wichtige Punkte angeführt (p. 55). Dass auch in unseren Gegenden ähnliche Beziehungen

---

[1] Keller, die Waldenser.

wirksam gewesen sind, ist wohl ohne Zweifel, um so mehr, als
ja gerade der Niederrhein und die Niederlande von jeher der
Sitz allerlei antikirchlicher und sektirerischer Bestrebungen, ein
Herd mittelalterlicher Ketzereien gewesen sind.

Die Apostel der böhmischen Brüder sind schon früh an den
Rhein gekommen und haben fast das ganze 16. Jahrhundert hindurch ihre Boten dorthin gesandt, um zu werben oder alte Bekanntschaften aufrecht zu erhalten. Von diesen Brüdern in Böhmen
und Mähren wurde die Kindertaufe verworfen.[1] Auch sie be-
soldeten ihre Lehrer nicht; diese lebten von ihrem Handwerk und
von der Gastfreundschaft der Gemeinden. Auch ihre Apostel
durchzogen als Wanderprediger alle Länder (bis Moskau, Klein-
asien, Palästina und Ägypten).[2] Im Jahre 1519 hat Johann
Schlechta von Costelek an Erasmus von den böhmischen Brüdern
geschrieben: „Sie wehleten sich aus Layen und unstudierten Leuten
Bischöffe und Priester, die Frauen und Kinder hätten. Sie nenneten
sich einander Brüder und Schwestern und erkenneten nur das
alte und neue Testament für die heilige Schrift, mit Verachtung
aller alter und neuer Lehrer (s. später Franck und Campanus etc.).
Ihre Priester zogen bey dem Gottesdienst keine priesterliche
Kleidung an. — Die zu ihrer Secte traten, mussten sich mit
schlechtem Wasser wieder umtaufen lassen. — Das Sacrament des
Nachtmals setzten sie nur in blossem gesegneten Brot und Wein,
als Zeichen, welche den Tod Christi bedeuten — weil es zu nichts
anders eingesetzet als zur Erinnerung des Leidens Christi: Sie
hielten die Fürbitten der Heiligen, Gebätte für die Todten, Ohrenbeichte und Satisfaction oder Verbüssung für lächerlich und
Menschen-Erfindung; die Vigilien und Fasten für Betrug und
Heuchelei; die Marien-, Apostel- und Heiligenfeste für unnütze
Dinge; doch feierten sie die Sonntage vor Weihnachten, Pfingsten
und Ostern."[3]

Die „altevangelischen Gemeinden", zu denen Waldenser, böhmische Brüder, einzelne Convente der Beghinen und Begharden etc.

---

[1] cf. „Rechenschaft des Glaubens, der Dienste und Ceremonien der
Brüder in Böhmen und Mähren." Zürich, bei Froschauer. 1532.

[2] Fuesslin II, 127 nach Regenvolscius vom Jahre 1474.

[3] Joh. Jakob Simmler, Sammlung alter und neuer Urkunden zur
Beleuchtung der Kirchengeschichte, namentlich des Schweizer-Landes. Zürich
1763 II, p. 937; Müller, Gesch. der Bern. Täufer p. 56.

zu zählen sind, bestehen von alters her. Die Entstehungsgeschichte dieser unabhängigen Gemeinden, zu denen wohl auch die „Täufer" gehörten, wird von täuferischen Schriftstellern zurückgesetzt in die Zeit, da durch des Kaisers Constantinus Erklärung des Christentums zur Staatsreligion der Boden eigener freier Überzeugung und Entschliessung verlassen und die Kirche Staatskirche wurde, regiert durch Mächte und Majoritäten. Die weiter fortbestehenden Sondergemeinden, welche ihre Gegner später „Waldenser" etc. nannten, haben sich dabei keineswegs von der herrschenden Kirche getrennt. Ihre Glieder hielten sich für gut katholisch und machten die Ceremonien mit, um Verfolgung zu vermeiden.[1] Als die Inquisition sie doch entdeckte, zerstoben sie verfolgt vom Süden Europas aus in alle Lande.[2]

Jede Schilderung der vorreformatorischen Waldenser, geschöpft aus ihren alten Schriften und Inquisitionsprotokollen (Döllinger), zeigt die frappante Ähnlichkeit mit den Täufern nicht nur in den Hauptgrundsätzen, sondern auch in gewissen Einzelheiten, wo die Übereinstimmung keine zufällige sein kann.[3]

Die Überzeugung, dass das „Licht des Evangeliums" bereits vor 1517 aufgegangen sei, findet sich ausser bei den Evangelischen in Böhmen und Mähren sogar unter den Reformierten am Niederrhein noch im 17. Jahrhundert. Sie vertraten entschieden

---

[1] Vergl. J. W. Baum, Theodor Beza . . I. Teil. Lpz. 1843 p. 404: Theodor Bezas Instruktion für die Gesandten der evangelischen Schweizerstädte an den König Franz von Frankreich in Sachen der „Pedemontanorum", (von anderer Hand) der Waldenser: „Quod autem ad Pedemontanos proprie attinet, multa sunt in illis peculiariter consideranda, quorum etiam putarunt Regem commonefaciendum. Homines sunt vitae ita innocentis et integrae, quantum licet ex omnium sermonibus intelligere, ut vix ullum usquam extet similis innocentiae exemplum. Ergo, etiamsi in doctrina errarent, non tamen ita videntur tractandi, ut si omnium hominum sceleratissimi essent . . . . . Praeterea quod diligenter est considerandum, isti nunquam defecerunt a Pontifice. Quamvis enim non semper ausi sint aperte suam religionem profiteri, tamen liquet ex antiquissimis etiam historiis eos nunquam in Pontificis Romani decreta jurasse. Sunt autem longe aliena ratione adducendi homines ad religionem quam pro defectione et rebellione punendi . ."

[2] Man vergleiche hier die Werke von Döllinger, Fredericq etc.

[3] Im einzelnen s. hier: Keller, die Reformation; E. Müller, Gesch. der Bern. Täufer. — Hier möge man die Punkte nachlesen, welche eine wesentliche Übereinstimmung der Tradition bei Waldensern und Täufern zeigen.

die Überzeugung, dass die evangelische Lehre nicht erst mit Luther
in die Welt gekommen sei. Zum Beweise möge folgendes dienen:[1])
Im Jahre 1664 richteten die Deputierten der clevischen Synode
(„Deputati Synodi der Clevischen Kirchen") eine Eingabe[2]) an den
Grossen Kurfürsten, in der sie etwa folgendes ausführten: Die
Deputierten der Synode sähen sich genötigt, umständlich darzulegen, „welchergestalt nicht nur bei und zu hochgl. Hertzog Wilhelms Zeiten und Regierung, sondern auch vor etlichen hundert
Jahren, ehe Dr. Luther sel. sich herfürgethan die Evangelische Lehr und deren Ceremonien, besonders auch das
hl. Abendmahl wohl als ein Kennzeichen solcher Lehre nach der
Einsetzung und Ordnung unsers Herrn und Heilands Jesu Christi
sub utraque sei in diesen Landen bekannt gewest und
von vielen Christen also und auf diese Weise gehalten
und celebriert worden". „Gott der Herr, der das Licht aus
der Finsternis heisset herfürscheinen, hat jeder Zeit gewisse
Leute und Werkzeuge mit dem Licht seines Evangelii erleuchtet
und erwecket." . . . . Es haben sich „zu allen Zeiten solche
Christen gefunden, welche allerlei neue Lehre so wider und ausser
dem Wort Gottes eingeführet, verworfen". . . . .

Darunter sei auch einer mit Namen Petrus Waldo, ein Bürger
zu Lyon in Frankreich, Anno 1160 gewesen, der den neuen Lehren
getrost widersprochen, „um so mehr, da die Apostel und uralte
wahre Christen nichts von der Transsubstantiation und andern
Lehren gewusst, auch Bertramus Abaillard und Berengarius u. A.
derselben Ansicht gewesen."

Da man nun gegen Waldus und die Seinen als Ketzer verfuhr und sie austrieb, so verbreitete sich ihre Lehre hin und
wieder über die Länder.

„Weil sie aber allerends, da sie hinkamen, nicht
allein solche Christen gefunden, die ihnen zugestimmt,
sondern auch daselbst verfolget, sind sie je länger je weiter ausgebreitet worden, und haben daher fürnehme Kirchen und Gemeinen durch gantz Europam gehabt, als in Frankreich, in Arra-
gonien, ... Engelland, Niederland, Teutschland . . . . etc., wie

---

[1]) cf. Monatshefte der Comen.-Gesellsch. ed. Keller, Bd. 5 (1896) p. 63.
[2]) Die Eingabe ist gedruckt unter dem Titel: „Anhang oder näherer
Bericht über dem Religionswesen im Herzogthumb Gulich, Cleve und Berg etc.
aufgerichter Reversalen und derselben Infraction etc. In Amsterdam etc. 1664."

dieses aus den Constitutionibus Frederici II. Imperat., aus den
Bullen der Päpste und aus vielen römischen Scribenten genugsam
erscheinet. Dahero, ob zwar sie in den Glaubens-Artikulen
und Fundament der Seligkeit (wie die Jesuiten Johannes
Mariana in praefatione in Lucam Tudensem und Jacobus Gretserus
in Prolegomenis ad Reinerium bekennen müssen) sonsten einig
gewesen sind, mit mancherlei Namen bald nach ihren Lehrern,
die eifrig, bald nach den Landen und Orten, da sie wohnten, bald
nach andern Zufällen, wie dann in Engelland Lollarden nach dem
fürtrefflichen Lehrer Lollard, in Frankreich Waldenser nach Waldo ...
Lombarden, Lionisten, weil sie von Lion, da sie gewohnet, als
auch dass sie durch den Bannstrahl des Papstes mit Verlust aller
ihrer Haab vertrieben zum Gespöt Pauperes de Lugduno, die Armen
von Lyon, genannt worden." ....

Man könne aus den Zeugnissen römischer Gegner widerlegen, wonach angeblich „unsere evangelische Lehre nicht
vor Luther und Calvino gewesen sei". „Sie sei vielmehr
nicht bloss vor etlichen Hundert Jahren, sondern von
uralten Zeiten her gewesen."

Es soll natürlich nicht damit bewiesen werden, dass sich in
der neuen Bewegung der Reformation nicht allerlei Elemente, mit
ihren besonderen Wünschen und Interessen den „Täufern" angeschlossen haben, die vorher den Kreisen der Waldenser etc. fern
gestanden haben. Ebensowenig ist darin eingeschlossen, dass nicht
einzelne Kreise der verschiedenartigen Elemente, die von ihren
Gegnern unter dem Namen „Wiedertäufer" zusammengefasst sind,
ihre Wurzeln anderswo als in der altevangelischen Brüdergemeinde
haben. Zeigt ein Thomas von Imbroich wie Denk nahe Verwandtschaft mit der deutschen Mystik überhaupt, so zeigt sich bei
Hofmann, Campanus später Verwandtschaft mit den „Brüdern vom
freien Geiste".

Vororte der vorreformatorischen Waldenser in Deutschland
waren Köln und Strassburg, die weiten Strassen des Rheins (daneben
auch Ulm, Augsburg, Nürnberg), also Pflanzstätten der späteren
Täuferbewegung.

Den Spuren der Waldenser im nordwestlichen Deutschland
nachzugehen, kann nicht in der Absicht unserer Untersuchung
liegen. Sie waren eben allenthalben hier wie in Süddeutschland
verbreitet. Man zog die alte Handelsstrasse des Rheins hinab

und verbreitete wie zur Reformationszeit schon im Mittelalter anti-
kirchliche Lehren. Die Chronik der Abtei Corvey sagt, „dass
Handelsleute aus den Alpen, welche die Bibel auswendig können
und vor den Kirchengebräuchen Abscheu haben, häufig aus der
Schweiz ankommen" etc.

Die wohlthätigen Konvente der Begharden und Beghinen
waren Pflanzstätten der waldensischen Ketzerei und sind in die
Waldenser - Prozesse verwickelt.

E. Müller hat es für Bern und die Schweiz höchst wahrscheinlich gemacht, dass ein Zusammenhang zwischen „Taufgesinnten" und jenen altevangelischen Gemeinden (unter welchem
Namen diese auch immer gelegentlich der Verfolgungen hervortraten), thatsächlich bestanden hat.

Die Reformation brachte diese verborgenen Brüderschaften
zum Vorschein. Bei Gelegenheit einer gründlichen Kirchenvisitation
kam erst zu den Ohren der Behörden, was vielleicht den einzelnen
Gemeinden vorher bereits bekannt war, dass einzelne Glieder schon
längst in einzelnen Lehrmeinungen besondere Ansichten gehabt
hatten. Und gelegentlich konnte so etwas ja auch nur bekannt
werden. Es lag ja in der Art dieser nach persönlicher Heiligung
strebenden Gemeinschaften, dass sie kein Wesen machten, sondern
in aller Stille lebten, äusserlich durchaus als Angehörige der
katholischen Kirche. Als nun Luther offen gegen die alte Kirche
auftrat und fast allgemeinen Anklang fand, da wagten auch sie, in
der Meinung, dass nun ihre lang verhaltenen Ideale verwirklicht
würden, aus ihrer Verschlossenheit hervorzutreten. Über manche
Dinge wurde nunmehr speziell mit ihnen disputiert, die für sie
längst abgethan waren.

Sollten nun jene „christlichen Brüder", die Mitte der zwanziger
Jahre uns in unserer Gegend begegnen, sofort nach Bekanntwerden
von Luthers Ideen sich dieser nicht allein bemächtigt haben, sondern
in so kurzer Zeit sogar weit über dieselben hinausgegangen sein
und gegen Luther z. B. behauptet haben, Rat und Obrigkeit haben
in Glaubenssachen nichts zu befehlen, oder der hl. Geist sei nicht
die dritte Person und dergl.? Sollten wirklich jene schlichten
Handwerksleute, die uns u. a. als Träger solcher und ähnlicher
Ideen genannt werden, wirklich fähig sein, Gedanken von so
prinzipieller Bedeutung in so kurzer Zeit so überzeugend vor Gericht
verteidigen zu können? Wohl schwerlich.

Wer kann heutzutage bei dem sich immer wieder fühlbar machenden Mangel an Dokumenten positiv feststellen, wie weit grössere Verbände, als Gilden und Zünfte, solchen verbotenen Meinungen in ihren Gesellschaften ein Plätzchen eingeräumt haben? Dass die Obrigkeit, von der sie schon längst nicht recht wussten, ob man ihr überhaupt Gehorsam schuldig sei, in Glaubenssachen befehlen solle, ging gegen die ganze uralte, an das Urchristentum anknüpfende Tradition. Daher hatten sie unter sich „Richter" eingesetzt, ihre Streitigkeiten zu schlichten. Ob Erscheinungen dieser Art, der Hinweis auf das in der Apostelgeschichte gezeichnete Vorbild der christlichen Gemeinde zu Jerusalem als erstrebenswertes Ziel der Vollkommenheit, durch Überlieferung mit einander zusammenhängen oder ob jenes Ideal ganz spontan je und je die Gemüter ergriffen hat, ist allerdings, wie schon erwähnt, vollständig überzeugend noch nicht darzuthun, wenn auch mancherlei frappierende Fälle das erstere anzunehmen uns bewegen.

Vielleicht können wir aber einige Fingerzeige festlegen, welche auf ihre Herkunft deuten können. Waren ihre Überzeugungen erst kürzlich aus Oberdeutschland ihnen zugetragen, und hatten sie sich ihrer sofort und so intensiv bemächtigt, dass sie sich zu ihrer Pflege in besonderen Gemeinden zusammenthaten? Die seit dem Auftreten der Waldenser in verschiedenen Formen fortbestehende, auf apostolisches Leben gerichtete populäre Bewegung, das Wirken der Franziskanerpredigt von der Nachfolge Christi sowie von der Nachbildung seiner Lebensform und nun die alles Weltliche und Geistliche umfassenden Reformideen wirkten zusammen. Indem diese Gemeinden auf das innere Wort und das apostolische Leben zurückgingen, leiteten sie aus der christlichen Gleichheit und Bruderliebe die Gütergemeinschaft (in verschiedener Form) und die Aufhebung der Zinsen und Zehnten ab, aus dem Worte Christi die Verweigerung von Eid und Kriegsdienst, aus der Lehre vom inneren Wort die Verwerfung der sakramentalen Taufwirkung und sonach die Kindertaufe.[1]

Wir wissen ja, dass am ganzen Rhein entlang zu allen Zeiten die Waldenser etc. zahlreich vertreten waren. Wie in den westlichen Nachbarländern hatte der Gegensatz gegen Rom hier früh

---

[1] Dilthey, Auffassung und Analyse des Menschen im 15. und 16. Jahrh. (Archiv für Gesch. der Philosophie V, 386.)

tiefe Wurzeln geschlagen. Auch hier spürte die Inquisition den Ketzern und waldensischen Flüchtlingen nach.[1] Noch Ende des 15. Jahrhunderts werden sie erwähnt, während ihr Name während der eigentlichen Reformationszeit, charakteristisch genug, verschwunden ist.

Für das Vorhandensein von Waldenser-Gemeinden am Niederrhein spricht u. a. auch folgende interessante Aufzeichnung im Archiv der evangelischen Gemeinde zu Emmerich, mit der Aufschrift: „Kort verhaal van den Aanvang en verderen Bloy onser Emmeriksche gereformeerde Gemeente", etwa vom Jahre 1720. Sie beginnt mit dem Satze: „Reeds 126 Jaren voor Luthers Reformatie hebben Evangelische Geloofsgenooten Duitschland en ook onse Gewesten bewoond. Waar van noch Nakomelingen leefden ten tyde, toen zig hier ter steede een Protestantsche gemeente vestigte . . . S. Im Jaer onsers Heeren 1391 wierden in Sassen und Pomeren mit wolbedachtem Raedt und weten 443 Waldensiers gevangen genomen, die alle betuugden den Dienst Goidts tho volbringen und tho volharden, so als sy ut heurer vaderen mund begrepen hadden, und dat oick Leeraars ut Bohemien ohn opgehalden tho syn dahin gekomen waeren.

Viele hebben tho dier tied dat Sassenland moiten runen, und hebben sich oiver alle niedergezettet, oick hier in ons Cleefsland, bedectelick omb der Perikeln wille, disy oiveralle, doch nicht secretelick utgezettet waren."[2]

Hauptherde waldensischer Ketzerei waren viele Konvente der Begharden und Beghinen. Eine Reihe ihrer Häuser fand sich auch im Jülichschen, so „eyn Beghynenhuyss bynnen Dalen[3] (Amt Brüggen), in Süstern (Stadt), in Maastricht etc.[4]

Wir wissen, dass die Waldenser sich stark aus Webern rekrutirten. Von Südfrankreich breiteten sich die Weber schnell und verborgen in den Rheingegenden aus. Die Waldenser waren Leute aus dem Bürgerstande und zwar Kaufleute (Hausierer) oder

---

[1] Vergl. die Arbeiten von Moll, Döllinger, Fredericq.
[2] Theol. Arbeiten. Bonn 1886 p. 91; Keller in den „Mennonitischen Blättern" 1887 (11. Nov.).
[3] Düss. St. A. Jul. Berg. L. A. c. 6. fol. 52; fol. 53.
[4] Es genügt, auf die für jeden einsichtigen Kenner bemerkenswerte, gewiss nicht zufällige Thatsache hinzuweisen, dass u. a. gerade diese Orte bes. Sitze des Täufertums in Jülich von Anfang an gewesen sind.

Handwerker, vornehmlich Tucharbeiter, Weber, auch wohl Schneider und Schuhmacher. Die französischen Waldenser waren so vorherrschend Weber, dass sie sogar allgemein den Namen tissérands erhielten. Auch die Beghinen und Begharden beschäftigten sich hauptsächlich mit Weben. Die Ketzer (waldensische) in den Rheingegenden (z. B. in Köln) hielten in ihren Kellern und Webstuben ihre geheimen Versammlungen ab.

Wie zahlreich sind nicht die Weber unter den Täufern des 16. Jahrhunderts am Niederrhein, in Jülich, Aachen (s. u.). Die so bedeutende Seidenweberei am Niederrhein ist bis auf den heutigen Tag vorzugsweise in evangelischen Händen. Die zahlreichen Weber im Jülichschen, Moersischen etc. stehen noch jetzt mit Recht im Rufe besonders frommer Gesinnung. Die Art dieser Handarbeit und das damit verbundene Leben, welches ja auch Pauli Beruf war, scheint der Erweckung eines tieferen, wenn auch nicht immer gesunden christlichen Sinnes besonders günstig zu sein. Die zahlreichen Gesellschaften von Frauen und Männern (Beghinen und Begharden) sind wahrscheinlich zunächst durch die Waldenser veranlasst oder standen wenigstens mit ihnen in Berührung.[1]

Wie sehr Waldenser und mit ihnen diese stillen Gemeinden der Reformation vorgearbeitet und sich mit Fremdem befreundet haben, geht nicht nur aus der jedem Kenner auffälligen Übereinstimmung der Art und Weise ihres christlichen Lebens und Denkens mit dem der späteren dortigen Reformierten und Taufgesinnten hervor,[2] sondern erweist sich auch am einfachsten aus

---

[1] Goebel, I, 41.

[2] Philipp van Limborch, theol. Professor der Remonstranten, in seinem Liber sententiarum Inquisitionis Tolosanae, ab anno Christi 1307 ad 1323 p. 37: „Byzonder schynen de Waldensen menschen geweest te syn van eene eenvoudige leevenswyze, en ordeel, onervaaren en ongeoeffend; en endien wy hunne leerstucken en gewoontens met opmerkinge en oubevooroordeld overwegen, dunkt ons te moeten seggen, dat onder alle Gezintens der heedendaagsche Christenen geene is, die meerder overeenkomst met hun heeft, als die, welke men dei Mennoniten noemt," und ein gewiss unverdächtiger Zeuge, Kardinal Hosius, oper. suorum p. 212, 213: „Daar is ook eene schadelyker Gezinte der Wederdooperen, van welk soort N. B. mede schynen geweest te zyn de Waldensische Broeders van welken blykt, dat zy noch niet lang geleeden hebben wedergedoopt / hoevel zommigen van hun gelyk zy zelve in hunne verleediginge getuigen / onlangs hebben nagelaaten den doop te herhaalen; echter is het zeker / dat zy in veelen deele

der unleugbaren, bedeutsamen Thatsache, dass man v o r der Reformation überall im ganzen Schelde-, Maas- und Rheingebiet so viel von Waldensern etc. hört, während sie i n und n a c h der Reformation mit einem Male wie spurlos verschwunden sind. Sie müssen sich also wohl sämtlich und massenhaft der Reformation angeschlossen haben, jedoch freilich mehr den Taufgesinnten, als den Lutheranern und Reformierten, und es ist wohl hauptsächlich ihrem Einflusse zuzuschreiben, dass die ihnen in so vielen Punkten nahe verwandten Täufer (auch jene christlichen Brüdergemeinden, die an vielen Orten 1525 zum Vorschein kommen und bekannt werden,) dort so schnell und so zahlreich aufgetreten und geblieben sind. Die Lehre und das Leben der Waldenser, Beghinen etc. war zu bekannt und auch stillschweigend in der Verborgenheit vielfach geduldet, als dass man sich über sie in neuer Form verwunderte oder sich gar vor ihnen entsetzte. Daher hat man auch wohl „die Taufgesinnten" eine längere Weile ruhig in ihrer Mitte wirken lassen.[1]

Dass am Rhein und an der Maas zahlreiche Beghinenhäuser vorhanden waren, davon zeugt eine Reihe päpstlicher Bullen gegen diese „höchst verwickelten Sekten". (Conrad Allemann aus Magdeburg, ein gelehrter Canonicus aus Regensburg (14. Jahrh.) schreibt in seinem Werke gegen die Ketzer, die sich unter den Namen der Beghinen und Begharden geflüchtet hatten, dass der Bischof von Regensburg zu seiner Zeit an Papst Johann XXII. berichtet habe, wie in seiner Diöcese allein an 200000 Menschen beiderlei Geschlechts seien, die unter den verschiedensten Namen von Genossenschaften ein den Beghinen und Begharden ähnliches Leben zu

---

met de Wederdooperen overeenkommen". — En deze kettery is niet gistern / of eergesteren eerst opgestaan / naar zy had zelfs al plaats in de dagen van Augustinus". Vergl. auch Schyn, Geschiedenis der Mennoniten 1743 p. 184.

[1] Dass sich von den Beghinen gar viele der neuen Richtung angeschlossen haben, und zwar gerade den Täufern, dafür u. a. folgende Beispiele:
In Maastricht wird unter den W. T. angegeben „eine junge Magd von 20 Jahren, welche begyne gewesen". Habets p. 171.
Die Burgundischen haben 1543 „die begine in Mirwilre (Mariaweiler n w. Düren) ufgehangen, gesengt." (v. Below, Landtagsakten I, 452). Warum wird gerade die Beghine unter den zahlreich gemordeten Menschen besonders erwähnt?

führen vorgäben, und dass eine grosse Anzahl derselben von den durch die Kirche verdammten Irrlehren angesteckt sei. — Conrad Allemann schildert das Treiben dieser Irrlehrer der verschiedensten Art, und wie vielerlei Sekten, ja selbst Waldenser, unter dem Namen der Beghinen ihr Wesen treiben.) Karl IV. ernannte seinen Kaplan, den Dominikaner Walther Kerlinger zum allgemeinen Vorsteher der Untersuchung gegen alle von Irrtümern angesteckten Beghinen und Begharden im Reiche und ordnete ihm Fürsten und Edelleute als weltliche Stützen. Zu Spezial-Inquisitoren wurden ernannt: der Dominikaner Johannes von Boland für Trier, Köln und Lüttich durch ein Edikt vom April 1373 aus Trier. Sodann wurden eine Reihe von Bullen gegen die Beghinen und Begharden am Rhein und an der Maas erwirkt. Die Arbeiten gegen die Irrgläubigen und Irrlehrer, die sich unter dem Namen der Beghinen versteckten, erloschen endlich im 16. Jahrhundert, da sich in den Gegenden Deutschlands, die an der Glaubenstrennung teilnahmen, ein grosser Teil der Beghinen der neuen Richtung anschloss. [1]

Wir sahen, dass die meisten Waldenser Handwerker waren. „Es ist nun eine merkwürdige und nur durch die geschichtliche Entwicklung des Täufertums erklärliche Erscheinung, dass sich die Mitglieder der Täufergemeinden des 16. Jahrhunderts fast ausschliesslich aus der Städtebevölkerung rekrutierten. Die Handwerker stellen das Gros der Bekenner. Weltgeistliche und Mönche, welche vom katholischen Glauben abgefallen waren, ihre Pfründen und Klöster verlassen hatten, um dem Lutherschen Evangelium anzuhängen, durch dessen Entwicklung in den zwanziger Jahren aber ihre religiösen Bedürfnisse nicht befriedigt fühlten, sowie einige wenige Gebildete anderer Stände, darunter viele Schullehrer (Küster) waren in der Regel die Führer und Lehrer, die Vorsteher, Apostel und Bischöfe." [2] Ritschl, Geschichte des Pietismus I, 23 ff. sagt: „Hatte sich die asketisch gesinnte Musse der städtischen Handwerker zuerst durch das Schlagwort der Reform aus Gottes Wort auf die Seite Luthers und Zwinglis ziehen lassen, so haben sie alsbald sich von denselben abgewendet und den Weg der Wieder-

[1] Vergl. Die Barmherzigen Schwestern in Bezug auf Armen- und Krankenpflege . . . Coblenz 1831 p. 336, Anm., 338.
[2] Nicoladoni, Bünderlin p. 36.

täuferei eingeschlagen, als sie ihr asketisches Ideal bei jenen Reformatoren nicht wiederfanden."[1] Interessante Beiträge hierzu liefert die Geschichte der Wiedertäufer in Maastricht nebst der ihrer Freunde im Jülichschen: In den Verhören und Aussagen aller jener Menschen, welche wegen „Lutherye" hier angeklagt sind, kommen eigentümliche Dinge zum Vorschein. Hätte man Genaueres über die Lehren der Waldenser gewusst oder hätte man die Verhältnisse der oberdeutschen Täufergemeinden gekannt, so wäre man ihnen schon im Anfang jedenfalls ganz anders zu Leibe gegangen. So liess man sie meist Urfehde schwören, d. h. „sinen eyde ten Heiligen sweren, nu noch nimmermer, in einigen tyden, sich des quaeden falssen handels te onthouden noch eynigsins contrarie te doen der ordonancie van den lesten Meert".[2]

* * *

Thatsächlich waren bei Beginn der Reformation von den älteren in Deutschland eingebürgerten „Ketzereien", besonders den Hussiten, den Waldensern etc., trotz der Verfolgungen noch manche Kreise übrig, in denen ihre Stimmungen und Überzeugungen lebendig geblieben waren. Es war eine grosse evangelische Oppositionspartei vorhanden, die zwar in Luther zum Teil einen ihrer Wortführer, aber nicht den Stifter einer besonderen lutherischen Kirche anerkannte. Ohne Zweifel verdankt, wie jetzt allmählich allgemein anerkannt wird, die deutsche Reformation der Bundesgenossenschaft der Anhänger jener uralten Opposition einen guten Teil ihrer gewaltigen Erfolge.[3] Dass es vor Luther Evangelische gegeben hat, ist immer wieder durch die Thatsache zu erhärten, dass eine Reihe von Männern ausdrücklich von sich bekennen, ihre ersten reformatorischen Anregungen und evangelischen Grundgedanken nicht von Luther bekommen zu haben, sondern schon vor Luther evangelisch gesinnt gewesen zu sein, z. B. Zwingli, Capito,[4] Clarenbach, sämtliche

---

[1] Wer kann heute bestimmen wollen, welche überlieferten, vom Vater auf den Sohn überkommenen Ideen noch daneben in jenen vielfach geschlossenen Kreisen lebendig waren!

[2] Habets a. a. O. p. 68.

[3] Haupt, Beiträge zur Rfgesch. der Reichsstadt Worms p. 29.

[4] s. Monatsh. der Com.-Ges. VI, 344.

7*

reformierten Gemeinden des Niederrheins im ehemaligen Herzogtum Cleve.[1])

Seit etwa 1523 vernehmen wir in kleineren und grösseren
Schriften allenthalben in Mitteleuropa Stimmen, welche, wie man
bisher meinte, längst verklungene Töne wiedergeben, Töne, welche
in schriller Disharmonie sich mischen in die Luthers und der
römischen Kirche. Solche Schriften weckten das eingeschläferte
Gewissen besonders bei den Gegnern, riefen heftigen Widerspruch
unter den Gelehrten hervor, auf offener Strasse wie auf der Kanzel.
Es muss immer wieder daran erinnert werden, dass diese plötzlich
an vielen Stellen ziemlich gleichzeitig auftauchenden Büchlein,
diese zerstreuten Notizen über Personen und ihre Ideen nur dürftige
Niederschläge sind eines sicherlich reichen und vielgestaltigen zähen
Lebens.[2]) Auch wir müssen ihnen eine Weile unsere Aufmerksamkeit
schenken, um zu versuchen, eine Erklärung zu finden für das „plötz-
liche" Auftauchen der eigenartigen Gemeindebildungen auch an vielen
Orten des Niederrheins, die sich selbst in ihren Äusserungen als
„christliche Brüder" bezeichnen, bald aber von ihren Gegnern als
„Wiedertäufer" und „Ketzer" verschrieen und verurteilt werden.

In all den folgenden Schriften und Bekenntnissen sehen wir
Zeugnisse des Glaubens, die einzelne Männer in ihrer Zeit für
ihre Gemeinde und aus derselben heraus abgaben. Bestimmte
Gedanken kehren, wie wir sehen werden, in allen diesen genau wie
in den täuferischen typisch wieder. Allen schwebt das eine Ziel
vor: wahre Gemeinschaft des Lebens nach den Normen des Christentums; von einer Kirche im herkömmlichen oder lutherischen Sinne
ist nirgends die Rede. Natürlich dürfen uns nebensächliche Lehr-
punkte und Ansichten, vorübergehende Schulmeinungen oder gar
Hirngespinste einzelner überspannter Köpfe nicht das Auge trüben,
wenn wir die wesentlichen Lehrbestandteile der ganzen alten Partei
auch in den späteren Bildungen erkennen wollen.

Es kann sich hier für uns nur darum handeln, das Vorhandensein „christlicher Brüdergemeinden" in allen Gegenden Deutschlands und darüber hinaus nachzuweisen, und darzuthun, dass aus
ihnen die späteren sog. Wiedertäufer hervorgingen resp. mit ihnen
identisch sind, deren Grundlehren sie natürlich auch zu den ihrigen
machten.

---

[1]) s. Monatsh. der Com.-Ges. 1896; s. o. p. 80 f.
[2]) Vergl. u. a. Benrath, die Summa der hl. Schrift. Lpz. 1880.

Wie wir nun diese alten Gemeinden, die vor und während der Reformation bestehen, nennen mögen, die Thatsache lässt sich nicht beseitigen, dass wir nur eine Partei vor uns haben bezw. zwei Epochen derselben Gemeinschaft, die verschiedene Namen tragen. Hatten sich die Brüderschaften lange Zeit verborgen in der Stille gehalten und ihre Formen gewahrt, so wagten sie sich seit dem Ausbruch der grossen religiösen Bewegung, wo Lutheraner und Zwinglianer unter dem Schutze von Fürsten und Städten den Kampf gegen diese „Ketzerschulen" begannen, hervor, um den Kampf aufzunehmen und gleichzeitig ihre Sonderstellung zwischen alter und neuer Kirche zu betonen. Die heftige Verfolgung der obrigkeitlichen Behörden setzte erst ein, als man nach Einführung der Spättaufe (nach dem Beispiel der Brüder in Böhmen, welche um 1467 damit begannen,) den Gegnern die Handhabe bot, die alten Ketzergesetze von neuem in Anwendung zu bringen. Gewiss kam es bei dem späteren Ringen um die Taufe der Erwachsenen, wobei dieses Sakrament in den Vordergrund aller Interessen gerückt wurde, vielerorts zu heftigen Bewegungen innerhalb der Brüderschaften, die zum Teil mit einer völligen Entfremdung unter früher vereinigten Männern endete. (Anschluss an die Reformierten.) Jedenfalls bemerkt Keller mit Recht: „Es ist unbegreiflich, dass man den engen persönlichen und sachlichen Zusammenhang der „Ketzerschulen" mit der Entwicklung des sog. Anabaptismus nicht längst bestimmter betont hat, um so unbegreiflicher, als sowohl die Chronisten wie das Volk, das die Ereignisse miterlebt, ausdrücklich bestätigen, dass ein solcher thatsächlich vorhanden ist."[1]

Aus Bayern, Worms, Sachsen, vom Rhein, aus der Eifel, aus Flandern[2] werden bisher unbekannte oder unbeachtete Zeugnisse aus den Jahren 1523 ff. bekannt, die das Vorhandensein

---

[1] s. Monatsh. der Com.-Ges. V, 301; cf. unten die Gemeinden Clarenbachs in Wesel-Büderich, später die im Jülichschen. — „Je mehr die Forschung in die Reformationsgeschichte der einzelnen Provinzen und Städte eingedrungen ist, desto deutlicher hat sich auch gezeigt, dass diese Täufer, häufig mit waldensischen und husitischen Elementen verbunden oder auf frühere mittelalterliche Bewegungen zurückgehend, der Boden der Reformation gewesen und mit ihr in manchen Gegenden Dezennien hindurch verflochten geblieben sind." cf. Harnack, Lehrbuch der Dogmengeschichte (3. Aufl.) 1877 Bd. III, 685 ff.

[2] Über die „Christen" in der Eifel s. u.; über die zu Antwerpen s. u.

zahlreicher Elemente bezeugen, welche sog. altchristlichen oder altevangelischen Gemeinden angehören. Ich will die folgenden Mitteilungen für sioh selbst sprechen lassen.

Zunächst fiel mir das folgende Schriftchen [1]) in die Hände: „Ein tzeytlang geschwigner christlicher Bruder[2]) auch umb der wahrheit willen verysgt / den Christus / seyn und aller erlöser / die inn yn glauben und vertrawen setzen / wiederumb vermandt hat / durch den spruch Marci am 5. Luce. 8. als der Herr sprach zuo dem erledigeten besessnen / Gee hyn in dein hauss zuo den deynigen / undt verkündt ynen die grossen ding, die dir der Herr gethan hat / unn sich über dich erbarmet / Sollichs zuo offenbaren / Mennigklich zuo wissen fast trostlich.
Rott.
Jr Christlichen Brüder / nembt ewr wol war
Jr secht / man maynt uns mit gefar.
Karsthans.
Expergiscere, qui dormis / et surge a mortuis
Et illucesoet tibi Christus. Ephe. 5. Isa. 26.
Anno M. d. xxjjj.“

---

[1]) Ein Exemplar befindet sich in der Kgl. Bibl. zu Berlin; ein zweites war im Katalog der versteigerten Bibliothek des † Konsistorialrats W. Krafft in Bonn verzeichnet.

[2]) Auf den Gegensatz zwischen den Anschauungen der „Brüderschaften" und den „neuen Evangelischen" (d. h. Luthers Anhängern), der frühzeitig bestand, wird bezeichnendes Licht geworfen durch die Vorgänge in Basel und Zürich unter den dortigen „Brüdern", wie sie sich selbst nennen, die um 1523/4 ihre Zusammenkünfte haben und 1525 als „Wiedertäufer" bezeichnet werden. s. Keller, Monatsh. der Com.-Gesellsch. VI, 169, Anm. 1. 1524 trat der Gegensatz der St. Galler Brüderschaft zu Luther scharf und bestimmt hervor. Im Jahre 1524 unterzeichnet Grebel, der spätere Täufer, einen Brief an Vadian: „Conrad Grebel, euer treuer Schwager; ich wollte lieber, dass wir einhellige Brüder in der Wahrheit Christi wären". Als Vadian den Kampf gegen die Ketzerschule eröffnet hatte, heisst es in einem Briefe Grebels an denselben (30. Mai 1525): „ich danke Dir für Deine Wohlthaten, aber Deine Kämpfe gegen meine Brüder missbillige ich". cf. Briefwechsel Vadians, hrsg. von V. Arbenz. St. Gallen 1886; a. a. O. p. 170 Anm. 1. Zu dieser Namenfrage möge ausser dem weiter unten Anzuführenden folgendes aus der Geschichte der Kölner Täufer (s. sog. Thurmbuch, Stadtarchiv Köln) schon hier mitgeteilt werden: 1565. Joh. Bitter Duppe von Mülheim sagt in Köln aus, er sei zu andern Zeiten viermal im Felde vor Köln bei den „gemeinen Christenbrüdern" gewesen" . . . . Peter von Mutzenich: er sei einmal des Nachts bei der „Gemeine" ge-

Am Schlusse steht: Gedruckt ynn der fürstlichen Statt Zwickaw[1] / durch Jörg Gastel / nach Christigeburt / Tausent fünff hundert vund ym dreyundtzeyntzigisten Jar." (24 Bl. in kl. 4°. Kgl. Bibl. Berlin.)

Als Verfasser nennt sich der mir sonst unbekannte Hans Locher in München.

Das Schriftchen predigt heftige Feindschaft gegen das herrschende Kirchenwesen, seine Sitten und Gebräuche, gegen Mönche und Priester sowie anderseits auch gegen den „Verräter" Luther.[2] Der Verfasser ist ein Mann aus dem Volke, der viele Gleichgesinnte hinter sich weiss. Böse Klagen werden erhoben über die Veräusserlichung des Lebens in der Kirche, scharfe Ausfälle werden gemacht gegen die grossen „Hansen", die Herrn der Kirche und vom Adel, welche Krieg führen, Schätze sammeln, gottlos leben und die „kleinen Leute" drücken. Die in allen derartigen Traktaten, auch den späteren „täuferischen", häufig wiederkehrenden Schlagwörter: Babylon, Papisten, Antichrist, finden sich auch hier reichlich verwendet.

Die Schrift beginnt: In Christi nomine. amen.

O, ihr unverständigen Christen eines teils, sonderlich ihr deutschen Helden. Wer hat euch bezaubert, dass ihr der Wahrheit nicht gehorcht? Welchen Christus Jesus vor die Augen gezeigt ist und täglich noch geoffenbart wird, habt ihr Ohren und seid fast taub? Erinnert euch doch, ob das unser Gott und Erlöser Christus im empfangenen Glauben sei, davon

wesen; — auch die Bezeichnungen: Christengesellschaft, Christenvolk, Gesellschaft kommen dort vor; Mergk von Daverhausen, als Wiedertäuferin gefangen, sagt aus: sie sei noch nicht getauft, aber bei der gemeiner Gesellschaft und Christenbrüdern etliche mal hier in Köln gewest.

[1] Auch die mitteldeutschen „Ketzerschulen" troten damals wieder an die Öffentlichkeit; s. die mitgeteilte Veröffentlichung des Martin Reinhard aus Sachsen.

[2] Das grosse Ansehen, das Luther in dem schwierigen Kampfe gegen die Hierarchie errungen hatte, und die hervorragende Fähigkeit, die er für diesen Kampf mitbrachte, machten ihn für zahllose Deutsche und nicht am wenigsten für diejenigen, die von jeher zur alten Kirche in Opposition gestanden hatten, zum geborenen Führer. Von dem Augenblicke an aber, wo sich der mächtigste Reichsfürst nach dem Kaiser auf seine Seite stellte, und der Reformator sein Staatskirchentum zu begründen begann, da erschien er jenen nur als der „Verräter" und „neue Papst".

jetzt der Lärm oder ob wir eines andern gewartten synd, der
ich für meinen Teil begehre seiner göttl. Gnad sollichs nach meinem
vermögen und verstand zu offenbaren."

Eine lang verborgene und gedrückte Partei, die das Evangelium
der Liebe, der Christus- und Nächstenliebe, auf ihre Fahnen
geschrieben hat, wagt sich trotz der bereits erduldeten und noch
zu erwartenden Verfolgung ans Licht: „der erleucht und unwider-
sprechlich ausserwelt kempfer, der heylig Paulus, ein vorfechter
und wahrheit trager der heyligster Tryvaltigkeit und unsers glaubens
yn Christo, nit von den menschen oder durch die Menschen,
sunder von Got verordent und erfodert, Lert mich, den rechten
Titel an vil ortten in der gschrifft zu erbieten sich einem yed-
lichen, in seinem standt gemess und furchtbar / zuvor an diesen,
die sich in gemeyn zu gut der brüderlichen rechten lieb
voltziehung begerendt, durch ire gewissen gedrungen
sich an das liecht zu geben und geben wöllen, der ich
mich ein glyd beken; der angenemen verfolgung, der wir all
müssen gewarten, gewilligt, der eins teyls am tag . . ." Der Verfasser wünscht alles Gute allen denen, die Gutes wirken, besonders
aber denen, die „unserm christlichen Hauptmann" anhängen und
nach Erkenntnis der Wahrheit ringen aus innerem Trieb, sonderlich
aber meinen geliebten Brüdern, Herren und Freunden in
München, den fürnemisten, mit samt andern Einwohnern des Landes
als den einsteils erschreckten und kleinmütigen, die sy wöllen von
der augenscheinlichen bestendigen wahrheit, das Gott selbst ist,
also liederlich mit Gebot, Drohung, Gewalt lassen erschrecken.
Alles hilft nicht, wir haben ein Haupt auf unserer Seite, das un-
sterblich ist, Christus, und in seinen Stall gehören wir." — Gewiss
ist ein weltliches Regiment von nöten und auch schriftgemäss;
aber ein Recht in geistlichen Dingen steht der Obrigkeit nicht zu:
„Ich rede nicht von der Gewalt, die für die boshaften verordnet
ist zur Erschreckung und Strafe, die genugsam in der Schrift begründet ist, sondern von der Gewalt, die, sei sie weltlich oder
geistlich, mit der sie greifen wollen in das Regiment unsers Herrn
und Hauptmanns, um zu vergewaltigen unsere Gewissen und unsere
Freiheit nach ihrem Mutwillen."

Auch der alten Geschichte seiner Gemeinschaft gedenkt er:
„Wie väterlich hat Gott mit uns gehandelt, und wie gleicherweise
hat er auch gehandelt mit den verbrannten Brüdern."

Um die Allmacht und Allgüte Gottes recht zu verstehen, ist es von nöten, dass alle Menschen, sonderlich die Männer, die Schrift lesen könnten, um zu erkennen die grossen Gutthaten und Werke, die Gott dem Menschengeschlecht erzeigt und bewiesen hat. — Wir alle sind Kinder Gottes und teilhaftig seiner grossen Barmherzigkeit; daher bitte ich die Fürsten und Herren, das Christenblut nicht schimpflich zu verachten; Gott hat auch Barmherzigkeit geübt. Tragen wir doch das Bildnis des Vaters seit der Erschaffung in uns und haben wir uns doch zum Glauben und zur Dienstbarkeit erkannt und haben gelobt und geschworen in der Taufe,[1] nachdem wir das Kleid der Unschuld haben empfangen, dem Herrn seinen Nutzen zu schaffen, abzuweichen dem Bösen und zu wirken das Gute; will daraus folgern unsere Pflicht, mit möglichstem Fleiss seinem Willen nachzukommen.

Wer hat mehr gegen die göttlichen zehn Gebote gesündigt als die grossen Herren, die Gott dienen wollten mit Stein und Metall, hölzernen Götzen und goldenen Kälbern, mit Kirchen, „darin Got nit wont, dan wir selbs sint der Tempel[2] Gottes. (B.[3] Wir sollen aller ding nit schwern weder bei dem hymel, denn er ist Gottes stul, noch bei der erden, denn sie ist seiner fuess schemel, noch bei dem haubt, denn wir vermögen nit eyn eyniges har weyss oder schwartz zu machen, Sunder unser Reden sol nayn und ya seyn / an notschlecht nitt, aber so es die lieb, notturft, der warheyt zu hilff und zu nutz unsern

---

[1] Ich erinnere hier an die stehende Mahnung der böhmischen Brüder und „Täufer" bei der Erwachsenen-Taufe, wie wir weiter unten sehen werden: „Stehe auf und wolle hinfort nicht mehr sündigen!"

[2] Die Gemeinde der „Täufer" und ihrer Vorläufer war nicht als eine Anstalt für Predigt oder Gnadenvermittlung, sondern als eine Organisation der sittlich-religiösen Lebensverhältnisse und als wahre Gemeinschaft des ganzen Lebens nach den Normen des Christentums gedacht. Nicht auf die Schaffung eines Lehrgebäudes oder auf dessen theologische Ausgestaltung noch auf die Errichtung einer mächtigen Hierarchie und glänzender Kultusstätten ging ihr vornehmstes Streben : nach ihrer Ansicht waren die Menschen-Seelen die wahren Tempel, an deren Aufbau und Läuterung die Gesamtheit zu arbeiten berufen war. Alle ihre Einrichtungen waren darauf berechnet, der Erziehung und Entwicklung der schlummernden Kräfte zu dienen und die in den Einzelnen vorhandenen Geistesgaben durch Anteil am Gemeindedienst zum Nutzen der Gesamtheit wirksam zu machen. s. Monatsh. der Com.-Gesellsch. VI, 148.

nechsten, zuvor an die ere Gottes betreffend mag es zymlich und doch mit undtscheydt geschehen."

Interessant ist ferner, was der Verfasser über die „kirchlichen" Handlungen seiner „Brüder" sagt, über Gottesdienst und Abendmahl: „Ist es dann nit wahr, das wir auch feiern? Ich mein ja / nur zu vil / dann an diesen tagen thun wir nicht anderst, dann das wir uns versünen mit Gott, mit fleiss und grosser begyr, an alle Hindernisse hören seine wort / auch nicht weniger verricht wir unser gebet und dancksagung, und mit allem fleiss suchen wir das heil unsrer Seelen mit almusen geben, mit allen wercken der brüderlichen lieb / wir kummen auch zusam zu füglicher Zeit, das wir ein lectio aus der heiligen geschrift hörn / un wo einer mangel hatt oder yrt im weg der seligkeit, werdt wir von den geschrifftgelerten und weysen / trösten brüderlich ein ander in aller truebsall / söllich handlung geb wir darnach die gantzwochen . . ."

Überall in der Welt bemerkt man ein unchristliches Blutvergiessen. Wo aber ist schrecklicher gewütet worden als „von des endtchristischen Reichs wegen" — hier ist das Morden der Christen ohne Zahl: „aber ein grosse Summa wird genent durch meinen geliebsten Freund und Bruder Heinrich Kettenpach / als in 800 Jahren wol 12 000 000 Person barmhertziger Got, das heisst deine schaff geweydnet / sind das hirten, schäffer oder fleischshawer?" [1]

---

[1] Ähnliche Gedanken kehren in allen Schriften der Art später wieder, z. B. bei Clarenbach, dem Deutschherrnritter Grafen Wilhelm von Isenburg am Niederrhein, bei Justus Velsius u. a. Hier möge ferner ein Zeugnis angeführt werden von dem berühmten, vielgenannten westfälischen Humanisten Hermann Buschius. Als er die in den ersten Monaten des Jahres 1529 erschienene Schrift: „Ernstliche Handlung zwischen den hochgelehrten Doktoren in der Gottheit und einem Gefangenen", welche über die Verhöre Clarenbachs enthielt, gelesen und sich von der Wahrheit derselben in Köln persönlich überzeugt hatte, verfasste er eine sehr anregende Schrift: „Über die besondere Autorität des Alten und Neuen Testaments", worin er grosse Teilnahme für Clarenbach zeigt. Der gekrönte Poët redet etwa ½ Jahr vor Clarenbachs Tode die Inquisitoren in folgender ernster Weise u. a. an: „Es geziemt sich einem Christen vielmehr auf das zu schauen, was Christus befohlen hat, als was eure Gewohnheit (in Bezug auf die canonischen Gesetzbücher) fordert; wir sind Christi Schäflein, nicht die eurigen; er hat uns erkauft mit seinem Blute, nicht ihr; er will, dass wir keinem andern als ihm folgen. Der Herr hat für Seine Schafe Hirten, aber nicht Herrscher an-

Wir wollen sie treulich mit Christi Lehre warnen; nicht will
ich Aufruhr und Blutvergiessen. — Aber man verachtet die Armen.
Seht die faulen Mönche mit ihrer Secte an, die kräftig sind und
arbeiten können, es aber nicht thun; diese bannt und werft aus
der Gemeinde. Ich erinnere an ihre Handlung zu Brüssel, an die
grausame Misshandlung der antichristlichen Tyrannen, die die
frommen Christen also schändlich rösten und brennen. Ich will
nicht für mich bitten, nein, wohl dem, der in solcher Gestalt von
Gott begnadet wird; dan wir knecht sind nit mehr als der Herr;
wann so sie Christum verfolgt haben, werden sie uns auch verfolgen, dann die zeit ist jetzt kumen, dass welliche uns werden
töten."

Nicht Papst, Bischof oder Pfaffen vergeben uns die Sünden,
sondern Gott allein. Der Papst hat nicht mehr Macht als ein
anderer Priester. Christus hat sogar gesagt und das sag ich auch:
sind wir nicht alle Priester in Christo! Lieben Papisten,
nehmt den Text Matthäi 18, was Christus in plurali durch christliche Versammlung will gehandelt haben durch Erkenntnis.
— Der Papst ist nur Antichrist; Petrus hat nicht mehr Recht
als die andern Aposteln und Menschen. Ich weiss nichts für
seine besondere Macht in meiner Biblia zu finden. — Wie
verfolgt aber das antichristische Reich und sein Anhang all die
„Ketzer", wo doch der Auftrag lautete: weide meine Lämmer!
„Alle diese merterer aber haben nit allein Jesum Christum
sein kirch bekannt als den rechten glauben christlicher
Versammlung, Sunder um Christus wort und wahrheit willen in
Christo begehrt zu sterben. [1]

Nach kurzen Bemerkungen über den Streit der Ritter und
Bauern fährt er fort: „Wir Menschen haben Gewalt über alles.
Man hat uns irre geführt. O brüderliche Lieb, wie hast du
als ein Tyrannischen namen überkommen; wie heisst du? Leider
gewalt und untreu. Da muss ich dem evangelischen verrätter
Martino Luthero seinen frävel melden, das er spricht: Ein
jeder Christen soll alles gemein und zu dienst haben, seinen
nächsten, was er hat, vermag und ist, wo und wie man sein

geordnet und ruft ein Wehe (im Propheten Ezechiel) über die Hirten, welche
streng und hart über die Schafe herrschen. Bewegt und schreckt euch diese
Drohung nicht?" (s. Krafft, die Geschichte der beiden Märtyrer p. 93.)
[1] s. u. Clarenbach und Justus Velsius.

bedarf, wie im Christus gethan hat, und dass die wolthat nicht um geniesslohn oder ehr willen, sunder aus bloser freier lieb und gunst gescheh. / Glaub, dass er das von dem grossen verfolger Paulo gelernet hab, der do (2. Cor. 8) widerspricht dem irdischen Reich und allem seinen anhang etc. Papisten nembt jr woll war, es sindt mir die rechten zwen gesellen — S. Paulo und Luther, dürffen sie sollichs sagen und thun, so ist ein merers bei inen war zu nemen — syn reissen sollicher possen vil, nit einem jedlichen angenem; ich wills dem Karsthansen über sie klagen. [1] —

Der Schluss lautet: Nehmet meine Ermahnungen an und führt ein christlich Leben. Andere Ermahnungen, im druck vereinigt, sollen in kürze folgen ... Gott erleucht euch. Amen."

* * *

Lange Zeit waren diese geheimen Genossenschaften, zu denen Hans Locher spricht, verborgen. Nur aus den Akten der Ketzerprozesse ist ersichtlich, dass früher hier und da einzelne Mitglieder sich unvorsichtiger Weise in ihr Innerstes schauen liessen. Im übrigen ist über all diese Gemeinden und Bruderschaften, die man Ketzer nannte, an schriftlichen Aufzeichnungen über Ziele, Verfassung und Mitglieder nichts vorhanden. Jeder einzelne, im Geiste der Gesamtheit erzogen, wirkte für die gemeinsame Sache.

---

[1] Zu den Hauptpunkten, in welchen stets eine Gegnerschaft zwischen Lutherischen und den „evangelischen Christen" (so nennt Hans Sachs 1524 die beiden Parteien: „Ein gesprech eynes Evangelischen Christen mit einem Lutherischen, daryn der ergerlich wandel etlicher, die sych Lutherisch nennen, angezeigt und brüderlich gestrafft wirt. Hans Sachs. 1523." s. Keller, Staupitz p. 183 ff.) bestehen bleiben musste und um 1524 bestand, gehören auch die folgenden. Während die neuen evangelischen Staatskirchen die Lehre von der Zwangsgewalt in Glaubenssachen alsbald wieder zur Geltung brachten, waren und blieben die anderen der Überzeugung, dass die Freiheit und Freiwilligkeit ein wesentliches Stück der Lehre Christi bilde. Dazu kam die völlige Leugnung jeglicher Willensfreiheit und die im Zusammenhang damit von Luther „vertretene Überzeugung, dass Gott auch die bösen Wege regiert in den Gottlosen", die den Ansichten der älteren Evangelischen ebenso widersprachen, wie Luthers Anschauungen von der gänzlichen Verderbtheit der menschlichen Natur und von der Erbsünde. Eine fernere Meinungsverschiedenheit, die sich auch oben angedeutet findet, entwickelte sich dadurch, dass die Betonung des paulinischen Christentums, wie sie sich bei Luther immer schärfer und schärfer entwickelte, der alten Überlieferung von der zentralen Bedeutung der Herrenworte zuwiderlief. s. Keller in Monatsh. d. Com.-Ges. V, 290.

In Zeiten heftiger allgemeiner religiöser Erregung, wie sie im 15. Jahrhundert die grossen böhmischen Ketzerkriege und seit 1517 das Auftreten Luthers mit sich brachten, wagen auch sie sich hervor aus dem Versteck der Zunftstuben, der Werkstätten und „Akademieen"[1]) und mischen sich in den Streit der Meinungen. — Es ist an der Zeit, endlich das noch vorhandene Material herbeizuschaffen, um die Nichtigkeit der Behauptung, die sich auch heute noch findet, darzuthun, dass ernstere Spuren vorreformatorischer Ketzer um den Beginn der Reformation kaum nachzuweisen seien.[2]) „Nicht wenige Männer", schreibt Ulrich Zwingli, der den älteren Evangelischen zeitweilig so nahe stand und die Verhältnisse der Zeit, die Gegensätze und Kräfte der Parteien gründlich kennen zu lernen Gelegenheit gehabt hatte, 1527 an Luther, „hat es früher gegeben, die die Summa und das Wesen der (evangelischen) Religion ebenso gut erkannt hatten, als du."

„Aber aus dem ganzen Israel, so fährt er fort, wagte es niemand zum Kampfe hervorzutreten, denn sie fürchteten jenen mächtigen Goliath, der mit dem furchtbaren Gewicht seiner Waffen und Kräfte in drohender Haltung dastand."[3]) —

— Eine in diesem Zusammenhange besonders erwähnenswerte Schrift ist die folgende:

„Anzaygung, wie die gefallene Christenheit widerbracht müg werden in jren ersten standt, in wölchem sie von Christo und seynen Aposteln erstlich gepflantzt und auffgebawet ist.

<blockquote>
Vor hundert jaren beschriben
und yetzt aller erst gefunden
und durch den druck an
tag geben.
1524.
</blockquote>

---

[1]) Auch die sog. Akademieen sind, worauf Keller früher hinwies, im Auge zu behalten. Als seit 1523 das berühmte Buch „Summa der hl. Schrift" auch in Italien verbreitet wurde, da kam die Inquisition auf den Gedanken, — es enthielt nämlich waldensische Anklänge — die verdächtige Schrift sei aus den Kreisen der „Academie" (der Grillenzoni zu Modena) hervorgegangen. s. Benrath, Die Summa. — Lpz. 1880 p. IV.

[2]) s. Keller, Reformation p. 400; — Joh. v. Staupitz p. 242 ff.; Monatsh. der Com.-Ges. V, 239 ff.

[3]) In der „freundlichen Auslegung (Amica exegesis)" 1527. s. Keller, Monatsh. d. Com.-Ges. V, 257.

Das Concilium zu Basel vnd die Böhem betreffende. Am Schlusse steht: E. L. W. Williger Caplan: Marti Reinhart von Eyverstatt, Prediger zu Ihen. Vor langer Zeit geschriben, aber jetzt zuerst zu Rostock [1]) im Land zu Mecklenburg gefunden und gedruckt." 1524 in 4°.

. Wir haben hier ein Schriftchen vor uns, das ursprünglich aus den Kreisen der „Brüder" in Böhmen hervorgegangen ist und 100 Jahre später von einem Manne durch den Druck veröffentlicht wurde, der ohne Zweifel die religiösen Anschauungen des Verfassers teilte und wohl gar seinem Kreise angehörte. Der Herausgeber Martin Reinhart aus Sachsen gehörte aber später den Schwärmern und sog. Wiedertäufern an. [2]) Wir haben also eine geschlossene Kette vor uns von etwa 1430—1540, von altevangelischen Regungen böhmischer Brüder bis zu den „Wiedertäufern", zwei verschiedene Namen für dieselbe Partei. Auch hier können wir die seit den ältesten Zeiten in der Geschichte dieser alten „apostolischen Gemeinden" bekannte Thatsache beobachten, dass das Aufkommen eines neuen Namens jedesmal mit dem Anbruch einer neuen Entwicklungsperiode der alten Gemeinschaft zusammenfällt. [3]) —

Die von Martin Reinhart herausgegebene Schrift giebt uns teilweise Belege für die oben versuchten Darlegungen. Seine Vorrede richtet er bezeichnend genug „an die Herrn Antonio Tucher, Hieronymo Ebner, Willibaldo Pirckheimer und den ganzen Rat zu Nürnberg, seine lieben Herrn und Patrone in Christo." Auf seiner Reise nach Dänemark habe er 1521 in Rostock bei einem „Liebhaber evangelischer Wahrheit", nämlich dem jungen Hans Kaffmeister, Herberge gefunden. Dieser habe ihm erzählt von einem Priester, der „etwa daselbst gepredigt und vil köstlicher alter büchlein hinder sich gelassen haben solte, wölliche nu in gemeldes kauffmanns hauss verborgen lagen." Nach vielem Bitten

---

[1]) Über vorreformatorische Strömungen, hussitische Einflüsse, eine spätere starke anabaptistische Bewegung in Mecklenburg und bes. Rostock s. Vorberg, Die Einführung der Reformation in Rostock; Halle 1897 p. 12 ff., 37 f.

[2]) Während der Gefangenschaft Adolf Clarenbachs und etwas früher hielt er sich, wie sein Landsmann Nic. Storch mit Gerhard Westerburg, in Köln auf und kam nebst Klopreis, Westerburg, Nic. Symmen, dem Grafen Wilh. von Isenburg mit der Obrigkeit in Konflikt, so dass er ausgewiesen wurde. s. o. p. 42.

[3]) Keller, Waldenser 132.

habe er ihn dazu vermocht, ihm die Bücher zu zeigen. Da habe er denn gesehen „einen grossen schatz solcher heilsamer büchlein vor hundert und meer jaren also christlicher weyss geschriben", dass ich Gott danken muss, „das er sein heiliges wortt allzeytt bey den seynen hat so gnedig lassen wircken, das der Antchrist gleychwol als eben yetzt Gott lob kundt gewest, on das dess trucks mangel / dadurch es aller welt offenbar werden hat mögen." Auf sein Ersuchen, solche Schriften drucken lassen zu dürfen, habe ihm jener Kaffmeister voll Angst vorgehalten, er möge ihm versprechen, nie zu verraten, von wem er sie erhalten habe, „dann ain prediger Münch, (von wöllichen allen nye kain gut / arges aber überflüssig komen) Joachim Ratsteyn genaut, yme feur un marter / als stock, wolt sagen ketzermeister des Bapsts, wo obgedachtes predigers ler oder büchlein (wölchs er hatte) an tag kämen, trawet (drohet)."

In seinem Büchlein aber sei „ein rechte christliche form rechtes evangelischen lebens begriffen". Es folgen vier Epistel, welche die Anhänger des Huss ans Konzil saudten; davon „1. Wen die getrewen Christen in der hoffnung, innwoner des reyches zu Böhemen haben begryffen, wie da umb der sünde der öbersten und sonderlichen der priester vil oder manige bösse ding sindt geschehen in der Christenhayt." — Die Gelehrten auf dem Konzil tragen den heiligen Geist im Ärmel; bei ihnen ist nichts „guot, denn was vor got cin grewel ist". — Den Priestern Christi ist verboten weltliche Besitzung und Herrschaft. — Jedem Diakon und nicht allein den Priestern kommt das Amt zu predigen zu. — Strenger Bann muss geübt werden. — Finitum anno domini MCCCXXX.

In der Schlussrede von Martin Reinhart heisst es: Es ist nötig, dass die Priester, die ein so sträfliches Leben führen, sich bessern; wir müssen sonst Gott mehr gehorchen als den Menschen. —

* * *

Für das Vorhandensein älterer evangelischer Gemeinden zu Worms zeugt der von Keller (Monatsh. d. Com.-Ges. V, 258 ff.) wieder ans Licht gezogene:

„Trostbrieff der Christlichen kirchen / diener zu Wormbs an die frommen Aposteln und be / kenner Jesu Christi so itzt zu Meintz, Rin / gaw und allenthalben im Bistum ge / fangen liegen, iren lieben Brüdern. (MDXXIIII.)" (Ohne Druckort-, Drucker- und Verfasser - Angabe.)

Die Anrede und Überschrift lautet: „Wir von gottes gnaden Bischove und eltisten der Christ / lichen gemein zu Wormbs den heyligen Aposteln und / bekennern gottes, so ietzt umb des namen willen unsers / herren Jesu Christi uber seinem wort in hafft und / todes geferde kommen sein zu Meintz." — Im Texte heisst es weiter: „Aus eurem leben aber lieben Brüder, auss des vertrawen und glauben in got, der von euch weit verkündet wirt, welchen ir das heufflein Christi treulich ungefelscht gelert hat, dan solche zeugnis habt ir von vilen frommen menschen, wie ewer ermanung nit zu irthum noch zu unreynikeyt gedient hab, sei nit mit list geschehen, sonder wie euch das Evangelium von Got befohlen und zu predigen vertrawt also habt ir geredt . . . . Also, lieben man und brüder, dieweil ir die priester sied under dem volck gottes und mit dem wort Christo irer vil gewonnen hat, gedenckt der geschrifft, die des trosts voll ist und seit frölich . . . . . . Abraham ist versucht und mit trübsalen probirt und derhalben Gottes frund worden . . . Es erkennens die vermeinten geystlichen, Christi und unser feindt, zur fohung und todtung nit gnug sein, das von uns die heylig geschrifft, das hochwirdig Evangelion gepredigt wird . . . so suchen sie (vielmehr) listen und trigereien, zu verdammen, zu lestern und zu tödten, auf das wir von der welt wie Ketzer, wie des volcks verfürer, wie ungehorsame vatterlichen gesetzen, gebracht und verderbet werden . . . „Zu solchem schreiben verursacht uns, das wir hören, wie uff euch zu Meintz und anderwo uff andere Christliche Brüder betriglichen gedicht und von den Papistischen geystlichen so felschlich gelogen würdt, wie die pfaffen Baal, die werckheyligen ir bösen gotlosen mäuler über euch uffthun und reden wider euch unverschampt mit falschen zungen und beligen euch mit hessigen worten allenthalben und sagen, eyner hab ein kelch gestolen . . . . der funft hab seines bruders eeweip begert und dergleichen andere laster, . . . „Euch hat got sünderlichen beruffen zu dem Apostelamt, das ir auch treulich getrieben hat . . ."

Es zeigt sich also, dass in und um Worms heimlich „Ketzer" vorhanden waren, von denen viele vom Erzbischof von Mainz zu einer Zeit gefänglich eingezogen sind, wo man von den Wirkungen des damals noch bevorstehenden Auftretens Luthers nichts ahnen konnte. Die Männer befanden sich zur Zeit, als der Brief geschrieben wurde, in Todesgefahr; ihre Gegner wollen es nicht genug sein lassen mit Fesseln und Tod, sondern man versucht sogar, „sie mit List und Trug zu verdammen und zu lästern".

„Dieser Trostbrief war geschrieben von Männern, die sich als Bischöfe und Älteste der christlichen Gemeinde zu Worms bezeichnen; gerichtet war er an andere, die von den Absendern in der Anrede „heilige Apostel und Bekenner Gottes" genannt und im Text als von „Gott sonderlich zu dem Apostelamt berufen" bezeichnet werden. Die Absender besassen „zu Mainz, im Rheingau und allenthalben im Bistum" christliche Brüder, die unter der gleichen Verfolgung zu leiden hatten . . . ." Solche Trostbriefe — es begegnen uns solche weiter unten in der Geschichte der Jülicher „Täufer" noch mehrere — pflegten in den damaligen und früheren Zeiten fast ausschliesslich handschriftlich verbreitet zu werden, und gerade in Handschriften sind sie uns zahlreich erhalten (s. u.). Es ist auch wahrscheinlich, dass unser vorliegender Trostbrief erst einige Zeit nach der Absendung an die Öffentlichkeit gebracht ist, und dass der Titel, der das Wort „Kirche" enthält, nicht von den Absendern selbst herrührt."[1])

H. Haupt hat die obige Schrift neu herausgegeben: Beiträge zur Reformationsgeschichte der Reichsstadt Worms. Zwei Flugschriften aus den Jahren 1523 und 24 (vergl. dazu: Thudichum in Monatsh. d. Com.-Ges. VII, 48 ff.). Hatte Keller die Ansicht mit Recht vertreten, dass der Trostbrief von den Vorständen einer in Worms damals bestehenden Brüdergemeinde ausgegangen sei, so behauptet H. Haupt, die Verfasser seien „die Geistlichen und Kirchenältesten der evangelischen Gemeinde zu Worms", welche durch Luther für das Evangelium gewonnen worden seien und denen Luther 1523 den Trostbrief geschrieben habe, da sie schwere Verfolgungen erlitten.

F. Thudichum hat die Frage nochmals geprüft und Haupts Aufstellungen durchaus zu Kellers Gunsten widerlegt. Nicht ohne Grund hat Thudichum u. a. auch hervorgehoben, was uralt ist und uns auch später wieder begegnet, dass die „Bekenner Gottes", an welche der Trostbrief ebenfalls gerichtet ist, in dem Briefe selbst zusammen mit den „Aposteln" „liebe Brüder" oder „liebe Männer und Brüder" genannt werden, dass ferner, was sicherlich nicht unwichtig ist, die „Brüder" unter der Anklage gemeiner Verbrechen

---

8

verfolgt wurden: des Mords, Diebstahls, Ehebruchs. Solche Ver-
läumdungen sind von den Gegnern allezeit gerade gegen die
Brüder ausgestreut und zum Deckmantel der Verfolgung ihrer
Häresie genommen worden (a. a. O. p. 50).

Haupt giebt (p. 30/31) zu, dass schon 1527 die Stadt Worms
„als eine Hochburg der täuferischen Bewegung" erscheint; das
ist nur denkbar, wenn schon früher die Brüder hier einen festen
Anhang gehabt haben; denn lediglich „Brüder" sind es, die man
nachher, auch wenn sie die Taufe der Erwachsenen nicht annahmen, als Wiedertäufer bezeichnete, um die gegen letztere gerichteten kaiserlichen Mandate auf sie anwenden zu können.[1]

*   *

Ein Beweis für das Bestehen heimlicher Brüdergemeinden
am Niederrhein gerade an den Stellen, wo, wie in Worms, sich
später blühende Täufergemeinden finden, liefern die Schriften
Adolf Clarenbachs und seiner Freunde über seinen Prozess in
Köln und seine Verurteilung bezw. seinen Tod daselbst.[2] Ich

---

[1] Es ist zu bedauern, dass sich die Persönlichkeit eines Wenzeslaus,
der als Prediger zu Heidelberg genannt ist, einstweilen nicht hat feststellen
lassen; es scheint aber, dass damit ein Hinweis auf böhmische Zusammen-
hänge gegeben ist, zumal feststeht, dass die böhmischen Brüder seit alten
Zeiten Freunde und Verbindungen am Mittelrhein besassen. s. Monatsh.
der Com.-Ges. V, 262.

Auch an den Niederrhein kamen die Apostel der böhm. Brüder.
Sollte es ganz zufällig sein, dass wir den Herausgeber der obigen Schrift
aus dem Kreise dieser Brüder (s. o. p. 109 f.) gerade in Köln treffen, wo
gleichzeitig zahlreiche Gesinnungsgenossen sich befanden?

[2] Am Niederrhein waren in den zwanziger Jahren des 16. Jahrh.
eine Reihe von Männern für die Sache des Evangeliums nicht ohne Erfolg
thätig: der Jurist Gerhard Westerburg hatte Schriften gegen das Fegefeuer
herausgegeben, hatte einen „neugesinnten" Prediger in Köln predigen lassen
und stand in enger Beziehung zu dem Parteigenossen Martin Reinhards,
zu Nic. Storch; der ergraute Deutschordensritter Graf Wilhelm von
Isenburg hatte in einer Reihe von Büchern vom uralt evangelischem Standpunkte aus den Kölner Klerus angegriffen; Peter Fliesteden wagte zu
bewegter Zeit in der Hauptkirche des Landes den Mittelpunkt des römischen
Gottesdienstes, die Messe, zu verhöhnen; Adolf Clarenbach wird über
18 Monate zwischen Tod und Leben gefangen gehalten und verteidigt den
Glauben seiner „Brüder".

Welches der Boden war, auf dem Clarenbach und seine „Brüder" wie
die Mehrzahl der genannten Personen standen, wird sich aus den Mitteilungen
und den Akten ergeben, die Clarenbach und die Seinen betreffen.

will im folgenden zunächst die zwei wichtigsten Schriften zu
Grunde legen, welche ich als I. und II. citiere.

I. „Alle Acta Adolphi Clarenbach. Was Adolphus
im landt von Berge / ehe dann er zu Cöln gefangen / dess Evangeliums halben / von seinen widersechern / begegnet unnd zugestanden sei.

Und wie ihn hernach / als er zu Cöln gefangen / die Sophisten
und Ketzermeyster zu Cölln so / verräterisch / diebisch / mör-
derisch / onchristlich / ja gantz und gar so onmenschlich / wider
alles sein gründtlich darthun / auss Heyliger schrifft zum fewr
geurtheylt haben / ein warhafftige unnd klägliche Histori / sampt
vil heylsamen leeren / auss Heyliger geschrifft.

Was underscheydts zwischen dem Gesetz und Evangelio sei.

Item worin ein christlich leben und wandel gelegen.

Und ein kurtze underrichtung, wie man das heilig sacrament
emphahen sol.

Allen christglaubigen vast nutz und trostlich zu lesen.

Ein jeglicher nemm sein creutz auff sich und folge mir nach.
Matth. XVI.“ [1]

S. l. u. a. 66 Bl. in 4°. (etwa Ende 1529 erschienen). Das
Titelbild zeigt Cl., wie er zum Richtplatz geführt wird; neben

---

[1] Obige Schrift, von der sich ein Exemplar in meinem Besitz befindet,
ist als die gleichzeitige Hauptquelle für die Geschichte Clarenbachs und
Fliestedens zu betrachten. Sie enthält folgende Teile:

a) die Schrift Clarenbachs an die Stadt Lennep nebst seinen Briefen an
   den Grafen Franz von Waldeck;

b) die ganze „Ernstliche Handlung“ (zwischen den hochgelerten Doctorn
   inn der gotheyt [als man sie zu Cölln nennt] oder ketzermeister unnd
   eynem gefangnen, genannt, Adolph Clarenbach, geschehen zu Cölln
   erstlich uff Frankenthurm). Item wie nachvolgends die Doctores inn
   der gotheyt . . denselbigen gefangnen im glauben examinirt oder ersucht
   zu Cölln uff der Erenporten. Alles geschehen inn beiwesen der verordneten vnn geschickten von eynem Ersamen Rath der Statt Cölln“;

c) die Fortsetzung derselben aus mehreren jetzt nicht mehr vorhandenen
   Einzeldrucken;

d) die Beschreibung des letzten Tages der Märtyrer und ihrer Hinrichtung
   (s. II. Histori). Es fehlt hier in d) die Geschichte des Prozesses am
   Kammergericht aus II.

Seit 1554 wurde die Schrift in das grosse Werk von Ludw. Rabus
„Historien der Märtyrer“ vollständig aufgenommen, welches in verschiedenen
Auflagen bis zum Jahre 1572 erschienen ist. (s. Krafft, Geschichte p. 121).

ihm einen Mönch mit dem Kruzifix, hinter ihm Bewaffnete, vor ihm den Grefen; in der Ferne Rad und Galgen mit Gerichteten.

II. „Histori von Adolf Clarenbach und Peter Flystedon, wie sie zu Cöln am Rein offentlich zu pulver verbrannt sind.[1]) Der gantz process, so Clarenbachs brüder seiner apellation und erledigung halben vor keys. Mt. Camergericht gerichtlich gehalten und gehandelt haben.

---

[1]) Das Schriftchen fand sich in einem Sammelbande der Utrechter Universitäts-Bibliothek (kl. 4°; s. t. Miscellanea Theologica. Quarto no. 288). s. Z. f. K. G. Bd. XV, p. 150. In demselben Bande sind noch folgende 7 weitere Abhandlungen zusammengeheftet, die nicht ohne Grund zu einem Ganzen vereinigt sind:

1. Billiche antwurt Leonhart Brunners auss heyliger schrifft und geystlichem rechten / auff XXIX. artickel und fragstück den christlichen glauben betreffend. Von dem Erwirdigen etc. Dechan und Capitel des Stifts zu Wormbs gefragt. — Getruckt auff den Neundten tag Im Meyen Nach Christi geburt Im Jar MDXXX.

2. Von dem zehenden zwo trefflicher predig Geschehen im Münster zu Strassburg.
   Mit Sendbrieff: An das Christlich heufflin im Rinckgauw / Mentzer Bistumbs. Durch D. Caspar Hedion.

3. Wes sich D. Martin Luther. etc. mit Huldrichen Zwinglin etc. der Strittigen Articul halb / vereint und verglichen / auf der Convocatz zu Marpurg / den dritten tag Octob. 1529.

4. Eyn schöne auslegung des vierden Capitels / im buch der geschichten der Apostel / welliches sich fast unser zeyt vergleichet / darauss dann die schwachen fast getröst und im glauben gesterckt mögen werden.
   An das Christenlich heuflin zu Rotenburg am Neckar.
   D. Andream Keller.

5. Dat die Geistlichen ader Pafschaft geyn freyheit (die da weren widder die Hilge schrifft Bröderliche lieffdt / ader so beschwerung eyner Eirsamer gemeyn) haven noch begeren sullen. sonder zoll / acsyse / geven / wie Jesus Christus der överste Priester selver geleirt unn gedayn hait. Dair zo Burgerliche Eydt ann verletzunge erer Eren doin moigen / und zu doin schuldich synt. Durch Doctor Wolffganck Capito beschreven.

6. Vom wahrhafftigen Tauff Joannis / Christi und der Aposteln.
   Wenn / und wie der Kindertauff angefangen und eingerissen hat.
   Item. Wie alle widerreden des Widerchristen wider den Tauff / sollen verantwort werden.
   Durch Stoffel Eleutherobion geschriben. Anno Domini MDXXVIII.

7. Vom fegefeuer und standt der verscheyden selen eyn Chrystliche meynung durch Doctor Gerhart Westerburch von Coellen, Neulich aussgangen.
   Gedruckt im jar MDXXIII.

Alle die gottseliglich leben wollen in Christo Jesu / müssen veruolgung leiden.
Im Jar M. D. XXX." (Ohne Ort und Angabe des Druckers; 32 Bl. in kl. 4°.)

(„Allen liebhabern der warheit wünscht Berrhart Rör gnad und barmhertzigkeit von Gott unserm Herrn.")[1] —

Ohne Bedenken ist Clarenbach als Anhänger Luthers und lutherischer Märtyrer in Anspruch genommen worden. Wie weit das berechtigt ist, mögen die folgenden Mitteilungen aus den beiden genannten Schriften zeigen, die für die Beurteilung des Standes der Lehre in den neugesinnten Gemeinden von fundamentaler Bedeutung sind und durch welche auch z. B. die Notizen über das Auftreten von Neuerern zu Antwerpen[2] etc. vor 1525 eine neue Beleuchtung erfahren.[3]

Es kann hier nicht meine Aufgabe sein, weitere biographische Details über die Märtyrer zu liefern;[4] hier kommt es vor allem auf ihre Lehren an. Einige orientierende Notizen zu ihrer Lebensgeschichte mögen jedoch geboten werden.

Über Peter Fliesteden ist recht wenig bekannt. In einigen älteren protestantischen Martyrologien wird von ihm gesagt: „Nachdem er die heilige Schrift wohl studiert, sich mit vielen Gelehrten unterredet, auch viel gute Bücher fleissig gelesen und aus christ-

---

[1] Wer unter diesem Pseudonym (?) verborgen ist, ist noch völliges Rätsel. Die ausführliche Mitteilung des Verlaufes des beim Kammergericht zu Speier angestrengten Prozesses in Sachen Clarenbachs gegen die Stadt Köln (Akten jetzt im Staatsarchiv zu Wetzlar) kann nur ein Mann geliefert haben, der genau mit dem Wortlaut der gewechselten Aktenstücke bekannt war. Krafft (Die Geschichte der beiden Märtyrer — Elberfeld 1886 p. 120) hat an Dr. Westerburg gedacht.

[2] s. u.

[3] Keller hat schon früher (Waldenser p. 173) entgegen den Ausführungen von C. Krafft hervorgehoben, dass Männer wie Adolf Clarenbach u. a. Mitglieder jener alten Gemeinden gewesen sind, die man später Täufer nannte.

[4] vergl. die verdienstvollen Arbeiten von C. Krafft:
   Theolog. Arbeiten aus dem rhein. wiss. Pred.-Verein 1872, 1882.
   Z. d. berg. Geschv. 1874 u. 75.
   Briefe und Dokumente aus der Zeit der Reformation. Elberfeld 1875.
   Zusammenfassend: Die Geschichte der beiden Märtyrer der evangelischen Kirche Adolf Clarenbach und Peter Fliesteden. Elberfeld 1886.

lichem Eifer hin und wieder durch Deutschland gezogen, ist er endlich gen Köln am Rhein kommen." (s. Krafft a. a. O. p. 72) Dez. 1527. —

Adolf Clarenbach wurde gegen Ende des 15. Jahrhunderts auf dem Hofe „zum Busche" geboren, welcher Hof in kirchlicher Hinsicht zur Pfarre Lüttringhausen, in bürgerlicher zur Stadt Lennep im Bergischen gehörte. Er stammte aus kinderreicher Familie. Eltern und Freundschaft haben ihn, der sich schon früh durch Frömmigkeit auszeichnete, in der Jugend „zur Schul, darzu er sonderlich Lust getragen hat", erziehen lassen. Bis 1514 blieb er in Münster, wo er zum grossen Teile seine philologische und dialektische Bildung empfing, die ihn später auszeichnete. Einen akademischen Grad erwarb er sich von da ab durch dreijähriges Studium zu Köln, wo ein Desiderius Erasmus und Andreas Karlstadt, ein Eck und Cochlaeus, ein Hutten und Crotus Rubianus auf der Schülerbank gesessen hatten. Clarenbach wurde Glied der Laurentianer Burse, deren Regent der Hauptgegner Reuchlins, Arnold von Tongern, war. — Die Frage, wann und wodurch er zur Erkenntnis des Evangeliums geführt ist, wird eine müssige, wenn wir zur Beantwortung derselben seine eigenen Aussagen heranziehen. — Anfang der zwanziger Jahre bekleidete Clarenbach ein Schulamt in Münster, wo er selbst früher Schüler gewesen war, und zwar war er an einer der drei dort bestehenden lateinischen Schulen beschäftigt. In der Hauptstadt Westfalens war damals der Kampf gegen die ganze mittelalterliche theologische Scholastik und gegen den Schlussstein dieses Gebäudes, das Papsttum, entbrannt; es handelte sich hier schon um Reformation des ganzen kirchlichen Lebens. Freunde Luthers lebten in der Stadt; ein einflussreicher Patricier stand sogar schon mit Karlstadt in Verbindung. Wie weit Clarenbach an den Bestrebungen radikaler Schwärmer, die damals in Münster sich breit machten, die Kreuze auf den Friedhöfen und die Bilder der Heiligen in den Kirchen zerstörten, teilgenommen hat, wissen wir nicht genau. Vor den Inquisitoren in Köln, denen diese Vorgänge bekannt waren, hat er sich jedenfalls später von dem Vorwurf des Stauromastix (Kreuzschelters) nicht vollständig zu reinigen vermocht. Auf die 22. Frage des erzbischöflichen Fiscals Trip: „dass Ihr in den vorgenannten Städten (Münster, Wesel, Osnabrück) und andern verschiedenen Orten offenbar und gemeiniglich gelehrt und asseriert habt, dass man die Bilder der Heiligen aus den Kirchen werfen soll", antwortet er ganz allgemein: „Ich hab so gesagt und gelehrt, dass, so solche Bilder von dem Volke werden angebetet, dann die Pastoren und Prädikanten schuldig wären, nach dem Exempel der heiligen Propheten zu lehren, dass man solche nicht ehren noch anbeten soll, und dass die weltliche Obrigkeit schuldig wäre, solche Bilder dem Volke aus den Augen zu nehmen und von der Abgötterei abzubringen."[1] Clarenbach musste Münster verlassen. 1524 finden wir ihn unter dem Rektorat des Peringius als Konrektor in Wesel.[2] Diese Stadt ist für die protestantische Kirche von Westdeutschland und Holland von hervorragender Wichtigkeit; sie ist die erste grosse Stadt am Niederrhein, in welcher trotz der katholischen Landesobrigkeit das Evangelium zum Durchbruch gekommen ist. Die dreijährige Wirksamkeit Clarenbachs hier am Niederrhein, in Wesel, Büderich, (jenseit des Rheines der Stadt gegenüberliegend) und anderen Orten ist nach dem Bekanntwerden seiner früheren Lehrthätigkeit in seiner Heimat die Hauptursache seiner mit dem Märtyrertode endenden Verfolgung gewesen. Seine Gegner versuchten ihn schon damals wegen Ketzereien seines Amtes zu entsetzen, trotzdem es in der allg. Verordnung der herzogl. Regierung vom 26. März 1525 heisst, dass „unsers Wissens

---

[1] s. Krafft, Die Gesch. p. 14.

[2] Für die reformatorische Bewegung am Niederrhein bildete die Stadt Wesel in der ersten Hälfte des 16. Jahrh. einen der bedeutsamsten Mittelpunkte; sie ist nach einander der Sitz einer altevangelischen Gemeinde, ein Hort des Täufertums und Vorrot Münsters (1534/5), ein Zentrum lutherischer und besonders reformierter Bestrebungen. — Nicolaus Buscoducensis liess es eine seiner Hauptsorgen sein, einen Teil der studierenden Jugend aus den Niederlanden nach Wesel herüberzuziehen, um aus ihr Sendboten für die neue Lehre heranzubilden. Er ging sogar mit dem Plane um, eine evangelische Universität in Wesel zu gründen. Diese Bestrebungen aber wurden durch das am 7. März 1544 zu Brüssel erschienene kaiserl. Edikt durchkreuzt, welches allen Verkehr mit den Bewohnern Wesels bei Todesstrafe verbot. Dafür kamen niederländische Emigranten nach Wesel, so Anfang 1548 eine ganze Auswandererkolonie wallonischer Weber, die zum grössten Teile aus dem Bistum Lüttich stammten. Nikolaus, vom Rate beauftragt, setzte ein Glaubensbekenntnis auf, „das wegen seines Protestes gegen den Anabaptismus und seine Begleiterscheinungen: Auflehnung gegen die Obrigkeit, Güter- und Weibergemeinschaft, Libertinismus und Separatismus interessant ist". Wolters, Rfgesch. der Stadt Wesel p. 455 f.; O. Clemen, Joh. Pupper von Goch (Lpz. Studien aus dem Geb. der Geschichte II ²). Lpz. 1896 p. 281.

die Unterthanen unserer Lande noch unbefleckt seien mit der täglich sich verbreitenden Lehre Luthers". (Im Schreiben des Herzogs an die Stadt Wesel vom 21. März desselben Jahres wurde mitgeteilt, dass man wahrlich berichtet sei, wie dass die Ketzereien des Martin Luthers Lehren sich in unserer Stadt Wesel ferner begeben und täglich so länger wie mehr gestärkt werden.)

Dominikaner und Augustiner in Wesel waren von evangelischen Lehren inficiert. Heftige Fehden tobten zwischen diesen Orden und den Franziskanern strengerer Observanz, die man aus dem Kloster der benachbarten Stadt Dorsten kommen liess, um den Streit zwischen alter und neuer Richtung siegreich zu Gunsten . der ersteren zu entscheiden. Mit diesen Franziskanern hatte Clarenbach einen Kampf zu bestehen, dessen Ausgang und Erfolg der war, dass ihm der Aufenthalt in der Stadt verboten wurde.[1] Während seines nun folgenden $^3/_4$jährigen Aufenthaltes in Büderich blieben seine alten Beziehungen zu Wesel bestehen. In Büderich war unter dem Pastor Heimann Boest (oder Buyst) als Vikar Johann Klopreis thätig, der auf das Schicksal Clarenbachs von bestimmendem Einfluss gewesen ist (s. u.) Beide bleiben als Gesinnungsgenossen und Freunde innig verbunden. Wir werden weiter unten zu zeigen haben, wie Klopreis den Wandel seiner Lehren bis zu den Verirrungen der Münsterschen Schwärmer durchmachte, während Clarenbach nur durch seinen Tod vielleicht davor bewahrt geblieben ist. — In Wesel und Büderich finden unter Leitung von Clarenbach und Klopreis Zusammenkünfte statt, welche spottweise die „Synagoge"[2] genannt werden.

---

[1] s. II. er sei seines Amtes an der Schule in Wesel entsetzt und zwar auf eine Lüge hin des Fiscals Johann Trip, wodurch der Offizial des Kölner Erzbischofs vermocht wurde, den Herzog von Cleve zu veranlassen, ein entsprechendes Edikt zu erlassen.

[2] s. über diese Bezeichnung: Monatsh. d. Comen.-Gesellsch. V, 275 f.: „Es ist an sich merkwürdig, dass die Namen Synagoge, Judenschule, Schule oder Ketzerschule, die das ganze Mittelalter hindurch zur Bezeichnung der religiösen Sondergemeinden der „Waldenser" u. s. w. dienten, zunächst in Zürich, dann aber auch anderwärts seit 1522 in den Akten zur Bezeichnung derselben Gemeinschaft auftauchen, die zwei Jahre später in ihrem Schosse die Übung der Spättaufe einführte und dass von da an weit und breit bis tief in das 16. Jahrh. hinein gerade diejenigen religiösen Gemeinden in gewissen Kreisen Synagogen u. s. w. heissen, die von der gelehrten Streittheologie und den Inquisitoren „Täufer" oder „Wiedertäufer" genannt werden. (s. Döllinger,

Zu einem ausgetretenen Franziskanermönche, Heinrich Verken (gewöhnlich Doktor Verken) genannt, unterhielt Clarenbach in Büderich freundschaftliche Beziehungen. In „Alle acta" heisst es hierüber: „Clarenbach sol in Büric̣h in dem widdemhove mit Herr Joh. Klopreiss und mit einem andern verlaufenen Observanz-Mönch, genannt Doctor Fercken, der der lutherischen Ketzerei stark verdächtig, Zusammenkünfte und Predigten gehalten haben und halten." Clarenbach giebt es zu: sie haben aber nur vom Worte Gottes und dem Evangelio Christi gesprochen. „Wisst ihr auch, dass von diesen Zusammenkünften beider Geschlechter gewöhnlich gesagt wurde: die sinagog kompt zusammen?" Ferner wird ihm als Ketzerei vorgeworfen, dass er nach einem allgemeinen Gerücht den verlaufenen Mönch „Fercken mit einer beggyneu zu houff gegeven" habe, was er allerdings leugnet. Weiter habe er den Clemens von Lennep, einen Priester, mit einer Magd heimlich getraut. Sie wohnten jetzt zu Bremen; er habe sie verführt und oft in ihrem Unglauben gestärkt. Schliesslich „das ir desgleichen uren eigen broder / der mit einer personen zuvor heimlichen sich verlovet hat / inn denn kirspel Lotrinckhusen / mit einer andern personen zu der ee zuhouff gegeven hebt, mit welcher personen er noch gemenlich wont." Adolf: „Das ist nit so / meinem bruder ist ein person durch und mit der freundt willen vereclicht." „Item das ir up ures vaders hove des hyligen tags vor den buren zusamen vergadert vnd geruiffen en der lutherischen wyse up dütsche hebt misse gedain." Er weicht dem

---

Beiträge zur Sektengesch. II, 251 ff., 255; Egli, Akten-Sammlung zur Gesch. der Züricher Ref. 1879 I, 85.)

In dem Bericht des Amtmanns zu Neuenkirchen im Bistum Münster vom 2. Aug. 1537 über die dortigen Täufer heisst es, dass die Wiedertäufer im Hause eines ihrer Brüder „ihre Synagoge" halten. M. St. A. M. L. A. 518/19 Vol. IX, fol. 398) — In den Visitations-Protokollen des Herzogtums Jülich von 1533 kehrt derselbe Name zur Bezeichnung ihrer Gottesdienste mehrfach wieder (D. St. A. Jül. Berg. L. A. IV. c. 6. f. 78). Bis tief ins 17. Jahrh. werden die Prediger und Apostel der W. T. dort die „schoolhelder" genannt.

Die Bedeutung der verächtlichen Bezeichnung „Synagoge" tritt auch hervor in dem Titel für 40 Disputationssätze, in denen Luther Wesen und Recht der Kirche behandelt: „Folgende Sätze behauptet mit Christi Hilfe D. Martinus Luther, der heiligen Kirche Gottes zu Wittenberg Doctor gegen die ganze Synagoge des Satans und alle Pforten der Hölle". s. Kolde, Luther II, 357.

aus und bemerkt: „So aber etliche des heyligen tags dar sind
kommen und begert, ich inen doch etwas wölt sagen vam wort
Gottes vnd Evangelio, heb ich den selbigen die zehen gebot,
den glauben, dz vatter unser und das wort des Herrn
für gehalten, gelert und aussgelegt, sovil mir Got durch sein gnad
gegeben hat und nit anders." Er soll dabei gesagt haben, die
katholischen Zeremonien seien ein Fastabends-Spiel. —

Fortgesetzte Intriguen gegen ihn von seiten der Mönche
zwangen Clarenbach auszuwandern in ein entlegenes Gebiet. In
Begleitung einer grossen Zahl von Schülern, welche ihm Eltern
in Wesel, Köln, ja selbst in Frankreich anvertrauten, zog er nach
Osnabrück.

Im Hause einer frommen Witwe wirkte er hier nicht allein
als Lehrer der lateinischen Sprache, sondern auch als theologischer
Dozent, indem er seinen Jünglingen Vorlesungen über einzelne
Bücher des neuen Testaments hielt. Eine solche Wirksamkeit aber
gab Anlass zu seiner Verfolgung seitens des Osnabrücker Dom-
kapitels, weswegen er des Bürgerrechtes der Stadt beraubt wurde
und fliehen musste. Obwohl er eine Berufung nach Meldorp im
Lande Dietmarschen erhielt, verfügte er sich zuvor mit seinen Schülern
in seine Heimat Lennep (kurz vor Ostern 1527). Während des
Aufenthaltes bei seinen Eltern, der nur wenige Monate dauerte,
wurde er von den Kreuzbrüder-Mönchen in der Nähe der Beyenburg an der Wupper beim Grafen Franz von Waldeck, Domherrn
zu Köln und Pfandherrn des Amtes Beyenburg, wozu auch Lüttringhausen gehörte, angeklagt. Gegen die Drohungen rechtfertigte
sich Adolf ohne Erfolg durch zwei Supplikationen (18.u.26.Juni).[1]

---

[1] Clarenbach an Bürgermeister, Rat und ganze Gemeinde der Stadt
Lennep. — „Ich darf euch einige Stücke nicht verhehlen, die mir des Evangeliums halben zugestossen. Als ich nächstvergangene Ostern von Ossenbrug
mit etlichen Knaben und Schülern (so mir waren von frommen Leuten zu
belehren befohlen) nach Wesel und Cöln zu ihren Eltern brachte und von
Cöln zu den Eltern reiste und nach einer Woche Aufenthalt dort nach Det-
mars zu Meldorp meinen Dienst antreten wollte, wo ich zu einem Diacon
oder capellan verordnet war, da kam es mir inzwischen vor, dass mich die
Pfaffen und ihr Anhang für einen Ketzer ausschalten, darum dass ich das
Evangelium und ewige Wort meinen Eltern, Schwestern und Brüdern
samt andern Christen-Schwestern und -Brüdern lehrte. — Ich
wurde gewarnt und gemahnt, mich hinweg zu machen, damit ich nicht gefangen würde, denn Pfaffen und Mönche hätten an den Herzog von Jülich

Den Verfolgungen Clarenbachs in seiner Heimat verdanken wir seine Hauptschrift an seine Vaterstadt Lennep, worin er seiner reformatorischen Überzeugung Ausdruck giebt.[1] Vertrieben ging Clarenbach wieder zu seinem Freunde Klopreis nach Büderich, der nach Köln vor das geistliche Gericht citiert war, dort eine Art Revokation geleistet hatte und seiner Vikarstelle verlustig gegangen war. Da sein erneuter Verkehr mit Clarenbach in Köln bekannt geworden war, wurde Klopreis abermals citiert, während sein Freund sich entschloss, ihn dorthin zu begleiten, um für ihn Zeugnis abzulegen. Bei dieser Gelegenheit wurde Adolf verhaftet, da er jenem unerschrocken zur Seite stand und ihn mit steten Ermahnungen bis ins Gefängnis auf der Drankpforte[2] begleitete. Während Klopreis in der Neujahrsnacht 1529 glücklich entkam, ist Cl. im Gefängnis verblieben.[3]

---

und seine Amtleute ein solches Ansinnen gestellt. (In Köln wird später ausdrücklich hervorgehoben, dass er auf Ansuchen des Herzogs gefangen sei.) Mich machte Gottes Wort nur gewisser und ich schrieb wiederum nach Osnabrück, Bremen, Meldorp, sie möchten doch Geduld haben, weil ich meine Ankunft verzögere, „auff das auch hie etliche möchten / nach der gnad Gottes / des Evangelii teilhafftig werden.“ Ich bin also bei den Eltern geblieben. Den Warnern habe ich erklärt, „das ich durch gottes gnad mit allen münchen und pfaffen, so im land von Berge weren, wolt des Evangelions halben zum feur disputiren“, wenn ich auch untergehen sollte für Christus.

[1] „Damit nun dieser Verfolgung halben meine Nächsten, so das Evangelium vom Reiche Gottes haben angenommen, nicht geärgert, sondern gestärkt werden, deshalb habe ich ihnen, die wir durch Gottes Gnade ohne alles unser Verdienst allein auf Christo und seinem ewigen Worte stehen, die folgenden Punkte aufgeschrieben.“

[2] s. II. „Anno 1528. Freitags vor Palmtag auf den 3. Tag Aprilis ist gefangen Joh. Klopreis zu Cöln; ihm folgte Adolf Clarenbach. Auch er ist gefangen und in den Frankenturm gesetzt. Adolf sollte wie Johann geistlich gerichtet werden, aber ersterer erklärte: ich bin nit geistlich und steho vor die Keisers gericht; ich bin ein Laie und des Rektor Konrektor in Wesel gewesen.“

[3] Klopreis, der intime Freund Clarenbachs, und viele andere vom Evangelium angeregte Geister sind in den ihnen eröffneten Zufluchtsorten im Jülichschen, namentlich zu Wassenberg, schwärmerischen und exzentrischen Richtungen anheimgefallen, die endlich zur Münsterschen Wiedertäuferei führten. Interessant ist das gewiss unverdächtige Urteil C. Krafft: „Die wiedertäuferischen Ausschreitungen sind übrigens auch teilweise daraus hervorgegangen und zu einer so furchtbaren Stärke angewachsen, weil die gerechten

Bei den zahlreichen Äusserungen evangelischen Lebens in Köln während der zwanziger Jahre musste endlich ein Exempel statuiert werden. Es handelte sich im Bewusstsein der Inquisitoren, wie Arnold von Tongern an einen erzbischöflichen Kanzler in einem noch ungedruckten Briefe schrieb, in dieser Sache um eine Krisis, wie sie seit der Annahme des Christentums in Deutschland noch nicht erschienen sei, d. h. um Aufrechterhaltung oder Sturz eines mehr als tausendjährigen Systems, das namentlich in Köln mit der Gesamtgestaltung des ganzen Lebens zusammenhing; Köln betrachtete sich als fast die einzige noch feste Burg des Romanismus in Deutschland; kam sie zu Fall, so war es mit Roms Herrschaft in Deutschland zu Ende. —

Die vom Notar der Universität, Nikolaus von Dolmen, lateinisch geführten Original-Protokolle von den Verhandlungen des Inquisitionsgerichts mit Clarenbach besitzen wir nicht mehr, wohl aber eine deutsche Übersetzung derselben, welche der Rat für die Mitglieder des Kollegiums anfertigen liess. Eine Überarbeitung dieser Übersetzung hat wohl ein mit Clarenbach in Verbindung stehender Freund vorgenommen. Eins fällt uns in diesen Verhandlungen besonders auf: Die Haltung des Angeklagten gegenüber der Inquisition ist eine ausweichende und mehr defensive, verschieden von Fliesteden, der provocierend und aggressiv auftritt und von vornherein auf Losgebung verzichtet. Clarenbach dagegen will die Inquisitoren nicht reizen und drückt sich, ohne der Wahrheit etwas zu vergeben, mit grosser Vorsicht aus.

Acht Monate haben Clarenbach und Fliesteden in gemeinsamer Haft sich gegenseitig ermutigen und stärken dürfen. Die lange Dauer des Prozesses gab den Freunden Clarenbachs Zeit, durch Druckschriften an die Öffentlichkeit zu appellieren. Die meisten davon sind erhalten. In grosser Ausführlichkeit bringen

---

Forderungen des Volksbewusstseins hinsichtlich der Reformation von der lauen und temporisierenden Obrigkeit von Cleve nicht befriedigt wurden. Hätten sich die damaligen Regierungen von Jülich-Cleve, Curköln, Münster u. s. w. zu einer wahren Reformation entschliessen können, wie sie in der Zeit in so vielen deutschen Ländern und Reichsstädten zum Durchbruch kamen, so würden die sektiererischen Bestrebungen nicht zu dem Geschwür entwickelt worden sein, welches in der Münsterschen Wiedertäuferei die Welt erschreckte und worin mancher edlere Samen erstickt ist". (Gesch. der beiden Märtyrer p. 115.)

sie die weitläufigen Verhöre zur Kenntnis weiter Kreise.[1] —
Am 4. März 1529 wurde das Urteil gesprochen. —

Aus den Vorverhandlungen möge hier folgendes angeführt
werden:

Clarenbach gesteht, dass er das Evangelium gelehrt habe;
er verwahrt sich dagegen gegen die „lutherische Ketzerei".
Er habe seine „neuen" Ansichten schon von seiner Mutter
überkommen; durch Luthers Schriften habe er vielfach Anregungen
erhalten, manches Gute habe er in ihnen gefunden, jedoch auch
manches, das er nicht teilen könne, weil es nach seiner Meinung
nicht mit der heiligen Schrift übereinstimme.

Das Erscheinen der Bücher Luthers zwang denkende Menschen
von neuem zu forschen; des öfteren begegnet Clarenbach dem
Vorwurf, dass er Luthers Ansichten gelehrt und andere darin
unterrichtet habe: „nein, sunder in der leer Christi hab ich
das gethan nach der gnad mir von Gott gegeben, und wo Luther
die selbige leret und schreibt, wil ich mich seiner nit
schemen."

Der Kanzler wirft ihm vor: Ihr seid berüchtigt mit dieser
neuen lutherischen Handlung. Adolf: „Ich halte mit keinem,
sondern mit Christus, davon ich den Namen habe und ein Christ
heisse." Kanzler: Hie sint zwo secten, die alde und neye,
mit disser zweien einer moist yr halden. (!) Adolf: „Eynem
Christen gehört nit mit secten zu halden noch sich einiger
menschen zu berümen. Ich rühme mich allein des Herrn Jesu
Christi." — Kennt Ihr Luther? „Nicht von Angesicht; viel hab
ich von ihm gehört; habe aber keine Gesellschaft mit ihm gehabt.
Ich bin dafür, dass Luthers Schriften „us quemen und vertediget
wurden, so fern sie mit dem Evangelio Christi übereyn kemen
und nit forter."

„Ihr habt also trotz Verbot die Bücher Luthers gelesen?"
„Ich hab' sie nur gelesen nach dem Worte der Apostel: Prüfet
alles und das Gute behaltet. Besonders habe ich das neue

---

[1] Verhör durch die städtischen Beamten am 19. Mai 1528 auf dem
Frankenturm; 18. Juli auf der Ehrenpforte. Nach viermonatlicher Unter-
suchung fanden am 27. Juli die Vorverhandlungen ihr Ende, indem die
Gefangenen im ganzen auf 79 Fragen antworten mussten. Daneben fanden
Separatverhandlungen mit dem Dominikaner Romberg statt. Schliesslich
wurden 23 Artikel Clarenbachs als ketzerisch bezeichnet.

Testament gelesen und gemein gemacht und anderen zugeschickt zu deutsch. Aber ob sie von Luther waren, weiss ich nicht; sie waren in Holland und zu Deventer gedruckt, wo Luther nicht wohnt."[1]

Als man ihm endlich 23 Sätze vorgelegt hat, die er widerrufen soll, suchen die Inquisitoren ausdrücklich festzustellen, ob er sei lutherisch oder ketzerisch. An den später erst hervortretenden Unterschied von lutherisch und zwinglisch bezw. ketzerisch konnte man damals noch nicht denken.

Ein anderes Moment, das Clarenbach ferner einer uralten, jedenfalls nicht lutherischen Partei zuweist, ist das folgende: Nicht ohne Grund drehten sich die Voruntersuchungen hauptsächlich um die Frage des Eides. Clarenbach weigert sich nämlich standhaft, den von ihm geforderten Eid zu leisten: „Man soll nicht schwören, sagt er; unsere Rede sei ja, nein; nur wenn es die Ehre Gottes und die Liebe des Nächsten betrifft, soll man ausnahmsweise schwören"; man solle ihn deswegen nicht zwingen, gegen sein Gewissen zu handeln. — Die energische Weigerung des Angeklagten hatte zur Folge, dass die Inquisitoren ihm schliesslich den Eid erliessen. —

Clarenbach hat während seiner Gefangenschaft überdies eine lateinische Schrift, die wieder aufgefunden ist, über die Eidesfrage für den Beisitzer des Gerichts, den Dominikaner Romberg, ausgearbeitet, worin er weitläufig seine Überzeugung entwickelt, dass er nicht zu schwören verpflichtet sei: Epistola[2] Adolphi Clarenbach nuper Coloniae exusti, e vinculis scripta ad R. P. F. Joannem Kirspensem Monachum Coloniensem praedicatorii ordinis,[3] de quibusdam fidei articulis. —

---

[1] Der philologisch gebildete Clarenbach hat diese Ausrede — denn eine solche ist es nur — nicht ohne Grund gewählt. Die einzige Erklärung für die Thatsache, dass in diesem Kreise deutsch-holländische Bibeln benutzt wurden, ist jedenfalls nicht lediglich aus dem Umstande zu entnehmen, dass, wie Krafft hervorhebt, die Umgangs- und Verkehrssprache in Wesel meist die niederländische war. Vielleicht ist hier vielmehr an Beziehungen zu denken, von denen die Rede ist bei Keller, Waldenser p. 134; s. o. p. 21.

[2] Z. d. berg. Geschv. IX, 128 ff. abgedruckt; s. Krafft, die Geschichte der beiden Märtyrer p. 120; Katholik 1896, I, 474.

[3] cf. N. Paulus im „Katholik" 1895. II, 481 ff. Bei dieser Gelegenheit möge daran erinnert werden, dass die nach dem Tode der beiden Märtyrer von seiten der Inquisitoren unerlässlich gewordene und durch den

Omnes, qui pie volunt vivere in Christo Jesu, persecutiones patientur. in 4°. (s. l., s. et typogr.) 4 Bl.

Es handelt sich hier um Verwerfung des gewöhnlichen durch die Prozessordnung geforderten Eides, wie Paulus[1]) mit Recht gegen Krafft[2]) hervorgehoben hat. Der Grund der Weigerung wird uns nur verständlich, wenn wir an die Lehren der vorreformatorischen, evangelischen „Sekten" denken, die uns hier wie oben in der Schrift Hans Lochers begegnen und später bei den Täufern. — Über den Prozess Adolfs und Peters,[3]) ihr Verhör und ihre Aussagen etc. möge noch folgendes hinzugefügt werden: Im Christenmonat 1527 ist Peter nach Cöln gekommen, „in der meinung, die gemeind zu underrichten un leren den rechten weg zur seligkeit un den irrthum, damit sie behafft, zu öffnen." (IIa[3]) Mit bedecktem Haupte wohnt er im Dome der Elevation der

Dominikaner Host von Romberg veröffentlichte Schrift kürzlich wieder aufgefunden ist; s. Katholik 1896, I, 473 f.; Epistola Johannis Romberch kyrpensis theologi atque divini verbi praeconis: Ad R. P. et D. Johannem Ingenwynckell, Praepositum Xantens. etc. In qua narratur universa tragoedia de incarceratione, examinatione, condemnatione, causis ac rationibus mortis Adolphi Clarenbach una cum Petro Flysteden nuper Coloniae exusti. In eadem etiam obiter tangit rationem eorum, quae in Ecclesia sancti Albani Coloniensis ad plebem contra quorundam errores declamavit pollicens scriptis se huiusmodi amplius confutaturum. 1530. s. l. 14 Bl. 16°. (Die zum Schluss erwähnten errores quorundam sind die Irrtümer des Grafen Wilh. v. Isenburg (s. a. a. O. p. 480). Wie mir Herr Professor Dr. Bratke in Bonn mitteilte, wird die Schrift demnächst neu herausgegeben.

[1]) Katholik, 1896, I, 475. Der von Paulus entdeckte Defekt im Charakter Clarenbachs scheint mir doch durch die angeführte Quelle allein nicht genügend bewiesen zu sein.

[2]) Theolog. Arbeiten V, 86. (Kr. suchte darzuthun, Clarenbach habe sich deshalb geweigert, weil die Eidesformel sich auf die römisch-katholische Lehre bezogen habe; dieses trifft aber nicht zu, da es sich hier nicht um ein am Schlusse des ganzen Prozesses durch Eidschwur bekräftigtes katholisches Glaubensbekenntnis handelt, dass jene ablegen mussten, die aus der Untersuchung straffrei entlassen wurden, sondern um den gerichtlichen Eid bei Beginn der Verhandlungen.)

[3]) „Petrus, geboren in eym dorff Flysteden genant im land von Gülch / nit weit von Cöln ligend."

Ausführliche Mitteilungen aus bekannten Werken finden sich über ihn und Clarenbach auch in: Histoire des Martyrs, persecutez et mis à mort pour la verité de l'evangile depuis le temps des Apostres insques à present. Geneve. (Pierre Aubert) 1619, fol. 101 f.

Hostie bei, giebt durch Ausspeien seinen Abscheu vor dem „Götzendienst" Ausdruck und wird deswegen in des „Greven hauss" gebracht und in den „Keller" gesetzt, wo er ohne Erfolg examiniert und gefoltert wird. Er bleibt bei seinem Bekenntnis, obwohl man ihn so lange misshandelt, dass schliesslich sogar die Henker sich seiner erbarmt haben. Trotzdem man ihm immer wieder mit Feuer, Schwert und Wasser droht, bleibt er standhaft und widerruft nicht. Schliesslich wird er mit Clarenbach in ein tiefes dunkles Gewölbe zusammengelegt. Die Theologen scheuen keine Mühe und Unkosten, sie zu bekehren, „biss dass die schweissende Krankheit die von Cöln überfiel;[1]) die liessen keines Ketzer scheltens, keins ermanens, keins predigens von dem Zorn Gottes loss, der über sie ergrimmt were, darumb dass sie die Ketzerei nit straften un kein iustitien und recht thetten. Also haben sie zuletst zu wegen bracht, dass man in iren todt bewilligt hat, so fern sie nit wölten widerruffen." (II. A⁹) — Beide waren bereit, sich mit der heiligen Schrift unterweisen zu lassen. Das Haupt-Wort bei ihrer Verteidigung führte Adolf, während Peter (— „er hat nit also ein hälle stimm" —) meist zuhörte. Besonders bemüht um sie waren 2 Augustiner-Mönche, unter ihnen ein jüdischer Convertit: Aleff zu Gynt.

Es wird ihnen eröffnet: Bekehrt ihr euch nicht, so müsst ihr sterben! Darauf Adolf: Wir begehren nichts anders als zu sterben, auf dass wir erlöset werden von unsern Feinden d. i. unserm Fleisch, den Sünden, Hölle und Teufel. Ist uns das nicht ein grosser Trost, dass wir von diesen, so wider uns allezeit streiten, heutiges Tages sollen erlöset werden, nachdem das Fleisch zu allem Bösen und zu allem, was da wider Gott ist, geneigt ist? vergl. Paulus Gal. V. So lange wir auf Erden sind, so lange sind wir mit dem Fleisch behaftet, dass wir nicht so vollkommen sind, als wir gerne wollten, dass uns alsdann widerfahren soll; so wir von dem Fleisch erlöset werden, da wird uns Gott heute zu helfen ... Wir sind zum Leiden berufen (cf. Petri Ep. 2. Cap.); wir sollen darin nachfolgen Christi Fussstapfen. .

---

[1]) In den ersten Tagen des September; s. Krafft, s. a. O. p. 99; Höhlbaum, Buch Weinsberg I, 63 (die Epidemie in Köln); Dr. Hecker, der engl. Schweiss. Ein ärztlicher Beitrag zur Gesch. des 15. und 16. Jahrhunderts. Berlin 1834.

Auf den Einwurf Alefs, dass gewiss Christus ohne Sünde sei, dass wir aber ganz damit befleckt seien, erwidert Adolf: „Darumb ist Christus unser her gestorben, auf das uns unsere sunde an der seelen nicht schaden sollen, so wir sie bekennen vor unserm herrn Christo, welcher dan allein unser mitler, vorsprecher und versüner bei dem himmlischen vatter ist: was wöllen wir dan mehe? wann wir Christum haben, so haben wir genug." (II, B[1])

Alef: Ihr wisst, dass wir alle müssen Glieder der heiligen Kirche sein, wenn wir selig werden wollen, und wer davon abgeschnitten wird, der ist ewig verloren; also vereinigt euch wieder mit ihr! Adolf: „Christus unser Herr ist allein das Haupt der christlichen Kirchen,[1] darumb wöllen wir uns an das haupt halten, mit dem wir uns dann vereinigt haben. — Ich glaub, dass das binden und auflösen der sünd gehe eigentlich auf das predigen des wort Gottes, das dann allen menschen bevolhen ist, unn nit allein dem Babst oder Bischof, die doch gar wenig dar zuo thuon. So bedarf auch Christus unser Herr keins statthalters auf erden. Sol dan auch der babst ein haupt der Kirchen sein, als ir gesellen wölt, so were die heilig christlich Kirch ein Monstrum, darumb dass sie zwei haupter hat, das dan nit sein mag. Sagt mir doch, welcher hat der gekrönten Bestien die macht geben, dass er sich lest heissen der Allerheiligst vatter? — Wann wir all leben, wie uns gebürt, so seind wir auch alle heilig." —

Glaubt ihr, dass den Laien beiderlei Geschlechts, Männern und Frauen, freistehe zu predigen das Wort

---

[1] Peter sagt über die Kirche (II C[1]): „Wir seind in der gemein Christi oder in der Kirchen Christi, und auch glider Christi. — Die recht christlich Kirch ist die, so geborn wirt aus dem Wort Gottes, on das dan kein Kirch ist. So seind wir glaubig worden durch das Wort Gottes und halten uns allein an Gott. So folgt ie, dass wir Christen seind: und geben nichts umb den antichrist zu Rom und seine anhenger, die das arm volk leiten und füren von dem Wort Gottes auf menschen leer und gesetz". II D[4] sagt Peter: „die heilig Kirch, lieben burger, ist gebawen unn gegründet auf Christum und sein wort, aus welchem sie nur ein ursprung hat. Und wa das wort Gottes gepredigt wirt und durch den glauben in die hertzen der menschen empfangen, da ist die heilig Kirch, es sei zu Cöln oder Trier. Welcher menschen nun als vil glider in einem leib zusammen seind vereinigt durch das wort: welchs leib haubt Christus ist."

Gottes? Adolf: „Die darzu verordnet sint als die pastores und caplan sollen das vornemlich predigen / die leien aber, wenn sie das wort gehört haben, sollen sie das selbig under inen handeln und drauss undernander leren und erweisen und vermanen, wie S. Paulus in seinen episteln leret. — Die gesandt sind, söllen fürnemlich predigen, wo aber die, so nit gesandt, predigen, sol man inen nit weren. (1. Cor. XIV.) So ein offenbarung geschicht eym andern, der da sitzt, so schweig der erst." (s. u. Täufer, Campanus.)

Von der Obrigkeit sagt Adolf (II B²): „dem keyser und oberkeit sol man gehorsam sein in eusserlichen dingen, so ferr es nit widder Gott ist. Aber die gekrönte Bestie hat nit allein golt und gut von uns genommen, sonder hat sich auch an die statt Gottes, die Gott allein zugehört, gesetzt, nämlich in unsere Gewissen und in unser Seelen."

Verworfen werden Messe, Heiligenkultus, äussere Ceremonien; „wan der Geist Gottes und der glaub nit da ist, so ist alls nichts . . ."

Die Erfüllung einer Reihe von Förmlichkeiten vor der Hinrichtung: der Zug vom Gefängnis zum Gerichtslokal, von dort durch die Strassen der Stadt und das Feld bis zur Richtstätte erforderten eine Zeit von wenigstens einigen Stunden. Dadurch erhielten die Märtyrer Gelegenheit, noch weiter ein herrliches Zeugnis ihres Glaubens vor Mit- und Nachwelt abzulegen.

Vor dem Keller des Grefen-Hauses versammelt sich am Tage ihrer Hinrichtung viel neugieriges Volk, das der Henker mit Gewalt abhalten muss: jeder gehe heim und warte seines Handels: „dieses ist darumb geschehen, dass nit vil geschreis, auch kein aufrur sich do erhub."[1] Kurz darauf wurden beide Gefangene gefesselt und ins Freie geführt. Adolf spricht zum Gewaltrichter in Gegenwart der Menge: „Lob, eere und dank sei dir, vatter, dass du diesen tag hast lassen erscheinen, nach dem uns lang verlanget hat. O Herr, siehe herab, dann es ist

---

[1] Die weltliche Obrigkeit hatte früher den Theologen, die rieten, auf das weit entfernte Kammergericht, wo der Prozess noch der Entscheidung harrte, wenig zu achten, hinsichtlich der zu vollziehenden öffentlichen Hinrichtung Schwierigkeiten gemacht. Die später gewählten Bürgermeister hatten dann, nachdem der Churfürst etwas von lebenslänglichem Gefängnis hatte verlauten lassen, eine geheim zu haltende Ertränkung im Rhein vorgeschlagen.

Zeit." Zu einem Tuchscherer, der ihn aus dem Volke anspricht,
sagt er: „Christus hat uns also vorgangen, so müssen wir alle,
die da brüder Christi wöllen sein, im nachfolgen. Welcher dann
umb Christus willen will sterben, der muss uns also nachfolgen."
So redete er fort bis zum Kaufhaus Gürzenich, wo ein Oberländer an ihn herantrat und ihn tröstete. Als Adolf einen aus
Wesel sah, sprach er zu ihm: „Salve bruder, unn bath ihn, dass
er doch den brüdern gute nacht wölte sagen, und sie ermanen,
dass sie sich nit liessen von Christo und seinem wort
abfüren aus forcht des tods, teuffels und hollen. Dann es muss
also zuogehn, dass alle, die gottselich wolten leben in Christo
Jesu, mussten verfolgung leiden. Darumb wil ich Christum
nachfolgen und euch vorgehen", und sprach weiter: „O Cöln, Cöln,
wie verfolgst du das Wort Gottes! Es ist ein nebel in der luft,
der wirt auch einmal reisen." Voll Verwunderung hörte die
Menge auf diese freie, zuversichtliche Sprache Adolfs. Der „Hacht-
meister" bemerkte deswegen zu zwei Augustinern, die auf die
Gefesselten zutraten: „Was wollt ihr bei den Hunden? sie sind
so hart wie stein und wollen nicht beichten; der ein kann schwetzen,
dass er ein gantz land verfüren möcht." (II B⁴)

„Das fegfeuer" sagt Adolf zu seinen Bekehrern, „ist nichts
anders dan der Pfaffen tesch oder seckel. (II C¹) Wenn
das fegfeur euch leuten nit sovil gelts ausswürf, ir sollt nit sovil
davon halten. Was aber gelt einbringt, das vertheidigt man bis
zum todt zu. Darumb müssen wir auch jetzt sterben, dieweil wir das fegfeur verachten."

Auf die Frage Alefs: Wohin, glaubst du, wird deine Seele
fahren? erwidert Adolf: „In Abrahams Schoss; dieses ist das Wort
Gottes, und der glaub erspreisset aus dem wort Gottes. So
haben unser vorvätter all dem Gottes wort geglaubt und
seind dadurch selig worden. So hoffen auch wir, wann wir
dem wort Gottes glauben, dass auch wir, wie die selbigen, selig söllen
werden", (II) und „Ich will keine neuen artikel machen, ich
bleib bei den alten, die mich meine Mutter gelert hat ..."

Dann kam der Henker und führte sie weiter hinaus. Immer
wieder trat einer aus der Menge heraus und mahnte sie zur
Standhaftigkeit. — „Wo sind unsere Richter?" fragen sie wohl entsetzt. „Gott erbarm sich, dass unsere Kläger auch unsere Richter
sind." (II C²) —

9*

Trotzdem sich ein grosses Getümmel des Volkes erhob, betete Adolf das Vater unser[1]) und legte dem Volke die Worte aus: „Unser vatter! dise wort leren uns, allen fremden Göttern abzusagen, einen Gottvatter erkennen, und alle andere anruffung, die uns die menschen sagen zur seligkeit und gnadenerlangung dienlich seien, zu verwerffen. Darum ruf ich dich allein an, o himmlischer vatter durch deinen sun Jesum Christum" u. s. w.

Zur Menge sprach Adolf: „Hütet euch vor den falschen Papisten"[2]) (C[4]) und „Mein lieben bürger, also müssen wir Christum, dem neuen Adam im leiden nachfolgen, sol er anderst zu uns kommen. Denn je mehr wir hie verfolgung im glauben leiden, je mehr der newe Adam in uns wächst, und der alt, das ist das fleisch, sünd, hell, teuffel und gantz welt, getödt wirdt. Petri Ep. Cap. IV. Und ich ermane euch durch den selbigen Christum, lieben burger, dass ir wölt on aufrur lieblich bruderlich und christlich under euch handlen und vertragen und ewer oberkeit gehorchen, wie uns die schrift leret, unser Herr sol alles zum besten keren und euch sein gnad und götlich wort geben." (D[1])

Ausserhalb der Stadt sprach Peter wiederum über die Kirche (s. o.);[3]) „ewre römisch Kirch aber, welche ist gebawen und gegründet auf menschen gesetz, und ist der wüst grewel,[4]) da Daniel von sagt, das haupt der selbigen Kirchen." (II D[4])

---

[1]) Über die Bedeutung des „Vater unser" als einzigen Gebetes in den alten Gemeinden der „Brüder" s. Keller, Waldenser p. 74, 102, 136. In des Dominikaners Bernhard Guidonis „Practica inquisitionis haereticae pravitatis" vom Jahre 1321 wird u. a. als Lehre der „Waldenser" angegeben: Nullam aliam orationem dicunt tunc nec docent nec habent nisi orationem Pater noster, nec aliquid reputant salutationem beatae Mariae Ave, Maria . . . ."

[2]) Adolf: Ich habe aufgeschrieben, was ich daheim und an andern orten geredet habe; 3. „Wie die gottlosen Papisten und Münich mit allen iren anhengern kein christlich leben noch wandel führen, sondern all ihr wesen ist eitel grewel und unchristlich und stracks wider Gottes Wort."

[3]) Betr. des Glaubens vermeidet Adolf lange auf den Grund zu gehen, und weigert sich das Bekenntnis aufzusagen; er sagt, „ich glaub als ein Christenmensch an die Artikel des Glaubens". Endlich hat er sie aufgesagt bis zum Artikel: „Ich glaub in den heligen geyst / eyn heilige gemeyne versamlung der gemeinschaft der heiligen"; von einer „Kirche" spricht er also nicht. Als ihm das vorgehalten wird, sucht er eine Konzession zu machen, indem er einwendet: ist diese hl. gemeine Versammlung nicht die hl. christliche Kirche?

[4]) „Die Päpstlichen" und „die Evangelischen" („derwegen das letzt dieser Menschen wird böser sein dann, dann das erst"): diese zwo obgemelte

„Marie, die mutter Christi?" „Wie solt ich sie mehr eren, dann Gott und die schrifft davon melden thut unn sie geeret wil sin? So find ich von ir geschriben, dass sie gebenedeit und begnadet ist gewesen über alle frawen der welt, darumb dass sie Christum, den sun Gottes, zur Welt gebracht hat." (II E¹) ¹)

Kurz vor dem Tode sagte Adolf zu Peter: Wir wollen unser Glaubens-Testament machen, damit die Gegner uns nicht allerlei lügnerische Lehren unterschieben. Der Grefe aber hinderte es und sprach: „Schweig still, du lecker, du bist ein bub, man kennt dich wohl, du woltest gern ein aufrur under dem volck machen." —

Peter wurde auf der Richtstätte zuerst ergriffen, um in die Brandhütte geführt zu werden; aber der Henker schlug die Kette so hart um seinen Hals, dass er nicht mehr reden konnte und eher verstarb, als man ihn an den Brandpfahl gekettet hatte.

Unterdessen trat zu Adolf noch ein Augustinermönch: „Noch habe ich euch nicht zugeredet; aber ein Wort will ich euch noch mitgeben: der Herr sagt Joh. VI: „Ich bin die Auferstehung und das Leben . . .", worauf Adolf erwidert: „Dank habt ir, dass ir mir das Evangelion Christi verkündigt habt und grüsset alle Brüder in dem Herrn Christo."

Schliesslich wurde auch Adolf gebunden, der dem Grefen ein Büchlein gab und sprach: „Herr greve, gebt das büchlein meinen brüdern!" — Endlich wurde er an den Pfahl gekettet, ein Pulverbeutel hing ihm am Halse, als das Feuer entzündet wurde. In den Flammen rief er noch vernehmlich aus: „O Herr, in deine Hände befehle ich meinen Geist!" ²)

---

parthicen seind der greuwel der zerstörung (davon gesagt ist durch den propheten Daniel . . . .) so heisst es in der gleichzeitigen Schrift: vom warhaftigen Tauff Johannis . . . durch Stoffel Eleutherobion. 1528 — stehende Wendung in den Schriften der sog. Täufer.

¹) Adolf antwortet ausweichend über diesen Punkt: „Christus alleyn ist sunder alle sünd entpfangen unn geborn. Wie sich aber die entpfengnis vnn geburt der jungfraw Marie mutter Christi hab, befell ich Gott / vnn wil dan noch alle zeit anhengig sein dem, dass die hl. Schrifft darvon fürbrengt vnn nit weiteres." Als ihn kurz vor seinem Tode der Pastor von Lennep zu bewegen sucht, seinen Widerstand aufzugeben, entgegnet er ihm fest und sicher: „Gern will ich gestehen, dass ich geirrt habe, wenn man mich mit Gründen aus der Schrift widerlegt; aber: „Quem docet Christus, non potest errare. Christus me docuit."

²) Der Kölner Jurist Weinsberg, der als Knabe bei der Verbrennung zugegen war, schrieb in sein Tagebuch: „A. 1529 sind zwein, Adolphus

Zum Schluss mögen hier die charakteristischen Lehren
Adolfs und Peters über Abendmahl und Taufe folgen.

Die Verwerfung der Transsubstantiation liegt in den Worten
Peters, die dieser bei seiner Verhaftung offen aussprach: „darumb
dass es (gegen die Hostie gewandt) nit Gott sei; und man solt
die abgötterei nit leiden noch gestatten, so alda begangen wurde.
Es seien nur eusserliche zeichen unn sunst nichts mehr
under den gestalten des brots und weins, und müsse im glauben
genossen werden. Darumb sol mans auch nit eeren noch an-
betten noch in die heuslein schliessen etc. II A³. C¹: der Herr
hat nit gesagt, dass mans uns allein solt sehen lassen, sonder
dass mans uns geben soll zu seiner gedechtnus .... E¹: Ich
habe das abendmahl nicht verachtet; nein, das ist nit also, dann
ich halt vil vom Nachmal Christi, wie sichs geburt unn die schrift
davon helt, so ferr es aber gehalten wird, wie es Christus
hat eingesetzt;" Adolf sagt (II E³): „dergleichen halten wir auch
vom Sacrament nit anders, dann es der Herr im nachtmal eingesetzt, dass wir es zu seiner gedechtnuss söllen thuon, so oft
wir es thuon und sollen brüderliche liebe under einander
erzeigen;"[1] ferner (II D¹): Adolf nahm aus dem 6. Cap. Johannis
diesen Punkt vom Brot und legte das aus: dass Christus das
Brot wäre, das vom himmel gestiegen ist: und dass da das
Essen nichts anders heisse, dan an Christum glauben. Wer nur
glaubt und wirt getauft, der soll selig werden, soverr er im
glauben stirbt."[2] In I heisst es an anderer Stelle durchaus unklar
und zweideutig: „Ich glaub, dass da sei der warhafftig leichnam

---

Clarenbach und Petrus Fleistedt zu Köln als Ketzer van den theologis verdamt worden vnd sind zu Melaten zu aeschen verbrant worden. Ich hab
sie gesehen uisleiden und verbrennen: und sint uff irem vurnemen vnd
meinung bis zum doit zu verpliben. Das folk hat sich vil umb irent-
willen bekommert und ist vil sprechen in der stat van in gewest."
(Höhlbaum, Buch Weinsberg I, 61.)

[1] Über die Notwendigkeit guter Werke sagt Adolf (I): „Und
dass keine genugthuung sei für die sund dann allein der Tod Christi. Die
guten Werke sind unnötig zur Seligkeit, denn dazu ist uns Christus genug /
wie gesagt, so wir anders das fast glauben. Unsere werke aber / sind
solliches glaubens in Christum zeichen, gezeugen und pfande, wie
zum Röm. 4. cap. von Abraham gesagt wird, dass er das Zeichen der beschneidung entpfangen hab zum sigel der gerechtigkeit des glaubens."

[2] vergl. dazu die Lehren der „Wiedertäufer" am Niederrhein.

und warhaftig blut Christi ... ob aber da bleib brod und wein, weiss ich nicht ... Ich halte mich bloss an die Worte Christi; das andere ist mir zu hoch."

Als Adolf und Peter noch gefesselt im Turm lagen, da liess sich der erstere eine Bibel geben und las, während Peter fleissig zuhörte, Röm. VI-VII, besonders den Abschnitt: „So sind wir nun durch die Taufe mit ihm begraben in den Tod etc." Bei dieser Gelegenheit gab Adolf folgende Erklärung: „was die tauff, das eintunken ins wasser und wider aussziehen bedeut, und gesagt: dass das eintuncken ins wasser bedeut, dass wir aller fleischlicher begirligkeit absterben söllen, das wider ausszichen, dass wir söllen einen newen menschen anziehen,[1] ein neuw leben füren nach dem geist und hinfurter nit nach dem fleisch leben, und dies ist dann die rechte buss unn penitentz, die der mensch thun mag, dass wir alle tag, so lang wir sind in diesem leben, unser fleisch söllen creutzigen." (II B[4])[2] —

— Am Schlusse der „Histori" sind aus dem Prozesse Clarenbachs vor dem Kammergericht[3] eine Reihe von Protestationen,

---

[1] Ohne sich um die Äusserungen seiner Inquisitoren über Beichte und Contritio zu kümmern, bekennt er offen (I) in uralt evangelischem Geiste: „Ich glaub, dass das eyn wahrhaftige insetzung der penitentz sei: Gehe hin unn sündige nit mehe."

[2] In der Herrschaft Broich, welche dem Grafen von Falkenstein unterstellt war, hatten sich um 1670 „allerlei Sekten eingenistet", worunter besonders zahlreiche Quäker sich befanden, denen wir auch sonst in unsern Gebieten begegnen.- In den darüber vorhandenen Akten (D. St. A. Jül. Berg, L. A. IV. c. 14 f.) finden sich auch einige Briefe, welche ihren Geist bekunden. Entsagung, Tötung des Fleisches, um der ewigen Gotteskindschaft dort droben teilhaftig zu werden, worauf sie sicher bauen, spricht sich allenthalben auch in diesen Schriftstücken aus. So fol. 49: „der alte meinsch muss sterben, der neuwe meinsch muss leben.

Im Himmel ist das gut,
Dar in mein hertze rut;
Hin auf steht mein Verlangen,
meinen Jesum zu empfangen."

s. über die dortige Quäker-Kolonie: Franz Daniel Pastorius' Beschreibung von Pennsylvanien ed. Kapp, Krefeld, 1884, p. VIII.

[3] Die Freunde Clarenbachs thaten während seiner monatelang dauernden Untersuchung einen Schritt, der vor einigen Jahren dem Gerhard Westerburg Ruhe vor der Inquisition verschafft hatte; sie appellierten an das Kaiserliche Kammergericht zu Speyer.

Erklärungen und Repliken angefügt, von denen hier einige Passus mitgeteilt werden mögen.

(II G¹): Anklage des Rates der Stadt Cöln: „Jtem dass gedachter Rath durch glaubwürdig personen, auch sunst durch beweglich anzeig und iudicia des bericht und erinnert worden, dass gemelter von Clarenbach der verdampter Lutherischer ketzerischer lere anhengig, und im nit genug sei, dass er selbst mit solcher giftiger leere unn Ketzerei befleckt, sonder hab auch manigfaltiglich understanden, und je lenger, je heftiger understehe, andern leuten mit schrifften und mit worten soliche lehre einzubilden und derselbigen Ketzerei anhengig zu machen."

(II G²) Replik auf vermeinte Artikel des erbarn Raths zu Cöln (von Clarenbachs Partei): „Wiewol nu über lang zeit seiner partei Adolffen etlich artikul in die gefengnus von denen von Cöln darauf gedrungenlich zu antworten übergeben, so hat doch vilbedachter Adolf von Clarenbach sein parthei von solicher beschuldigter Lutherischer verfürischer lere alwegen protestiert und derselbigen verleugnet..." „Sagt anwald, dass sichs nimmermehr erfinden sol, dass sein parthie ir iemants zu sölicher angezogener verführischer unchristlicher lere gewisen oder gereizt habe, dass dadurch sein parthie als solcher lutherischer lere anhengig verdacht sein sölte."

Interressant sind die folgenden Ausführungen, welche die wahren Motive der Lehren der Partei Clarenbachs geschickt verbergen: Man habe sich nicht gegen das Edikt von Worms versündigt. Nach Art der Magister habe man disputiert: es seien nichts als scholastica gewesen. Der Glaube müsse frei sein; denn wie solle es werden, wenn irgend einem auf den Verdacht hin, lutherisch zu sein, verfängliche Artikel zur Beantwortung aufgedrungen würden! so dürfe doch wohl keiner frei sein von Gewalt, die hier keine Statt haben dürfe. „Denn je in wahrheit, dass der glaub also frei, dass kein mensch mit dem andern gleich glaubt, sonder je anderst in dem andern der glaub sein wirkung durch eingebung des heiligen geists suchet ... Derhalben sol solichs frei ungezwungen zugehen. Nit mit wafen noch gefengnussen oder anders, quod deterret simplicem et teneram conscientiam, sondern dem geist Gottes seinen freien lauf lassen und sein wirkliche gerechtigkeit in des menschen hertzen suchen lassen ... und gar hie dem menschen durch sein betrüglich

gewissen in die verborgenliche Gottheit zu greifen noch sich zu
understehn zu regieren, es diene dann zu widerwillen und ver-
derblichen aufruren gemeines nutzes oder seinem nechsten zu
schaden."

Am 4. März 1529 ist nach langer Gefangenschaft gegen
Clarenbach endlich trotz der noch schwebenden Verhandlungen
das Urteil gesprochen. (H[3]) „Und wiewol dieser handel an Key.
M. Camergericht noch nit geendt, jedoch haben die theologen
zu Cöln für und für angehalten, dass doch Greve und scheffen,
denen das halsgericht befolhen, irer Sentenz und verdammung
(darin sie dann Adolfum und Petrum als reudige schaaf von der
Römischen Kirchen abschnitten, auf dass das übel nit weiter zu-
neme, und dem weltlichen hof oder gericht überantworten: doch
mit der bitt, dass dasselbig gericht doch die peen on blutvergiessung
unn fahr des todts wölle messigen und miltern) volg und gnug
thun wolten."[1])

       *   *   *

Einen weiteren Beleg für die Thatsache, dass die Deutschordensritter sich, wo sie sich der Reformation anschlossen, durchweg als Anhänger altevangelischer, in der deutschen Mystik (wie sie
ein Mitglied des Ordens in der „deutschen Theologie" formuliert
hatte,) wurzelnder Anschauungen bewiesen, bietet auch der Graf
Wilhelm von Isenburg, der in den zwanziger Jahren des
16. Jahrhunderts am Niederrhein eine ausserordentlich fruchtbare
schriftstellerische Thätigkeit zu Gunsten seiner Meinung entwickelte.
Neben Clarenbachs Gedanken haben die seinigen sicherlich frucht-
bringend gewirkt. Neue Anregungen gaben ja Gerhard Westerburg und die beiden sog. Karlstadtiner Martin Reinhard und
Nicolaus Symmen.

_____

    ¹) „Und demnach in der statt Cöln in peinlichen sachen zwei ordent-
liche gericht seind. Das eyn / Greve und Scheffen, meinem gnedigsten
Herrn dem Churfürsten zustendig. Das ander / so von Bäpstlicher heiligkeit hochgemelten meinem gnedigsten herrn dem Churfürsten (den glauben
belangend) zuverordnet." (H H¹). — Cassander schreibt darüber betreffend
Velsius 1556: „Constitutum erat a Senatu, ut Comiti traderetur (quod extremum urbis Senatus in capitalibus causis potest: jus gladii penes episcopum,
cuius comes est minister; quare quem Comiti tradit Senatus, eum capitali
supplicio dignum judicat)." (Bibl. zu Wien, Mscr. 9737. K. f. 16; cf.
Buisson, Castellion II, 426.)

Der Deutschherrenritter hat am Spätabende seines Lebens nach vielen ritterlichen Thaten im fernen Osten das Schwert mit der Feder vertauscht. Zwölf im „evangelischen" Sinne verfasste Schriften von ihm sind wieder aufgefunden.[1]) Er war ganz aus dem Gedächtnis der Nachwelt verschwunden, bis ihn K. Krafft wieder aus dem Dunkel hervorzog.[2]) Im Jahre des Todes Clarenbachs (1529) schrieb er: „Ich hab in allen meinen Büchern geschrieben, dass wir allein um des Glaubens willen gerechtfertigt und allein durch Christum selig werden und nicht durch die Werke, die wir doch aus Pflicht göttlichen Gebots zu thun schuldig sind."

In Köln trat er 1525—29 als Zeuge des Evangeliums auf, wie es scheint, nicht in Verbindung mit Fabritius. Der Graf erklärte in seinen Schriften ausdrücklich, dass er sich nicht in die Sache Luthers geschlagen habe. „Der Geist seines Zeugnisses ist nicht aus direkter Verbindung mit bekannten reformatorischen Männern, sondern bloss aus dem Studium des Wortes Gottes in der heiligen Schrift hervorgegangen."[3]) Ich meine, unser Erstaunen darüber braucht nicht allzu gross zu sein, wenn wir im Auge behalten, dass er ihm längst bekannte, uralte Ideen hervorhebt und zum Ausdruck bringt. Diese alten Ideen haben den alten Krieger ohne weitere gelehrte Bildung in der Zeit tiefgehender religiöser Bewegung die Feder ergreifen lassen.

Es ist an der Zeit, dass die deutsche Reformationsgeschichte endlich Notiz von seinem Leben nimmt. Er, der zur Würde eines Grosscomthurs erhoben ist, scheint mir, trotzdem wir Genaues bis jetzt nicht wissen, auch die Veranlassung dazu gegeben zu haben, dass sich gerade vom Niederrhein zahlreiche Familien und einzelne Männer, unter ihnen Gerhard Westerburg und vielleicht auch Heinrich Roll, in den Zeiten der Bedrängnis nach Preussen begeben und dass auch dort sich die um des Glaubens willen Vertriebenen ein Asyl öffnete.

Nach mannigfachen Thaten und Verdiensten für den Orden, den er zu reformieren suchte, — im Eigennutz der Ordensmit-

[1]) s. Verzeichnis bei Krafft, Briefe und Dokumente. Elberfeld 1875, p. 202 ff.

[2]) Krafft, die Geschichte der beiden Märtyrer. Elberfeld, 1886, p. 6, 63, 65, 113.

[3]) Allg. deutsche Biographie s. Wilhelm, Graf von Isenburg und Grenzau; Krafft, Geschichte p. 64.

glieder sah er die Ursache der ganzen Zerrüttung des inneren Wesens des Ordens, — wurde er u. a. vom Bischof von Ermeland angeklagt, er habe die Feinde des Bischofs beherbergt. Der Graf rechtfertigte sich nachdrücklich gegen unbegründete Bezichtigungen des Bischofs als „eines Menschen, woran Gott leider zu viel Chrisam verloren hat." Luther hat er persönlich in Wittenberg kennen gelernt, als er dem Orden durch Deutschland eine Söldnerschar (etwa 1519) zu Hülfe führte.

In den grossen Gegensätzen der Zeit sagte er als Schriftsteller nach seiner Überzeugung beiden Parteien die Wahrheit. Seine erste Schrift erschien 1525 unter dem Titel: „Ain schöner Begriff, darin kürtzlich angezeigt, das die werck des waren lebendigen Glaubens, so durch Götliche Liebe geschehen, Gott gefallen, und die werck durch der Menschen aigen fürnemen von Gottes gebott gewirkt, Gott missfällig seind" u. s. w. 1526 liess er ein umfangreicheres Buch drucken: „Hauptartikel aus götlicher geschrifft." (143 Bl.) Der Verfasser, der ausdrücklich erklärt, nicht Luther zu folgen, vertritt die Sätze, von denen die reformatorische Bewegung ausgegangen ist, die Luther nur zu bald verlassen hatte, in ihren ursprünglichen Zielen. Die Kölner Theologen behandelten ihn als Ketzer und Irrlehrer; der Ketzermeister Jacob Hochstraten versäumte nicht gegen ihn aufzutreten. Von den Kanzeln herab erschallte sein Verdammungsurteil. Vom Stadtrat von Köln wurden seine Bücher konfisziert. Trotzdem fuhr der Graf fort, seinen biblisch evangelischen Standpunkt zu rechtfertigen und zu verteidigen. In seiner Schrift: „Ein sehr nützliche Warnung wider alle List des Teufels und seiner falschen Propheten, mit sampt der Straf, so über Gottes Wort Verächter ergangen und täglich ergeht", erzählt er die Verfolgung, der er in Köln ausgesetzt sei. U. a. erwähnt er, dass ein Mönch öffentlich erklärt habe, der graue Bart und die Grafenkette würden den Ritter nicht vor dem Tode schützen.

Auffallend ist die Vorsicht, mit der die litterarischen Gegner des Ritters gegen ihn auftreten. Ist er auch seinem drohenden Geschick entgangen, Adolf Clarenbach, mit dem er sich eins wusste und für den er sich warm in seinen Büchern ausgesprochen hatte, hat für ihn mitgelitten. Einige Wochen nach Clarenbachs Tode beschloss der Rat zu Köln auf Antrag der Ketzerrichter Arnold von Tongern und Conrad Köllin, „den von Isenburg" dazu zu bescheiden, ihm die Dinge ernstlich vorzuhalten und zu sagen:

„der Dinge mässig zu gehen, damit kein Irrtum dieser Stadt er-
wachse". Man muss ihn gemassregelt haben; denn von nun an ver-
stummte der Graf: er hatte seinen Zeugenberuf erfüllt. Das Letzte,
was wir von dem merkwürdigen Manne wissen, erfahren wir, charakteristisch genug, aus einem Briefe des Erasmus vom 22. Juni 1532
Der Graf hatte ihm einen eleganten Dolch mit einem bezeichnenden
ritterlichen Elogium gesandt." [1]

***

**7. Die Bedeutung der Unterherrschaften und des Adels in
Jülich für die Regierung des Landes, die Reformation im
allgemeinen und das Täufertum im besonderen.**

Während die Leidenschaften des Volkes die äussere Gestalt
der Kirche bedrohten, waren die gebildeten Stände durch den
Humanismus allmählich in eine geistige Strömung eingeführt worden,
welche Werk und Wesen des ganzen alten Kirchentums gefährdete.

Unter hochgestellten und gelehrten Persönlichkeiten waren
frühzeitig mystische, erasmische, antikatholische Ideen lebendig,
die einer gründlichen Reformation der Kirche Vorschub leisten
mussten. Cornelius hat zuerst entdeckt, dass in den nordwestlichen
jülichschen Ämtern sehr früh das Evangelium Eingang gefunden
hat, und es dort zu selbständigen Gemeindebildungen von verschiedener Farbe des Bekenntnisses gekommen ist. Luthers Reform-
gedanken fanden, als sie bis nach Jülich vordrangen, vielfach Anklang. Besonders befördert wurden hier dann die ersten Fortschritte evangelischer Lehren durch eine Reise des Kurfürsten
Joh. Friedrich von Sachsen nach Düsseldorf und, wie Krafft [2]
schon vermutete, auch nach Jülich. [3] Zahlreiche Landeskinder aus

***

[1] Das Jahr des Todes des Grafen ist bisher unbekannt geblieben.
Selbst die Familiengeschichte des Hauses Isenburg beobachtet in Beziehung
auf dieses ihr merkwürdigstes Glied sozusagen ein absolutes Stillschweigen. —
Übrigens möge hingewiesen werden (abgesehen von dem jüngst wieder
bekannt gewordenen Deutschordensritter von Heydeck) auf einen ähnlichen
Charakter dieses Ordens in der Reformationszeit, den zu Elberfeld 1517
geborenen nachberigen frommen reformatorischen Herzog von Curland, Gott-
hard Ketteler, einen Sohn des Drosten von Elberfeld. (s. Krafft, die Geschichte
p. 63, 113.)

[2] Z. d. berg. Geschv VI, 291.

[3] Letzteres wird durch eine in der zu Jena handschriftlich befindlichen vita Spalatini vorhandene Mitteilung bestätigt: Vidimus (d. h. der
Kurfürst und Spalatin) Agrippinam ... Dusseldorfium, Marsos, Juliacenses.

Jülich hatten sich zum Studium auf die damals protestantischen Hochschulen in Wittenberg, Marburg und Genf begeben. Im Wittenberger Universitäts-Album sind für die ersten Jahre aus dem Herzogtum Jülich folgende Namen eingetragen: [1]

1528: Joannes Monnux de Susdern Juliacensis 21. Jan.
  Joannes Silbachius
  Adamus Lynnichius
  Joannes Campanus Leodiensis dioc.
  Dionysius Vinnius;

im Marburger Album 1529: Jordan aus Jülich, sowie zahlreiche aus Cleve und Berg, ferner Godfredus Stralen Geldriensis. Sie alle zeugen von dem früh sich entwickelnden evangelischen Leben in Jülich. [2]

Ausser ihnen hatten viele andere Gelegenheit, sich mit Luthers und seiner Gegner Lehren vertraut zu machen und sie nach ihrer Rückkehr in die Heimat zu verbreiten. An manchen Stellen setzten sich bald bestimmte religiöse Anschauungen fest, die durch des Herzogs Edicte gegen die neue Lehre nicht mehr ganz beseitigt werden konnten. Der Herzog musste sich bald von der Erfolglosigkeit seiner Erlasse gegen dieselbe überzeugen, zumal es ihm an geeigneten Werkzeugen fehlte, seine Verordnungen nach seinem Willen zur Ausführung zu bringen. Manche Amtleute liessen die ihnen zugegangenen Befehle nicht nur unbeachtet, sondern waren im Gegenteil eifrig bemüht, die neue Lehre in ihren Amtsdistrikten zu verbreiten.

Mancherlei Hindernisse boten die Verfassungs- und Verwaltungsverhältnisse des Herzogtums. [3]

---

[1] cf. Z. des Aachener Geschv. V, 146: Mitteilungen H. Keussens nach dem von C. E. Förstemann herausgegebenen Album Academiae Vitebergensis. Lpz. 1841.

Ferner Z. d. Aachener Geschv. VII, 134: Auszug aus der Genfer Universitäts-Matrikel (nach „Le livre du recteur; catalogue des étudiants de l'académie de Genève de 1559 à 1859. Genève 1860); s. Theolog. Arbeiten aus dem rh. wiss. Predigerverein 1872 (Elberfeld).

[2] „Gutachten Melanchthons über die Vorbereitungen der Reformation im Herzogtum Jülich" (1539) enthält u. a.: „desgleichen ist auch not, das man in den fürnemen stedten gut predicanten verordne, und so viel muglich, das man personen im lande neme. Denn in Clostern sind noch personen zu finden, so haben viel Jülicher in Wittenberg wol studirt, die mir bekannt sind, auch sind etliche noch alda". Theolog. Arbeiten. 1874 p. 16.

[3] cf. Lacomblet, Archiv V, p. 0 f.

Die Herzogtümer Jülich und Berg waren in administrativer Hinsicht in Ämter geteilt. Der Amtmann an ihrer Spitze wurde stets aus dem eingeborenen Adel ernannt und führte in Polizeisachen die Aufsicht, hielt sogar eigenes Verhör ab. Solcher Ämter gab es in Jülich im ganzen 29.

Die Verfassung war von alters eine ständische. Die Landstände setzten sich zusammen aus der Ritterschaft und den Vertretern der Hauptstädte (Jülich, Düren, Münstereifel, Euskirchen).

In einem ganz besonderen Verhältnis (besonders der Steuerveranlagung) standen die sog. Unterherrschaften, deren Jülich 43 zählte: z. B. Gladbach, Merode, Rheydt, Stolberg, Titz. Diese Unterherrschaften, deren Besitzer sich fast als reichsunmittelbare Landesherrn betrachteten, trugen zu den allgemeinen Landesbedürfnissen nicht bei. Sie hatten neben eigener Gerichtsbarkeit meistens auch das Kirchenpatronat, so dass sie ihre Geistlichen selbst anstellen und absetzen konnten. Leicht konnten bei ihnen auswärtige Prediger, Anhänger der Reformationsparteien etc., die anderswo vertrieben waren, Unterkunft finden, zumal wenn die Inhaber selbst der Reformation zuneigten und der unmittelbaren Aufsicht herzoglicher Beamten nicht unterstanden. [1]

Welche Stellung Jülicher Adelige etc. im einzelnen der Reformation gegenüber und den Täufern im besonderen einnahmen, ist unten weiter auszuführen. Hier ist darüber folgendes allgemeine mitzuteilen:

Wenn der Herzog einerseits nichts von Belang ohne seine Stände ins Werk setzen konnte, so waren dagegen viele der Herren vom Adel und in den Unterherrschaften andererseits in der Lage,

---

[1] Als sich dann die konfessionellen Schwierigkeiten und Konflikte im Laufe des 16. Jahrhunderts und später häuften, da suchten und fanden die Katholiken Hülfe beim Kaiser und den Spaniern, die Protestanten bei den Holländern.

Trotz des Vertrages von Venlo hatten die Protestanten vom Herzog kein Leid zu befürchten. Der Adel und besonders die Besitzer der Unterherrschaften wussten ihn schon ihre Macht fühlen zu lassen. „Die Lage des Herzogs war während des geldrischen Krieges um so gefährlicher, als die Städte sich weigerten, neue Steuern zu bewilligen, wenn die Ritterschaft nicht auf ihre Steuerfreiheit verzichtete. Am 15. Juli 1543 wurden endlich auf dem Landtage der vereinigten Herzogtümer zu Gladbach 60000 Goldgulden bewilligt: es wurde aber gleichzeitig die absolute Exemption der Ritterschaft ausgesprochen." (cf. Norrenberg, Gesch. der Pfarreien. 1889 p. 161.)

manches nach ihrem eigenen Wunsche innerhalb ihrer ausgedehnten Gerechtsame vorzunehmen. Dahin gehört vor allem der Schutz des Evangeliums zu Zeiten heftiger Verfolgung. Wenn natürlich auch häufig eine mächtigere Hand sie zwang, zeitweise von ihrem Streben abzulassen, so haben sie doch der Reformation unschätzbare Dienste geleistet. Aber nicht allein die Reformation im eigentlichen und gewöhnlichen Sinne haben sie gefördert, sondern sie haben auch mancherlei Sonderströmungen begünstigt, wozu auch die täuferische gehört.

Es lag daher in den allgemeinen Verhältnissen, wenn es dem Landesherrn oft an Macht gebrach, etwas ernstlich Gewolltes gegen das „Sektenwesen" zu beschliessen oder das Beschlossene mit Nachdruck durchzuführen. Wenn es einmal gelang, die Stände zu Zwangsmassregeln zu bestimmen, so unterblieb doch meist die Ausführung, weil man z. B. besorgt war, der „Krone" dadurch einen ungebührlichen Einfluss in Landessachen einzuräumen. Waren die Glieder einer Sekte brauchbare Arbeiter und Handwerker, so entschied meist lediglich das wirtschaftliche Interesse, und die Grundherren nahmen sie in Schutz. Die Täufer besonders kehrten, oft auch verjagt, immer wieder zurück, vermehrten sich und wurden allmählich ein wesentlicher Faktor des National-Wohlstandes.

Wenn aber auch andererseits wieder einzelne Amtleute u. s. w. den guten Willen hatten, nach der Absicht der Behörden die Edikte gegen die Sektirer durchzuführen, so fehlte es auch ihnen wiederum vielfach an Macht und Mitteln. 1554 (August 7) hat z. B. der Herzog von Jülich mit den Amtleuten insbesondere verhandelt, u. a. auch „der Wiedertäufer halben". „Gein amptmann sol diejenigen, so der widdertauf oder sunst anderer misstat halber usfluchtig, ufnemen, vergleiten oder underschleifen lassen, sonder dieselvige mit in haftung annemen und sunst mit inen dermassen halten, als of die daet in ihren ampteren geschehen", worauf die Amtleute zur Antwort gaben: „Si wolten sich aller gehorsam verhalten und erzeigen und, wass man inen schriftlich bevelhen wurde, dem wolten sie also nachkommen. Es beclagten sich aber die underbevelhaber, das inen vast vil ufgelacht und gein zimliche notturftige underhaltung gegeben wert. So were auch an den scheffen zu zeiten mangel, dergleichen an den botten, welchs daher entstunde, das gen. botten gein underhaltung haven."[1]

[1] cf. von Below, Landtagsakten I, 710. — In der Beilage des Staats-Anzeigers für Württemberg Nr. 17 und 18 1895 weist Bossert darauf hin,

Wie bereits erwähnt, waren die Inhaber von Unterherrschaften oder Herrlichkeiten häufig durch auswärtige Studien für die neuen Lehren gewonnen und wussten bald auch an ihrem Teile den bekannten Grundsatz geltend zu machen: cuius regio, eius religio. So schreibt Dietrich Bitter von Wipperfürd, Schulmeister zu St. Ursulen zu Cöln, an Bullinger [1] (d. d. Cöln, 1532 April 16): „Sunt in terra Juliacensium magnates quidam purum evangelium admittentes, ut Comes de Morsa, [2] item oppidula quaedam.

---

dass in der 2. Hälfte des 16. Jahrhunderts in den zahlreichen kleinen Territorien des sich grosser Selbständigkeit erfreuenden ritterschaftlichen Adels die Täufer vielfach Schutz und Unterkommen fanden. Er nennt eine grosse Zahl von Täufern und von Adeligen, unter diesen nicht nur evangelische, sondern auch katholische, die den Verfolgten Unterschlupf gewährten, ohne gerade ihre religiösen Ueberzeugungen zu teilen. s. Monatsh. der Com. Ges. VII, 62.

[1] Z. d. berg. Geschv. VI, 265 f.; den Anfang s. Cornelius M.A.II, 100.

[2] Die Grafen von Neuenahr spielen in der Geschichte des Niederrheins und besonders der dortigen Kirche eine bedeutende Rolle. Es begegnen uns im Laufe des 16. Jahrhunderts eine ganze Reihe hervorragender Vertreter dieses Geschlechts. Zwei berühmte Glieder dieses Hauses (von Neuenahr und Mörs, wozu auch die Grafschaft Bedburg gehörte) waren die Brüder

Hermann I. von Neuenahr, das Haupt der humanistischen Adligen, gelehrter Domprobst in Köln; († 1530 auf dem Reichstage zu Augsburg); er vertritt den der Reformation vorhergehenden Humanismus: in der Reuchlinschen Briefsammlung steht er an der Spitze als „nobilium omnium specimen") und

Graf Wilhelm von Neuenahr, Bedburg, Mörs; er heiratete die Nichte des Erzbischofs Hermann von Wied und erhielt die Grafschaft Mörs (s. Varrentrapp, H. v. Wied p. 68 Anm.); als kirchlicher Diplomat vertrat er die seit 1530 vielfach geübte Vermittlungsthätigkeit. † 1553.

Des letzteren Sohn ist der gelehrte Graf Hermann II. von Neuenahr († 1579): in ihm repräsentiert sich uns die gelehrte und kirchlich organisierende Thätigkeit eines kleinen deutschen Landesfürsten. Aus seinem gelehrten Briefwechsel sind eine Anzahl Briefe an Camerarius, an den Duisburger Gelehrten Geldorp und an Georg Cassander in mehreren gedruckten Epistolarsammlungen erhalten.

In einem Briefe von ihm an den Grafen Johann von Nassau (1567. Jan. 7) aus Mörs heisst es (— es ist die Rede von einer Versammlung zu Düsseldorf und einem Edict des Herzogs von Cleve gegen die Calvinisten): er habe ein Schreiben bekommen, „dass ich auf generten tagh nicht werdt erfördert werden, wie ich woll langhs gewust, dasz mich viel leuth daselbst nicht gern sehen wurden; dan E. L. wissen, dass ich auss keiner ehergeitzigkeit auf obgenannten tagh begert hab, dann allein dass ich neben E. L. und anderen Hern, so viel in mir armen gewesen wher, Gottes und Seines Worts

Et hactenus Dei gratia sine dissidiis et clade, quod utinam hederae in morem citra scandalum et offensum cuiusquam sic late proserpat, donec omnes uno ore glorificemus Patrem nostrum, qui est in coelo . . .“

Besonders im Norden und Westen des Herzogtums befand sich bereits im Laufe der zwanziger Jahre des 16. Jahrhunderts eine ziemliche Anzahl hervorragender Adeligen dieser Richtung. Viele Unterthanen wurden natürlich zu ihnen hinübergezogen. Solche Gebiete eigneten sich für fremde wie einheimische Sektierer vorzüglich zu passenden Zufluchtsstätten. ¹) —

eher het helfen mögen befürderen, und meinen gnedigen Hern in s. F. G. Christlichem vorhaben, so viell in mir gewesen, zu stercken und zu drösten; und pitt Gott, dass er I. F. Gn. und derselben Räthe, die darüber sitzen werden in causa religionis, Sein Geyst und gnade verleye, dass der tagh zu der eberen Gottes, I. F. Gn. und derselben underthänen seligkeit und heyl geendigt werden mögh und mit mherer frucht und weniger ergernuss zerghen mögh, dan etzliche hiebevorn gethan, mit freundtlicher pitt wollen E. L. mich ver-stendigen, was da guths wird gehandtlet werden, und ob man sich auch einiger fernerer mandaten und edicten werdt zu besorgen haben; den man 9ten Decembris jüngst verlitten, ein mandat zu Cleeft, wie man mich bericht publicirt soll haben, das alle diejenige, so nicht praesentiam corporis et sanguinis sub substantia panis et vini glaubten, dass dieselbige sich ver-mögh einer darbey gezeigten befelchschrift, durch hochgenanten meinen gnedigen Hern selbst eigenen handt underzeichnet, inwendig dreyen daghen auss dem landt machen solten oder aber man solte super confiscatione gegen sie procediren.“ (cf. Groen van Prinsterer, Archives ou Correspondance inédite de la maison d'Orange-Nassau. I III. p. 11; cf. Gachard, Analecta Belg. p. 188.): s. auch Keussen, Gesch. der Stadt Krefeld.

Sein Vetter, der tapfere Kriegsheld Adolf von Neuenahr († 1589 bei einer Pulverexplosion im Heltentum der Geusenzeit). Mit ihm erlischt der Mannesstamm des Geschlechts (Z. d. Berg. Geschv. VI, 294). Wie Adolf von N. mit Waffengewalt die Kölner Protestanten gegen Rat und Dom-kapitel bei ihren Versammlungen vor der Stadt schützt, (— er hatte sogar den Prediger des Pfalzgrafen Casimir, Ursinus [calv.-ref.] zu den Versammlungen berufen) (Versammlungen auf einem Meierhofe vor der Stadt Cöln: Mechtem) darüber berichtet ausführlich die arg partoiische „Religionsgeschichte der Cölnischen Kirche . . . gedruckt bei Neuwirth. Cöln 1764. I ¹ p. 271 seq. Das Erbe der Grafen von Neuenahr z. B. in der Grafschaft Mörs und der Herrlichkeit Krefeld trat an die Oranier. Mit ihnen hielt ein seltener Geist der Duldung aller christlichen Richtungen Einzug in diesen Gebieten.

¹) Schon Ende 1527 entflieht der aus Wittenberg nach Köln gekommene Lehrer der hebräischen Sprache, Dietrich Fabritius, aus Köln vertrieben, zu adeligen Freunden ins Herzogtum Jülich.

10

Unter allen hervorragend als einer der ersten und thatkräftigsten Freunde des Evangeliums und ihres Glaubens wegen Vertriebener steht da: Werner von Pallant, Drost zu Wassenberg. Zu ihm wird z. B. der aus dem Domgefängnis zu Köln 1528/29 befreite Vikar Joh. Clopreis nach Wassenberg in sicheres Asyl gebracht. Bei ihm, dessen Familie eine der ältesten des Landes ist, müssen wir etwas länger verweilen; er wird uns im folgenden noch gar häufig begegnen.

Nachdem auf einer Versammlung der herzoglichen Räte zu Düsseldorf am 29. Oktober 1533 die neue Kirchenordnung, die unter dem 8. April 1533 im Druck veröffentlicht wurde, die Erklärung der sämtlichen Räte und der Entwurf der Visitationsordnung verlesen und artikelweise darüber abgestimmt war, wurden die Kommissare für die Kirchenvisitation bestimmt. Damals suchten sich schon 2 der Herren zu entschuldigen, und zwar für Jülich der Herr von Harff, erblicher Hofmeister des Herzogtums und Scholaster zu Aachen: „er moiste under den geistlichen leven und seine conversirung haven und was er hette, das hette er auch by denselbigen; und wa sie vernemen, dass er gegen sie handelte, so wurden sie inen hassen und wa des sinen entsetzen." Der Herzog bestand jedoch auf ihn.

Gegen die Vorschrift der Instruktion, dass bei Abhaltung der Visitation auch Amtmann, Schultheiss, Richter, aus der Ritterschaft, den Schöffen etc. einige zugegen sein sollten, sträubte sich der genannte Drost von Wassenberg, weil das mit seinem Gewissen streite. Schon in einer früheren Beratung zu Hambach hatte er „seine Schwierigkeit geäussert" und sie nun schriftlich wiederholt.[1] Dieses Urteil des Drosten über seine Anordnungen war dem Herzog höchst unbequem; er forderte seine Räte bei Eid und Pflicht zur Erklärung auf, ob seine Instruktionen etwas Ungöttliches, Unbilliges und Ungebührliches enthielten, und wenn nicht, ob dann der Drost nicht schuldig sei, sie zu beobachten. Ein Teil nun der Räte hob hervor, dass der Drost sich beschwere, wider sein Gewissen zu handeln und andere dazu zwingen zu sollen. „Er habe dem vorigen und jetzigen Herzoge treu gedient und sei nun zu seinen alten Tagen gekommen."

---

[1] Die schriftliche Eingabe ist abgedruckt bei Lacomblet, Archiv V. 100 ff., Cornelius, M. A. I, 220 ff.

Die Visitatoren suchten ihn eben noch zu schonen, als das Gewitter sich über seinem Haupte bereits zusammenzog. Daher erinnerten sie den Herzog an seine alten und treuen Verdienste und schlugen eine Vermittlung vor. Ob es nicht geschehen könne, ihn durch einige ihm verwandte Räte belehren und dahin bestimmen zu lassen, dass er im dortigen Amte die Befolgung der fürstlichen Ordnung befehle, wonach dann die Übertreter fürstlicherseits ergriffen und bestraft werden könnten. Wäre er aber auch hierzu nicht zu bewegen, so möchte auf die Einlöse des Drostenamtes Bedacht zu nehmen sein. —

Aus seinen Bedenken und aus der Anklage gegen ihn (s.p.148) sind eigentümliche Anklänge an später täuferische Lehren zu vernehmen. Hier will er dem weltlichen Regiment keine Machtbefugnis in geistlichen Dingen zugestehen, ein Gedanke, der uns zwar nicht direkt in den Bekenntnissen der Visitations-Protokolle begegnet, wohl aber in denen der nahestehenden täuferischen Gemeinde zu Maastricht sowie in der Aussage eines aus Jülich nach Wesel entflohenen Schuhmachers. (s. u.)

Wie weit derartige Ideen schon Platz gegriffen und sich verbreitet hatten, wie weit sie der Drost sonst selbst geteilt hat, können wir nicht genau bestimmen. Jedenfalls war dem Drosten die Glaubenssache ein tiefer Ernst, der er gern ein Opfer brachte. Wacker trat er für sie ein, so dass er schliesslich seines Amtes verlustig ging. Schon früh war ihm eine Sonderstellung unter den herzoglichen Räten eingeräumt worden, indem man ihm persönlich auf sein inständiges Drängen den Genuss des Abendmahls unter beiderlei Gestalt konzediert hatte. [1]

Die Verwirrung in diesem Punkte war in Jülich sehr gross geworden. Das Verlangen des Volkes nach Empfang des Altarsakraments sub utraque specie war ein allgemeines und wurde

---

[1] Es ist ja bekannt, dass auch der folgende Herzog Wilhelm (1539—92) sich das Recht dieses Empfanges reserviert hatte. (cf. Cornelius, M. A. I, 232, 234, 242; Lossen, Briefwechsel des Andreas Masius passim.) Veit Dietrich schrieb April 1543 an den Herzog Albrecht von Preussen: „Der Herzog von Cleve hat diese Fasten das Sacrament zum ersten Male unter beiden Gestalten empfangen, und ist gute Hoffnung, wie seine Räthe sich haben vernehmen lassen, er werde die Lehre durchaus im Lande gehen lassen". cf. Joh. Voigt, Briefwechsel der berühmtesten Gelehrten des Zeitalters der Reformation mit Herzog Albrecht von Preussen. Königsberg 1841, p. 179.

10*

durch die Prädikanten der Adeligen gern erfüllt, während die katholischen Geistlichen sich weigerten und nur in äusserst seltenen Fällen auf ausdrücklichen Befehl dem Wunsche ihrer Pfarrkinder nachkamen. So blieb es lange Zeit hindurch, selbst als die meisten Prädikanten das Land verlassen hatten. Nur die herzoglichen Beamten machten später vielfach eine Ausnahme, (wie die Visitations-Protokolle des Jahres 1559 zeigen), während das Volk meist zur alten Form gezwungen wurde. — Die Mehrzahl der Räte war schliesslich der Ansicht, da die Instruktion für die Visitatoren in den früheren Versammlungen, in welchen der Drost von Pallant selbst mitgewirkt habe, als christlich und gebührlich anerkannt sei, — dass kein Unterschied gemacht werden dürfe, und es am allerwenigsten an den Orten dem Gewissen anheimgegeben werden dürfe, wo man, wie in Wassenberg, nicht glaube,

> „das in dem hochwoirdigen sacrament warhafftich lyff und blut Christi sy,
>
> das man verachte den loblichen gebruych des sacramentz der Kinder douff,
>
> zustant zu doin den swermergystern und bilderstormern,
>
> den hilligen geist nit für die III te person zu halten und dergleichen, die unse selicheit betreffen." [1]

Man habe den Drosten in der Versammlung zu Hambach nur Gewissensfreiheit in den dingen concediert, die nicht der göttlichen Schrift zuwider sind; den Genuss des Abendmahls unter beiderlei Gestalt habe man ihm nur für seine Person und im Stillen, ohne die Befugnis, dasselbe andern zuzugestehn, erlaubt. „Darnach nahm der Herzog Bedenkzeit bis nach Tisch", und das Original-Protokoll fährt fort, „und haben nach dem Essen den Räthen ihro fürstl. Gnaden Rathschlag verlesen lassen, wie folgt." Hier bricht es leider ab.

Werner von Pallant zeichnet als Drost von Wassenberg noch Freitag nach Visitatio Mariae (4. Juli) 1533.[2] Kurz darnach ist er wohl entsetzt.[3] Nach einer andern Quelle kommt er noch am

---

[1] cf. Lacomblet, Archiv V, 101; Cornelius, M. A. I, 221.

[2] Unter dem 4. Juli 1533 erlassen Werner v. Palant und Bürgermeister und Rat der Stadt Wassenberg ein offenes Patent, in welchem sie erklären, dass Herr Johann Ruermann (?) von Venradt, Priester zu Wassenberg, sein Amt nicht bei Nacht und Nebel etc. im Stiche gelassen habe. (Original [besiegelt] im D. St. A. Jül. Berg. L. A. IV, c. 6. fol. 291.)

[3] Lacomblet, Archiv V, 87, Anm. 14.

17. Dezember 1534 als Drost von Wassenberg vor, muss jedoch
bald nachher die dortige Burg verlassen haben, weil er an diesem
Tage die Gerätschaften der Schlossbrauerei seinem Nachfolger, dem
Vogten Nicolaus von Myrbach, käuflich überliess. [1]

Der Drost ist als einer der ersten Freunde der neuen Lehren
in jener Gegend bekannt. Wir sahen, wie angesehen er bei Hofe
war, und wie man ihn als treuen Diener des Herzogs mit rück-
sichtsvoller Schonung behandelte. Seine Burg war ein Asyl für
vertriebene Prediger von nah und fern. Die Wirkungen, die von
hier ausgingen, sind sehr bedeutende und auffällige gewesen. Wir
können ihn auch als die Stütze der gegen Luther oder neben ihm
hergehenden täuferischen Richtung bezeichnen, wobei selbstverständlich nicht ausgeschlossen ist, dass er auch der Sache Luthers
und seiner Anhänger erspriessliche Dienste geleistet hat. [2]

Bei ihm fanden sich allmählich alle die Prädikanten ein, die,
von den verschiedensten religiösen Richtungen ausgehend, mit
melchioritischen Ideen erfüllt, schliesslich in Münster offen zur
Wiedertaufe übertraten und später als die rührigsten Apostel in
ihrer freiwillig übernommenen Mission wirkten. „Prädikanten"
nannte man jene „häretischen" Prediger, die dort zusammenströmten:

---

[1] Akten in D. St. A. (Z. d. Berg. Geschv. VI. (So ist auch nur
die Mission Jakobs von Ossenbruch an ihn [Febr. 1534] s. u. zu erklären.)

[2] Interessant ist eine Äusserung des Predigers Jos. Badius (Sohn des
zu Aachen 1598 verstorbenen Reformators Jos. Badius) vom Jahre 1641;
(sie findet sich in den alten Jülicher Synodalakten): „Die evangelische
Religion hat dieses Orts (Wassenberg) ihren Anfang genommen über 100 Jahre,
da das Land von Wassenberg (wie es der Zeit geheissen worden) versetzt
gewesen an den Drossarten Palandt, ein Herr von Bredenbendt. Derselb hatte
eine von Batenberg zur Hausfrauen gehabt, hatte seine Residenz allhie zu
Wassenberg genommen, hat seiner Zeit Lehrers gehabt, so die Lutherische
Religion getrieben, endlich zu der wahren evangelischen Religion kommen.
Da die Prädikanten zuletzt von den Fürsten zu Jülich vertrieben worden
und dem Drossarden die Pfandtschilling wieder erlegt wurd, doch es war
so weit in den Menschen eingepflanzt, dass es bis hiezu getrieben worden
ist, doch mit grosser Gefahr alles ausgestanden bis anno 1609, als der Fürst
von Jülich abgestorben und die zwei Fürsten Pfalz - Newburg und Chur-
Brandenburg ankommen, dermahlen eine Zeit von 10 Jahren öffentlich ex-
ercitium religionis gehabt. Anno 1626 ist sowohl die öffentliche Predigt
als auch die Schul und Todten auf dem Kirchhof zu begraben durch einen
Jesuiten Pater, Buss (du Bois, im Bergischen bekannt unter dem Namen
Boos) genannt, zerstört und verboten worden." Theol. Arbeiten Bd. III, 105.

Joh. Companus, Klopreis, Dionysius Vinne, Slachtscaep, Roll u. a.
Sie predigten fleissig in der Umgegend und gewannen grossen
Anhang, besonders in Dremmen, Hückelhofen, Breeberen, sowie
in Süstern und Höngen. „So bildeten sich neue Mittelpunkte der
Lehre, von welchen die Anhänger des Evangeliums mit oder ohne
ihre Prädikanten in hellen Haufen in die Nachbarorte wanderten
und mit den Bauern Bekehrungsversuche anstellten."[1] Weil sich
nun die Prädikanten gerade in den nordwestlichen jülichschen
Ämtern, besonders aber um Wassenberg als Mittelpunkt kon-
zentrierten, so nennt man sie allgemein kurz die „Wassenberger
Prädikanten". Über 3 Jahre durften die meisten ungestört ihr
Treiben entfalten, bis die Regierung gegen sie einschritt. Während
der Zeit waren bedeutende und bedenkliche Wandlungen in der
Theologie dieser Männer vor sich gegangen, die an anderer Stelle
zu betrachten sind. —

Werner von Pallant blieb auch nach Verlust seines Drosten-
amtes ein Beschützer der neuen Bestrebungen.[2] Bei ihm haben
sich auch später noch während der Verfolgungen Prädikanten und
Boten, wie Campanus, Jac. von Ossenbruch, aufgehalten. An ihn
wandten sich daher auch von Münster aus die ausgewichenen
Prädikanten mit Schriften und Boten. Anfang 1534 gelangte zu
ihm Jacob von Ossenbruch und überbrachte ihm Schreiben von
Klopreis. Zugleich teilte jener Jacob ihm die in Münster geschehenen
„Wunder" mit. Der Exdrost billigt sogar die Entwicklung der
Lehren, die er selbst gehegt und geschützt hat, denn es wird
berichtet, dass er auf die Schilderung Jacobs geäussert habe, „ihm
gefielen die Dinge fast wohl". Weiter ist mir über ihn nichts
bekannt geworden.[3]

---

[1] Cornelius, M. A. II, 161.

[2] s. o. p. 149 Anm. 1 u. 2.

[3] Eine Quittung aus dem Jahre 1515 (D. St. A. Amtsrechnungen von
Wassenberg), unterzeichnet mit „Werner Palant zu Bredenbent, Herr zu Berg,
Amtmann zu Wilhelmstein-Boisseeler" ist wohl kaum einem Verwandten zuzu-
schreiben. — Ob er in diesem Jahre noch gelebt hat, ist unbekannt. — Vergl. u. a.
v. Below, Landtagsakten I, 632 Anm. (207 u. 303, Anm.) vergl. auch Mering, Ritter-
burgen XI, p. 27 ff. Am 30. Mai 1549 wurden die Söhne Gerhards II. von
Pallant, Wilhelm und sein Bruder, mit der Herrlichkeit Gladbach (s. u.)
belehnt „in bysyn unser Raits und lieve getrouwen Wernhers van Palant zu
Breidenbent, unhseres Amtmanns zu Münstereiffel . . . . ." (Beiträge zur
Gesch. des Herzogtums Jülich, herausgegeben von Aegidius Müller Bd. II, 97.
[Bochum 1868].)

Angehörige der weitverzweigten Familie von Pallant werden im Laufe des 16. Jahrhunderts noch häufig erwähnt, zum Teil in angesehenen Stellungen am Hofe des Fürsten, der einst ihren Ahnen suspendiert hatte. Die ganze Familie hat der katholischen Kirche den Rücken gewandt und zum grössten Teile das reformierte Bekenntnis angenommen. Zahlreiche Mitglieder werden in Genf und Heidelberg erwähnt, zugleich mit dem Herrn Quad von Wickrath.[1]

1579 führte Joh. von Pallant auf seiner Besitzung Issum einen reformierten Prediger ins Amt. Obwohl übrigens in den Rheinlanden das reformierte Bekenntnis eine viel schnellere und umfassendere Aufnahme gefunden hat, so lassen sich doch im Herzogtum Jülich in der 2. Hälfte des 16. Jahrhunderts eine Reihe lutherischer Gemeinden nachweisen, so in Linnich, Montjoie, Stolberg und in Wassenberg, und zwar hier 1555 unter dem Schutze des dortigen Amtmanns Dietrich von Pallant zu Breidenbent.[2]

Gegen Ende des 16. Jahrhunderts findet sich wieder ein Angehöriger der Familie von Pallant als herzoglicher Beamter am Hofe zu Düsseldorf. In einem von Cornelius mitgeteilten „Bericht des Domdechanten Metternich an den Herzog Wilhelm von Bayern über seine Verrichtung am Düsseldorfer Hofe im Jahre 1592"[3] befindet sich unter den namentlich aufgeführten „voirnemste reit (auch dieselbe, welche ietzunder die catholische religion verunglimphen) der cammermeister Palant."[4]

[1] Letztere waren die Inhaber der Herrlichkeiten Wickrath und Schwanenberg, wo sie 1557 die reformierte Lehre einführten.

[2] Z. d. Aachener Geschv. VI, 346.

[3] Z. des berg. Geschv. III, 327 ff.

[4] Der Name der Pallants begegnet uns auch in den Freiheitskriegen der Niederlande. Nov. 1565 kamen im Hause des Herrn Floris von Pallant, Graf zu Culenborg, in Brüssel etwa 20 Edelleute zusammen, um sich zunächst gegen die Verkündigung der Tridentiner Beschlüsse und zur Verteidigung ihrer Gerechtsame zusammenzuschliessen („Bund der Edeln"). Schon 1520 dachte mancher in seinem Herzen, was 30—40 Jahre später Floris v. P., auf die Priesterwirtschaft blickend, öffentlich aussprach: er könne nicht glauben, dass Menschen, welche so gottlos und bübisch lebten, imstande wären, die Wahrheit zu lehren. —

Floris war ein Hauptführer in den gewaltigen Unruhen, die den Stützpunkt der gesamten freiheitlichen Bestrebungen des Niederrheins, dem auch er angehört (er war Drittels-Herr von Dalen), nach dem alten Herde m. a. antikirchlicher Bestrebungen und „Häresieen", nach den Niederlanden,

Der täuferischen Bewegung scheinen einzelne Zweige der Familie (— leider habe ich die Genealogie nicht genau feststellen können —) näher gestanden zu haben, als man bis jetzt vermutet hat. Dafür mögen etwa folgende auffällige Nachrichten mitgeteilt werden. In Ratheim war Joh. von Morscheufft Pfarrer geworden, der allerlei strittige Lehren auf der Kanzel vorbrachte und selbst an den Versammlungen der „christlichen Brüder" teilnahm, die zahlreich in seiner Pfarrei vertreten waren. An den Schultheissen zu Jülich erging daher Befehl: „Morscheufft solle keine Messe mehr thun, keine ornamente soll man ihm mehr reichen." Beim Burggrafen von Tetz wurde angefragt, „welcher massen seine jonckern die Palland einen altar in dieser Kirchen, welcher bei seinem sohne und ihm sei, von Herrn Joh. von Morscheufft zu bedienen erlaubt hätten. [1] — Eine sehr auffallende Thatsache ist ferner die, dass 2 adelige Höfe in Köln, die Absteigequartiere der Pallants und der noch zu erwähnenden von Renneberg, Ende des 16. Jahrhunderts häufig von Wiedertäufern als Wohnungen und als Versammlungslokale benutzt wurden! [2]

1569 waren ferner einige adelige Damen, darunter auch die Jungfer von Pallant, in den Verdacht der Wiedertäuferei gekommen, weswegen sie die Stadt Köln verlassen mussten. [3] —

Zur Erklärung mancherlei Vorgänge in der späteren Entwicklung ist es nötig, noch folgende Jülicher Adelige zu erwähnen, die mehr oder weniger bestimmend und schützend auch auf die Täuferbewegung eingewirkt haben. Nur durch ihren thatkräftigen Schutz in ihren Herrlichkeiten und auf ihren Gütern oder während ihrer Beamtenzeit als Schultheiss, Drost, Visitator, Rat etc. ist es den Anabaptisten möglich geworden, so lange Zeit hindurch sich trotz der strengsten Edicte in solcher Stärke zu erhalten, wie wir sie später finden werden.

In dem Wassenberg benachbarten Amte Born sass seit 1506 als Drost Wilhelm Herr von Rennenberg, ein eifriger Förderer der reformatorischen Bewegung. Er war ein Neffe des Erzbischofs

---

verlegte. cf. Hofstede de Groot, Hundert Jahre aus der Gesch. der Ref. in den Niederl. p. 190; de Hoop-Scheffer, Geschiedenis p. 24; Norrenberg, Gesch. der Pfarreien im Dekanat Gladbach p. 166.

[1] D. St. A. Vis.-Prot. von 1559.

[2] Ennen, Gesch. der Stadt Cöln V, 484.

[3] s. unten.

Hermann von Köln. Schon 1527[1]) wirkte er in gleichem Sinne,
wie einige Jahre später sein Oheim. Der Kirchenvisitation von
1533 musste auch er weichen. 1535 erhielt er nur noch „die
halbe Pension".[2]) Später (um 1543) finden wir ihn in Kempen
als Statthalter des Kölner Kurfürsten Hermann.[3])

    Als Bucer in Bonn war, korrespondierte er eifrig mit ihm.[4])
— In Kempen entwickelten sich unter seiner Herrschaft eigentümliche Verhältnisse, über welche uns mancherlei bekannt geworden ist.

    Die Angehörigen der alten Kirche wurden immer mehr
zurückgedrängt. Vertreter allerlei Richtungen setzten dem Luthertum wie dem Calvinismus bedenklichen Widerstand entgegen. Wenn
der Amtmann von Rennenberg auch wohl nur für die reformierte
Lehre regsam gewirkt hat, so scheint er doch den Täufern keine
Schwierigkeiten gemacht zu haben. Ihr keckes Auftreten in Kempen
darf uns auf eine relativ starke Zahl derselben an diesem Orte
schliessen lassen. Es ist uns folgender Bericht erhalten, der für
sich selber spricht:[5])

    „Bericht, wie sich die sachen zu Kempen ein zeitlangk be-
geben und noch zutragen;" es möge daraus folgendes mitgeteilt
werden: Ein Prädikant, der früher wegen seiner Lehre vertrieben,
ist zurückgekehrt. „Des von Renneberg capellain Lambert, der
sich auch der predig annembt, ist gleicherweis vertrieben von
Lennep und Goch.

    Diese predikanten furen in gantz ein neuwe lehr, schmehen uff
die heiligen Sacramenten, insonderheit uff das hochwirdig Sacrament
des altairs, leuchnen die wahrhaftige gegenwart Christi mit den
worten, dass Christus nicht wil beschlossen sein in einichem vass
von silber oder golt. Das er auch nicht wil von pfaffen getragen sein.

---

[1]) cf. Krafft, Bullinger 95. Dass er bereits in diesem Jahre dem
Evangelium geneigt gewesen ist, zeigt ein Brief Melanchthons an Heresbach
(Peucer, Epistolae Melanchthonis II [1570] p. 388; Corp. Ref. II, 872), worin
letzterer ersucht wird, den Herrn von Rennenberg um ein Zeugnis für einen
aus Süstern gebürtigten Wittenberger Schuhmacher zu bitten, damit dieser
in die Wittenberger Zunft aufgenommen werden könne.

[2]) D. St. A. Amtsrechnungen von Born. Was heisst „halbe Pension"?

[3]) Hamelmann, opp. p. 1332.

[4]) cf. Krafft, Bullinger p. 95; Theol. Arbeiten II, 60.

[5]) Staats-Archiv zu Münster. Kindlingers Mnscr. Bd. 69, fol. 111—112.

Item das nicht wunder wehr, das alle die jhene die mess
thuen, adir hoeren, versuencken jn das abgrundt von der
hellen und das dieselbigen daneben verbrant und verdoempt
sin sollen.

Ausserdem verachten sie in ihrer Predigt das Taufwasser,
hl. Öhl, Weihwasser, alle Zeremonien.

Jtem ruffen uber den predigtstuel, das sie gott loben — das
priestertum sei aus dem Dreck bis an den Ohren."

Am Frohnleichnamstage haben sie die Prozession gehindert,
indem sie Tische und Bänke quer auf die Strasse stellten und sie
sperrten. Die Bildnisse der St. Anna und Maria soll man verbrennen. Am Assumptionstage hat der Prädikant bei Beginn der
hohen Messe öffentlich gesagt: „Gehet zu huiss, es ist ein huren
gelach." Vor dem hl. Sakrament sei ein Zettel öffentlich angeschlagen, von worten zu worten, wie hernach folgt:

> „Hier stehet verborgen in dit schlott
> der papisten affgott,
> den sie sprechen, er sey Christ.
> So es doch ein granwel ist
> Vor Gott und allen Christen.
> Wie haven uns verfoirt die falsche papisten
> Mit des paes gebnden und leheren.
> Hilf gott, das sie sich bekheren
> Und nemmen gar wol acht,
> das sanct paulus hait gesagt,
> dat nit wirt wonnen Jhesus Christ
> Im tempel, der mit henden gemacht ist,
> Wil auch nicht mit henden geplicht sein.
> Wair bliven dj pfaffen mit irem valschen schein?
> Sie moeten uss gerott werden;
> Sie haben lang gehersoht uff erden
> Und in anhengt die gantze welt.
> Gotz gnad verkauft umb groit geld,
> Darumb sint dy dieve geschulden worden
> Johannis am X ten orden
> Das sie uns in einen andern weg haint gefoirt
> Das Christen nicht angehoirt.
> Sie willen oven zum dach hin in stigen
> Nu moten sie gar nidder liggen."

Es wird ebenfalls nicht zuletzt an Täufer gedacht sein in einem Schreiben, das uns erhalten ist und in dem mehr als 50 namentlich unterzeichnete „arme Untersassen der Stadt und des Landes Kempen" ihre dringende Not klagten, dass sie „von aller seligen Lehre" des Evangeliums durch Feinde des Kreuzes Christi verführt würden und deshalb an den Kurfürsten in Köln die inständige Bitte richteten, „sie mit einem sinceren Prädicanten gnädiglich zu versehen."[1] Dieses Predigtamt erhielt der bekannte Prediger Hardenberg. Er hatte sich dem Katholizismus ab- und der neuen Lehre zugewandt. Erst nach hartem Kampfe hatte er sich einer bestimmten Richtung (der reformierten) angeschlossen. Etwa um 1541 legte er das für die religiösen Verhältnisse der Zeit bedeutsame Bekenntnis ab: „Wenn man aber fortgehen muss, ob es sicher und gerathen sei, jener Kirche zu dienen, welche wenige hat, die Lutheraner heissen, während die meisten Sacramentirer, Papisten, Anabaptisten, Franconiten, Arianer, Davidisten genannt werden, dazu Zauberei ohne Zahl und tausend Secten, welche auszurotten man nicht ausreicht . . . ."[2]

Der Herr von Rennenberg wurde bald darauf seiner Stellung von neuem enthoben. Als nämlich Karl V. im August 1545 persönlich in Köln anwesend war, wurde ihm auch über die Thätigkeit Rennenbergs berichtet. Er erliess daraufhin (d. d. 15. Aug. 1545) gegen ihn ein strenges Befehlsschreiben, weil er es gewagt habe, in der Nähe der kaiserlichen Erblande „die zwinglische verbotene Secte einzuführen und den armen Leuten wider ihren Willen aufzudrängen."[3]

Durch den Weggang Rennenbergs und vielleicht auch durch die eifrige Thätigkeit Hardenbergs erlitten die Täufer in Kempen harte Niederlagen. Im folgenden Jahre konnte jedenfalls Hardenberg schreiben:[4] „Wenn der Fürst an mich in betreff der Wiedertäufer und sonstigen Gegner unserer Kirche geschrieben hat, so weiss ich, dass du davon Kunde hast und bitte dich, seiner Hohheit in meinem Namen zu antworten.

---

[1] Varrentrapp, H. v. Wied p. 118

[2] Spiegel, Hardenbergs Leben p. 29.

[3] Näheres bei Drouven, die Reformation p. 281.

[4] Hardenbergs Brief aus Kempen betr. Wiedertäufer ist gerichtet an den geheimen Rat des Kölner Erzbischofs, Theodor von Buchell (Buchelius), vielleicht am 26. November 1546, so Spiegel, Hardenberg p. 69 f.

Wiedertäufer sind hier nur wenige und diese halten sich schweigsam, bescheiden und sind es nur im Stillen. Der grössere Teil derselben nämlich, und zwar gerade der, der früher etwas hartnäckig war, ist in unsere Kirchengemeinschaft zurückgekehrt; einer freilich, auch ein etwas unverschämterer Mensch ging von uns fort mit Weib und Kind über die Maas hinüber. Neulich wurden ihrer vier vom Vogt (satrapa) aufs Schloss gerufen, die ziemlich widerspenstig und ungeschickt Antwort gaben: ich meine, dass sie dem Fürsten angezeigt sind. — Jene verharren bislang schweigend bei ihrer Meinung; aber es sind unglückselige und unwissende Menschen, die nicht einmal deutsch lesen können. Ich hoffe indes auch sie durch Gottes Gnade zu gewinnen. Geschieht dies nicht, nun denn kann ein anderer Weg eingeschlagen werden. — — Ich habe einiges für sie geschrieben, durch dessen Lektüre Gott mir einige geschenkt hat und ich will noch fortfahren, im Herrn zu schreiben. Wenn ihr den Schneider Philipp, welcher in Bonn wohnt, zugleich mit einem gewissen Weber Johannes hierher schicken wollt, dann könnte ich durch diese Leute grossen Erfolg hoffen. Denn sie wissen deren Geheimnisse und wissen auch, wie sie selbst jenen Irrtum entdeckt haben; — es könnte dies heimlich unter uns geschehen. Sicher sind diese beiden Menschen in den Ränken jener geübt; und Unterweisung hilft bei solchen ungebildeten Menschen nichts, sondern gewisse andere Mittel. Ich hoffe überhaupt, dass ich sie auf diese Weise die Unsern gewinnen könne, und auch die Meisten von denen, die jenseits der Maas sind, deren etliche ich auch jetzt zurückgebracht habe. In Summa: von seiten der Wiedertäufer droht uns hier wenig Gefahr! —"

— In der Nähe von Wassenberg ist ferner auf Haus Hall bei Ratheim ein entschiedener Förderer täuferischer Interessen Heinrich von Olmissen genannt Mulstroe gewesen. Zu ihm zog Ende 1531 der vielgenannte Kaplan von Höngen, Gya von Rothem[1] (Ratheim). 1557 bei einem auf Veranlassung des Pfarrers Tetz[2] zu Ratheim abgehaltenen Zeugenverhör wird bekundet, dass der gen. Olmissen einen „Zwinglianer", namens Campanus,[3] an sich gezogen, der heimlich und nächtlich in Busch

---

[1] Habets a. a. O. p. 215.

[2] Z. d. Aachener Geschv. VI, 184.

[3] Der bekannte „Antitrinitarier", gegen welchen nebst Heinrich von Tongern 1532 ein Ausweisungsbefehl erlassen war.

und Wald Predigten gehalten, bis er durch die Obrigkeit vertrieben worden. Mulstroe sei dafür vom Landesherrn in eine hohe Geldstrafe genommen worden.[1]

Fernere Nachrichten finden sich in den Vis.-Protokollen von 1559: einer der dort erwähnten „christlichen Brüder", der fromme Antonius,[2] hat sich in Ratheim „by des dollen Mulstroies nachgelassener Fraue aufgehalten; welche erstgemelte Witwe dann zu etlichen Zeiten auch hiehero (d. h. in die täuferischen Conventikel) kombt." Von Joh. von Mulstroes Gesinde wird berichtet, „es habe sich nicht überzeugen lassen"; sie haben ihre Kinder ausserhalb taufen lassen; von Ratheim lief ein Teil nach Dremmen und Wassenberg und „habe dort von einem ungeistlichen Herrn taufen lassen".

Über Joh. von Verken[3] zu Paffendorf ist im Münst. Landes-Archiv ein Brief des Bischofs Franz vom 4. April 1534 erhalten, worin die dringende Bitte ausgesprochen wird, die von ihm geworbenen, jetzt in seinem Gebiete gewaltsam festgehaltenen Landsknechte zu ihrem Zuge nach Münster freizugeben.[4]

Ferner ist die Herrlichkeit Hüls (bei Kempen) zu erwähnen, welche dem Gottfried von Haes gehörte, der sie mit seiner Gattin Katharina von Hüls vor 1530 erworben hatte und der 1563 ohne Erben starb. Er war ein eifriger Reformator (1533) und Begünstiger der Wiedertäufer, denen er auf seiner Burg eine Freistätte gewährte, wo diese ungestört ihre Gottesdienste abhielten. Auch nach seinem Tode dauerten hier die reformatorischen Bewegungen fort; so heisst es, dass am Ostermontag 1566 mehr als

---

[1] Strange, Beiträge zur Genealogie der adligen Geschl. VI, 62.

[2] s. p. 66.

[3] Joh. von Verken ist 1538 Amtmann zu Born (cf. von Below, Landtagsakten I, 255).

[4] Amtmann im Amte Millen wird 1503: Godart Hauxeler, p. 77, Anm. 1 (v. Below, Landtagsakten I, 114, Anm. 151), der uns auch später noch begegnet.

Gerade die Ämter: Wassenberg, Born und Millen sind kaum wieder von den Täufern frei geworden: Warum? Die Antwort dürfte nicht schwer zu geben sein.

Über die Handhabung der durch die spanische Regierung in Scene gesetzten Proskription in Born und Brüggen vergl. Hofstede de Groot, Hundert Jahre p. 174.

700 Menschen aus dem Jülicher Lande, Gladbach etc. sich in Hüls zur Predigt eingefunden haben.[1])

In der Unterherrschaft Rheydt brachte der Prediger Joh. von Plettenberg (etwa 1560) mit Unterstützung des dortigen Herrn, des Ritters Otto von Byland[2]) die neue Lehre zur Anerkennung. Begünstigt durch die reformationsfreundliche Gesinnung Ottos von Bylandt bildete Rheydt infolge seiner geographischen Lage schon früh einen Sammelpunkt für einzelne aus den Niederlanden vertriebene Anhänger Calvins.

„Fast gleichzeitig erhielt auch die Sekte der Wiedertäufer in der Herrlichkeit Rheydt Anhang. 1584 wird Peter auf der Heuren als Wiedertäufer erwähnt. 1594 war ihre Zahl schon ziemlich angewachsen; sie hielten bei nächtlichen Zusammenkünften mit Gesang und Predigt ihren Gottesdienst ab. 1646 erschienen sie zu einer Gemeinde organisiert und hatten eigene Armenprovisoren. Gegenüber den mannigfachen Anfechtungen, welche sie als eine im deutschen Reiche verbotene Sekte zu erleiden hatten, liess ihnen die gräfliche Familie von Bylandt ihren besonderen Schutz angedeihen und überwies ihnen am Ende des 17. Jahrh. Wohnungen innerhalb der Wälle des Schlosses, bis sie schliesslich 1694 auf Befehl des Kurfürsten von der Pfalz mit Gewalt aus Rheydt vertrieben wurden. Ihr Besitz wurde beschlagnahmt und später verkauft. Sie siedelten sich darauf z. Z. in Krefeld an und trugen in hervorragender Weise zu dem lebhaften Aufschwung der dortigen Industrie bei. Von heute noch blühenden Familien, deren Vorfahren damals aus Rheydt vertrieben wurden, seien erwähnt: von Elten und Flohe" (L. Schmitz, Geschichte der Herrschaft Rheydt 1887, p. 142; Keussen, Stadt und Herrlichkeit Krefeld, p. 179 ff.)[3])

---

[1]) Keussen, Geschichte der Stadt und Herrl. Krefeld p. 111. Über den hier erwähnten Prediger Wolter s. o. p. 59 u. u.

[2]) „Otto von Byland, signor di Reid, principal cavalliere Calviniano" (bei J. Hansen, Nuntiaturberichte aus Deutschland III¹ [1892] p. 456); cf. Norrenberg, Gesch. der Pfarreien . . . . p. 175.

[3]) Akten in D. St. A. Jül. Berg. L. A. IV. c. 14ᵇ, „das der (s. u.) herr graff von Bylandt zu Rheydt wider die reichs undt landts constitutiones die lengst verdambte aufrührische sect der widertauffer aufgenohmen, denen in der menge underschleif gegeben habe". (39 Jahre lang hat er sie in seiner Machtsphäre geduldet.) „Dass einige W.-T. ultro gestanden, dass sie aus anderer Herrn landt wegen ihrer widertauffer sect vertrieben und in des fürstenthumbs Gulich herrschaft Reit wieder eingeschlichen". „Otto von Bylandt zählt zu den hervorragenden politischen Persönlichkeiten des 16. Jahrhunderts;

Durch die eigentümliche Sonderstellung der Unterherrschaften und Herrlichkeiten, durch den humanen Sinn vieler Adeligen, Amtsvorsteher u. s. w. ist es ermöglicht worden, dass sich das Täufertum, besonders die gemässigten Mennoniten, im Jülichschen noch lange Zeit erhielten, als in den Nachbarländern gegen Osten längst jede Spur geschwunden war. Erst wenn auch das Verhältnis des Adels zum Täufertum vollständig klar ist, werden wir seine Geschichte vollständig verstehen. Flüchtlinge der verschiedensten religiösen Richtungen fanden bei den vielfach freier und milder gesinnten kleinen Territorialherren freundliche Aufnahme und nach Möglichkeit Schutz, so dass Reichtum und Ansehen selbst in den schlechtesten Zeitläufen sich mehrten. Leider ist noch zu wenig geschehen, und das Aktenmaterial auch zu wenig umfassend, so dass wir vielfach im Dunkeln bleiben werden.

Ein Beispiel, bei dem uns jede Kenntnis der Motive abgeht, die aber wohl nicht schwer zu erraten sind, ist folgendes.[1] Am 14. Nov. 1564 wurden Cuno von Binsfeld, Wilh. von Gertzen zu Sinzig, Joh. von Efferen zu Stolberg und Maria von Dürffendoll nach Hambach vor die herzoglichen Räte beschieden, um sich wegen der Anklage zu verantworten, dass sie in ihren Unterherrschaften „aus anderen Orten Entwichenen, mit calvinischer, sacramentarischer, widertäufischer und ander verdächtiger Lehre Befleckten" Aufenthalt gestattet. Für sich persönlich verwahrten sie sich dagegen, irgend einer Sekte anzugehören, mussten aber zugeben, dass solche „wider ihren Willen" vielleicht vorhanden wären.

Sonst werden vielfach in Verbindung mit der täuferischen Bewegung genannt: der Herr von der Heyden bei Berck, der Junker Michael von Keusweiler und der Pfandherr und Inhaber

---

am jülichschen Hofe in Düsseldorf spielte er während seines langen Lebens eine bedeutende und einflussreiche Rolle und genoss das volle Vertrauen des Herzogs Wilhelm, der ihn mehrmals mit Erfolg zu wichtigen diplomatischen Sendungen verwandte." Im Dienste des Herzogs war er c. 15.59 Hofmeister und Rat; seit 1567 gehörte er der vom Herzog Wilhelm nach Düsseldorf berufenen Konferenz zur Beratung der Reform des Kirchenwesens in den jülich-clevischen Landen an, bei welcher Gelegenheit er zum ersten Male offen auf Seiten der Protestanten erscheint. — Der katholisch gesinnte Jungherzog Joh. Wilh. zählt 1587 Otto zu den Personen, „die ganz und gar anderer Religion sein". (Keller, Gegenreformation II, 88, 91.) Allg. s. L. Schmitz, Geschichte der Herrschaft Rheydt. 1887, 36 f., p. 141 f.

[1] Lacomblet, Archiv V, 78 ff.

von Grevenbycht, Wilhelm von Vlodorff. [1] Ende 1533 wird der
Herzog durch ein Schreiben des Amtmanns von Born darauf aufmerksam gemacht, dass der gut. Vlodorff abtrünnigen und verlaufenen Unterthanen und Prädikanten Unterschleif gewähre, sie
unterhalte und Zusammenkünfte gestatte. [2]

8. Die sog. Wassenberger Prädikanten.

Johannes Campanus ist der erste der Prädikanten, welche
in Wassenberg einzogen; er hat den Boden für die nach ihm das
Jülicher Land aufsuchenden Prediger mit Erfolg bereitet. Zusammen
gehörten sie keiner klar ausgeprägten Richtung an, vertraten kein
bestimmtes einheitliches Dogma, waren weder untereinander noch
mit sich selbst einig, wie es bei der Unfertigkeit der neuen Verhältnisse auch nicht anders möglich war. Der ursprüngliche Grund-
charakter der eigentümlichen Richtung dieser Männer, die sich
Ende der zwanziger Jahre in dem kirchlichen Kreise im Hause
des alten und bei Hofe angesehenen Drosten hervorwagte, ist eine
die absolute Unabhängigkeit des Glaubenslebens von jeder kirchlichen Spendung und Wirksamkeit geltend machende Mystik. Im
Laufe der Zeit machten sie einen bedeutenden Wandel durch;
nur die eine Seite hielt sich unverändert: Abneigung und Widerspruch gegen die katholische Lehre und zum grössten Teile auch
gegen die Reformatoren. Nachdem sie schliesslich vertrieben in
Münster dem Anabaptismus sich angeschlossen hatten, fielen sie
dessen Greueln und Auswüchsen zum Opfer.

---

[1] Norrenberg, Gesch. der Pfarreien p. 169.

[2] Jülicher Adelige haben trotz allen Druckes von oben auch die
Bildung reformierter Kirchen am Niederrhein begünstigt. Eine Anzahl
von Gemeinden leitet mit Recht ihre Stiftung von adeligen Familien ab.
    Genf hat bes. eine mächtige Anziehungskraft ausgeübt. Der tiefe
und gewaltige Lebensernst, welcher die Erscheinung Calvins für Europa zu
einer so mächtigen und imponierenden gemacht hatte, zeigte eine ausserordentliche und staunenswerte Anziehungskraft auch auf die Jugend. Genf
tritt im letzten Drittel des 16. Jahrh. in mancher Hinsicht an die Stelle
Wittenbergs, „wo man das Andenken Melanchthons, des grossen Lehrers
Deutschlands, mit Schmach bedeckte und freiere Geistesrichtungen mit Ab-
setzung, ja Kerker verfolgte". In hohem Grade überraschend ist die aus
dem Genfer Rektoralbuche zu entnehmende Thatsache, welch eine grosse
Anzahl Rheinländer, bes. Jülicher, damals nach Genf gezogen sind, und dort
auch bes. wieder viele von Pallant. cf. Theol. Arbeiten. Elberfeld 1872
p. 16, 18; Z. d. Aachener Geschv. VII, 134; s. o. p. 141.

Johannes Campanus.[1]

In den meisten Werken über die Reformationsgeschichte herrscht in betreff des bedeutendsten dieser Männer, des Joh. Campanus, eine gründliche Verwirrung. In den Schriften der Zeitgenossen tritt die merkwürdige Erscheinung recht markant hervor, wie wenig überhaupt über Personen im allgemeinen bekannt ist, die den herrschenden Parteien jener Tage nicht zu Willen waren. Meist finden sich höchstens kurze und dazu sich widersprechende Notizen. Wie man im eigensten Interesse bestrebt war, über sie ein möglichstes Dunkel zu verbreiten oder ihr Leben und ihre Prinzipien im schwärzesten Lichte darzustellen, so war man auf Erhaltung schriftlicher Denkmäler von ihnen erst recht nicht bedacht. Als nach Schliessung der grossen Religionsparteien ihnen der Boden zu blühendem Leben entzogen war, versuchte man vollends jede Erinnerung an sie zu tilgen.

Da in neueren Werken vielfach unberechtigte Identifizierungen mit Personen gleichen oder ähnlichen Namens und mancherlei grundlose Zusätze gemacht sind, so möchte ich wegen der Wichtigkeit der Persönlichkeit des Campanus für die folgende Darstellung sein Leben und seine Lehre noch einmal im Zusammenhange behandeln und klar zu stellen versuchen.

Mit Recht wundern sich schon Schelhorn (1729) und Bock (1784)[2] dass Campanus, der, weitbekannt und „berühmt", zu seiner Zeit viel Staub aufgewirbelt und mancherlei Schriften verfasst habe, sowohl bei älteren als neueren Schriftstellern so selten erwähnt werde. Schelhorn hat in seiner Dissertatio (Amoen. litter. XI. p. 1—92) mit seltenem Eifer das historische Material über ihn gesammelt, das ihm irgendwie zugänglich war. Er war dazu angeregt durch die Lektüre der Schrift Heinrichs von Allwoerden über Michael Servetus (1727), der die Notwendigkeit einer genauen Nachforschung über des Campanus Leben betont hatte. (l. c. p. 28, Anm. e.)

Über das Geburtsjahr des Campanus ist nichts bekannt. Wenn er etwa 1574 als „senis" bezeichnet wird, so lässt sich wohl

---

[1] Der neueste Artikel über ihn, zum Teil mit Benutzung des Folgenden, von A. Hegler in der 3. Aufl. der Realencyklopädie für protestantische Theologie und Kirche s. v. Campanus.

[2] Schelhorn, Amoenitates litterariae, XI, p. 1 ff. u. Historia Antitrinitariorum II, 244.

11

schliessen, dass er um die Wende des Jahrhunderts das Licht der
Welt erblickt hat. Sein Geburtsort ist Maeseyck in der Nähe
der alten Jülicher Grenzen, zum Bistum Lüttich gehörig.[1] Er
war zuerst Klostergeistlicher zu Roermond.[2] Seine Bildung hatte
er auf den Schulen zu Düsseldorf und Köln empfangen. Dass
er hier seinen Studien oblag, zeigt Georg Wicel in seinem „Apologeticon ad Joannem Saxoniae ducem": Si Campanus haereticus
est, haereticum dedit Wittenberga aut certo Colonia aut Dussel-
dorpium, non fecit Nymecia. Die Bildung, welche er sich an-
geeignet hatte, war eine gründliche. Wie nur wenige seiner Zeit
war er in den drei alten Sprachen bewandert. Frühzeitig trat er
in Köln gegen die Verteidiger des alten Systems auf und wurde
deshalb von der Universität ausgeschlossen und vertrieben. Ob
er lediglich als Anhänger Luthers oder schon wegen Ideen, derentwegen er später verfolgt wurde, verwiesen ist, wissen wir nicht.
Von seinen Zeitgenossen wird er wegen seiner persönlichen Tüchtig-
keit und geistigen Fähigkeiten ausserordentlich gelobt und den
ersten Männern seiner Zeit ebenbürtig zur Seite gestellt. Wicel
schreibt in einem seiner Apologetica: „Dic mihi, quis hominum id
temporis de Campano male sensit, quando esset in Saxonia? An
non in pretio eruditorum erat? An non in claritate apud Juliacenses?
An non praedicabatur Coloniensium sophistarum victor?" Henr.
Cornelius Agrippa (1486—1535) schreibt 1520 in einem Trost-

---

[1] Der Bischof Lindanus von Roermonde, der viele Jahre mit ihm zu
thun hatte, nennt als seinen Geburtsort: Maeseyck, eine Stadt an der Maas.
(Catalogus sacramentariorum p. 51: Maes-Eykensis.) Campan von Maeseyck
heisst er in der Vorrede zu der gleichzeitigen Schrift: „Von dem Kindertauff .... Gegenbericht" (1503). Wenn Wicel ihn durchgehends Juliacensis
bezeichnet, so deutet das wohl auf seinen späteren dauernden Aufenthalt in
Jülich hin. (Ex Juliacensi regione bei Seckendorf, Hist. Lutheran. Lib. III,
Sect. 7 § XXIV fol. 65: Burscheri Spicilegium XXX p. 4; Cochlaeus, Historia
de actis et scriptis Lutheri. Mog. 1549 fol. 252 b: Zu derselben Zeit, wo der
Spanier Servet seine Bücher schrieb, stand wider die Kirche auf der Deutsche
aus dem Jülichschen, Joh. Campanus.) Während Sandius in seiner Bibliotheca p. 17 unentschieden lässt: vel Clivensis vel Juliacensis, nimmt Schelhorn an: vel in oppido Maeseyck ad Mosam vel in regione Juliacensi natus.
Letzterem müssen wir zustimmen. Bei der Immatrikulation in Wittenberg
wird seinem Namen beigefügt: Leodiensis dioecesis.

[2] cf. Lindanus, pro vero ac vivo Christi corpore p. 56: pioque Monasterio
Ruraemundensi eductum.

briefe an Joh. Caesarius aus Jülich (er und Timann Camener (s. u.) sind die beiden Schüler, welche Alexander Hegius von Deventer besonders empfahl, um die neue Rektorstelle in Münster einzunehmen, welche Rudolf von Langen 1498 für seine neue Schuleinrichtung nötig hatte[1]: „Quid potuit tibi contingere illustrius, quam ab illis vituperari, a quibus nonnisi optimi et doctissimi quique semper odio habiti sunt? quorum calculo te adnumerari, profecto non mediocris gloria. Quis enim ignorat, hoc esse illos magistros, qui Joannem Campanum, insigni doctrina et virtute virum, scholis secluserunt? qui Petrum Ravennatem, celeberrimum juris doctorem, urbe exegerunt? qui Hermannum comitem Nuenarium, eruditissimum virum, nequissimis calumniis in tergo prosciderunt? qui Erasmum Roterodamum virum et vita et doctrina omnium exceptione maiorem ... suis sordibus asperserunt? ... Ex quanta nunc tibi accessit gloria, a talibus hostibus incurri et cum tantis splendidissimis heroibus connumerari." [2]

Campanus war also mit hochstehenden und einflussreichen Männern geistesverwandt und wohl auch persönlich bekannt. Dass unter ihnen auch der Graf von Neuenahr und Mörs erscheint, ist wahrscheinlich für die Wahl seines späteren Aufenthaltes und seines schützenden Asyls von ganz besonderer Bedeutung gewesen.

Dass wir es hier nicht etwa mit einem der sonst bekannten Namensvettern unseres Campanus zu thun haben, ist wohl ohne Zweifel. (Vergl. darüber den Excurs weiter unten!)

Es ist hier zu erwähnen der Passus aus der Vorrede des Nicolaus Franz von Streitten zu des Campanus Schrift vom Jahre 1532, wo es u. a. heisst: „Ich bin von etlichen gross und hochgelehrten, weisen und erfahrnen Männern underricht, wie der hoch-

---

[1] cf. Parmet, Rudolf von Langen .... 1869 p. 75.

[2] Henr. Cornelii Agrippae opera, Lugduni (o. J.) Vol. II. p. 778; Schelhorn, a. a. O. p. 17; Keller, Joh. von Staupitz. Lpz. 1888 p. 386 Anm. 3. (Die Grafen von Mörs a. o. p. 30, 144 [u. Anm. 2] — des weiteren darüber s. u. — waren Eigentümer der Herrschaft und Stadt Krefeld. In der Nähe lag das feste Schloss Krakau, das die holländ. Generalstaaten später besetzt hielten. Diese liessen dort durch den niederländ. Prediger Lambert Leopoldus reformierten Gottesdienst halten. Gleichzeitig fanden dort reiche Mennonitenfamilien Unterkunft. s. Bianco, die alte Universität Köln 1855 p. 387. Th. Muther, aus dem Universitäts- und Gelehrtenleben im Zeitalter der Reformation. Erlangen 1866 p. 122. Demmer, Geschichte der Reformation am Niederrhein p. 67; cf. oben das Kapitel über den Jülicher Adel p. 140 f.)

11*

gelehrte Johan Campanus, (welchen ich vor vielen jaren vieler künsten, weissheiten und tugenden reich erkannt, dass er dann auch von vielen grossen, wolgebohrnen, strengen, edlen Herren und Leuten gute Zeugnus beid seines Lebens, Leer und wandels hat,) hab ein buch geschrieben" u. s. w.

Ob Campanus erst 1520 oder einige Jahre früher aus Köln vertrieben ist, wird uns nicht berichtet; letzteres ist aber wohl wahrscheinlicher. Wohin er sich von Köln aus gewandt hat, ist wiederum unbekannt. Dagegen ist die Vermutung nicht unbegründet, dass er seine Heimat aufgesucht und dort eine Pfarrstelle erhalten habe. Als er sich hier erkühnte, öffentlich die neue Lehre zu verkünden, musste er natürlich bald seinen Stab fürder setzen.[1]

Mit der Nachricht, dass er um jene Zeit im Gebiete der oberen Maas das Evangelium gepredigt habe, scheint sich die Stelle bei Spalatin vereinigen zu lassen, dass er „in Belgio" 1524 die

---

[1] In der Revue trimestrielle, Bruxelles 1856 XI. vol. p. 89 wird berichtet: „Thiéry Fabrice, né en Gueldre et Jean Campan, Liégois, (après avoir été reçus docteurs en théologie à Wittenberg [?], en 1520, étaient venus prêcher l'évangile dans le pays d'Outre-Meuse"; vergl. auch Rahlenbeck, Le Protestantisme dans les pays de Limbourg et d'Outre-Meuse, Bruxelles 1856 p. 8). Lenoir, Histoire de la Réformation dans l'ancien pays de Liège, Brüssel 1861 p. 5: Im Mai 1523 liess der Bischof Erard von der Mark in Lüttich das Wormser Edikt trotz des energischen Widerstandes der Städte in Lüttich sowohl als in allen Städten seines Bistums verkünden. — Ebenso rüstete sich der Herzog von Gelderland, für den jede „Ketzerei" ein Greuel war, um das Übel der neuen Lehre, welches sogar sein eigener Unterthan Fabritius verkündet hatte, zu beseitigen; vergl. hier u. zu der obigen Notiz de Hoop-Scheffer, Gesch. der Reform. deutsch 1886 p. 125.

Wir dürfen hier nicht unerwähnt lassen die Stelle aus dem Briefe des Dionysius Vinne an Luther (etwa 1530; s. Beilage 2.): „Egu tot persecutiones a nomine tuo passus. Nam ante X annos Hantverpiae, tum post sub episcopo Leodiensi plus rabie Herodiana nos persequente verbum seminavi." Die Vermutung nun, dass Vinne gleichzeitig mit Campanus, (beide wurden später zusammen in Wittenberg immatrikuliert), wenn auch nicht vereint mit ihm, in jenen Gegenden gepredigt habe, wird zur Wahrscheinlichkeit, wenn wir die Lehre Vinnes über das Abendmahl, die er in diesem Briefe Luther mitteilt, ins Auge fassen, die wohl schon damals dem Campanus entlehnt ist. Sie sind es auch, die schon zu jener Zeit spiritualistische Ideen verbreitet haben, welche, obwohl ihre Vertreter als Lutheraner gegen die alte Kirche kämpften, ebenso sehr von der Tradition der letzteren als von Luthers Ansichten abwichen. vergl. „die Freigeister" in Antwerpen p. 165 ff.

Lehre von der Dreieinigkeit angegriffen habe.[1]) Unbckannt ist er jedenfalls nicht geblieben mit jenen separatistischen Bestrebungen, welche sich dort besonders zu Antwerpen um 1525 Bahn brachen. Der sonst vorzüglich unterrichtete Ottius berichtet in seinen „Annales anabaptistici" p. 35 zum J. 1525, dass einzelne flüchtige Täufer aus Oberdeutschland nach Holland gekommen seien.[2]) In demselben Jahre hatte auch Luther von Unruhen in Antwerpen hören müssen.

Die „Freigeister" in Antwerpen.[3]) 1525.

J. v. Döllinger hat im 2. Teile seiner „Beiträge zur Sekten-geschichte des Mittelalters"[4]) ein Stück abgedruckt mit dem Titel: „Summa doctrinae quorundam hominum, qui nunc Antwerpiae et passim in aliquibus Brabantiae et Flandriae locis permulti reperiuntur, ac nunc Loistae, ab auctore Eligio, homine illiterato et mechanico, nunc Libertini, a carnis libertate, quam illorum doctrina permittere videtur, appellantur.[5])

Dass dieses Schriftstück im ersten Viertel des 16. Jahr-hunderts, nach 1520 entstanden ist und nicht dem M. A. angehört, sucht Paul Fredericq[6]) darzuthun. Wie die Beweisführung Frede-richs ergiebt, sind in der „Summa" die Hauptsätze einer Richtung enthalten, welche eben um diese Zeit in den Niederlanden, spez. in Antwerpen verbreitet war (permulti). Dass sich diese Sekte gerade um diese Zeit hervorwagt, kann uns nach dem oben § 6 Beige-brachten nicht mehr merkwürdig erscheinen. Wir haben auch hier die Glieder einer alten mittelalterlichen Gemeinde vor uns, die ins täuferische Lager allmählich überging.

Der Inhalt der „Summa", eines lateinisch verfassten „Be-kenntnisses", ist folgender: Grundlage des Glaubens und der Lehre, die Stütze des Systems bildet die heilige Schrift; diese enthält aber für die Bekenner eine Reihe sich widersprechender Stellen;

---

[1]) Spalatinus, annales Reformationis, ed. Ern. Sal. Cyprianus 1718 in 8° p. 93.

[2]) Schagen, de Kerk der nederlandsche Doopsgezinden p. 22; Blaupot ten Cate a. a. O. p. 8 bestätigt es auf Grund des „Martelaarspiegels".

[3]) Vergl. für das folgende u. a.: Paul Fredericks, de Secte der Loisten, Eligius Pruystinck en zyne aanhangers. Gent 1891.

[4]) 2. Teil, enthaltend: „Dokumente vornehmlich zur Geschichte der Valdesier und Katharer".

[5]) a. a. O. p. 664—68.

[6]) Vorwort zur Schrift Frederichs.

zwei Eigenschaften Gottes: Gerechtigkeit und Barmherzigkeit lassen sich zu wenig in rechter Harmonie vereinigen.

Gott hat, so sagen sie, einerseits jedem ewige Verdammnis angedroht; andererseits aber hat Christus allen Menschen die Seligkeit gelobt durch seinen λόγος; wer glaubt, soll selig werden. Nun ist der Glaube eine Gottesgabe, und wer darf behaupten, dass er wahrhaft den Glauben besitzt? Da alle Menschen vom Glauben abgefallen sind, so kann keiner durch den Glauben selig werden, sondern nur durch die göttliche Barmherzigkeit.

Man häuft viele Schriftstellen an, worin die Übertreter des Gesetzes mit Verdammnis und Gericht bedroht werden; da aber alle Menschen das Gesetz übertreten, so müssen sie alle verdammt werden. Andererseits will Gott nach vielen Schriftstellen Mitleid haben mit allen und allen ihre Sünde vergeben. Straft er alle, wo bleibt da seine Barmherzigkeit? vergiebt er allen, wo bleibt da seine Gerechtigkeit? (Galat. 3, 10; Röm. 2, 12; Jerem. 31, 31—34.)

Über diese für sie bestehenden Widersprüche bitten sie um Aufklärung, da sie, weil sie keine doctores seien, solche sich selbst nicht geben könnten.

Da Gottes Wort ewig bestehen soll, selbst wenn Himmel und Erde vergehen (Matth. 24, 35; Marc. 13, 31; Luc. 21, 33), so wird Gottes Gericht und Gerechtigkeit in seinen Drohungen, wie seine Allbarmherzigkeit in seinen Versprechungen allen Menschen zu gute kommen; wie aber geschieht das?

Dafür suchen sie nun eine Erklärung zu finden im Briefe Pauli ad Roman. VII, wo Paulus von zwei Seiten im Menschen spricht: von einer fleischlichen (tierischen) und einer geistigen, von einem äusseren und inneren Menschen; der erstere ist aus Fleisch und Blut geboren und versteht nicht, was Gott ist; der letztere ist aus Gott geboren und steht mit jenem in beständigem Kampfe. — Der homo exterior ist ungehorsam gegen Gott und folgt den Lüsten, weshalb ihn Gott straft; der homo interior kann nicht sündigen, da er aus Gott ist. Wie also das Fleisch sündigen muss, so kann der Geist nicht sündigen. Daher müssen wir ausrufen (Röm. 7, 24): „Ich elender Mensch, wer wird mich erlösen vom Leibe dieses Todes!"

Auf den Menschen allgemein, also auf den äusseren und inneren, beziehen sich alle Stellen; soll also der ganze Mensch verdammt werden, wie kann da der Gerechtigkeit Gottes genug geschehen? Nein, die Gerechtigkeit Gottes kommt zur Geltung nur in dem äusseren Menschen, der endlich mit dem Tode bestraft und verdammt wird; die Barmherzigkeit Gottes aber wird erfüllt im inneren, geistigen Menschen, da er nur aus der „Zwangshülle" (ergastulum) dieses Leibes befreit wird und zum Herrn zurückkehrt, der ihn gegeben hat. — So weit die „Summa".

Wir besitzen nun folgenden Brief Luthers:

Eyn brieff D. Mar-
tini Luther An
die Christen
zu Antorff.

Wittenberg. 1525. Jar.

Meynen lieben herrn und freunden, allen Christen zu Antorff Martinus Luther.[1]

Der Inhalt des Briefes bezw. die Hauptsätze des darin verurteilten „Ketzers" sind folgende: Der Teufel poltert wieder und will die Leute mit falschen Lehren betrügen. „Dieser will keyne tauffe haben, jener leucket das sacrament, ein ander setzt noch eine Welt zwischen dieser und dem jüngsten tage, Etliche leren, Christus sei nicht Gott, Etliche sagen dis, etliche das, und sind schier so viel secten und glauben als Köpfe; kein rültze ist itzt so grob, wenn ihm was treumet oder dunckct, so mus der heilig geist ihm eingeben haben, und will ein prophet sein.

Ich mus hie zum exempel einen erzelen, denn ich mit solchen geistern viel zu schaffen habe. Es ist niemand, er will gelerter sein, denn der Luther. An mir wöllen sie alle ritter werden . . . Unter andern worten sprach er zu mir, er were zu mir gesand von Gott, der himel und erden geschaffen hat, und gabs prechtig und doch beurisch genug für . . .

Also, lieben freunde, ist auch unter euch komen ein leibhaftiger rumpelgeist, wilcher euch will irre machen und vom rechten verstand furen auff seine dunckel, da sehet euch fur und seit gewarnt. Auf das aber ihr deste bas seine tucke meidet, will ich hie der selben etliche erzelen.

---

[1] cf. Frederichs a. a. O. p. 5 (Beilage 3). Ein Exemplar dieses seltenen Druckes befindet sich auf der Stadtbibliothek zu Antwerpen. Von einer andern Ausgabe giebt es Drucke in Berlin und Frankfurt a. M. Gedruckt ist der Brief: de Wette, Luthers Briefe III, 60; Génard, Antwerpsch Archievenblad VII, 311—14.

Ein artickel ist, dass er helt ‚Ein iglich mensch hat
den heiligen geist; 2. der heilige geist ist nichts anders,
den unser vernunft und verstand; 3. ein iglich mensch
glaubt; 4. es ist keine helle oder verdamnis, sondern
alleine das vleisch wird verdampt; 5. ein igliche seele
wird das ewige leben haben; 6. die natur leret, das
ich meinen nechsten thun solle, was ich mir will gethan
haben; solches wöllen ist der glaube; 7. das Gesetz wird
nicht verbrochen mit böser lust, so lange ich nicht bewillige der
lust; 8. wer den heiligen geist nicht hat, der hat auch
keine sünde, denn er hat keine vernunft.“[1]

Obige Sätze aus Luthers Briefen mögen genügen. Vergleichen wir sie mit dem Inhalte der „Summa“, so ergiebt sich,
dass die letzteren Sätze nur Auszüge und Folgerungen sind aus dem
„System“, das die „Summa“ bietet. Diese Folgerungen hat hier
in der Unterredung mit Luther jener Fremde aus Antwerpen[2], den
Frederichs als den „Loy de schaliedecker oder Eligius Pruystinck“
aus Antwerpen nachgewiesen hat, gezogen. Dieselben und ähnliche
Schlüsse haben aber gleichzeitig und nach ihm nicht nur David
Joris, sondern auch die andern sogen. Täufer gezogen, wenn auch
vielfach darüber hinausgehend oder sich beschränkend.

In der „Summa“ hatte man mit Paulus zwei Seiten im

---

[1] Der Rumpelgeist, sagt Luther, sei bei ihm gewesen. — Er giebt
den Christen zu Antwerpen den Rat, in so schwierigen Fragen nicht unnütz
zu zweifeln und verwegen zu fragen. „Darumb sehet zu, das ihr darauf
bleibt, das not ist, und gott gebotten hat zu wissen, wie der weise mann
spricht, Was Dir zu hoch ist, da frage nicht nach, sondern bleib immer in
dem, das Dir Gott gebotten hat.“

[2] In der Chronik von Antwerpen von Bertrijn, p. 87 (Frederichs p. 20)
heisst es: Anno 1544: „Item in dit jaer, den 9. oktober, doen werden tot
Antwerpen veel volcx gevangen, ende veel ontliep en in Engelant ende elders,
ende dat om een quade secte, die zij voor hadden, soo datter tot Antwerpen
twee werden onthooft etc. . . . . . In de selve maent, den 25. october, op
eenen saterdach, doen wirt buyten Antwerpen al levendigh verbrant die
meester van dese dolinge, genoemt Loey de Schalidecker, die
diewils gestraft geweest hadde, ende Luyter schreeff selve aen de stadt
van Antwerpen, dat hem een iegelijck van desen soude wachten, want Loey
(schreef Luyter) is eene slange onder de pallingen, alsoo dat hij die 2 voro
ende drij hiernaer tot Dolingen hadde gebroght ende alle die weghgeloopen
waren“ . . . Ähnlich berichtet, wenn auch mit chronologischen Ungenauig-
keiten: Van Meteren, Historie der Nederlanden 1608, fol. 10.

Menschen angenommen. Die Anhänger der Lehre in der Summa und desjenigen, über den Luther schreibt, sagen: Wir leben im Zeitalter des heiligen Geistes. Nach der Oberherrschaft des Vaters und Sohnes kommt die der 3. Person: des heiligen Geistes. Der heilige Geist ist unser Verstand: jeder besitzt ihn, also glaubt jeder und sündigt niemand. Gott kann nicht sündigen, und die Sünde kann dem Menschen nicht angerechnet werden, da sein Verstand ihm nicht gehört. Da sich Gott nicht selbst verurteilen kann, so kann also niemand sündigen. Jeder muss gerecht werden, selbst Lucifer (da Christus für alle genug gethan hat). Fegefeuer und Hölle giebt es also nicht.

Das also ergiebt sich für den inneren Menschen. Da die beiden Seiten keinen Einfluss auf einander haben, so kann den inneren Menschen nichts beflecken, was auch immer der äussere Mensch vornimmt.

Der äussere Mensch, das Tierische an ihm, wird verdammt; die Art seines Todes, seines Heimganges, das ist die wahre Hölle. Dieser Teil des Menschen kann nicht auferstehen. Als heiliger Geist soll er dagegen den Himmel besitzen; diese Auferstehung wird aber sein die Rückkehr aller Seelen zu Gott, woraus sie hervorgegangen sind. Persönlich können wir den Himmel nicht verdienen, da ja unsere Werke nicht die unseren, sondern die Gottes sind. Christus übrigens ist für alle auferstanden.[1]

Mit obigem zu vergleichen ist folgender Brief des Michael Cornovianus an Johann Hess[2] 1534: „His in partibus (d. h. Antwerpen, Köln, Mainz) diabolus non modo velis remisque, ut dicitur, contra Evangelium contendit, sed toto impetu furit et fremit· Hactenus de adversariis, nunc ad eos descendam, qui religionis Christianae praetextu se Evangelicos[3] nominant, quorum maxima

---

[1] Da sie die Auferstehung leugneten, wurden sie, wie die Wiedertäufer in den Akten nach der bekannten jüdischen Sekte Saducoer genannt. (cf. Frederichs a. a. O., Beilage 18 und 19.)

[2] Abgedruckt bei C. J. Cosack, Paulus Speratus' Leben und Lieder. Braunschweig 1861, p. 404—410; Frederichs a. a. O. p. 59—61.

Über Dr. Johann Hess vergl. Seckendorf, Historie des Lutherthums p. 598; Strobel, N. Beiträge zur Litteratur des 16. Jahrh. Bd. I, St. 1, p. 130; Voigt, Briefwechsel des Herzogs Albrecht von Preussen. Königsb. 1841 p. 554.

[3] In den ältesten Zeiten schon gab es solche „Evangelische", oder, wie sie sich selbst zu nennen pflegten, „evangelische oder christliche Brüder-

pars Suermerorum dogmata sequuntur, inter quos Anabaptistae principatum tenent. Sie hassen und verabscheuen
Luther und nennen seine Lehre vor allem Volke nicht eine göttliche, sondern eine teuflische, — istorum caput est Melchior
Pellio (Hofmann), qui longo tempore per has regiones in-
certis vagatus est sedibus, multas civitates suo veneno infecit,
multorum Christianorum conscientias intricavit et post se traxit . . .
Nicht wenige, wie ich in Köln hörte, missbilligen laut, dass Luther
gegen die guten Werke ist, und ferner sind zahlreiche in diesen
Gegenden, welche die Auferstehung der Toten nicht nur
leugnen, sondern laut verlachen, ja sie behaupten, dass zwischen
dem Tode der Tiere und Menschen kein Unterschied sei. Fleisch
und Blut wird nicht den Himmel besitzen, sagen sie, wohl die
neue Kreatur, wohl der neue Mensch, welcher ist Christus, dieser
wird auferstehen; vergl. Joh. 3: Niemand steigt in den Himmel
hinauf, der nicht herabsteige. — Werden sie gefragt, wo wir denn
bleiben werden, so antworten sie: Wir sind und können nichts;
gleich wie das Vieh werden wir vergehen; aber unser Geist, welcher
nichts anders ist als Gott, d. h. Christus, der heilige Geist und Gott
Vater, der wird auferstehen, und jener ist es, welcher alle Werke
wirkt, die wir zu thun glauben; wir also werden nicht auferstehen,
sondern Gott allein oder jener heilige Geist, welchen alle Menschen
vom ersten Leben an empfangen haben; „er hauchte ihnen seinen
Odem ein"; dieses inspiraculum, sagen sie, sei der heilige Geist
und Gott selbst, durch welchen alle Menschen selig werden. —
Sie machen keinen Unterschied zwischen Frommen und Gottlosen.
„Nicht ihr seid es, welche sprechen, sondern der heilige Geist, den
alle bei ihrer Geburt empfangen haben." Sie leugnen, dass die
gottlosen Menschen verdammt werden können, denn Gott würde
ein sehr ungerechter Richter sein, wenn er jemanden verurteilen
wollte wegen der Werke, die er selbst gethan hat, oder ‚wie könnte
Gott verurteilen' . . . . „Summa: sie teilen die ganze Schrift und

---

schaften". (Von einer Gemeinde ist hier in Antwerpen bei dieser Gelegenheit nirgends die Rede.) Zur Geschichte der Bezeichnung „evangelisch"
s. die Ausführungen bei Keller, Staupitz, Register; Monatsh. der Com.-Ges.
1896 p. 271.

¹) cf. Erasmus Alberus, Wider die verfluchte Lere der Karlstader . . .
1565: „Die obersten der Wiedertäufer waren: Melcher Ring, Melcher Beltzer,
Michel Satler u. a."

beziehen sie auf Gott Vater, welcher spricht und Befehle
erteilt, und auf Christum, welchen sie den heiligen Geist nennen,
dem Vater gehorsam und die Befehle des Vaters aus-
führend"[1] . . . . . „Hi homines sunt longe perversiores et
pertinaciores Anabaptistis, quia nihil ad interrogata respondent,
sed semper ad circulum, ut est in Proverbio, redeunt." (Freiburg i. B. 1534.)

Carnovianus, der im Jahre vorher, also 1533, in Antwerpen
mit Leuten obiger Richtung bekannt geworden ist, erwähnt von
einem Sektenmann der „Loïsten" nichts, sondern spricht ganz
allgemein nur von Schwärmern und Melchioriten. Mögen einige
Anhänger der Sekte, deren Lehren nach Carnovianus weit verbreitet waren, immerhin den Loy alias Pruystinck als ihren Führer
anerkannt haben, sie waren und blieben Freigesinnte, „Wiedertäufer", wenn uns auch von der Vollziehung der Wiedertaufe in
diesem Kreise nichts berichtet wird. Eine grosse Partei, von der
sich einige hervorwagen, erhält auch hier wieder, wie sich so oft
beobachten lässt, nach dem Namen des Führers dieser wenigen
von ihren Gegnern eine neue Sektenbezeichnung.

In den 3 verschiedenen Berichten und Zusammenfassungen
haben wir, wie wir sehen, genau dieselben Lehren, welche nichts
anders sind als der Ausfluss eines gewissen Pantheismus: Wir
sind nichts; Gott allein lebt ganz in uns, oder besser, wir leben
in ihm, in Gott. Gott thut alles, was wir wollen, und Gott will,
was wir thun. Wir müssen ihm nicht gehorsamen, da er uns nichts
befehlen kann; anders müsste er sich selbst Befehle geben. Der
Glaube besteht also nicht. Wir können daher nichts anderes thun,
als Christi Lehre folgen: „Thue an andern, was du wünschest, das
dir gethan werde." Das, sagen sie, sei das Naturgesetz. —

Frederichs hat mit Recht darauf hingewiesen, dass bei solchen
Lehren für ein Sakrament kein Raum ist, dass Beichte, Messe u. s. w.
überflüssig sind.

Da Gott überall ist, so ist das Abendmahl in alter Auffassung ohne Bedeutung. Auf den Leib, der tierisch ist, passt
ein Sakrament nicht; was die Seele angeht, so ist sie ja gerettet
und wird selig auferstehen.

Die Taufe wird natürlich unter solchen Voraussetzungen

---

[1] Vergl. die Lehre des Campanus, weiter u.

ebenfalls überflüssig. Soll sie Kraft besitzen, wenn sie noch vollzogen wird, so muss sie inwendig sein, d. h. die Taufe mit dem
„heiligen Geiste".

Wer hat nun die „Summa" aufgestellt, und wessen Lehren
fasst sie zusammen?

Sie gehört Leuten an, die zur Zeit der Fixierung der darin
enthaltenen Sätze zahlreich (permulti) in Antwerpen, Brabant und
Flandern wohnen, und „nunc Loïstae, nunc libertini" oder auch
„Evangelische" genannt werden. Ein bestimmter Name existiert
also selbst damals nicht für alle. [1] — Wenn Döllinger glaubte, dass
die „Summa" ins M. A. gehörte, so hat er sicherlich insofern recht,
als sie die Lehren einer mittelalterlichen „Sekte" zusammenfasst.
Denn die Antwerpener Bekenner der „Summa" stehen in Verbindung
mit mittelalterlichen Freigeistern, Brüdern vom freien Geiste, die
bis ins 16. Jahrhundert in verschiedenen Ländern ihre pantheisti-
schen Lehren verbreitet haben. [2]

Im Briefe Luthers (1525) werden die Lehren eines Antwerpener Ketzers mitgeteilt, welche mit denen der „Summa" übereinstimmen. Dieser ist kein anderer als Eligius Pruystinck oder
Loy de Schaliedecker, der persönlich mit Luther in Wittenberg
gesprochen hat. [3]

Wer war nun jener Pruystinck? ein homo illiteratus et
mechanicus (Handwerker, Schieferdecker). Offenbar war er einer
jener „Neugesinnten", welche zahlreich genug gerade um 1525 in
Deutschland auftraten. Dass jene Ideen nicht lediglich seinem eigenen

---

[1] Über „Evangelische" als Parteiname s. Keller, Reformation p. 400;
Keller, Waldenser p. 9.

[2] Frederichs p. XI. Die Entstehung dieser „neuen" Partei, die in
ihrer Entwicklung als die der Wiedertäufer sich darstellt, hing ohne Zweifel
auch hier wie anderweits mit den Anfängen der evangelischen Parteibildung
aufs engste zusammen. Ob sie ihre Ideen, die von denen Luthers sowohl
als der katholischen Kirche abwichen, zunächst von Oberdeutschland übernommen haben, oder ob sie an Überlieferungen anknüpften, die am Orte
selbst vorhanden waren, kommt hier weniger in Betracht, wenn auch das
letztere wahrscheinlich ist.

[3] Dass er in Wittenberg war, zeigt Luthers Brief an Spalatin
(d. d. Wittenberg, 1525 März 27.): Remitto tibi soles, monstra Dei, ...
novum genus prophetarum ex Antwerpia hic habes asserentium, Spiritum
sanctum nihil aliud esse quam ingenium et rationem naturalem . . . . .
(de Wette II, 641).

Kopfe entsprungen waren, ist selbstverständlich. Er gehört eben zu jenen Leuten, die ausserhalb der Kirche stehend, eigene Ansichten haben, wie wir sie z. B. gleichzeitig in Zürich vertreten finden und im Jan. 1525 in Nürnberg.[1] (cf. Kolde, zum Prozess des Joh. Denck und der 3 gottl. Maler von Nürnberg.) Es sind einzelne spiritualistische „Schwärmereien", aus denen sich allmählich bestimmte Ansichten über Handhabung und Verwerfung von Abendmahl, Taufe, Lehre der Trinität u. s. w. gebildet haben, von denen wir in der „Summa" und den anderen Artikeln noch wenig hören.

Aus den Vertretern dieser weit verbreiteten Ideen eine neue lokale Sekte der Loïsten zu konstruieren, ist m. E. wenigstens unnötig. Sie gehörten zu jener grossen Reformpartei, zu der auch die gleichzeitigen und späteren Taufgesinnten zählten, die sich allmählich consolidierten und die, wie wir wissen, je nach ihrem Führer, nach dem Orte ihres Aufenthalts etc. verschiedene Namen führten. Wenn Frederichs sagt (p. XXXII): „Es ist sehr wahrscheinlich, dass der Anabaptismus unter dem Einflusse der Libertinschen Sekten von Deutschland und den Niederlanden zur Zeit der Reformation entstanden ist," so ist das sicherlich zuzugeben, nur mit der Modifikation, dass seine sog. Loïsten eben ein Teil der grossen Partei sind, die bereits vor den eigentlichen Loïsten bestand.[2]

---

[1] Dem Führer der spiritualistischen Oppositionspartei, Joh. Denck, wurde Dez. 1524 der Prozess gemacht. (Vergl. Th. Kolde, Zum Prozess des Johann Denk und „der drei gottlosen Maler von Nürnberg" in kirchengeschichtl. Studien H. Reuter gewidmet. Lpz. 1888. Th. Kolde, Andreas Althamer, der Humanist und Reformator (in „Beiträge zur bayerischen Kirchengeschichte." I. Bd. Erlangen 1895. p. 17, 23, 81/82). Interessant ist hier jedenfalls, dass sich schon um 1520 Nürnberger in Antwerpen aufhielten, so Albrecht Dürer, dessen Schüler und Zunftgenossen 1524 in Nürnberg verhaftet wurden. Dürer erwähnt in seinem Tagebuche in einer zu Antwerpen im Sept. 1520 aufgezeichneten Notiz (cf. Leitschuh, Dürers Tagebuch, Lpz. 1884 p. 61) einen Hans Dener (in anderer Ausgabe Hans Dene). „Es ist möglich, dass in der Handschrift Hans Dene gestanden hat. Wo Denck sich im Herbst 1520 aufgehalten hat, ist unsicher; dass er in Antwerpen Beziehungen besass, ist sicher." Keller, Monatsh. der Comen.-Gesellsch. 1896 p. 287).

[2] In unseren Tagen werden immer zahlreichere Zeugnisse ans Tageslicht befördert, welche darthun, dass allenthalben in Mitteleuropa Reste der grossen mittelalterlichen Oppositionsparteien vorhanden gewesen sind, die man mit Recht als altchristliche oder genauer als altevangelische bezeichnen

Dass wir sicherlich nur Taufgesinnte (natürlich war 1525 von der Wiedertaufe nicht die Rede) vor uns haben, haben schon Zeitgenossen hervorgehoben, welche Loy's Anhänger in Antwerpen bereits bestimmten „Sekten" innerhalb der Täuferpartei zugewiesen haben.

„Eine unbekannte Hand schrieb auf den Rand des Exemplars von Luthers Brief in Antwerpen, dass der von Luther in seinem Briefe Erwähnte wohl David Joris sei", das bekannte Haupt der nach ihm benannten David Joristen, wozu man mit Recht durch die Übereinstimmung seiner Lehren mit den oben mitgeteilten geführt war. Dazu ist David Joris selbst 1524 in Antwerpen gewesen [1] und hat mit den sog. Loïsten dauernd in Verkehr

kann. Überall sehen wir sie um 1520 mit den Behörden und Gegnern in Konflikt kommen, wo sie sich hervorwagten.

Auch in Antwerpen bestand ein solcher Zweig alter Gemeinden. 1522 nun kamen wegen ihrer Äusserungen und Schriften vor die Inquisition Cornelius Grapheus und der Augustinereremit Berthold oder Bartholomeus, der, wie Clemen zugeben muss, „der Sekte vom freien Geiste" angehört zu haben scheint. (s. O. Clemen, Joh. Pupper von Goch; [Leipziger Studien aus dem Gebiete der Geschichte II¹.]) Lpz. 1896, p. 273.

Grapheus war ein Freund Dürers (1520/21) und interessiert uns hier als einer der ersten Beförderer und Märtyrer der reformatorischen Bewegung in den Niederlanden. Eine besondere Stellung aber weist ihm ohne Zweifel seine Beziehung zu Johannes von Goch an, von dem er eine Schrift ediert und zweien ein Vorwort schrieb. (Joh. von Goch gehört bekanntlich zu Tauler und Joh. Wessel, welche Luther als Vertreter der „reineren Theologie" pries.) Wären wir über die näheren Beziehungen Gochs zu den ausserkirchlichen Christen früherer Jahrhunderte unterrichtet, so würde sicherlich durch seinen Gesinnungsgenossen Grapheus auch einiges Licht auf die Antwerpener „Sekte" von 1525 fallen.

Clemen a. a. O. p. 270 sagt: „Treten uns in diesen beiden Vorworten (des Grapheus zu Schriften Gochs) nur die auf der Wende des M. A. und der neueren Zeit so häufig erschallenden Klagen über die Verweltlichung und Verwilderung des Klerus, über die Verfinsterung der schlichten evangelischen Wahrheit, über die das ganze religiös-sittliche Leben zersetzende Fäulnis, unterbrochen von sehnsuchtsvollen Ausblicken auf eine herandämmernde bessere Zeit entgegen, so verrät uns eine Notiz Dürers in seinem Reisetagebuch (Thausing p. 129), dass Grapheus Luthers Auftreten freudig begrüsste und seine Bücher nicht nur selbst las, sondern auch weiter zu kolportieren suchte." s. o. Clarenbach.

Durch die offene Erklärung für Luther wurden er wie die späteren sogen. Loïsten aber in ihrer bisherigen Verborgenheit erkannt und nun die Opfer der Inquisition.

[1] Nippold, Z. f. histor. Theol. Bd. 33, p. 133.

gestanden. Dass sich Joris erst 1528 offiziell von der Kirche getrennt hat und erst 1536 als Parteihaupt aufgetreten ist, will nicht besagen, dass er schon 1524 jene Ansichten vertreten hat, gegen die sich Luther wendet.

In dem Schreiben des Carnovianus wird der Sektenname „Loïsten" gar nicht erwähnt. Es heisst nur: „Die Ketzer nennen sich Evangelici; die meisten von ihnen folgen den Lehren der Schwärmer, und unter diesen sind die Anabaptisten die wichtigsten. (1534.) Carnovianus giebt als ihren Führer Melchior Hofmann an, dessen Schüler jener Loy oder Pruystinck gewesen sein mag.

So waren in der Zeit von 1525 bis 1533 aus den Neu-gesinnten Anabaptisten geworden, unter Führung bestimmter Lehrer, wie hier Melch. Hofmann. Die „Summa" hatte nur Fragen er-örtert, die vielfach von jeher in den alten Gemeinden und in Täuferkreisen ventiliert sind.[1]

Die sog. Loïsten sind, wie alle Neugesinnten der Zeit, von den Gerichten und der Inquisition „geexecuteert ter causen van Lutherijen", als „personen suspect ende besmet van der secte lutheranen ende andere heresie", wie es in den Protokollen heisst. Der Name bedeutet aber nichts, da selbst Waldenser und Calvinisten im 16. Jahrh. als „Lutheranen" bezeichnet werden.[2] Ist auch in den Akten der Inquisition u. s. w. die Bezeichnung „Wiedertäufer" für die Gerichteten höchst selten, so findet sich doch auch in den von Frederichs mitgeteilten Anlagen für „Loïsten" der Name „Anabaptisten"; in einem Briefe der Statthalterin Maria von Ungarn an den General-Prokurator von Brabant (16. Juli 1544), worin sie bekannt macht, dass der Magistrat von Deventer an den von Antwerpen über gewisse verdächtige Personen Mitteilungen gesandt habe, heisst es: „chargiez pluiseurs personnes dudict Anvers destre de la secte des Anabaptistes et dautres enormes heresyes."[3]

Unter dem Einflusse der Bekenner von Lehren der „Summa" und des Lutherbriefes hat ohne Zweifel auch Campanus gestanden, dessen spätere Ideen, besonders die Trinität betreffend, im Briefe des Carnovianus uns begegnen. Die Veranlassung zu seinen Lehren

---

[1] Dass noch andere sich die Lehren der „Summa" zu Nutze gemacht haben, darüber vergl. unten Campanus.

[2] cf. de Hoop-Scheffer, Geschiedenis I, 107; oben p. 72 u. passim.

[3] cf. Frederichs a. a. O. Beilage 24.

von der heiligen Dreifaltigkeit, sein Leugnen des heiligen Geistes als dritter Person und seine besonderen Ansichten über die Stellung des Sohnes zum Vater sind wohl ihnen entsprungen, da sein wechselnder Aufenthalt in den Jahren 1520—33 ihn sicherlich mit ihnen bekannt gemacht hat. Als wissenschaftlich gebildeter und gelehrter Mann hat er in eigener Weise ihre Lehren fortgebildet.

Übrigens war doch jene Lehre auch sehr einfach; es giebt nur einen alles umfassenden Gott, von dem die Menschen gewissermassen nur „modi" sind. Die Trinität wurde daher auch auf besondere Weise ausgelegt: ebenso wenig wie von einer Person des Menschen, kann von einer besonderen Person Christi und des heiligen Geistes die Rede sein. Christus ist Gott, als Erlöser der Menschen angesehen, die in ihm auferstanden sind; der heilige Geist ist Gott als Besitzer des Verstandes. —

Jeder hat den heiligen Geist, daher kann jeder sein eigener Priester sein. — Ausser ihrem festen Glauben an Gott, aus dem alle sind, besteht für sie nur der Skepticismus; daher ihr beständiger Zweifel, ihre Berufung auf ihr Nichtwissen, welches wir bei den meisten Libertinen finden. Auf allegorische Weise legen sie alles aus, was die Bibel fasst.

Ihr Pantheismus zieht nach sich die Leugnung der menschlichen Freiheit und der persönlichen Verantwortlichkeit. Die Befriedigung der fleischlichen Lüste ist schliesslich nur eine natürliche Folge dieser fatalistischen Theorie. [1] — Eine andere Folgerung endlich ist die: die weltliche Obrigkeit wird verworfen, vor allem in geistlichen Dingen. —

Wenn in Schriften des 16. Jahrhunderts von hämischen Gegnern Luthers fälschlich davon gesprochen wird, dass sein natürlicher Schüler Campanus schon 1525 in Wittenberg gewesen sei und dort an der Universität sogar einen Lehrstuhl inne gehabt habe, so ist man zu dieser Annahme vielleicht dadurch geführt, dass man, Personen und Dogmen, die sich so nahe standen, verwechselnd, einerseits an Luthers Brief aus diesem Jahre dachte,

---

[1] Vergl. z. B. das Treiben der Nicolaiten. cf. van Meteren, Historie der Nederlanden 1608, f. 10: „mit Recht seien sie (d. h. Loy und Genossen) verurteilt; aus ihnen seien alle jene Atheisten, Libertinen, Nicolaiten, das Haus der Liebe, Geisttreiber entstanden, die Staat und Gesellschaft in gleicher Weise verderben wollen."

der doch so mancherlei Anklänge an Lehren des Campanus fest-
legte und andererseits vor allem im Auge hatte, dass ein Unge-
nannter aus den Niederlanden, von dem in diesem Briefe die Rede
ist und wie Campanus des häufigeren als „Rumpelgeist" bezeichnet
wird, schon 1525 mit ihm in Wittenberg über jene ketzerischen
Ansichten verhandelt hat, die Campanus zu den seinigen machte.[1]

Durch seine Beziehungen in Antwerpen und den Niederlanden hat Campanus vielleicht auch die erste Anregung zu eigenen
Gedanken über das Abendmahl bekommen, welche er 1629 in
Marburg vorbrachte. (Seine Ansichten über die heilige Dreieinigkeit scheint er zunächst noch verborgen zu haben.) Seit 1530
trat er mit grossem Selbstbewusstsein und herausfordernd öffentlich
mit letzteren auf. Lindanus[2] erzählt uns, dass Campanus ihm in
einem Briefe geschrieben habe, dass er „Electoribus Saxoniae Christo
per visionem submonente praesentasse, ut suam istam doctrinam
contra Lutherum et Zwinglium propugnaret anno tricesimo", d. h.
dass ihm 1530 die Erweckung durch Christum geschehen sei, der
restaurator ecclesiae zu werden, als welchen er sich später gern
rühmt.

Dass seine Ansichten schon in Wittenberg bekannt gewesen,
als er (1528) dorthin kam, und dass man dort bereits wusste, er
sei öffentlich bereits anderwärts aufgetreten, ist wohl nicht anzunehmen. Dass es späterhin bekannt wurde, zeigt das Vorgehen
gegen Wicel, der als Antitrinitarius verdächtig wurde, „weil er den
Campanus beherbergt hatte".

Als im Lütticher Gebiete für Campanus der Boden zu heiss
geworden war, floh er zurück ins Jülichsche. Hier finden wir ihn
(gleichzeitig mit Fabritius) gegen 1527. Seinen Bemühungen ist
es wohl zu danken, dass hier in Jülich antitrinitarische Lehren
bekannt wurden, besonders in der Umgebung des Drosten von
Wassenberg, dem dieser Vorwurf speziell später gemacht wurde
(s. p. 148).

---

[1] Den Zusammenhang und die Verwandtschaft des Campanus mit
den antitrinitarischen Ansichten der Täufer betont u. a. Wigandus, Confessio;
deutsch, Erfurt 1582, 8°, p. 20: „Ich verwerffe auch Campanum mit der
wiedertäufferischen Rotte, die zu unsern Zeiten die Person und Gottheit des
hl. Geistes geleugnet haben, also sollen allein die Gaben, welche Gott in der
Wieder-Geburth schaffet, der hl. Geist seyn und heissen."

[2] Lindanus, pro vivo ac vero Christi corpore. 1575, p. 55.

12

Trotz einzelner Sondermeinungen und seiner späteren heftigen Fehden mit Luther war er doch bis etwa 1530 ein aufrichtiger, begeisterter Verehrer des grossen Reformators.[1] (vehementissimus, acerrimus Lutheranus wird er genannt. cf. unten.)

Dieser ursprünglichen Stellung zu dem Wittenberger Mönche entsprang auch der Anlass zu dem heftigen Streite mit Timann Camener in Münster, dem bekannten Domschullehrer und Prediger an St. Lambert. In einem Sammelbande, klein 8°, der Bremer Stadtbibliothek ist auf 4 Blättern ein Gedicht nebst einem Brief vom Jahre 1526 erhalten, welche uns einige Aufklärung darüber geben, wie Campanus dazu kam, gegen Camener in den Kampf zu treten.

Wir erfuhren, dass Campanus schon 1521 mit Cölner Gelehrten in Konflikt gekommen war. Als eifriger Humanist und „Lutheraner" trat er für Luthers Sache ein und verwertete seine humanistischen Kenntnisse gegen den Führer humanistischer Bestrebungen in Münster, der ein heftiges Gedicht gegen Luther veröffentlicht hatte. Er stürzte sich damit in einen Streit gegen die dunklen Ehrenmänner der Zeit, zu denen auch Camener gehörte. (Auch C. gehörte also zu jener Gruppe von Männern, welche Luther anfangs zujauchzten, sich dann aber schmollend und zürnend abwandten und ihre eigenen Wege gingen.)

Über Timann Camener, auch Cemener oder Kemner, haben wir unterdessen eine eingehende Arbeit erhalten.[2] Er war seit

---

[1] Dass Campanus in den Augen seiner Zeitgenossen ursprünglich ein eifriger Lutheraner war, erzählt uns sein Zeitgenosse Hamelmann. Betreffs seines Frontwechsels erfahren wir aus den „Ergänzungen zu Hamelmanns Geschichte des Münsterischen Aufruhrs" bei Cornelius M. A. II p. 317 folgendes: „Nam veluti nec Johannes Campanus ille, qui tenetur adhuc captivus a Juliacensi principe, magni fecit Lutherum (quia cum Campanum tam subito non tractasset Lutherus venientem Lovanio magistrum [?!] subtilem, ut forsan ille petebat,) defecit ab illo ad Zinglianos et postea excogitavit novam haeresin de spiritu sancto, ut vidi ego literas propria Campani manu scriptas anno ni fallor 1541, in quibus es scribit unicum reformatorem ecclesiae: ita Rothmanus simili pene de causa contemnere prae arrogantia videbatur Lutherum, ideo coluit et celebravit magis Philippum Melanchthonem, Wolfgangum Capitonem, Fabritium et alios, quia Lutherus statim, ut Rothmanus venerat Witenbergam, non tanto honore ut petebat homo ambitiosus, forsan Rothmannum susceperat."

[2] Vergl. über ihn: Hamelmann, Opp. gen. hist. p. 1191; König, Gesch. Nachr. über das Gymnasium zu Münster. 1821. C. A Cornelius, Münst. Humanisten 1881; M. Q. u. M. A.; Parmet, Rudolf von Langen. Münster

1500 Rektor der Domschule zu Münster. Ihm folgte in diesem
Amte 1528 Johann von Elen. Ein Schüler des letzteren war
wahrscheinlich Fabritius, der, wie Campanus aus Cöln vertrieben,
sich längere Zeit in Jülich aufhielt und mit ihm zu Anfang der
zwanziger Jahre in der Maasgegend die lutherische Lehre verkündet haben soll.

Unter den ersten, die in Münster anfingen, sich zu abweichenden
religiösen Meinungen zu bekennen, finden sich 3 Humanisten: Johann
Glandorp, der unter Timann lehrte, neben ihm Clarenbach, schliesslich Rothmann, welcher ebenfalls unter Timann den Grund seiner
formalen Bildung legte. Mit dem letzten ist Campanus ohne Zweifel
bekannt geworden. Dass er sich schliesslich ebenfalls gegen den
Gegner Rothmanns (Timann trat gegen letzteren auf und nahm auch
an der Disputation gegen ihn teil), der ihm wegen seiner reformatorischen Bestrebungen sympathisch sein musste, wandte, ist
also nicht zufällig.[1]

Über die ersten Anfänge lutherischer Lehre unter den Humanisten in Münster ist sonst Genaueres nicht bekannt. Es darf jedoch
wohl angenommen werden, dass ein grosser Teil der Schule als
Zöglinge Deventers sich der Geistesrichtung der hervorragendsten
Vertreter der erasmischen Richtung angeschlossen haben. Glandorp
und von den juristisch gebildeten Joh. von der Wick waren dem
humanistischen Kampfe nicht fremd. Auch der lutherischen Reformpartei in der Stadt gehörten sie an. Ihren Gegnern aber fehlte
es auch nicht an gelehrten Streitern der humanistischen Richtung.

1869. Reichling, Murmellius. Freiburg i./B. 1880. Über den zweifelhaften
Charakter Timanns s. Bömer, Ausgabe der Werke des Murmellius. Heft I.
Münster 1892 p. 8. Bömer, der münsterische Domschulrektor Timann Kemner.
Ein Lebensbild aus der Humanistenzeit, in Zeitschrift für vaterländische
Geschichte und Altertumskunde Bd. 53. Münster 1895 p. 182—244.

[1] Eine lutherische Bewegung war also zu Münster schon in den
ersten Jahren der Reformation eingetreten.

Ein als Gelehrter ausgezeichneter Kanonikus zu St. Martin, Peter
Gymnich von Aachen, war ein Freund Luthers bereits im Jahre 1520. Sehr
interessant ist, dass der Patrizier Arnold Bellholt mit Karlstadt in Verbindung stand. Carlstadts Radikalismus scheint auch in Münster seine
Opfer gefordert zu haben. Wie wir bereits hörten, wurde Adolf Clarenbach
der Vorwurf gemacht, dass er und seine Schüler in Münster Heiligenbilder,
Leuchter und Kreuze aus Kirchen und von den Friedhöfen zerstört und
entfernt hätten.

Zu diesen gehörte eben der alte Timann. Bestimmende Gründe müssen vorgelegen haben, dass er sich in seinen alten Tagen noch zu einem Schmähgedicht gegen Luther aufgerafft hat. Da ihm keine Verbündeten in diesem Streite von aussen gekommen sind, so ist er bald unterlegen.

Als Pfarrer von St. Lambert[1]) sammelte er „als wackerer Kämpfer für den alten Glauben gegen den Neuerer Rothmann und dessen Gesellen" sich neue Verdienste. (König a. a. O. p. 139.) Die Habsucht verdarb selbst die Besten; durch offene Simonie hatte er die Pfarre an sich gebracht.[2]) Über seinen ferneren Kampf um die Lamberts-Pfarre gegen Rothmann, der vom Volke getragen wurde, findet sich ein interessanter Bericht bei dem bekannten Gresbeck.[3]) Als Rothmann gelegentlich zum Verdrusse Timanns in der Lambertikirche predigte, stieg letzterer zu ihm auf den Predigtstuhl, um ebenfalls zum Volke zu reden. Hierüber erstaunt, lachte dieses ihn aus. „Derselve pastor is genant M. Tynen und plach ein richter (rector) tho sien im domb binnen Monster. Derselve paf hadde die kercke gekoft von einem andern paffen in der stat. Darumme so weren sie dem pastor entegen, dat sie in der kercken predeken und hedden dair eher bedrief en bienen. Tho Munster plach ein erlich raet tho sein von burgermeister und radesluiden und alderluede von ampter, und was ein gude ordinantie in der stat Monster. Mehr so fro als derselbe paffe Stutenbernt (Rothmann) beginst für die stat an die stat tho predeken, do begont der eine borger tegen den andern tho sien und ein deil paffen teggen den andern, dat sie do nicht eindrechtigh en weren in der stat Monster, dat er eine al tegen den andern was."

Von welchem Jahre dieses Gresbeck berichtet, ist unsicher. Ebenso unsicher ist die folgende Notiz Hamelmanns, der selbst die Schule in Münster, als. Johann Aelius Rektor an ihr war, besucht hat[4]) und mit den Schriften der Münsterischen Humanisten wohl vertraut war, wie zahlreiche Stellen beweisen.[5]) Er meldet

---

[1]) Seit 1525, als er noch Rektor der Domschule war, hatte er das geistliche Amt an St. Lambert erworben. (cf. Börner in Z. f. Westf. Gesch. u. Altertumsk. Bd. 53, p. 236 f.)

[2]) Cornelius, M. A. I, 23.

[3]) Cornelius, M. Q II, 7.

[4]) Cornelius, M. Q. II, p. XXX.

[5]) Parmet a. a. O. p. 7 u. passim.

(seine Unsicherheit in der Chronologie ist bekannt; die auch anderweitig zu erhärtende Thatsache verliert darum nicht an Interesse)
über Timann, der beim Ausbruche der Unruhen in Münster die
Stadt verliess, er habe ein Gedicht gegen die neue Lehre und
Luther veröffentlicht:[1] Timannus Camenerus Pastor scripsit carmen
scholasticum in doctrinam Evangelii, cuius erat tale initium:
Haeresis postquam remeavit orco etc.; sed isti opposuit
contrarium et valde doctum carmen (1532?) Johannes Campanus ille, qui hodie propter errorem de Spiritu Sancto detinetur
captivus a Principe Juliaco, tunc Witenbergae agens, cuius fuit tale
initium: Veritas postquam remeavit alto etc. Et sic per
omnia istud priori erat oppositum."

Worauf sich Hamelmann bei Angabe des Jahres 1532 als
Editionsjahr und des weiteren bezüglich der Notiz, dass Campanus
in diesem Jahre in Wittenberg gewesen sei, stützt, habe ich leider
nicht eruieren können.[2] Hätte ihm die Schrift selbst vorgelegen,
so würde er am Schlusse die Jahreszahl 1526 gefunden haben,
zu der allerdings als Druckort (?): Wittenbergae hinzugesetzt ist.
Ist nun Campanus wirklich schon 1526 in Wittenberg gewesen,
oder hat Hamelmann aus dem genannten Zusatze zu der später
von ihm vergessenen Zahl die Berechtigung zu der obigen Behauptung, „tunc Witebergae agens", entnommen?

Die kleine uns erhaltene Schrift trägt den Titel: Johannis
Campani Carmen, Timanni cameneri cantilenae respondens, quo
Papam Antichristum cum suo palpone depingit.

Idem, ut uno in saltu apros capiat duos, Leodinos Nodos
eodem cum Timanni facinore nobiles, eodem etiam carmine contenti abeant, rogat.

  Eiusdem ad Venerabilem Senatum Monasteriensem Epistola.
                Wittenbergae.

Campanus schickt einen Brief an die Stadt Münster voraus.

---

[1] Opp. p. 1191.

[2] Hamelmann berichtet Historia Ecclesiastica renati Evangelii in
urbe Monasteriensi a. a. O. p 1191 von einer grossen Disputation im Frater-
hause um Pfingsten 1532 zwischen Rothmann und seinem Anhange einerseits und den Katholiken andererseits, die aber nach einer glänzenden Rede
Rothmanns und Glandorps schmählich die Flucht ergriffen hätten. Zu
dieser Versammlung sei auch Kemner geladen. Bei Nennung seines Namens
nun giebt Hamelmann in Parenthese obige Notiz über den litterar. Streit
Timanns mit Campanus.

Der Anfang desselben lautet: Tres sunt, viri ornatissimi, a quibus summa salusque reipublicae potissimum pendet. Senatus, Ludimagister et Parochus. Quorum suum quisque a Deo officium habet. . . . Parochus conscientias Evangelio firmet et consoletur. „Recht und Vernunft gebieten, diese Personen auszuwählen im Interessse und zum Frommen der Stadt, der sie dienen, und wenn sie ihre Pflicht nicht thun, sie abzusetzen." Sodann wendet sich Campanus gegen Timanns Kauf seiner Pfarre. At in Papae regno ne nihil non esset Babylonicum, ecce venditum est officium perpetuo docendi et praedicandi idque turpissimis quibusque nebulonibus, dum non spectarent quam apti essent, sed quantum dare vellent. O tempora, o mores! Adeone salus ac perditio miserarum animarum unius nebulonis avariciae servire cogentur? Quo haec? eo nempe, ut certum habeatis, viri optimi, Timannum vestrum gymnasiarcham (!) et pastorem satis diu vobis praefuisse, dum tam impiis suis scriptis, suam in Christum impietatem adeo prodit, ut ne dignus quidem sit, qui vel porcos curet.[1] .. Videte, quid in cantilena sua adversus Lutherum carpat; Pudet certe pigetque, tam stulta et impia hic vobis recensere, quis enim ea pie cordatus non per se vel prima fronte videat impiissima.

Laudat Papam cum suis decretis et statutis ... Commendat Monasticen . . . Exigit votivam illam sacrificorum Papistarum et Monachorum castitatem . . . . Er fährt gegen ihn los als den: impium Antichristi Papae diaconum, gregis Dominici seductorem et impurum puri Evangelii Christi blasphematorem. Wie sein Gedicht, so sein Verfasser; sorget daher für die Stadt und entfernt ihn: „Deute. 18. Pseudoprophetas Deus jubet occidendos, non obscure declarans quanta pestis sit doctor malus. Quod non eo dico, ut occidantur hodie, quibus Moses huius modi non jubet, sed ut palam fiat, quam eos Deus voluerit cavendos."

Timannus habebat:

Haeresis postquam remeavit orco etc. Nunc Antitimannon vicissim audite:

Veritas postquam remeavit alto,

Proditur quicquid Phlegethontis amne

Ille monstrorum pater Antichristus

Intulit orbi. [2]

---

[1] Das vollständige Gedicht vergl. als Beilage I.

[2] Der harmlose Caesarius hatte in einem Briefe vom 6. Januar 1513 an Murmellius von Timann als von einem „homine plane ut levissimo ita

Von der Begeisterung des Campanus für Luther legen folgende
Verse Zeugnis ab:

„Sed secus visum superis, Papatum
Longius dum non tolerare possent,
Callidam visum est aperire Bullam ac
Prodere mundo.

Ecce Martinum parat Lutherum,
Quem sui flatus animavit aura
Inserens verbi validum potentis
Robur in hostem.

Unica in tantum ruit hoc Papatum
Vocula oppugnans, rapiendo praedam
Cepit electos rapietque donec
Ceperit omnes.

Solius Christi vehit ac ministrat
Verba, syncerum populo propinans
Sanguinem Christi, Deus unde nomen
Indidit olli.

Vulgus hinc laetum miser ac popellus
Laude solemni hunc colit et veretur,
Ut fidem Christi nitide docentem ac
Vera sonantem."

Jedenfalls war Campanus ein scharfer Streiter für die Sache
Luthers. Mit den besten Absichten wohl begab er sich nach
Wittenberg und wurde dort 1528 inscribiert.[1]

Unter den Adeligen in Jülich hatte er zahlreiche Freunde
und Gönner, die ihm auch später ihren Schutz nicht versagten,
als man von allen Seiten, von Düsseldorf und Wittenberg gegen
ihn vorging. Was hat ihn nun veranlasst, sein sicheres Asyl zu

sordidissimo" gesprochen. (Hier allerdings aus anderen Motiven zu dem
„Ehrentitel" veranlasst.) cf. Z. f. vaterländ. Gesch. u. Altertumsk. Münster 1895
Band 53 p. 229.

[1] Dass er mit jenem Joh. Campanus identisch sei, der nach Förstemanns
Album 1503 in Wittenberg studierte und dort 1508 promovierte, ist unmöglich.
Noch 1530 sagt Luther von dem Jülicher C.: er ist noch jung und ungeübt
(d. h. in den spez. Fragen des Dogmas). Eines Irrtums macht sich auch
schuldig: de Hoop-Scheffer a. a. O. p. 553 Anm. 2.

verlassen und sich nach Wittenberg aufzumachen? Hatte er nur
den Plan, sich am Sitze ihres Verkünders näher mit der neuen
Lehre zu befreunden, oder hatte er schon den Gedanken gefasst,
im Gegensatz zu Luthers von ihm überwundenem Standpunkt
seinen eigenen Theorien Eingang zu verschaffen mit oder ohne
dessen Zustimmung?

Als Hofmeister einiger Jülicher Adligen (welcher?) war
er auf die sächsische Universität gekommen und am 19. Dez. 1528
immatrikuliert, gleichzeitig mit ihm sein Gesinnungsgenosse und
eifriger Parteigänger Dionysius Vinne, sowie zwei andere Jülicher.[1]

Von Gegnern Luthers wird des öfteren behauptet und gern
weiter übernommen, Campanus habe unter seinen Augen einen
öffentlichen Lehrstuhl inne gehabt und von ihm herab seine Irrlehren verkündet.[2] Davon kann natürlich keine Rede sein. Er
wusste im Gegenteil seine Gedanken so geschickt zu verbergen,
dass Luther und Melanchthon ihn erst durchschauten, als er sich
später bereits aus dem Staube gemacht hatte.

Von Wittenberg reiste Campanus 1529 zum Colloquium nach
Marburg. Hier wollte er seine besondere Meinung vom Abendmahl vortragen, ohne Zweifel voll Hoffnung, die gewünschte Vereinigung zustande zu bringen. Seine Idee war etwa folgende:[3]
Christus habe mit dem Einsetzungsworte: τοῦτό ἐστι τὸ σῶμά μου
nicht seinen lebendigen natürlichen Leib gemeint, sondern vielmehr
sagen wollen: dieses Brot ist zwar ein Leib und Körper für sich,
aber es ist zugleich mein Leib, weil ich es geschaffen habe.[4]

---

[1] cf. Förstmann a. a. O. p. 134; Gieseler K. G. III² p. 56 Anm. 3.
Z. des Aachener Geschv. V, 147 s. o. p. 141.

[2] Vergl. Sandius, Bibliotheca; Laur. Surius zum Jahre 1532; Stan.
Hosius in confutatione Proleg. Brentii adversus Petrum a Soto Lib. I p. 23;
Abrah. Browius in annal. eccl. I XIX ad a. 1532 fol. 820 u. a.

[3] s. oben die Lehre Carlstadts p. 39.

[4] Etwa 1540 sagt Melanchthon (cf. Loesche, Analecta p. 377, No. 601):
„Bucerus et schwermeri: Campanus macht ein possession [d. h. wohl possessivum]
aus dem „meum, id est res mea". (Da sagt ich ihm, das ich alle worter
wollt deuthen, wen es gulde, „hoc est corpus" scilicet paneum; „sanguis",
id est non rubra; „meum" scilicet: quod ego creavi. Kein wort liessen sie
ganntze; aber es hies doch „veritas oppugnari potest, expugnari non potest.")
Luther schrieb: „Kurzes Bekenntnis vom hl. Sacrament wider die
Schwärmer", worin er sich von neuem zur wahren Gegenwart des Leibes,
der auch von Unwürdigen genossen werde, bekennt, ohne sie von neuem

Daneben warf er Luthern vor, dass auch er sich, so wenig als die Schweizer, streng an den Buchstaben der Einsetzungsworte halte, sondern das Wörtlein „ist" ohne allen Grund und Beweis in „dabei ist" verwandle.

Noch liess sich an ihm nichts Schwärmerisches oder Anabaptistisches bemerken. Gehör aber schenkte man ihm nicht, zum Gespräch wurde er nicht zugelassen.[1]) Wir haben keinen Grund anzunehmen, dass er seine Sache nicht mit tiefstem Ernste gefasst, und dass er sich nur vorgedrängt habe, um zu prahlen oder zu gleissen, wie ihm Trechsel und Köstlin wohl mit Unrecht vorwerfen.

Von Marburg kehrte er nach Wittenberg zurück, wo er wegen verschiedener Äusserungen, besonders die Dreieinigkeit betreffend, verdächtig wurde. Noch im selben Jahre verschwand

---

darzulegen und zu begründen. Er unterscheidet 7 Geister, welche gegen sie aufgestanden seien, und zwar neben Karlstadt, Zwingli, Oecolampad, Schwenkfeld und zwei andern als siebenten den Johannes Campanus. Luther will einfach, ohne die Vernunft zu fragen, stehen auf Röm. 4, 21 und Psalm 51, 6. Er sagt nun (Sept. 1544) von Campanus: „Der siebend heiliger Geist, Johan. Campanus, machts also [d. h. erklärt die Einsetzungsworte]: Nemet hin, esset, das ist mein Leib, corpus scilicet paneum. Solt so viel heissen: das Brod, so ich euch gebe, ist ein Leib oder Cörper für sich selbs, nicht ein lebendiger natürlicher Leib, sondern ein todter, lebloser Leib, wie Stein und Holz ein Leib ist, aber weil es meine Creatur ist, so ists auch mein Leib, den ich geschaffen habe. Diss ist der allerhöchst Heiliger Geist, wieder und über die andern alle, ohn dass er dem Becker die Ehre nimmt, der dennoch auch etwas am Brodt gemacht hat, und Gott nicht das Brot, sondern das Korn zum Brot schafft." s. Bock, Histor. Antitr. II, 255; Köstlin, Luthers Theologie II, 220. „Campanus machts also / Nemet hin / und esset / das ist / diss Brot ist ein leiblich Creatur / von mir geschaffen / drumb nenne ichs meinen leib." cf. Erasmus Alberus, Wider die verfluchte Lere der Carlstader. 1565. p. g⁴.

[1]) Vergl. Luthers Tischreden; Schelhorn a. a. O. p. 24: Campanus kam gen Marpurg und wolt mit mir disputiren, konnt kein Dialecticam und wollte gleichwol seinen wahn und schwarm hoffertiglich und vermessentlich vertheidigen, sagete, das vom nachtmal des Herrn weder der Luther noch Zwingel noch Oecolampadius, auch der Bapst nicht recht gelehrt hatte, denn er fragte weder nach Figuren noch Tropen und machte eine neue Art zu reden, sagte, es wier ein brötern wortlicher Leib. Und verdross ihn sehr übel, dass er zu Marpurg nicht auch ins Gemach zur Disputation und Gespräch beruffen und gelassen ward. Solche Gesellen werden vom Teufel verblendet."

er daher wieder[1]) nach Niemeck (bei Wittenberg) zu Georg Witzel oder Wicel und einem gewissen Anton Hermann. Hier versenkte er sich immer tiefer in die theologischen Doktrinen und widmete ein anhaltendes eifriges Studium den Kirchenvätern, die ihnen auf seine Bitten von einem benachbarten Edelmann, Werner von Stechau, geliehen wurden.[2])

Für Wicel entstanden durch die Aufnahme des Campanus allerlei Unannehmlichkeiten. Es war nämlich in weiteren Kreisen bekannt geworden, dass Campanus nicht allein über die Lehre vom heiligen Abendmahl und andere Kapitel des christlichen Glaubens falsche Meinungen habe, sondern auch über die Dreieinigkeit. Wicel geriet deswegen in denselben Verdacht,[3]) musste ins Gefängnis wandern und schlug sich später wieder zur katholischen Partei.[4]) Campanus war frühzeitig genug entwischt. Wicels Bücher, Schriften und Bibliothek[5]) wurden von Häschern nach Verdächtigem durchsucht; aber man fand nichts Belastendes. Der Gegner Wicels, Justus Jonas, stellt in seiner einseitig parteiischen Schrift: „Wilch die rechte Kirche und dagegen wilch die falsche Kirch ist, Christlich Antwort und tröstliche Unterricht, wider das

---

[1]) Schon im Juli 1529 war C. in Niemeck, hatte aber mit Wicel angeblich nur wenig verkehrt. cf. Strobel, Beiträge II, 304.

[2]) Vergl. Wicels Briefe: Epistolarum, quae inter aliquot centurias videbantur partim profuturae Theologicarum literarum studiosis, partim innocentis famam adversus Sycophantiam defensurae, Libri quatuor Georgii Wicelii. Lipsiae 1537 in 4° (Kgl. Bibliothek zu Berlin). Vergl. ferner Schelhorn, a. a. O. p. 31, 42; Bock, II p. 262—67. Strobel, Beiträge II, 304 ff. s. Enders, Luthers Briefwechsel Bd. VI (1895) p. 119.

[3]) Seckendorfius, Hist. Lutheranismi Lib. III. Sect. 7. § XXIV, f. 65: Venerat (Wicelius) anno 1532 [das Jahr ist unrichtig; Wicels Apologie ist schon vom Jahre 1531] in suspicionem doctrinae Antitrinitariae, quam tum non [?] solum Michael Servetus Hispanus vulgaverat, sed et quidam Joannes Campanus ex Juliacensi regione, qui Wittenbergae Theologiae studio operam dederat, defendebat: Campanus autem hospitio Wicelii Niemeccae aliquandiu usus erat." — Arnold hat in seiner umfangreichen Kirchen- und Ketzerhistorie über Camp. nur die eine dürftige Notiz (Part. II, Lib. XVI. Cap. VIII p. 39: „Nun geschahe es, dass Er in seiner Pfarr zu Niemeck einen Wittenbergischen Studenten, nahmens Jo. Campanum, eine Zeitlang beherbergte, welchen man des Arianismi verdächtig hielt."

[4]) Brief Wicels an Erasmus: „1532 Sept. 8. (Burscheri Spicilegium XXX p. 4): er sei von Luther abgefallen, weil er geglaubt habe: et sine schismate religionem atque ecclesiae οἰχονομίαν ad auream illam priscam faciem reduci posse."

[5]) cf. Wicels Briefe. G. 2; Bock, Hist. II, 269—75.

Pharisaisch gewesch Georgii Witzels, Wittenb. 1534" die Angelegenheit folgendermassen dar: „Es hatte der Churfürst zu Sachsen
das nehst nicht leiden wollen, sondern die vogel wollen ausnemen
lassen, ist aber der sachen leider zu langsam innen worden, da die
vogel schon ausgeflogen waren. Denn der Erzlesterer Christi Campanus war hinweg, und dess Witzels Knab (wie er sider der Zeit
gerhümet) zu behende gewesen, und des Campani samt andern
seiner gesellen schrifften und karten in grosser eil weggebracht
und verruckt gehabt, daraus man sonder Zweifel des Witzels Geist
und Meinung soll recht ergriffen haben."[1]

Campanus hatte unterdessen neben antitrinitarischen Tendenzen
offen antinomistische und anabaptistische Grundsätze zu den seinen
gemacht, weshalb ihn der Kurfürst bei einer Anwesenheit in
Wittenberg in Haft setzen liess. Schon schmeichelten sich die
Theologen, ihn bald von seinem Irrtum abzubringen;[2] doch ihre
Hoffnungen erfüllten sich nicht, denn kaum war er wieder in
Freiheit, so sandte er eine Darstellung seiner eigenen Ansichten

---

[1] Heftiger Federkrieg zwischen Wicel und Jonas (1532—34); vergl.
darüber: Brief Witzels an Erasmus (Erasmi opp. 1703 tom. III p. 1756 D.
d. d. Facchae, 1533 März 30.); Pressel, Justus Jonas, Elberfeld 1862 . . p. 53 ff.
Anm. 49. 50.) Auf Seiten Jonas' stand auch: Erasmus Alberus, der obige
Notizen aus dem Buche des Justus Jonas wiederholt, „das der glaub an Jesum
Christum alleyn gerecht und selig mach / widder Jörg Witzeln, Mammeluken
und Ischariothen". 1539. (o. O.) kl. 8°. Berl Kgl. Bibliothek) p H² heisst
es über Campanus: „das ist der Witzlischen ler ein stuck, so er zu Marpurg
auff dem tage gehabt / da hat er ihm sonderlich gefallen lassen Joannes
Campanus lere aus dem niderland / welcher auch seer ein vollen bauch von
newen reformation unn leren / vielerley verdampten unchristlichen unn gots-
lesterlichen secten im land umhergetragen / vnd sie nirgend jn keinen winckel
hat ausschutten mögen / bis so lang er sich entlich zum Witzel gen Nimeck
funden . . ." Gegen Jonas erschien von Witzels Seite: „Confutatio calumnio-
sissimae responsionis Justi Jonae, id est, Jodoci Kock, una cum assertione
bonorum operum . . . ." Coloniae 1549 8°. (Letztere Schrift war in ein-
facherer Gestalt schon 1533 erschienen.)

[2] Melanchthon an Fr. Myconius (Ende Jan. 1530) Corp. Ref. II, 12:
„Audi rem novam. Habemus hic magistrum, juvenem sic satis studiosum,
qui coepit convellere articulum de Trinitate. Negat legem docendam
esse. Negat in conversis esse peccatum. De sacramentis eadem
affirmat, quae Anabaptistae tradunt. Itaque Princeps interclusit
eum in arce in quoddam habitaculum. Speramus tamen abjecturum esse
horribiles errores.

nach Wittenberg.[1]) Als ihn nun der Kurfürst wiederum verhaften lassen wollte, war Campanus in richtiger Erkenntnis seiner Lage entflohen, während seine Freunde in Niemeck ergriffen und in strenge Haft gebracht wurden.

Der Kurfürst scheint ohne Vorwissen der Theologen gegen sie vorgegangen zu sein, denn Luther verwandte sich, sobald er davon benachrichtigt wurde, von Torgau aus für ihre Freilassung, schrieb Trostbriefe an sie und ermahnte sie zur Geduld.[2])

Es ist nötig, an dieser Stelle etwas ausführlicher das Verhältnis Wicels[3]) zu Campanus sowie das beider zu Erasmus zu beleuchten. Wicel und Campanus haben sich gegenseitig beeinflusst und sind in vielen Punkten von des Erasmus Ideen abhängig.

Als am 10. November 1538 in Luthers Kreise das Gespräch auf Wicel geführt wurde, dem zu Leipzig nach seinem Rücktritt zur römischen Kirche durch Herzog Georg nach vielen Irrfahrten

------

[1]) Mel. an Fr. Myconius (Febr. 1530) Corp. Ref. II, 18; Campanus misit huc horribilem disputationem.

[2]) cf. de Wette III, 506: Scripsi statim principi, clarissimi fratres, pro vestra redemtione, misso etiam nuntio proprio mea impensa. Nam in carcerem vos injectos esse plane ignorabam praesertim tam gravem et crudelem. Si autem qui culpae sit, etiam ignoro, nisi forte Campani hospitium: sed spero hoc facile impetrari. — Igitur ferte patienter; ego fideliter laborabo pro vobis, ut mox dimittamini.

Cochläus und seine Nachtreter haben mit Unrecht die Nachricht verbreitet, dass Luther den Wicel ins Gefängnis gebracht habe. Luther selbst giebt in seinen Tischreden folgende Darstellung: (Doctor M. Luther sagte) „dass D. Georgius Brück, Sechsischer Cantzler, den Georgium Witzelum bey dem Leben erhalten hatte, denn er were ein Anhenger mit gewesen der Auffruhr in Düringen, darumb als er gefangen worden, hette man ihn köpfen sollen, da hette Dr. Brück jn erbetten. Als er nun zu uns gen Wittenberg kam, da setzte ich jn über die Pfarr zu Niemeck zum Pfarrherrn, welche Pfarr jetzt Conradus Cordatus hat. Aber da er sich hernach an den Campanum hieng, zusammen schrieben und miteinander ein Kuche war und den Artikel von der Gottheit Christi anfochten, welches Dominus Philippus Melanchthon zum ersten erfure, und den Campanum anher erforderte, und er so erschreckliche Gotteslästerung furgab, fuhre Churfürst Hans zu und liess den Witzel fangen und in thurm legen, aber wir Theologen wussten nichts darumb, da fiel Witzel von uns gar ab und hieng sich wieder an den Bapst und ist nun unser ergster Feind worden; aber er wirt sein bescheiden theil auch kriegen." [Dass Camp. wirklich nach Wittenberg zurückgekehrt ist, bestätigt Wicel in seinem Apologeticon an den Churfürsten.])

[4]) Zur Litteratur über ihn vergl. Maurenbrecher, Kathol. Ref. p. 415; Köstlin, Luther II, 315.

gerade ein neues Wirkungsfeld eröffnet war, da sprach Luther,
welcher den Wicel später nur den „perfidissimus apostata" nannte,
„der stecket voller errores et blasphemias sine fine. Er hat die
gifft von dem Campano gesogen, qui impiissime scripsit librum
hoc titulo: Contra totum post apostolos mundum. Es ist viel auff
einen biessen gefasst."[1] Nach seiner Gefangenschaft musste sich
Wicel vor den Visitatoren verantworten; man beschuldigte ihn,
seit dem Marburger Gespräch die Meinung der Sakramentierer
begünstigt und besonders des Campanus Ansichten geteilt zu haben.
Obschon er beides in Abrede stellte, gelang es ihm doch nicht,
sich in den Augen der Theologen von dem Verdachte zu reinigen,
dem auch Luther in der Folge je länger je mehr Raum gab.[2]

---

[1] cf. Seidemann, Lauterbachs Tagebuch p. 161; Corp. Ref. IV, 980;
XXIV, 710.

[2] cf. Trechsel a. a. O. I p. 29 u. Wicels Briefe, aus denen ich folgendes mitteile:
Apologeticon ad M. B. F. adversus criminatores (Briefe Ej bis F.)
24. Febr. 1531 (nicht 1530, da Camp. erst nach dem im Herbst 1529 in Marburg
abgehaltenen Gespräche an Jd. Jul. 1530 von Wittenberg wieder nach Niemeck
kam). Mancherlei über des Campanus Leben etc. wird an dieser Stelle hinzugefügt:
„Venit (Camp.) cum literis Bibliopolae Mauritii commendatitiis (vergl. über den
Buchhändler Mauritius: Schelhorn XI p. 34, Anm. ee). Venit optimi hominis
et piissimi fratris speciem prae se ferens. Venit comitatus Dionysio quodam
Brabantio, homine in literis nostris, hoc est, sacris, exercitato . . . At ego
virum haud quaquam malum, literarum studio insignem, moribus adeoque
rebus omnibus ornatum, excepi . . . Non ego, sed Anthonius hominem
hospicio suscepit . . . qui orthodoxos scriptores a Stechavio nostro mutuum
acceptos evolveret ac consuleret. Cuius negocii tamen neque me neque An-
thonium conscios unquam esse volint, homo rerum suarum mirus occultator.
Illud de ipso affirmare ausim, nempe diligentiorem scriptorum veterum
lectorem ac judicem me vix in vita cognovisse. Lector erat diurnus et noc-
turnus, sibi ipsi nihil parcebat, genium defraudabat, vita sobrius, conversatione
honestissima, verborum perpaucorum, gestibus laudatis . . . Ipse vas Dei
electum et cognovi Campanum et praedicavi, neque enim secus vel emoriar,
de eo loqui possum . . . Apud Marburgum ipso die, quo eram abiturus non
nihil sua de sententia vel non sciscitanti aperuit . . . Homo is sum, qui si
impia a Campano hic proposita audissem, non tulissem. Optavi saepe-
numero, ut tales animos plures haberet Ecclesia, qui tanta fide
tantoque arderent zelo . . . ." Noch detaillierter sind die Mitteilungen
Wicels in einem Briefe an J. S. D. (Joannem Saxoniae Ducem) 1531 (Brief
G[1]—Ljj; Schelhorn p. 43 ff.) Wichtig ist sein Brief an D. C. R. d. d. Erfurt
1532, worin er sich gegen die Verleumdungen des Justus Jonas verteidigt.
(Briefe Qjj; Schelhorn p. 13): „Sed vix incredibile est, vos vere sentire, quod

Wir können an der Berechtigung der Worte Luthers nicht
zweifeln. Beide Männer nahmen als Anhänger Luthers denselben
Ausgang. Beide folgten dann einer Richtung, welche, nachdem
des Erasmus Reformationstendenzen fruchtlos und unergiebig im
Sande verlaufen, und Luthers Staatskirche bereits aufgerichtet war,
zwischen beiden die Mitte zu halten beabsichtigte. Campanus
hatte sich schon früh als Überwinder scholastischer Schulweisheit
in Köln hervorgethan, weshalb er von dort vertrieben war. Während
aber Wicel in der Folgezeit immer mehr der katholischen Praxis
sich wieder näherte, ging Campanus in voller Selbständigkeit,
wenn auch durch ihm verwandte Richtungen mannigfach beeinflusst,
seinen eigenen Weg. Bei beiden, unbefriedigt durch Katholizismus
und Protestantismus, handelte es sich, wie bei Erasmus zunächst
um ein System, in dem die Gegensätze vereinigt und versöhnt
wären. Wicel selbst bekannte, die folgenreichsten Wirkungen auf
seinen Geist aus den Schriften des Erasmus erfahren zu haben
wie seine Briefe zeigen; durch eifrige Studien der Kirchenväter,
auf welche ja Erasmus die gelehrten Theologen seiner Zeit hinzuweisen liebte und deren Werke er edierte, sei ihm die Unähnlichkeit der lutherischen und der alten apostolischen Kirche aufgegangen; an den sittlichen Zuständen innerhalb der protestantischen
Gemeinden, an der Indifferenz vieler evangelischer Kirchenglieder
gegenüber der ethischen Forderung, den Glauben durch Werke zu
erweisen, nahm er Anstoss:[1] dies trieb ihn in die zu reinigende
römisch-katholische Kirche zurück. Sein Freund Campanus war
konsequenter; ihn bewegten dieselben Gedanken, aber er schlug
eigene Pfade ein. Aus der offenbaren Unähnlichkeit der neuen
und der alten apostolischen Kirche zog er seine eigenen Schlüsse,
die ihn immer mehr bestärkten und weiter trieben und so schliesslich

Campanizem, nisi quod huius invidia cogitatis me ubique opprimere in
ultionem reversionis, quam forte defectionem interpretamini. Hoc vel inde
liquet, quod Lutherus ipse, cui secundum hominem bene volo, discedentem
me rogavit, ut suppetias ferrem contra sectas, maxime Campani."

[1] Die Lehrsätze hatten ja viele nicht aus der alten Kirche getrieben.
Die Mängel derselben waren von vielen gerügt; aber auch in der neuen
wurde gesündigt. Wicel schreibt an M. B. T. 24. Dez. 1531: „Jactata est
prodigialiter Evangelica doctrina septem amplius annos, sed nihil Evangelicum
adhuc video. Culpam transcribo Evangelistis istis, qui carnale Evangelium
invexerunt, cui carnalem addidere vitam. Atque ita effecerunt, ut nunquam
licentius peccatum sit, nec deteriora fuisse tempora constet."

zu dem Werke führten, dem er den Titel gab: contra totum post
apostolos mundum. Während Wicel sich an die Autorität des
Erasmus hielt, der durch seine Studien den richtigen Weg gezeigt
habe, das Bild der idealen Kirche zu erreichen,[1] verliess sich
Campanus als der originellere auf seinen eigenen Kopf. Beide
begegneten sich zunächst in dem Gedanken, dass durch Hinweis
und Anschluss an das ältere apostolische Christentum die Spaltungen,
Wirren und Händel ihrer Zeit geschlichtet und ausgetragen werden
könnten. Zu welch verschiedenen Resultaten aber kamen beide
bei ihrem Zurückgehen auf jene ferne ideale Zeit! Je mehr Wicel
dem Gedanken nachging, desto näher kam er wieder dem Katholizismus; je tiefer sich Campanus in die apostolischen Ideale versenkte, desto gründlicher brach er mit dem Hergebrachten.[2]

Campanus ist wie die Reformatoren aus der grossen Bewegung seiner Zeit hervorgegangen. Er ist weiter, radikaler fortgeschritten als sie. Ein hochbegabter, schwärmerisch und stürmisch
veranlagter junger Mensch, bemächtigte er sich mit der ganzen

---

[1] „Non est audiendus Lutherus, non sunt audiendi Sophistae, sed
Erasmus et huius similes, hoc est, ii, qui neutram partem, sed Christia-
nismum ab animo et sincere juvant. Facit isthuc bonus Christi
Spiritus, Amen": so schliesst Wicel einen Brief an Erasmus (d. d. Facchae,
30. März 1533), welcher die bezeichnende Unterschrift trägt: „Georgius
Wicelius, Discipulus tuus." (Erasmi Opera. 1703, tom III p. 1756 C u. D.

[2] Vergl. dazu: Amsdorffs Schreiben an den Rat der Stadt Soest vom
18. Dez. 1532 (cf. Jostes, Daniel von Soest p. 387): „Von Johannes Campensi weiss ich sonder nichts zu sagen. Aber eyner heist Joannes Campanus,
ein boser buff uud swermer über alle swermer, der hath ein buch von der
heiligen treifaltigkeit und den son gots geschriben, vil anders den wir
aus der heiligen schrifft von anfangk der christenheit bisz
hyher geschriben, geglaubt und gepredigt haben. (Wu es aber
dieser Campanus nicht ist, sondern Campensis, szo ists als ich achte, des
peltzers gesell Melchior Hoffmann, wilcher ein sacramentirer und widertauffer, bey dem ist eyn solcher gesell gewest, bin aber nit gewiss.) Das
hab ich uer erbarn weisheit . . . . so vil myr bewusst, den armen leutben
zu gut nit vorhalden sollen noch wollen, und mogen sich alle christliche
hertzen für yhn beiden hüten, den der teufel hath sy gewiss besessen under
dem scheyn des evangelii, do mit sy das arme volck blenden, den yres
rümens vom geist hath kein mass noch ende.
Datum mitwoche nach Lucie 1532.   Amsdorff."

(Die Abschrift in den Vorwerkschen Muscr. im Stadtarchiv zu Soest,
I, 6, f. 141/2, habe ich noch einmal verglichen.)

Wärme seines Herzens der Fragen, welche die streitenden Parteien bewegten. Originell und selbstthätig ging er seine Bahn. Was die Reformatoren als positiv fest ausschieden, „wonach man nicht fürwitzig fragen dürfe", das fesselte gerade sein Interesse, das war seinem spekulativen Kopfe gerade die Hauptsache. Wir sind nicht berechtigt, an Erscheinungen wie Campanus vorüberzugehen als an blossen Flecken auf der Oberfläche menschlicher Begebenheiten, die wir bedauern müssen, wie wir auch nicht ohne weiteres, wie es noch heute gar oft geschieht, die „Sekten" der Reformationszeit nur als die Schmach einer grossen und wohlthätigen Bewegung ansehen dürfen. Die Reformation ist eben als eine vereinzelte Kundgebung von Kräften aufzufassen, die in vielen Richtungen und lange Zeit hindurch thätig waren, und deren Wirksamkeit wir auch in anderen Menschen und anderen religiösen Zweigen verfolgen müssen als denen, welche in Wittenberg gerade angenehm waren. Campanus verband mit den reformatorischen Ideen fortgesetzt philosophische Reflexionen. Alles zog er vor seinem kritischen Richterstuhl, „nihil non transformat in philosophiam", sagte Melanchthon von ihm. Er gehört mit zu den energischten Vertretern derjenigen Richtung, der eine Erneuerung der Kirche von Grund aus dringendstes Bedürfnis war, die aber die neuen Bestrebungen der Reformatoren doch nur als eitel Flickwerk betrachteten.

Heftige Reden und Ausfälle gegen das römische Antichristentum hatte bald leidenschaftliche Gemüter zu der Vorstellung geführt, dass das ganze bisherige kirchliche Leben von Grund aus verderbt sei. Wenn sich nun ihre Bestrebungen nicht darauf beschränkten, eine Läuterung der Kirche lediglich vom praktischen Standpunkte zu bewirken, wenn ihre doktrinellen Bemühungen nicht allein offenbar Schriftwidriges und unzweifelhaft durch menschliche Zuthat Hinzugefügtes entfernten, sondern auch nach der spekulativen Seite hin nicht nur ändernd, sondern neuernd vorgingen, über die Dreifaltigkeit, das Verhältnis des Vaters zum Sohne, die Persönlichkeit des heiligen Geistes meditierten, wozu die Reformatoren von ihrem praktischen Standpunkte aus sich nicht veranlasst fühlten, so brauchen wir nicht immer unreine Triebfedern vorauszusetzen, sondern meist ist, wie z. B. bei Campanus, ein lebhaftes religiöses Gefühl der treibende Impuls, das in mächtig bewegten Zeiten selbständige Geister stets getrieben hat. Nicht

partielle Umgestaltung, sondern fundamentale Neugestaltung nicht
nur in der Praxis, sondern auch im Dogma auf Grund der Lehre
Christi und der Apostel ohne Rücksicht auf Symbole und Concilien
strebte Campanus an. Dass er sich dabei von seinem Kritizismus
zu sehr hinreissen liess und schliesslich auf offenbare Irrwege
geriet, ist gewiss zu bedauern, darf aber vom historischen Standpunkte nur objektiv unter Zuhilfenahme aller zugehörigen Umstände entschieden werden. Im Verein mit gleichzeitigen Gesinnungsgenossen sagte er sich: die Schäden, welche dem ganzen Gebäude
der Lehre, Verfassung und Gemeindeeinrichtung anhaften, können
dann erst geheilt werden, wenn die Grundlehren des Glaubens in
ihrer Reinheit hergestellt sind und so das alte Übel bei der
Wurzel ergriffen ist. Es war nicht müssige Reflexion allein, welche
Männer wie Campanus veranlasst, z. B. den heiligen Geist als
dritte Person zu leugnen und nur eine im Menschen wirkende sittliche Kraft anzuerkennen, sondern der Ausfluss des tief durch-
dachten Grundes ihres Systems. Dass diese Richtung mit der
sog. anabaptistischen öfter, ja meist vereint auftritt, braucht uns
bei der letzteren stetem Bestreben, in Lehre und Leben das Urchristentum in möglichster Reinheit darzustellen, nicht Wunder zu
nehmen; Campanus selbst bietet uns hierfür ein treffendes Beispiel.
Sein Leben zeigt uns ferner, zu welchen Zielen ein solcher
negativer Kritizismus mit allen seinen Konsequenzen in seiner
Ausartung führen kann. Die Geschichte verlangt eben nicht bloss
Auflösung, sondern auch Aufbau; soll eine fruchtbare Wendung
eintreten, so gilt es für den wirkenden Geist, „liberal" und „konservativ" zugleich zu sein. —

Doch ich kehre zurück. Wir sahen, dass sich Wicel selbst als
Schüler des Erasmus bekannte.[1] Auch Campanus schöpfte aus des
letzteren Arbeiten einen grossen Teil der Kraft, die er zur Verteidigung seiner Doktrinen und zum Kampf gegen Luther verwandte.
Erasmus ist es gewesen (s. o. p. 22 f.), dem die grosse täuferische
Richtung am Niederrhein während der Wirren der zwanziger und
dreissiger Jahre des 16. Jahrhunderts mittelbar ungemein viel verdankt. Es ist sicherlich kein Zufall, dass sich täuferische Elemente
so lange Jahre hindurch und in solcher Stärke (wie später erwiesen
werden wird) in den Ländern eines Fürsten halten konnten, an dessen

---

[1] vergl. p. 191 Anm. 1; Burscheri Spicilegium XXX.

13

Hofe als angesehener Ratgeber und Gast ein Mann wie Erasmus
verweilen durfte, wo er als „unicum decus orbis, als divinus heros,
clarissimus mortalium, als der vir literatissimus, der doctissimus
et praestantissimus theologus, als achtes Weltwunder seine gewichtige
Stimme erheben durfte, dessen „judicium non minus certum, quam
si vel ex tripode fit prolatum" galt. Er war es, der indirekt
Campanus in Jülich geschützt hat, der seine adeligen Gönner nicht
erlahmen liess, ihm immer wieder ihren Schirm zu leihen. Erasmus
hat mit den Boden bereiten helfen, auf dem sich in kurzer Zeit
täuferische Gemeinden, durchdrungen von den Lehren „der Brüder
vom gemeinsamen Leben", in Anlehnung an oberdeutsche und
ältere Elemente unter Führung des Campanus durch dessen Beliebtheit beim Volke bilden konnten. Die Sätze des Erasmus
hatten früh lauten Wiederhall gefunden nicht nur bei seinen gelehrten
Freunden in Düsseldorf und Cleve, sondern auch, mannigfach inter-
pretiert, beim gewöhnlichen Volke. Wer kann heutzutage die zahllosen Kanäle verfolgen und aufdecken, durch welche die leitenden
Ideen jener Männer allmählich dem gemeinen Mann zugetragen
und dem Bauern in seiner Hütte, dem Handwerker an seinem
Arbeitsstuhle verständlich und mundgerecht gemacht sind! „Nicht
in dem Glauben an ein System von Lehrsätzen und dogmatischen
Wahrheiten, sondern in dem innigen Anschluss des einzelnen
Menschen an die Person des Erlösers beruhte für ihn das
Wesen und die Kraft der christlichen Religion. So fühlte er sich
von den Künsten der Scholastik abgestossen; feindselig grollend,
unwillig höhnend stand er ihr gegenüber. Dagegen suchte er auf
die ältesten Zeiten des Urchristentums die Betrachtung der Christen
wieder hinzuführen: die biblischen Schriften sowohl als die Werke
der ältesten und besten Kirchenväter wünschte er gründlich gelesen,
erwogen und beherzigt zu sehen. Für das Verständnis dieser
Quellenschriften der christlichen Religion gebrauchte er die gram-
matische und kritische Übung, die er sich in den Studien der Antike
erworben. Seine Meinung war es, die wissenschaftliche Erkenntnis
dieser Dinge zur Reinigung der Kirche zu verwerten. In der neu
erblühten Wissenschaft und in der durch sie erschlossenen besseren
Kenntnis des Urchristentums sah er das Heilmittel gegen die
kirchlichen Gebrechen und Schäden seiner Zeit.[1] Sein Enchiridion

---

[1] cf. Maurenbrecher, Gesch. der kathol. Reform. I, 118—45.

militis christiani (1503)[1]) wollte den Christen für den Kampf, den
er im Leben zu bestehen, ausrüsten, die passendsten Waffen für
denselben ihm liefern. Zu diesem Zwecke aber lehrte Erasmus
keine theologischen Theorieen über Erbsünde und Rechtfertigung,
über Glauben und Werke; er mahnte zu religiöser Auffassung
des menschlichen Lebens, zu praktischer Bethätigung
der religiösen Gesinnung. Eine gewisse Indifferenz gegen
dogmatische Doktrinen oder religions-philosophische Theorien, eine
gewisse Nichtbeachtung derselben, die leicht auch zur Verachtung
sich steigern konnte, trat damals schon hervor. Auf der andern
Seite redete er der herzlichen, kunstlosen Religiösität des Gefühls
und des Lebens mit grösster Wärme das Wort; er warf sich dem
Irrtum entgegen, der die Frömmigkeit in Ceremonien und der
Beobachtung äusserlicher Dinge gesehen und dergleichen.

Mit Wicel war Campanus bereits vor dem Marburger Colloquium bekannt geworden (s. o.). Später schloss er sich in Marburg
dann ihm an und unterhielt sich, für seine damalige Richtung
bezeichnend, gern und viel gerade mit den Schweizer Reformatoren.
Seine alte Bekanntschaft hatte den Campanus wiederum nach
Niemeck gezogen, wo jedenfalls ein lebhafter Gedankenaustausch
zwischen den beiden Männern erfolgt ist, wenn auch Wicel letzteres
später in seinen Verteidigungsschriften bestreitet und auch behauptet,
niemals Schriften des Campanus gesehen oder gelesen zu haben.
Wie dem auch sein mag, es findet sich manche Übereinstimmung
in den Grundlehren beider, wie sie in ihren späteren Schriften
ausgeprägt sind. Warum wäre auch Campanus nach Niemeck
hinausgezogen, wenn er nicht dort einen Gesinnungsgenossen
gewusst hätte?

Einige Gedanken mögen aus Wicels Schriften angeführt werden.

Wicel koncediert der Jerusalemer Gemeinde eine normative
Bedeutung, worauf er, wie er selbst gesteht, durch Lesen der

[1]) In den Visitations-Protokollen vom Jahre 1533 (D. St. A, IV. c. 6.)
wird besonders vermerkt, welche Bücher sich in der Bibliothek der Pfarrer
befinden; u. a. heisst es, dass der Pastor von Urmond im Besitze war von
„guten Büchern", wie des alten und neuen Testaments, der Exposi-
tiones von Hieronymus, Augustinus, Ambrosius und des Enchiridion christiani militis, dem wir neben den Erasmischen Ausgaben der
Kirchenväter besonders häufig begegnen, woferu die Geistlichen überhaupt
Bücher besassen.

13*

Apostelgeschichte zuerst aufmerksam geworden sei. Und wir dürfen seinem Bekenntnis, dass er die Tendenz auf die Wiederherstellung der ursprünglichen Gemeinde nicht aus Überlieferungen empfangen habe, wohl Glauben schenken. Aus der normativen Bedeutung der ersten christlichen Gemeinde folgerte er, wenn wir von Einflüssen verwandter Art seiner und früherer Zeit absehen wollen, in zwei Beziehungen dasselbe, wie die Täufer und andere vor ihm, nämlich 1. dass das gesellschaftliche Leben in seiner Entartung, wie er es um sich wahrnahm, nicht zur christlichen Ordnung stimme, und dass 2. die Christen bei staatlichen Gerichten nicht Recht zu suchen hätten. Hierin kam er den „Täufern", deren Leben er ausdrücklich lobt[1]), schon recht nahe. Er wäre jedenfalls auf diesem Wege geblieben oder der Partei der Taufgesinnten gar vollständig zugeführt worden, wenn ihn nicht ein entschiedener, häufig betonter Sinn für die verfassungsmässige Einheit der Kirche zurückgehalten hätte.

Wir sahen, dass er sich durch seine Reden, Briefe und Schriften nicht ganz ohne Grund dem Verdachte bei seinen Zeitgenossen (bes. Luther) aussetzte, dass er selbst ein „Wiedertäufer"

---

[1]) cf. Briefe (Q. 3, M. 4). Als Wicel nach Vacha zurückgekehrt war, traf er daselbst mehrere Täufer in Gefangenschaft an, unter ihnen einen Genossen seines früheren Verkehrs mit Jacob Strauss, nämlich den Melchior Ring. Er nimmt für ihre „Sekte" nicht undeutlich Partei. „Vita quorundam mihi cognitorum semper mihi arrisit et, nisi ficta est, optarim ad eum modum universos vivere, qui so Christianos gloriantur. (Vi:) Feruntur esse homines simplicissimi. Interrogati respondent se Christianos esse nec se alio nomine capitis subire velle supplicium." (21. Mai 1532.) Insbesondere spricht er sich über Rings Sittenstrenge, wie über seinen Mut und seine Gelehrsamkeit durchaus anerkennend aus. Allein er nimmt die Praxis der Wiedertaufe davon aus (N'), er nennt diese ein Verbrechen, welches er nicht mit dem Tode bestraft wissen will.

Sein Gegner Erasmus Alberus sagt in seiner Schrift: „Das der glaub an Jesum Christum alleyn gerecht und selig mach" 1539, p. H⁴: „Da hat er (W.) mitteler zeit geschrieben viel nerrichte kindische büchlin / auch mit den Widderteuffern / so mit dem Riucken da gefangen wurden / gehandelt / die haben ihm unter die nasen gesagt, das er sie sölchs gelert / und fur der uffrhur / ehe er ghen Lupnitz kummen, selbst in ein sonderlichen buch geschrieben hett / darin eben disse wort mit des Witzels hand geschrieben / Ich halt, das die Aposteln wol nit viel kinder getaufft haben etc und er hats gegen den Widderteuffern nit leugnen noch verantworten können.

Daher kumpts auch / das er in eym büchlein schreibt / die Widderteuffer seien der kirchen neher / weder die lutherischen . . ."

sei.[1] Seinen Zeitgenossen können nicht Gedanken unbekannt geblieben sein, die, auf Erasmus und dessen Quellen zurückgehend, sich mit denen der Täufer nahe berühren. Zu welchen Konsequenzen könnten uns im Zusammenhange mit den obigen Ausführungen und den „Verdächtigungen" seiner Zeit nicht Stellen führen, an denen er seiner rein idealen Auffassung Ausdruck giebt, wie z. B.: „der Heiligen heilige Gemeinschaft und Brüderschaft ist so gross als die ganze Welt, denn wo ein Christ hinkommt, wenn es gleich über tausend Meilen wären, und findet einen Mitchristen, siehe, so sind sie also gesellig und eins, kennen und lieben sich also herzlich unter einander, als wenn sie von Kindheit auf bei einander gewesen, und er findet allda den Glauben, die Lehre, den Sinn, das Leben, das er hat und führt. Also ist's rings um und um gar und ganz ein Ding mit den Christen, wie nahe und fern sie von einander wohnen, wie ungleich sie sonst an Gütern, Gewalt, Geschlecht und Kunst sind. Und diese heilige ewige Gemeinschaft und Bündnis ist erstlich unter uns durch die Taufe angehoben und gezeichnet als mit einer gewissen Losung, aber durch das Abendmahl wird sie täglich befestigt und den Brüdern, wie Christus die Christen nennt, und ihr erster Name war, zu Sinne gebracht."[2] Schon 1531 sprach Wicel, als er noch Pfarrer in Niemeck war, seine Überzeugung dahin aus: „Ich will keine neue Kirche. Wenn ich eine wollte, so wäre ich ja thöricht, wenn ich mich an eine andere anschlösse, als an die sogen. evangelische. An dieser ist ja alles neu, Lehre, Gebräuche, Sitten. Aber die Kirche ist eine. Sie ist aber in viele gespalten. Welche ist die rechte? Die älteste, apostolische. Dass die Welt zu dieser einen, wahren, apostolischen Kirche zurückkehre, das ist mein Wunsch, das ist mein Seufzen. Den Weg, auf welchem wir zu ihr zurückkehren müssen, zeigen die Apostelgeschichte und die Schriften der grossen Väter und ältesten Bischöfe. Die apostolische Kirche hat geblüht bis zu den Zeiten Constantins. Von da an ist sie ausgeartet, weil die Bischöfe sich der Welt hingaben. Die jetzige ist aus der alten

---

[1] Istorum hominum secta omnibus facile invidiam movet, qui vel mentionem eorum faciunt. Qui aliquid de Deo, de vita christiana, in improbos saeculi huius mores dicit, nae istum insignem retinctorem esse oportet (Briefe N[2]).

[2] s. Schmidt, Witzel ein Altkatholik p. 38.

hervorgegangen, aber ihr kaum ähnlich. Die älteste Kirche ist den neueren vorzuziehen, weil sie sich durch Geist, Glauben, Liebe, Weisheit, heiligen Wandel und Gerechtigkeit auszeichnet."[1]

Fast alle jene Gedanken Wicels, wenn auch mannigfach geändert, finden wir in der „Restitution" etc. des Campanus wieder. Beide Männer begannen mit einem gründlichen Studium der heiligen Schrift und der Kirchenväter und drangen auf Besserung der Sitten und christliches Leben. „Zum christlichen Leben und heiligen Wandel muss es wieder kommen, sonst hat Gott keinen Gefallen an der Christenheit. Die evangelische Lehre ist Alpha, das evangelische Leben ist Omega; diese beiden gehören zu Christo. Wer aber Christi ist, soll ihm folgen, mit ihm thun und leiden. Also hält unser Evangelium."

Dem Urteile seiner zeitgenössischen Gegner entging ebensowenig wie Wicel sein Lehrer Erasmus. In taufgesinnten Kreisen, natürlich auch am Niederrhein, hatte man es verstanden, sich des Erasmus Gedanken und Prinzipien zu eigen zu machen. Die

---

[1] vergl. Wicels Briefe (C—E) 1531. Welches ist die wahre Kirche? „Quid nunc de eo sentio homine, qui novam, hoc est haereticam ecclesiam audet constituere? Novam dico, quae vetus illa, una, vera, Sponsa Christi non est. Et quae tandem illa vera vetusque est? Num Romanorum? Num Graecorum? Utraque fuit, at nunc a seipsa mutata. Origo vetus est utriusque, imo eiusdem originis utraque est, nec enim olim dissecta erat. At qua origine coeperunt? Respondeo: apostolica. Igitur ab Apostolis, Christi servis, exordium sumens Ecclesia sola, vera unaque est? Maxime. Igitur quae illam veterem, id est apostolicam, forma non refert, adulterina est? Utique. Quin ergo ad veterem illam unam, veram, hoc est apostolicam, redeundum erat orbi? Hoc hoc inquam mei animi votum, hoc desiderium, hic gemitus meus est. Eo tendunt Precationes, Conciones, Libelli, Epistolae, Colloquia, Disputationes, breviter omne studium cursque. Num hac erro via? Num Sectam meditor? Cupio ecclesiam redire, unde venit. Cur hoc quaeso? Quia inter omnes nullam fere video, Christo verboque Regni eius dignam: et tamen ecclesia habenda est." Mit allem Nachdruck weist er auf die Kirchenväter hin: „Etenim huc illi omnia referant, ut Ecclesiam ab Apostolis instructam contra haereticos tuerentur illibatam. Nephas homines Dei olim inexpiabile ducebant, si vel paululum ab ordine Apostolico atque Apostolorum traditionibus et vivendi regula recederetur. Quam mentem ego omnibus huius aevi Episcopis et Theologis conprecor." Daher auch der Eifer des Campanus, der Wicel hierin folgte, die Kirchenväter zu studieren. Tertullianus exclamat: „O felicem Ecclesiam, cui totam doctrinam Apostoli cum sanguine suo profuderunt . . . Vera Ecclesia est, ubi ea, quae est ab Apostolis, Ecclesiae successio."

Verwandtschaft der täuferischen Ideen mit den seinigen trat derart
offenkundig hervor, dass man ihn, der allen Radikalismus und jede
„Sektirerei" verabscheute, selbst einen Sakramentirer und Wiedertäufer nannte. Wir lesen z. B. in einem Briefe des Joh. Cholerus
aus Augsburg (16. April 1532), dass Luther ihm in einem offenen
Schreiben den Vorwurf gemacht hatte, er sei ein „Anabaptista,
Sacramentarius, Arianus, Donatista, Hereticus ter maximus et
versutus Christi irrisor." [1]

Von besonderer Wichtigkeit ist Erasmus für uns auch nach
einer anderen Seite hin. Obwohl er nie seinen Abscheu vor der
Hartnäckigkeit sektirerischer Parteihäupter verborgen und ihre
Schuld abgeschwächt oder sie vor Strafe geschützt hat, so galt
ihm doch die Rücksicht auf die allgemeine Christenheit und ihre
Ideale mehr; er kannte noch eine andere Methode, die Ketzerei
zu bezwingen, als das Blut der Ketzer zu vergiessen: langsame,
allmähliche Heilung von dem Laufe der Zeit zu erwarten, das
war schliesslich das Mittel, das er sich zu empfehlen erkühnte.

Nach dieser Abschweifung, die uns für die spätere Darstellung
einen willkommenen Kommentar liefern wird, kehren wir zu des
Campanus Lebensgang zurück.

* * *

Im März 1530 wagte er es, am Hofe des Kurfürsten zu Torgau
zu erscheinen, wo dessen Räte die in Augsburg dem Kaiser vorzulegenden Artikel berieten. Von mehreren angesehenen Männern aus
Jülich empfohlen, verlangte er, mit den Theologen zu disputieren. Vielleicht erkühnte er sich hierzu gerade zu jener Zeit, weil er wusste,
dass Luther abwesend war, und er mit dem milderen Melanchthon
eher zusammenkommen zu können hoffte. Zugleich übergab er eine
schriftliche Darstellung seiner Lehren, „einen Haufen gottloser mon-
ströser Dogmen", die der Herzog an Melanchthon vermittelte. [2] Seine

[1] cf. Burscheri Spicilegium II, p. XVII.
[2] cf. Corp. Ref. II, 33 f. (Melanchthon an Fr. Myconius, 27. März 1530):
„Postquam labefacta et profanata Coena Domini belle cogitatis rationibus
absurda correxerunt, quae sic videbantur humano judicio, nunc incipiunt
φιλοσοφεῖν de tota Religione. Ille noster Campanus huc attulit magnum
acervum impiorum dogmatum. Et habet in tanto facinore Julincenses
proceres, qui ausint cum commendare principi nostro ac petere,
ut nos vadatos sistat in judicio. Decrevit enim nobiscum bellum gerere.
Disputat Christum non esse Deum; Sp. S. non esse Deum, peccatum originale
nomen inane esse. Denique nihil non transformat in Philosophiam. Haec

wiederholten Versuche zur Disputation legen lebendiges Zeugnis ab von dem Selbstvertrauen und dem brennenden Eifer dieses redebegabten Prädikanten. Der verlangte Kampf wurde ihm wiederum von den Reformatoren verweigert. Aber trotz seiner „gottlosen Dogmen" wurden keine strengen Massregeln gegen ihn ergriffen, obwohl er lange genug sich in Torgau aufhielt. [1]

Im einzelnen möge über des Campanus Aufenthalt und Versuche in Torgau noch folgendes hinzugefügt werden.

Die Wittenberger Theologen und Melanchthon waren auf ihres Kurfürsten Geheiss nach Torgau gekommen, um hier ihre Aufsätze über die streitigen Artikel zu übergeben, des weiteren

---

sunt illa mysteria, quae tibi exponere noluit, ut plus haberent admirationis subito in populo elata. Deus respiciat nos; teque oro, ut huiusmodi Neophytos caveas. . . . . Torgae. Phil." Luther kannte diese Zusammenfassung des Campanus, mit der sich Melanchthon am 27. März beschäftigte, am 1. April noch nicht (de Wette III, 566.) Köstlin, Luther II, 197, 651. „Luthers Anwesenheit ist im höchsten Masse zweifelhaft", Kolde, die Augsburgische Konfession. Gotha. Perthes 1896 p. 2, Anm. 2. Luther an Wicel (1. April): Torgae jam fere dies XV fuit miseraque monstra dogmatum indicans, quae mibi tamen nondum visa, sed tantum relata sunt: ut divinare non satis possim, quid alat. cf. Th. Brieger, die Torgauer Artikel, ein Beitrag zur Entstehungsgeschichte der Augsburg. Confession (in Kirchengeschichtl. Studien, H. Reuter gewidmet Lpz. 1888 p. 265 ff.; 271.)

[1]) Melanchthon an den sächs. Kanzler Chr. Beier (31. März; Corp. Ref. II, 34.): „Articulos Campani remitto vobis, quos casu, cum non cogitassem, mecum retinui; pleni sunt spurcissimis blasphemiis, quo magis miror Campanum dimissum esse." Melanchthon sagt 1555: (Johannes) Campanus qui iam est captivus, fuit acerrimus Lutheranus . scripsit contra me . postea est factus papista, postea Serveticus . . ego dedi consilium ante 30 annos ut caperetur, sed noster princeps non voluit eum capere. (Bl. 231). (Weshalb kam Melanchthon 1555 gerade auf ihn zu sprechen? Wurde Campanus damals in Jülich festgenommen, oder erinnerte ihn der Tod Servets an seinen früheren Gegner Campanus? s. u.). Mel. fügt jedenfalls Bl. 234 b hinzu: „Genuenses recte fecerunt, quod ante biennium (1553) interfecerunt Servetum, quamquam multi contra Calvinum et istos bonos homines scripserunt." cf. W. Meyer, Melanchthons Vorlesung über Ciceros officia 1555. (Göttinger Nachrichten 1894 p. 174.)

Auch nach dem Torgauer Zusammentreffen hatte Campanus seine Absichten nicht aufgegeben; noch einen dritten vergeblichen Versuch zur Disputation machte er. Wo und wann, wissen wir nicht. Er selbst sagt darüber am Schlusse seiner „Restitution": „Wiewol ich ihm (Luther) dreimal drei jar nacheinander vor der ausgangenen Schrifft zurecht gefordert hab, erst zu Margkburg, darauf zu Turgaw vor seine Fürsten, zum dritten für

zu besprechen und dann mit dem Kurfürsten unmittelbar von hier
aus die Fahrt zum Augsburger Reichstage anzutreten. Währenddessen
fand sich, wie gesagt, auch Campanus in Torgau ein.
Er hatte erfahren, was in Torgau im Werke sei, und glaubte bei
dieser Gelegenheit nun seinen im vergangenen Jahre in Marburg
gescheiterten Plan desto befriedigender durchsetzen zu können.
Ja, es scheint, als ob er den ernsten Willen gehabt habe, an den
Beratungen über die dem Kaiser zu Augsburg[1] zu übergebende
Schrift thätigen Anteil zu nehmen. Aus dem folgenden ist zu
entnehmen, dass zwischen ihm und den Wittenbergern eine Verhandlung gepflogen ist oder dass der Kurfürst selbst in dieser
Angelegenheit eine Entscheidung getroffen hat. — Die Theologen
legten den „Einbildungen" des Campanus nur wenig Bedeutung
bei. Der Fürst behandelte ihn dagegen mit etwas mehr Ernst.
Er liess sogar die „Akten, die Gelehrten zu Wittenberg und
Joh. Campanus belangend", nach Augsburg mitnehmen[2] und zwar

zwentzig gelerter Männer, mit übersichtigung aller meiner Schriften,
und das recht mir immerdar geweigert ist, so hab ichs dennoch für gut
angesehen, mich auch nach der ausgangenen Schrifft jm und den seinen,
wa und wenn sie wollen, gerichtlich erbieten zu erscheinen. Ich kan mit
mer. Richte solcha zwischen ihnen und mir ein jeder so verstundt hat."

[1] Die Schrift Ecks, welche 1530 in Augsburg auf Veranlassung der
bayr. Herzöge dem Kaiser gewidmet ist und 404 Artikel aus Schriften
Luthers, Melanchthons, Zwinglis, Karlstadts u. s. w. sowie Auslassungen von
Denck, Hubmaier enthält, ist noch erhalten (Berl. Königl. Bibliothek) unter
dem Titel: „Sub domini Jhesu et Mariae patrocinio Articulos 404 partim
ad disputationes Lipsicam, Baden & Berneü attinentes, partim vero ex
scriptis pacem ecclesiae perturbantium extractos, Coram divo Caesare Carolo
V, Joan. Eckius offert se disputaturum." Werden in diesem Schriftchen
zahlreiche Sätze u. a. von Täufern angeführt, so kommt der Name Campanus
in demselben aus klärlichen Gründen nicht vor. Überraschend haben jedenfalls in ihrer Allgemeinheit folgende Artikel neben vielen andern gewirkt:
227. Infantes non sunt baptisandi: sed baptisati cum ad usum
rationis venerint rebaptisandi. Baldnaar (Hubmeier) & omnes Catabaptistae.
391. Maligni spiritus cum damnatis denuo salvabuntur. Joh. Denck.
404. Inter Christianos nulla debet esse superioritas, nulla iudicia,
nihil separatum vel clausum, neque meum neque tuum, nulla cohortio, quam
excommunicatio: & illam volunt esse frequentem. Anabaptistae.
[2] cf. Corp. Ref. II, 34; Förstemann, Urkundenbuch zu der Gesch.
des Reichstages zu Augsburg im Jahre 1530. Bd. I. (Halle 1833) p. 134 f.;
138; Plitt, Einleitung in die Augustana I, 522; Schilderung der Reise der
Theologen von Wittenberg und Torgau zum Augsburg. Reichstage: Ein statt-
licher Zug war es, der sich nach Süden bewegte. Auf vierspännigen Wagen

zusammen mit den wichtigsten Urkunden, in welchen die evangelische Kirche bisher ihren Glauben bekannt hatte.

Eine wichtige Frage ist nun hier die, ob Campanus und seine Lehre von der Trinität von bestimmendem Einfluss auf die Fassung des Schlusssatzes des 1. Artikels der Confessio Augustana gewesen ist: Damnant Samosatenos veteres et Neotericos.

Merkwürdigerweise wird in den ersten Quellen hier immer zuerst an Servet[1]), nicht an Campanus gedacht, wie überhaupt Servet an vielen Stellen dort gern in den Vordergrund geschoben wird, wo Campanus sicherlich am Platze ist.[2])

Aus chronologischen Gründen kann aber zunächst nur an Hetzer und Denck, keinesfalls aber an Servet zu denken sein. Der meiner Ansicht in erster Linie auf Campanus bezügliche Passus des Art. I. der Conf. Aug. (verfasst bis 20. Juni von Melanchthon, während Luther in Coburg sass; verlesen von Dr. Baier am 25. Juni), lautet: „Damnant et Samosatenos veteres et neotericos[3]), qui, cum tantum unam personam esse contendant, de verbo et de

---

führte man auch 3 Laden (Koffer) mit sich, eine schwarze, eine weisse und eine rote, welche die Urkunden enthielten, deren man zu bedürfen glaubte. Und in der rothen Lade fanden sich unter alten Schriftstücken auch: „doctor Martinus Luther belangend; etlich Bedenken des hl. Evangelium halben; der Visitatoren Ordnung und Instruktion; Handlung und Abschied der Gelehrten zu Marburg Anno 1529 . . . die Gelehrten zu Wittenberg und Joh. Campanus belangend." Die Akten scheinen verloren gegangen zu sein. Auf meine diesbezügl. Anfragen bei den Archivverwaltungen in Augsburg und Weimar erhielt ich leider Mitteilungen, welche den Verlust bestätigen.

[1]) In der Mitte des Jahrhunderts ist Servet ohne Zweifel der Mittelpunkt aller der Irrlehrer und Schwarmgeister (wie Luther sie nannte), deren Ideen, welche gleich Feuerfunken ausgestreut bald da, bald dort an einem entzündbaren Stoffe sich ansetzten, er festere Consistenz und Haltung gab. (cf. Baur, die christl. Lehre von der Dreieinigkeit, 3. Teil p. 54.)

[2]) Melanchthon bemerkt in einer Konferenz zu Worms (10 Jahre später, 1540) gegen Eccius: Unsere Kirche hat offenbar den ersten Artikel der Confessio verteidigt gegen Servetus u. a. (Damals hatte man sich gerade besonders gegen diesen zu wehren, während Campanus sich, soweit wir wissen, ruhig verhalten musste.) Ferner ist in einer anonymen Edition der Conf. Aug. zu Rostock vom Jahre 1562 zu „veteres et neotericos" angemerkt: „Michael Servetus von Aragon in Spanien, verbrannt zu Genf 1553." (cf. Wallace, Antitrinitarian Biographie. London 1850. Vol. I. p. 406.)

[3]) s u. Brief des Melanchthon: liber . . . . renovans Samosateni impietatem. Exitimo Campanum architectum esse.

spiritu sancto astute et impie rhetoricantur, quod non sint personae distinctae, sed quod verbum significet verbum vocale, et spiritus motum in rebus creatum."[1])

Servets Dogmen waren in Lutherischen Kreisen damals noch nicht bekannt, konnten also auch noch nicht als „falsa und periculosa" verworfen werden. Fast alle Kommentare neueren Datums stimmen darin überein, dass hier an Servet nicht zu denken ist. Schon Heinrich von Allwoerden hebt 1727 in seiner Schrift über Servet (p. 27/28) hervor, dass hier Servet unmöglich in Betracht komme, obwohl Melanchthon 1540 in einem Gespräch mit Eck gesagt habe: de primo articulo non est controversia, in quo constat nostras Ecclesias fideliter defendisse communem consensum adversus Servetum et alios.

Mit Recht werden zwei Gründe gegen Servet geltend gemacht: 1. Die Dogmen, welche hier am Schlusse des 1. Artikels verworfen werden, finden sich nicht bei Servet (z. B. verbum esse vocale; Spiritum esse motum in rebus creatum). 2. Als 1530 die Conf. Aug. verfasst wurde, waren Servets Ansichten noch nicht in Deutschland verbreitet. Erst 1531 erschienen seine „Libri VII de Trinitatis erroribus."

---

[1]) Ranke (Deutsche Geschichte im Zeitalter der Reform. Bd. VI Lpz. 73 p. 88) hat versucht, den echten Text der Confessio wiederherzustellen, von dem ja die beiden Originale, die von den Ständen unterzeichnet und dem Kaiser übergeben worden, früh verloren gegangen sind: „Erstlich wirt eintrechtiglich gelert und gehalten laut des Beschlus Concilij Niceni, das ein einig Göttlich wesen sey, welchs genant wirt und warhafftiglich ist Gott, und sind doch drei personen jnn dem selbigen einigen Göttlichen wesen, gleich gewaltig, gleich ewig, Gott vater, Gott Son, Gott heiliger geist, alle drey ein göttlich wesen, ewig, one stück, unermessener macht, weisheit und güte on ende, ein Schöpffer vnd erhalter aller Dinge, der sichtbaren und unsichtbaren. Und wird durch das wort persona verstanden nicht ein stück, nicht ein eigenschafft jn einem andern, sondern das selb bestehet, wie wenn die Veter jnn dieser sachen dis wort gebraucht haben. Derhalben werden verworffen alle ketzereien, so diesem Artikel zu widder sind, als Manichei, die zweene Götter gesetzt haben, ein bösen und ein gutten, Jtem Valentiniani, Arriani, Eunomiani, Mahometisten und alle dergleichen, auch Samosateni, alte und newe, so nur ein person setzen, und von diesen zweien, wort und heilig geist, Sophistrey machen und sagen, das es nicht müssen unterschiedne personen sein, sondern wort bedeut leiblich wort oddder stimme, und der heilig geist sey geschaffen regung jnn Creaturn." s. auch F. Kolde, die Augsburgische Konfession lateinisch und deutsch. Gotha. Perthes 1896 p. 23 f.

Es kann nur Campanus in Beziehung gebracht werden, welcher 1530 venena sua Wittenbergae sparsit.[1] Vor seiner Abreise nach Augsburg warnte Melanchthon den Myconius (cf. p. 190 Anm. 2) itaq ue oro, ut huiusmodi Neophytos caveas. Statt des Wortes νεόφυτοι, welches dem Campanus und seinen Genossen galt, brauchte er kurz darauf in Augsburg das gleichwertige Synonym: νεωτεριχοί.[2] Seine Erfahrungen aus dem Auftreten älterer Täufer und des Campanus veranlassten Melanchthon (nicht ohne Grund dürfen wir es annehmen), Bestimmungen über die Trinität schon damals aufzunehmen, obwohl, wie wohl geltend gemacht ist, des Campanus Irrlehren noch nicht allgemein bekannt waren.

Es kann nicht zweifelhaft sein, dass die Worte Melanchthons: „Die neuen Samosatenen ff." ganz bestimmte und beabsichtigte Spitzen enthalten.[3] Über den Inhalt der in täuferischen Kreisen verbreiteten antitrinitarischen Lehren sind wir zwar jetzt im allgemeinen wohl unterrichtet, vermögen ihn aber in der Confessio wegen der Kürze der Fassung nur vermutungsweise zu erkennen.

---

[1] cf. Sandius, Bibliotheca Anti-Trinitar. p. 17: „Obscuri alius nominis est hic Johannes Campanus. Scripsit contra mysterium Trinitatis aeternitatemque Spiritus S. negavit. Ita ut omnia, quae in hoc Articulo (sc. Augustanae) reiiciantur, bene in eum quadrent."

[2] Vorgänge und Erfahrungen vor und während der Abfassung der Conf. Aug. veranlassten den Melanchthon wohl, seiner Stimmung Ausdruck zu geben: (1533 in einem Schreiben an Camerarius): Περὶ τῆς τριάδος scis me semper veritum esse, fore ut haec aliquando erumperent. Bone Deus, quales tragoedias concitabit haec quaestio ad posteros: τί ἐστιν ὑπόστασις ὁ λόγος, τί ἐστιν ὑπόστασις τὸ πνεῦμα. In demselben Jahre schrieb Mel. an Brenz: „non dubito, quin paulo post magnae de hac re controversiae exoriturae sint." (Corp. Ref. II, 630, 660; Baur, die christl. Lehre von der Dreieinigkeit . . . 3. Teil, p. 53, Anm. 6.)

[3] In einem „fragmentum ex quadam epistola Philippi Melanchthonis ad Lutherum" (1530 postridie Joh. Baptistae): „In his diebus fui apud Saltzburgensem, qui me bene cruciavit longa et rethorica commemoratione omnium motunm, qui his annis extiterunt. Adscribit nobis omnia incommoda . . . . . Hodie primum exhibebuntur nostrae confessionis articuli." cf. Corp. Ref. 2, Nr. 736; F. W. Schirrmacher, Briefe und Akten zu der Geschichte des Religionsgespräches zu Marburg und des Reichstages zu Augsburg 1530, Gotha 1876, p. 86.

„Bey jedem artikel des glaubens hat man auch die gegenlehre und irrige meinung und ketzereien, als sacramentschwermer, wiedertäufer x. verworfen mit erbietung, wo jemands ferner unterricht haben wolt, dieselben auch zu thun." (Schirrmacher, a. a. O. p. 92.)

In einem Briefe Melanchthons und Joh. Brenz' an den Landgrafen von Hessen (11. Juni 1530; Corp. Ref. II, 93) wird Campanus ausdrücklich erwähnt: „Denn dieser Zwiespalt ist uns von Herzen leid, haben auch auf Erden keine grössere Betrübnis, denn von dieser Sache, dass wir sehen, wie man zufüllet auf ungegründete opiniones, daraus grosse Spaltung in der Kirche, darzu Unrichtigkeit im Gewissen folget, dadurch man hernach weiter fället auf andere schädliche Gedanken; wie wir denn sehen, dass vielen jetzund widerfahren, welche erstlich vom Abendmahl haben allegorisirt, kommen nun und allegorisiren von mehr Artikeln, als nämlich Campanus, Martinus Cellarius, Felinus darüber keine Ruhe haben, sondern Praktiken machen, wie man solches mit Gewalt hinausführe, draus nicht allein ein gräulich gross Blutvergiessen zu besorgen, sondern auch grössere Spaltungen in geistlichen Sachen und Zerrüttung der Regiment . . . ." (vergl. auch Dav. Chytraeus, Historia der Augspurgischen Conf. Frankf. a./M. 1580 p. 358).[1]

Dass Campanus selbst in Augsburg gewesen ist, um persönlich durchzusetzen, dass seine Ansichten in der Conf. Aug. berücksichtigt würden, ist ausgeschlossen.[2] Der Kurfürst hatte jedenfalls nicht ohne Grund die ihn betreffenden Akten mitnehmen lassen, denn nicht wenig wurde Melanchthon zuletzt wohl auch durch Campanus beunruhigt und belästigt. Er selbst schrieb an Luther in Coburg, dass er die Fassung der Confessio mannigfach ändern müsse.[3]

* * *

[1] Der Landgraf antwortet ihnen bezeichnender Weise: „Ich habe Eur Schreiben gelesen und nicht anders denn freundlich aufgenommen. Dass Ihr aber im Anfange schreibt, dass Campanus und Martinus Cellarius und andere böse Secten einführten durch ihre Gedanken, ist mir leid, glaube auch, dass es Zwinglio und Oecolampadio so leid sey als euch; aber um ihrer Gedanken willen muss man die Unschuldigen nicht urtheilen, denn sonst möchte gesagt werden, Luther hätte auch viel Übles verursacht, wie denn die Papisten sagen."

[2] Bissig bemerkt Lindanus in der Vorrede zur Concordia Disc. p. 42 (cf. Schelhorn a. a. O. p. 27): Ita fuit novella illa Lutheranae doctrinae formula Carolo V. A. brevi post Augustae proponenda, a Campano aliisque exagitata, ut oblatam ab eo publ. illius oppugnationem Philippus Melanchthon et alii semitheologi subire non auderent.

[3] Nicht zuletzt waren es auch Campanus und seine Bestrebungen, welche die Veranlassung gaben zur Einführung eines Eides bei der Promotion der Doktoranden in Wittenberg. Es musste nämlich später bei dieser

Campanus verfasste, als die Wittenberger Dioskuren ihn nicht hatten hören wollen und einer Disputation für unwert gehalten, eine erweiterte Darstellung seiner Lehren, die er der Öffentlichkeit zur Beurteilung vorlegen zu müssen glaubte, und die wohl zunächst nur handschriftlich, wenn auch in Buchform, verbreitet resp. in Luthers Kreisen bekannt wurde. Was Melanchthon vermutet hatte, trat wirklich ein: die Schrift, „plötzlich vors Volk getragen", fand Anklang, zumal in einer Gegend, wo der Verfasser bekannt und beliebt war. —

Campanus war unterdessen wieder nach Jülich zurückgekehrt.[1] Am 15. Juli 1531 schrieb Melanchthon[2] daher an Konrad Heresbach, einen der einflussreichsten Räte am clevischen Hofe: Est apud vos quidam, cui nomen est Campano, qui profitetur se hostem Lutheranae factionis, idque callide facit, ut eo praetextu insinuet se in animos istarum nationum, apud quas invisum est Lutheri nomen, ac contra Lutheranos nihil admodum scribit nisi meras λογομαχίας et venenata convicia. Interim

akademischen Feier das eidliche Versprechen gegeben werden, in Zukunft die reine Lehre des Evangeliums vertreten zu wollen, wie sie im apostol., nicän. und athanasianischen Symbole und der Confessio Augustana von 1530 festgelegt sei, und sie gegen neue Lehren zu verteidigen. Dieser Eid existierte offiziell seit 1533. Allmählich erhob sich gegen diesen Eid Widerspruch, so von seiten Osianders. Melanchthon aber verteidigte 1553 den Eid; er sei vor etwa 25 Jahren eingeführt (d. h. also um 1530), videlicet a Luthero, Jona et pastore huius ecclesiae Doctore Pomerano ... Et tunc vagabantur multi fanatici homines, qui subinde nova deliramenta spargebant Anabaptistae, Servetus, Campanus, Stenckfeldius et alii. Et non desunt tales furiae ullo tempore. Quantum igitur humana diligentia cavere potuit, voluit hic Senatus bona ingenia de modestia commonefacere et metas ostendere, extra quas non temere erumpendum esset, voluit et frenare, quantum posset, minus quietos. s. Hausleiter, Aus der Schule Melanchthons. Theologische Disputationen und Promotionen zu Wittenberg i. d. J. 1546—60. Greifswald 1897, p. 112. Thesen beschäftigten sich mannigfach mit Campanus und seinen Geistesverwandten, s. a. a. O. p. 130

[1] Auf der Rückreise hat er wahrscheinlich Braunschweig besucht (cf. Schreiben Luthers an Mart. Görlitz in Braunschweig d. d. 27. Nov. 1531. de Wette IV, 321): Auditur hic apud vos irrepsisse Joannem Campanum — arbitror te nosse istum filium Satanae et adversarium filii Dei, quem plus etiam quam Arius ipse blasphemat." (vergl. Preger, Tischreden Luthers № 197 [p. 63,64]).

[2] Corp. Ref. II, 513; Keller, a. a. O. p. 85. Cf. die Briefe Melanchthons an Heresbach s. bei Casp. Peucer, Alter Libellus Epistolarum Melanchthonis. 1570 p. 387 ff.; spez. p. 394, 398.

καινοτομεῖ περὶ τοῦ θεοῦ καὶ περὶ τοῦ ἁγίου πνεύματος εὐνομια-
νοφρονεῖ. Telam orditur, quam non poterit detexere. Ideo te oro,
ut pro tua prudentia des operam, ne quid existat ex illis dispu-
tationibus mali. Juvenis est imperitus horum certaminum *καὶ νεανι-*
εύει πῆγον θρασωνικῶς. Titulum libro[1]) fecit: contra totum ✓
post Apostolos mundum.[2]) De his rebus cogitabis." — In
einem andern Schreiben Melanchthons an denselben heisst es:
„Calumniae Campani editae sunt, quas cum videris, quantum mali,
quos motus pariturae videantur, intelliges. Incurrit in omnes
sine discrimine. Nemo quicquam recte dixit praeter unum hanc
Thaleta Campanum. Sed privatae injuriae facile dissimulari a nobis
possunt. Vos videritis, utram Ecclesiae hoc genus calumniarum
profuturum sit." (Corp. ref. II, 29.)

Melanchthon verfehlte nirgends, besonders vor ihm zu warnen,
so z. B. Bugenhagen, der sich mit des Campanus Lehren beschäftigte:

___

[1]) cf. Auszug daraus von Bugenhagen; mitgeteilt von Förstemann in
Z. für histor. Theologie 1846 p. 497 f.

[2]) cf. Luthers Tischreden f. 277: „Dr. Martin Luther lase in des
Campani Buch, das er mit eigener Hand geschrieben und Münsterus
übersehen und ausgestrichen hatte, welches Titel war: wider die
Lutherischen und alle Welt nach den Aposteln und derselben wunder-
barliche und seltzame ungehewre Jrrthumb." (Schelhorn a. a. O. p. 55 Anm. k.
vermutet, dass dieser Münsterus ein „Sebaldus Münsterus, juris Cons. Witte-
bergensis" sei, dessen Leben in Melanchthonis Praef ac Orationum Tom. II
p. 444 beschrieben sei.) — Die Bedeutung der beiden Verben: übersehen und
ausstreichen kann nicht zweifelhaft sein = genau durchsehen und gleichzeitig
kritisieren. („expungere atque obelo transfigere. Forte Münsteri censurae
liber oblatus fuit.") cf. Grimm, deutsches Wörterbuch, Bd. I p. 991 (hier
findet sich obige Stelle: ausstreichen=anstreichen). Als Parallelstellen hierzu
vergl. f.: Ich bitte, jr wöllet die Artikel des Glaubens übersehen=durchsehen,
prüfen. (Briefe Melanchthons an Luther 22. Mai 1530 in Chytraei Conf. Aug.
1580 p. 31); a. a. O. p. 98: Barfüsser-Mönch. —, den Erasmus in seinen
Colloquiis ausstreicht=kritisiert. cf. u.: (Brief des Campanus an Peter
Tasch): „Wir haben mitler zeit etlich stuck ausgestrichen . . . und dem
Groper zugeschickt: hier „ausstreichen"=auszüglich mitteilen, abschreiben und
kritisch behandeln. Tischreden: Da sprach M. Philip: sein Bedenken wäre;
dass man ihn (Campanus) an den liechten Galgen hinge, und solchs hette er
seinem Herrn (dem Herzoge zu Jülich) geschrieben. — In Lauterbachs Tagebuche (ed. Seidemann p. 174) findet sich folgende Stelle: „Deinde legit (Luth.)
in libro Campani propria manu scripto et Munsteri reperto, cuius
titulus: Contra Lutheranos et omnem post apostolos mundum, ejusque miros
et monstrosos errores, mirante Bucero. Illi pessimi nebulones omnia sua
urgent vigide."

„haec scribo, ut istic praemunias animos tuorum adversus huiusmodi venena."[1] —

In Wittenberg hatte Campanus keine angenehmen Erinnerungen
zurückgelassen. Die Art seines Auftretens und der Inhalt seiner
Lehren legte einen Vergleich mit den turbulanten Scenen der
zwanziger Jahre nahe. Gegen sittliche Verirrungen der Zeit und
gegen separatistische Bestrebungen, die Verbreitung von Ideen,
wie sie Campanus in Wittenberg vertreten hatte, richtet sich wohl
auch der erste Teil einer kleinen Schrift:

Vermanung / aus un-
sers gnedigsten herrn
des Churfürsten zu
Sachsen g befelh / ge-
stellet / durch die pre-
diger zuuorlesen /
widder Gots le-
sterung und
füllerey.
Wittenberg:
M. D. XXXI.

Am Schlusse steht: Gedruckt zu Wittenberg durch Georg
Rhaw.[2]

Einige Sätze aus derselben mögen angeführt werden: „Die
allgemeine Erfahrung lehrt, wie auch ein Gerücht und Klage

---

[1] In den „Dicta Melanchthonis" findet sich folgende Stelle: (extat
versus Sophoclis, ὅταν τὸ κρηστὸν τὴν ἴσην ἔχει φύσιν. Est pulchra sententia.
Boni homines habent aequalem naturam, semper manent firmi in suo propo-
sito honesto; sein nicht . . . heutt Lutterisch, morgen bapistisch, ut Campanus in primis erat vehementissimus Lutheranus, postea deficiebat
a Lutheranismo et factus est adversarius.) Habeo penes me librum
scriptum ipsius manu propria, in quo vult conciliare Alcorani doctrinam cum Christianorem etc. Loesche, Analecta .. p. 141.

Obwohl die meisten Erwähnungen (wie die vorige z. B.) des Werkes
nur die Deutung einer Handschrift zulassen und auch bis jetzt kein Exemplar eines Druckes gefunden worden ist, so ist doch sehr wahrscheinlich,
dass die Schrift später gedruckt und so verbreitet ist. Seb. Franck sagt in
seinem Briefe an Campanus (s. u.) p. 26 (1531; also nachdem des Campanus
Buch erschienen war): „Dein lateinisch Exemplar habe ich nicht gesehen,
wohl aber das deutsche."

[2] 18 Blätter in gross 4°; grosse Lettern, gleichzeitiger Druck. (Kgl·
Bibliothek zu Berlin.)

darüber in aller Welt ist, dass in diesen letzten Zeiten / durch
sonderlich anreitzung und verhetzunge des Teuffels / das aller-
greuliche Laster / nemlich / die Gotteslesterung . . . merklich an
vielen Orten wil einreissen / nemlich mit greulicher Lesterung des
Göttlichen Namens / mit schrecklichem fluchen / bey den geliedern
und Leiden Christi / mit Schmachworten und höhnischen reden /
wider das heilig Evangelium und Predigtamt — das alles aber ist
vom leidigen Teufel verursacht.

Darumb hat er (d. h. der Teufel) von anbeginne / allezeit /
allerley Gotteslesterung in der welt angericht / denn alle Ketzereien /
alle heuchelei und lügen / alle falsche Lehre / unn falsche Gottesdienst / dadurch Gottes warheit unterdrückt / und die Lügen für-
gezogen / flissen von ihm her / Er hat Arrium / Pelagium etc. /
und alle ketzer / und was jnn der Kirche schaden gethan hat /
erwecket / Er hat erstlich den Mahomet .... erfurbraoht / Und
heutiges tages / alles, was alle Gottlose / freche / wilde / ver-
zweifelte / lose leute und verechter Gottes / widder Gott und den
christlichen glauben lestern / soll man gantz und gewis dafür
halten / das es nicht menschen reden / sondern das der leidige
Teuffel durch ihren Mund rede.

So nu der selbig Geist / und feind Gottes der Satan /
sich dieser Zeit sonderlich reget / durch seine Glieder / wilche zum
teil aus blindheit / und verhertung / zum teil aus furgenommener
bosheit / jnn grosser sicherheit / von Gott dem Herrn /
von unserm Herrn und Heiland Christo / von dem heiligen Evangelio / von den Sakramenten / von dem predigtamt / gotteslesterisch reden / und solchs alles verechtlich
halten / ist zu besorgen / das Gott der allmechtig umb solcher grosser
sünde willen / land und leute / grewlich strafen möcht . . ." [1])

Diese Schrift, welche durch die Pfarrer von der Kanzel
herab in den Kirchen verlesen wurde, ist nach der Anwesenheit
des Campanus in Wittenberg veröffentlicht, als letzterer die im
letzten Absatz hervorgehobenen Lehren dort und in der Nachbarschaft verbreitete. [2]) — —

[1]) Vergl. p. 206, Anm. 1: Luther nennt hier den Campanus einen Sohn
Satans und Feind des Gottessohnes; er lasse sich mehr Gotteslästerungen zu
schulden kommen als Arius selbst.

[2]) cf. Bock, histor. Antitrin. II, 254/55; Wallace, Antitrinitarian Biography Vol. I, p. 411.

14

Der Brief Melanchthons an Heresbach hatte jedenfalls das
Edikt der herzoglichen Regierung in Düsseldorf vom 1. Nov. 1532
gegen Johann Campanus und Heinrich von Tongern zur Folge,
worin gegen alle Prädikanten geeifert wird, „die sich ungeburlicher
wyss oder on ordentlichen beroiff ingedrongen hetten oder in-
dringen wurden und unchristliche lere, nuwerongen, ufroir und
widderwerdicheiden infoerten etc., furnemlich Johannes Campanus,
auch einer Heinrich von Tongern genant und andere derglychen
in gedachten unsern landen underhalden werden sullen, die dem
gemeinen Mann bedroegliche und unchristliche lere ingebildt haven
und noch ehe lenger ehe mehe inzubilden understein, insonderheit
dewyll sy verechtlich schrywen und predigen van dem
loblichen althergebrachten gebruych des kinder-deuffens,
van dem Geist und andern derglychen Punkten und sunst den
gemeynen Mann uff usserlich Friheit understain zu
foiren.“[1] Man soll sie schleunigst zur Haft bringen.

Trotz alledem aber blieb Campanus im Jülichschen und setzte
seine Feindseligkeiten gegen Luther und dessen Anhänger fort,
obwohl diese verschiedentlich darauf drangen, dass ihm von den
Behörden Schweigen auferlegt würde. In demselben Jahre (1532)
erschien sogar die Schrift des Campanus: „Göttlicher und heiliger
Schrift vor vielen Jahren verdunkelt und durch unheilsame Lehr
und Lehrer aus Gottes Zulassung verfinstert, Restitution[2] und
Besserung durch den hochgelehrten Campanum.“[3] In dieser Schrift

---

[1] cf. Jacobson, Kirchenrecht p. 3; Keller, Wiedertäufer p. 295.

[2] Der Ausdruck „Restitution“ im Sinne des Campanus begegnet uns
später in Münster wieder. Campanus fordert in seiner Schrift (im einzelnen s. u.
p. 242 f.): Rückkehr zu den biblischen Idealzuständen, indem er die ganze kirchliche Entwicklung seit der apostolischen Zeit für einen grossen Abfall erklärt.
Er ist der eigentliche Vater des münsterischen Restitutionsgedankens. In
Münster erschien Oktober 1534 die „Restitution“ Rothmanns, die mit unerbittlicher Konsequenz die Reformation durchgeführt wissen will, d. h. eine Wieder-
berstellung der reinen biblischen, nicht bloss neutestamentlichen Idealzustände
in Lehre, Leben und Verfassung. — Die Münstersche Restitution ist unter
Rothmanns Leitung aus dem Kreise der Prädikanten hervorgegangen, die
selbst unter den Einflusse des Campanus standen, wie weiter gezeigt werden
wird. Dass man in Münster des Campanus Gedanken fortgebildet und sich
sogar des Titels seiner Schrift bediente, kann uns also nicht wunder nehmen.
(cf. F. O. zur Linden, Hofmann p. 362.)

[3] Der Schrift ist eine Vorrede von Niclas Franz von Streitten an den
dänischen König Friedrich vorgedruckt.

erneuerte er seine Herausforderung zur Disputation gegen Luther. Es waren nicht gerade Zärtlichkeiten, womit man sich begegnete. Campanus stellte seinen Gegner als den „sächsischen Papst,[1] Lügner und Gottverfluchten hin, während ihm Melanchthon im Sinne der Zeit ein „Bestie von Gift und Verleumdung" zurückgab, ohne ihn aber einer Erwiderung zu würdigen.

Dass mit des Campanus Tendenzen keine geordnete feste Staatskirche im Sinne der Reformatoren zu begründen möglich war, wusste Luther wie Zwingli sehr wohl. Im Anfange seiner Wirksamkeit hat sich Zwingli selbst mancher später spezifisch täuferischen Lehre gegenüber schwankend verhalten, ist ihnen sogar nicht abgeneigt gewesen. Später natürlich, als er wie Luther zum Führer einer machtvollen Bewegung geworden war, schlug er konservativere Bahnen ein, als er zu der Zeit gewandelt, wo er die Fesseln der Tradition der alten Kirche brach oder lediglich die Opposition vertrat. —

Schon in seiner ersten Schrift lehrte Campanus, dass dem heiligen Geiste keine Persönlichkeit zukomme, und der Sohn, obgleich vor der Welt vom Vater gezeugt, doch diesem nicht wesensgleich und gleich ewig sei. Er griff die evangelischen Lehren von der Rechtfertigung der Busse, dem Gnadenmittel des Wortes und anderes an, entwickelte auch eigentümliche Ideen vom christlichen Gemeinwesen und rühmte sich der erste seit den Aposteln zu sein, der die Wahrheit wieder entdeckt habe. Luther nannte ihn daher einen Feind des Gottessohnes, einen Lästerer, einen Sohn Satans. Er freute sich von Melanchthon zu hören, dass er, wie ein falsches Gerücht sagte, in die Gefangenschaft eines Bischofs geraten und hingerichtet sei.[2] Öffentlich erwidern aber wollte ihm weder Luther noch Melanchthon; denn sie fürchteten, dadurch erst seine Meinungen recht bekannt zu machen, während diese

---

[1] Gleiche und ähnliche Wendungen kehren während der Reformationszeit bei Luthers Gegnern häufiger wieder; z. B.: „Munzerus praedicavit contra duos papas, veterem et recentem, undt ich mus Saul sein" (Loesche, Analecta . . . p. 72); Seb. Franck, Cosmographie p. 126: „früher war ein menschlicher Papst da, jetzt hat man einen papiernen" etc.

[2] Corp. Ref. II, 228. 26. Juli 1530: „Melanchthon an Vitus Theod. (Veit Diedrich): Hodie rescivi ex Othone Bekmann, qui in dicenda sententia in senatu Imperii summo studio adhortari solet Principes ad pacem, Campanum illum nostrum, qui nova dogmata Torgam ante nostrum discessum attulerat, captum esse a Leodiensi Fiscali, putant et ultimo supplicio affectum esse:

14*

bisher in seiner unklaren Darstellung wenig Aussicht auf Erfolg
hätten. Überdies erwarteten sie Abhülfe von der weltlichen
Obrigkeit, die in allen evangelischen und katholischen Ländern
gleich sehr beschäftigt war, derartige Schriften gemäss den Reichs-
gesetzen zu unterdrücken. Luther aber hat ihn doch entschieden
unterschätzt und ihm nicht Beachtung genug gewidmet. Er pflegte
zu sagen: „Diesen verfluchten Unflat und Buben sol man nur
verachten, und so bald nicht wider ihn schreiben, denn da man
wider ihn schriebe, so würde er desto kühner, stolzer und muthiger.
Man verachte ihn nur, damit wird er am ersten gedempft, denn
er wird doch mit seinem Schwarm und Autorität nicht viel ausrichten."[1] Melanchthon dagegen hatte ihn tiefer durchschaut. Mit
Recht empfahl er dem Kanzler Heresbach unausgesetzte Aufmerksamkeit, denn Campanus fand mit seiner Schrift bei allen
denen die günstigste Aufnahme, welche an allem Neuen und Excentrischen Freude hatten. Unter diesen war z. B. der bekannte
Sebastian Franck, der im Jahre 1531,[2] (also kurz nach Erscheinen
der ersten Schrift) sich brieflich an Campanus wandte, um ihn
aufzumuntern, fortzufahren, und seiner vollen Zustimmung zu
versichern.

Die Schrift des Campanus scheint weithin bekannt geworden
zu sein. Nach Oberdeutschland hat er sie vielleicht selbst gebracht,
hat dort mündlich Propaganda gemacht oder andere Einflüsse
mannigfach auf sich wirken lassen. In einem Briefe Melanchthons
an Chr. Beier (31. März 1530)[3] heisst es: „Proficiscetur (C.)

sed hoc postremum nondum scerte scitur. Hoc dicas Doctori (d. h. Luther).
Augustae. Phil." Vergl. auch Ern. Sal. Cyprianus, Catalogus Codic. Manuscriptorum Bibliothecae Gothanae. Lps. 1714 p. 109.

[1] Luthers Tischreden fol. 277; Wrampelmeyer, Tagebuch des Cordatus,
No. 111 b, 129, 762, 958.

[2] Dieser Brief gehört in das Jahr 1531, nicht 1541, wohin ihn Schelhorn verlegt hat (s. Hegler, Geist und Schrift . . . p. 50). Er ist jedenfalls
unter dem frischen Eindrucke der eben erschienenen Schrift des Campanus
verfasst. — Vergl. Nicoladoni, Bünderlin p. 123 ff., dazu die Besprechung
von Loserth in „Monatshefte der Comenius-Gesellschaft" III p. 96 ff. —
Schelhorn, Amoen. litt. XI, p. 59 folgt Erbkam p. 320, der den Brief ebenfalls ins Jahr 1541 verlegt: „denn ein Brief an Campanus vom Jahre 1541,
in welchem er seine wesentliche Uebereinstimmung mit dessen antitrinitarischen
Ansichten zu erkennen giebt, ist aus Strassburg datiert."

[3] Corp. Ref. II, 34; Trechsel, Prot. Antitr. I p. 30 Anm. 2.

haud dubie Argentinam: ubi inveniet Carolstadium et
alios, qui probabunt has blasphemias, si mullam aliam ob
causam, certe odio nostri. Sic furit Diabolus, et incitat istos, ut nos,
a quibus plurima acceperunt beneficia, acerrime oderint." Es ist
nicht unwahrscheinlich, dass Campanus die Reise wirklich ausgeführt hat und in Strassburg mit den Häuptern der verschiedensten
Richtungen bekannt geworden ist.

Campanus in Strassburg? [1]

Nachdem Campanus fortgesetzt von den Wittenbergern ab-
gewiesen war, möchte es fast natürlich erscheinen, dass auch er
dem Strome der Zeit folgte und nach Strassburg zog. [2]   Dort
strömten ja um 1524—34 die wegen ihres Glaubens Verfolgten
aus allen Weltgegenden in einer Anzahl zusammen, wie sie auch
nur annähernd keine andere Stadt Deutschlands oder Östreichs
aufzuweisen hatte. Eine Reihe von Umständen hatte dazu beigetragen. Ich erinnere nur an folgendes: Die Tradition der Milde
und Toleranz, welche Strassburgs Obrigkeit im ganzen Mittelalter
ausgezeichnet hatte, war in den Ratsherren des 16. Jahrhunderts
lebendig geblieben. Selbst die Prediger waren aus anderm Holze
geschnitzt, als die der übrigen deutschen Städte: eine Weitherzig-
keit in der Auffassung religiöser Ideen und kirchlicher Zustände
wurde von ihnen zur Schau getragen und geübt, die noch heute
unser Staunen erregt.

---

[1] Strassburg war im 16. Jahrhundert für ganz Oberdeutschland das
Bollwerk und der Pflanzgarten des Evangeliums und eine neue Herberge der
Gerechtigkeit für die Verbannten aller Nationen, die dem deutschen Glauben,
von seiner Kraft getroffen, Vaterland und Familie und alles, was sie an die
Heimat band, willig geopfert hatten.

[2] „Argentoratum enim confluit omnis pessimorum nebulonum et
haereticorum faex." (Bullinger an Blawer 1533; Epp. Reformator. ed. Fueslin 1742 p. 114. — Wie sich Karlstadt, Münzer und die Zwickauer nach
Süden wandten, als im Norden ihres Bleibens nicht mehr war, so vertauschte
auch wohl Campanus seinen Aufenthaltsort, um wie alle „Sectarier" dort
in Strassburg neue Kraft zu werben oder sich zu läutern. — Es bestand ja
ein Unterschied zwischen Zwingli und den süddeutschen Reformatoren einerseits und Luther und den Wittenbergern andererseits in Bezug auf die radikal-
mystischen Tendenzen. Zwingli hatte durch seine Annäherung an Karlstadt
in der Abendmahlsfrage viel mehr Zusammenhang mit der freieren Richtung
in der Theologie als Luther, der dieser fast in allem schroff und ablehnend
entgegen stand.

Von diesen ihm nicht unbekannt gebliebenen äusseren Vorzügen und den dort weilenden Parteiführern, wie Karlstadt, Franck,
Bünderlin, Servet angezogen, von den Wittenbergern gleichzeitig
abgestossen, zog jedenfalls auch Campanus hinauf nach Strassburg.
(vergl. Melanchthons Vermutung, p. 212/13.)

Bestimmteren Anhalt zu der Annahme eines Besuchs des
Campanus in Strassburg und dem Elsass gewähren uns folgende
Notizen und zerstreute Meldungen: Bucer schreibt an Ambrosius
Blaurer (10. Jan. 1532): „Ein Düne, der sich für einen Hofprediger
des Königs von Dänemark ausgab, ziehe in Strassburg umher
cum monstrosissimo libro contra Lutheranos eorumque
partes et nos." (vergl. dazu p. 207 Anm. 2.) Gleichzeitig schrieb
Bucer ferner an den Unterlandvogt zu Hagenau,[1] Schenck Georg
Grafen von Erbach, ihn warnend, dass er genanntes Buch nicht in
seinem Gebiete drucken lasse; zu Strassburg sei es verboten, obgleich dieser Däne es mehreren angeboten habe." Bucer befürchtet,
es möchte mit diesem Buche gehen, wie mit dem Servets, das
man auch nicht in Strassburg drucken wollte. Es seien Sekten
genug in der Kirche; durch dieses Buch würden nur neue Zwiste
gesaet, „da der Verfasser selbst sagt, dass es gegen Luther,
Philippus, ja gegen alles, was seit den Aposteln unternommen worden, gerichtet ist".[2]

Dieser Fremde, der sich für einen Hofprediger des Königs
von Dänemark ausgab (man denke an die Widmung der „Restitution"),
war nach den Angaben Bucers über dessen Werk (contra totum
post apostolos mundum) schwerlich ein anderer als Campanus.[3]

---

[1] Zu Hagenau hatte im Jahre vorher Servet sein Buch: „De trinitatis
erroribus" drucken lassen, als man ihn in der Stadt Strassburg daran gehindert hatte. Sein Verleger und Drucker war der in der Geschichte der
Reformation wohlbekannte Buchdrucker Johann Setzer (Secerus) zu Hagenau.
Auch Werke Melanchthons sind bei ihm gedruckt, welche den Vermerk tragen:
Hagenovae; ex Academia Joh. Secerii. (cf. H. v. Allwoerden, Historia
Serveti 1727 p. 29; Röhrich, Mitth. aus der Gesch. der evangel. Kirche des
Els. Bd. II. 1855 p. 453 ff.; Urkunden und Akten der Stadt Strassburg
(Polit. Corresp. II p. 117.) Über die Bedeutung von „Academieen" s. Monatsb.
d. Com.-Ges. V, 283, Anm. 2; s. Benrath, die Summa der hl. Schrift.
Lpz. 1880 p. IV.

[2] cf. Röhrich, Z. f. histor. Theologie 1860 p. 22.

[3] Vergl zur Linden, Melch. Hofmann p. 281. (Ob Campanus wirklich
in Beziehung zum dänischen Hofe stand, ist unsicher.)

Er zog, kurz nachdem Bünderlins Schrift gegen alle äusseren Zeremonien beschlagnahmt war (nach 1531) in der Stadt umher. Seine Schrift hatte er Buchdruckern vergebens zum Verlag angeboten, nachdem der Magistrat den Druck verboten hatte.[1] Ob es ihm in Hagenau gelungen ist, dürfte zweifelhaft sein.[2]

Es ist mir unbekannt, wann Campanus etwa zuerst in Strassburg aufgetaucht oder wie lange er dort verblieben sei. Nicht unwahrscheinlich ist es, dass er nach den Torgauer Vorgängen sich geradeswegs dorthin begeben, dass er dann, als er dort vergebens einen Verleger für sein bis dahin nur handschriftlich bekanntes Werk: contra totum post apostolos mundum gesucht hatte, sich nach Jülich wandte, wo ihn (1531) der Brief Seb. Francks traf, mit dem er unterdessen bekannt geworden war, und wo Melanchthon vor ihm warnte.

Folgende Notizen glaube ich ferner nicht unerwähnt lassen zu dürfen: Cornelius[3] teilt in einem Auszuge aus den Strassburger

---

[1] Röhrich, Gesch. der Ref. im Elsass II, 84—85.

[2] Dass Campanus 1531 in Strassburg keinen Drucker fand, braucht uns nicht zu wundern: 1531 hatte Seb. Franck im Stillen dort den Druck des bekanntesten seiner zahlreichen Bücher: „Chronika, Zeitbuch und Geschichtsbibel" begonnen, in welchem er die „Sektirer" in Schutz nahm, der Obrigkeit das Recht absprach, ihre Lehren zu unterdrücken, und manche andere „wiedertäuferische" Meinung miteinfliessen liess. Franck war deswegen für immer aus der Stadt verwiesen, weil er ein böses Buch ohne Sanktion des Rathes veröffentlicht hatte. — Neben Servets Buch: de Trinitatis erroribus war 1531 gleichzeitig eine andere gefährliche Schrift in den Buchläden feilgeboten: Joh. Bünderlins Buch, welches alle äusserlichen Ceremonieen des Christentums als unleidlich darstellte. Die Ansichten Dencks und Hetzers waren erneuert und hatten in des Campanus Schrift vielfach eine Erweiterung erfahren. Als Franck seinen Brief an Campanus schrieb und ihm den Bünderlin empfahl, da wogten in Strassburg radikale, spiritualistische, enthusiastische, chiliastische Gedanken verschiedener Färbung durcheinander. Welch eine Fülle auseinandergehender Reformpläne! (vergl. im einzelnen: Gerbert, Strassburger Sektenbewegung 1889; T. W. Röhrich, Gesch. der Ref. im Els. Bd. 1—3 1830—32; Z. f. histor. Theologie 1860; Keller, ein Apostel der Wiedertäufer 142 ff.; Heberle, Z. f. histor. Theol. 1857; zur Linden, Melch. Hofmann 186 ff.)

In dem genannten Briefe erwähnt Franck: „dass er das lateinische Buch des Campanus gelesen habe". Daraus dürfen wir wohl den Schluss ziehen, dass Campanus unterdessen (s. u.) vielleicht einen Drucker gefunden hat; ob noch im Elsass oder am Niederrhein, wer vermöchte das jetzt zu sagen.

[3] Cornelius, M. A. II. (Beilage VII.)

Ratsprotokollen folgendes mit: 1533 Dez. 28. Der ameister zeigt an: „so lang in doch an, das ein Niederlander aus Collen hie sei, der viel geschickter dan M. Hofman sei, und auch M. Hofmans Meinung, der sie nun ein gut Zeit hie gewesen und viel leut an sich ziehe, den hab er nit können bissher bekommen, wie wol er Voldin den goldschmid und den jungen Wilhelm Blauen beschickt; die haben in nit wollen können anzeigen, sie wissen nit, wo er sei. Begert, wie man sich gegen den und andern burgern, so Hofmans sect seien, halten wol; dan es sei ja schwerlich, dass also spaltungen in allen orten in der stat so frei ungestraft furgehen sollen." Ist hier etwa an Gerhard Westerburg oder an Campanus zu denken?

Noch zweimal wird Campanus später in Strassburg genannt, Erwähnungen, die doch auf eine persönliche Bekanntschaft schliessen lassen. „Auf Pfingsttag 1537 hat Lienhard Jost eine Vision gehabt z. B. dass Gott der Vater selber dem Lienhard Jost und andern Brüdern das Osterlamm bereitet habe: dass die Prophetin Barbara mit Johannes Campanus zu Strassburg zusammengekommen, dieser ihr einen goldenen Ring geschickt, sie aber über ihren beiden Häuptern das des Enoch und Elias gesehen habe" u. s. f.[1])

Hieraus ist jedenfalls ersichtlich, wie bekannt er in Wiedertäuferkreisen, besonders unter den Melchioriten war. Was wir unter dem „goldenen Ring" zu verstehen haben, lässt sich vielleicht durch die Aussage der Prophetin Gertrude Lorenz deuten: „Da Johannes die Restitution gemacht, habe er ein Stück Gold aus dem Munde gehen lassen. Es werde ein niederländischer Bruder kommen und ihm den Handel vollführen helfen." Wie Melch. Hofman, so wird auch Campanus öfters als der Elias bezeichnet etc.[2])

Ob nun Campanus wirklich in Strassburg gewesen ist oder nicht, — ersteres ist nicht unwahrscheinlich — man hielt ihn

---

[1]) Röhrich, Z. f. histor. Theologie 1860 p. 103 (Beil. XXX); zur Linden a. a. O. p. 377, Anm. 1.

[2]) Vergl. die Biographie des Joris bei Arnold (a. a. O. p. 867; Archief voor kerkelijke Geschiedenis XVI, 58), welcher erzählt, dass ein Hofmanianer 1538 auf dem Strassburger Konvent den David Joris gefragt habe, mit welchem Rechte Melch. Hofman und Joh. Campanus sich für den Elias ausgegeben hätten. — Übrigens wird auch Luther wohl der Elias genannt, so z. B. von Erasmus Alberus in der Vorrede zu der Schrift: „Widder das Leuterbuch

dort für würdig, ihm täuferische Schriften zu senden, die er einem weiteren Leserkreise vorlegen konnte. Schon damals hatten sich ja im Jülichschen kleine Gemeinden aus seinen Anhängern gebildet, und die Wiedertaufe war vereinzelt eingeführt. Niederdeutschland steht unter dem Einflusse Oberdeutschlands; schriftlich und mündlich wurde für das Täufertum und verwandte Ideen gewirkt. Campanus ist neben Westerburg und Melchior Hofman als der Hauptvermittler und das Centrum dieser und ähnlicher Bestrebungen am Niederrhein anzusehen; er hat neben Hofman besonders die Münstersche Dogmenentwicklung durch seine Schriften und Schüler (die Wassenberger Prädikanten) gefördert und auch wohl zur ersten unseligen Verwicklung durch seinen Radikalismus gebracht.

Auf jeden Fall giebt uns betreffs seiner Beziehungen und abweichenden Ansichten der obige Brief Francks an ihn zu denken.

Das lateinische Original des Briefes ist nicht erhalten, wohl aber sind einige Übersetzungen vorhanden.[1] Mir haben zwei Exemplare:

des hochfliegenden Osiandri" 1551: „Ich bin bei Doctorn Martino, vnserm lieben Elia, vor drei und dreissig Jahren gewest . . . ." s. Schnorr von Carolsfeld, Erasmus Alberus, Dresden 1893 p. 8.

s. auch Ecks Schrift: Sub domini Jhesu et Mariae patrocinio Articulos 404 . . , Joan. Eckius offert se disputaturum. (1530):

Art. 103 lautet (Auszug aus Luthers Schriften; welcher?) „Apostolorum tempore Evangelium nunquam tam clare et pure fuit praedicatum, sicut per me. Lutther. Hinc sui eum Heliam vocant, Danielem et virum dei."

Für die Bedeutung des Campanus und die Bildung einer Anhängerschaft spricht ferner der Umstand, dass seine Gegner ein besonderes Wort bilden: καμπανίζειν, welches uns häufiger begegnet, um anzudeuten, dass jemand die Ansicht des Campanus vertritt. (Campanizo in Wicels Apologeticum; als Analogon dazu: ζιγγλιςφορείν = zwinglisch gesinnt sein. (Cornelius, M. A. II, 315) Joh. a Lasco schreibt 1544 aus Emden an Albert Hardenberg (Argentinae commoranti): „Nescio, quid significes sub verbo καμπανίζειν, nam huius nihil hactenus vidi." (Gerdes, Scrinium antiquarium II, 516). Was Hardenberg in Strassburg veranlasst hatte, über Campanus zu schreiben, weiss ich nicht. Vielleicht ist er schon früher mit ihm zusammengekommen. Zwei Jahre später kam Hardenberg auf ihn zurück (1546). Campanus hatte sich nämlich in die Kölner Streitsache des Erzbischofs Hermann gemengt. Hardenberg erklärte hierauf dem letzteren, er halte die Weissagungen des Campanus im Wesentlichen für die Weissagungen alter Weiber aus dem Strassburger Gebiete, und bezeichnete von diesen eine mit Namen Barbara Krob (s. u. cf. Spiegel, Hardenberg p. 73/74).

[1] Niederdeutsche Übersetzungen sind vorhanden auf der Züricher Stadtbibliothek (gal. I, 256), in Wolfenbüttel und Amsterdam; in oberdeutscher Form in „Von dem Kindertauff bestendiger und klarer Gegenbericht" in 4°.

aus München und Wolfenbüttel vorgelegen. Letzteres befindet sich in einem Sammelbande von Traktaten des 16. Jahrhunderts, klein 8°, s. l. et n. (am Schlusse steht: Datum to Strassburg den 4. Februarij anno 1541) und trägt den Titel: „Eyn Brieff va Sebastiaen Franck van Weirdt geschreven over etlicken jaren yn Latijn tho synen vriendt Johan Campaen unn nu grondelick verduytschet und op nieuw jut licht gebracht und wtgegangen: wåryn hy syne meynung unn gevoelen des Geloofs opentlicker unde klarer wtdrucket und wtwyset dan hy noch jn eynigen synen weercken unn Schriften hier to voren gedruckt und wtgegangen gedaen heift."

Es möge erlaubt sein, auf Inhalt und Beziehungen dieses wichtigen und hochinteressanten Briefes näher einzugehen.

1 Franck lobt des Campanus Meinung, dass alle Lehrer der christlichen Kirche nach der apostolischen Zeit geirrt hätten, und zweifelt nicht, dass alle die berühmten Lehrer, die man Kirchenväter nennt, die Wölfe seien, welche Paulus im Geiste vorhergesehen, dass sie in Gottes Schafstall eindringen und der Herde nicht verschonen würden.

2 Sofort nach der Apostel Zeit, sagt Franck, ist das Verderben auch bei den Lehrern der Kirche eingedrungen. Die Werke eines

---

s. l. 1563 auf der Münchener Staatsbibliothek. (Polem. 1328.) — Der mit dem Briefe Francks an Campanus verbundene Brief „an die Christen in der Eifel" existiert im lateinischen Original im Königsberger Archiv (wie Herr Prof. Hegler in Tübingen mir gütigst mitteilte). Er ist hier adressiert; ad inferiores Germaniae fratres (es fehlt aber hier der Brief an Campanus).

Schelhorn, der den Brief Francks zuerst wieder ans Licht gezogen hat, benutzte eine deutsche Übersetzung (Amsterdam 1661). Amoen. litt. XI p. 59; auch ein oberdeutsches Exemplar ist damals schon bekannt gewesen: cf. Schelhorn, Ergötzlichkeiten p. 115. (Irrig ist Latendorfs Meinung in: „Seb. Francks erste namenlose Sprichwörtersammlung vom Jahre 1532". Poesneck 1876 p. 328, 365 ff.) cf. ferner: Sepp, geschiedkund. Nasporingen II, p. 166.

1752 wurde ein Exemplar des Briefes aus dem Nachlass des Dr. Gerhard Maatschoen versteigert (s. Katalog der zu versteigernden Bücher p. 200 der Bibl. der Taufges. Gemeinde zu Amsterdam).

Sepp, Bibliograph. Mededeelingen. Leiden 1883 p. 183—187: Der Übersetzer des Briefes ins Holländische ist Pieter de Zuttere, gnt. Overhaag, ein Freund Francks. Ein Exemplar dieser niederländ. Übersetzung befindet sich in der „Bibliothek der Gesellschaft für Niederländ. Litteratur".

Des weiteren vergl. Hegler, Geist und Schrift bei S. Franck, passim.

Clemens, Irenäus, Tertullian, Cyprian pp. sind voll Rasereien und
fremder Unsinnigkeit. (Münch. Ex.: „welche voll sind eitelen
Kinderspiels und ganz ungleich dem Geist der Aposteln.") Man
sehe nur, wie sie über die Zeremonien, über Priestertum, Fegefeuer: menschliche Ordnungen schreiben. Anstatt der Taufe, (d. h
auf den Glauben) haben sie verkehrter Weise die Kindertaufe eingeführt. Aus dem Nachtmahl des Herrn ist ein Opfer geworden.
Was sie schreiben, ist nichts als Schimpf und Spott.

3 Daher glaube ich, dass die äussere Gemeinde Christi durch
den einfallenden und alles verderbenden Antichristen gleich nach
dem Tode der Apostel zum Himmel gefahren und nur noch im
Geiste und in der Wahrheit verborgen ist. Ja, seit 1400
Jahren besteht keine versammelte Kirche oder Gemeinde
mit ihren Sakramenten mehr. Sofort nach der Zeit der Apostel
ist die ganze äussere Kirche mit all ihren Einrichtungen spez.
auch den Sakramenten rettungslos vom Antichrist verderbt und
zerstört worden.[1]

4 Was aber die äusseren Zeichen: Sakramente, Bann, äussere
Einigkeit der Gemeinde bedeutet haben, ist in dieser Zeit den
wahrhaft Gläubigen nicht etwa entzogen worden: Gott hat es ihnen
unmittelbar gegeben. Die „Figuren" aber hat er dem Teufel überlassen; sie sind jetzt nicht mehr Gottes Ordnung, obwohl sie, wie
früher Opfer und Tempel, Beschneidung und Sabbath, ausdrücklich
von Gott angeordnet waren. So sind auch die Sakramente im
Neuen Testament von Gott eingesetzt nicht um seinetwillen (als
ob er mit solch einem Zeitvertreib und Kinderspiel wie ein Kind
versöhnt und zufrieden gestellt werden könnte), sondern um unseret-
willen, um uns mit leisen Zeichen zu sagen, was Gott von uns
gethan und gelassen haben will. Da nun der Geist ihren Missbrauch voraussah, hat er selbst die Gläubigen gespeist, getränkt,
getauft und im Geist versammelt.

---

[1] s. u. des Campanus Restitution p. 242 f.; vergl. Rothmanns Restitution
(ed. Knaake p. 48): „Item nu vordt wider bescheit van der hylliger gemein
Christi tho wetten, Na dem se yammerlick vort na der tidt der
apostolen verstört unde verwöstet ys geworden, alzo ock dat nicht
darinne gebleven ys." p. 50: „So ys nu leider veirteinhundert jar her
dusse warheit so gantz vorwelschet, verstoppet unde under gedrucket unde
dat aldermeist dorch den pawest undo sinen anhanck, dat men schir der
rechten christeliken gemein geinen voetstappen kan vinden up erden."

⸜ Alles ist heute geistlich. Alle, die in das inwendige Wort einwilligen, tauft der heilige Geist mit Feuer und dem Geiste gleicherweise, wo sie auch auf Erden leben mögen. Alle Menschen sind darin vor ihm gleich: selbst Griechen und Türken, so sie nur bewahren das Licht, das in sie scheint. [1]

⸜ Um kurz zu sein: die heutige Gemeinde (Münch. Ex. sagt stets: Kirche) ist rein geistlich. Der Geist tauft alle, die in das inwendige Wort einwilligen, unter welchem Volke und in welcher Religionsgemeinschaft sie auch leben. Niemandem [2] ist darum ohne besonderen äusserlichen Beruf („äusserliche Dinge müssen einen äusserlichen Beruf haben") erlaubt, das Zerstörte und spez. die Sakramente wieder aufzurichten und eine sichtbare Gemeinde zu sammeln. (Die Gemeinde soll zerstreut bleiben unter den Heiden bis ans Ende.) Dazu wäre ein ausserordentliches Zeichen notwendig, ein ausdrücklicher Befehl, wie Christus seinen Jüngern das Predigen mündlich befohlen hat.

⸜ All die Lehrer und Kirchenväter sind unwissende Wölfe und unverständige Nachfolger der Apostel; von all den Ambrosius, Augustin, Hieronymus, Gregorius hat nicht ein einziger den Herrn gekannt; keiner ist von Gott als Lehrer gesandt, alle sind die Apostel des Antichrists. Das alte Testament ist gleichzeitig mit dem neuen vermengt, [3] wie noch heute die Kinder und Nachkommen, auch Papisten und die Prediger des Evangeliums thun. Genügt ihnen das Neue Testament nicht, so gehen sie zum Alten und beweisen aus ihm: Krieg, Eidschwören, Herrschaft, Zehnten der Priester und alle andern Dinge und bringen dieses mit Gewalt

---

[1] Zwingli, Fidei ratio IV, 10. „Da der Geist oder das innere Wort allein den Glauben erwirkt und ihn auch dort erwirken kann, wohin kein Buchstabe der Schrift gedrungen ist, so wird durch den Geist allein die Schrift aufgeschlossen und ausgelegt. — Der Geist ist selbst Kraft und Wirken: er bewegt alles." s. o. p. 203 Anm. 1.

[2] „Das niemandt gezimm ein sunder eygen kirchen zu versamlen und anzurichten, dan die von Gott sunderlich dazu verordnet und gesandt sind", so H. Bullinger wider die Täufer nach Francks Chronik der röm. Ketzer. 1543 p. 153.

[3] Francks Meinung ist: A. u. N. Testament stimmen überein im „Geiste" und sind verschieden in der „Figur". In der Vermengung des A. mit dem N. Testament besteht das Verderben, das die Schriftgelehrten alter und neuer Zeit, von den Kirchenvätern an, über die Christenheit gebracht haben.

ins Neue Testament, gegen den Willen Christi. Aus dem „Gesetz"
hat auch der Papst sein Priestertum entlehnt und gefestigt.

⸹ Ganz besondere Meinungen bringen die Evangelien-Diener
und -Prediger an den Höfen der Fürsten auf; sie haben ihren
Herren das Schwert in die Hand gedrückt und giessen immerfort
Öl ins Feuer.[1]

⸹ Der Verfall der äusseren Gemeinde wird mit Recht in die
Zeit Constantins gesetzt, als die weltliche Macht und die Fürsten
der Heiden getauft in die Herde Gottes aufgenommen worden
sind. Damals hat man den neu angenommenen Brüdern (den
Fürsten) sehr hofiert, Krieg geführt, Ketzereien nicht mit Worten,
sondern mit dem Schwerte ausgerottet und den Glaubenshandel
mit Gewalt getrieben.[2] Damals war es, als die äussere Gemeinde
des Herrn nach der Zeit der Apostel verlassen und zerstört wurde.

10 Aber obwohl der Antichrist die auswendigen Dienste und
Sakramente vernichtet hat, so hat Gott durch den Geist in der
Wahrheit begonnen mit seiner geistlichen Kirche alles auszurichten,
was die früheren vom Herrn eingesetzten Zeichen allein bedeutet
haben. — Die Herzen seiner Auserkornen beschneidet er durch
Geist, Feuer und Wahrheit und macht sie sich zum Opfer, baut
aus ihnen seinen Tempel, aber alles ohne auswendiges Element,
er tauft, speist sie und vereinigt das zerstreute Israel.

1, Nachdem die Gemeinde nun einmal zerstreut ist, ist es nur
dem gestattet, die verfallenen und vergangenen Zeichen wieder
ans Licht zu bringen, der von Gott berufen wird, wenn ein öffentliches Gebot Christi dazu erfolgt.

---

[1] Die schlimmste Verbindung von Religion und Welt, von geistlichem
Papsttum und den Interessen einer weltlichen Politik stellt sich dar in den
Hofpredigern. Diese hat Franck besonders aufs Korn genommen. Sie beweisen, was ihre Herren verlangen, als heilig und Christenpflicht: Krieg
führen, Rache üben; sie fälschen das Neue Testament und richten ein neues
Reich Mosis auf; sie drücken den Fürsten das Schwert in die Hand und
giessen Öl ins Feuer, damit es besser brenne.

[2] Auch bei den Täufern wird der Beginn des Verderbens in der
Kirche gewöhnlich von Constantin an datiert (s. oben unter Wicel p. 197).
(Vergl. unten Thomas von Imbroich.) Hier traf nach ihrer Vorstellung
zusammen: Verbindung von Staat und Kirche, Aufkommen der Kindertaufe,
der Ketzerverfolgung, das Aufhören der Christenverfolgung. (Vergl. z. B.
im Lied Oswald Glaits: Wacht auf, ihr Völker alle, Vers 17. Wackernagel
p. 427.)

12. Schon der Mangel an Einigkeit zwischen Luther, Zwingli, dem Papst, den Täufern zeigt, dass sie alle unberufen arbeiten. — Aber abgesehen von dem Fehlen eines speziellen Berufes sind jene Bemühungen grundsätzlich verfehlt. Warum soll denn Gott diese Wiederherstellung wollen und gegen seine eigene Natur zu den schwachen Elementen wieder sich wenden, da er doch Geist ist und durch rein geistige Mittel seit 1400 Jahren wirkt? Sollte er sich nun, der geistlichen Dinge überdrüssig, wieder zu den schwächlichen und gebrechlichen Einsetzungen und Elementen der Welt bekehren?

13 Wenn ein Kind lange genug mit Puppen und Kinderspiel gespielt hat, dann muss es schliesslich die Kinderschuhe ausziehen und alle Kinderdinge verlassen, sich rüsten zu ernster Arbeit; — so hat auch Gott in der Kinderzeit des Christentums den noch an Juden- und Heidentum gewöhnten Christen die Zeremonien vorläufig gelassen. Die Sakramente gehören der Vergangenheit, der Jugend der christlichen Kirche an; sie waren nicht für alle Zeiten eingesetzt, sondern nur für die ersten Jahre der Schwachheit und Jugend. Jetzt müssen wir uns dagegen zu ernsten Dingen rüsten: zu Glauben, Reue und Busse, zur Versuchung unsers Selbst: das heisst dann wahrlich Christum kennen und sein Fleisch zu einer Speise essen.

14 Daher bist du, Campanus, mein Freund, weil du gegen alle Lehrer der Kirche schreibst seit der Apostel Zeiten, ja gegen die ganze Welt. Doch du arbeitest vergeblich für die verfallene und verdorbene Kirche. Höre auf in deinem Beginnen und lasse die Gemeinde Gottes bleiben im Geiste unter aller Art von Völkern und vom Geiste des neuen Testaments gelehrt, regiert und getauft werden; lass deine Brüder sein Türken und Heiden, wo sie auch auf Erden wohnen, alle, die Gott fürchten und Gerechtigkeit wirken, von Gott gelehrt und inwendig gezogen. Es giebt gar viele Adams, die da nicht wissen, dass es einen Adam giebt: also giebt es viele Christen, die Christum zugehören und doch Christi Namen nicht kennen. Haben sie nur Gottes Kraft, belehrt durch das inwendige Wort in sich, so werden sie Frucht bringen.[1]

---

[1] Des Campanus Ansicht und Einfluss tritt uns entgegen in einem Briefe seines Freundes Dionysius Vinne an Luther (vielleicht schon vor 1530; s. Beilage 2): philautia illa disceptionis bestia dominatur super omnes homines, maxime doctos gloriae studiosos. meminisse velim huius artis ingenii viros,

Ich schicke dir nun „up trauwen mins brôders" ein Büchlein, [1]) welches du als ein Geschenk von mir empfangen, lesen und beurteilen mögest. Ich sage dir gewiss, dass er ein gelehrter Mann ist, wunderbar gottesfürchtig und der Welt gänzlich abgestorben: und mit derselben Taufe, mit der er getauft ist, begehre ich von Herzen auch getauft zu werden. Wenn ich erfahre, dass ich dir mit diesem kleinen Geschenk etwas nütze, so werde ich dir mit meinem Exemplar noch andere Werke und Schriften schicken. Wenn es dir gelegen ist, werde ich ihn dir selbst dorthin senden, damit ihr mündlich mit einander sprechen könnt; oder zieht lieber hinauf zu ihm. Wahrlich er ist ein Mann, fest und stark in der Schrift, und mit einem besonderen durchleuchtigen Verstande begabt, mächtig die Widersacher zu bestricken und zu gewinnen; er merkt auch alle Ursachen in der Schrift, warum etwas gesagt ist, fühlt auch, dass alle Schriftgelehrten fehlgehen, indem sie sich an den Buchstaben hängen, vornehmlich Luther.[2])

jt. Aber um des Glaubens willen will er sich in keinen Streit einlassen, da ein Christ kein Streitsucher sein soll, da wir dazu kein Vorbild, Wort oder Exempel von Christus haben oder von der rechten Kirche. Bünderlin also, ihn kann ich dir empfehlen.

---

non in sermono esse regnum Christi . . . . (verstümmelt) . . . . qui vero spiritum Christi non habet.

[1]) Vielleicht war dieses Büchlein: Bünderlins „Erklärung durch vergleichung biblischer Geschrift" 1530; cf. Nicoladoni, Bünderlin p. 124· Hegler; zur Linden a. a. O. p. 25; der genauere Titel ist: „Erklärung durch vergleichung der Biblischen geschrift, das der wassertauff sampt anderen ausserlichen gebreuchen in der apostolischen kirchen geübet. On Gottes befelch un zeugnis der geschrifft von etlichen diser Zeit wider efert wirt. Seiten mal der antichrist dieselben all zehand noch d'apostel abgang verwüstet hat. Welche verwüstung dan biss an das end bleibt. Dan. XI. Joha. 4. Gott ist ein geist etc.

Johannes Bunderlin von Lintz
Anno M. D. XXX. (klein 8°.)

(Bei Nicoladoni p. 126 folgende Textabweichung: von etlichen diser zeit wiederrefert wird. Sintemalen . . . . .) Es ist dasselbe Buch, welches 1531 von den Strassburger Zensoren verdammt wurde: „Vidimus ante aliquot dies librum Bünderlini plane impium, in quo omnia externa sacramenta et ceremonialia ex Christianismo tollenda asserit. Hunc librum nullo modo tolerandum judicavimus". (Röhrich, Z. f. histor. Theol. 1860 p. 22, 52.)

[2]) Luther gilt ihm als Typus eines Schriftgelehrten, der die Schrift nach dem Buchstaben versteht.

17 Was soll ich mehr schreiben? Herzlich gern möchte ich eine Zeitlang bei dir sein, um mich mündlich mit dir zu besprechen. Viel hoffe ich mit dir auszurichten, da du deine Ohren noch nicht geschlossen hast und Gott noch suchest. Die Schrift und ein Mensch kann einem andern Menschen und seinen Brüdern allein Zeugnis geben, aber nicht lehren, was göttlich ist. So gottesfürchtig auch die Menschen sind, so sind sie doch noch keine Lehrer. Der Glaube wird nicht gelehrt aus einem Buche oder von einem Menschen, wie heilig er ist, sondern wird von Gott in der Schule des Herrn unter dem Kreuze gelehrt und eingeführt. [1])

18 Ob nun Bünderlin mein Bruder im Glauben ist, weiss ich nicht. Er ist sehr freimütig; ich werde ihn Dir gelegentlich schicken. Viel gelehrter und gottesfürchtiger ist er, als ich elender Mensch bin. Er kann dir mehr genug thun, als ich kann. Dabei ist er freier und ungebundener, da er keine Frau und Kinder hat, wie ich.

19 Fahr wohl, mein Bruder, mit Deiner wunderbaren Gottes-lehre. Wollte Gott, dass sie so wahrhaftig gehalten werde, als sie der Welt fremd ist.

20 Niemand im ganzen Deutschland (des bin ich sicher) ist wahrhaft gesandt und berufen. Darum predigen sie unnütz und ohne Frucht, die da öffentlich zu einem jeden reden; zumal sie von keinem andern Worte wissen, als dem der Schrift und von keinem andern Prediger als dem Evangelienprediger. Diese legen nicht nach dem Sinne Christi die Schrift aus. Aber am Ende sollen Gelehrte aufstehen unter dem Volke und sollen vielen Verstand geben (Daniel).

21 Dein lateinisch Exemplar habe ich nicht gesehen, wohl dein deutsches, worin du zwei Personen machst aus Christus und

---

[1]) Für diesen und den späteren Zusammenhang scheint mir eine Stelle aus Rothmanns Restitution (ed. Knaake, p. 20) nicht uninteressant zu sein, welche einen Gedanken enthält, der Franck bekannt war, und der in täuferischen Traktaten häufiger wiederkehrt: „Dan eth moth ein yder gelerdt werden, overst nicht durch schrifftlike uthlegginge der menschen, glossen edder ander Postillen, sunder hie moth alleine Godt unde sin geist de meister synn, Eth mag wal geschoen, dat yck övermitz uthlegginge der menschen den verstandt des uthleggers begripe, unde dar na mit völlen worden dar van wette tho reden, dan als Gades Ryke nicht in worden, sunder inn der krafft gelegen ys, Sal yck tho der krafft der wettenheit Gades nümmermer kommen, eth sy dan dat my Gades geist, de mit krefften driewet unde leert, inn de schrifft geleyde unde lere."

dem Vater, verbunden durch einen Geist, gleichwie Mann und Weib ein Fleisch sind.

⁊ ⸺ Der Spanier Servetus (von dem dir der Bringer dieses Briefes, dein Bruder, auch sprechen soll) stellt in seinem Büchlein allein eine Person Gottes auf; Gott den Vater nämlich nennt er einen selbständigen Geist; keiner von beiden ist dagegen eine Person. Die römische Kirche lehrt, dass da 3 Personen in einem Wesen sind. Ich halte lieber mit dem Spanier.[1]

⸘ Hütet euch, dass ihr nicht allzu sehr hastet in euren Werken. Euer Verstand wird ja noch in vielen Dingen geändert werden, manche Auffassung werdet ihr so in jener Form fallen lassen. Ich wünsche ferner, dass ihr nicht dem Buchstaben der Schrift so sehr anhanget; ihr müsst die Schrift mehr auslegen nach dem Zeugnisse des Gewissens, damit die Schrift Zeugnis gebe eurem Herzen. Paulus sagt, der Buchstabe tötet. Und diesen Buchstaben halten fast alle Menschen, besonders aber die Schriftgelehrten für das einige und höchste Wort Gottes (gerade als ob das Wort Gottes geschrieben werden könnte). Nimm nichts an, glaube nichts gegen das Herz, durch den Buchstaben dazu gebracht. Dränge nicht den unwilligen Geist zum Buchstaben. („In jedem Falle wird nicht ein im Schriftbuchstaben etwa enthaltener objektiver „Geist" entscheiden, sondern die subjektive Überzeugung.")

⸘ Kurz, alles was wir von Jugend an von unsern Papisten

---

[1] Hier hat Franck die Trinitätslehre gestreift. Bemerkenswert ist, dass er in seinen Werken nie offen die kirchliche Lehre angegriffen hat.

An einer Stelle hat Franck (Encomion 160b, Guldin Arch. 62b, 63a; cf. Hegler p. 86) das Verhältnis zwischen Gott, seinem Wort und Geiste in einer Weise bestimmt, die der des Campanus, von der er in seinem Briefe spricht, und die in dessen Restitution weiter ausgeführt ist, gar ähnlich sieht. Für Gott, Wort und Geist gebraucht er 3 Kategorien: Ursprung, Ausdruck, Kraft oder Wirkung und führt die Identität an Bildern aus. Wie der Mensch der Ursprung des menschlichen Wortes, das Wort der Ausdruck und das Bild des Menschen ist, und drittens dem Worte im Geiste eine Kraft und Wirkung zukommt und alle 3 doch eines Wesens sind, so ist es bei Gott: Vater, Wort, Geist sind ein Gott.

Aus der Dreiteilung wird aber leicht eine Zweiteilung, wie aus dem Bilde von der Sonne und ihrer Wirkung, Erleuchtung und Erwärmung: Ursprung und Wirkung hervorgeht. Wort und Geist sind dann nur die verschiedenen Seiten, in denen sich die Wirkung darstellt: als „Ausdruck" des göttlichen Wesens oder als Kraft.

15

gelernt haben, müssen wir wieder verlernen und müssen alles
ändern, was wir vom Papst, Luther, Zwingli empfangen, in uns
aufgenommen und für recht gefunden haben. Eher werden wir
aus einem Türken denn aus einem schlechten Christen und Schriftgelehrten einen guten Christen machen. Vor ihnen liegt der Vor-
hang Mosi d. h. die tötende Letter der Schrift, welche sie für
Leben und den lebendigmachenden Geist achten.

¶ Fahrt wohl, meine Brüder; verbergt den Brief vor Verken
und Hunden, damit ihr mich nicht zu einem unzeitigen Kreuze
bringet und mich als unreifes Gras abschneidet. Denn gar viele
unzeitige und unbequeme Sprecher werfen sich unbedacht in das
Kreuz. Christus verbietet ja, das Heiligtum den Verken vorzuwerfen. Man muss zu bequemer Zeit sprechen, denn alle Dinge
haben ihre Zeit.

Fahrt wohl.

Datum zu Strassburg, den 4. Febr. anno 1541." [1])

Diesem Briefe an Campanus ist angefügt der Brief „S. Francks
van Werdt an etliken in der Eyfelt / doer bidden Johan Bekesteyn".
Wer vermag heute zu sagen, welcher Richtung jene „etlike" an-
gehört haben, die sich durch einen der Ihrigen gerade an Seb.
Franck um Rat in wichtigen Glaubens- und Gewissensfragen wandten?
Lutheraner waren es nicht, ebensowenig „Täufer" im landläufigen
Sinne. Wie lange mögen jene „Stillen" schon ungestört in der
Einsamkeit der Eifel gesessen haben? Die beherzigenswerten Worte
Francks lassen auf Anfragen schliessen, deren Inhalt in seiner
zum Teil mystischen Färbung uralt ist. Wir haben es auch hier
sicherlich mit einer jener „Brüdergemeinden" oder einem Zweige
der sogen. „altevangelischen" Gemeinden zu thun, von denen
früher die Rede war (p. 87 ff.). Der Brief ist wichtig und
interessant genug, ihn hier wörtlich mitzuteilen: „Lieve bröderen /
gelijck my Johan Bekesteyn vnser liever bröder gebeden heift /
dat ick v / eyn Schaepssken midden onder den wolven / schriftlicken
wtsprecken sol willen / also weet ick niet beters / dan dat ghy

---

[1]) Dass der Brief nicht aus dem Jahre 1541 (sondern 1531) stamme,
ist schon aus dem Inhalte zu entnehmen etc. Vergl. Hegler p. 50, Nicoladoni
p. 123 Anm. 2. In der kleinen Schrift (s. o.) „Von dem Kindertauff . . .
Gegenbericht" heisst es Ll b am Schlusse des „ersten Sendbrieffs Sebastiani
Franck von Wörd zu einem Gelehrten aus dem Latein verteutscht und
widerlegt", übrigens ausdrücklich: Datum zu Strassburg im jar M. D. XXX j.

jn v selven blijft / vn Christum / Godes rijck / niet na den gemeynen loop / buten v / sonder jn v / dår dat allein iss /
soucket / so dat doch niet van buten an oft dör cynich midel an
v kompt. Dit verstandt saelt jn vilen / ja by na jn alle gader.
Ten eirsten dat ick Christum hier vnd daer / nit ginder vnd hier
tho lopen vnd to senden / by my vnd anderen soucke: vnde daer hy
alleyn synen stoel heeft / souckt hin niemantz / nåmlich eyn jeder
jn hem selven / offte in den Tempel synes herten / dår hy
alleyn to vinden iss. Item / so vil dat angut die gemeynschap der heyligen in disen verstroyden Israel / dat sal syn
sonder Sect / Rott / ofte affsonderung. Alle die v jn uwen
geloiwen offt conscientien dulden / vnn v als vromme Burgern neven
hen lyden willen / hult die vor lieve luyden: bevijst hen so vile to
meer goetz / dat sy dör uwe vnschuldt / liefde / truuwe / vnde
vprechten wandel / oick sonder dat wordt Gotz gewinnen: wie
wål sy Christum dör eyn yverich leven predicken vn nochtans
noch in dwalungen loopen / vnde God mit eynen sotten ernst
souken / anbeden vnde vergeiflik eeren.

Van den openbår sundårs vn godloosen / als Hörerers / Tuy-
schers / Wouckerårs etc. scheidet v oick nit anders af / dan van
hören Godlosen wesen: sijt niet deylhaftig so lief v Christus iss.

So vile nu der heylicheit / vnd valsche Godesdienst /
wterlicke Ceremonien anguet / die liefde moet den ge-
luove wijcken. Dår en gehören geyn wterlicke Ceremonien jn den
Christendom / daer om sy niet helpen offte schaden.[1] Mår dat
sy niet tegen die Liefde des naesten en sijn / welck v dijn hert
wel getuygen kan / wan du nu inwaert gravest na die edele Perle
jn den groudt vnde teyoken dynes herten / also kan geyn godloss
oft afgodisch syn / dan van herten / welck niet gelegen iss an
wterlicke Goden oft Ceremonien / mår wer sich niet selfst
afsteirft / gelaten staet / alles verkoopt / vnde alleyn dat
recht Bildt Gotz / offte naturlick wesen jn him låt werken etc.

Somma souckt Christum niet hier ofte daer / ofte dijnckt

---

[1] Am Schlusse der „Türkenchronik" sagt er: „Ich acht, das allein
der unglaub von Gott schayd. Wo der glaub recht ist, da ist auch ein
halm auffheben ein gut werck. Got kan uns dyss Dockenwerk und Kinder-
spyl in eusserlichen Dingen wol für gut halten durch Christum, so wir sonst
ym geyst und glawben auffrichtig vor ym wandlen; kainer hat es noch
gar errathen dann Christus."

15*

oick niet / dat hy meer hyr by ons dan dår by v iss. Er iss geyn wtnemer der persoonen / wy staen jm al even diere. Er iss allen volcke glyke na / off het schoon wterliche Heydenen / Jueden / Turcken / vn Christenen genaemt worden. Wer nu recht vnn wűl leift / den lnetst du eyn recht broeder vleysch vn bloed sijn in Christo. Hei moet aff sijn / die schapen Chiisti moeten tot den eind d'werlt vnder den wolven liggen als Lu. 21. klårlick ståt.

So vile van desen / heb ick Johan Bekensteyn to lief / vnn oick vm der anderen begeirten geschreuen / anders en schryve ick mijn geloove nit gerne over velt. Ick en begeere oock niet cynige sonderlicke secte offte anhanck jn der werelt to hebben. Niemant en geloive wat om myner liefden wille dat jm sijn herten oft natur nit selfst helpt bewilligen. Want daer gelt nit wt eyns anderen seggen / mår graeft, ghy sult gewisslick vinden.

Vwer aller dienår jn den Here Sebastiån Franck / van Werdt tot Basel."

Ich habe die Briefe hier ausführlicher behandelt, weil sie eine Reihe von Gedanken und Andeutungen enthalten, die sich nicht nur in des Campanus Schriften finden, sondern die zum grössten Teile auch Gemeingut aller Täufer[1] und ihrer Vorläufer gewesen sind, weswegen auch Franck von fast allen seinen Zeitgenossen zu den Täufern gezählt wird. Der Gegensatz von Geist und Schrift ist wohl nirgends so eingehend behandelt und zum Ausdruck gebracht, wie gerade in den Werken Francks.

Franck selbst betont stets, dass er keiner Sekte angehören wolle. Er wünsche Mitglied einer grossen Gemeinde des Geistes zu sein, die auf der ganzen Erde verbreitet sei. Schon früher,

---

[1] Ich erinnere z. B. an Menno Simons. Ungehindert wollten sie sein durch die Tradition der Kirche, wollten sich rein auf den Boden der apostolischen Zeit stellen, eingedenk der Worte, die sich des öftern z. B. bei Menno finden: „Niemand flicket ein altes Kleid mit einem Lappen von neuem Tuch, denn der Lappen reisst doch wieder von dem Kleide und der Riss wird ärger", und „es kann kein anderer Grund gelegt werden, als der da gelegt ist, Jesus Christus."— Evangelium und Briefe der Apostel sollen Richtschnur sowohl für Glauben als für Familienleben und Gemeindeordnung sein. — Den Kernpunkt der Lehre Mennos bildet die neue Geburt aus Gottes Geist. Mit jedem neuen Menschen wird wiederum ein neuer Adam geboren, der nur dann aufs neue zum Ebenbilde Gottes entwickelt werden kann, wenn der göttliche Keim In ihm zum Durchbruch kommt.

bevor er seinen Brief an Campanus schrieb und gewissermassen
sein Programm entwickelte, war er gegen das sich abschliessende
Kirchentum und Zeremonienwesen auf den Plan getreten. Er sagt
in seiner „Chronik und Beschreibung der Türkey" (Nürnberg 1530)[1]):
„Weyter seynd zu unsern zeyten drey fürnemlich glawben auffge-
standen, die grossen anhang haben: alls lutherisch, zwinglisch,
täufferisch, der vierdt ist schon auf der ban, das man alle eusser-
lich predig, ceremoni, sacrament, ban, beruff als unnoettig will aus
dem weg raumen und glat ein unsichtbar geistlich kirchen in
eynigkeit des geysts und glawbens versamlct onder allen voelkeren
und allain durchs ewig unsichtbar wort, von Got on eynich eusser-
lich mittel regyrt will anrichten, als sey die apostolisch kirch
bald nach der Apostel abgang durch den grewel verwuest
gefallen und seindt zumal gefaorlich zeit, Got helff uns allen,
unns, das wyr yn seiner forcht ergreyffen, das recht ist, und den
rechten weg in dieser finsternus wandlen. Amen."

Dasselbe Programm des reinen Spiritualismus findet sich, wie
wir sahen, auch in dem Briefe an Campanus. Er steht mit Männern
in Verbindung, die jene Gedanken auf die Bahn gebracht haben,
mit der freiesten Richtung des Täufertums.

Mit den wärmsten Worten empfiehlt Franck Bünderlin,[2])
mit dem er in Strassburg verkehrte. Auf dem Boden der Bünder-

---

[1]) cf. Einleitung der Chronik; s. auch Francks Gedicht: „Ich will und
mag nicht baepstisch sein." Wackernagel p. 965; Latendorf; Hegler, p. 49 ff.
Nicoladoni a. a. O. p. 123 ff.

[2]) Die Gedanken aus der Türkenchronik passen genau zur Denkweise
Bünderlins, der ihn entschieden neben verwandten Geistern, der freiesten
Richtung des Täufertums, beeinflusst hat. Sie (d. h. Franck und Bünderlin)
gehören zu den Männern, auf die der Name „Wiedertäufer" in der konven-
tionellen Anwendung nicht passt, obgleich Bünderlin wie Denck die Taufe
auf den Glauben empfangen haben. Bünderlin ist einer der Schüler Dencks,
dessen Ansichten er nach der spiritualistischen Seite weiter ausgebildet
hat: Verwerfung der Heilsbedeutung aller Zeremonien, einschliesslich der
Taufe auf den Glauben, Betonung des inneren Wortes, des inneren Christus,
des inwendigen göttlichen Reiches; Dualismus zwischen Geist und Fleisch;
Einschränkung des äusseren Wortes und der äusseren Offenbarung auf
den einzigen Zweck, in das innerliche einzuführen, dabei Unabhängigkeit
der Geistesübertragung von aller äusseren Vermittelung; symbolischer und
widerspruchsvoller Charakter des Schriftbuchstabens; ferner Hervorhebung
der Werke gegenüber dem Missbrauch des „sola fide", Betonung der
Gesinnung u. s. w.

linschen Ideenwelt bewegen sich seine Gedanken.[1]) Beide vertreten eine Richtung, welche einen ausgeprägt mystischen, durchaus transcendenten Charakter hat und in einem innerlichen, von jeder Autorität unabhängigen Glauben gipfelt, welcher sich ebenso gegen die an den Buchstaben der Schrift hängenden Männer wendet, vor denen Franck den Campanus nachdrücklich warnt. Es ist aber Franck ebenso wenig wie Denck und Bünderlin gelungen, die Parteien zu Gunsten einer besonderen gemässigten Richtung zu vereinigen. Ihre Ideen nahmen ihren Flug weit über den Gesichtskreis der grossen Massen, aus denen sich Fromme und Radikale rekrutierten. Das durch das innerste Wesen dieser Ideen bedingte philosophisch spekulative Gewand konnte nur eine Religion der Gebildeten sein.

Die Schrift Bünderlins, die von Franck wahrscheinlich an Campanus gesandt wurde (s. o. p. 223), geht, wie andere vor ihm, von der Auffassung der Gottheit als eines rein geistigen Wesens aus und gründet darauf die Notwendigkeit einer rein geistigen Gottesverehrung. Sie steht auf einem religiösen Standpunkte, der mit dem der biblisch und radikal gesinnten Wiedertäufer gar nichts gemein hat, aber sich ebenso weit entfernt vom Lehrgebäude der katholischen Kirche wie den Ansichten Luthers und Zwinglis, insbesondere von der Lehrmeinung, welche den Buchstaben der Schrift als die einzige Quelle aller Offenbarung erklärt.

Diese religiöse Ansicht Bünderlins, die durchaus in der innerlichen individuellen Erleuchtung fusst, ist die „Taufe, mit der auch Franck getauft zu werden wünscht". (vergl. o. p. 171.)

In dieser „geistigen Taufe" vereinigten sich alle die Einflüsse der Mystik, welche die Wertschätzung des inneren Wortes und des innerlichen Lebens auf Kosten des Buchstabens in den Vordergrund drängten. Der Lehrer Bünderlins und auch Francks, Hans Denck, hat sich an zwei Stellen, im „Büchlein vom Gesetz Gottes" und in seiner „Erklärung etlicher Glaubenspunkte" über den Wert der äusserlichen Bräuche ausgesprochen. Im 7. Artikel

---

[1]) Die Gedankenähnlichkeit war so frappant, dass man einige Jahrzehnte später (1563 etwa) vermutete, der Brief rühre gar nicht von Franck, sondern von Bünderlin selbst her: „Etliche aber meinten, er (der Sendbrief) würd vielleicht von einem genant Bünderlin / der dieser Lehre gantz und gar zugethan ist / als sein schreiben aufsweiset: / gemacht sein . . ." („Von der Kindertauff . . . Gegenbericht" 1563. Aa'.)

der letzten Schrift heisst es: „Indem beweisen sich die Menschen
am allermeisten Menschen zu sein, dass sie so hart um äusserliche
Dinge oder Elemente zanken. Welche so zu viel verachten, dieselben betrüben die unwissenden Menschen; welche sie zu hoch
halten, dieselben ringern die Ehre Gottes. Ceremonien an ihnen
selbst sind nicht sündlich; aber wer vermeint, etwas dadurch
zu erlangen, es sei durch Taufen oder Brodbrechen, der hat
ein Aberglauben. Ein Gläubiger ist frei in allen äusserlichen
Dingen, doch wird er sich nach seinem Vermögen befleissigen,
dass die Ehre Gottes durch ihn nicht gemindert und die Liebe
des Nächsten nicht freventlich verachtet werde.“[1] — Der Wille
zum Guten ist nach Denck jener Funke des göttlichen Geistes,
den Gott uns gegeben hat. Dieser Funke, den Denck mit der
heiligen Schrift als „heiligen Geist“ bezeichnet, bewahrt uns aber,
wenn wir ihm Gehör geben, nicht bloss vor Irrlehren, sondern
er zeigt uns auch den rechten Weg zur Wahrheit.[2]

Wir sahen, dass Bünderlin in seinen Schriften das innere
Wort Gottes hoch über das äussere, geschriebene erhob. Der
Sohn Gottes und das Reich Gottes sind in uns, nicht ausser uns.[3]
Das Fleisch aber, die Ursache aller Sünde, lässt Gott in uns nicht
aufkommen; der Teufel weiss uns gewöhnlich so zu bemeistern,
dass wir gar nicht merken, dass Gott in uns sei. Freilich hat
Gott auch äussere Offenbarung gegeben, aber diese soll uns nur
auf das Wort in uns hinlenken. Das äusserliche Wort bewirkt
in uns nichts ohne das innerliche. Gott wird niemanden, auch
die Heiden nicht, verdammen;[4] alle äusserlichen Gebräuche und
Einrichtungen der christlichen Kirche, so auch die Kindertaufe,
haben keinen Wert ohne das entsprechende innere Wort.[5]

Interessant ist ferner, — auch das wollen wir zum Vergleiche

[1] zur Linden, Melch. Hofmann p. 222.
[2] Keller, ein Apostel der Wiedertäufer p. 81. — „Allmacht, Güte und
Gerechtigkeit — das ist die Dreifaltigkeit, Einigkeit und einige Dreiheit
Gottes“ a. a. O. p. 90.
[3] s. oben den Anfang des Briefes Francks an „etlike in der Eyfelt“.
[4] s. oben die Lehren der Freigeister zu Antwerpen p. 169 f.
[5] Der Gegensatz zwischen Geist und Schrift ist bei den Täufern
überall ein stark ausgeprägter. Ich erinnere u. a. an Gabriel Ascherham
(talentvollen Schriftsteller und Ältesten der mährischen „Wiedertäufer“, einen
der besten Prosaisten des 16. Jahrh.) Im Widerspruch mit Hubmaier

hier nicht ausser Acht lassen — was wir im ältesten Berichte über eine anabaptistische Bewegung hören[1]): „etzliche gaben an, als were die göttlich schrift zur lare der menschen uncrefftig, allein musste der mensch durch den gaist gelernet werden; dan hette got den menschen mit geschrift wollen gelernt haben, so hatte er uns vom himmel herab ein biblien gesant." Nicht Geist oder Schrift, sondern Schrift und Geist heisst es bei ihnen. Der Geist giebt den Einfältigen und Ungelehrten die rechte Kenntnis von dem geschriebenen Wort.[2])

* * *

Durch Zuschriften, wie die eines Seb. Franck, wurde Campanus ermuntert, fortzufahren in seinem Wirken, seine ihm durch Verkehr

---

sagt er: „Dem Christen ist die innerliche Wirkung des heiligen Geistes notwendig. Wer den Geist nicht in solcher Weise empfangen hat, ist kein Christ. Nur die der Geist Gottes treibt, sind Gottes Kinder. Wer die Weisheit nur schriftlich empfangen hat, dessen Geist gleicht dem Schatten an der Wand und dem Schaum auf dem Wasser. Darum sage ich euch: Niemand soll sich weder um die Schrift noch um die Ordnung bekümmern, er habe denn den Geist der Verheissung; denn ausserhalb dieses Geistes giebt es keine christliche Kirche: studiere, lerne Tag und Nacht gar fleissig auf der hohen Schule, du wirst den Geist, der die christliche Kirche baut und versammelt, in der Schrift nicht finden." Loserth, der Kommunismus p. 157.

[1]) Mitgeteilt von Prof. Kolde in Briegers Zeitschrift f. K. G. V, p. 323 ff.; vergl. Sepp, Kerkhistor. Studien p. 11. 12. — Es handelt sich um die Zwickauer Bewegung; Bericht vom 18. Dezember 1521.
Ich erinnere hier an die Bekanntschaft Storchs mit Gerhard Westerburg.

[2]) Brief Martin Frechts an Heinr. Bullinger. d. d. Ulm, 1535 Okt. 14. (cf. Ottius, Ann. anab. p. 82; Fueslin, Epistolae 1742 p. 167 ff.): „Quod vero ad nostras adtinet Ecclesias, quarum te quoque curam gerere non dubito: sic se habent omnia, ut meliora optarem. Tametsi Dominus sua bonitate afficiat, ut Magistratus animi in tuenda et propaganda recepta religione haud quaquam remittantur; auditores tamen proh dolor! (ut audio hoc malum passim ingravescere) plures quam factores verbi sunt. Hoc autem exaggerare solent, qui subtilioribus Anabaptistis favent, quales sunt Schlesitici et Francici Spiritus, qui scribunt et in angulis mussitant multa de verbo externo et interno, de littera, Spiritu et Sacrorum ministris. Qui palam docent: Scripturam non esse verbum Dei, in omnium mentibus verbum internum latere, quod externi dumtaxat verbi testimonio in liquidum veniat, aliud ministerii vocatorum oeconomiae Ecclesiasticae genus expectantes. Huius farinae videtur esse Sebastianus Francus Chronicorum et Paradoxorum autor, quem ante biennium fere nostri receperunt in civem — . . . Non ignoras, ut olim in verbo externo luserint Denkius et Haetzerus.

und eifriges Studium gewordenen Anregungen bei der vielfach
antilutherischen Bevölkerung Jülichs und des Niederrheins in die
That umzusetzen, seine Umgebung zu begeistern und nach aussen
eifrig Propaganda zu machen. Bei dieser Perspektive und angesichts
der uns bekannten Ergebnisse sehen wir immer deutlicher, wie kurz-
sichtig Luther gewesen ist und wie berechtigt Melanchthon war,
die clevischen Behörden fortgesetzt zur Aufmerksamkeit zu mahnen.

Trotzdem aber Luther als bestes Kampfmittel gegen Campanus
ständiges Ignorieren empfohlen hatte, so war er doch (1532) sehr
erfreut zu hören, dass Bugenhagen eine Schrift des Athanasius
über die Trinität herausgegeben habe und diesen grossen Bekämpfer
des Arius den neuen Irrlehrern entgegen stellen wolle.[1] Er sprach

Jurares eos in Franco et suis complicibus revixisse. Neque te latet,
ut Lutherani in atroci illa pugna Sacramentaria velitati fuerint cum verbo
externo, quod mea opinione in ministerio nolunt esse a verbo interno sepa-
randum, idque pie."

In dem „Scriptum in Conventu Smalkaldensi propositum a Theologis,
qui ibi adfuerunt, contra Schwenkfeldium, Seb. Francum et nonnullos
Errones alios, Mense Martio, Anno 1540" sagt Melanchthon: „Intelligimus
spargi semina Donatistarum. Nam hypocritae quidam, qui et iustitiam fidei
ignorant et cum sint homines otiosi, veros cultus, hoc est, officia vocationis
nec intelligunt nec praestant, fastidiunt communes honestos mores, et simulatione
singularis modestiae et sapientiae, sed ad populum venditant, vituperant
ministros Evangelii sine iusta causa . . . Sunt et alii similes Scepticorum,
qui Ecclesias et ministros vituperant, dum nolunt videri nullis addicti partibus.
Hi quoque inveniunt applausores, quia semper grata est vulgo reprehensio
gubernatorum.

Nec constat hic coetus ex diversis sectis, ut Sebastianus Francus fingit,
qui omnes pariter fingit esse Ecclesiam, Papistas et eos, qui nobiscum sentiunt."
(Corp. Ref. III, 983) p. 985: „Multa etiam colligit Francus ad scripturae
autoritatem extenuandum, et jubet spiritum quaeri, omisso verbo". —

Es würde zu weit führen, hier Ansichten, berechtigte oder unberechtigte,
über Francks Verhältnis zu Melchior Hofman etc. ausführlicher behandeln
zu wollen. Vergl. darüber: Seb. Franck, Weltbuch Pars II, fol. 44; Gabriel
Prateolus, de vitiis, sectis et dogmatibus omnium haereticorum, Köln 1569,
p. 28; Catrou, Histoire des Anabaptistes III, 237; Preger, Tischreden Luthers
aus den Jahren 1530 und 1532 nach den Aufzeichnungen von Joh. Schlaginhaufen. Lpz. 1888, p. 176, 438; zur Linden, Hofman 289 f.; Nicoladoni,
Bünderlin p. 120 u. a.

[1] Luther sprach 1532 dem Bugenhagen zu seiner Absicht vollen Beifall
aus. „Gern denke ich daran zurück, mit welcher Glaubensglut ich als Jüngling
diesen Dialog (des Athanasius) im ersten Jahre meines Mönchslebens las,
als zu Erfurt mein klösterlicher Lehrer, ein trefflicher und auch unter der

dabei von mehreren deutschen und italienischen Schlangen,
die in Gesprächen und Schriften das Gift verbreiten. (Er hatte
wohl damals von Servet Kenntnis erhalten, der, übrigens bekanntlich
ein Spanier von Geburt, 1531 eine Schrift gegen die Trinität
drucken liess.) Luther gab seine Äusserungen dem Bugenhagen
als Vorwort zu seiner Schrift. In demselben Jahr (1532) ist denn
auch von Bugenhagen folgende Schrift gedruckt worden:
Widder die Kelch Diebe. geschrieben zu Lübeck
durch Joannem Bugenhagen Pomern.
Wittemberg. M. D. xxxjj. (in 4°)
(Königl. Bibliothek zu Berlin.)

Wird auch in dieser ganzen Schrift der Name des Campanus
nicht genannt, so scheinen doch manche Passus eine Spitze gerade
gegen ihn zu enthalten. War doch seine erste Schrift bekannt
und seine zweite, die „Restitution", im selben Jahre erschienen.

Bugenhagen wendet sich an einen N., der ihn um Ausführungen über das Sakrament gebeten habe. Während er sich
besonders gegen die alten Lehrer wendet, die sich über diesen
Punkt geäussert haben, fallen Seitenhiebe auf die Zeitgenossen:
p. Ojj: „Und bey unsern zeiten sind etliche Spirituosi so auffge-
blasen von jrem eigenem geiste / doch unter dem namen des heiligen
geistes / das sie das externum verbum predicatum et scriptum /
ministerium illud spiritus et reconciliationis / gar gering achten /
davon haben sie etliche köstliche Dreckbüchlein geschrieben / mit
stinckenden prefationibus / das sie ja was newes möchten auff-

---

Hülle der verfluchten Mönchskutte wahrhaft christlicher Mann, mir seine
eigenhändige Abschrift des Buches gegeben hatte. Noch mehr aber freue
ich mich darüber, dass ich sehe, wie der Geist Christi durch dich darüber
wehen will, dass der Artikel von der Dreieinigkeit rein und unverletzt in
der Kirche Gottes erhalten und verteidigt werde. Dein Unternehmen ist
ein christliches und heilsames, zumal in unserer schlimmen Zeit, in welcher
fast alle Glaubensartikel von den Dienern des Satans angegriffen werden und
besonders der von der Dreifaltigkeit von einigen Skeptikern und Epikuräern
in höchst zuversichtlicher Weise verspottet zu werden anfängt . . . Dazu
stehen ihnen nicht nur zur Seite jene italienischen Grammatiker und Rhetoren . .
sondern auch einige welsch-germanische Blindschleichen, wie Erasmus,
Nicolaus Franz von Streitten (bekanntlich der Freund des Campanus
und Herausgeber seiner „Restitution"; über seine Persönlichkeit ist mir sonst
leider nichts bekannt geworden), Seb. Franck, welche ihren Samen hier
und da in ihren Unterredungen und Colloquien . . ausstreuen (cf. de Wette
IV, 427.)

bringen / widder den armgeistlichen Luther / darumb das er mit
jn nicht wil ein Sacramentschender sein."

„Solcher geist ward geleret bey unseren gezeiten von den
Müntzerischen", (wozu sonst auch Karlstadt und Campanus gezählt
werden, z. B. von Erasmus Alberus). Wichtig scheint mir besonders
der Abschnitt über die Taufe zu sein: Qj ff. (s. u. Restitution.)
„Die weise zu Teuffen.

Im namen des Vaters unn des Sons / unn des heiligen Geists /
bedeutet / das die Tauffe wird gegeben von dem Diener nach
Christus befehl / an stat der heiligen Dreyfaltigkeit / das alda nicht
der menschen Tauffe / sondern durch den menschen / die heilige
Dreyfaltigkeit selbs. In den namen oder auff den namen des
Vaters / unn des sones unn des heiligen geists / bedeutet / das
wir getaufften / sollen stets ewiglich für Gott angeneme sein /
nicht durch einen andern namen / oder gerechtigkeit sondern allein
durch den namen / jnn welchem oder auff welchen wir getaufft sind." /

Sjjj. „Darnach furet sie (d. h. die Sacramentschänder) der
Teuffel auch jnn den Himel / das sie sagen / Christus sitzt zu der
rechten Gottes / darumb kan er uns nicht seinen leib und blut
geben / wenn er auch gleich sagete / das ist mein leib" etc.

Am Schlusse: „Der mir die Tauffe alleine wolt geben im
namen des Vaters und des Sones / und wolt mir / die dritte person
jnn der Gotheit / den heiligen Geist mit falscher lere verleugnen /
von dem wolt ich die halbe Tauffe widder Christus befehl und
widder den Christlichen glauben nicht nemen / also wil ich auch
das halbe Sacrament von den Kelchdieben nicht nemen / wider
Christus befehl." — —

Da Campanus des öfteren von den Reformatoren mit Recht
mit dem Spanier Servet[1]) zusammengestellt wird, so mögen betreffs

---

[1]) Zeitgenossen stellen den Servet vergleichend mit Campanus zusammen:
so zitiert Laurentius Surius (Carthusianus), Commentarius brevis rerum in
orbe gestarum ab anno Salutis M. D. usque in annum M. D. L. XXIV ex
optimis quibusque scriptoribus congestus; Coloniae 1602 p. 223: Cum Ratis-
ponae comitia adhuc haberentur (April 1532) publice prostabat scriptum
quoddam valde impium, hac inscriptione, De Trinitatis erroribus libri VII
Michaelis Serveti Hispani. Nefarios cumprimis et inauditos hoc opus com-
plectebatur errores, atque opera est a Caesaris confessario, ut supprimeretur.
Verum eodem tempore homo Germanus e terra Juliacensi, Joannes Campanus,
qui biennio Luteri discipulus fuerat Wittenbergae, eosdem fere de summa
Trinitate errores asserere non dubitavit. Atqui Luterus, tametsi in eum

des Verfahrens gegen sie, besonders wie man von seiten der süddeutschen Reformation dem letzteren begegnete, einige Bemerkungen angefügt werden.

Luther sah wohl ein, wie gefährlich es für die Reformation in seinem Sinne war, die wichtigste Grundlehre des Christentums, die die Kirche der Reformatoren mit der alten verband, und auf der sie als unverrückbarer Grundlage bauten, in Untersuchung und Zweifel zu ziehen, weil dadurch fernerer Willkür Thür und Thor geöffnet wurde; gefährlich zumal für die Reformatoren, denen man ohnedies alle Verwirrung und Auflösung zur Last legte.

Luther war viel zu konservativ, als dass er den spekulativen Lehrpunkt der Dreieinigkeit und seine einmal praecisierte symbolische Fassung in seiner inneren Wahrheit feindlich angefasst hätte.[1] Er gesteht zwar selbst (Tischreden fol. 69), als anno 1532 ein

---

calamum strinxit, tamen ad tantam impietatem fenestram illi aperuit, cum non est veritus scribere libro adversus Jacobum Latomum se odisse vocem Homoousion etc.

„Der Satan ... erwecket einen gelerten Spanier / der hiess Servetus (servus Diaboli) und neben jm Johannem Campanum / der auch Witzels und Zwingels gesell war / und ein sonderliche opinion von dem Heiligen Sacrament hatte / diese zwen ketzer verleugneten die dritte person der Gottheyt / nemlich den Heiligen Geist." cf. Erasmus Alberus, Wider die verfluchte Lere der Carlstader . . . . 1565 p. x¹ und P¹. Vergl. desselben Verfassers Schriftchen: Vam Wintervagel Halcyon / ein herlick Wunderwerck Gottes / Utbgelecht doch. D. Erasmum Alberum. (s. l.) 1552. p. C¹. (Beide auf der Königlichen Bibliothek zu Berlin.); ferner: („Ich halt / das ich allein [wil der alten geschweigen] mehr denn zwentzig sturmwinde und Rotten, die der Teuffel geblasen hat, erlidden habe ... erstlich war das Bapstumb . . . . Müntzer . . . . denn Carlstadt ... darnach die widerteuffer.) Etliche haben auch wider die alte lerer / Bapst und Luther zusammen getobet / als Serveto / Campanus und dergleichen / die andern, so nicht offentlich jm Druck wider mich getobet / wil ich itzt nicht erzelen." s. Luther, Wider die Antinomer. Bl. Cj. u. Cjj. 1539 in 4°. (Königliche Bibliothek zu Berlin.)

[1] Durch Anfechtungen und Zweifel hatte sich Luther zum Glauben an die alte Lehre der Trinität hindurchgerungen. Luther und Melanchthon betonten also jetzt die Lehre besonders scharf, welche sie früher seltener behandelt hatten, nicht weil sie ihnen früher gleichgültig gewesen wäre, sondern weil sie bisher wenig angefochten war, weil sie sich für sie von selbst verstand und sie in ihr sowohl hinsichtlich des Inhaltes als auch der bekenntnismässigen Form mit der römischen, mit der ganzen alten Kirche aufrichtig und von Herzen übereinstimmten.

„greulich böss buch wider die heilige Dreifaltigkeit im Druck ausgangen" sei (Restitution): „Die Schwermer gedenken nicht, dass andere Leute auch von diesem articulo tentationes haben gehabt; aber es helt ja den Stich nicht, opponere meam cogitationem verbo Deo et Spiritus Sancti" etc. [1] Luther erkannte ganz richtig, dass seine Zeit für eine erneute Prüfung dieser ebenso schwierigen als wichtigen Frage nicht reif sei, vor allem nicht in der stürmischen, lärmenden Art derjenigen, die sich ihrer bemächtigten, dass er hier nicht Schul-, sondern Lebensfragen vor sich hatte, welche einem skeptischen Subjektivismus anheim gegeben waren. Schon 1532 sah Luther die Folgen voraus, die aus dem ganzen System des Campanus erwuchsen. Daher ist seine Feder stets mit Gift getränkt, wenn die Rede auf letzteren kommt.

In ganz ähnlicher Lage, wie die Wittenberger dem Campanus gegenüber, befanden sich die Strassburger Reformatoren dem Servet gegenüber, der fast gleichzeitig mit der Schrift des Campanus die seinige: de trinitatis erroribus — (Juli 1531) veröffentlichte und zu den vielen die Ruhe störenden Fragen die neue über die Trinität hinzufügte. Bisher hatten auch die Strassburger jede Auseinandersetzung über dieses Dogma, das auch sie unverändert mit hinübergenommen hatten, geflissentlich vermieden. Capito sagte: „Gott, sein Wort und sein Geist sind nur ein Gott; von dem Unterschied sollen wir nicht fürwitzig fragen, denn der Majestät Erforscher wird von der Glorie überfallen." Auch Butzer sprach über diesen

---

[1] Schon 1526 sagte Luther in einer Predigt bezüglich der heiligen Dreifaltigkeit: „Der Teufel wird nicht ruhen, bis ers dahin bringe, dass es hiemit gehe, wie mit dem Sacrament, welches, weil wir es dem Papst wieder aus dem Rachen genommen und in rechten Brauch gebracht, fahren die Rotten zu und treten's gar mit Füssen; so wird es auch mit diesem Artikel gehen, dass wir wieder Juden werden." Er giebt den Rat, einfältig bei den Worten des Bekenntnisses zu bleiben: ich glaube an Gott Vater, Sohn und heiligen Geist, vor allen fürwitzigen Fragen und eigenem Dünkel sich zu hüten, zugleich aber gegen das Andringen der Ketzerei im voraus mit kräftigen Sprüchen der Schrift sich auszurüsten, die man den Verführern unter die Nase halten könne. Den „Christen" zu Antwerpen giebt er im Jahre vorher den Rat: „Darumb sehet zu, dass ihr darauf bleibt, das not ist, und Gott gebotten hat zu wissen, wie der weise mann spricht, Was dir zu hoch ist, da frage nicht nach, sondern bleib immer in dem, das dir Gott gebotten hat. Wir haben alle zu schaffen genug, dass wir Gottes gebott und seinen son Christum lernen unser leben lang." s. u. a. P. Frederichs, die Secte der Loisten p. 7; s. o. p. 168.

Punkt als einen äusserst delikaten mit aller Vorsicht und möglichster Kürze: „Circa hanc sententiam sunt pleraeque quaestiones a Patribus agitatae infinitae, a quibus, ne vere certa in Ecclesia doceamus, malim abstinere, praesertim hoc saeculo, ubi satan nullam religionis nostrae dogma relinquit inconcussum et apud minime paucos longe plus est argutiarum quam fidei".[1]

Ganz analog dem Benehmen Luthers gegen Campanus ist das Butzers gegen Servet. Von einer öffentlichen Kritik, wie er sie schon hier und da an den Wiedertäufern geübt hatte, sah er ab; er liess nichts gegen Servet drucken, sondern begnügte sich damit, seine Ansichten mündlich in seinen Vorlesungen zu widerlegen, um jeder allgemeinen, weiteren Diskussion über diese Fragen vorzubeugen.

Als der Basler Reformator Oecolampadius an Zwingli über Servets Buch berichtete, schrieb er in ähnlicher Weise, wie Vinne un Luther (s. Beilage 2): „Diese Sache ist eine unleidliche in der Kirche Gottes; darum versuch, wie du kannst, dass derlei greulicher Gotteslästerung nit die Luft gelassen wird zum Nachteil der Christenheit."[2] Um durch eigene Repliken der Sache ihrer Gegner nicht unnötig eine allzu weite Verbreitung zu geben, wussten die Reformatoren ihre Freunde und Mitarbeiter zu Gegenmassregeln zu veranlassen: Wie Bugenhagen gegen Campanus, Oecolampadius gegen Servet, so zog gegen Melchior Hofman Amsdorf zu Felde, da Luther sich nicht durch Schriften in einen öffentlichen Handel mit ihnen einlassen mochte. —

* * *

In welchem Verhältnisse zu einander stehen die beiden Schriften des Campanus: „Contra totum post Apostolos mundum" und die „Restitution"?

Letztere ist nichts anders als eine von N. F. von Streitten veranstaltete, von Campanus gebilligte gekürzte deutsche Ausgabe der ersteren, welche viel umfangreicher gewesen zu sein scheint. In der „Restitution" wird an vielen Stellen auf sie verwiesen mit der Bemerkung, dass sie für die Gelehrten bestimmt sei. Ihr Titel ist lediglich eine Umschreibung des Titels der

---

[1] Butzer an Blaurer, 19. Jan. 1532. (Thes. Baum.) cf. Cam. Gerbert, a. a. O. p. 116.

[2] cf. Mosheim, Servet 1748, p. 17 ff., Gerbert, p. 115.

lateinischen Ausgabe. Die Auszüge Bugenhagens aus dieser zeigen, dass beide Ausgaben stückweise übereinstimmen, soweit die erste in der zweiten übersetzt ist.

Auf der Kgl. Bibliothek zu Berlin befinden sich unter Mus. theol. lat. 5 Oktav-Bände Bugenhagen'scher Schriften. In Mns. oct. 43 sind Auszüge Bugenhagens aus der lateinischen Schrift des Campanus erhalten, welche in der Weise gemacht sind, dass einzelne Leitsätze wörtlich aus der lateinischen Vorlage herübergenommen wurden, der Abschreiber im übrigen aber den Inhalt der von ihm berichteten Kapitel zusammenfasst; z. B.:

Bugenhagen (Mus. oct. 43 f. 49[2]): Joannes Campanus blasphemus et plane diabolus in primo articulo de vero filio Dei et vera eiusdem ex patre nativitate (his enim verbis fucum quaerit) sic ait.

„Restitution": „Von der wahren Geburt des Sohnes aus dem Vater", so lautet die Überschrift des ersten der beiden Kapitel über den Sohn Gottes.

Bugenhagen: Est autem omnium filiorum ea conditio, ut ex illorum substantia, quorum filii sunt, fiant.

„Restitution": denn darin besteht ja gerade die Sohnheit, dass er sein Wesen von einem anderen hat, der Vater hat seinen Sohn aus sich geboren.

Bugenhagen: Duas tantum personas confiteor in unum Deum; nempe patrem, qui genuit, et filium, qui genitus est.

„Restitution": Die heilige Schrift hält nur von zwei Personen; des, der gebärt hat und des, der geboren ist. u. s. w.

Fol. 50ª folgt nach diesem Auszuge: Judicium Philippi ad me Pomeranum[1] Anno MDXXXI, cum eram Lubecae: „Campanus ille fanaticus misit huc libros veneni plenos, litigat cum Luthero et Philippo et Pomerano, convellit doctrinam ecclesiae de Trinitate, sanctum spiritum omnino negat personam esse, filium non tollit, sed fingit non magis esse unum cum Patre quam Adam et Eva sint unus homo.[2] Ita aut duos deos ponit aut filium non vere deum esse iudicat. Facit enim, quod solent haeretici, non satis explicat, quid velit. Certe hoc palam dicit: filium non semper

---

[1]) vergl. hierzu auch Vogt, Bugenhagen; Elberfeld 1867, p. 339 Anm. 3.

[2]) cf. „Restitution" Cap. 2: das wie Adam und Eva, Mann und Weib, ein Fleisch sind, also auch Vater und Sohn ein Geist. —

fuisse cum patre, sed patrem prius fuisse, postea filium genuisse,
aeternum quidem, sed tamen intra aeternitatem.[1] Audis fanaticum
hominem. Reliqui articuli omnes sunt merae λογομαχίαι. Haec
scribo, ut isthic[2] praemunias animos tuorum adversus huiusmodi
venena. Bene vale." fol. 54ᵇ folgt in den Manuskripten Bugenhagens:

Blasphemi Campani Sacramentum: „Panis manet et nomen
ac titulum accipit corporis et propter hanc appellationem vere est
corpus Christi, sed non verum et naturale corpus, sed per appellationem, ut dictum est, sacramentale corpus, quia accedit verbum
ad elementum et fit sacramentum. Itaque panis nomen et titulum
habet carnalis corporis, tamen non est ipsum essentialiter, quemadmodum memorialis agnus singulis annis oblatus nomen habet
primi agni paschatis et tamen essentialiter illud primum non
est. Haec quam dixi sacramentalis nominatio perinde se habet,
atque quum nominatur puer in baptismo, pueri siquidem essentia
manente vocatur Joannes a presbytero, quod nomen antea non
habebat. Ita manet hic panis, ex sacramentali autem appellatione
accipit nomen, quod antea non habebat, et retinet hoc nomen,
et inde nominatur et vere secundum hanc nominationem est corpus
Christi. Hoc autem sacramentale corpus adducit secum credentibus
propter verbum tantum fructus, quantum naturale corpus remissionem
peccatorum et reconciliationem, quemadmodum verba sonant. Quemadmodum etiam in baptismo per verbalem nominationem (: ego
baptizo te in nomine Christi:) fimus filii Dei, manente cuiusque
essentia et natura, quia Christus in sua speciali essentia filius est
et nos in nostra, Ita in coena manet essentia sua vero corpori
Christi, quo sacramentale corpus nominatur et sacramentali corpori
sua essentia secundum naturam sacramentalis nominationis. Quemadmodum etiam Christus in cruce matrem suam fecit Joannis etc.,

---

[1] „Restitution" b⁵: „Dass der Sohn nicht ohne allen eigenen Anfang
immer bei dem Vater gewesen ist, sondern vor allen Kreaturen in der Ewigkeit aus dem Vater und dem väterlichen Wesen geboren ist, und „anfenglich" für aller zeyt entstanden ist."

[2] Bugenhagen war nachher und vorher in Braunschweig; Luther
schrieb daher an ihn, dass Campanus noch in die Gemeinde jenes Wolfs gedrungen sei (zu Braunschweig), und forderte ihn auf, schriftlich oder persönlich den Rat zu warnen. (In Braunschweig war durch einen Prediger
Kopmann wegen der Sakramentslehre Zwietracht erregt. Am 13. August 1531
schrieb Luther selbst an den Rath zu Braunschweig.

sed nominaliter, familiaritatis et curae gratia. Sicut et nos in
baptismo Christi nominamur filii Dei, per eius nominationem et
fimus vere filii Dei et iusti, sed nominaliter, non natura, ut
Christus, quia natura peccatores sumus Rom. III. Deus vocat,
quod non est, ut sit, tanquam esset." Fol. 55. His insultat ille stultus iactator toti Ecclesiae,
maxime Luthero et propterea papistis et Zwinglio et Oecolampadio,
Marburgi latine appellabat Corpus verbale in stulto suo
libello. (!) Bugenhagen fügt am Schlusse hinzu: „Regula. Non satis est,
ad aliquid reijciendum, quod non expresse man datum estaut scriptum,
sed oportet etiam convincere hoc ipsum esse contra scripturam.
Nam Christus ait... Marci 9. Et qui non est mecum, contra me
est. Matth. 12. Non deceret ullum papisticum usum abijcere,
nisi probare possemus eum non solum a deo non mandatum sed
etiam prohibitum."[1)]

Wenn wir die kurzen Auszüge mit den weiteren Ausführungen
in der „Restitution" vergleichen, so ergiebt sich, dass diese sog.
„Restitution" nur eine Umarbeitung resp. Uebersetzung der lateinischen Schrift ist, welche Melanchthon kannte und an Bugenhagen
sandte. Dass Melanchthon die Schrift gerade an ihn sandte, hat
seinen Grund u. a. wohl in dem Folgenden: Bugenhagen war 1530
zu der Beratung der streitigen, in Augsburg vorzulegenden Punkte
vom Churfürsten nach Torgau berufen und hatte dort des Campanus Ansichten kennen gelernt.[2)] —

Wichtig für die Erkenntnis des Einflusses des Campanus am
Niederrhein ist u. a. der Umstand, dass die Jülicher (Wassorberger)
Traktate in den Visitations-Protokollen des Jahres 1533 deutlich
an die Ausführungen desselben sich anlehnen, dass manche Wendungen und Sätze wörtlich übernommen sind. —

* * *

Nachdem Campanus seine lateinische Schrift den „Gelehrten"
seiner Zeit vorgelegt und bei manchen Beifall gefunden hatte, trat

---

[1)] Die obigen „Auszüge", welche ich noch einmal mit dem Berliner
Original verglichen habe, hat bereits Förstemann gegeben in Z. f. histor.
Theologie 1846 p. 495 f.

[2)] cf. Förstemann, Urkundenbuch zur Geschichte des Reichstages zu
Augsburg No. 12, 29. Vogt, Bugenhagen p. 326.

16

er bald nachher mit kühner Entschlossenheit und unnachgiebigem
Kampfesmut mit seiner deutschen „Restitution" gegen Luther vor
das Volk. Die Schrift enthielt eine Kritik derjenigen Lehren, welche
zwischen den zum Anabaptismus sich Hinneigenden und den „kirchlich" Gesinnten streitig waren, und zwar natürlich vom Standpunkte
der ersteren und von der Idee ausgehend, dass schon unmittelbar
nach den apostolischen Zeiten das Verderben in Kirche und Lehre
mit Macht überhand genommen habe. Zugleich aber findet sich
darin die Lehre des Verfassers von der Dreieinigkeit und dem
Verhältnisse der göttlichen Personen entwickelt.

Der genaue Titel der hier näher in den Kreis unserer Betrachtungen zu ziehenden Schrift des Campanus lautet:

Göttlicher und heiliger Schrifft / vor
vilen jaren verdunckelt / und durch unheylsa-
me leer uñ lerer (aus Gottes zůlassung)
verfinstert / Restitution und besserung / durch den hochgelehrten
Johannem Campanum.
Ein scudtbrieff an K. M. von den
marcken ꝛc. durch Nicola —
um Frantz vö Streit-
ten.
Anno 1532[1])

Der Ausdruck „Restitution" begegnet uns im Reformationszeitalter häufiger. Von besonderer Wichtigkeit ist die Münstersche
„Restitution", welche den Pfarrer Rothmann zum Verfasser hat.
Nach seinen eigenen Worten soll die Ausübung der Rache mit der
Restitution Hand in Hand gehen. Hier wird das Schlagwort ge-
gründet auf Apostelgeschichte 3, 21, wo der griechische Ausdruck
ἀποκατάστασις von der Vulgata mit restitutio wiedergegeben wird.
Luther gab in seiner Uebersetzung die Stelle mit „Wiederbringung
aller Dinge". Verstehen wir heute darunter die „endliche Seligkeit
aller Geister, auch der satanischen", so hat das enthusiastische
Täufertum dieses n i c h t gelehrt. Findet sich die Lehre bei Denck,
Kautz, Clemens Ziegler, so ist sie bei Melchior Hofman, Campanus

---

[1]) Klein 8°; 170 Seiten. Es haben mir 2 Exemplare desselben Druckes
vorgelegen: 1. Sammelband, klein 8°, der Bibliothek zu Utrecht (Theologia
Octavo No. 31), 2. ein separates Exemplar der Königlichen Bibliothek zu
zu Dresden. (Sect. Christ. 462.)

und den Münsterschen nicht zu entdecken. Sie haben keine „Wiederbringung aller Dinge" gewollt. In Münster bedeutet, wie schon bei Campanus, die Restitution in Wirklichkeit nichts anderes als eine mit unerbittlicher Konsequenz durchgeführte Reformation d. h. eine Wiederherstellung der rein biblischen Idealzustände in Lehre, Leben und Verfassung. Zu einer so hohen Bedeutung ist die Restitution bei den Münsterschen erst durch die Einwirkung der „Wassenberger Prädikanten"[1] gekommen, auf welche ja Campanus einen wesentlichen Einfluss ausgeübt hat. Sein Hauptwerk trägt ja den oben angeführten Titel. Wie schon vorher in seiner lateinischen Schrift: „Contra totum post apostolos mundum" (cf. Brief Seb. Francks) fordert er auch in dieser auf zur Rückkehr zu den biblischen Urzuständen des Christentums, indem er die ganze kirchliche Entwicklung seit der apostolischen Zeit für einen grossen Abfall erklärt. Er ist ohne Zweifel der Vater der Münsterschen Restitutionsidee, welche so üble Folgen gezeitigt hat.[2]

Die Münstersche Schrift führt als Titel: „Eyne Restitution odder eyne wedderstellinge rechter unde gesunde Christliker leer, gelovens un des levens uth Godesgenaden durch de gemeynte Christi tho Munster an den dach gegeven. Act. III. Munster 1534 in den teenden maendt October geheyten".[3]

Dieses Werk enthält in 18 Hauptstücken vielfach denselben Gedankengang wie das des Campanus, welches dem Verfasser jedenfalls vorgelegen hat. Mannigfach sind allerdings die Gedanken des Campanus noch weiter geführt zu den extremsten Ausdeutungen.[4] Zur Illustrierung mögen einige Andeutungen dienen:

---

[1] Neben Rothmann ist an der Abfassung beteiligt gewesen Kloprys (s. u.). Die Schrift wird wie die übrigen in Münster zu jener Zeit gedruckten von den Cölnern beurteilt: Sie waren voll Gotteslästerung und falscher aufrührerischer Lehre und mussten jeden, der eines dieser Bücher las, von solchen boshaftigen und schädlichen Lehren überzeugen. s. Ennen, Gesch. der Stadt Cöln IV, 343. s. der Katholik, Zeitschr. 1895, II, 495 f.

[2] cf. die Vermutungen bei zur Linden a. a. O. 361/62.

[3] Drei Exemplare sind erhalten; vergl. Hamelman, opp. 1186; Schyn, Geschiedenis der Mennoniten 1743 p. 373/74, Anm. 68; Sepp, geschiedk. Naspor. 1877, I, 55—157; Neudruck von Andr. Knaake in „Flugschriften aus der Reformationszeit" VII. Halle 1888.

[4] Der Zweck der Rothmannschen Schrift ist ja: neue Anhänger für die Lehre der Wiedertäufer zu gewinnen und die Beschuldigungen der Gegner zu widerlegen, während den Campanus in seiner Hauptschrift lediglich ein wissenschaftliches Interesse an der Sache zu treiben scheint.

16*

„Van gegenwôrdigen tractait solle gy wetten, dat wy den
sulven ein Restitution oder wedderstellinge noemen, als gy in den
Tittel lesen. Dat hefft dusse orsake. Want Godt by uns alsûlcke
stucke als hirinne begreppen synt, sunder alle menschelicke wyss-
heit gherestituert und up dat alder rechste gesat heft, de so hoich
unde deip ein lange tidt vorvallen und verdûstert sin gewehsen,
dat mit rechten vorstande van nummande darup gedacht mochte
werden, Wo dan van sûlken affvalle, dar van hyr naock volgen
wert, de gantze schrifft klar genug betûgeth (p. 4).[1]) p. 10: Lath
dy hyr dem Pawest mit synem scharen ein Exempel syn, Want
inn dussen ys de rechte affval gheschen, unde wert by dem
sulvenn de rechte gruwell der verwôstunge gevunden. p. 48:
Item nu vort wider bescheit van der Hylliger gemein Christi tho
wetten, Na dem se yammerlick vort na der tidt der Apostolen
verstört unde verwôstet ys geworden, Alzo ock dat nicht ge-
sundes darinn gebleven ys . . ." eine aristotelische und thomistische
Spitzfindigkeit galt mehr als ein Spruch der Schrift, — die babylonische Hure hat mit den ersten der Erde zusammengesponnen,
um den Abfall zu vollenden, den man deutlich findet bei den
scriptores ecclesiastici... siehe an, wie in Erasmo, Luthero, Zwinglio
begonnen, aber in Melchior, Johann Matthissen und hier in unserem
Bruder Johann van Leiden, die ganz ungelehrt nach der Welt geachtet, die Wahrheit herrlich eingeführt ist ... man soll sich allein
an die Bibel, nicht an Postillen und Auslegungen halten ... der Sohn
ist fleisch geworden; nicht hat fleisch angenommen. Lest nur nach,
wie die Gelehrten in Strassburg den getreuen Diener Gottes
Melchior Hofman betr. dieses Punktes nicht haben bekehren
können. Das Wort ward Fleisch, nicht von Maria nahm er es
an . . . nicht alles, was sich Christen nennt, gehört zur wahren
Gemeinde der Heiligen. Diese besteht allein aus denen, welche
in Christus glauben und thun, was er befohlen hat. — 1400 Jahre
hat die Gemeinde nicht bestanden; jetzt ist die Zeit der
Restitution angebrochen.[2])

„Der Abfall der Christenheit in den Abgrund und den Greuel
der Verwüstung hat nicht lange nach der Auffahrt Christi und der

---

[1]) s. Neudruck, herausgegeben von Andr. Knaake.
[2]) s. o. p. 219; vergl. über die Schrift: Sepp, Kerkhistor. Studien p.
55- 60; über den Einfluss des Buches der Münsterschen s. Joh. Sleidanus p.
274 f.; Lamb. Hortensius p. 12 f.; Cornelius, Berichte der Augenzeugen p.

Predigt der Apostel angefangen; aber es ist bei der Apostel Zeit
die Finsternis mit dem Lichte „vast yn arbeide und stryde gewesen",
und es hat sich die antichristliche Rotte wider die Schäfchen
Christi heftig aufgerichtet; denn ungefähr 100 Jahre nach der
Auffahrt Christi hat die Wahrheit müssen weichen und die Lüge
hat den Platz behalten." In der „Rache" („Eyn gantz troestlick
bericht von der Wrake und straffe des babilonischen gruwels . . .
Dec. 1534.) heisst es ganz bestimmt: Moses war ein Vorbild auf
Christus; die babylonische Gefangenschaft ein Vorbild der Gefängnis
der Christen unter dem Greuel der Boshaftigen; auch die viertel-
jährige Hungersnot, mit welcher Gott Israel auf Elias' Gebet strafte,
war ein Vorbild: jene 3½ Jahre sind in der 70jährigen Gefangenschaft zwanzigmal vermehrt worden; das nach derselben verheissene
herrliche Haus Gottes wurde nicht bloss bildlich als Tempel unter
den Juden erbaut, sondern soll in Wahrheit als das Reich Christi
erbaut werden. Die Gefängnis des Abfalls von Christo hat zwanzigmal 70 Jahre gedauert, also 1400 Jahre. Durch Hinzunahme von
weiteren 100 Jahren nach der Auffahrt Christi zu den hier ge-
wonnenen 1400 gelangt man allerdings ins Zeitalter der Reformation
und hierin findet der Verfasser der „Rache" den unumstösslichen
Beweis, dass die Zeit der Rache gekommen sei.[1] —

XCIV; Gerdes, Historia Reformat. tom. III, 1749, p. 82, 96; Z. d. berg. Gesch.
v. I, p. 293 f. -- Unter den Geschichtsschreibern der Reformation hat zuerst
Seb. Franck die Restitution erwähnt. (Chronica der Keyser und weltlichen
Historien, 1536 fol. CCXC, jᵇ.) Sleidan giebt kurze Inhaltsangabe; auf ihn geht
Gerdes zurück.

[1] cf. Bouterwek, Z. d. berg. Geschv. I, 341. —

Im Laufe des 16. Jahrhunderts erschienen mancherlei Widerlegungen
der Behauptungen in „Restitution" und „Rache." Besonders gegen die erstere,
wegen ihres zum Teil überzeugenden dogmatischen Gepräges, wandten sich
die Zeitgenossen. Melanchthon schrieb 1535: „Etliche Propositiones wider
die lehr der Widerteuffer gestelt durch Philip Melanth", worin es heisst: „Es
haben die Widerteuffer lassen ein Buch ausgehen, welchs Titel hat, Restitution
etc., das durch aus vol Gotts lesterung und falscher auffrurischer lere ist."

Direk Philipps liess eine Entgegnung erscheinen, die er bezeichnend
nannte: „Geistliche Restitution." (cf. Schyn a. a. O. p. 373.)

Eine andere Widerlegung trägt den charakteristischen Titel: de
Restitutione regni Israelitici, contra omnes omnium seculorum
Chiliastas: in primis tamen contra Miliarios Monasterienses disputatio,
Cella Saxonum celebranda: Per Urbanum Rhegium, respondente Guilielmo
Cleveno Aulae ducalis conciniatore M. D. XXXVI. (Kgl. Bibliothek in
Göttingen.) Urban Rhegius wendet sich hierin aber nicht speziell gegen die

Die „Restitution" des Campanus, welche 1532 erschien, möge nunmehr für sich genauer behandelt werden. [1])

Der Verfasser zeigt sich nicht unbewandert in der griechischen Philosophie und den Werken seiner Zeitgenossen. Luther, Zwingli, Melanchthon, Karlstadt, Erasmus werden häufiger zitiert. Mit letzterem und Karlstadt verfährt er bezeichnender Weise sehr glimpflich, während er den Reformatoren, besonders Luther, sehr hart zusetzt und die Papisten dagegen fast verschwinden. Die Schrift atmet eine grosse Selbstgewissheit, ja Ueberhebung des Verfassers. Seine Polemik richtet sich gegen „die Väter und die Kinder", d. h. gegen die Kirchenväter und deren Anhänger, wozu er auch die Reformatoren rechnet. [2]) Luther und die ganze Kirche

„Restitution", wie man nach dem Titel wohl vermuten könnte (vergl. auch Uhlhorn, Urban Rhegius p. 303, 368), sondern gegen die ganze wiederherstellende Bewegung der W. T. Die von ihm angezogenen Sätze finden sich zum Teil auch u. a. in der Schrift: „Van verborgenheit der schrifft des rykes Christi unde van dem dagbe des Heren." —

Im Jahre 1574 wurde die „Restitution" Rothmanns von dem Anführer einer wilden Rotte, die sich im Clevischen breit machte, Wilhelmsen, herausgegeben d. h. die wichtigsten Punkte wurden wohl in seinem Sinne benutzt und umgearbeitet. Teschenmacher, Annales ecclesiastici (Mnscr. boruss. quart 21 fol. 407 (Kgl. Bibliothek zu Berlin) sagt: Derselbe habe ein schreckliches Buch: „Restitution oder Wiederbringung des rechten und wahrhaften Verstandts der vornembsten articulen des christlichen Glaubens, lehr und lebens geschrieben, welches aus einem Buche aus Münster ausgeschrieben." (500 Exemplare seien davon gedruckt.) cf. Deyll, het Chiliasme p. 187 Anm. 1. —

21 Jahre nach der „Restitution" des Campanus erschien von dessen Gesinnungsgenossen Michael Servet (1553) die „Restitutio Christianismi", welche von allen wohl die bekannteste geblieben ist.

[1]) Über die Schrift haben u. a. gehandelt: Schelhorn, Amoen. litt. XI, p. 78—92; Bock, histor. Antitrinitarior. II, p. 248 f.; F. C. Baur, die christl. Lehre von der Dreieinigkeit . . . 3. Teil p. 46 ff.; J. A. Dorner, Entwicklungsgeschichte der Lehre von der Person Christi, p. 644 f.

[2]) Sobald der Bibelradikalismus in der Person eines Wicel, Campanus die letzten Consequenzen zog und gegen die ganze nachapostolische Welt Front machte, wurden bekanntlich auch die heiligen Kirchenväter die Fahnenträger des Protestantismus, und Continuität stand als Inschrift auf der evangelischen Reichsfahne.

An Luthers Tische spielten die trinitarischen Streitschriften des Jahres 1532 (die des Servet und Campanus) eine Rolle. Obwohl Luthers Politik gegen die Antitrinitarier die ist, sie tot zu schweigen, polemisiert er doch gegen sie, zwar ohne sie zu nennen, in den 3 Sendschreiben des Jahres

glaube, dass man von dem wichtigen Punkte der Dreifaltigkeit
nicht richtig handeln könne; „weil nun die Eule nicht in die Sonne
sehen kann, glauben sie, der Adler könne es auch nicht. Wir
aber (d. h. Campanus) haben es nicht allein vermocht, sondern
thun es auch durch Gottes Gnade, dass es andere sehen."

An vielen Stellen hebt er besonders hervor, dass diese seine
deutsche Schrift für das Volk bestimmt sei, während eine grössere,
ausführlichere lateinische Schrift sich an die Gelehrten wende.

Ausser den am Schlusse dieser Abhandlung erwähnten Schriften
hat er noch verschiedene andere verfasst, wie er selbst angiebt:
„er habe sich mit Uebersichtigung aller seiner Schriften Luther
zur Verfügung gestellt"; ebenso spricht der Herausgeber von
„Schriften" des Campanus. Ferner citiert Campanus selbst sein
lateinisches Buch: „de jure sedentium," und das andere: „Die 25
verschiedenen Auslegungen, so die Väter und Kinder auf das
Wort: lasst uns Menschen machen zu seinem Bild und Gleichnis,
gemacht haben" (in „Latyn den Gelerten in läng angezeigt").

Der „Restitution" selbst ist von dem Herausgeber Nicolaus
Franz von Streitten eine Dedicationsrede an den dänischen
König Friedrich[1]) vorausgeschickt: dem Könige sei bekannt

1532. Hier vollzieht er den Frontwechsel gegen die Kirchenväter und die
Ketzer. Luther sagt: „Und seine eigene Lehre soll nicht dann Wort Gottes
heissen, wenn sie aus der Bibel bewiesen wird, denn das können die Schwärmer
auch, sondern wenn sie die alte Tradition der hl. Väter für sich anführen
kann." (Luthers Werke, Wittenberg 1588 II p. 2186.)

[1]) Warum an den König Friedrich von Dänemark?

Ihm wurde stets von den Täufern eine ganz besondere Rolle in der
Ausbreitung des Reiches Gottes auf Erden zugeschrieben. Melchior Hofman
hatte ihm seine Schrift gewidmet: „Auslegung der heimlichen Offenbarung
Joannis des heyligen Apostels und Evangelisten. MDXXX gedruckt zu
Strassburg am Holzmarkt durch Balthasar Beck." Klein 8°. Er war nach
Hofman einer von den „2 Königen, welche die Erstgeburt Aegyptens schlagen
und unter deren Schutze das Evangelium von Gottes Aposteln überall gepredigt werden sollte", oder „Friedrich sei einer der beiden Flügel, (Apocal.
12, 14) welche das neue Jerusalem beschirmen werden". cf. Bock, Historia
Antitrinitariorum II, 296; Krohn, 247; Blesdik, historia vitae . . . Davidis
Georgii, Deventer 1642, 8° p. 9: Sed prius omnem Aegypti primogenitum, hoc
est Pontificium regnum cum suis monachis et defensoribus abolendum; idque
futurum per duos Christiani orbis reges, quorum alterum autumabat fore
regem Daniae, cui et suum in Joan. Apocalyps. dedicaverat commentarium;
conf. zur Linden, 190; Deyll, het Chiliasme p. 133. — Das Vertrauen der

das grosse Gezänk der Zeit über religiöse Fragen. Gleich her-
kulischen Schlangen seien vielerlei Sekten entstanden. Niemand
wisse mehr, wohin oder aus. Trotzig schreibe der eine gegen
den andern.

Nachdem er selbst lange Zeit die Schrift untersucht und auch
gelehrter Männer Rat befragt habe, sei ihm in Erfahrung gekommen,
dass der hochgelehrte Joh. Campanus, der gelehrt und tugendreich
bei weisen und hochgebornen Herren in Ehren stehe, ein Buch geschrieben habe: Restitution göttlicher Schrift. Dieses habe er gelesen, habe mit ihm selbst darüber konferieret und sei zu dem
Urteil gekommen, dass man aus demselben wohl lernen könne, wie
man Gott und Christum, welcher das ewige Leben ist, recht erkennen möge. Nicht eigene Ehre und eigenen Ruhm suche der
Verfasser, sondern seines Nebenmenschen Nutzen und Besserung.
Zudem sei in diesem Buche nichts von Poltern gegen Pfaffen,
Mönche, Schwärmer, Anabaptisten, Papisten und dergl. zu lesen,
sondern es handle sich nur um einen Aufbau der verfallenen christlichen Kirche nach Massgabe der wohl ergründeten göttlichen
Schrift. Das allein könne man aus der Schrift lernen, dass Gott
der Allmächtige sich seiner Auserwählten erbarmt und seine Verheissung durch viele Propheten gethan hat, „also dieser letzten
Zeit barmherzigkeit noch kummen wil, sein götlich wort eröffnen,
das verschlossene Buch entschliessen, auf dass dann, ehe das end
kumpt, auch das Evangelium vom Reich in der ganzen Welt zu
einem Zeugnis über alle Völker gepredigt werde".

Die Schrift selbst zerfällt in 30 durchlaufend numerierte
Kapitel, welche unter 4 Teile von verschiedenem Umfange ein-
gereiht sind. Der 3. Teil enthält nur Kapitel 28 („von dem Zeichen
des jüngsten Tages") und der 4. Teil die Abschnitte 29 und 30.

Der erste Teil ist der wichtigste des Ganzen. Er handelt
in Kapitel 1—4 „von der heiligen Dreifaltigkeit; dem heiligen
Geiste; von der wahren Geburt des Sohnes aus dem Vater und

Melchioriten erhielt durch den 1533 erfolgten Tod dieses Fürsten einen
schweren Stoss. Da der ihnen keineswegs günstig gesinnte Herzog Christian
ihm folgte, so lässt wohl mit Unrecht Ubbo Emmius, Rer. Fris. hist. p. 832
die Melchioriten auch auf ihn hoffen. (zur Linden, Hofman p. 363 Anm. 1.)
— Dass diese Schrift des Campanus, welche sich ebenso wie die Hofmans
mit der Trinität beschäftigte, demselben Könige gewidmet wird, dürfte nicht
ohne Grund geschehen sein. — s. o. p. 214 Anm. 3.

von etlichen Bewerungen aus Johanne, womit die wahre Gottheit
Christi bestätigt wird."

Die Grundlagen seiner Trinitäts-Idee sind die Stellen 1. Mos. I
(26, 27) und 5 (1, 2), aus welchen er so argumentiert: Wenn Gott
den Menschen nach seinem Bild und Gleichnis geschaffen hat, der
Mensch aber als Mann und Weib geschaffen ist, als e h e l i c h ver-
bundener Mensch, in welchem zwei Personen e i n Mensch sind, weil
es auch nur e i n Wesen ist und nicht zwei Wesen, so folgt hieraus,
dass auch in Gott und Gottes Gestalt zwei Personen sind und
doch nur e i n Gott. So sei auch, wenn Christus sich mit dem
Vater eins nenne, diese Einheit von einer göttlichen Verknüpfung
und Einigung zweier Personen in eine Gottheit zu verstehen, wie
Mann und Weib ehelich verknüpft werden. Dieses eheliche Bild
sei der einige Spiegel des göttlichen Bildes und Geheimnisses; wer
das eheliche Bild nicht verstehe, dem sei es unmöglich zu begreifen,
wie zwei Personen in der Gottheit und beide Gott seien, und doch
nur e i n Gott sei und bleibe.

Wir finden in diesem Bilde also nur zwei Personen, und „mit
keiner Schrift mag's beigebracht werden, dass der heilige Geist
die dritte Person sei, denn die heilige Schrift hält nur von zwei
Personen, eine, die gebärt, und eine, die geboren ist." — Der heilige
Geist wird in der Schrift dreierlei angesehen: als Wesen, Natur
und Kraft Gottes. In Gott sind diese drei sonst verschiedenen
Dinge doch alle nur e i n Ding. — Durch seine geistiche Kraft
und Wirkung richtet Gott alle Dinge an uns aus (2. Cor. 3). So
fassen wir ihn, wenn wir Gott bitten um den heiligen Geist; wir
erbitten dann nichts anderes, als dass Gott mit seiner Einwirkung
und göttlichen Kraft uns zublase und Gnade gebe, recht zu glauben,
heilig zu leben und unserm Berufe genug zu thun.

Eine P e r s o n kann der heilige Geist nicht sein. Wir haben
in Gott Herrlichkeit, Schöpfer, Königreich u. s. w., immer nur
wesentliche Namen Gottes, keine Person. Dass er (der heilige
Geist) aus Gott komme, ist so zu verstehen: wie eine Flamme in
sich besteht, demnach auch ihre Hitze von sich giebt, so bleibt
Gott in seinem Wesen und wirkt dennoch, wo und was er will.
Gottes Kraft und Geist sind ein Ding.[1] Luc. 1.

[1] „Dass 1. Joh. 5 steht: Drei Zeugen im Himmel / Vater, Wort und
Geist, und diese 3 sind eins, dass sei ein Zusatz von späterer Hand; sei

Unser Fundament von dem Ehebild, und dass das Wort
(Geist) ein wesentlicher Name ist, bleibt gewisser und ist ferner
als die Sonu . . . „Kein Punkt in der Welt ist fauler, der auch
minder grunds und alle gewaltige Texte wider sich hette, und
machen doch mit diesem unverstand solche greuliche Finsternis in
den Gläubigen . . das ehelich Bild und der wesentliche Name
des heiligen Geistes thut alle Finsternis hinweg."

Im folgenden Kapitel (3) handelt Camp. von der wahren Geburt des Sohnes aus dem Vater. Es ist grundfalsch, bemerkt er,
anzunehmen, dass der Sohn sein Wesen von sich und in sich selber
habe und von keinem anderen Wesen (wie Luther solches unver-
schämt in seiner Postille beschreibt). Darin besteht ja aber doch
die Sohnheit, dass er sein Wesen von einem anderen hat. Der Vater
hat seinen Sohn aus sich geboren. Daraus folgt, dass der Sohn
immer von Anfang seiner bei und mit dem Vater gewesen ist.
Geboren sein und immer in sich selbst bestehn, sei ein Widerspruch.

Er ist aus dem väterlichen Wesen geboren und zwar vor
allen Kreaturen in der Ewigkeit (vor aller Zeit). Falsch ist, wie
Luther und Melanchthon wollen, dass der Sohn immer noch aus
dem Vater geboren werde, wie der Schein von der Sonne ausgehe.
(Es ist nicht allein lustig, dass ich die Wahrheit dieser Sachen
weiss, sondern dass diese hochfahrenden, leichtfertigen Geister weiser
als die ganze Welt sein wollen und vermessen in ihrem Unverstand
sind.) Neun Gründe führt Campanus gegen sie an. Er halte sich
übrigens auch an Augustinus, der u. a. sage: besser ists, man sagt,
dass der Sohn vormals endlich geboren ist, als dass er immerdar
geboren werde. [1]

Nachdem er aus Johannes wichtige Gründe für die Bestätigung

---

nicht von Johannes geschrieben, wie Erasmus klärlich beweise." s. über
das obige Bild auch die Erklärungen Adam Pastors (1550), (s. u.).

[1] Er tadelt Luther, dass er wieder auf die Kirchenväter zurück-
gegriffen habe: „So du ein Patrist werest und von den Vätern auf die Bibel
allein gefallen bist, wie ergiebt du dich denn nun wieder zu den Vätern?
wenn du selbst übertrittst, was du eingesetzt hast, so machst du dich selbst
zum Übertreter; und machte auch Luther seine eigene Red zum Hindern,
denn mit demselben würden die Papisten ihn erwürgen. Nicht dass man
der Väter rechter Meinung nicht folgen soll, denn wir selbst thun also,
sondern dass man in zweifelhaften Sachen ohne vorherige rechtverstandene
Schrift auf sie nicht bauen oder zeugen noch den Widersacher damit beschweren muss."

der wahren Gottheit Christi angefügt hat, kommt er zu dem
Resultate: Gott hat seinen Sohn geboren, sich selbst zu ehren.
Er hat ihn zu seinem Administrator gemacht und Unter-
herrn, um alle seine Wirkung, Kraft und Möglichkeit zu zeigen.[1])
Der Sohn selbst bekennt sich als des Vaters unterthänig Kind
und Diener,[2]) (Joh. 14); der Vater ist mehr denn ich bin, nicht
dem Wesen nach, sondern dem Gehör und der Obrigkeit nach.
Es ist ja auch zu natürlich: jeder Sohn ist zwar desselben
Wesens und derselben Natur als der Vater. Aber dennoch
bekennt jeder Sohn den Vater als Oberherrn. Im Ehestand
sind Mann und Weib eines Wesens und daher gleich gross, doch
weil das Weib vom Manne ist, daher hält das Weib den Mann
für den Oberherrn.[3]) •

   Im fünften Kapitel wird gehandelt von dem äusserlichen
Worte Gottes, vom Sakrament des Altars und warum Johannes
Christum am Anfange seines Evangeliums das Wort nennt.

   Betreffs des letzten Punktes haben „die vätter mit den
Kindern" grosse unverständliche Phantasien aufgeschrieben, daher
will er den rechten Verstand darreichen. Bei dem „Wort" *(λόγος)*
sind zu unterscheiden: 1. der Zuname (Name) Christi, 2. das
äusserliche Wort, das gepredigt wird. Betreffs des äusseren Wortes
sei grosser Zank unter den Gelehrten, was es sei, wie viel es
vermöge, und ferner besonders betreffs des Abendmahles und
Sakraments, die ihre Kraft durchs Wort haben.

   Wenn es heisst, „das Evangelium ist eine Kraft Gottes", so
ist die göttliche Kraft hier weder wesentlich (mit Luther), noch

---

[1]) s. u. (Adam Pastor).

[2]) Campanus zeigt sich hier wieder in Übereinstimmung mit Melchior
Hofman. Ob er durch Kenntnis der Hofmanschen „Ordinantz Godts", die
1530 bereits in holländischer Übersetzung vorlag, zu dieser Lehre gekommen
ist, weiss ich nicht. „Obwohl Hofman sonst nicht zu den Antitrinitariern
im gewöhnlichen Sinne zu rechnen ist, so weicht er doch in der nachdrücklichen
Bezeichnung Gottes des Vaters als des höchsten Gottes von der
kirchlichen Trinitätslehre ab; er erklärt nämlich in der obigen Schrift für
den Inhalt der apostol. Verkündigung das Evangelium von dem gekreuzigten
Christus, welcher alle Missethaten bezahlt habe und dafür von seinem Vater
und Herrn über alle Creaturen Gottes im Himmel und auf Erden gestellt
sei." (cf. zur Linden a. a. O. p. 242.)

[3]) Den Unterschied in der Trinität führt also Campanus in der Weise
der gnostischen Systeme der ältesten Zeit auf ein eheliches und geschlecht-
liches, also natürliches Verhältnis zurück.

auch bedeutlich (wie Oecolampad), sondern das Evangelium heisst
deshalb eine Kraft, weil es ein Mittel, Instrument, von Gott verordnet und kräftig ist, alle diejenigen, so ihm glauben, zu seligen.

Im Abendmahl lässt Gott das Wesen eines Dinges bleiben,
wie es war, und giebt ihm einen Namen, den es zuvor nicht hatte.
Der Herr lässt Brot Brot bleiben und giebt ihm den Namen und
Titel seines Leibes durch seines Wortes Benamung (sakramentliche
Benamung.) Ähnlich verhält es sich mit der Juden Feier des
Osterlamms.[1]) Gott befahl den Kindern Israels, als er sie
aus Aegypten führen wollte, in der letzten Nacht ein Lamm zu
schlachten etc. Als sie später das Land ihrer Bedrängnis verlassen hatten, gab ihnen Gott Zeremonieen, darnach sie leben sollten.

Zum Gedächtnis ihrer Erlösung aus Aegypten sollten sie ein
Lamm schlachten und essen. Dieses Gedächtnis-Lamm erhielt und
behielt denselben Namen. (Durch Gottes Benamung hat es Namen
und Titel des ersten Lammes bekommen.)

Die sakramentliche Benamung also lässt das Wesen, davon
sie benannt wurde, bleiben und giebt ihm einen Namen, den es
zuvor nicht hatte. Deshalb nenne er den „Leichnam des Abendmahls" einen sakramentlichen Leichnam Christi, nicht den natürlichen. „Und weil solche Benamung über dies Sakrament geht,
darum ists auch eine Gottes-Kraft zur Gerechtigkeit allen, so
daran glauben."

Der Leib Christi ist am Kreuze nicht uns, sondern dem
Vater für uns gegeben. Im Sakrament wird er dagegen uns
gegeben. Im Abendmahl ist der Leib kein Opfer, sondern nur
eine Gabe; besteht doch ein grosser Unterschied zwischen opfern
und geben. — Luther hat Recht, dass das Brot wesentlich der
Leib Christi ist, aber nicht natürlich, sondern sakramentlich durch
die Benamung, wie beim Osterlamm. (Alle haben gefehlt, die als

---

[1]) Der Hinweis auf die Feier und Bedeutung des alttestamentlichen
Osterlamms zur Erklärung der christlichen Abendmahlsfeier findet sich schon
bei den ältesten Täufern. Übrigens führt es auch Zwingli als Lieblings-
beispiel an. (Das Passahlamm sei nicht der Vorübergang selbst, sondern
nur ein Zeichen desselben.) — In den „Bekenntnissen von beyden Sacramenten" (der bekannten Münsterschen Bekenntnisschrift) fehlt dieser Hinweis,
wohl durch Hofman und Campanus auch hier ursprünglich beeinflusst,
nicht. (cf. Sepp, geschiedk. Naspor. 1872, I, 55—157), vergl. auch Hofmans
„Verclaringe van den gevangenen ende vrien wil des menschen", 1531. (zur
Linden a. a. O. p. 264; 139 Anm. 2.)

grosse Männer über diese Frage geschrieben haben: die Transsubstantiation des Papstes, die Synecdocha Luthers, „das bedeutlich"
bei Zwingli — die richtige Auslegung ist die meinige.)

Und auf dass die Sache verstanden werde, soll man wissen,
dass es mit der sakramentlichen Benamung also zugehe, als wenn
man ein Kind tauft; hie bleibt das Kind das Wesen, was es ist, und
kriegt von den Priestern einen Namen, den es zuvor nicht hatte.

Von der Taufe. [1]

Wie wichtig ihm dieses Kapitel ist, und mit welcher Begeisterung er für die täuferische Lehre von der Taufe eintritt,
davon zeugen seine Worte (C²): „Ih wil aber hie der ungelerten
brablerei lassen faren und den rechten verstandt darthun. Und
weil ich all meine grundtfeste und lost und seligkeit in
der Tauff hab, wil ich derhalben hie hertz und mund
öffenen und alle meines geistes schwere spannen aufs
höchst, umb die hochwirdige Tauff nach der wirde aus-
zusetzen. Dann was wir der andern punkten gelauttert haben,
das wöllen wir, als hie bestaten und anlegen." Es beschliesst das
Kapitel (f⁶): „dz seint die güter der tauff / wöllen nu dye harpff
uff hangen, mein bests hab ich gethan, bit zuletst allo die, so jr
seligkayt lieben, das sy die tauff für jre grundtfeste unn starcke
burg halten wollen, als wa von sye alle feinde leichtlich künnen
uberwinden, last uns nu dran halten, es wirt uns in dieser archen
je so wol gelingen als dem Noe in seiner, dann Noys arch bewart
alleyn den leip, unser bewart auch die seel. 1. Ps. 3. dz günne
uns got. Amen."

Von der Taufe selbst aber sagt Campanus etwa folgendes:
Das Wort „Taufe" bedeutet so viel als eintauchen, „ins Wasser
inducken." Die Einsetzungsworte lauten: Taufet sie im Namen
des Vaters, des Sohnes und des heiligen Geistes. Der rechte
Verstand aber dieser Worte ist der Welt lange verborgen geblieben.
Luther meint, dass „im Namen Christi taufen" so viel sei, als
von Christus wegen oder an Christi Statt taufen, wie man gemeinlich

---

[1] Dem Sakrament der Taufe weist Campanus eine centrale Stellung
inmitten seines ganzen Lehrsystems zu. Seine Entwicklungen, welche in
seiner Schrift diesem Kapitel vorhergehen oder folgen, sind Prolegomena
und dienen nur dazu, seine eingehenden Erörterungen über die Taufe zu
ergänzen oder seine hier vorgebrachten Definitionen zu erläutern.

sagt: „Grüss mir meinen Freund in meinem Namen d. h. meinetwegen." Diese Auffassung aber macht die ganze Taufe unmächtig, weil er (Luther) den rechten Verstand der Worte umwendet und vernichtet. „Denn was hilfts dem Glauben, dass der Mensch getauft wird und nicht recht versteht, was die Taufe oder die Worte der Taufe innehaben. Niemand kann glauben, was er nicht versteht, niemand weiss aber, was er nicht versteht, denn man muss erst wissen, ehe man versteht, und verstehen, ehe man glauben kann."

Er fährt fort: Gottes Wort sei zweierlei: eines, „das ich heisch der that allein", das andere „des Bunds"; und mag geschehen, dass ein Wort beiderlei genommen wird, wie die Worte der sacramente, welche, sofern sie Sacramente machen, sind sie Thatworte; denn so fordern sie keinen Glauben; sofern sie aber unsern Glauben fordern, uns zu seligen, sind sie Bundesworte.[1] Wie beim Abendmahl will er auch hier handeln zuerst von den Worten und dann von der Kraft der Worte.

Zunächt heisst „im Namen" oder nach Campanus, „in den Namen" nicht „von wegen", sondern das Wörtchen „in" wird eintauchender Weise genommen und bedeutet: die Eintauchung in die Gemeinschaft des Namens, in den wir getaucht werden. Wir müssen uns da an unsern Sprachgebrauch halten und nicht aufs Griechische sehen. Wir sagen doch auch: das Tuch ist in die Farbe getaucht und nicht in der Farbe. Ebenso müssen wir auch sagen: „ich teuff dich in den, und nicht in dem Namen."[2] Die Apostel haben stets in Christi Namen getauft, um des Gottes-Sohnes Herrlichkeit noch kundbarer zu machen. Und der Name Christi allein genannt bedeutet an Kraft ebenso viel als die drei Namen: Vater, Sohn und heiliger Geist zusammen: denn wer den Sohn hat, hat auch den Vater und heiligen Geist. Wie wir für den Kaiser sagen, des Kaisers Majestät und doch den Kaiser selbst meinen, so bedeutet: namens des Vaters, namens des Sohnes,

---

[1] Melchior Hofman durchzieht die Lande „als apostolischer Herold", um alle Liebhaber der Wahrheit (wie es stereotyp bei ihm heisst) zu einer grossen Bundsgemeinde zu sammeln, die er dem Bräutigam bei seiner Wiederkunft als unbefleckte Braut entgegen zu führen hofft.

[2] Wir sehen aus diesem Erklärungsversuch, wie sehr es ihm um die innige Gemeinschaft der getauften Christen mit ihrem Heiland zu thun ist, wie sehr er auf die Nachfolge Jesu und ein Aufgehen in Christi Wesen dringt.

namens des heiligen Geistes so viel wie Vater, Sohn und heiliger
Geist selbst. (Deuteron. XXIV.) Darum nennt uns auch Paulus
oft „in Christum" getauft, damit wir nicht fälschlich die Worte
„in den Namen" als „von seinetwegen" auslegen.
Wir haben gesehen, dass die Apostel in den Namen Christi
getauft haben; welche Früchte kommen uns aber aus diesem
Namen, in welchen wir getauft sind, d. h. nachdem der Sohn uns
durch das Eintauchen gemein gemacht und zu eigen geschenkt ist.
Da die Person des Sohnes, die uns hier geschenkt ist, wahrer
Gott und wahrer Mensch zugleich ist, so ist ferner zu bedenken,
wozu uns seine Gottheit und wozu uns seine Menschheit nutzt.
Mit seiner Menschheit, die er rein und heilig besitzt, ist
„unsere verdampte sündige menschheit bezalt". Er hat unsere
Sünden auf sich genommen und den Tod, der Sünden Poen, damit
„vertruckt", hat damit das Gesetz erfüllt und das Leben herfür-
gebracht. Des Zornes Gottes hat er uns entledigt. Mit sich hat
er uns in gleiche Gnade und Glorie gebracht. Weil er ein Sohn
Gottes ist, und wir seines Namens in der Taufe teilhaftig geworden, so sind wir auch seiner „Sohnheit mitteilhaftig geworden",
so dass wir nun auch Kinder Gottes sind, wie er, „doch behaltnuss
eim jeden seine Natur". Haben wir aber „die Sohnheit" gemein,
so sind wir auch der „Vaterheit" sicher. Sein Vater und Gott
ist nun auch unser Vater und Gott, und daher werden wir auch
in den Vater getauft. Mit der „Vaterheit" haben wir aber auch
alles Zugehörige gemein: Treue zum Kinde, ewige Erbarmung,
Sorgfältigkeit . . . .
„Weil er aber alle diese Güter uff die condition des glaubens
zugesagt hat, müssen wir es derhalben auch dafür halten, das es
im himel und seinem götlichen hertzen also sei, und das seine
trewe vatterheyt, seine almechtige gotheyt und weise langmutige
herligkeyt mit uns sei, uns führe und regiere, ernere, erhalte und
versorge, wie wol es unterzeyten unser weissheit der erfarung
halben nichts dunckt. — Darumb muss man alzeyt seines hertzens
mit allem fleiss warnemen mit examiniren und bitten, auff das je
keyn fele an diesem glauben sei, dann wie unser hertz zu Gott ist,
darnach ist auch Gott zu uns. Müssen derhalben das wissen und
gewisslich es dafur halten, das nachdem wir mit warem glauben
in Christo und seiner götlichen herrschaft stehen und bleiben, das
dann Gott jmmer und alle zeit in allen dingen und stunden, in

allen gedanken, worten und werken uns gnediglich füret und bei-
staht. Dann dz sein ampt gegen seinen gläubigen ist nach unser
annemung, wie er dann auch verhiess in seinem abscheyd: Sihe,
ich bin bei euch alle tage, biss an das ende.

Und ist in Summa das leben eines Christen mit Gott nit
anders, dann wie das leben braut unn breutigams,[1] die auf
einander verhitzt sein, je mer man solche lieb vexirt mit zorn,
schelten und saur ansehen, je mehr sie hitziger und gewaltiger
macht. Die ursach ist, weil der eyne mit des andern liebe über-
gossen und angeferbet ist, und also angeferbet wie eyn schneeweiss
tuch in purpur eins ingestossen, nimmer kann man die farbe wider
ausweschen . . . also eben ist Gott gegen denen, die sich seines
namens angenommen haben mit warem glauben . . . . Aber herzu
gehört alles ein glauben, herborn kindlich hertz, das dieweil stehe
und halte jm unn seinem rath . . . dessgleichen hat auch unser
breuttgam Christus uns götlich und überschwencklich liep, und auss
gantzem vermögen, wie dann der waren lieb art ist." Ja, er sendet
seiner Braut oft Kummer und Not, nimmt ihr all ihr Gut, nur damit
sie ihren Bräutigam um so eifriger suche und ihn liebe. „Und wer sich
verlostern wil inn der götlichen lieb und freundschafft, der mercke uff
die menschliche liebe und freundschafft, welche Gott darumb eusser-
lich geschaffen hat, uff dass man auss der menschlichen eusserlichen
liebe seine götliche heimliche unbegreifliche lieb kundt ermessen."

„So haben wir in der Tauff die sunheit und in der sunheit
die vatterheyt und in der vatterheyt alle vätterliche zugehören, als
da synt almechtigkeit und ware aussrichtung aller zusagungen, dann
er sterker ist denn all unser feinde. — In dieser geschenkter personen gotheyt haben und finden wir den heyligen Geist, das
ist die heilige almechtige götliche zublasung zum rechten
glauben, zum heiligen leben und unsers beruffs genugthuung. Mit diesem h. geist herbert (Wiedergeburt) er uns durch
den glauben der tauff, rüstet uns unn unsere hertzen zu unn macht
sie geschickt gegen den pforten der hellen, unn darumb werden
wir auch in den namen des h. Geist getaufft" . . . —

— „Die newe christliche Person [nach der Taufe] besteht
darin, dass man glaube der Gottes benamung und zusagung in der
tauf, dass er uns daselbet die alte person mit allen jrem zugehöre

---

[1] cf. auch Rothmanns „Restitution", ed. Knaake p. 107.

durch anzigung der newen mit dem wort austhut, und uns, so
lang wir dem wort glauben, für seine Kinder haben will. Und
aber das heischt Paulus Christum anziehen, wenn man die sohnliche
Person durch das Wort Christi im Glauben kriegt und annimmbt,
nit wann man Christum leiphaftig anzeugt, wye eynen mantel, sondern
wenn man sich mit ihm lässt durchs Wort segnen und sein Wort
über unsere Person lässt gehen. Gal. 4. Rom. 9.

Und so wir aber nu kinder sein, müssen wir das auch freilich
glauben, das wir sie warlich seint, und in dem glauben daher ghan,
und lassen uns und was wir haben und vürhaben unserm vatter
befolhen sein, umb dass alles in seiner vatterheit zu brauchen nach
seinem gottlichen wolgefallen." — „Der Vater und der Sohn, (welchen
der Vater uns zum Herrn und Hüter gemacht und gesetzt hat
Ps. II), werden ihre Kinder und schafe ihrer weiden wohl aus- und
einführen, dass sie weide und leben werden finden, und das in
kein Wolf noch feinde werden schaden, dann uns Hüter ist stärker,
dann sie all seint, und er schläft nicht, der Israel bewahrt, und
ist das sein einig amt, dass er für uns sorge gegen dass wir in
nöten kommen, umb uns drauss zu helffen, wenn wir drin seint,
denn der vatter muss sein kindt, der breutigam sein braut, der
Herr sein volk schützen und erneren . . . Und weil wir (kleyn
häuflein) dies sein herz also gegen uns erkennen, darum
gehen wir auch mit einem fürstlichen königlichen weiten
herrlichen und fröhlichen Gewissen und herzen daher
mitten unter die Feinde unverzagt, wissende, dass wir Kinder
Gottes sein und seine väterlichen augen und angesicht über uns
haben, sein ohren zu uns mit Herz und Hand, wie die Psalmen
singen . . . . Und weil wir seines väterlichen hertzens also versichert sind, darum verlassen wir uns auf unsere sohnheit, sind
trotzig auf unser Schand, und wenn wir auch dahin fahren sollen
in Verlassenheit unser Macht und Verstandes, sind wir getrost
und sagen: Vater, in deine Hand befehl ich meinen Geist. Der
Vater muss sein Kindt bewahren, der Herr sein undersass, der
Hirt seine schafe für allen feinden schützen." — —

Der Vergleich des Taufbundes, des Verhältnisses Christi zu
seiner Gemeinde mit dem Ehebunde oder dem Verhältnisse von
Braut und Bräutigam wird in täuferischen Schriften, Traktaten,
Bekenntnissen und Liedern unendlich oft variiert. Es würde hier
zu weit führen, im einzelnen darauf zurückzugreifen. Hier mögen

17

einige Hinweise auf Melch. Hofmans Schriften genügen. Die
Strassburger Täufer hatten das Verhältnis zwischen Gott und
Menschen als Bund gefasst; Hofman charakterisiert ihn als Ehe-
bund.[1] Mit der Übergabe des Menschen an Christus und der
Besiegelung derselben durch die Taufe (vergl. Ordinantz Godts 1530)
ist die Rechtfertigung noch keineswegs gesichert und vollendet,
sondern ist erst der Anfang mit derselben gemacht.
Wie Christus nach der Taufe in der Wüste versucht wurde,
so sollen auch die, welche „in dieser letzten Zeit" von seinen
Sendboten durch die Taufe ihm angetraut werden, ihm darin nachfolgen, dass sie sich in die christliche Wüste führen lassen, um
dort ihre Standhaftigkeit gegenüber den Versuchungen zu beweisen.
„Wenn die Braut des Herrn sich unter dem Bundesabzeichen
der Taufe also ihrem Bräutigam übergeben hat," sagt Hofman
in der „Ordinantz", „so nimmt dieser durch seine Hand, (unter
welcher die apostolischen Lehrer zu verstehen sind), ein Brot, wie
der Bräutigam einen Ring oder ein Stück Gold, und giebt sich
selbst seiner Braut unter diesem Symbol. Sodann schenkt er derselben mit dem Kelche auch sein wahrhaftiges leibliches Blut, so
dass, wie die Braut das leibliche Brot in ihren Magen isst und
den Wein trinkt, so auch Jesum Christum mit seinem Blut leiblich
empfangen und gegessen hat, und so sind beide hinfort ein Leib,
ein Fleisch, ein Geist und Gemüth. So assen ihn auch die
Schüler Jesu."[2] —

---

[1] „Die Ehe ist eine rechtmässige Verbindung eines Mannes mit einem
Weibe zur ungeteilten und unzertrennlichen Lebensgemeinschaft, eine An-
zeigung und Bedeutung auf die Vermählung Christi und seiner heiligen
Gemeinde." J. v. Beck, Geschichtsbücher der Wiedertäufer p. XIII.

[2] cf. Zur Linden a. a. O. p. 248; p. 20; — „Ordonnanz Gottes, welche
er (Gott) durch seinen Sohn Jesus Christus gestiftet und bestätigt hat, für
die wahrhaftigen Jünger des ewigen Wortes: „Weiter lautet der Befehl des
Herrn: nachdem sie das Volk geführt haben durch das Wort Gottes, sollen
sie diejenigen, die sich dem Herrn übergeben haben, aus dem Reiche des
Satans ausführen und öffentlich Christo weihen durch das Zeichen des
Bundes, durch die Taufe, auf dass sie, ihrem eigenen Willen abgestorben,
fortan als eine Braut ihrem geliebten Bräutigam in allem gehorsam seien. —
Wenn die Braut sich in der Taufe ihrem Bräutigam übergeben hat, so nimmt
der Bräutigam ein Brot und giebt sich selbst mit dem Brot der Braut hin,
wie der irdische Bräutigam sich an seine Braut hingiebt mit dem Ringe u. s. w."
(vergl. Hofstede de Groot, Hundert Jahre p. 88; zur Linden p. 132). s. über
dieses und Ähnliches: Weingarten, die Revolutionskirchen Englands p. 97,

Campanus argumentiert weiter: Weil wir durch Christum
Söhne des Vaters geworden sind, so dürfen wir auch unmittelbar
zum Vater beten, denn der Sohn spricht selbst, dass er nicht für
solche Personen bitten dürfe, „denn der Vater hat euch selber lieb".
Mit einer Auslegung des „Vater unser", welche wie eine echte
täuferische Trostschrift klingt, beschliesst er dann passend den
ersten und wichtigsten Teil seines Werkes: „Unser vatter, dein
name werde von uns geheyligt auff erden (im fleysch) wie in himel,
von den Engelen im geist, darzu gib uns dein reich, das ist, lass
uns deines reichs in dem heyligen geist zugeben, herzu geniessen,
dann Gott ist unser einig erbteil mit allem, das er vermag, und
diss erbteyls bedürffen wir zu seiner heyligmachung, denn sollen
wir seinen namen heyligen in dieser feindseligen welt, fleisch und
blut, müssen wir durch seinen h. Geist darzu gerüstet werden, sunst
von uns selbst vermochten wirs nit. Dann heyligen wir aber
Gottes namen, wann wir heylig leben in gedanken, worten, werken
und bekennen seinen Namen vor der welt, wenn wir dazu
gefodert werden, dann solchs gehorsamen Kindern alles zustaht.
So wir aber da irgend in feelen, so vergebe unns unser schult
und verschaffe, das uns die sünde noch keine widerwertigkeit nit
zur verzweiffelung dreibe, wenn sie uns beyssen und anfechten.
Dann das ist, das er spricht: führe uns nit in versuchung / ob er
sagen wolt, all kommen wir wol so fern, das wir versucht und
angefochten werden durch die sünde, zu fallen von dem glauben
der Vatterheyt, so behüte uns doch, dass wir nit in die versuchung
fallen, das ist, dass wir ir infolgen sollen. Du mags uns wol lassen
versuchen und zu der versuchung kommen lassen, aber lasse uns
nit in die versuchung fallen, wie Petrus in Annas hauss beid zu
der versuchung und auch in die versuchung geführt ward. Versucht zu werden, ist selig; aber der versuchung folgen, ist ver-
dammlich. Darumb sprach auch Christus, Vatter, ich bitte nit,

---

115 ff.); vergl. ferner den Abschnitt in dem Brief des bekannten Niederländers
Cornelius Hoen (Honius) an Luther: „Unser Herr Jesus Christus", so beginnt
der Brief, „der mehrmals den Seinen Vergebung der Sünden verheissen hat,
setzte als Unterpfand dafür das Abendmahl ein, gleichwie ein Bräutigam
seiner Braut einen Ring giebt, damit sie fest überzeugt sei, dass er ihr nun
wirklich ganz und gar angehöre und sie sich nun von allen andern Freiern
abwenden müsse, um einzig und allein ihm zu gefallen." (cf. de Hoop-
Scheffer, Gesch. der Ref. in den Niederlanden p. 91.)

17*

dass du sy aus der Welt nemest, sondern behüte sy nur für den
bösen, das ist, das sy nit durch eyniger sunde oder feind anfechtung
vom glauben fallen müssen.[1] Und wenn man das vatter unser
also versteht, siht man, was feiner ordenung der herr drinn gemacht
und gehalten habe. Erst, dass wir bitten sollen, dass er uns mit
seim reich beistehe, umb heylig zu leben. Darnach so wir irgent
in feelten, dass er solchs uns vätterlich verzeihen wol, unn behüten
vor der bösen verzweiffelung, da die sünde stetz nachstaht.

Und mitten im gebet hat er gelert, das wir umb das täglich
brot bitten solln, das ist, für unser leipliche notturfft und ernerung,
dann also ist diss stuck eygentlich zuverstehn, dass nach dem
wir den vatter gebetten haben umb geistliche notturfft, das er uns
auch mit der leiplichen versorgen wölle, dann der vatter ist unns
nit halb vatter, sonder gantz vatter, beyde an leip und seele. Und
von diser seiner leiplichen ernerung haben wir vil lieblicher Zusagungen, sonderlich da er spricht: Sorge nit du kleines heuflein,
dann der vatter hat eyn wolgefallen daran, das er dir sein reich
und reichthumb und alle seine güter geben mage. Wie ein freundt
lust dran hat, dass er seinem freundt guts thun mag, und hat er
etwas, dass dunckt jm dann erst vol sein, wenn es sein freundt
hat. Und wie eine muter über jr kindt und ein breuttigam über
seine braut sich erfrewt, so werde ich mich über euch erfreuen
und meine lust an euch haben, das ich euch guts thun mag, spricht
er in Esa. Amen. Das vermagstu alles, dann dein ist gewalt,
reich und herrlichkeit, und du wirsts auch thun durch deinen sun
unsern Herrn, mit welchem dir sei danck, ehr, preiss und gotheyt
in eynigkeyt des heyligen geistes, uns mit euch verbundnuss in
ewigkeit zu ewigkeit. Amen." —

Im 2. Teile seiner „Restitution" will Campanus handeln von
den Wohlthaten, die uns durch die von Christo angenommene
Menschheit geworden sind. („Denn was hilfts mich, dass ich wüsste,
dass Christus der Sohn Gottis und für mich Mensch geworden
were, wenn ich nit wüsste, was für Wohlthaten mir durch seine
Gottheit und angenommene Menschheit kommen sind."[)]

Heftige Polemik gegen Luther und seine Anhänger erfüllt
den Abschnitt. Im Kapitel: „von der Beichte gegen Luther" hebt

----

[1] vergl. unten die Bekenntnisse und Briefe eines Servaes und Thomas
von Imbroich.

er hervor: „Diesen Punkt hab ich darumb fürgenommen, weil Luther im Jahre XXIX auf der Kanzel zu Wittenberg gepredigt und auch im Druck hat lassen ausgehen, dass man schuldig wäre, die Ohrenbeichte zu thun, und wer sie nicht thäte, der wäre kein Christ." „Und so er solches nicht widerrufet, wollt ich ihm mit diesem eynigen stuck beweisen, dass er das ganze Papstthum schier müsst wieder aufheben. Dann so er Macht hat auf eine Todsünde, als dass man nicht Christ sein sollte, Gepot einzusetzen, warumb soll er dann solches dem Papst wehren?"

In dem Abschnitt von der „Rechtfertigmachung" der Sakramente lässt er sich zu einem derben Wutausbruch gegen Luther und Melanchthon (dessen „loci communes") hinreissen: „Verflucht aber und aber und abermal verflucht sei Luther sampt seiner gantzen rot."

In seiner Lehre vom „freien Willen" (Kap. 22) tritt er weder Luther noch Erasmus bei. Auch Karlstadt, von dem er sonst, besonders bez. der Abendmahlslehre manches stillschweigend übernommen hat, wirft er einen Irrtum vor. Dem Erasmus könne er aber trotzdem ein Lob deswegen nicht vorenthalten, weil derselbe seine Ansichten der Kirche und jedermann zur Beurteilung anheimgestellt habe, und er es nicht wie Luther mache, der in seiner Grobheit keinem gestatte, über seine Meinungen abfällig zu urteilen.

Im 23. Kapitel kommt er zu dem Schluss, dass der Glaube rechtfertigt und auch die Werke. Luther schreibe, die guten Werke machen nicht selig (in seiner Postille),[1] sondern sie

---

[1] Dieser Punkt veranlasste neben anderen Gründen den Ph. Melanchthon wider Campanus aufzutreten und die lutherische Lehre öffentlich gegen ihn zu verteidigen. In seiner Disputation: de exclusiva: sola fide etc. (cf. Melanchthonis opp. Tom. IV. fol. 480 ed. Peucer, Wittenberg 1564) lautete eine These: Scholastici, Campanus et multi passim errant. Illi fidem intelligunt fidem formatam. Campanus dicit, fidem significare simul fidem et opera.

Vergl. hier auch Rothmanns „Restitution" (ed. Knaake p. 38): „Inn der Postillen des derden Sundags in der Advent (als se eth nomen) secht Luther: dat men alle wercke fallen lathe, alleine gelove und nicht en do. Item in den böxken tegen de wederdöper secht he, de gelouve sy so zart, he moge geine gude wercke by sick lyden . . . Nu werdt inn dussen beiden gröffliken gefeilt, want de eine deil, als de Papysten, geven der erlösynge Christi tho wenich tho, de ander överst gyfft er tho völe tho unde nimpt allen gades fruchten en wech, daruth ein wilt unde wöst leven volget unde de erlözinge Christi verspottet wert, Wo du dith uth dageliken exempeln der vorgemelten . . vornemen machst." p. 55: „Unde eth ys ein seer groff und

sollen nur Zeichen des Glaubens sein; man soll sie thun, aber keinen Lohn dafür erwarten. „Und machen diese Prediger mit ihrer Lehre ein gar fleischlich und roh Volk" etc.

Als eifrigen Täufer zeigt sich Campanus ferner in dem 18. Kapitel mit der Überschrift: „Die Christen mögen nicht rechten." Mit Unrecht verteidige Melanchthon in seiner 1529 erschienenen Schrift den Satz: dass die Christen wohl ohne Sünde rechten mögen. Weil dieses aber schnurstracks gegen Christi Lehre gehe und die Gemeinde irre mache, müsse er (Campanus) sich eingehender mit dem Satze beschäftigen. „Die Lehre Christi ist eine Lehre des Kreuzes. Daher steht es uns zu, zu leiden, was er uns gebeut und auferlegt. Bei Matth. 5 heisst es, dass wir nicht rechten sollen. Er spricht: „Die Obrigkeit ist eine gute Kreatur Gottes, von Gott dazu verordnet, das Recht zu schützen und dem Unrecht zu wehren." „Darumb mög mans wohl brauchen, wie dann auch fleisch und wein gute Creaturen Gottes seint. Antwort: Wie wol es gute Creaturen seint, verorduet, umb das recht handt zu halten / mögen doch wir, so Christen wöllen sein, dero guten Creaturen Gotts nit brauchen, weil der Herr uns solchs verbotten hat."

„Aber Paulus hat doch appelliert, was ein theil rechtens ist? Ja, aber es ist ein grosser Unterschied, ob ich etwas für mich oder bloss meinem Nächsten zu Liebe etwas thue. Ausserdem besteht noch ein grosser Unterschied zwischen Rechten und einem freundlichen Gespräch. Auch sollen wir für unsere Kinder, so lange sie noch in unserm Brot sind, nicht rechten. Etwas anderes ist es, wenn wir es für die thun, deren Vögte wir sind. „Rechten" ist übrigens jeder Vorgang, in dem das „Widerteil" gewaltiglich darauf aus ist, uns ungleich zu thun oder mit dem Recht anzugreifen und zu vexieren: so sagt Paulus, dass es dann besser ist, Schaden leiden als Schaden thun . . . Wenn aber uns jemand

---

ergerlick unverstandt, wandt wo de guden wercke byr uth verachtet werden, so ys dusse meiningo ein orsake dem gemeinen man der fleischliker fryheit, also dat du schyr mer fryheit offt tho mynsten wal so groth by den Evangelischen als by den Papisten offte anderen vynden machst." Menno Symons leitete ebenfalls das unheilige Leben bei vielen Lutherischen, Zwinglianern . . von dem üblen Einflusse des Dogmas von der Rechtfertigung des Sünders allein durch den Glauben ab. (Sepp, Kerkhistor. Studien p. 85.) — Der Täufer Blaurock ging so weit, „Luther, Zwingli, Papst und ihresgleichen" auf eine Linie zu stellen mit den Joh. X. v. 8 Genannten. (cf. Egli, die Züricher Wiedertäufer, 1878 p. 33.)

anspricht, Unrechtes halben, das wir ihm gethan sollten haben, so müssen wir folgen und Red und Antwort geben. Und so wir dann nicht rechten mögen, müssen wir auch die, so uns schuldig seint, nicht mit „dem Rechten" drohen, denn das ist gleich grosse Sünde, so wir uns damit des Kreuzes entschlagen, das wir, wie der Herr gebietet, auf uns nehmen sollen, wenn es kommt."

Hiermit will Campanus gleichzeitig denen geantwortet haben, welche, wie Luther, heute alle Massnahmen ihrer Fürsten approbieren. —

Im weiteren Verlaufe seiner Ausführungen giebt er u. a. „zwo Prophecien von der ungeschicktheyt der Prediger dieser letzten gemainde aus Esaia." Er bezieht dieselben auf die Prediger der Gemeinde, „welche durch Luther ist wiederangericht." „Darumb wers auch vielleicht besser, dass er (Luther) zu seinem vätterlichen rechten teuflischen namen widerkerte, welchen im Gott (der besser wissen wurd, was es für ein name sein soll) auf der Tauf gegeben hat, und hiesse sich mit den Seinen nicht Lutherisch, sondern Laderisch . . ."

Der dritte Teil seines Buches enthält nur ein einziges, das 28. Kapitel: „Von den fürzeychen des jüngsten tages gegen Luthers Postil" (Matth 24). „Dieses Capitel Matthäi hat Luther total gefälscht und hat kein Wort in seinem Werthe gelassen." Campanus will sogar in der lateinischen Übersetzung des Neuen Testamentes durch die Wittenberger aus dem Jahre 1529 nicht weniger als 200 Fehler (Fälschungen), in der deutschen Ausgabe Luthers deren 50 nachweisen können. (29. Kap.)

Im Schlusskapitel (dem 30.) schliesst Campanus die täuferische Lehre an „von dem sitzerrecht oder gemainen ausslegung der schrifft gegen Luther", worin er die Lehre von dem Rechte und der Pflicht aller Gemeindeglieder zu streitender Schriftauslegung in der christlichen Versammlung verteidigt. [1] „Paulus 1. Cor. 14 hat solche ordnung eingesetzt, dass man die gemeyne Prophecien halten soll d. i. wenn die gemeyne zu hauff keme / umb die schrifft auszulegen, dass dann zween oder drei solches thun solten, und darüber auch eim jeden, so viel ihrer ist, Macht giebt und gebeut, so die ersten irren, ihre sententz zu sagen. Weil

---

[1] Hier zeigt sich wieder, wie wenig seine Geistesrichtung geeignet ist, seiner Kirche eine lange Dauer zu gewährleisten, selbst wenn er obige Lehre nicht buchstäblich ins Leben geführt haben sollte.

dann der Herr diese weise durch Paulum eingesetzt, hätte Luther
solche weise in brauch müssen bringen, weil er der letzten Gemeinde
Diener gesetzt . . . Er hat es aber verachtet und das Recht, so
der ganzen Gemeinde von Christo gegeben war, für sich allein
behalten, und deshalb von mir ein tyrann gescholten wird. Er hat
sich hier tyrannischer gehalten, wie je die Päpste, die er beschuldigt;
hat keine general- noch provinzial-synodos gehalten . . . und ist
auch dies gewisslich die eynige ursach alles irrthums und spaltung,
so heute, wie wir sehen, die ganze Christenheit erbärmlich irre
macht . . . ich habe schier 3 Jahre darum gerufen, diesem Tyrann
seinen Irrtum zu melden; es mag mir aber bis auf den heutigen
Tag nicht gebühren . . . ." Campanus wirft Luther und seinen
Anhängern vor, sie seien jetzt zu grossen Dingen und festen
Pfründen gekommen, sässen darin mit Weib und Kind, Lust und
Gemach und möchten nicht daraus vertrieben werden, daher seien
sie auch nicht zugänglich für seine Idee, besonders nicht für die
„vom gemeinen Sitzerrecht". Das „Sitzerrecht" hätte z. B. die Auslegung der Bauern von „Luthers Büchlein, ein Jahr vor dem
Bauernkrieg erschienen: wie ein jeder Christ Macht und Recht
hätte, aller Lehrer Lehr zu richten" nicht zugelassen. „Und schreibe
aber solchs alles nit dem Luther, Philippo Melanchthon und den
andern, die alle ein schädlich schweigen darzu thun, zu Leid,
sondern nur dem sitzerrecht und Gottes weiser ordnung zu liebe.
Oder wolt jemants rathen, dass man dieses Menschen irrthum
schonen soll, der doch unser aller weder an Leib noch seele
schont? Oder so er verhoffte, dass er in eyniger diser Beschuldigung
recht hette, so erbiete ich mich dennoch zu recht, wo und wann
er will, doch alles in beiwesen zwölf oder zwanzig personen, wie
recht und billig" etc.

*   *   *

Durch sein massloses Schmähen gegen Luther und seine
Anhänger fand Campanus in Jülich und den benachbarten Gegenden
bei den eifrigen Katholiken lange Zeit günstige Aufnahme (s. Beilage 2); selbst Männer wie Gropper[1]) soll er für sich einzunehmen

---

[1]) Vergl. über ihn: Z. des Vereins für die Geschichte von Soest und
der Börde, 1894, p. 185—89; sowie Akten im Stadt-Archiv von Soest z. B.
die Vorwerkschen Mnscr. (1, 6) . .

Über ihn heisst es hier in einer Handschrift (der Verfasser ist katholisch)
u. a.: „(Praefatus Joannes Gropperus ob tuendae apud Coloniam Agrippinam

gewusst haben. (s. u. p. 268.) Nachdem wenige Jahre vorher Gerhard Westerburg auch im Jülichschen durch die Schrift über die Messe bekannt geworden war, war Campanus, sein Geistesverwandter, ins Jülicher Land gekommen. Hier hatte er jedenfalls die öffentliche Aufmerksamkeit schon früher durch seinen Streit mit den Kölner Theologen auf sich gezogen, in den ja auch der bekannte Joh. Caesarius aus Jülich verwickelt war, und sich die Freundschaft der Laien erworben. Die Sympathieen seiner Jülicher Freunde sind ihm lange geblieben.

Seine Beliebtheit beim Volke, seine eminente Bibelkunde, sein verzehrender Ehrgeiz machten ihn zu einem gefährlichen Agitator.

Luther selbst hatte in nächster Nähe erfahren können, welche Gewalt Bücher, wie das „von der Freiheit eines Christenmenschen", welches die ganze kirchliche Entwicklung aller christlichen Jahrhunderte umstürzte und nichts bestehen liess als das Wort der Schrift und die Gemeinde, die sich den Ausleger derselben bestellte, auf phantastische und schwärmerische Gemüter übte. Viele Sätze Luthers, die dieser in seiner konservativen Periode gemildert und beschränkt hatte, wurden in ihrem ganzen weltumwälzenden Umfange von Campanus beibehalten, mit ungestümem Selbstvertrauen in seinen Schriften vorgetragen und mit seltener Beredsamkeit wie von einem Propheten und Apostel, als den er sich selbst gern hinstellte, ins Volk gebracht.

Campanus hat der ganzen Bewegung in Jülich und weithin den Stempel seines Geistes aufgedrückt; er war das treibende Agens, das geistige Haupt, bis ihm durch Menno Simons und seine Schüler, welche die Richtung in eine andere Bahn kehrten, die Führung entrissen wurde. Er hat den grössten Einfluss gehabt auf die übrigen „Prädinanten"; seine von vornherein „täuferischen" Lehren haben diesen den Uebergang zum Anabaptismus vermittelt. Er war es, der zuerst Heinrich Roll, den man bisher gewöhnlich für den Mittelpunkt des Wassenberger Kreises hielt, beeinflusst

---

et totam Archidioecesim religionis catholicae studium et susceptos labores adeo celebris redditus fuit, ut Paulus IV. tus (?) ipsum in Cardinalium senatum cooptarit.) Hoc quoque commonuisse volo, quod infidus, invidus, mendax Zwinglianus historicus Schleidanus in suis commentariis mendaciorum plenis more suo solito impudentissime mentiatur, Gropperum sub Hermanno de Weeda mentionato Archiepiscopo favisse Buceranae reformationi Bunnensi, cui ille acerrimo restitit." (a. a. O. p. 189.) — An Gropper hat Campanus sogar Schriften dogmatischen Inhalts gesandt, welche angeblich dessen Beifall gefunden haben (s. u. p. 271).

und für sich gewonnen hat. Auch bei den Gemeindebildungen
ist er hervorragend beteiligt gewesen, wenn er auch persönlich
wenig hervortrat. Das bewegte Leben der Prädikanten scheint
ihm nicht zugesagt zu haben. Er sass auf den Schlössern und
Burgen seiner Gönner und adeligen Freunde in stiller Einsamkeit,
um unsichtbar bei der schon früh von Wittenberg aus auf ihn
gelenkten Aufmerksamkeit der Behörden seine Agitation zu leiten.
Als seine „Restitution" erschien (1532), war er aus Oberdeutschland wieder nach Jülich zurückgekehrt. Dionysius Vinne schreibt
in seinem Brief an Luther (Beilage 2): „jam semino verbum cum
fratre nostro S in terra Juliacensi . . . semper vita in manibus.
Tum novus dolor a novo propheta Campano. Oravi cum magno
studio, ne sua edat sarmenta in vulgus."

Als Februar 1534 Jacob von Ossenbruch aus Münster auf
seiner Agitationsreise ins Haus des Drosten von Wassenberg kam,
„sy der predicanten ouch einer by dem Drosten gewest, den er
nit kennt."[1] Dieses war wohl Campanus. In den Visitations-
Protokollen des Jahres 1533 wird er nur einmal erwähnt. Es
heisst dort: „zwei von Maseyck wohnen zu Süstern, seitdem herr
Dioniss dorthin kam", der selbst aus Maseyck war. Dieser „andere"
kann nur Campanus gewesen sein. Seine Schriften werden regelmässig unter den zu confiscierenden genannt.

Der Verfasser der Dissertatio über ihn (Schelhorn a. a. O.
XI), gegen den sich Krohn a. o. O. p. 191 Anm. c. wendet, weiss
über Campanus während der Jahre 1532—34 nichts zu sagen;
er habe keine Nachrichten über ihn antreffen können. „Und freilich
wird man, sagt Krohn, von ihm schwerlich zu diesen Zeiten etwas
entdecken können, es sei denn bei den Wiedertäufern."

Wenn er auch den Prädikanten nicht nach Münster gefolgt
ist, so hat er doch deren Ansichten geteilt, ist ihnen, wie gesagt,
bedeutend vorausgeeilt. Den chiliastischen und phantastischen Gedanken Melchior Hofmans hat er immer mehr Raum gegeben,
so dass Krohn ihn mit Recht einen Hofmanianer nennt und zu
dessen Schülern zählt.[2]

---

[1] M. Q. II, 221.

[2] Bei dieser unserer Auffassung hat auch Catrou (Histoire des Anabaptistes, Amsterd. 1633 p. 45) Recht: „Roll, Staprade, Klopreis, Vinne, Rotmann et quelques autres, qui presque tous avoient été disciples de Melchior
Hoffman."

Lange Zeit durfte er in Jülich thätig sein. Schliesslich ist aber auch er nicht dem Loose aller seiner Vorgänger entgangen. Bis dahin muss aber sein Schutz in Jülich lange ein energischer und nachdrücklicher gewesen sein. Wie konnte er sonst ohne Gefahr für seine Sicherheit Briefe empfangen, wie den von Seb. Franck (1531), der bald gedruckt und verbreitet wurde, und in dem Franck am Schlusse den Campanus ausdrücklich zu bitten für nötig hält, doch dafür Sorge zu tragen, dass der Brief verborgen bleibe, damit er nicht ein vorzeitiges Kreuz auf sich nehmen müsse.[1] Unter dem 5. Februar 1539 hatte Melanchthon in seinem Gutachten über die Vorbereitungen zur Reformation im Herzogtum Jülich nach dem Tode Johanns III. gesagt: „Im Land zu Gulich sind mancherlei Opinion . . . zum dritten ist da viel ungeziefer von Anabaptisten, und wir wissen, dass Campanus noch im land ist. Die weyl denn die Kirchen also zerstreut sind, ist not, das man fürsichtig handel."[2] Unter der schützenden Obhut seiner Freunde blieb er also lange trotz aller Edicte unberührt.[3] (Camp., qui diu latuit in arcibus Juliacensium quorundam nobilium.)

---

[1] Der ungenannte Verfasser der Schrift: „Von dem kindertauff beständiger . . Gegenbericht" (1563), der auch auf den Sendbrief Francks an Campanus einen „Gegenbericht" verfasst hat, schreibt im Auftrage und zu Frommen einer „Dame vom Adel", welche demselben die „Briefe zu Latein" gesandt hatte. Der Brief Francks ist hier adressiert an einen Gelehrten N. N. (Wir wissen: Campanus). Die „Dame vom Adel" hat an den Verfasser des Gegenberichts geschrieben, es sei ihr der Brief „von besonderen guten freunden zu Hand gekommen, dieselben in bei N. N. selbst gefunden hetten" . . . „dennoch so ich vernimm, das der brieff fast wiewol ongedruckt / gemein wirt und in viler Menschen händen kömpt / das nit ohne gefar ist: Denn dweil er den Titel füret / das er von Sebastian Francken geschrieben soll sein an N. N. (die beide hochberümpte Personen zu unserer Zeit gewesen / und noch selnt:) wirt er mit grosser begird von jederman begeret und gelesen." — Ferner sagt der Verfasser: er habe die Schrift verfasst, ihr zu Gefallen, „damit du damit diesen Feind, der so gewaltig das Regiment der Kirchen Christi angreift, aus dem Feld schlagest und umbringen kannst, damit du wenigstens ihm hiermit unter die Augen gehest und so lang mit ihm scharmützlest und ihn aufhaltest bis dir sterker hilff zukomme / die in aus dem Landt vertreibe und ins ellend schicke / oder so er gefangen wurd / in ewiger hafftung behalte, damit er nicht mehr schaden thu." Die Schrift erschien 1563. Vielleicht war Campanus um diese Zeit wieder frei geworden.

[2] Theol. Arbeiten. Elberf. 1874 p. 15.

[3] Melanchthon an David Chytraeus (Dez. 1553); Schelhorn a. a. O. XI p. 63. Ern. Sal. Cyprianus, Catalogus Codicum Manuscriptorum Bibliothecae

1546 (Juni 10) schreibt Melanchthon an Vitus Theodorus:[1] Campanum scias in Juliacensi ditione clam perniciosissima venena contra filium Dei et contra Spiritum S. spargere, imo reipsa delere universum Evangelium. Interea se venditat Gropero et diligitur, quia audet rabiose maledicere nostris Ecclesiis. Deus aeternus, Pater Domini nostri Jesu Christi, qui in baptismo filii vere patefecit se et filium et Spiritum S., reget nos et non sinat extingui lucem Evangelii.

Campanus wagte es im angegebenen Jahre (1546) sogar, sich öffentlich in die Kölner Reformation unter Erzbischof Hermann zu mischen. Ich lasse den bekannten Zeitgenossen und reformierten Prediger Hardenberg sprechen[2]: „So hat sich z. B. der bekannte Schwärmer Johannes Campanus in die Cölner Streitsache gemengt und den Erzbischof gewarnt, unter keinen Umständen von den Waffen Gebrauch zu machen. Er motivierte dies damit, dass auch Christus von Petrus das Schwert nicht gegen die ordentliche Obrigkeit gebraucht wissen wollte.[3] O vortrefflicher Ratgeber, also billigte wohl gar Christus die Gottlosigkeit des Kaiphas! Weshalb machst du Narr deinen Papst nicht darauf aufmerksam, er möge sich hüten, durchs Schwert umzukommen, er, der sich rühmt, den Stuhl Petri inne zu haben und doch das Schwert nimmt. — Wenn es keinem erlaubt ist, zu den Waffen zu greifen, weil Petrus daran verhindert wurde, dann darf auch kein Fürst, keine Obrigkeit die Waffen nehmen, was doch Gott gebilligt hat, indem er sagt, die Obrigkeit sei Gottes Dienerin zur Rache über die Übelthäter, und dass sie das Schwert nicht umsonst trage. — Oder will dieser Mensch mit den Wiedertäufern behaupten, dass es keinem Christen erlaubt sei, der Obrigkeit anzugehören? — Ausserdem hat der „ausserordentliche Prophet"

Gothanae, Lips. 1714 p. 169: es sei ein Index cum censuris von Christoph Weber, bis 1567 reichend, vorhanden gewesen, in dem es u. a. gelautet habe: Hanc haeresin (i. e. Serveti) eodem fere tempore docuit Johannes Campanus, Germanus, et modo in Transsilvania latissime regnat; ubi ministros patres Basilium et similes, qni trinitatem praedicaverunt, ut sophistas irrident. (sic!) etwa: Transisselania? ein Kampen lag in der Herrlichkeit Ober-Jjssel.

[1] Epistolae per Elzevirios editae p. 495; Schelhorn 61.

[2] Spiegel, Hardenberg, ein Theologenleben p. 73/74.

[3] vergl. oben „Restitution" des Campanus, in der er betr. Obrigkeit genau auf dem Standpunkte steht, den Melch. Hofman sein Leben lang

einigen den Rath erteilt, sie sollten keine Weiber nehmen,
denn es würde geschehen, dass sie mit ihm dem Lamme folgen
würden, darum dass sie nicht mit Weibern befleckt seien. — Was
sollen wir mit solchen Propheten machen? Sie mögen fortgehen
mit ihren zanksüchtigen Geistern an den Ort, der ihrer würdig ist.
Deine Hoheit (Erzbischof Hermann) aber fahre fort in dem, was sie
im Herrn glücklich begonnen hat, ohne sich durch solche Quälgeister
(muscas), die nichts als Zwietracht säen, aufhalten zu lassen."

In demselben Jahre machte Campanus ferner seine Gegner
auf andere Weise darauf aufmerksam, dass er noch nicht ganz
verschollen sei. Er wünschte nämlich dringend eine Unterredung
mit dem Landgrafen Philipp von Hessen. Zu diesem Zwecke
wandte er sich brieflich an den ihm bekannten früheren Täuferapostel Peter Tasch, damals in Strassburg (s. u.), dass er für ihn
die Vermittlerrolle übernehme. [1] Der uns erhaltene Brief [2] ist eine
Antwort auf eine Anfrage des Peter Tasch. Da das Schreiben für
die Persönlichkeit und damaligen Auffassungen des Campanus von
höchstem Interesse ist, lasse ich die wichtigsten Stellen folgen:
„Mein freuntlichen grus im herren! Besonder, werder

---

vertreten hat, dass die Obrigkeit um der Gottlosen willen ein Recht zu
existieren habe, dass der Christ ihr aber durchaus Gehorsam schuldig sei,
was für Männer, die als Vorläufer der Münsterschen Revolution gelten, wohl
zu beachten ist.

[1] Butzer sandte 1546 (Mai 12) aus Strassburg eine Abschrift dieses
Briefes an den Landgrafen. Er rät ihm ab, dem Camp. eine Unterredung
zu gewähren, da er aus dem Briefe ersehen könne, „wes geist mit diesem
mann umbgehe. Die Kirch Christi muss, wie von anfang, nit allein durch
die tyrannen, sondern auch durch allerlei Ketzer beweret werden, aber uns
solte das treiben, dass wir uns desto neher und ernster zusammen thetten
im geistlichen und zeitlichen". (cf. Lenz, Briefwechsel Philipps von Hessen
mit Bucer II p. 432.)
Der Landgraf antwortet dem Butzer (Mai 21) aus Cassel: „die copei
des Campani briven haben wir verlesen. Es ist ein deufelisch ding, und
sovil sein person betrift, da er unser ware christliche lehr dermassen lestert,
glauben wir, es sei ein fast boser mensch, der teufel und der Lucifer selbst . . .
Inen aber, Campanum, zu uns zu lassen, des seint wir keineswegs bedacht."
(a. a. O. p. 447; 455.)
[2] Der Brief des Campanus ist später auch in die Hände Melanchthons gelangt (s. dessen Brief an Lauterbach, Juni 8; an Veit Theodor,
Juni 10. Corp. Ref. VI, 172, 174). Tschackert a. a. O. p. 434.
cf. Max Lenz, Briefwechsel Landgraf Philipps von Hessen mit Bucer.
II. Lpz. 1887 (Publ. aus den K. preuss. Staatsarchiven Bd. 28.) p. 432.

Freund! Mein wolfart und furspür im werck des Herren sein euch bewusst. Dann den nehisten somer han ich alle propheten ins rein gesatzt mit dem psalter; disen winter bin ich in denen gewest, die über die sententiae, das ist gemein platzen, geschriben haben, [die] uber die c (?) sind, unser gemeine platzen damit zu zieren, die ich zu seiner zeit, wann die andern sich alle genug verlaufen haben, ins rein bringen soll. Ich hat E. l. zu jar umb dis zeit auch einen brieve geschickt, der bot hat in einem geben, wie er sagt, der euch kennet. Schreibt mir, ob ir's krieget, dan ich halt's verdacht. Der brieve, so Getrud bracht, was uff, das mir nit gefiel. Das ir fragt, ob her Johan und Heinrich auch mit meim raht sich in die bonnische reformation ergeben — wie wolten sie in solchem fal mich rahts fragen, da gantz auf meine Reformation verzygen wirt? Niemand mag zweien herren zugleich dienen. So kan ich nit loben, das die, so ir gelubde Got gethan, gegen schrift und canones apostolorum sie brechen sollen, hat auch kein Exempel. Oder wie wolt ich consentiren in ir Dreiheit? In Lutheri und Melanthonis (da sich Bucerus mit verglichen) brötern Got! Dann die reformation helt, der leib Christi sein da, und kundbar ist's, Bucer mit Wittenberg hie verglichen ist. So hat Bucer sein eigen bekantnus dem Gropern hievon gethon aller ding stimmende mit Luthero und päpstlern — hesslicher teuschen hat die son nie beschawen! Oder wie wolt ich's halten, das die guten werk mit dem glauben nit selig machten, oder das gar kein fegfewer, kein verdienst, kein freier wil were, oder das man das Evangeli mit gewalt wider seine ordinarie heupter verfechten sol, oder das die natürlich verfelschung die erbsünd seie, so doch Adams übertrit die principal und rechte erbsünd ist mit der folgenden verfelsobung; wie Christi gehorsam unser erbgerechtigkeit ist mit der natur erstattung, so uns aus derselben erbgerechtigkeit volget! Oder wie wolt ich's mit in [ihnen] halten, das der papst noch in Christum glaubende der recht Antichrist seie und die catholische Kirch (da wir alle in geteuft), so lang sie auff'm fundament bleibt, die babylonische hure! So fehlen des uffbawens den [denn] sie zu entchristen machte, mussten's die newen vil mehr sein dann ir gegentheil, weil sie auch nit wöllen, das die mess ein opfer seie, das man Got thu, so es doch fur uns geben wirt über tisch — wen aber anders dann dem vatter? Weil da staet: „Der für euch

gegeben wirt", mit dem underscheid, das es hie dem vatter für uns
herholender weis geben wirt. Drumb mag ir tisch on uffheben und
opfern für Gott nimmer beston. Weil, sage ich, ire reformation diser
unleidlicher stuck vol ist, allerding der waren restitution entgegen,
wie dise merkten und darein schweren mussten, wie die reformation
fordert, des müssten sie mich nit raht fragen, da sie der falschheit
und secten, uffrürern und meineidigen zufallen wollten und dieselbe
helfen bestetigen; wussten wol, wie ich nie zu keiner bekanter
ungeburlicheit zu bewegen seie gewesst.

Wir haben mitler zeit etlich stuck ausgestrichen
von der gerechtigkeit, vom fegfeur, erbsunde, gegenwehr und End-
christ, mit deren stücken mehr, und dem Groper zugeschickt,
der sie mit den seinen lobt — nit das ich all ir wesen lobe,
sonder allein, so fern sie recht hatten; wie wir auch loben in den
secten und allen Ketzeren, was wir recht bei inen finden. Dann
ob die catholische Kirch schon etwan felich ist im wie vil ander,
weil sie dannocht auf'm grund, Christe, bleibt, des [deshalb] bleiben
wir in der catholischen, wie alzeit in liebe einander ermanende,
und lassen ermanen mit geduld, was [so] uns in der kirchen draus
komen mage; wie Christus, die propheten und apostolen under der
synagogen iren beruf vorfürten, sich drunder leidende, aber nit
mit gewalt oder absunderung, so lang sie auf'm Grund bliben.
Dann dise leute mögen nit leiden, das man mit der cathol. handle;
so tief ist's in eingepflanzet, das der Antichrist komen seie und
der abfal geschehen. Nun sitzen sie mit weib und kind wol versehen (das sollen sie gern erhalten) und müssen wir inen Mame-
lücken sein, die dem Antichrist zustohn, von dem volk Gottes
(Daniel 11) abgefollen sollen sein; aber umb irs lasters willen,
sollen wir nit ungepurlichs thun, wie E. l. auch vor von uns bericht . ." [folgen Nachrichten über politische Dinge, mit denen
Campanus wohl vertraut gewesen zu sein scheint. Lenz verweist
auf Varrentrapp, H. v. Wied I, 252; II, 28 ff.]

„Weiter, lieber b[ruder], wie ich E. l. nechst geschriben
vor disem jar, das der Herr mich dan [so] von heim nehmen solle,
mag ich euch nit verhalten, das der Herre dise tag seinen willen
mit meiner l. muter gethan, die im Herren entschlafen und mir
bisher trewlich gedienet. Nun ist meines bleibens hie nit
lenger, sonderlich weil auch mein vatter vor alter keine zeit
mehr weiss. So bin ich (nu das haus zerstört, und die muter

krank lag) diesen winter zu den alten freunden gezogen, da ich das principal werk der restitution (wie uff VII orter der schrift von anfang bestetiget) daselbs volbracht hab. Also holet mich jetz der Herr von dannen mit gewalt. Wa ich hin sol, weiss ich noch nit. Ich bin commendiret fraw Marien, die es irem bruder newlich angelanget, als das ich ein nutz man were zu warer katholischer restitution. Aber ich halt, weil k. mt. sehen wird', das das concilium nun geschlossen, sol er's dabei lassen, und ich auch sol müssen leiden und inhalten, biss der abfal geschiht. Davon hie nit zu erholen. Der bischofe von Cöllen hat mir zwar disen somer enbotten, aber Johan von Dirsberg mit seinesgleichen stiessen's umb, da sie merkten, das wir uns irer reformation nit liessen benügen. Aber sie haben nit mich, sonder sich selbs ausgeschlossen, wie alle, so sich unser restitution entschlagen. Ich aber muss des Herren warten, dann er wirt gewisslich komen (Abac. II); wer sich aber entzeucht, seine sele ist nit ufrecht. —

Ich halt, so der landgrave recht bericht were, er wurde den bund der gotlosen gegenwehr wol lassen fahren und bei ein so lazarische sect land und leuth nit setzen. Solchs sol E. l. zuwegen bringen — und aufs fleissigist sich drin befüren, das wir mit s. g. zu gesprech kemen; das were das beste werck, so ir thun mogt, sonderlich weil E. l. sihet, wo es hin wille. Ich erbiet mich zu sein gn. Und mocht im kein nutzer, seliger gabe von Got widerfaren.

So hab ich auch diesen winter den alcoran underörtelt und druf geschriben. So finde ich, das auch keine einigkeit zwischen Turken und Christen on unser vermitteln getroffen mag werden. Keine andere verstohn sich der irthumb, wissen nit, was man dem alcoran zugeben oder nemen müsste, wie die unseren zu beden theilen in der gotheit grewlich irren, so seer schier als die Turken, die die sonheit verneinen, die unsere aber besschreiben sie nit recht, damit sie dieselbe verderben etc.

Der herre hat hie ein gesicht, dis jar in dem truck ausgeben, anno XLII in Poland gesehen, auch hat es Spehdt (ist ein edelmann) uns erzalt, der 's gesehen, da der restitutor mit dem gluenden schwert, mit dreien creutzen gewapet in park trit, und die andern mit haufen sich gegen dem einen man legen, bis endlich der drach auch den man verschlunge (Apoc. 2); der drach darnach in der luft verschwand mit seim entchristischen haufen

(Apoc. 20); darnach kamen drei regenbogeu und ein engel mit einer bosaunen drauf, und ward eine schone zeit, die das vorig blutich unwetter (so da XV meil knews tief blutschnee lag) in der eile uffgelecket. Das wirt die liebe zeit sein nach umbkommen des Endchrista. So hat mir der herr ober 8 jahren gezeunt [so], das es mit vatter und mutter gut sol sein, bis der krieg kome: das erscheinet, der jetz da ist [so]. Dann jetz muss es eben den einen oder den anderen weg hinaus.

So hat E. l. al gelege dieses lands. Mein neve ist dise tag aus Frankreich komen . . . .

So E. l. nit wider von allerlei antwortet, sol ich uff ein andermal auch der fedder scheuen. Nun dem Herren bevolhen, allerliebster bruder! Und bittet den Herrn fur uns! Datum mitfast anno 46."

* * *

Bei einem 1557 auf Veranlassung des Pfarrers Tetz zu Ratheim abgehaltenen Zeugenverhör wird bekundet, dass Heinrich von Olmissen „einen Zwinglianer namens Campanus" an sich gezogen habe, der heimlich und nächtlich in Busch und Wald Predigten gehalten, so lange bis er durch die Obrigkeit vertrieben worden. Heinrich von Olmissen sei hierfür in eine hohe Geldstrafe genommen worden."[1]) In welchem Jahre nun hier Campanus gepredigt hat, wissen wir nicht genau. Jedenfalls wohl noch vor 1553, wie wir aus den unten anzugebenden Gründen annehmen müssen.

Warum wurde Campanus endlich gefangen gesetzt? Gründe dazu hatten zwar längst jedenfalls vorgelegen; seine Sache trat aber wohl erst 1553 in ein akutes Stadium.

Melanchthon empfahl den Campanus zu unausgesetzter Aufmerksamkeit und Beobachtung, wie wir aus den Briefen Melanchthons an Conrad Heresbach wissen, welche bis 1559 reichen (vergl. die Briefsammlung Peucers).

Einer der Gründe, welche seine Gefangennahme zur Folge hatten, scheint die Verurteilung Servets in Genf (1553) gewesen zu sein, die allgemein bekannt und u. a. von Melanchthon gebilligt wurde.

Als 1553 ein anonymes Buch gegen das Dogma der Drei-

---

[1]) Strange, Beiträge zur Genealogie der adeligen Geschlechter VI, p. 18 ff., Z. d. Aach. Geschv. VI. 184, 290. (Die Beschuldigung gilt ohne Zweifel dem Vater Heinr. v. Olmissen, Besitzers des Hauses Hall. s. o. p. 156.)

18

einigkeit erschien, vermutete Melanchthon, — charakteristisch für
die Aufmerksamkeit, welche er dem Campanus widmete — es
stamme aus des letzteren Feder. Er schreibt an David Chytraeus:
„opto et recte constitui Academias et earum pium consensum eo
maiore cura tueri, quia crescit rabies ingeniorum. Jam oblatus est
liber sine nomine autoris, palam oppugnans doctrinam de Filio
Dei et de Spiritu S et renovans Samosateni impietatem. Existimo
Campanum architectum esse, qui diu latuit in arcibus Juliacensium
quorundam Nobilium. Sed hoc scripto alias plura."[1])

Doch irrt Melanchthon; es handelt sich nämlich um Servets
Buch: Restitutio Christianismi, das im Jahre 1553 gedruckt
wurde und am Schlusse die Buchstaben M. S. V. trägt.[2])

Melanchthon hatte damals ohne Zweifel noch den Titel des
1532 erschienenen Buches des Campanus in der Erinnerung, wodurch er sich zu dem Irrtum verführen liess.

Wäre Campanus schon damals eingekerkert gewesen, so würde
dem Melanchthon diese von ihm so oft gewünschte Thatsache nicht
entgangen sein und er dieselbe erwähnt haben.

Jedenfalls lenkte der Genfer Vorfall, der Feuertod[3]) des
Verfassers der „Restitutio Christianismi", erneut die Aufmerksamkeit auf den Verfasser einer ähnlichen Schrift, was um so weniger
ohne Folgen bleiben konnte, als von Campanus noch folgendes
bekannt wurde:[4]) „Persuaserat Joannes Campanus miseris rusticis
non longe a fluvio Rura degentibus, quod vel hodie res ipsa loquitur

---

[1]) d. d. 24. Nov. 1553. Corp. Ref. VIII, 175: Epistolae Dav. Chytraei
p. 1234; Schelhorn a. a. o., Bock a. a. O. II, 250.

[2]) Der Titel ohne Namen des Verfassers konnte leicht Veranlassung
zu der Verwechselung geben; er lautet: „Christianismi restitutio.
Totius ecclesiae Apostolicae ad sua limina vocatio, in integrum
restitute cognitione Dei, fidei Christi, justificationis nostrae, regenerationis
Baptismi et coenae Domini manducationis. Restitutio nobis denique regno
coelesti, Babylonis impiae captivitate soluta et Antichristo cum suis penitus
destructo."
M. D. L. III. in 8°. M. S. V. (Michael Servetus Vianmae). — Viele
Exemplare des Buches waren in demselben Jahre zu Ostern nach Frankfurt
auf den Markt gebracht. (cf. Henry, Calvin III. Beilage; Z. f. wiss. Theol. 1875.)

[3]) am 27. Oktober 1553. s. u. a. Ferd. Buisson, Sébastien Castellion,
sa vie et son oeuvre (1515—63). Paris 1893. Bd. I, 335 ff.

[4]) cf. Lindanus, de fugiendis idolis Lib. I, cap. IX p. 85; Bredenbach,
Sacr. Collationum Lib. XXXIII, p. 711.

et testantur vicini, ne amplius austeris sese frangerent agriculturae laboribus, non sese frustra durius vexarent, diutius fatigarent, enecarent fodiendi, arandi, metendi sudoribus, instare diem judicii; brevi omnia inundationibus aquarum delenda: indulgerent genio igitur, molliter se tractarent, suavius viverent, quod miselle supererat — propediem certo vitae rusticanae certius peritura. Illi stolidi stolido ac deliro prophetae creduli suos vendunt agellos; qui illos emit, sensit non frustra sese illum alluisse prophetam."

An der Wahrheit dieses Berichtes ist bei der excentrischen Natur des Campanus um so weniger zu zweifeln, als er aus der Feder des Bischofs Lindanus stammt, der in der Nähe jener Gegenden die Diöcese Roermond leitete.[1]

Kurz nach 1553 muss endlich des Campanus Gefangennahme erfolgt sein. 1555 sagt Melanchthon in seinen Vorlesungen über Ciceros officia: „iam est captus apud Juliacenses."[2] — Er wurde also ergriffen, als die Folgen seiner „Schwärmerei" offen zum Ausbruch kamen. Schon früh hatte er in schroffem Gegensatz zu Luther auf die innere Gewissheit, Heiligkeit und Untrüglichkeit der Wiedergeborenen hingewiesen,[3] die Erbsünde geleugnet und behauptet, der Mensch sei durch den Akt der Heiligung sündlos geworden. Wo aber die Destruktion der geistigen Kräfte durch die Sünde geleugnet wird, da ist der Abweg entweder zum Rationalismus oder zur Ekstase und besonderer der Schrift mindestens gleichwertiger Inspiration gegeben. Auf die begeisterte Predigt des Evangeliums folgte bei der sozialen Unzufriedenheit allmählich bei vielen das Verlangen nach unmittelbarer Erfüllung der Ver-

---

[1] Er hat uns über die letzten Lebensjahre des Campanus manche Einzelheit berichtet: Sein langjähriger Aufenthalt an den Grenzen Jülichs (in Roermond und Cöln, hier auf der Flucht) liess ihn manche authentische Notiz über die Vorgänge am Niederrhein sammeln. Vergl. über ihn: Jac. Wilh. Feuerlins dissertationes historico-theologicae. Göttingen 1740 ff. Nr. 12; eine ausführliche Biographie in: Publications de la Société historique et archéologique dans le duché de Limbourg. Tome XXVII. Nouvelle Série Tome VII (Maastricht 1890); Fr. Nettesheim, Kroniek der Stad Roermond von 1562—1638.

[2] cf. W. Meyer in Götting. Nachrichten, phil.-histor. Kl. 1894, p. 174.

[3] Luthers Tischreden fol. 277: „und definirt, dass ein Christen sei so heilig, fromm und gerecht, dass er nicht könne irren." (Nam sic video quosdam loqui, ut totum fundamentum salutis in baptismo collocent, quod facit Campanus et Lutherus." Leo Judae an Bucer. 24. April 1534. cf. Kolde, Analecta Lutherana, Gotha 1883 p. 205.)

18*

heissung vom Reiche Gottes. Als Campanus endlich diesem Verlangen nachgab und neben religiösen Fragen die sozialen Faktoren
in den Vordergrund schob, da verlor er seinen Hauptanhang und
— Schutz; die Regierung ergriff ihn.

Wo aber wurde er gefangen gehalten? In Teschenmachers
Annales ecclesiastici findet sich folgende Notiz (unter dem Kapitel
„Die Hinderungen des Evangeliums in Jülich betr."): das erste
Mittel ist die wiedertäufferische Secte, welche, ob sie woll zu Münster
gedempft, so hat sie doch in diesen wie auch umbliegenden, insonderheit aber den Niederlanden, unter dem Deckel des Evangelii
und scheinheiligkeit weit und breit sich ausgebreitet, darumb dann
solche weiter zu vertilgen Herzog Wilhelm J. Campanum zu
Angermundt und vil andre gefangen setzen und solche
eins besseren unterweisen lassen."[1]

Zu seiner Bekehrung bediente man sich des hochgeschätzten
Georg Cassander.[2] Hamelmann (opp. 1011) erzählt uns: „Illorum
(Anabaptistarum) quosdam interceptos jussit tradere vinculis Princeps in arce Clivorum et illis adhiberi anno 1563 Georgium
Cassandrum, (qui quoque superiore anno adfuerat Campano,
quem etiam jam per plurimos annos captivum tenuere Principes Juliaci, et cum eo contulerat) ibi simplices plebei respicie-
bant ad Magistrum suum et doctorem concaptivum: Ei
plurimum ex scriptura proposuit pro paedobaptismo et deinde
exposuit ei concordem omnium veterum sententiam de parvulorum
baptismo in Ecclesia inde a tempore Apostolorum conservato, ut
tandem ille confiteretur, se isti consensui nolle refragari, sed eo
flecti non posse ad emendationem. Ideo petiit sibi testimonia
eruditae antiquitatis perspicua demonstrari et deinde probari hanc
rem esse Apostolicis et divinis litteris consentaneum: Tunc enim
fore se non pertinacem et improbum. His jam oblatis et inspectis
pro sui ingenii perspicacitate, pro timore Dei, pro sua mo-

---

[1] Teschenmacher, Annales ecclesiastici; Berliner Mscr. quart 21 fol.
226. — An anderen Stellen wird uns ungenau und allgemein berichtet:
„tenetur adhuc captivus a Juliacensi principe", Hamelmann opp. 1101
(dazu Cornelius M. A. II, 317); „resipiscentiae spe in Clivia detinetur frustra
captivus", Lindanus, Catalogus Sacramentariorum . . p. 36; „Campanus te
Kleef in den Kerker gestorven was", Archief voor Kerkelyke Geschiedenis
XIII, 77. — Das Jahr seiner Gefangennahme wird nicht angegeben. — Angermundt, herzogliches Schloss zwischen Duisburg und Kaiserswerth.

[2] Ueber ihn vergl. unten IV, 8.

destia et judicio (quibus dotibus valuit) opinionem suam
deposuit et coram Ecclesia postea confessus est, quem ut
Magistrum alii nonnulli sequuntur, quanquam quidam per-
fracti permanerent."[1]

Über seine Gefangenschaft ist mir noch folgendes bekannt
geworden:[2] (Campanistas vocat Confessio Mansfeld. a Joanne
Campano, qui aliam adfert verborum coenae Domini expositionem,
quam Carolstadiani, Zwingliani, Oecolampadiani, Suenckfeldiani aut
Calvinistae. Verum eius commentum ob intolerabilem opinor blas-
phemiam non recitat. Inter alias eius abominationes ac ridiculos
suae vocationis ad propheticum officium enthusiasmos perversissi-
mam de Filio Dei et Spiritu S., quem personam negat distinctam,
pertinacissime tenet atque tuetur sententiam.) Is jam annos plurimos resipiscentiae spe in Clivia detinetur frustra captivus, cum persaepe suis deliriis illusus prophetavit sese
certos post dies carcere liberatum iri, quod nisi fieret,
sancte pollicebatur suarum opinionum detestationem
atque palinodiam.[3]

Mit Lindanus hat Campanus in Briefwechsel gestanden; der
Roermonder Bischof hoffte sogar, ihn zur alten Kirche zurück-
zubringen. In des Lindanus „Responsio pro vero ac vivo Christi
corpore" vom Jahre 1575 finden sich einige der gewechselten Briefe.
Auf Seite 75 erfahren wir, dass Campanus ein Büchlein an ihn
zur Begutachtung gesandt hatte, welches den charakteristischen
Titel: „Pacis consilium" trug. In einem Briefe vom 3. Januar 1574
berichtet der Bischof, dass Campanus das gute Büchlein durch
seinen „vir nobilis ille nutritius" habe zurückfordern lassen. Hegte
er in diesem Briefe noch die stille Hoffnung, ihn von seinen Irrtümern abzubringen, so bekennt er in einem anderen Briefe vom
2. April 1574 zu seinem Ärger und Grimme, dass ihm jener nobilis
nutritius von seinem „Pfleglinge" gemeldet habe, er bekenne sich

---

[1] Lindanus, de fugiendis idolis 1580 p. 83: Audivi aliquando ex ore
Georgii Cassandri, quod ab eo rogatus, quare tam fallaci spiritui crederet?
nihil respondit aliud quam quod spiritus aliquando fallant homines, quamvis
et plurimum vera loquantur.

[2] Lindanus, catalogus Sacramentariorum . . . p. 36.

[3] tota hac provincia minime habetur alienus et qui obscuram illam
D. Johannis apocalypsim post propheticam sui Juliacensis carceris, annorum
viginti sex, quod ait purgationem, sese eximie praedicat intelligere (s. Schelhorn p. 70); vergl. auch Jo. Leo, hist. Pruss. L. VIII, p. 465.

immer noch zu derselben Ansicht vom heiligen Geist und dem Abendmahl, „quae et illustrissimum D. ducem Cliviae aiebat sibi pridem suos per Consiliarios ad revocandum et carcere diutino liberandum proposuisse."

Ende Juni 1574 schrieb ferner Lindanus einen Brief an „P. P. Abbatibus N. N. atque ceteris per Regionem Clivensem totamque per viciniam agentibus etc", worin er u. a. die Gründe angiebt, weshalb er gerade ihnen seine Schrift „Responsio pro vero ac vivo Christi corpore", die nicht zum wenigsten gerade gegen Campanus gerichtet ist, gewidmet habe: „Superioribus namque diebus ad me Johannes Campanus, vester jampridem vicinus, vinculis per annos, uti nostis, 26 propter manifestam et eam variam in Deum impietatem mancipatus, sed haud ita dudum manumissus, [1] libellum misit, cui titulum indere voluit: De Eucharistia vera Expeditio: tamen quo inter caetera nefaria scelerataque dogmata impiam suam opinionem Calvinizantem exponens, meam requirit sub divini iudicii contestatione censuram, immo fidei meae rationem, asserens istam suam doctrinam libello illo ad vos misso expressam, Abbates per viciniam (inquit, ubi tam diu captivus detinebar) approbasse."

Aus den obigen zum Teil sich ergänzenden, zum Teil sich widersprechenden Mitteilungen dürfen wir wohl folgende Schlüsse ziehen. Es ist Thatsache, dass Campanus längere Zeit im Kerker geschmachtet hat, dass seine Kraft aber trotz aller trüben Erfahrungen nicht gebrochen worden ist.

Mitte des Jahres 1574 soll er: haud ita dudum manumissus sein. Ist er nun entwichen? hat er, wie Hamelmann will und Lindanus vermuten lässt, wirklich widerrufen? ist er auf Fürbitten seiner Oberen hin entlassen?

Ob den Lindanus lediglich die Annahme, dass die Prophezeiung des Campanus, er werde nach 26 jähriger Haft befreit werden, die er selbst anführt, zur That geworden sei, später [2] zu der unmotivierten Behauptung geführt hat: „Sunt enim, qui illum

---

[1] Wenn die Angabe des Lindanus bestätigt wäre, dass Campanus nach 26 jähriger Gefangenschaft freigelassen sei, so würde der Anfang seiner Haft ins Jahr 1546 etwa zu setzen sein. In diesem Falle wäre eine Beeinflussung des Herzogs durch den Landgrafen von Hessen nicht ausgeschlossen.

[2] Lindanus, de fugiendis idolis 1580 p. 83. (Aus dieser Schrift haben wohl auch Goebel, Gesch. des christl. Lebens I, 164, und Wolters, Conrad

carceri Juliacen. 26 annorum inclusum viderunt", weiss ich nicht,
[die Leute müssten den Campanus allerdings recht lange beobachtet
haben]. Wenn Campanus Anfang 1574 frei geworden ist, so war
er, bei der Annahme, dass er etwa 1554 internirt wurde, kaum
20 Jahre gefangen.

In seiner Schrift vom Jahre 1580 (de fugiendis idolis) erzählt Lindanus seinen Lesern allen Ernstes u. a. folgendes Histörchen:
Er habe sich 1576 von einem gewissen glaubwürdigen Manne
erzählen lassen, Campanus verkehre mit dem Teufel. Sein Wächter
im Gefängnis zu Cleve habe gesehen, wie vor dem Fenster seines
Kerkers ein „schwarzer Schatten" geschwebt, mit dem Campanus
sich laut unterhalten habe. Dieser Schatten sei aber verschwunden,
sobald der Wächter eingetreten sei. [1] — —

Wohin sich Campanus nach seiner Befreiung gewandt hat,
wissen wir nicht. Begab er sich etwa zu jenem „nobilis nutritius",
von dem oben die Rede war?

Die schweren Leiden im langjährigen Gefängnisse scheinen
seine Energie [2] nicht gebrochen zu haben. Wie weit die Angaben,
dass er im Wahnsinn gestorben sei, der Wahrheit entsprechen,
vermag ich nicht anzugeben. Es scheint allerdings seine Idee, dass
er allein zum Reformator und Restaurator der Kirche berufen sei,
eine fixe geworden zu sein. Ob ihn dieselbe zu völligem Irrsinn
und Umnachtung des Geistes gebracht hat, lässt sich nicht beweisen.

Lindanus schreibt in seiner „Responsio" p. 78 an ihn: Sed
tuis divinationibus, quas crepitas, suffraguri, ais, visionem caelitus
acceptam [3]): „Viri, inquis, tam nobilis etiam Coloniae ante aliquot

---

Heresbach p. 77 (vergl. Jöchers Gelehrten-Lexicon s. v. Campanus) ihre
Nachrichten über das Lebensende des Camp. geschöpft.)

[1]) Lindanus, Ruewardus sive de animi tranquillitate . . . Coloniae 1567:
p. 196: „Quid? quod non incelebres quidam V. V. affirmare non dubitant,
tantam esse diabolo cum Joan. Campano suo illo Arianizante Sacramentario
familiaritatem, ut cum ipsum visendi causa in carcere adissent, cacodaemonem
humana quidem specie ac habitu viderint in sede iuxta assidentem et collo-
quentem: sed manus pedesque ungulatos subinde non dissimulantem."

[2]) Wer dächte hier nicht an Melchior Hofuan, der selbst im Kerker
bis zu seinen letzten Stunden an seinen Lehren schrieb.

[3]) Lindanus, de fugiendis nostri seculi idolis 1580, Coloniae. p. 82:
Joannes Campanus hoc execrabili daemoniorum magisterio passim est nobi-
litatus, ut de eo non magis plerique hue in vicinia dubitent, quam siquis
meridie voget, an sol luceat.

annos typis excusam", doch davon wisse er nichts, wie er glaube,
„nisi quod audire memini Justum Velslum[1]) simili phanatico
spiritu correptum et caeca Coloniae caelesti visione
afflatum se iactitasse Ecclesiae Reformatorem, paucis
tunc ab annis orbi exhibendum".

Ein anderer Zeitgenosse, der Verfasser der Schrift: „Von
dem Kindertauf bestendiger . . Gegenbericht" sagt schon 1563 in
der Vorrede zu derselben[2]): „Wer weis nit / das Johan Campan
von Macseyck überflüssig in verstandt und erkentnus der schrifft /
sich heisst und helt für einen auffrichter oder restauratoren aller
gebrechen der Kirchen Christi / der darzu von Gott durch aus-
druckliche schrifft der Propheten (den also deut er etliche wort
uff sich:) verordnet und versehen sey / und sey der wor vorlauffer
Christi und Elias, davon die vorigen / und Christus gesprochen,
und bey Christus zeiten gelebt, nur ein figur sein gewest auff jn?"

Campanus ging in seiner Selbstüberhebung und Verblendung
nämlich so weit, dass er zum Entsetzen des Lindanus das Wort
Masec (Mesec) in Genes. 5 auf seinen Geburtsort Mascyck deutete.
„Als de Jungelink von Maseick sein sact sol saien", daher: „ecclesia devians ad me transibit, non ego ad illam." Der hl. Geist
habe in David prophezeit (Ps. 119), dass nun Maseca der Reformator
kommen werde. Er selbst sei daher der restaurator cum doctrinae
tum Ecclesiae.[3])

Wie weit aber auch Campanus in seiner Vermessenheit gegangen ist, seine Schrift über das Abendmahl: „De Eucharistia
vera Expeditio" hielt Lindanus einer Widerlegung für würdig und
widmet ihr eine eigene Schrift, die uns die Ansicht des Campanus
erkennen lässt. („Responsio" pro vero ac vivo Christi corpore.[4])
Lindanus erwähnt hier u. a.: Campanus habe betont, man müsse
auch auf die hebräische Quelle des Matthäus-Evangeliums zurückgehen: hoc est Peger meum. Dieses Wort bedeute aber überall
cadaver sive corpus mortuum. Der Leib Christi aber sei eben in
coena nur mentale et mortuum, dagegen in coelis vivum . . . Das
Brot erhalte nur den Namen: corpus und zwar des mortuum corpus.

---

[1]) Vergl. über ihn u. Anhang 3.

[2]) s. o. p. 267 Anm. 1.

[3]) „Electoribus Saxoniae, Christo per visionem submonente, praesentasse,
ut suam istam doctrinam contra Lutherum et Zwinglium propugnare anno
tricesimo." (s. o. p. 177.)

Was Campanus sonst in dieser letzten Schrift für seine eigentümliche Lehre vom Abendmahl vorbrachte, war eine Wiederholung von früher Erörtertem, so z. B. die Erklärung durch den Vergleich mit dem alttestamentlichen Osterlamm. — —

*
* *

Obwohl Campanus weder in der modernen noch in der zeitgenössischen Litteratur die Aufmerksamkeit gefunden hat, welche ihm gebührt, so ist ihm doch eine gewisse Bedeutung innerhalb der religiösen Strömungen des Reformationszeitalters nicht abzusprechen. Dass sein Name und seine Werke bald den päpstlichen Index zierten, ist selbstverständlich; I. classis sind sie dort verzeichnet. [1]

Er hat in weiteren Kreisen Anhänger gehabt, als man nach den Berichten seiner Zeitgenossen im allgemeinen annehmen zu müssen glaubt. Aus dem Jahre 1538 finde ich über einen Bericht des M. Erasmus Sarcerius über seine Visitationsreise in der Grafschaft Nassau unter dem Grafen Wilhelm folgendes [2]: „Visitationem vero non minus concione introductoria fuisse inauguratam pergit ... atque inter alia quam in refellendis quibusdam haeresibus aliquandiu moram nexuerit, enarrat, monendo suos de Anabaptistarum erroribus, de sacramenti altaris profanatione, de magistratus violatione, quem quidam hodie Satanae ordinationem, quidam naturae institutum, quidam fortunae inventum proclamitabant, de bonorum communione, de Campani opinione de Spiritu Sancto quem Campanus negabat tertiam esse in Trinitate personam, de novi monachatus abominationibus, novorum Pelagianorum somniis et aulicorum thrasonicis ostentationibus." (Gerdes, bei dem ich diesen Bericht finde, merkt dazu mit Recht an: fuit is Jo. Campanus Antitrinitarius eorum temporum famosissimus.)

Campanus hat also weit über die Grenzen seines engeren Wirkungskreises hinaus die Gemüter in Aufregung versetzt.

Leider ist, wie wir gesehen haben, nur zu wenig von ihm erhalten. Wie einen Krebsschaden am Leibe der Kirche hat man ihn meist verabscheut. Gewiss dürfen wir ihn nicht zu den Reformatoren, gar zu denen zweiten oder selbst ersten Ranges, zählen. Ob unser Auge mit besonderem Wohlgefallen auf seiner Erscheinung

---

[1] cf. Index librorum prohibitorum usque ad annum MDCCXI regnante Clemente P. O. M. Romae 1711.

[2] Gerdes, Scrinium antiquarium II, 614.

ruhen kann, weil er mit seinem Feuer so viel Ungeduld, seinem Ernste so viel Flüchtigkeit, mit seiner Freimütigkeit und Beredsamkeit zu viel Redseligkeit und Eitelkeit verband, ist ja eine andere Sache. Immerhin ist er eine beachtenswerte Persönlichkeit, deren Wirken die Reformatoren mannigfach an- und aufgeregt hat. Die Parole zu dem Verfahren, ihn zu ignorieren, war zuerst von Luther ausgegeben worden. In den Tischreden Luthers heisst es: „Alle Rottengeister justificieren, rechtfertigen und ehren für Heiligen ihrer Sekten Meister und Stifter; wie heut zu Tage die Sacramentarier Zwinglium, Oecolampadium, Münzern etc. für Heilige halten. Darum ist uns viel daran gelegen, dass wir dieselben wieder verdammen und für Verdammte ausschreien, auch dass die Nachkommen von ihrer Ketzerei und Irrthum abgeschreckt werden und sich davor hüten können, auch den verirrten Gewissen, die noch zweifeln und wanken, gerathen, oder die, so noch in ihrem Irrthum stecken, gewarnet und zurück gerufen werden, damit sie länger nicht drinnen bleiben und verharren", ferner: „diesen verfluchten Unflath und Buben Campanum soll man nur verachten und so bald nicht wider ihn schreiben; denn sobald man wider ihn schriebe, so würde er desto kühner, stolzer und muthiger. Man verachte ihn nur, damit wird er am ersten gedämpft, denn er wird doch mit seinem Schwarm und Autorität nicht viel ausrichten." — Als einzige Politik gegen ihn wollte er nur Schweigen beobachten. Als eingefleischten Satanas verfolgte er und Melanchthon ihn von Ort zu Ort, überall davon abrathend, mit ihm zu disputieren. [1])

Aber wenn sich auch Luther diesen äusseren Schein giebt, so bewegte ihn doch das nicht erfolglose, gefährliche Auftreten des Campanus und seines Gesinnungsgenossen Servet im Innern recht heftig. Bei aller scheinbaren Ruhe ging in Luther eine folgenschwere Wandlung vor sich: er kehrte in Theorie und Praxis zur Intoleranz der alten Kirche zurück. Campanus, der wider die Grundlehren der bisherigen Christenheit, gegen die ganze nachapostolische Welt schrieb, drängte ihn ins Mittelalter. Schon zur Zeit des Augsburger Reichstages war Luther nicht mehr derjenige vom Jahre 1521, an den im Reformationszeitalter und später alle

---

[1]) Campanum filium Satanae et ad versarium filii Dei (schon 27. Nov. 1531, de Wette IV, 321). s. o. p. 206.

freieren protestantischen Richtungen so gerne anknüpften.[1] Als
„die ganze Welt nach den Aposteln" bekämpft wurde, da schien
Luther der Anschluss an die traditionelle Kirchenlehre disci-
plinarisch geboten. Um die biblisch Unanfechtbaren: Campanus,
Servet niederzudrücken, lehnte er sich mit Macht an die Tradition
und die Kirchenväter. Als der Bibel-Radikalismus die letzten
Consequenzen zog, da betonte Luther energisch die Continuität der
Lehre und entnahm den Schriften der Kirchenväter wuchtige Waffen.

Es ist merkwürdig, dass Luther in dem Kampfe gegen diese
Gegner den Servet nur ein einziges Mal in seinen Schriften mit
Namen nennt. In einem Briefe an Caspar Gürtel (de Wette V, 155;
erst 1539) nennt er Servet als Vertreter einer dritten ganz neuen
Richtung: „etliche haben auch wider die alten Lehrer, Papst und
Luther zusammen getobet, als Servetus, Campanus u. dergl."[2]
An einer anderen Stelle spielt er auf ihn an und bringt ihn in
innere Beziehung zu Campanus:[3] „Credite mihi, Vicelium esse
apostolum Satanae, qui nobis cras Campanum Mauro obstetri-
cante ostendet et plura monstra parere et ardet et promptus est."
(Dass der Maure dem Wicel Geburtshülfe leiste, damit dieser
einen neuen Campanus gebären könne.) Wahrscheinlich soll dieser
Maure der Spanier Servet sein.

Im allgemeinen ist ein Unterschied in der Behandlung der
beiden Männer durch Luther zu konstatieren. Während Campanus
auf Schritt und Tritt, wie gesehen, verfolgt wird, ist die Behandlung Servets eine rücksichtsvollere; Schmähungen seiner Person
finden wir bei Luther nirgends.[3]

Luther blieb seinem Programm im wesentlichen treu; persönlich
trat er in Schriften nicht gegen Campanus auf; wohl aber suchte
er ihm auf Umwegen und versteckt beizukommen. Im April 1532
machte er eine Bemerkung, durch welche er sein Verfahren gegen
diesen Gegner kennzeichnete: „Ego adhuc aliquid scio, quod dis-
cipuli mei non sciunt, wie Campanus et caeteri arbitrantur se scire;

---

[1] cf. Tollin, Luther und Servet 1875; dazu vergl. Chr. Sepp in
„Studien en Bijdragen op't gebied der historische Theologie" durch Moll und
de Hoop-Scheffer. III. Teil. Amsterdam 1876 p. 438 f.

[2] An die Prediger zu Erfurt (Juli 1532). de Wette IV, 386.

[3] cf. H. von Allwoerden, Servet p. 32; Tollin, Toleranz im Zeitalter
der Reformation: Histor. Taschenbuch 1875; Tollin, Servet und Luther.
Berlin 1875.

et facio, wie der fechtmeister that, den sein eigener discipel wolt
zu todt schlagen, do er sach, das es im galt, spricht er: „Sieh,
ich hab gemeint, ich sol mit einem fechten, so sein euer zwen;
do sach sich der discipel umb, dieweil schmeisst er dar unnd
schlecht im den Kopf abe." [1]
Luther beschäftigt sich mit Campanus u. a. später bei der
Promotion von Georg Major und Johannes Faber am 18. Dez. 1544.
Luther war Vorsitzer und Bugenhagen (!) Promotor. Der erstere
hatte die Thesen verfasst, die sich im ersten, für Major bestimmten
Teile, mit der Trinität befassen. In der Praefatio zur Disputation
begründet Luther die Wahl der Themata:

„Videmus iam repurgata doctrina verae religionis, quod
diabolus non cessat impugnare et confundere articulos fidei, quibus-
cunque artibus potest. Et hoc quidem hactenus strenue fecit; per
Anabaptistas sacramentum baptismi et per alios sacramentum altaris
impugnavit. Neque adhuc hodie cessat cribrare articulum iustificationis, et adhuc venient, qui persecuturi sunt articulum
de trinitate, et erunt valde sapientes ad cavillandum. Ideo
expedit christianis et praesertim studiosis sacrae theologiae,
ut noscant extinguere tela illa ignita. Et sicut est res supra nostrum
intellectum posita, ita decet nos scripturа sacra esse munitos, ut
sciamus calumnias deprehendere, dissolvere et falsa diluere, quia
haeretici putant, pro se stare scripturas sacras, quales fuerunt
Servetus et Campanus, qui dixerunt, hunc articulum non esse
tractatum ante Joannem Baptistam, et cavillantur scripturas. Tales
adhuc venturi sunt. Quare videamus et audiamus, quid possit
obiici et contradici, ut ex mendaciis eruta veritate puritas doctrinae
servetur, utque articulus trinitatis et praecipue articulus iustificationis
salvi consistant in ecclesiis nostris . . ." Man fühlt, dass Luther

---

[1] cf. Tischreden Luthers aus den J. 1531 und 32 nach Schlaginhaufen
ed. Preger. Lpz. 1888 Nr. 197 (p. 63). s. u. Ein Sendbrieff Doct. Mart.
Luther, Widder ettliche Rottengeister. An den durchleuchtigen hochgebornen
Fürsten vnd Herrn, Herrn Albrechten, Marggraffen zu Brandenborg in
Preussen. Wittenberg 1532 in kl. 4° (Berl. Bibl.). A' . . „noch heutigen
tags können sie nicht aufhören zu plaudern, sondern wenn sie ein argument
odder spruch verlieren, gröbeln und suchen sie immer ein anders und richten
ire sache auff nicht stille schweigen / gleich wie der Teuffel ir meister, wenn
er einen heiligen mann nicht kann mit kunst, schrifft oder gewalt uberwinden,
so macht er in doch mit seinem unablessichen anhalten müde, ob er also
gewinnen künde."

damals (1544) in ziemlich gedrückter Stimmung war. In der
Disputation nimmt er oft das Wort, neben ihm Melanchthon,
Bugenhagen und Cruciger. [1] —

Zum Schlusse möchte ich hier noch auf das Verfahren Luthers
gegen Seb. Franck, der mit Campanus in Verbindung getreten und
ihm geistesverwandt war, aufmerksam machen. In seiner Vorrede
auf den Dialogum M. Joh. Frederi zu Ehren dem Ehestand wieder
Sebastian Francken / B. schreibt er: „Ich habe zwar auch bey
Leben Sebastiani Francken nichts wollen wieder ihm schreiben /
denn ich solchen bösen Menschen zu hoch veracht / und allezeit
gedacht / sein Schreiben würde nichts gelten bey allen Vernünfftigen /
so endlich bey Christen Leuten“ oder „ich habe niemahl furgenommen /
wieder diesen Beelzebub Francken zu schreiben / wils auch noch
nicht thun / und ihm der Ehren nicht werth achten / als ers auch
nicht werth ist / wer Vernunfft hat / der wird sich solchs wohl
wissen zu halten.“ [2]

*   *   *

Von dem Jülicher Joh. Campanus ist in erster Linie zu
scheiden Joh. Campanus oder Joh. von Campen oder, wie er sich
selbst zu nennen pflegte, Joh. Campius, der während der reformatorischen Bewegung in Soest bekannt geworden ist. Er war
ebenfalls früher Mönch [3] gewesen, nannte sich selbst magister und
wird auch wohl als „frater“ bezeichnet (so in Flensburg). Dass er
mit dem Jülicher Namensvetter nicht identisch sein kann, geht,
von anderen Gründen abgesehen, aus einer Vergleichung der bereits
über jenen gebrachten Daten und den folgenden hervor: „Am
21. Dez. 1531 bestieg Joh. von Campen in Soest die Kanzel von
St. Peter.“ [4] Während des Jahres 1532 schrieb Luther verschiedentlich an den Rath der Stadt Soest, um vor dem gefährlichen

---

[1] s. Drews, Disputationen Luthers in den Jahren 1535—45. (Göttingen
1895, p. 781 f.; 787.

[2] Lutheri opp. Altenburg. Ausg. Tom. VII p. 471 u. 473. Erlang.
Ausg. Bd. 63, p. 384; cf. v. Allwoerden, Servet p. 32.

[3] Jostes, Daniel von Soest, p. 130:
„Ein von den Lutherschen predicanten,
Mit namen genannt Johan von Campen;
Ein monik is he gewest.
p. 346: ein abtrenniger ordensmann,
genant Johan von Kampen.“

[4] cf. Keller, Wiedertäufer p. 112.

Menschen Campensis, wie er ihn stets nennt, nachdrücklich zu warnen.[1] Gleichzeitig, d. h. während des dauernden Aufenthaltes des Campensis hier in Soest, wurden in Jülich die herzoglichen Edicte gegen Campanus veröffentlicht, der dort wieder weilte. —

Der Soester Campius trieb es durch seine Predigten und Intriguen schliesslich so weit, dass er dem dorthin von Luther gesandten Superintendenten de Brune, der ihn bald durchschaut hatte, weichen musste, und zwar kurz nach Dreikönigstag 1533. Von da an ist sein Schicksal in Dunkel gehüllt. —

Campanus war der Sohn eines verarmten Mannes zu Campen. Sein eigentlicher Name war Wulf.[2] Nach allerlei Irrfahrten in den

---

[1] cf. Picks Monatsschrift für rhein.-westf. Geschichtsforschung und Alterthumskunde Bd. 2 (1876) p. 385. Luther schreibt an den Rath der Stadt: „Ich höre auch, es sei einer bei euch, genannt Campensis, der viel unruge anrichtet, un bin ich glewlich bericht, das sich der selbig Campensis zu Brunswig an lehr und leben übel gehalden habe, darumb wollet verwarnet sein und verhuten, das gedachter Campensis nit secten oder aufrur in ewr statt anrichte. Got bewar euch gnediglich und verleihe euch sein gnad und friden." (Wittenberg, montags nach viti. Anno 1532.)

p. 386: Die Stadt Soest schreibt an Luther nach einer Danksagung für Besorgung des Superintendenten Joh. Brune: „als do J. w. bi den uns schriftlich van einen genant Johannes campensis, de hir wesende, solde levendes wandelunge und ler nicht duchtig to wesen, und wider als dat J. w. schrift, luit derselbigen hir inverwart warer copien, wu wol da des noch wol indichtig widers to vernemen hebn endeckt, so moge wie J. w. nicht bergen, dat sin ler dergliken unsem superintendenten vurschreven nicht gefellich und obgen. Campensis J. w. schrift ock andere, de over em alhir much (?) ge . . . men sin vornemende de alhie over em uns . . rt sin, solln sich oppentlich over de canzel vor den gemeinen volke let luden, dat uns sehr druckelich und honlich tho horen, und gar node, dat selbigen jemande (?) don wolde. So dan J. w. wi anders nicht en weten sodane schrift uns tor warnunge uitgeferdiget, ist unse gar fruntliche beger, de doch noch erer schrift gestendich und so de widers siner angerechen leer und wandelunge in ander platzen verhandelten vorkomen wer, uns bi desen schriftlich entdecken, up dat de logen de warheit weken mote und uns sulker siner unbillicher uplegginge to unschuldigen hebe, stat uns sulx und sins gar willich umb J. w., de got to anrichtunge sins gotlichen hilligen wordes lange gesunt sparen mote, altit ungespardes vlites to verschulden." Dat. et S. na Catharinam a. XXXII. p. 387; Testimonium D. Martini Lutheri de Joanne Campensi manu sua conscriptum. (Siehe oben!) (An Sanct Thomae Apostoli 1532.) G. Legerlotz, Beiträge zur Reformationsgeschichte aus dem Archive der Stadt Soest.

[2] cf. Cornelius M. A. II., 124 f, 300 ff; zur Linden, M. Hofman p. 145 f.

Niederlanden suchte er den Norden auf, kam 1526 nach Bremen,
war u. a. Prädikant in Itzehoe und nahm 1529 auf Seiten Melchior
Hofmans am Flensburger Gespräch teil. Nachdem er aus Holstein
vertrieben war, hielt er sich abwechselnd in Lübeck,[1] Bremen,[2]
Stade, Mecklenburg auf und kam schliesslich nach Osnabrück.
Durch Hofman war er zuerst auf unlutherische Wege hinsichtlich
der Abendmahlslehre gebracht. (Vom König von Dänemark wurde
er des Landes verwiesen, weil er gegen das Sakrament gehandelt
hatte.) Bald ergab er sich vollständig dem Anabaptismus, so dass
er 1529 aus Lübeck vertrieben wurde, „weil er sich dort zum
Apostel anabaptischer Lehren gemacht hatte".[3] Zu Osnabrück
wusste er sich ins Vertrauen des Lutheraners Dr. Gerhard Hecker
einzuschleichen, so dass dieser ihn den Bürgern von Soest empfahl.
Nachdem er aus nicht zu verkennenden Gründen die Namens-
änderung in Joh. Campius vorgenommen hatte, reiste er nach Soest
ab, wo er sich fast 3 Jahre aufhalten konnte. Während dieser
Zeit scheint er sich die Zuneigung der Soester erworben zu haben,
sonst hätte er bei den eindringlichen Warnungen Luthers unmöglich
so lange dort weilen können.[4]

Johannes Campius oder Campensis in Soest.[5]

fol 34/5. „Anno xxxj op dach Thome Apostoli vs eyn
uthwendiger predicant Johan van Kampen binnen Soist gekomen
u. sich mydt ytlichs borgern is verbunden, dey enne by synen
predigen hanthaven wolden. Des hevet hey tho Sünte pavel den-
selvigen morgen eynen sermon gedain, ock volgendes nachmyddages
ynne der alden kercken doin wolde, hebben dey Ersamen vorsichtigen

[1] Dr. Johannes Bugenhagens Briefwechsel, herausgegeben von Lic.
O. Vogt, Stettin 1888, p. 100.

[2] cf. Jostes, Daniel von Soest p. 115, 130, 346/47, 370. — Dazwischen
that er abwechselnd Kriegsdienste und liess sich höchst ungeistliche Dinge
zu schulden kommen. „Wo he in dergliken stucken to Amsterdam, in
der herberg, in Vriesland, ter Elborgh, to Swolle, to Bremen utgericht hef,
is to mannichfoldich und to vel to vertellen." (Cornelius a. a. O. p. 307.)

[3] Keller W.-T. p. 175; Waitz, Lübeck unter Jürgen Wullenwever
und die europäische Politik, Berlin 1855, I. 191.

[4] Hamelmann, opp. 1101. Auf Cornelius stützt sich zum grössten
Teil auch Jostes', Daniel von Soest p. 16 -17 und passim.

[5] Nach den Vorwerkschen Manuscripten im Stadt-Archiv zu Soest
(I, 6). Herr Oberlehrer Dr. Vogeler hatte die Güte, mir dieselben zur
Benutzung zu übersenden.

borgermesters op sulch verdrag unde thosage den fürstlichen Raiden gescheyn vorlaten unde opgenanten Johan van Kampen dorch eren deyner angrypen. hebben itlige borger mydt geweltiger daith dey stades deyner tho erden geschlagen unde Johan van Kampen van en genommen, och synt ytlyge borger ane dey klocken gevallen u. den geslagen. Dar dorch eyn gruvelsame oproir erstanden u. erwassen ys, also dat dey geweldiger hop mydt pyffen, trummen, uthgestreckeden fendelein is geguin u. geweltlich in II sittende borgermesters huyser gevallen, II sittende borgermesters, nemlich her Johan Gropper,[1]) her Albert Greve, den avent gevenklich genommen, och up den avent den Capittels heren u. ytligen van den Vicarien myde gewelt-lyger wapender hant yn are huiser gevallen, ere beyr gedrunken u. ytlyge tho schanden gemaket."

fol. 303: es beschwert sich der Sohn des oben genannten Johann Gropper, Doctor, Scholaster zu St. Gereon in Cöln, Canonich u. Pastor sanct Peters Kirchen binnen Soest... 1537 in einem Schreiben an die herzoglichen Räte zu Düsseldorf, er sei zu unrecht aus seinem Besitze und Amte verdrängt:

„Dan anfenglich nach u. in der ehirster uffrur, so uff Thome apostoli zu Soest geübt, ist meine kirch sampt dem pfar- odder widdemhoeve einem abtrennigen ordensmann, genant Johan van Kampen, zu Theil fallen, derselbig von aller geburlich oberkeyt onberuffen, mit wissen des Rats in meine pfar meiner gantz onersucht u. onverclagt thetlicher weiss gesetzt, Ja uss meinem widdemhove durch zween des Raths in meine Kirche ingeleitet, daselbst er sich seltsamer und spotlicher weiss zu eynem vermeinten Bischoff selbst uffgeworfen."

fol. 66. Anno xxxjj, den 21. April. Johan van Kampen vor eynen byschop und pastor yngeletet.

Nachdem Gerd Oemiken eine Kirchenordnung für die Soester verfasst hatte, wandten sich diese an den Churfürsten von Sachsen und baten ihn um einen geschickten Superiotendenten. Dadurch wurde Luther veranlasst, an den Soester Rath zu schreiben (Mai 1532, auf Abend Philippi und Jacobi); er schlägt ihnen Joh. de Brune vor, und führt fort (fol. 69): „Ich bitte euch und vermane euch, als die so das heilige Evangelium begern und ehren, yhr wollet euch wol versehen, das nicht unreyne und auf-

---

[1]) Der Vater des gleichnamigen späteren Cardinals.

ruhrische lahr widder das Sacrament des leibs und bluts
Christi, widder die tauff etc. bei euch einschleiche . . . ."
Darauf hat Luther selbst mit Joh. de Brune wegen seiner
Anstellung als Superintendent in Soest verhandelt und seine Bereitwilligkeit erwirkt. Deswegen schreibt Luther wieder an den Rat
(1532, Montags nach Viti, fol. 73/4) und empfiehlt ihn der Gunst
der Soester Gemeinde, indem er seine Verdienste und Eigenschaften hervorhebt: „wol gelert und geübet in christlichen sachen,
hat auch zuvor gepredigt und kirchen regirt und hart gestritten
wider unrechte lahr und uffrurische secten als widertäuffer und dergleichen, so die Sacrament lestern, oberkeit
und regiment schmehen . . . .

. . Ich höre auch, es sei eyner bei euch, genant Campensis, der
viel unruge anrichtet. Nu bin ich glewlich berichtet, dat sich derselbig Campensis zu Brunswig an lahre und leben ubel gehalden habe.
Darumb wollet verwarnet sein, und verhüten, das gedachter
Campensis nit secten oder uffrur in ewer statt anrichte . . . ."

Unterdessen war (fol. 76) dem de Brune aufgetragen, die
Aufsicht über Kirchen und Schulen zu führen und im Münster zu
predigen, während ihm Johann von Kampen in St. Peter zum
Gehülfen gegeben wurde.

Ausser von Luther liefen auch bald Warnungsschreiben aus
anderen Städten gegen Campensis ein. Der Superintendent klagte
über seine Lehre und seinen Wandel, und bald gingen, „obgleich
er den Schalk zu decken ausgelernt war," allerhand Gerüchte über
ihn in der Stadt um. (vergl. fol. 133 ff.)

Obwohl Kampen sich öffentlich von der Kanzel herab zu
verteidigen versuchte, indem er vorgab, Luthers und anderer Briefe
über ihn seien falsch und erdichtet, um ihn aus der Stadt zu verjagen, so wurde doch der Rat bestimmt, kurz nach St. Catharina
(25./11.) 1532 Luther um Bescheinigung, den erwähnten Brief
geschrieben zu haben, zu bitten und ebenso mehrere norddeutsche
Städte um Zeugnis über Kampens Persönlichkeit anzugehen.

Luther schickt darauf eine beglaubigte Abschrift seines bereits mit der Randbemerkung: „Ich Doctor Martin Luther bekenne mit dieser meiner Hand, dass ich diesen Brief getichtet
und Magister Phil. Melanchthon aus meinem Munde geschrieben hat;
mit meiner Hand unterschrieben", versehenen Briefes, welcher so
lautet (s. fol. 153):

19

„Gnad u. frede ynn Christo. Ersamen, weisen, lieben Herren und freunde. Am nehesten hab ich euch geschrieben, (war wol durch M. Philipps hand, weil ich fur schwindel und schwacheit meines heubts mit eigener handschrifft nicht konte schreiben) u. euch eueren Superattendenten Hern Johann brun trewlich befolhen ꝛc. u. darneben mit vleis gewarnet fur den schedlichen menschen Johannes Campensis ꝛc. Nu hore ich, das derselbe teuffels apostel solle noch itzt bey euch sein und unglück anrichten, Ist demnach mein hertzlich und christlich trewer rat, wollet ja mit vleis daran sein, das yhr des Menschen los werdet. Es darff keiner klage noch uberweisung, denn sein thun ist offentlich, wie er zu Flensburg mit dem Melchior Kursner (genant Hoffman) der Schwermerey beygestanden und seinen samen zu Lübeck und Brunswig zu säen sich untersthanden. Ich bitte, wollet alle die euren for ihm warnen bey zeit, das nicht ein feur aus dem funken wirde. Denn da ist nichts guts ynne, und ist gewislich ynn yhm der teuffel eurer stad gast. Wir thun das unser und wollen hirmit euch und euer stad gewarnet haben. Christus unser Her, der euch ins Hertz gegeben hat, lust und liebe zu seinem reinen wort, der sterck und bewure euch darinnen bis yhr volkomen werdet. Amen. Am Sanct Thomas Apli tag 1532.

D. Martinus Luther
mit selb eigner Hand.“

Von den Städten Bremen, Osnabrück, Hildesheim, Lübeck und von Amsdorf und Bugenhagen, an die der Rat von Soest geschrieben hatte, waren unterdessen und schon vorher die Antworten eingelaufen. Auch an de Brune gelangten Mitteilungen. Aus allen ergab sich nur Nachteiliges für Johann von Kampen; es war zu einem guten Teil schlimmer, als man gedacht hatte.

Sein ursprünglicher Name war Johann Wulff. In Hildesheim hatte er sich allerlei Zechprellereien in Herbergen und Betrügereien zu Schulden kommen lassen; schliesslich war er, wie in Goslar und Braunschweig, nächtlicher Weile verschwunden. In Lübeck hat man ihn aus der Stadt geworfen. (fol. 139.) Vor 6 Jahren (d. h. 1526) hat er sich in Bremen aufgehalten; hier hat er sich unschicklich in den Herbergen benommen, den Bürgern listig Geld abgeborgt und nichts bezahlt und hat sich sogar, trotzdem er längst verheiratet war, gegen alle Zucht aufgeführt und mit verdächtigen Personen verkehrt. Die Lübecker haben ihre Pastoren citiert, um

Gewisses über Campensis zu erfahren. Über sein Leben sei „vil smock u. stank". Über seinen Verkehr mit Melchior Hofman erfahren wir nur wenig. In Flensburg habe er sich auf Zusetzen Bugenhagens für besiegt erklärt und betr. der Lehre vom Leibe und Blute Christi im Abendmahl öffentlich gestanden, er fühle sich unsicher in dieser Sache, wolle sich aber zu Bugenhagen verfügen, um sich mit Gottes Wort unterrichten zu lassen und endlich bei der heilsamen Lehre Christi zu verbleiben. Der Zeuge hält ihn „für einen unstedigen, lügenhafftigen Mann u. he were nicht würdig des Ampts eines evangelischen predigers" u. s. w.

Wichtig und interessant ist jedenfalls das Gutachten Bugenhagens an den Rath zu Soest. (fol. 152.) Ich lasse dasselbe wörtlich hier folgen:

„Gnade u. frede durch Christum stedes tho vorn. Achtbahren, ersamen, wesen hern. Wy danken Gode dem Vader aller barmherticheit, dat dat Evangelium Christi oick by yw werd gepredeket; id is uns overst van herten leid, dat broder Johannes edder frater Johannes van Campen, de sik nömet Magister Joannes Campensis edder de Campis jn de fromme gemeine so erre maket. Myne tychnisse van emme schrive ick Ewer Ersamkeit, dat ick entschuldiget möge sin, dat ick sulks J. E. nicht verschwigen hebbe. Joannes Campensis ist eyn sacramentschender u. wurd in der disputatio tho Flensborch (dar hen my ock Konigl. Maj. tho Dennemark van Hamborch leth vordern) also eyn irrich sacramentschender von den predikern Holsten landes mit Godes worde overwunnen u. dor my van Kog. Maj. uht dem lande vorweset, sulck betügen noch de acta hyr to Wittenberg gedrucket, u. de arme mynsche darf doch sülcks verlöchenen, wor he hen kümpt, also men tho Lübecke u. tho Brunswyk van ehm segt. man secht em ock tho Lübecke na, welck ick gehöret hebbe van erlicken borgern, dat Joh. Campensis mede collatio geholden hefft unde de he ock neven synem fromen werde gerne hedde wollen in syn sacramentschinderie vören, dat he gerne borget u. nicht wedder gift u. myn ehrlich levent vöret, u. konne ja unde nen seggen, wu he wil, de sake treffe Gott edder de lüde an, da schal he nicht vele na fragen.

Wat dar ane war is, dat werde gy tho Soest wol weten. Ersam w. Heren, gy synt schuldig, sulk eynen losen mynschen in dem hogen godes amte, so vele by Jw. is, nicht to lidende, dat

19*

gy nicht schuld mit hebben an der vervoringe und dartho jw. selvest in vaire setten mit jwen leven borgern.

Ick höre ock, Ew. W. H. dat man gerne van den alden parnen (pareien?) ere boringe wolde nehmen, do wile se nu nicht darvon dohn. Averst leve heren, ich wolde trulick raden umme frides unde eyntrachts willen, welck wol beter is, wider solcke boringe, ock angesehn, dat de parei (paren?) darmede van der stadt an jemands wedersage mit willen belehnet seit ere leventlang, dat men mit er fruntlick handele, u. late en, wat se tho voren gehat hetten ere leventlang, dat id alle darna valle in eren gemeynen lasten. Ick versehe my, dat gy doch wol ane dat jwe predicker konnen ehrlich solden, also gy schuldig sind; dat Evangelium nymt nemanden wat, unde de parner[1]) werden nicht hyr ewich leben. so hebbe ick to Brunschwig niemande wat afsprecken laten, wo wol ich hebbe der prediker halven eyne protestation most laten utspan widder myne leve Brunswicker, wilck gedruckt is hinden an myn bock uth den dren ordnungen genomen. Doch hebben se my thogesacht mundlich in sulcker sake sich to beteren. Kan ick Jw. E. wa anders mede denen, dat doch doh ick gerne. Christus sy mit Jw. u. juwer gantzer gemeyn ewiglich. Schriben to Wittenberg. MDXXXII sundachs vor wynachten.

J. E. williger
Jo. Bugenhagen Pomer.“

Diese zahlreichen Berichte über Campens Lehre und Leben bestimmen den Rat, ernstlich gegen ihn zu verfahren und ihn anfangs Januar 1533 seines Amtes zu entsetzen. Es findet sich darüber folgendes verzeichnet (fol. 153/4): Der gesamte Rat von Soest versammelt sich, nachdem alle jene Briefe eingelaufen sind. Vorher hatte zwar Campen noch vom Predigtstuhl herab erklärt, es sei alles erlogen, nur um ihn zu verjagen. Jetzt hatte man aber klärliche Zeugnisse in Händen. Kampen, Superintendent de Brune und die übrigen Prädikanten wurden vorgeladen. Öffentlich wurden nun die Briefe verlesen. De Brune erklärte auf die Bitten des Rates, sein Urteil abzugeben, offen: „dat syn lere vervorisch u. nicht oprichtich u. he nicht werdich were to wesende ein predicant“. Als Kampen bat, eine Gegenrede halten zu dürfen und sich vorher noch mit 3 oder 4 aus den Ämtern und der

---

[1]) Daher noch heute im Volksmunde „Panner“ für Pastor.

Gemeinheit beraten wollte, stellte sich heraus, dass er von diesen keinen mehr auf seiner Seite hatte, da sich ihm keiner von allen zur Verfügung stellen wollte. Da brachte er hervor, man sei parteiisch und voreingenommen gegen ihn. Nun wurde ihm aber geantwortet: „Neen, men wer syner personen nicht entegen, dan syner bosen daet und handelunge, so he op velen orderen begangen". Dairna word befollen dem Superattendenten und den anderen Predicanten et judicium to sprecken, wu eyn Raid mit em doin solde. De quemen weder und sachten, sodane Mensche were nicht werdich vor eynen Predicanten to gedulden. Do sagte de Raid Campensi, dat he de Stad alsdes anderen dages by der sunnen rumen solde. (Eigentlich, heisst es in einer andern Darstellung, sei er wegen seiner Schandthaten des Todes schuldig, worauf zu erkennen die Predikanten nicht üble Lust gehabt hätten.)

Am 16. Juli 1533 schrieb Joh. de Brune in einem Gutachten an den Rat u. a.: „Dat Johannes Campensis eyn bösewicht was u. nn unvrede, twydracht u. uproire stont, darumme is he van hyr verdreven." (fol. 116.)

Gropper äusserte sich 1537 in seiner oben erwähnten Beschwerdeschrift über ihn (fol. 304): „Was aber derselbiger Johan van Kampen fur ein Man gewesen, das wissen Burgermeister und Rath sambt der gemeyne der Stad Soist uss der schriftligen angebung der stette Bremen, Lunenburg u. etlicher mehr anderer, so an sie ussgangen, desgleichen uiss jrer selbst erkundigung sich woll zu erinnern, da yo war ist, wie ich desselvigen durch fil glaubwerdige Leute bericht bin, das gemelter Johan von Kampen etlicher grosser geschwinder laster und übelthat, die er onleuchbarlich begangen, pflichtig, welche er vor einem Ehrsamen Rath offenlich hat gestendig sein müssen, daruff auch seine eigenen bundtgenossen, die vermeinten Predicanten, inn des † thodts schuldig zu sein erkandt und doch der Rath yn darüber begnadet und yne allein der Stat verwysen und der vertrieben hat."

Über sein Leben nach seiner Entfernung aus Soest ist sonst nichts bekannt. Sollte aber nicht zu vermuten sein, dass er sich nach Münster gewandt, dort als „Zwinglianer" — als solcher galt er bei seiner Ausweisung aus Soest — Aufnahme gefunden hat, vollständig zu den Wiedertäufern übergegangen ist, zu denen er ja gehörte, und durch „Redefertigkeit, List, Verschlagenheit und Unverschämtheit", (welche Eigenschaften ihm nach Cornelius eigen

waren), unter dem Schneiderregiment zu angesehener Stellung gelangte, so dass er schliesslich auch als „Zionsapostel" ausgesandt
wurde und fiel?[1]) —

Die Verwirrung wurde noch grösser dadurch, dass aus der
ersten Hälfte des 16. Jahrhunderts und früher noch eine Reihe
anderer Männer mit ähnlich klingenden oder gleichen Namen erwähnt und mit den beiden obigen verwechselt wurden: So ein
Joh. von Kampen (auch de Campis), der seit 1516 Rektor der
Laurentiner Börse zu Cöln war, in die z. B. Adolf Clarenbach
1514 eintrat. (Er wirkte als weit bekannter Lehrer noch bis zum
Jahre 1529.)[2]) Die Verwechselung ist aus dem Grunde leicht
erklärlich, weil der Jülicher Campanus ebenfalls in Cöln Studien
getrieben hat. —

Zu erwähnen sind ferner zwei Vertreter ähnlichen Namens,
nämlich der Löwener Humanist Joh. Campensis[3]) (geb. 1490 zu
Campen; Hamelmann opp. 296 nennt ihn den „Restaurator der

---

[1]) In Kumans Chronik p. 117 wird erzählt, dass nach dem am 11. Mai 1535
in Amsterdam misslungenen Aufruhr, als die völlige Vernichtung der Täufer
durch unerhörte Grausamkeiten an den Gefangenen gefeiert wurde, auch ein
Joh. von Campen ergriffen sei, dem man die Zunge ausgerissen, die Hand
abgehauen und den man später enthauptet habe. — Im „Oberysselschen
Almanach", 4. Jahrgang 1838, werden Auszüge aus dem Stadtbuche der
Stadt Deventer, „Criminale Sachen betr." mitgeteilt; unter den Wiedertäufern
zur Zeit der Belagerung der Stadt Münster werden dort u. a. erwähnt: Wilhelm
Glaesemaker, Jan von Campen, welche als Prediger und Täufer neben
anderen hingerichtet wurden. Es ist nicht undenkbar, dass einer der hier
Erwähnten mit dem oben in Rede stehenden Campius identisch ist.

[2]) Z. d. berg. Geschv. VI, 217. (Ein Joh. von Kempen war Lehrer
in der Bursa Corneliana.) Nach einer Bemerkung des Joh. von Lünen:
exercens in diatriba Corneliana et demum ludimagister andreae uxoratus obiit
Wesaliae anno 24 (1524).

[3]) Professor Linguae hebraicae Lovanii — er ist katholisch geblieben;
vergl. über ihn: Erasmi Opp. 1703 tom. III. p. 822, 1009; zur Linden,
Hofman p. 150, Anm. 3; Z. d. berg. Geschv., Bd. 30, 205. Er ist nicht
1536 gestorben (wie Schelhorn, Amoen. litt. XI. p. 73), sondern Sept. 1538:
Glasius, Godgeleerd Nederland 1851; Sweertius, Athenae Belgicae p. 407.

Campensis wird sowohl der Soester wie der Jülicher Campanus
genannt. (Bei Vergerius, Catalogus Haereticorum I, 280.) In einer Vor-
bemerkung zu J. B. Falengii Comm. in Ps. 1585 wird ausdrücklich vor
einer Verwechselung mit dem Jülicher Campanus gewarnt. (Reusch, Index
Bd. I, 277.)

hebr. Sprache; er nahm für die Dunkelmänner gegen Reuchlin
Partei,) und
Joh. Aesticampianus,[1] der Cöln wegen seiner Angriffe auf
die Dunkelmänner verlassen musste.

Ein häufig auch zur Zeit der Reformation noch genannter
Träger des Namens Campanus ist: Johannes Antonius Campanus,
dessen bekanntestes Werk: „de ingratitudine fugienda ad Pandulfum
Balionium libri III. Ejusdem oratio de scientiarum laudibus.
Ejusdem libellus de dignitate et fructu matrimonii" noch 1532
nen aufgelegt wurde.[2]

*

In Hessen begegnen uns die beiden folgenden:
1. Johann a Campis und
2. Johannes de Campis.[3]
Der erstere war Karmeliter-Mönch. Schon 1512 war er
Provinzial der Karmeliter und wurde damals zum Licentiaten der
Theologie von der Wittenberger Universität creiert.[4] Über ihn
berichtet Wigand Lanze, Hessische Chronik:[5] „Als (im Jahr 1524)
das Licht des Evangeliums in Hessen aufging, war unter den ersten

---

[1] Bekannter humanistischer Dichter; vergl. Hamelmann, opp. p. 290, 91, 1415.

[2] † 1477. Erasmus nennt ihn: virum magnum et admirabilis ingenii. — vergl. Archiv für hessische Geschichte III, 2. 10; F. W. E. Roth, die Mainzer Buchdruckerfamilie Schöffer während des 16. Jahrh., 9. Beiheft zum Central- blatt für Bibliothekswesen. Leipzig, 1892 p. 182. Seine lateinischen Gedichte wurden viel gelesen und öfters neugedruckt; von seinen orationes, epistolae, Poemata wurden letztere nach 1707 aufgelegt: Konigius, Bibliotheca vetus et nova, Altdorf 1678; Joh. Pierius Valerianus, . . . de infelicitate litteratorum, Leipzig, 1707; Jöchers Gelehrten-Lexicon I, 1606; Joh. Alberti Fabritii, Bibliotheca Latina. Florentiae 1858 tom. I, 305 ff. — Panzer, Annales typographicae 1803, Bd. VI, VII, VIII. An letzter Stelle vergl. auch über den Mathematiker Joh. Campanus, von welchem sich auf der Nürnberger Stadtbibliothek eine Handschrift in fol. 165 Bl. sign. V, 58, 2° befindet mit dem Titel: Theorice Campani et alia. Am Schlusse: Explicit Magister Campanus cum Theorica sua super instrumentum suum. Ob dieser identisch ist mit jenem Joh. Campanus de Novaria Lombardus, dem Autor des „Libellus de quadratura circuli", weiss ich nicht.

[3] vergl. zur Linden a. a. O. p 150 Anm. 3.

[4] Er gehört zu den Niederländern, welche im 16. Jahrhundert an der Universität zu Wittenberg in der Theologie einen Grad erwarben. vergl. Archief voor kerkelyke Geschiedenis Bd. XVI, 344 (hier de Campis genannt).

[5] Kassel 1841, Theil II, 59.

Lehrern desselben Joh. Campius, Lesemeister am Kloster zu Karmeliten in der Stadt Kassel." Er blieb damals indessen noch zwei Jahre im Kloster. Am 22. Februar 1526 jedoch übergab der Prioratsvicarius der Karmeliter zu Kassel dem Landgrafen eine von ihm und seinen 22 Brüdern unterzeichnetes Aktenstück, wodurch sie auf das Kloster zu Gunsten des Staates verzichteten. Unter diesen Brüdern war auch Joh. a Campis.[1] — Weiter lässt sich die Spur dieses Mannes bis jetzt nicht verfolgen.

Johannes de Campis gehörte dem Predigerorden an. Er war beim Beginne der Reformation Pfarrer auf der Freiheit zu Kassel (am St. Martinsstift). Im Eifer für das Evangelium, dem er sich sogleich zuwandte, stellte er seine Teilnahme am Altardienste des Stiftes ein, um in Kassel desto häufiger predigen zu können (1525). Im März 1525 wurde Joh. de Campis nach Warburg geschickt, um dort das Wort Gottes zu predigen. [2]

Als der Landgraf im Jahre 1531 auf Bucers Rat das Land in 6 Diöcesen einteilte, war unter den zuerst ernannten Superintendenten[3] Joh. Campis, wie sich aus einem Kasseler Manuskript ergiebt: „Series eorum, qui primo reformationis tempore superintendentiae officio ex ordine functi sunt. Primus superintendens Joh. Campis, ordinis praedicatorum monachus (den hat man den Lehrmeister genannt) procul dubio cum Lutheri scriptis plane consentiens. Ei successit Joh. Fontius." Dieser Superintendent war es auch, dem Landgraf Philipp neben Joh. Fontius, Joh. Kymaeus und Jo. Leningus die Widerlegung der ihm von den Münsterschen Wiedertäufern zugesandten Restitution übertrug.[4] Hamelman[5] hält irrtümlicher Weise diesen Joh. Campen für identisch mit demjenigen, welcher in die Soester Religionshändel verwickelt war; er kennt eben dessen Vorgeschichte nicht und lässt ihn bloss aus dem Grunde aus jener Stadt vertrieben werden, „quod inciperet cinglianizare (hoc enim de eo dicebatur)".[6]

Der hessische Joh. de Campis stirbt 1536, wie uns Antonius

[1] cf. Heinr. Heppe, Kirchengeschichte beider Hessen 1876 p. 137.
[2] Heppe, a. a. O. p. 133 f.
[3] s. auch „Ergänzungshefte zu den Stimmen aus Maria-Laach", Heft 67 p. 78.
[4] cf. Lanze II, 1, p. 272.
[5] opp. geneal. histor. p. 1270.
[6] a. a. O. p. 1101.

Corvinus in seiner an Georg Spalatin gerichteten Schrift: „de miserabili Monasteriensium Anabaptistarum obsidione excidio memorabilibus rebus tempore obsidionis in urbe gestis, Regis Knipperdollingi ac Krechtingi confessione et exitu": [1] Obiit per hosce dies (1536) apud nos Joannes Campis, illustrissimi principis nostri Landgravii conciniator, vir et bonus et doctus et de pietate optime meritus. Et cui vel imprimis pietatem principis nostri, secundum. Deum debemus. Certe si votis promoveretur aliquid, optarem in locum illius aeque bonum et syncerum surrogari.

Dass hier der Superintendent Joh. Kampen gemeint ist, bezeugt eine auf der Kasseler Bibliothek befindliche Aufzeichnung des Historikers Schmincke: „Anno 1536 obiit Joannes Campis, antea ordinis Praedicatorum Monachus, dein primus Superintendens Casselanus. Testis Antonius Corvinus, Pastor Witzenhusanus in epistola ad Georgium Spalatinum super miserabili Monasteriensium Anabaptistarum obsidione scripta." [2]

Dass übrigens der Kasseler Superintendent nicht mit dem Joh. Kampen vom Flensburger Gespräch identisch sein kann, ergiebt sich sowohl aus dem Umstande, dass ersterer ohne Frage seinen Aufenthalt dauernd in Hessen gehabt hat, als auch daraus, dass das ihm von Corvinus gezollte ausserordentliche Lob auf jenen Abenteurer durchaus nicht passt. [3]

* * *

An dieser Stelle mögen noch einige Punkte über den Einfluss des Jülicher Johannes Campanus auf seine Umgebung in Jülich und über seine Stellung zu Melchior Hofman angeführt werden.

Es ist wichtig, und bereits hervorgehoben, dass schon vor und während der Kirchenvisitation von 1533 in Jülich „wiedertäuferische" Lehren verbreitet gewesen sind, was uns die Protokolle im allgemeinen nur ahnen lassen. Schon 1530 war, wie wir sahen, charakteristisch genug des Campanus Schrift: „contra totum post apostolos mundum" erschienen. „Die ganze Geschichte der christlichen Jahrhunderte schien bei den Täufern aus dem Bewusstsein geschwunden; dafür bot aber die Gegenwart mit ihren

---

[1] cf. Schardii opus historic. p. 1341.

[2] In demselben Jahre lässt, um der Verwechselung noch mehr Vorschub zu leisten, Schelhorn, wie oben erwähnt, den Löwener Campensis sterben

[3] cf. Zur Linden, Hofman p. 154.

religiösen Kämpfen und ihrer noch unbefriedigten Erregung An-
knüpfungspunkte genug, die Zeichen der Zeit als göttliche Gebote
und Warnungen zu deuten, und die neu erschlossene Schrift be-
flügelte die prophetische Phantasie; in der nahen Zukunft aber
kam der Herr." „Die nahe Gottesherrschaft bildete den Hintergrund ihrer Gedankenwelt, die nicht reich war, aber in der Tiefe
eines religiösen Gemüts wurzelte."[1])

Campanus hat zuerst im Jülichschen gelehrt. Er hat durch
Persönlichkeit und Lehre, durch die Überzeugung, die er aus der
Hingabe an die Studien schöpfte, derartig eingewirkt, dass ihm
die übrigen Wassenberger Prädikanten gefolgt sind. Er hat im
Wassenberger Kreise den Vergleich der christlichen Abendmahlsfeier mit der Feier des alttestamentlichen Osterlammes geläufig
gemacht. Hierin folgte ihm zunächst Klopreis, der zuerst nach
Campanus in Wassenberg eintraf. Er sagt selbst betreffs des
Abendmahles aus:[2]) „er habe in Wassenberg irrtlich damit angefangen und er glaub, das man das wair leichnam Christi geistlich
durch den Glauben entfange, aber mit dem munde, wie die kinder
Israel das paschlamp, welche assen das lamp verschieden, aber
mit einer geistlichen speisen." Damit sind, um den ferneren Einfluss zu zeigen, in Parallele zu stellen die uns handschriftlich erhaltenen Traktate Wassenberger Prädikanten,[3]) und zwar bes. der von
H. Roll „an meine lieben brüder und schwestern zu Sustern," worin
es u. a. heisst: „die Speisung ist das neue Testament, — dat geist-
lyche geschmack und waildeit der salich makinge und dat geistliche
eten des lams und verbygandes, dair von dat alde testament und
eten des paislams ein uytwendige figur was, dairom dat selbige
oick der her Christus up dieselve tyt met synen aposteln eten und
dair met der figuren und olden testament ein Ende gemacht hat
und das neue auf dieselbe Weise eingesetzt und gehalten"; ferner:
„der himmlische Vater sprach, das Lamm ist der Vorbeigang; der
Sohn Christus spricht: das Brot ist mein Leib, der für Euch gegeben wird, und der Kalek oder Trunk ist mein Blut des neuen
Testaments;" ferner die „Abhandlung" des Dionysius Vinne: „Exodi
XII und XIII: Hier spricht Gott ein Wort von dem Paschlamm:
denn das ist des Herrn Durchgang. Es ist das Durchgangsopfer

---

[1]) cf. Hegler, Geist und Schrift.
[2]) Niesert, U. S. I, p. 108.
[3]) s. u. II, 2.

des Herrn."[1]) Leider ist zu wenig an Schriftwerken, deren bestimmt zahlreiche verfasst sind, erhalten, um den Einfluss des Campanus auf die übrigen Prädikanten im einzelnen weiter nachzuweisen; jedenfalls ist derselbe nachhaltiger gewesen, als man bis jetzt vermutet hat.

Übergangen werden darf an dieser Stelle nicht eine Betrachtung über das Verhältnis des Campanus zu Melchior Hofman. Aus der Übereinstimmung der Lehren beider ist mit Notwendigkeit der Schluss zu ziehen, dass sie zum wenigsten ihre Schriften gegenseitig gelesen haben. Ob sie persönlich bekannt geworden sind, wissen wir nicht.[2]) Zur Linden a. a. O. p. 350 ff. hat den Einfluss Hofmanscher Lehren auf die Münstersche Dogmenentwicklung im einzelnen nachgewiesen. Die Hauptlehren derselben sind aber durch die Wassenberger, die Schüler des Campanus, dorthin und — zur Anerkennung gebracht. Hofman hat also durch seinen Schüler Campanus mittelbar auf die Münstersche Theologie gewirkt. Als Rothmann noch streng zwinglianisch gesinnt war und die Situation beherrschte,[3]) wurde er durch die Wassenberger zuerst für die freieren Anschauungen des Campanus im allgemeinen gewonnen. „Die Bekenntnisse von beiden Sakramenten" (Okt. 1533) sind das Produkt dieses Einflusses. Hofman hatte es bereits vor Erscheinen der häufiger citierten Schrift des Campanus ausgesprochen, dass Strassburg zur Hochzeitsstätte des Lammes ausersehen sei. Dadurch dass Hofman die Feier des grossen allgemeinen Abendmahles der Gemeinde der Gläubigen vor der nahe bevorstehenden Wiederkunft Christi immer mehr in den Vordergrund stellte und von der grossen Hochzeitsfeier des Lammes sprach, nahm natürlich diese Lehre auch in den Schriften des Campanus und der Prädikanten einen immer grösseren Raum

---

[1]) Wie gäng und gäbe der Vergleich geworden, zeigt der Umstand, dass ferner Stehende ihrer Abendmahlsfeier schliesslich die alttestamentliche Bezeichnung selbst vielfach beilegten, wie eine Notiz (D. St. A. IV. c. 14 e) vermuten lässt; in einem Bericht aus Aachen (1555 Juli 6) an den Herzog Wilhelm heisst es: „viele Wiedertäufer kämen aus der Herrlichkeit Schleiden nach Montjoie, wo sie ihre letzte Zusammenkunft gehalten und das Paschlamm gegessen haben sollten".

[2]) Es ist wohl zu beachten, dass hier die Rede stets natürlich von dem Jülicher, nicht „Soester" Campanus ist.

[3]) s. o. p. 53 f.

ein.[1]) Zu dem oben mitgeteilten Auszuge über das Abendmahl vergleiche man ferner Hofmans Lehre, die er schon 1529 in Flensburg vertrat[2]): „das Brot, das wir im Abendmahl empfangen, ist figürlich, nicht wahrhaftig und wesentlich der Leib Christi; aber auch nicht schlecht Brot und Wein, sondern Gedächtnis und Besiegelung des Versöhnungsopfers Christi; mit dem Munde wird das Brot gegessen; mit dem Herzen aber das Brot gefasst, in welchem Christus die Verheissung gegeben hat, und dieses Wort ist Geist und Leben; leiblich ist Christus im Himmel und darum nicht im Sakrament, sonst müsste er zwei Leiber haben: im Sakrament ist er nur vermöge des Wortes als Kraft.[3])

Um ferner eine Abhängigkeit bezw. Übereinstimmung des Campanus mit Hofman zu erweisen, sind wir, von seiner „Restitution" abgesehen, auf eine Quelle zweiter Ordnung angewiesen: die Schriften der Wassenberger Prädikanten, die die Lehren ihres Meisters wiedergeben. Zum Vergleich mit ähnlichen Gedanken in Rolls Traktat möge hier eine Stelle aus Hofmans „Ordonanzie Gotts" von 1530 Platz finden.[4]) Hier wird als nächste Aufgabe die Sammlung der Kinder Gottes bezeichnet, damit diese als reine Braut dem zur Hochzeit nahenden Bräutigam zugeführt werde[5]): in der Taufe übergiebt sich die Braut selbst dem Bräutigam; im Abendmahle empfängt sie durch den Glauben an das Wort mit Brot und Kelch den himmlischen Bräutigam leiblich und wird mit ihm ein Leib, ein Fleisch, ein Geist und ein Gemüt. Die

---

[1]) Vergl. bes. die „Abhandlung" in den Vis.-Protok. von 1533, wo dieser Vergleich das Ganze beherrscht.

[2]) cf. Steitz a. a. O. p. 155, 152.

[3]) cf. Steitz a. a. O. p. 135. vergl. zu obiger Unterscheidung Hofmans die Lehre des Campanus, wie er sie in seiner letzten Schrift an den Bischof Lindanus von Roermond ausführte. (s. o. p. 280.)

vergl. ferner die in Anlehnung an Campanus von Dionysius Vinne verfasste „Abhandlung": „Alles ist geistlich zu verstehen, nicht leiblich; denn sein Leib ist aufgefahren gen Himmel und kein anderer Leib ist unter dem Himmel oder unter der Erden"; ferner: „So ist vast, das broit broit blivet und wyn wyn"; ferner die Aussage in den Vis.-Prot. aus Dremmen: „Es sei ihnen schrecklich zu glauben, dass sie Leib und Blut Christi essen und trinken sollten; dass sie es ässen und doch dort sitzen bleibe". — cf. auch zur Linden a. a. O. p. 140.

[4]) Steitz a. a. O. p. 151.

[5]) vergl. unten Thomas von Imbroich . . IV, 2.

Kirchenzucht reinigt sie ihm, der Bann scheidet die untreue von Brot und Wein; wie der irdische Bräutigam in solchem Falle der Erwählten den Ring nimmt, mit welchem er sich ihr zu eigen gegeben hat, so scheidet die Kirchenzucht die Unreinen aus. Dem bussfertig und reuig zurückkehrenden Sünder ist jedoch die Gemeinschaft aufs neue nicht versagt (wie es später in Münster nicht der Fall war).

Im „Trostbrief" heisst es: „Wir müssen in unserem Leichnam helfen erfüllen die Betrübnisse, welche noch achtersten dich sind und gebreken an dem Leibe Christi, welches is syn heilige Gemeinde;" ferner in der „Abhandlung": „Brot, Kelch und Wein haben keine Gemeinschaft mit Leib und Blut Christi, sondern wir Gläubigen sind die Gemeinschaft seines Leibes."
Von seinem Meister Hofman erbte Campanus auch jene heftige Feindschaft gegen Luther, die ihm schon früh eigen war. Man vergleiche zu dem Urteil des Campanus über Luther (s. o. p. 211, 261, 264) die Worte Hofmans in einer der vier von ihm zu Strassburg verfassten Schriften: „Auslegung der himmlischen Offenbarung Johannis", worin er sich an Luther rächt: „Luther hat ein neu Fastnachtspiel auf die Bahn gebracht und ist ein neuer Gott geworden, der verdammen kann und selig machen. Der so seinen Träumen glaubt, ist selig; wer nicht, ein vermaledeiter Ketzer: aber so muss man den neuen Papst und Teufel kennen lernen."[1]
Die spezifisch chiliastischen Gedanken über den jüngsten Tag etc., der uns näher sei als wir glauben, äussert Hofman schon 1525. Besonders hervorgekehrt sind dieselben in seiner Schrift: „Das XII. Capitel des Propheten Danielis ausgelegt," worin er zu dem Ergebnis gelangt: „Von nun an (d. i. 1526) ist bis zum jüngsten Tage auf Erden nicht mehr Zeit denn 7 Jahre; und wenn die Hauptlehrer und Jünger darnieder liegen, so ist der halbe Teil dieser 7 Jahre aus; es sind nur noch viertehalb Jahr vorhanden. In denselben werden die Reichen fressen und saufen und gute Tage haben und aller Handel wird untergehn."
Als Hofman seiner Wirksamkeit durch Gefangennahme in Strassburg 1533 entrückt war, da fand er einen begeisterten Nachfolger in Campanus, der als solcher bis zu seinem Tode unablässig bemüht gewesen ist. Man vergegenwärtige sich z. B. sein Ver-

---

[1] Krohn a. a. O. p. 248 Anm. C.

halten in Jülich und seine Agitation unter dem Landvolke der Roergegend. Die prophetische Begeisterung Hofmans war auf ihn übertragen. Nicht mit Unrecht hatte Dionysius Vinne ihn den „neuen Propheten" genannt, der trotz aller Ermahnungen seine „sarmenta" ins Volk streue.

Welchen Einfluss Campanus nicht nur auf die Prädikanten, sondern auch auf die Laien, speziell seine Gönner gehabt hat, zeigt der Vorwurf der herzoglichen Räte gegen den Drosten von Wassenberg 1533, (s. o. p. 148 f.), unter dessen Schutz er wohl gestanden hat, „dass er den Schwärmergeistern und Bilderstürmern Beistand thue, den hl. Geist nicht für die 3. Person halte" u. dergl. —

* * *

Dem Campanus nahe verwandt als Gesinnungs- und Studiengenosse ist **Dionysius Vinne** von Diest, sein Freund und Landsmann. Er ist der „konservativste" unter den Prädikanten.[1] In den Visitations-Protokollen von 1533 wird er gewöhnlich Herr Nys genannt. Mit Klopreis und Slachtscaep war er ebenfalls als Prädikant in Jülich thätig und eiferte mit ihnen gegen die Transsubstantiation.

Geboren zu Diest in Brabant,[2] lehrte er etwa 1523 in Antwerpen; später war er wahrscheinlich Pastor in Oldeneick bei Maseyck im Bistum Lüttich, wo er „plus rabie Herodiana" verfolgt wurde. Er scheint ein begeisterter Anhänger der neuen (lutherschen) Lehre gewesen zu sein, so dass er es gewagt hat, noch in Antwerpen zu predigen, trotzdem dort kurz vorher ein Nicolaus Buscoducensis, die beiden Augustiner Prioren Jacobus und Heinrich geflohen waren, und am 1. Juli 1523 die beiden Augustiner Heinrich und Joh. von Essen den Märtyrertod erlitten hatten. In diese Jahre ist jedenfalls die Thatsache zu verlegen, über welche er um 1530 an Luther schrieb: „nam ante decem annos Hantwerpiae, tum post sub episcopo Leodiensi plus rabie Herodiana nos persequente verbum seminavi."[3] Von da scheint er sich ins Jülichsche begeben, seinen Landsmann aufgesucht zu haben

---

[1] cf. Akten im D. St. A. IV c. 6; Cornelius, M. Q. passim., M. A. II 243; Bouterwek zur Gesch. u. Litt. d. W. T. p. 4.

[2] cf. M. Q. II, 272 (in seinen Bekenntnissen: „er sy ein pastoir gewost by Maseick tho Olden Eick im lande van Luick".

[3] cf. Dissertation p. 13; K. Krafft, Aufz. Bullingers p. 97; de HoopScheffer, Geschiedenis deutsch p. 217 Anm. 3. Beilage 2.

und einige Zeit bei ihm geblieben zu sein. Später wurde er mit
ihm in Wittenberg immatrikuliert und hielt sich in Niemeck auf.
Es heisst von ihm: „venit (Camp.) comitatus quodam Dionysio
Brabantio, homine in literis nostris, hoc est in sacris, exercitato."
Von dort ist er jedenfalls nach Jülich zurückgekehrt und bis zu
seinem Aufbruch nach Münster (17. Sept. 1532) in Wassenberg,
Höngen, Süstern als Prediger eifrig thätig geblieben. In Süstern
scheint er dauernden Aufenthalt genommen zu haben. Hier hat
er sich auch durch sein massvolles Wesen Freunde und bleibende
Bekanntschaften erworben. An sie hat er später von Münster aus
Briefe und Ermahnungen geschrieben, denn es wird in dem „Trostbrief an die Gemeinde zu Süstern" geklagt, „dass Ihr die Ermahnungen und Schriften unseres lieben Bruders Herr Dioniss
so wenig geachtet habt und wenige von Euch dieselben gesehen
oder gelesen haben." Noch 1532 war er in den genannten Orten
thätig, wie sich aus den Visitations-Protokollen ergiebt. In Höngen
heisst es von ihm: „Er lässt es nicht so weit laufen als Slachtscaep,"
mit dem er hier zusammen predigte; in Havert „fordert man ihn
zur Disputation heraus auf eine Tonne Bieres; er antwortet ihnen
aber, es solle ihm mehr gelten, er wolle auf Feuer[1]) disputieren."
Nach Süstern, wo die Leute aus der Kirche liefen, wenn ihr Kaplan
seine Reden hielt, wurde er von 11—14 Einwohnern geholt. Er
predigte hier, dass das Abendmahl zum Gedächtnis des Todes
Christi eingesetzt sei. Vier Frauen von Buchten haben 1532 das
Sakrament unter beiderlei Gestalt von ihm empfangen. Er hat
sie belehrt, dass im Sakrament der wahre Leib und das wahre
Blut Christi sei, sofern man es im Glauben und wie die Apostel
es eingesetzt, empfange.[2]) Der Kaplan Gys von Rothem ist
durch ihn und Klopreis belehrt, „doch seien sie beide damals nicht
derselben Meinung gewesen, wie sie es nun sind". Schöffen und

---

[1]) Mit gleichem Selbstbewusstsein treten die Prädikanten häufiger auf,
so um jene Zeit in Soest:

> „Se wolden met en argueren,
> Umbt swert, water und fuer,
> Dat solde en nicht werden suer.
>
> . . . .
>
> Set dar bi up lif und lewen,
> Se wolden mit en anheven". cf. Daniel von Soest, ed.

Jostes, p. 218.

[2]) cf. Campanus': contra totum post Apostolos mundum.

Kirchmeister zu Höngen im Amte Millen erklären vor den Visitatoren: „Wenn die neuen Prediger ankamen, so zog man ein Schellchen. Dann lief man dahin „gleich wie bien nach dem kare." Nach Erscheinen der herzoglichen Kirchenordnung verliess er seine Wirkungsstätte und zog nach Münster, „von niemand gerufen, sondern weil er gehört, dass dort das Evangelium gelehrt werde." Er war nach Heinrich Roll der erste, der von Wassenberg dorthin gekommen ist. Als letzter hat er sich gegen die Kindertaufe erklärt, während die andern Prädikanten sich darin ebenfalls zu der schroffen Richtung des Campanus bekannten und jede Tradition bei Seite setzten. Schliesslich bekannte er offen: „cum non videam paedobaptismum a Christo et apostolis usurpatum, non possum prius persuaderi, ut credam paedobaptismum rem esse a Deo institutam vel piam et verbo Dei consentaneam, nisi mihi manifeste diversum demonstretur ex sacris litteris." Anfangs hat er die prophetische Begeisterung und das Selbstbewusstsein seines Freundes Campanus nicht gebilligt, später aber hat er völlig seine Interessen vertreten. Schon in seinem Briefe an Luther (1532), in welchem er bittet, die religiösen Streitigkeiten aufzugeben, die eine Schmach seien für die evangelische Christenheit, und in dem er von dem ihm durch das Auftreten des „neuen Propheten Campanus" bereiteten Schmerze spricht, prägt sich der Einfluss des gewöhnlichen Handwerkers und armen Pelzers Melchior Hofman aus, wenn er sich darüber beklagt: „Nobiles et divites huius saeculi aegre ferunt monitionem ab iis, qui sunt sortis humilioris, aegrius ferunt docti, ut puto, hodie" etc. [1]

Anfang 1534 (5. Januar) wird er in Münster [2] wiedergetauft und erhält das wichtige Amt eines Täufers und Apostels. Als solcher wird er später in Osnabrück hingerichtet. Sein Zeugenverhör von Oktober 1534, 74 Punkte betreffend, findet sich M. Q. II, 272 ff.

Vinne hat im grossen und ganzen von vornherein der theologischen Richtung seines Freundes Campanus angehört; doch wusste er milder zu verfahren und in weniger schroffer Weise

[1] cf. Cornelius, M. A. II, p. 280 (Beil. VIII); Ritschl, Gesch. des Pietismus in der ref. Kirche p. 28 ff.

[2] cf. „Restitution Rothmanns" ed. Knaake p. 107: „Anfcmklick yaset gescheen am xxxiiij jar, umtrent den vyfften dach Januarij, do heeffst de döpn begunnen".

aufzutreten. Wie Campanus in Jülich blieb und aus der Nähe durch seine Schriften wirkte, so setzte er von Münster aus seine Missionsthätigkeit durch Briefe und Traktate fort.[1]

*　　*　　*

Mit Vinne wirkte eine Zeit lang gemeinschaftlich: **Heinrich von Tongern** oder **Slachtscaep** (auch von Höngen genannt). Er war der letzte, der Münster aufsuchte. Eine äusserst unstäte Natur (einen Irrwisch nennt ihn Wolters, Heresbach p. 77) irrte er umher, tauchte allenthalben plötzlich auf, ohne gerufen zu sein. Zu einem „festen Sitz", wie z. B. Vinne in Süstern, ist er nicht gelangt. Als er ins Jülichsche kam, lag wohl die Jugend bereits hinter ihm; „iam ad senium vergens", heisst es in seinem Briefe an Bucer. Dieser Brief,[2] welcher einige Andeutungen über Leben und Ansichten des Verfassers enthält, lautet folgendermassen: „Gracia et pax etc dilecto meo fratri Bucero." „Frater, multum desiderat animus meus gaudere cum fratribus in epulis non pereuntibus. Cum igitur ob intervalla locorum vix datur mutuis literis nos agnoscere, librorum lectione interdum datur … ego ad senium iam vergens … Qui non accipit crucem suam quottidie, non me dignus; qui non odit propriam animam suam, non potest meus esse discipulus. Heus, frater mi, quicumque vult predicare evangelium Christi, non Lutheri, non Buceri, non anabaptistarum, et si qui alii fuerint, non perseverabit diu in uno loco, nocturna et diurna opera, sudores, vigilias expendet, fauces luporum pervadet, per medium illorum persequentium transibit inconspicuus, sicut et me Dominus bis ter extraxit, maxime in Aquisgrano.. Quisque suum habet auctorem velut Deum, non Christum annunciant, sed certas emunctas et fictas questiunculas; qui illas voluerit

---

[1] cf. Amtsrechnungen von Born und Sittard im D. St. A.: Joh. von Verken ist Juni 1534 nach Düsseldorf geritten und hat dort „Her Dyoniss' boucken, breven und suns alles davon" überliefert. Vergl. hierzu die Vermutung oben (p. 83), dass bei den Versammlungen, zu denen auch die Maastrichter erschienen, Bücher pp. ausgeteilt seien.

[2] Er stammt aus dem Thomasarchiv in Strassburg; abgedruckt von Cornelius, M. A. II, p. 348. Unterschrift des Briefes: Henricus Slachtscaep a Tongeri; datiert ist er: „Wassenborch apud Juliacos prope Coloniam" ohne Zeitangabe; über letztere vergl. weiter unten. Slachtscaep übersendet eine von ihm verfasste theologische Schrift, begehrt Butzers Urteil und stellt ihm anheim, ob er sie drucken lassen wolle.

20

recipere, statim albo illorum ascribitur, Christi nulla mentio. Illud et te frater admonitum volo, ne tantum tribuas baptismo infantium. Scio per Dominum illud, qui indicavit mihi spiritu patenti, neque prolem nostram ob id ausus sum tingere aqua. Hinc ipsa cum matre maledicitur, eiicitur de loco ad locum etc .. Hinc amice te obsecro, ne repugnes veritati. Valde male se habet res evangelica apud multos, maxime circa ordinem istorum duorum, cene et baptismi, sed apud Lutheranos pessime. Apud anabaptistas ut intelligo adhuc baptismus servus est littere. Apud Monasterium in Westfalia etiam vigere cepit res Christi. Duo precones ingenio et spiritu pollentes Bernardus et Henricus de Gravia. Spero seponent in posterum parvulorum baptismum. Henricus mecum novit rem se ita habere."

Wie Vinne sich mehr zu Campanus, so hielt sich Slacht-scaep mehr zu Klopreis, obwohl sich auch unter ihnen im Anfange mancherlei Anlass zu Meinungsverschiedenheiten bot. Er war früher Priester gewesen und stammte aus Tongern im Bistum Lüttich. Schon früh wurde er verfolgt, stets aber entging er noch glücklich den „fauces luporum". In obigem Briefe an Bucer repräsentiert er sich gleich als Gegner der Kindertaufe, als welcher er uns im Wassenbergischen so oft entgegentritt.

In der Gegend um Wassenberg und Süstern entfaltete er eine äusserst rege Thätigkeit. Schon 1531 hatte er im Hause des Mulstroeschen Kaplans Gys von Rothem (= Ratheim) gepredigt. Als er sich mit diesem entzweite, verbot er ihm sein Haus. Sommer 1532 war er in Hückelhoven bei Doveren, wo er ein Kind taufte, indem er es in einen Eimer Wasser tauchte.

Dazwischen war er dann wieder in Aachen und Maastricht (s. p. 76 f.). Am 1. November 1532 hatte die herzogliche Regierung gegen ihn und Campanus das bereits erwähnte Edikt gegen die Winkelprediger erlassen, „weil sie den gemeynen Mann uf usserlich friheit understain zu foiren, daruss nit allein uneinicheit und ungehorsam, sondern auch ergernisse, gotzlesterung, ufroir und widderwerdicheit entstain mocht". April 1533 liess der Herzog von Jülich die Stadt Aachen auffordern, den Heinrich von Tongern und einen gewissen Müllenmacher gefangen zu nehmen, wo sie nur könnte.[1] Im Juli warnte er die Städte Aachen und Maastricht abermals vor

---

[1] Rahlenbeck a. a. O. p. 176.

heimlichem Aufenthalt des Slachtscaep. Am 16. August schrieb
er an den Bischof Eberhard von Lüttich: „dass by Triecht oppen
Locht der ofroerischer predicant Heinrich von Tongern gewesen
in eyme grossen nouwen huys, dae er brief und anderes gescreven" (cf. oben p. 76).[1] Es ist nicht unwahrscheinlich, dass
er damals eine Verfassung für die in den genannten Städten gegründeten Gemeinden geschrieben hat, an denen er stets den regsten
Anteil nahm. Vielleicht hat er um diese Zeit von Maastricht aus
auch den erhaltenen Traktat: „An meine lieben Brüder und
Schwestern" etc. geschrieben (s. u.). Aus dem Bekenntnis des
Jacob von Ossenbruch ergiebt sich, dass er sich noch Anfang
1534 in Höngen aufhielt.[2] Hier scheint er ausnahmsweise länger
verweilt zu haben, wenn wir sonst auf seinen Beinamen „von
Höngen" Gewicht legen dürfen.

Slachtscaep vertrat in seiner Lehre von Taufe und Abendmahl eine freiere Richtung, weshalb er sich mit Vinne und Klopreis
bald überwarf.[3] Manche von seinen ursprünglichen Anhängern
verliessen ihn, „weil Her Heinrich die Sache mag etwas weiter
haben laufen lassen." „Bald haben die naberen Her Heinrich nit
geleit." In Süstern hat man ihn dem Vinne vorgezogen. Als die
Einwohner dort den Dionysius zu ihrem Prediger bestellten, kam
er freiwillig. Daher wollten sie ihn nicht in ihre Stadt einlassen.
Kurz entschlossen versammelte er seine Zuhörer vor den Thoren
unter einem Baume und verkündete ihnen empört seine wahren
Ansichten über das Abendmahl etc.: „sie sollten nicht glauben,
wenn die Pfaffen das Sacrament aufheben, dass das Leib und Blut
Christi sei; das sei nur ein Kuckuck". Ausser Höngen gehörte
wohl auch besonders Hückelhoven zu seinem „Bezirke"; hier führte
er eine „Ordnung" ein, nach welcher Streitigkeiten geschlichtet
werden sollten. Vielleicht schrieb er auch ein Reglement zu diesem
Zwecke.[4] Nur ungern scheint er seine Wirkungsstätte verlassen

---

[1] Brief bei Keller, W. T. p. 301; Habets p. 71; Hansen in Z. d.
Aachener Geschv. VI, 319.

[2] M. Q. II, 221.

[3] Niesert, U. S. I, 107: Bekenntnis des Joh. Klopreis: „er habe zu
Wassenberg zuerst gelehrt, dass die Kinder nicht zu taufen seien. Zunächst
sei er darin mit Slachtscaep einig gewesen, später aber habe er sich von ihm
abgewandt, weil er gehört, dass Sl. zu Hückelhofen gelehrt habe: „jeder
könne taufen".

[4] vergl. zur Ergänzung der Vis.-Prot. auch Niesert U. S. p. 106.

20*

zu haben. Als letzter zog er nach Münster, durch einen Brief
Rothmanns [1]) ausdrücklich dorthin berufen. Selbst die Reise dorthin
benutzte er zur Predigt; so redete er in Coesfeld auf offener Strasse
zum Volke. In Münster nahm er, wie seine Vorgänger, die Wiedertaufe an und wurde als deren Apostel am 23. Oktober 1534 zu
Soest hingerichtet.

Im Soester Stadtarchiv findet sich in den Vorwerkschen
Manuskripten (I, 6, fol. 247 f.) eine Aufzeichnung, die auf das
vorige Jahrhundert zurückgeht, sich aber im übrigen auf städtische
Protokollbücher stützt (s. fol. 249); es heisst dort zum Jahre 1534:
„Es hatten sich die Wiedertäufer in Münster eingenistet und ihr
neues geistliches Reich aufgerichtet. Es kamen von dort verschiedene Leute auch nach Soest, ihren Samen auszustreuen, und
in diesem Jahre schrieb der berüchtigte Bernd Rottmann gleich
benachbarten Städten auch an dieses Orts Einwohner (s. o. p. 53 ff.),
sie sollten verlassen, was sie hätten, Haus, Hof, Weib
und Kind, und eilends nach Münster kommen, woselbst
ihnen alles zehnfältig wieder werden sollte. Verschiedene
Bürger pflichteten diesen Irrthümern heimlich bei und liessen
sich wieder taufen, wie die vorhandenen Protokolle genugsam

---

[1]) Der Brief lautet: „Bernhard, Diener Jesu Christi bei seiner Kirche
zu Münster, entbietet seinem Bruder Heinrich Slachtscaep seinen freundlichen Gruss! Gnade und Friede von Gott und die Kraft des heiligen Geistes
sei mit Dir und allen Gläubigen!

Geliebter Bruder in Christo!

Die Wunder des Herrn sind so gross und manchfaltig, dass ich,
wenn ich auch hundert Zungen hätte, solche doch nicht alle aufzählen
könnte; daher bin ich auch nicht im Stande, sie mit der Feder zu beschreiben.
Der Herr hat uns herrlich beigestanden. Er hat uns befreit aus der Hand
unserer Feinde und diese aus der Stadt gejaget. Schaarweise sind sie, von
panischem Schrecken ergriffen, hinausgestürzt. Dieses ist es, was uns Gott
durch seine Propheten hat vorherverkündigt lassen, dass nämlich in dieser
unserer Stadt alle Heiligen sollten versammelt werden. Diese haben mir
befohlen (!), Dir zu schreiben, dass Du allen Brüdern befehlen möchtest, zu
uns zu eilen, und alles, was sie in der Eile von Geld, Gold und Silber zu-
sammenbringen können, mitzunehmen, das übrige aber den Schwestern zurück-
zulassen, dass dieselben darüber Verfügungen treffen und alsdann gleichfalls
zu uns kommen. Gebet ja fleissig Acht, dass ihr alles nach dem Geiste
thut und nichts nach dem Fleische. Mündlich mehr. Lebe wohl in dem
Herrn." cf. Goebel, Gesch. des christl. Lebens I, p. 182. (Die Quelle ist
leider nicht angegeben.)

bezeugen, sogar Kirchen- u. Schulbediente finden sich unter diesen, welche aber auf den gespürten geringsten Verdacht dimittiert und des Landes verwiesen wurden . . . .

Donnerstag nach St. Fräncisci kamen 8 von diesen Leuten (= Münstersche Sendlinge) hierher, mit Namen Johann Dusentschur der Prophet, Herman Kerkering, Heinrich Slachtschaep . . . . . Sie riefen auf allen Gassen: „Bekehrt euch u. thut Busse, es ist hie eine kurze Zeit, dass euch der Vater barmherzig sei."

Wie das Rathhaus offen, traten sie unangemeldet in den damals versammelten Rath. Der Prophet fing sofort an: der König zu Sion habe sie abgeordnet, den Soestischen das Evangelium des Friedens anzukündigen u. sie samt und sonders Busse zu thun zu ermahnen. Der Bürgermeister verwies ihnen ihre Dreistigkeit und Temerarität mit dem Beifügen: man habe ihrer zu Soest nicht nöthig, und selbst Prediger, so Busse und Vergebung predigen können. Sofort warf derselbe seinen Mantel und Friedenspfennig zu den Füssen des Bürgermeisters und sagte: „Weil ihr den Frieden nicht annehmen wollt, so wenden wir uns zu dem gemeinen Volke, um demselben den Willen des Vaters zu offenbaren. Euer Blut komme auf euern Kopf."

Darauf liefen sie alle 8 auf den Markt und hielten den gleichen Vortrag . . . . (Nun wurden sie gefasst und zur Haft gebracht, als sie nicht freiwillig die Stadt verliessen).

Bei dem angestellten Verhör bekannten sie, dass sie sich alle zum andern mal wieder taufen lassen; denn die Kindertaufe sei vergeblich; 2. Christus habe von seiner Mutter kein Fleisch und Blut angenommen; 3. im Abendmahl sei der Leib und das Blut Christi nicht zugegen. Sie ässen ein Stück Brod nur zu Christi Gedächtnis; 4. Sie hielten alle Güter gemein.

Weil diese Leute sich durch keine Vorstellungen auf andere Gedanken wollten bringen lassen und hiesiger Prediger Unterricht und Zuspruch gänzlich verwarfen, wurden sie vom Rath nach Inhalt Kaiserlichen Mandats zum Tode verdammt. Auf St. Severini Tag wurden sie um 8 Uhr auf einen Wagen gebunden, aus dem Rathshofe nach der Osthoven Pforten gefahren und binnen dem Thore mit dem Schwert gerechtfertigt. Einer glaubte zwar, des Scharfrichters Schwert werde an ihm zu ohnmächtig sein, doch flog sein Kopf ebenso zur Erde, wie der der anderen. (Diese scharfe Execution hatte den Nutzen, dass sich der Anhang der

Wiedertäufer in Soest von selbst verlor und Rath und Bürgerschaft
sich bei auswärtigen Fürsten und Städten aus allem Verdacht
setzten, als ob man in der That unter dem Namen des neuen
Evangeliums diese böse Secte bisher fovirt hätte."[1]

Slachtscaep wirkte persönlich durch That und Wort, durch
Belehrung und Predigt auf das Volk, in dessen Mitte er am liebsten
weilte und auftrat. Er hat wesentlich zur Bildung von Gemeinden
beigetragen, denen er eine feste äussere Einrichtung zu geben bemüht war. Als die übrigen Prädikanten bereits Jülich verlassen
hatten, schweifte er noch umher und tauchte bald hier bald dort
auf, um sich vom Stande der Gemeinden zu überzeugen, zu lehren
und zu trösten. —

Während an den genannten Sitzen der Prädikanten zu Höngen
und Süstern als Mittelpunkten mehr der Einfluss der „Sacramentisten"
mit stark täuferischem Anflug überwog, scheint im Anfang der
Wirksamkeit des Mannes, dessen wir jetzt gedenken wollen, des
Joh. Klopreis,[2] am Hofe des Drosten von Palant mehr ein
evangelisch-lutherisches Wesen vorgeherrscht zu haben, wenn auch
hier sich betrübende Wandlungen vollzogen haben, so dass schliesslich dem alten Drosten sogar „die Wunder des Reiches zu Münster
fast wohlgefielen".

Als Klopreis nach Wassenberg kam, war dort bereits seinem
Vorgänger Fabritius[3] ein Asyl erschlossen worden. Er hatte den

---

[1] Der Rath von Soest liess folgenden Befehl gegen die Wiedertäufer
publizieren (a. a. O. I, 6, fol. 253):

„Wy Borgermester u. Raidt doin kundt und openbair enbeiden ver-
mittest dussen breve allen burgeren, medewonern edder inkomeling, wat weses
u. standes de sy, dat sich eyn jder mit allem vlite hode u. waire vur der
vervorischen moitwilligen uprorischen u. vor vil mannigen jairen verdomeden
secten u. irdom der widerdope, want de selbige, de dar mit befamet u. be-
schmitzt sich darmede kerde, de huseden edder herbergeden, u. des de
warheit erfairen, wellen wy uns ernstlich na lut hyrby angeschlagenen kaiserlichen mandat sunder gnade mit der straffe halden u. darin schicken, warin
sich eyn Jder wete na tho richten. Urkunde unser Stat Secret Segel . . .
anno 1534 up Donnerdach na Luce evangeliste."

[2] Niesert U. S. I, 105 ff. Klopreis bekennt selbst: „Er sei in
Büderich zuerst Lutheraner gewesen; das Buch „de christiana libertate"
habe er besessen und darnach gepredigt. Darauf habe er später in Wassenberg die Zwinglische Lehre gepredigt."

[3] Über Fabritius vergl.: „Mittheilungen aus dem Germ. National-
museum" (1889) II, p. 97—103. (Aus dem dort mitgeteilten Bericht ergiebt

Reigen der zahlreichen Flüchtlinge und Anathematisierten eröffnet.
Fabritius wohl hatte in der Neujahrsnacht 1529 den Prediger
Klopreis, den vertrauten Freund und Collegen des niederrheinischen
Hus, Adolf Clarenbach,[1] aus dem Gefängnisse in Cöln befreit und
ihn nach Wassenberg gebracht, wo er im Hause des Drosten eine
Stelle als Prediger an der dortigen Hauskapelle erhielt.[2] Hier
bot sich zunächst im engsten Kreise eine friedliche Stätte zur
Übung des neuen Kultus, dessen Pfleger und Verwalter er in
erster Linie war. Bald erweiterte er sein Wirkungsfeld auch auf
die Stadtkirche und Umgebung, wo er ringsum Anhänger zählte,
zumal er das Abendmahl unter beiderlei Gestalt reichte. Auf die
Kunde hiervon drängte sich von Nah und Fern bald eine zahlreiche Menge zum Tische des Herrn. In besonderen Erbauungs-
stunden und Predigten wurde das Volk auch an andere Neuerungen
gewöhnt, und bald erhob sich der Sturm gegen die alte Kirche, wie wir
aus den Visitations-Protokollen erfahren. Daneben ging die Meldung
in die Lande, dass sich in Wassenberg eine Zufluchtsstätte für

---

sich, dass Fabritius nicht, wie Cornelius annahm, der Verfasser der unter
dem Namen des Heinrich Dorpius bekannten „Wahrhafftigen Historie" ist.)
Siehe neuestens: Drews, Disputationen Luthers. Göttingen 1895,
p. 752 ff. (Fabritius promovierte nach einer Disputation unter Luther am
29. Mai 1544.) Zur Litteratur über ihn: s. a. O. p. 753. Geb. 1501 zu An-
holt bei Wesel, studierte in Cöln (Montanerburse — verliess unbefriedigt Cöln
und kam nach Wittenberg 1522 — wurde Anhänger Luthers — studierte
Theologie und Hebräisch. 1527 hielt er in Cöln hebräische Vorlesungen —
er wurde dann verfolgt, u. a. weil er auf Seiten Clarenbachs und Fliestedens
stand. Später stand er in Diensten des Landgrafen Phil. von Hessen, war
Diaconus in Kassel. Zwei Mal verhandelte er unter Gefahren mit den Wiedertäufern in Münster persönlich. Als er gegen die Doppelehe Philipps pro-
testierte, verlor er Freiheit und Besitz; daher wieder in Wittenberg. Vita
des Fabritius in Bibliotheca historico - philologico - theologica. Class. IV,
Fasc. I; Bremae 1720. kl. 8° p. 65—108; neuerdings auch Schnorr von
Carolsfeld, Erasmus Alberus. Dresden 1893 p. 54.

[1] Über Clarenbach vergl. u. a. auch Ludowicus Rabus, Historien der
Heyliger ausserwölten Gottes-Zeugen / Bekennern und Martyrern. Strassburg MDLVII, Theil II. — s. o. p. 115 f.

[2] Der Drost hatte ihn angenommen auf Bitten seiner Gemahlin,
welcher Klopreis in Krankheit geistlichen Beistand geleistet. (Im Verhör
des Klopreis vor seiner Verbrennung (s. u.) erkundigte man sich auch nach
dem Jülicher Herrn von Reuschenberg, bei dem er sich ebenfalls aufgehalten
haben sollte.) (Niesert, U. S. 1826. I, p. 109. Z. d. berg. Geschv. VI, 287.)

geächtete Verehrer der neuen Lehre geöffnet habe; und von vielen
Seiten vereinigten sich dort Prädikanten, welche das begonnene Werk
fortsetzten, zum Teil in ihrem eigenen, meist antilutherischen Sinne.
Während seiner 3½jährigen Wirksamkeit erwarb sich Klopreis
eine grosse Zahl von Anhängern; bei einer Predigt waren sogar
1½ Hundert Menschen versammelt.[1]) Besonders folgte man seinem
Rufe aus Dremmen, Heinsberg u. s. f. und kam in hellen Scharen
nach Wassenberg gezogen. Wie sehr er das Volk auf seiner
Seite hatte, dafür zeugt der Ausspruch, in Dremmen gethan, „dass
sie sich lieber die Köpfe abhauen lassen wollen, als das Abendmahl anders empfangen". Wie Slachtscaep hatte auch Klopreis
gegen das Sakrament des Altars geeifert und gesagt: „man solle
das Sakrament nicht herumtragen, als wenn es ein Kuckuck sei".
Seine Anhänger blieben, wie besonders berichtet wird, trotz Belehrung hartnäckig und halstarrig, weshalb die herzoglichen Räte
erklären, sie sähen, dass die Einfältigen von bösen Buben verführt seien.[2])

Als Werner von Palants Stellung unter den obwaltenden
Umständen unhaltbar geworden war, musste Klopreis seinen Stab
weiter setzen.[3]) Auf seines bisherigen Schirmherrn Rat sollte er
sich zu Philipp von Hessen begeben. Er suchte jedoch zunächst
die Gebiete auf, wo er zuerst als Diener am Worte thätig gewesen
war: Büderich und Wesel.

Geboren war Klopreis[4]) in der Parochie Bottrop im Veste
Recklinghausen; das Jahr ist unbekannt. Von 1518—21 findet
sich sein Name in der Cölner Universitäts-Matrikel. Dort heisst
es 1518: (Maius) D. Johannes Kloprys de Recklinchusen ad artes
juravit et solvit. Sein akademisches Triennium hat er absolviert. —
Später blieb er nicht in Wesel, sondern er begab sich nach Münster,
„um mit Roll zu sprechen und sich den Handel zu beschen".

---

[1]) Goebel, Gesch. des christl. Lebens I, 161.

[2]) Niesert, U. S. I, 105: „In des Küsters Joh. Cremers Hause wurden
die Brote gebacken, die man zum Nachmahl verwandte. In Körben wurden
sie zum Hause des Drosten gebracht etc.; vergl. ähnliche Erscheinungen
in Hückelhoven. (Vis.-Prot. 1533.) s. o. p. 71.

[3]) „Als deme Drosten zu Wassenberg das Ampt ufgeschrieben was,
hab ihme der Drost zu Wassenberg zweene Wagen gethain und dazu XX gulden
gegeben. U. S. p. 102. (Ob er den anderen Prädikanten ähnliche Gunst-
bezeugungen angedeihen liess, wissen wir nicht.)

[4]) cf. Allg. deutsche Biographie Bd. XVI, 209 (Art. von Cornelius).

Febr. 1533 kam er hier an und empfing wie die übrigen Prädikanten Anfang 1534 durch die niederländischen Apostel die Taufe und das Amt als Täufer. Er hat neben Roll und Rothmann bedeutenden Anteil an der Abfassung der verschiedenen wiedertäuferischen Schriften gehabt, die mit ausserordentlicher logischer Schärfe und Klarheit verfasst sind.[1] Schon früher hatte er im Jülichschen schriftstellerisch gewirkt, denn Schriften von ihm wurden von den Visitatoren confisciert. Eine event. Auffindung derselben würden unsere Kenntnis der Wassenberger Bewegung, die wir jetzt fast nur aus den Verhörsakten kennen, bedeutend fördern.

Klopreis gehörte zu den 28 nach allen Windrichtungen entsandten Aposteln des „Königs von Zion". Nebst Gottfried Stralen wurde er nach Warendorf dirigiert, wo er ergriffen und von wo er dem Erzbischof von Cöln, (dem er ja früher entwichen), zugesandt und später in Brühl, der erzbischöflichen Residenz, verbrannt wurde. C. Krafft in Elberfeld hat sich in seinen verschiedenen Arbeiten bedeutende Verdienste auch um die Aufdeckung der Geschicke dieses Mannes erworben. Er bewies zunächst, dass Klopreis nicht schon 1518 Pastor in Büderich gewesen sein kann, (wie von Steinen und seine Nachtreter behaupten), dass er vielmehr Vicar unter dem evangelisch gesinnten Pastor Boest oder Beust gewesen ist, und zwar nach dem Jahre 1521, wo er in Cöln sein Magisterexamen bestand, worüber im Fakultätsbuche der Universität Cöln (lib. facult. artium p. 141 b) Anno 1521 berichtet wird: Die lunae XXVII Maii mane hora IX sub venerabili magistro Arnoldo de Wesalia artium magistro et sacre theologie Baccalaurio formato honorabilis domini artium licentiati subscripti pro gradu magistri in artibus adipiscendo inceperunt in eidem . . . . . d Johannes Clopriss de Recklinchusen, wozu eine spätere Hand den Zusatz machte: postea factus catabaptista exustus in popelsdorp.[2]

Schon bald nach seinem Tode sind irrige Angaben über sein Lebensende traditionell geworden, denen sich auch neuere Forscher fälschlich angeschlossen haben. Akten im Stadtarchiv zu Cöln:

---

[1] Das Urteil der Cölner Professoren darüber ist folgendes: „Sie waren durchaus voll Gotteslästerung und falscher aufrührischer Lehre und mussten jeden überzeugen, der eins dieser Bücher las, von solchen boshaften und schändlichen Lehren und Handlungen." (Akten im Stadtarchiv zu Cöln s. Ennen a. a. O. IV, 342; Gerdes, Scrinium antiquarium; Paulus, „Katholik" 1896, I.)

[2] Krafft in „Theolog. Arbeiten" 1880 p. 121.

„Auszug etlicher Artikel der gotteslästerlichen Lehre der Inhaber der Stadt Münster" besagen ausdrücklich, dass der Kurfürst den Joh. Klopreis habe rechtfertigen lassen. Darnach ist also die oft wiederholte Angabe,[1] dass er in Warendorf gerichtet, zurückzuweisen. Über Ort und Art seines Todes kommen wir durch folgende Notizen und Mitteilungen zur Klarheit. Das weitläufige mit Klopreis angestellte Verhör ist noch vorhanden[2]: „uff diss Bekenntniss ist J. Klopreiss uf den irsten Tag Februarii Anno 35 zum Brüel mit dem feur vom Leben zum Dode bracht worden." Darnach ist also die spätere handschriftliche Bemerkung im Protokollbuch der Artistenfakultät zu Cöln, die Poppelsdorf angiebt, falsch.

Über nähere Umstände vor seinem Tode sind uns glücklicherweise noch einige Mitteilungen erhalten: Nach Spormachers Chronik bei von Steinen wurde Klopreis nach seiner Verhaftung zu Warendorf dem Erzbischof Hermann als gratissimum xenium übersandt und brachte einige Zeit im Staatsgefängnis zu Brühl in der dortigen erzbischöflichen Burg zu. In Burscheri spicilegium XVI p. 16 ist der Bericht des Freundes des Erasmus, des Sekretärs des Cölner Domcapitels, Tillmanus Gravius[3] (meist genannt: a fossa) abgedruckt, der auch die letzten Worte des begeisterten, glaubensmutigen Mannes enthält. Tillmann schreibt 2 Tage nach des Klopreis Tode, am 3. Febr. 1535 von Cöln an Erasmus in Freiburg i. Br.: „Pridie natalis purgatae Virginis (d. i. 1. Febr.)[4] quidam ex antesignanis Anabaptistis Monasteriensibus auctoritate Archiepiscopi nostri prope hanc civitatem exustus est vivus. Cum in rogum duceretur a carnifice, ago tibi gratias, inquit, pater coelestis, cum mihi illuxisse diem, quo tui amore hos cruciatus, hoc supplicium subire continget. Rogo accenso inclamavit: Pater,

---

[1] Zuletzt noch bei Bouterwek, Zur Geschichte und Litteratur der W. T. 1863 p. 2.

[2] Mit sehr vielen Lesefehlern abgedruckt bei Niesert, U. S. I, 102.—31; Cornelius M. Q. II, 411—18 hat sich der lohnenden Mühe unterzogen, dasselbe nach den im Münsterschen Landes-Archive ruhenden verschiedenen Bekenntnissen genau durchzusehen und zu verbessern.

[3] Thielmann vam Grave (auch Tilmann Gravius, vamme Grave, de Fossa); vergl. über ihn C. Varrentrapp, H. v. Wied p. 69, 71, 90; Z. d. berg. Geschv., Bd. 30 p. 202 f.

[4] Was F. Knodt, Gerdt Omeken, eine reformationsgeschichtl. Skizze, Gütersloh 1898, p. 226 Anm. 15, über seinen Todestag vermutet hat, ist unrichtig.

in manus tuas etc.; reliqua nosti."[1]) Dass dieser antesignanus anabaptista Klopreis sein muss, darüber kann wegen der genauen Übereinstimmung des Datums und weil er nach einer Urkunde im Stadtarchiv zu Cöln „der vornehmste Priester nächst Bernhard Rothmann" genannt wird, kein Zweifel sein.

Krafft, Z. des berg. Geschv. IX p. 144 ff. hat eine kurze Biographie von ihm gegeben. Einige seiner Briefe an Clarenbach, der ihm lange als besonnener Berater zur Seite stand, „zeigen ihn in seiner frischen evangelischen Begeisterung recht anschaulich". Sie beweisen, dass er Einfluss auf das Volk haben, dass er sich grosser Popularität erfreuen musste, da ihm in seltenem Grade die Gabe der Volksberedsamkeit eigen war."[2]) Als ihm sein Freund Clarenbach durch Märtyrertod entrissen war, fiel er bald den im Wassenbergischen sich ausbreitenden excentrischen Richtungen anheim, die in Münster unter der Prädikanten freierer Entwickelung zum vollen Ausdruck kamen.

Diesen Übergang hat in Münster entschieden beschleunigt: Henrik Roll,[3]) der später eine besondere Stellung einnahm. Seiner müssen wir hier ebenfalls gedenken. Er war der erste, der sich nach Münster wandte. Vielleicht war es Rothmann, der ihn von seinem Aufenthalte in Strassburg her als eifrigen Zwinglianer kannte und ihn berief. Er muss zu den würdigsten Vertretern des Anabaptismus gerechnet werden.

Er war geboren zu Grave an der Maas (Nordbrabant, Bistum Limburg), in einer Gegend, aus der auch Heinrich Slachtscaep von Tongern und DionysiusVinne von Diest stammten.

Sein Name ist in verschiedener Form überliefert. Auf dem Titel des von ihm verfassten Buches (s. u.) heisst er: Henrick Rol. Häufiger erscheint sein Name als Roll, wie er auch conventionell geworden ist.[4])

Über seine Jugend und seine Wirksamkeit in den Niederlanden und am Niederrhein vor seiner Ankunft in Münster ist

---

[1]) Krafft, Theol. Arbeiten IV, 125.

[2]) „Die dürftigen Nachrichten über ihn lassen in ihm einen Mann von religiösem Eifer, opfermutiger Gesinnung und nicht unbedeutender Beredsamkeit erkennen. — Er hat Freunde und wird der Freundschaft wert gehalten". Cornelius, A. D. B. XVI p. 209.

[3]) cf. Cornelius M. A. II, p. 337 ff. Chr. Sepp, Kerkhistor. Studiën p. 1—90.

[4]) Hast, Gesch. d. W. T. (1836) nennt ihn stets Rulle. cf. Cornelius, M. A. II, 337.

wenig bekannt. Durch die Verschiedenheit der ihm beigelegten
Namen wird das Positive des für diese Zeit über ihn Festzustellen-
den stark gemindert. Seine nächsten Freunde nennen ihn Heinrich
von Grave.[1] Von den Orten seiner Herkunft, seines Aufenthaltes und von seinem früheren Stande führt er ferner noch
folgende Namen: Hinricus Hollender[2]), Henricus Wassenberg[3]).
In einem Amsterdamer Bekenntnis heisst er: broeder Henrick
Carmelyt.[4] Dorpius (Cjj.) berichtet: er sei Mönch zu Harlem
gewesen, wozu der Beiname „Hollender" stimmen würde.

Ottius (Annal. anabapt. 58) macht die Angabe: Originem
autem traxit hic Rollus ex Goylandia Holandiae ac caplanus olim
Iselsteinensis extitit.

Ohne Zweifel wohl ist er Klostergeistlicher in Harlem[5])
gewesen, hat aber beim Beginn der reformatorischen Bestrebungen
Luthers das Kloster verlassen und hat Zuflucht gefunden als
Hauskaplan zu Isselstein[6]) und zwar beim Drosten Gysbrecht von
Baeck, in einem Hause, wo Mann und Frau der Reformation
geneigt waren, wo letztere sogar den Anabaptismus begünstigte.[7])
Auch die Gräfin von Bueren und Leerdam, Frau zu Isselsteyn, war
den Wiedertäufern nicht abhold, wie sich ergiebt aus einem „Briefe
des fürstl. münsterischen Amtmanns zu Dülmen Gottfried Schedelich
an den Bischof Franz von Münster (1538 Okt. 1), die Gräfin und
den W. T. Joh. Lucas betreffend."[8]) Wie lauge sie schon dem

---

[1] Slachtscaep in seinem Briefe an Bucer: Henricus de Gravia. Klopreis
in seinem Bekenntnis (M. U. 103): Heinricus vom Grafe; letzteres wohl durch
ein Missverständnis des Schreibers aus Grave gebildet. Aus Grafe wurde
weiter gebildet: (M. U. 110) vom Graben; M. U. 130: vom Grafen.

[2] so in Weseler W. T.-Protokollen, nach dem Orte, wo er seine
reformator. Wirksamkeit begonnen.

[3] M. U. 48; M. Q. II, 6.

[4] Bekenntnis des Jan Pacuw. 1534 Dez. 30.

[5] vergl. Sepp, Kerkhistor. St. p. 32; J. M. J. Hoog, de Martelaren
p. 217 Anm. 3; Meshovius, Historiae anabaptisticae libri VII. Coloniae 1617
p. 149 („apostata Monachus e monasterio Harlemensi profugus")

[6] cf. Catrou, Histoire des Anabaptistes p. 45.

[7] de Hoop.-Scheffer, Gesch. der Kerkh. p. 550.

[8] Gräfin von Buren und den W. T. Joh. Lucas betr.: „U. l. g. jüngeste
bevelsbreve myt inverwarter vorbitliker scrift van der Eddelen und wol-
gebornen Gravynnen to Buren und Lerdam, frowen to Iselsteyn u. s. w. an
u. l. g. uithgegaen vor eynen Key. Maj. geboren undersate bynnen dem
Grave, genoempt Johann Lucass, goltsmyt, develch albie bynnen u. l. g.

Anabaptismus anhing, ist nicht bekannt; jedenfalls aber war es schon
zu der Zeit der Fall, als Roll dorthin kam. Die Frau des Drosten
war sogar der David-Joristerei beschuldigt und vom holländischen
Hofe gefangen gesetzt. Der Graf von Bueren aber wandte sich
beschwerdeführend an den Kaiser, worauf jene am 3. Okt. 1548
endlich freigegeben wurde.[1]

Es ist wohl angebracht, über die Herrschaft Isselstein hier
einiges anzufügen. — Sie lag im östlichsten Teile von Südholland,
war damals im Besitze des Floris von Egmont, Grafen von Bueren,
und wurde durch einen von demselben eingesetzten Drosten verwaltet. Ob dort schon früh (Anfang der zwanziger Jahre) eine
evangelische Gemeinde in der Stadt Ysselstein und den dazu ge-
hörenden Gebieten von Benschop und Polsbroeck bestanden hat,
lässt sich nicht direkt und bestimmt nachweisen. Jedenfalls haben
sich, wegen der herrschaftlichen Vorrechte des Grafen Floris der
Gerichtsbarkeit des niederländischen Hofes hier entzogen, wahrscheinlich auch vom Drosten Gysbrecht von Baeck und der Drostin
begünstigt, in aller Stille, von der Inquisition fast ganz vergessen
immer mehr antikatholische Tendenzen bemerkbar gemacht, die beim
Volke lebhaften Anklang fanden. Auf diesem Boden bauten dann
jene fahrenden Prädikanten auf, um unbemerkt täuferischen Ideen
Eingang zu verschaffen. Kurz vor dieser Zeit hat dort auch Roll
als Hauscaplan des Drosten gewirkt und den Gottesdienst zu
Isselstein geleitet.

Nur auf diese Weise kann man es sich erklären, wie gerade
hier zu Isselstein und Benschop der Boden, nachdem er noch dazu
von einem Manne wie Roll so anhaltend und thätig bearbeitet
war, den Anabaptisten so reiche Ernte bringen konnte. 1534
(April 25.) bekannte ein Jac. van Noort aus Isselstein, dass er seit
1527 nicht mehr seinen Ostern gehalten habe und ketzerisch gesinnt sei, dass er von der Zeit ab sowohl zu Utrecht als zu Isselstein Versammlungen von Anabaptisten beigewohnt habe.[2]   Wie

---

Stadt Dülmen uith orsacken, dat he myt der nigger Secte und geloven be-
famt solde syn, angefangen und behoft, hebbe ick mit underdanigkeit entfangen etc.

[1] Sepp, a. a. O. p. 89.

[2] de Hoop-Scheffer, Inventaris Nr. 33. — Im Archiv der „Taufgesinnten Gemeinde zu Amsterdam" befindet sich die Abschrift eines Akten-
stückes aus dem Utrechter Archiv (2 Bl. fol.) betr. Jac. van Noort: er wird

gründlich die Anabaptisten in diesen Gebieten Propaganda gemacht haben, zeigt die Mitteilung, dass zu der von Joh. von Geel Anfang Mai 1535 zustande gebrachten zahlreichen Versammlung bewaffneter Gesinnungsgenossen zu Amsterdam[1] aus dem Isselsteinischen Gebiet allein gegen 300 ihr Erscheinen auf den 2. Mai zugesagt hatten.[2]

Der Graf scheint sich einem Angriff der Inquisition heftig widersetzt zu haben. Jedenfalls entspann sich wegen der Wahrung seiner Interessen als eigener Gerichtsherr ein lebhafter Briefwechsel mit dem Hofe von Holland. „Er solle die gefangenen Wiedertäufer an den Hof von Holland abliefern, da er kein Recht habe, sie selbst abzuurteilen." Wir dürfen wohl annehmen, dass man berechtigte Gründe hatte, ihm allzu grosse Milde bei der Bestrafung jener vielverfolgten Menschen vorzuwerfen.[3]

In einer „Instruktion des Hofes von Holland an die Königin Maria" (1534 Febr. 17.)[4] heisst es: „Es komme zu ihrer Kenntnis, dass zu Isselstein und Benschop sich viel Personen, „besmet van de secte luthruane ende andere secten," aufhalten und dass dofficier (der Drost) des Grafen von Buren keinen Fleiss anwende, sie zu fangen. Nun seien dorthin jüngst zwei Personen gekommen von der neuen Secte der „Melchioriten", als man sage, um zu predigen. Als man sich an diesen Drosten gewandt habe mit dem Befehl, diese beiden nach dem Haag zu schicken, habe er gesagt, er sei Diener des Grafen von Buren. Es sei schlimm, wenn solche Particulier-Herren eigene Jurisdiction hätten, da sonst dorthin alle Anhänger dieser und anderer Secten ihre Zuflucht nehmen.[5] Aus

hier als „suspect ende berufflicht van Ketterye ende luytraensche dwalinge" bezeichnet. — Zu Isselstein hatten fremde Prädikanten gepredigt, weswegen man dorthin gezogen sei, um sie zu hören. — (Jac. van Noort war übrigens Goldschmied. vergl. die handschriftl. Bemerkung de Hoop-Scheffers am Schlusse obiger Abschrift.)

[1] Am 16. Mai 1535 entsendet die Stadt Amsterdam 2 Männer zum Grafen nach Bueren, „um mit ihm wegen des Aufruhrs der Anabaptisten zu sprechen." (Inventaris Nr. 123.)

[2] cf. Pontanus, Historia Amstelodami. Amsterdam 1611 p. 35 ff.

[3] cf. Inventaris Nr. 38. Französ. Brief der Statthalterin „à mon cousin le comte de Bueren".

[4] Cornelius M. A. II. Beilage XXXVII.

[5] Es wird am Rande angemerkt, dass bereits am 14. Februar der Graf selbst an sie geschrieben habe, dass er von seiner Hoheit schon selbst Gebrauch machen werde.

dem Quartier von Benschop seien ausserdem jüngst einige in Delft,
dem Haag und anderswo gewesen, um die Leute zu ihrer Partei
herüber zu ziehen; aber vergebens."
Aus dem Jahre 1540 (Aug. 8.) liegt ein Verhör vor, betr.
Willem von Eindhoven te Jjsselstein, der gegen Sakrament, Messe,
Prädestination gepredigt und verschiedene Bücher, die aus Münster
an ihn gesandt sind, gebilligt hat.[1]

Vom 5. August 1544 ist ein Befehl der Landvogtin an den
Grafen von Bueren erhalten, die Drostin von Isselstein, die der
David-Joristerei beschuldigt werde, nach dem Haag abführen zu
lassen, da der Graf doch nicht rechtlich gegen sie auftreten könne.
Die Drostin wurde schliesslich nach dem Haag escortiert und dort
festgehalten.[2] Ein lebhafter Briefwechsel wurde ihretwegen von
seiten des Grafen mit dem Kaiser gegen den Hof von Holland
geführt: Endlich wird daraufhin die Frau Gijsbrechts von Baeck,
Elsa von Sostardt, freigegeben, obwohl ihr verschiedentlich der
Vorwurf gemacht war, sie habe den Batenburgern (!) angehangen
und habe häufiger Leute gewarnt, sobald sie Pläne ihres Mannes
über Verhaftungen von Täufern erfahren. (1548 Okt. 3.)[3]

So braucht man sich also nicht zu wundern, dass unter dem
Einflusse dieser verschiedenen Momente das Gebiet des Grafen sich
zu einer Centrale und einem festen Sammelpunkte der Täufer
entwickelte.[4]

*   *   *

Wie lange Roll hier in Isselstein gewirkt hat, ist unbekannt.
1530 wird er von der Drostin nach Augsburg gesandt, wo er Beziehungen zu Bucer anknüpfte. Bucer schreibt an A. Blaurer (1530
Aug. 14)[5]: „Iam turmatim ex inferiore Germania migratur
in Prussiam[6] ob solum adventus Caesariani rumorem. Dedit

[1] Inventaria Nr. 230.
[2] Inventaria Nr. 284.
[3] Inventaria Nr. 350.
[4] Unter dem Einflusse seiner Gemahlin machte der Graf seine Rechte
geltend; absichtlich oder unabsichtlich nützte er dadurch den täuferischen
Bestrebungen, denen er unmöglich selbst gänzlich abhold gewesen sein kann,
wenn er auch mehrere Anabaptisten formell gefangen gesetzt hat.
[5] Cornelius M. A. II, 338; Steitz, Westerburg Anm. 102.
[6] Ich erinnere an Gerhard Westerburg, der sich später ebenfalls nach
Preussen wandte. (s. o. p. 45 ff.)

Auf die Bedeutung, welche die Ritterorden, insbesondere der deutsche

namque dux ille Albertus, qui magister fuit ordinis teutonici,
regionem quandam prope Königspruck desolatam hactenus incolere
exulibus Christi, quorum in eam concesserunt iam super quatuor
millia. His dedit suas leges et rem publicam. Unum est, quod
adhuc sanctos illos angit: fere omnes solam spiritualem Christi
manducationem agnoscunt, princeps autem ille a Luthero stat.
Si dogmatis sui libertatem illi obtinuerint ab hoc principe, putant
duplicandum exulum illorum numerum. Haec hodie quidam mihi
minister comitis a Beuren vel Isselstein narravit. Eum
huc (Augsburg) uxor illius comitis misit sola causa investigandi,
ut Christi negotium habeat. Pientissima enim est et suum
concionatorem hactenus habuit." Ob Bucer hier wirklich den
Grafen von Bueren mit seinem Drosten verwechselt, wie Sepp behauptet, dürfte doch nach den oben geschilderten Verhältnissen
nicht gerade wahrscheinlich sein.

In Augsburg wurde Roll auch in die Fragen vom hl. Abendmahl eingeweiht. Gleichzeitig lernte er die verschiedenen Meinungen
kennen, die darüber bei den Evangelischen" herrschten.

Wohl einer Anregung Bucers folgend, kam er hierauf nach
Strassburg, wo er sich mit der Zwinglischen Abendmahlslehre vertraut und diese zu der seinigen machte, wenn er daneben auch
mancherlei andere Momente hat auf sich wirken lassen.

In Strassburg hatte er das Vergnügen und das Glück, mit
Capito[1]) zu verkehren, einem Manne, der einen Standpunkt der
Duldung einnahm, wie ihn sonst kein Reformator kannte. Hier

Orden, für die Entwicklung des religiösen und geistigen Lebens in Deutschland gewonnen haben, wird hingewiesen in den Monatsh. der Com.-Ges. 1895,
p. 142, p. 96, p. 66. Als interessant, bes. aus diesem Gesichtspunkte, ist
hier zu erwähnen die Königsberger Dissertation von Theophil Besch, Friedrich
von Heydeck, ein Beitrag zur Gesch. der Ref. . . . Preussens. 1897. vergl.
des weiteren hier Monatsh. der Com.-Ges. VII, 67. s. o. p. 138. Grafen
Wilhelm von Isenburg.

Nicht möchte ich unterlassen, hinzuweisen auf die bemerkenswerte
Thatsache (s. die Ausführungen bei Keller, Staupitz p. 378 ff.), dass das
Ordensland Preussen allen Täufern ein gastfreies Asyl bot. Noch heute giebt
es dort bekanntlich starke Mennoniten-Gemeinden. —

Habets a. a. O. p. 102 giebt (freilich ohne Quellenangabe) an, dass
„Roll aus Holland nach seinem Isselsteiner Aufenthalt nach Preussen
gereist sei".

[1]) vergl. Capitos herrliche Zeugnisse und Briefe über Duldung bei
Baum, Capito und Butzer. 1860 p. 275.

in Capitos Hause lernte er auch Bernhard Rothmann aus Münster kennen,[1] (Sommer 1531) der später bestimmend sein Geschick beeinflusste.

Allzu lange scheint er sich nicht in Oberdeutschland aufgehalten zu haben; gegen Ende 1531 war er in Wassenberg (vgl. seinen Beinamen: von Wassenberg). Hat ihn etwa der Drost von Isselstein an den Drosten von Wassenberg verwiesen? Waren beide etwa verwandt?

Die Erasmische Richtung hatte ja in Jülich und den verschiedenen Herzogtümern die Bewegung des Evangeliums nicht aufhalten können. Auch hier nahm es freien Lauf. Beim Drosten von Wassenberg fand Roll schon den Klopreis, Slachtscaep und Vinne vor, welche in den benachbarten Flecken predigten.

Roll wird in den Visitations-Protokollen von 1533 nie mit seinem vollen Namen genannt. Klopreis bekennt sich selbst als seinen Schüler; er hat von ihm das Buch erhalten, welches er „Schlüssel der Sacramente" nennt, (dessen Titel aber „Schlüssel des Nachtmahls" lautet). Aus diesem Buche und aus Paulus habe er seine Lehre vom Sakrament genommen.[2] Mit Klopreis und Slachtscaep hat Roll über die Kindertaufe verhandelt.[3] Der zweite erklärte an Bucer (etwa Anfang 1532), dass Roll ein Gegner der Kindertaufe sei.[4]

In den Visitations-Protokollen werden einmal erwähnt die Bücher von den „beiden Heinrichen";[5] sie sollen confisciert werden. Unter den beiden letzteren sind ohne Zweifel Heinrich von Tongern und Heinrich Roll zu verstehen. Dass er persönlich in Wassenberg gewesen, darauf deutet schon sein Beiname „Wassenbergus", den er u. a. trägt, sowie die Notiz, dass Klopreis sich als seinen Schüler bekennt. Wenn wir auch nicht bestimmt wissen, wann

---

[1] conf. Röhrich, Gesch. der Ref. im Elsass, 1832 II p. 78. Z. f. histor. Theologie, 1860 p 23; Cornelius, M. A. I, p. 294; Sepp a. a. O. p. 26.

[2] Niesert, U. S. L., p. 104, 108.

[3] Niesert a. a. O. p. 110.

[4] Dorpius Cjj nennt auch Staprade Rolls Schüler. (Cornelius II, 338.)

[5] D. St. A. IV. c. 6 fol. 60 statt: „was beide froschenichen, Campanus etc. furgeven" (wie Cornelius M. A. I, 224 fälschlich liest) ist zu schreiben: „was beide herrn henrichen . . . furgeven". — Es ist dieser Teil etwas mangelhaft und unvollständig von Cornelius aus den Akten transscribiert; vergl. hierüber übrigens auch Sepp, Kerkh. St. p. 89: „Es ist sicher, dass hier Henrick Roll und Henrick von Tongern gemeint sind."

21

er hier angekommen ist, so dürfte doch die oben bereits angenommene
Wende des Jahres 1531 die richtige sein.[1]

Wahrscheinlich hat auch er ein rastloses Wanderleben geführt
ohne bestimmte Pfarr- oder Predigerstelle. Häufig hat er jedenfalls auch in Millen und Süstern geweilt. Die Einwohner dieser
Orte wandten sich daher auch später um Rat an ihn und erhielten
als Antwort den Katechetischen Brief: „An meine lieben Brüder
und Schwestern" (s. u. II. 2.).

Für ihn war neben den schon lange vor ihm dort wirkenden
anderen Prädikanten in Jülich nicht lange Raum. Daher wandte
er sich bald nach Münster, wo er als der erste Wassenberger
Prädikant ankam. Zum ersten Male wird er hier am 10. August 1532
bei der Verteilung der Pfarrstellen genannt; diejenige von St. Ilgen
fiel ihm und Glandorp zu.[2] Er scheint diese Pfarre auch behalten
zu haben.[3] Am 15. August unterschreibt er die Epitome. Dass
er hier in Münster schon so bald eine bestimmte Anstellung erhielt,
hat er nur der Stimme seines Freundes Rothmann zu verdanken. —

Schon vor seinem Dienst in Münster hatte er kein Geheimnis daraus gemacht, dass seine Lehren über Taufe und Abendmahl wesentlich von den am meisten verbreiteten abwichen. In
Wassenberg hatte er schon mit Klopreis und Slachtscaep über
die Kindertaufe verhandelt. Von ihm scheint letzterer, der als
herumziehender Evangeliumdiener bald hier bald dort die Wahrheit
bezeugte, die Ansicht, welche er auch im Jülichschen verbreitete,
übernommen zu haben, dass jeder, Geistlicher oder nicht, das
Recht habe, zu taufen. Trotzdem aber konnten doch weder
er noch die beiden andern damals zu den eigentlichen Anabaptisten
gezählt werden.

Noch Mitte 1532 klagt Slachtscaep in seinem Briefe an
Bucer (s. o.)[4]: „Apud Anabaptistas ut intelligo adhuc baptismus

---

[1] de Hoop-Scheffer a. a. O. p. 350 vermutete das Jahr 1530 oder 31;
jedenfalls nach 1529 und während der Wirksamkeit des Klopreis dort (1529
bis 32). Habets nimmt an, dass er während dieser Zeit in Jülich sein Werk
„Schlüssel des Nachtmahls" verfasst habe.

[2] Cornelius II, 339.

[3] Dorpius Bjjj; Kerssenbroeck 410.

[4] Wegen der Datierung des Briefes (Diss. p. 19 Anm.); Sepp, Kerkh.
St. p. 35, Anm. 4 sagt: „Ich folge der Zeitbestimmung von Cornelius II, 348;
etwa Mai 1531; doch wage ich die Ansicht, dass der Brief einige Monate

servus est littere. Apud Monasterium in Westfalia etiam vigere
cepit res Christi. Duo precones ingenio et spiritu pollentes
Bernardus et Henricus de Gravia. Spero seponent in
posterum parvulorum baptismum. Henricus mecum novit rem
ita se habere."

Bevor Roll nach Münster kam, hatte er seine Ansicht über
das Abendmahl bereits in einer ziemlich ausführlichen Schrift
dargethan. In der ersten Hälfte des Jahres 1532 muss sie bereits
das Licht erblickt haben, da uns berichtet wird, dass sie sich um
diese Zeit schon in den Händen einiger Interessenten befand.
Ein Exemplar eines Neudrucks dieser seltenen Schrift ist jüngst von
Sepp auf der Utrechter Universitäts-Bibliothek aufgefunden worden,
wodurch sie auch uns zugänglich geworden ist. Der Titel lautet:[1]

„Die Slotel van dat Secreet des Nachtmaels, onses Heren
Jesu Christi, welcke ontsluyt dat rechte verstant, dat daer verborgen isz, geschreven deur eenen Henrick Rol, om des Geloofs
wille, anno 1536 verbrant tot Mastricht. Al nu verbetert en grondelick wederom gestelt na die eerste waerheyt. also der Leser lichte-
lick kan bevinden. Ende isz gedeylt jn dry stucken.

De eerste handelt van dat recht verstandt der woorden des
Nachtmaels.

Dat tweede handelt wat gerechticheyt men daer haelt ende
van vergiffenisse der sonden.

Dat derde leert van den gasten, hoe sy moeten gesteld syn,
die dat ontfangen sullen.

Item eyne rechte bedynckung, hoe dat hoochweerdich licham
Christi, van onsen onweerdigen licham tho onderscheyden ist.

1 Thess. V.

Prövet al, ende dat goed behaldt.

Ghedruckt mit gratie ende Privilegie dets Alderhoochste.
Anno 1566."

---

früher geschrieben ist, bevor Rolls Buch über das Abendmahl erschienen
war, ein Buch, worüber in diesem Falle der Schreiber dieses Briefes unmöglich
schweigen konnte."

[1] Wie mir Herr Prof. A. Hegler in Tübingen freundlichst mitteilte,
findet sich ein weiteres Exemplar (Original) im Sammelbande Gal. I, 256 der
Züricher Stadtbibliothek. Der Titel lautet: „Die Slotel / van dat Secreet
des Nachtmaels . . . Geschreuen dor eynen Henrick Rol, om des Geloofs
wille anno 1536 verbrannt tot Mastricht . . .

21*

Wie bei den meisten Schriften des Campanus, so hat sich auch bei dieser Schrift Rolls das System der Zeit, Unliebsames zu vertuschen, tot zu schweigen, vorzüglich bewährt. „Nirgends wird das Buch Rolls erwähnt, weder von seinen Gesinnungsgenossen noch von protestantischen oder römischen Gegnern", sagt Sepp.[1]) Letzterer hat hier das Bekenntnis des Klopreis[2]) übersehen, in welchem es nebenbei heisst: „Er hab auch einmal von dem obgenannten Henrico ein boich gelennt, genant der Lustspel der Sacramenten, uss deme und uss Paulo, der von dem Nachmaill des Heren redt, hab er seine Lere vom Nachmaill genommen."

Menno Symons hat ihn nicht genannt, auch Luther nicht in seinem „Kurzes Bekenntnis vom hl. Sacrament", 1544, auch nicht die Justus Menius, Bullinger und Schlüsselburg. Die meisten kennen und erwähnen zwar Rothmanns Schriften (z. B. Restitution, Kurzes Bekenntnis), aber nicht das Buch Rolls.

Über den Inhalt der Schrift, deren Polemik mit Ausnahme gegen die Papisten, eine objektive und milde ist, ausführlicher hier zu handeln, ist nicht von nöten.

Im ersten Abschnitt teilt er die 5 verschiedenen, zu seiner Zeit bekanntesten Auslegungen des Einsetzungswortes: „Das ist mein Leib" mit. Ohne Namen zu nennen, setzt er dieselben kurz auseinander, und zwar beschäftigt er sich mit denen der Papisten, Luthers, Zwinglis, Karlstadts und eines fünften, der kein anderer als Joh. Campanus sein kann. Den Erklärungsversuchen des letztern, welche ich hier folgen lasse, widmet er sogar eine ausführliche Widerlegung. Er sagt: „Ten laetsten so komt hier nu eyn ander, eñ vint eynen vondt, dat hy al dese andere opiniën omstoot en laet de woorden Christi staen sonder alle glosen: Dat is myn lyf, dat vor u wort gegeuen, eñ laet hem duncken, dat hy de waerheyt alleyn heeft by hem gevonden, en spreikt, dat dit het rechte verstandt is van desen woirden, Dat is myn liif, dat voor u wort gegeuen, dat hier eyn warachtich Lyf is van Christus niet natur-

---

[1]) a. a. O. p. 55—60.

[2]) Niesert U. S. I, 164. Sepp hat offenbar die Verbesserungen Nieserts, der oft falsch abgeschrieben, bei Cornelius nicht gelesen. Kein „Missverständnis des ungelehrten Protokollführers" ist es, dass statt von Grave dort Grase steht, sondern ein Fehler Nieserts. Für „Lustspel" hat Cornelius M. A. II, p. 338: „Schlüssel der Sucrament".

lick noch wesentlick, mer eyn Sacramentelick lyf, eñ een benamelick lyf, doer de benamynge Gotz om dat God wtspreickt Dat is myn lyf; daer blyft broot broot eñ verkrycht daer neffens noch eyn ander naem, ende is waerlick dat den naem beduyt mer niet lichamelick, eñ bevesticht dit mit getuychnisse des Geystz Gots, als of dat desz Geestz verstant eygentlick waer, oick mit exempelen. En neemt vor eerste dat de Geyst doer Paulum spreickt tot den Rom. 4, Goed noemt dyngen, die niet en syn effen gelyck als dyngen die syn. Met exempelen als eyn kindt dat gedoopt isz, dat komt vort met syn naturlick wesen eñ heeft nochtans eyn ander naem ontfangen, eñ wordt genoemt eyn kindt Gotz, dat nochtans van nature dat niet en is, mer alleyn doer die benamynge. Ende seyt dat dit Lichaem die selfde virtuten eñ macht heeft, welcke dat naturlick lyff hadde als na sal verklaert wordë. Eñ aldus meint dese dat gantsche verstandt ontsloten te hebben, eñ dat dit de warachtige leerynge is, eñ den H. Geyst gelyck, wiens Ampt alleyn isz den sin Gotz te openbaren van syn woirden, daer geyn vernuft noch Philosophie mach toekommen."

Nicht mit Schulphilosophie soll man an die Auslegung herantreten, sondern mit dem Geiste, den Gott seinen auserkorenen Kindern offenbaren will. [1]

Seine Erörterungen zeigen, dass er nicht vergebens mit Capito und Bucer gesprochen hat. Nicht ohne Einfluss ist auch sein Verkehr mit Capitos Hausgenossen Schwenkfeld geblieben. In Anlehnung an ihn hat Roll (die Ansicht Schwenkfelds von der Vergöttlichung des Fleisches Christi ist nicht die seine geworden) den persönlichen geistigen Genuss des Abendmahls als seine subjektive Bedeutung angenommen und verteidigt. [2]

[1] Roll teilt, wie mancher andere seiner Zeit, die Anschauung der Zwickauer vom inneren Wort; nicht die Sakramente seien es, durch welche Gott in uns wirke, sondern der Geist, den Gott demjenigen offenbare, welchen er damit begnadige. Dadurch entstehe eine unsichtbare Gemeinschaft mit Gott, welche die sichtbare entbehrlich mache. s. Keller W. T. p. 87; Cornelius, M. A. II, 167 ff.

[2] „Gott teilt seinen Geist weder durch das Wort noch durch Sakramente, sondern unmittelbar mit. Denn Gottes Geist bindet sich niemals an äussere Elemente, und das Abendmahl ist nur zur Verkündigung des Todes Christi und zur Erinnerung des Liebesbundes der Gläubigen angeordnet. Für die Teilnahme an der unsichtbaren Gemeinschaft des ewigen Lebens ist daher die Teilnahme an der sichtbaren Kirche durchaus gleichgültig." Heppe, Gesch. der evangel. Kirche von Cleve-Mark. Iserlohn 1867 p. 51.

Die geistige Verwandtschaft Rolls und Schwenkfelds in manchen Punkten blieb nicht unbekannt. In der Ferne ging man noch weiter und machte Roll zu einem Schüler Schwenkfelds. Ich möchte hier nun einen Brief Heinr. Bullingers an Joachim Vadian (3. Jan. 1534) mitteilen. Vielleicht giebt uns auch dieser Brief eine Erklärung dafür, weshalb Roll (— Weiteres darüber unten —) als Urheber der Münsterischen Bewegung von 1533 bezeichnet wird: „Gratiam et vitae innocentiam a Domino. Scripsi non multis ante diebus: Constantiam nos adiisse consultandi de unitate Ecclesiae contra schismaticos gratia; periculum enim esse, ne brevi incendium per Germaniae ecclesias maximum a schismaticis quibusdam suscitetur, qui Donatistarum et Novati revocantes haeresin, Ecclesiae alias afflictae, satis multum sint incommodaturi. Nec fefellit opinio. Nam superiore prioris anni mense scribit Bucerus. Monasterium Westphaliae, quod pulchre evangelicum receperat dogma, misere nunc tumultuari. Omnia enim urbis Templa esse clausa, excepto uno, in quo vi populi fretus, declamet insignis quidam Hoffmannianae sectae discipulus, adversus sancti senatus et omnium priorum consensum, esseque huius turbae auctorem Schenkfeldium, qui primus hic virus, sed clanculo quibusdam propinavit, qui nunc omnia simulans et dissimulans Augustae agat. Vereor autem, ne et ibi aliquid monstri alat.

Dogmata hominis forsan nosti: „Evangelium hactenus non esse praedicatum vere; hactenus nullam esse collectam Ecclesiam; Ecclesiam nostram nihil aliud esse quam Tyrannidem, ut quae armis et edictis senatorum nitatur; in Ecclesia nullum esse gladium; populum esse enim ecclesiasticum spontaneum; sectas non esse extingendas; Catabaptismum et Catabaptistas non omnino improbat; Hoffmanni dogma de carne Christi coelitus delata primus invenit, etsi iam dissimulet."

O miserum et hac parte pestiferum Argentoratum! E quo nobis tam inauspicato provolarint aves!"[1]

Sollte man bei diesen Mitteilungen nicht an Rothmann und Roll denken (auch Campanus ist nicht ausgeschlossen), von denen besonders Roll durch Schwenkfeld beeinflusst ist, wie auch seine Schrift deutlich zeigt?

Über die Taufe hat sich Roll nicht schriftlich geäussert.

[1] cf. J. C. Fueslinus, Epistolae p. 112.

Hätte er länger mit dem Denker Schwenkfeld verkehrt, so würde er, wie jener, bereits früher die Kindertaufe verworfen und dann nicht allein die anabaptistische Ansicht angenommen haben, sondern er würde sich, wie Schwenkfeld, für die Taufe mit dem heiligen Geist, die der Herr selbst vollbringt, ohne Zweifel entschieden haben.

Die Antwort auf die Frage, wo finden wir den Schlüssel zum Verständnis der Worte und der Handlung des Abendmahls, ist nach Roll zu suchen in Exodus 12: „Ihr sollt nehmen ein Lamm ohne Fehl", im Essen des Paschlammes d. h. Feier des Vorbeiganges des Herrn. Dieses soll euch ein ewiges Gedächtnis sein an eure Schonung beim Vorübergehen des Engels, da er die Erstgeburt schlug. Wie die Kinder Israel gefangen sassen unter Pharao, so wir unter der Gewalt des Teufels und der Sünde. — Rolls Abendmahl lässt sich kurz umschreiben als Freudenmahl zur Erinnerung an die Erlösung des Herrn.

Welchen Einfluss hat Roll und seine Schrift ausgeübt?

Bereits oben haben wir gesehen, dass seine Schrift, mit Ausnahme von Klopreis' Bekenntnis, nirgends erwähnt wird. Als Rothmann (Oktober 1534) in die Hände von Freund und Feind seinen Traktat: „eyne Restitution" gab, nannte er im 13. Kapitel „von dem aventmael Christi ende dem broithbreken" die Schriften, welche sich mit dem Gegenstande früher beschäftigt haben. Roll aber wird nicht erwähnt. Wird Roll, der seit Februar des Jahres bereits ausserhalb der Stadt war, absichtlich nicht erwähnt, oder hatte man ihn schon vergessen? War zwischen Rothmann und Roll ein vollkommener Bruch seit dieser Zeit eingetreten, dass er absichtlich übergangen wird?

Roll wird in vielen Quellen als Urheber der Münsterischen religiösen Bewegung des Jahres 1533 bezeichnet.[1] Ob mit Recht, werden wir weiter unten untersuchen.

---

[1] cf. Cornelius M. A. II, 339: In der „Glaublich Anzeig": „welches unraits irster anfenger daselbst ist gewesen Heinricus Rollius"; Corvinus bei Gast, de Anabapt. Exordio 1544 p. 149: „Seminarium horum malorum Rullius quidam fuit." (Nach dieser Quelle auch Teschenmacher, annales ecclesiasti (Berliner Mannsc. rquart 21 fol. 119): den anfang der wiedertäufferische rott hat einer auss Holland bürtig mit nahmen Rullius gemacht.) Hamelmann 1201: „Henricus Rollius, qui fuit quasi antor istius rei". M. Q II, 430:

Der erste, welcher zu Münster die Kindertaufe als ein Greuel vor Gott verwarf, war Hermann Staprade, „qui Henricum Rollium, praeceptorem suum audacia, dicacitate, malitia sua longe superavit".[1] Anfangs hatte Roll die Kindertaufe unter die Adiaphora gerechnet, war aber bald in seiner Abkehr weiter gegangen.

Wenn nun auch Roll in den Verhörsakten als das Haupt der Gegner der Kindertaufe bezeichnet wird, wie ist dann aber die auffallende Thatsache mit allen den Versuchen, Roll die Ursache für die ganze Münsterische Bewegung zuzuschieben, damit zu vereinigen, dass doch Roll äusserlich nur sehr wenig hervortritt, dass er, dem man innerhalb des Münsterischen Kreises einen allbestimmenden Einfluss zuerkennt, stets hinter dem lautesten Rufer im Streit, Rothmann, zurücksteht, dass er bei dem am 7. und 8. August 1533 zwischen Lutheranern und Katholiken einerseits und den Wassenberger Prädikanten, besonders Roll und seinen Freunden, andererseits von der städtischen Regierung angesetzten Zwiegespräch keineswegs der Wortführer ist, wie er es doch in einer Frage, die er zu einer solch brennenden gemacht haben soll, hätte sein müssen? Sollte ihn nur Bescheidenheit oder Anerkennung der älteren Vorrechte Rothmanns gegenüber der städtischen Verwaltung dazu veranlasst haben? War es seine geringe rednerische Begabung, die ihn zurückstehen liess? Wodurch erhält denn Roll eigentlich seine führende Stellung? Die Einführung seiner Zwinglischen oder Schwenkfeldischen Abendmahlslehre, die doch Rothmann selbst bei seiner Anwesenheit in Strassburg kennen gelernt hatte, war es jedenfalls nicht. Seine Lehre von der Taufe kann auch nicht von dem Einfluss gewesen sein, den man ihm zuschreibt. Bucer richtet daher auch die erste Ausgabe seiner Schrift: „Quid de Baptismate infantium juxta Scripturas dei sentiendum, excussis quaecunque vel pro hac observatione vel contra eam adferri solent" 1533 n i c h t an Roll, sondern an Rothmann.[2]

„Welcke verdomelike ketterie hie in der stad eirst is angeheven van enen, geheiten Brant Hinrick, ein predicant, welckes medehulper geworden is ein, der geheiten was her Bernt Rotmann."

[1]) Cornelius M. A. II, 346. Auch Gerdes, Histor. reform. III, 96 schreibt: „Praeceptorem iste (Staprade) habuit Henricum Rollium." — „Eodem fere tempore venit eo Hermannus Stapreda, qui Rotmanni factus collega publice in parvulorum baptismum invehebatur; praeceptorem iste habuit Henricum Rollium." Joh. Sleidani de stata religionis ... MDLXVI p. 158.

[2]) cf. Baum, Capito u. Butzer p. 596.

Meiner Ansicht nach kommt nicht Roll die führende Rolle und der bedeutende Einfluss zu, sondern, wie eingehender noch an anderer Stelle gezeigt werden soll, neben Rothmann vor allem dem Jülicher Joh. Campanus. Hier wollen wir kurz die Stellung Rolls zu ihm und den übrigen Prädikanten beleuchten. Cornelius (M. A. II, 162 f. u. 337 ff.) sagt: „Die Theologie der Wassenberger Prädikanten hat im Laufe der wenigen Jahre, die ihr zur ungestörten Entwicklung vergönnt waren, bedeutende Wandlungen erfahren. Klopreis war noch „Lutheraner", als er dem Drosten durch Fabritius zugeführt wurde. Vinne brachte wahrscheinlich campanische Anklänge, Slachtscaep war zwinglisch angeregt und stand noch 1532 mit Bucer in Briefwechsel, dem er Verehrung und Vertrauen widmete. Dass dann alle insgesamt sich über den zwinglischen sowohl als den lutherischen Standpunkt erhoben und in eine eigentümliche Bahn gerieten, ist der Einwirkung Rolls beizumessen."

Ich glaube nicht, dass sich diese Behauptung in ihrem vollen Umfange aufrecht erhalten lässt.

Rolls Aufenthalt im Jülichschen war viel zu kurz, als dass er nachdrücklich auf die übrigen Prädikanten, die schon lange in dem Banne des Campanus standen, hätte wirken können. Was Cornelius für Roll beansprucht, trifft ganz und gar auf Campanus zu, dem er durch seine Lehre vom Abendmahl von vornherein nahe stand und sich im Laufe der Zeit immer mehr genähert hat. — Als Roll aus Strassburg zurückkehrte und seine eigene Schrift über das Abendmahl publizierte, war bereits die Schrift des Campanus: „Contra totum post apostolos mundum" (1530) und seine „Restitution" (1532) erschienen. Des Campanus Schriften hat Roll gekannt (s. o.) und sie benutzt, auch an einer Stelle sich gegen ihn gewandt. Seine eigene Abendmahlslehre brachte nichts Neues, sondern wiederholte nur, was Schwenkfeld, Melchior Hofman und mit ihm Campanus längst ausgesprochen hatten. Die Gedanken über das Abendmahl, die sich in Rolls Buche finden, z. B. das Brot heisse der Leib des Herrn in demselben Sinne, wie das Paschlamm der Vorbeigang genannt werde, beide seien nur Gedenkmahlzeiten, hatte Campanus bereits vorweggenommen, und hatten eine weitere Verbreitung gefunden. Wenn Roll ferner sagt: „Darum habe man im Abendmahl nicht Vergebung der Sünden oder Befestigung des Glaubens oder irgend etwas anderes zu suchen,

sondern es sei bestimmt, den Tod des Herrn zu verkünden und
den Liebesbund der Gläubigen untereinander zu erneuern", ferner:
„Die Apostel hörten die Worte Christi, aber ohne dass es ihnen
helfen konnte; darum versprach ihnen Christus den heiligen Geist.
Der Geist ist es, der in dem Menschen wirkt, dass sie das Wort
empfangen können, und dies geschieht ohne alle Vermittlung eines
Werkzeuges; er wehet, wo er will", so haben wir hier Ideen vor
uns, die wir bereits bei Campanus lesen: „Hoc igitur de spiritu
sancto sentio, quod sit communis illa natura substantiaque et virtus
Dei, quia Deus in efficandis et administrandis rebus omnibus
exercet. Iste est ille spiritus, haec illa virtus Dei est, quae una
operatur omnia in omnibus.[1])

Mit seinem vollen Namen wird Roll, wie oben bereits gesagt,
in den Visitations-Protokollen nicht ein Mal genannt. Die geistige
Überlegenheit des Campanus musste im Jülichschen um so grösseren
Einfluss haben, als die anderen Prädikanten, die er mit sich fort-
gerissen, ihr Wirkungsfeld verlassen hatten. Rolls Aufenthalt in
Jülich ist aber immerhin lang genug gewesen, um sich mit dem
ihm im allgemeinen verwandten Anschauungen des Campanus bekannt und sie zu den seinigen zu machen. In Münster hat er im
Sinne des Campanus im Stillen mit Erfolg gewirkt und ist so in
Münster nach obiger Einschränkung mit Recht als „des unrats
erster anfenger" bezeichnet worden.[2])

Im Wassenbergischen hatte er durch seine Wärme und Milde
im Gegensatz zu der Bitterkeit und Heftigkeit des Campanus bald
den ursprünglichen Lutheraner Klopreis gewonnen; ebenso gelang
es ihm auch, die übrigen Prädikanten, wie Stralen, Rothmann bald
auf seine Seite zu ziehen und ebenfalls in des Campanus Bann
zu bringen. Ihre gesamte Abhängigkeit von Campanus ergeben
auch die noch vorhandenen Traktate. Die „Abhandlung" z. B.
vom Februar 1532 mit der Unterschrift: „ministri verbi haec de-
finierunt", sowie die von Roll verfasste Schrift: „An meine lieben

---

[1]) Z. f. histor. Theologie 1846, p. 496.

[2]) Wenn wir daran denken, dass Campanus, wenn nicht ein Schüler
Melch. Hofmanns, so doch ein Gesinnungs- und Parteigenosse desselben war, so
verstehen wir auch die Notiz bei Ottius, Annal. anabapt. p. 58: „Primus ergo
Monasterii docuit Hen. Roll, qui eum Staprola errorem imbibit a Cornelio
Poltermann et Melch. Hofmanno."

Brüder und Schwestern" vertreten voll und ganz die Ansichten ihres Meisters Campauus.[1]

Am 6. November 1533 wird gegen Roll und die übrigen Prädikanten die Verbannung ausgesprochen. „Nach dieser Zeit nimmt Rothmann die erste Stelle ein", sagt Sepp. Warum aber Rothmann, der doch stets in Münster in den vordersten Reihen als kühner Kämpe gestritten hat, jetzt auf einmal avanciert sein soll, ist nicht recht ersichtlich. Zu einer Führerrolle, zumal in den damaligen wild bewegten Zeiten, eignete sich aber nur eine ruhe Natur, die dem Roll fehlte. Schon in den Schriften prägt sich die Verschiedenheit dieser beiden Charaktere aus. Der tiefdenkende, ruhig dahinlebende Roll kehrte selbst da, wo er polemisierte, nur seine Friedensliebe hervor, während Rothmann wild einherfuhr.

Als die „Bekenntnisse von beiden Sakramenten" in Münster verfasst waren und unterzeichnet wurden (8. November), da unterschrieb zuerst Rothmann, dann Klopreis und an dritter Stelle erst Roll. Klopreis bezeugt, dass Rothmann die „Bekenntnisse" allein verfasst hat, wie er sie auch zuerst unterschrieb.[2] Es wird in den „Bekenntnissen" nicht allein die Kindertaufe verworfen, sondern auch als einzig christliche die empfohlen, welche auf das Bekenntnis des Glaubens geschieht, wie Campanus in seiner ausführlichen „Abhandlung über die Taufe"[3] bereits ausdrücklich betont hatte. Dass übrigens nicht in allen Quellen Roll allein als der Hauptverursacher der Münsterschen Bewegung neben oder vor Rothmann angesehen wird, zeigt eine Urkunde im Stadtarchiv zu Köln, welche besagt, dass Klopreis der vornehmste Priester nächst Bernhard Rothmann sei."[4]

---

[1] s. u. II. 2.

[2] Niesert, U. S. I. 110: „Das Boich, so zu Munster von der Dauff gemacht ist, das hat Bernardus gemacht." (Eine ausführliche Übersicht des Inhaltes der „Bekenntnisse" bei Sepp, geschiedk. Nasporingen I, 75 ff.)

[3] cf. „Restitution" des Campanus; s. o. p. 253 ff.

[4] Wenn es in einer bisher unbekannten Chronik „Memoriale u. s. w. und Beschreibung der Widertauffer" (Staats-Archiv zu Münster. Mscr. VII, 504 fol. 20; die Chronik geht auf Quellen des 16. Jahrhunderts zurück) heisst: „Rothmann war der erste, so offenbar die Wiedertaufe predigte und meistens solches bei Nachtzeiten. Sein Meister ist gewesen Hendrik Roll", so ist auch diese Mitteilung nur so zu fassen, wie die oben gemachten, ähnlich lautenden, dass Roll eben hier der Vermittler von Ansichten anderer, besonders

Wann Roll nach seiner Verurteilung zur Verbannung die Stadt Münster verlassen hat, wissen wir nicht genau. Er ging nach Holland und Friesland und verbreitete dort die eben fertig gestellten „Bekenntnisse".[1] Bald hier, bald dort tauchte er auf. Auch in Amsterdam scheint er gewesen zu sein.[2] Am 1. Januar 1534 ist er wieder nach Münster zurückgekehrt und besteigt seine Kanzel zu St. Ilgen. Nach seiner Predigt lässt der Rat die Kirche schliessen. Am 5. Januar 1535 wird er von den niederländischen Aposteln getauft und erhält das Amt als Täufer.[3] Damit ist er erst in die Reihe der eigentlichen Münsterschen Anabaptisten einzureihen. Am 23. Januar wird das Edikt des Bischofs gegen die wiedertäuferischen Prädikanten, darunter natürlich auch Roll, erlassen. Dieser ruft zur Busse, ja er soll der Anfänger des Bussrufs gewesen sein. In Knipperdollings Hause tauft er den Kölner Gerhard Westerburg.

Am 21. Februar verlässt dann Roll die Stadt, um nicht wiederzukehren. Verschiedentlich wird berichtet, der Grund sei gewesen „om volk te werven".

Bei Ottius aber (Ann. anab. p. 63) heisst es: „Rullius prospiciens eventum istorum conatuum non fore bonum ad Trajectenses se confert." Dieselbe Ahnung von dem üblen Ausgang der sich überstürzenden Ereignisse im „neuen Jerusalem" hatte schon früher kein anderer als Rothmann geäussert. (Sept. 1533.) Zu der Frau eines Freundes, welche ihn um Rat fragte, ob ihr Mann einem an ihn ergangenen Rufe nach Lemgo folgen solle, sprach er damals die denkwürdigen Worte: „Meine Schwester, lasst ihn nach Lemgo gehen, denn es will hier nicht gut werden."[4] So

---

des Campanus, war, soweit solche eben Rothmann bei dem lebhaften Verkehr der Stadt Münster, z. B. mit dem Niederrhein, etwa unbekannt geblieben waren.

[1] Viglius an Erasmus (1534, Aug. 12): „Tertius Rollius quidam fuit: is sub natalem Domini (die Zeitbestimmung ist ungenau; allerdings ist er gleich nach Weihnachten wieder zurück) cum Rothmannicis libellis plenis supradictorum dogmatum profectus est in Hollandiam et Frisiam ac ibi eam excitavit turbam, de qua supra memini". Cornelius M. A. II, 340.

[2] Sepp, Kerkh. St. p. 64; Cornelius, die niederl. W.-T. p. 31. Jan Pacuw beruft sich in seinem Bekenntnis auf Roll als auf einen Mann, der sicher an den Übergang der Stadt Amsterdam in die Hände der Anabaptisten geglaubt habe.

[3] M. Q. II, 403, 272.

[4] Keller, W.-T. p. 139.

spruch der, welcher die Geister, die er citiert, nicht wieder los
werden konnte, die, immer mächtiger werdend, ihn schliesslich mit
in den Abgrund zogen. Diesem tragischen Geschicke wollte Roll in
richtiger Wertschätzung der haltlosen Zustände ohne Zweifel entgehen.

In dem Bekenntnisse Johanns von Leiden[1] heisst es: „Es
weren wol etzliche kumen und gesacht, sie kunten den Kummer
nit leiden, begerten zu iren freunden zu tzechen und wolten in
alles best doin nach irem vermoeghen. Aber weiss nit, wie die sein,
anders dan Hinricus Rollius und sunst andere lantzknecht."
— Chr. Sepp hat in seinen „kirchenhistor. Studien" nicht ohne Glück
eine Ehrenrettung Rolls versucht. In seiner „Bibliothek von
Nederl. Kerkh."[2] sagt er: „Ik hoop, dat het mij gelukt is, het
bewys de leveren, dat Rol Munster ontweken is, toen de bestialiteit
daar den vrijn teugel begon te vieren, en dat hij elders dat Evangelie
heeft gepredikt, zonder de Munstersche dolingen te verbreiden."

In der That scheint Roll die Entwicklung der Münsterischen
Dinge nicht zugesagt zu haben; der Anabaptismus Rolls konnte
sich mit dem eines Jan van Leiden nicht vereinigen. Daher verliess Roll Münster resp. liess sich entsenden.[3] Im Bekenntnis
des Klopreis wird gesprochen von zwei Holländern und später noch
von einem, die nach Holland gingen mit Briefen, „und quamen
nit wider umb".[4] Zu diesen gehört auch Roll. Wenn Antonius
Corvinus in einem Briefe an G. Spalatinus[5] von Roll spricht als
von einem „homo Batavus, ad perfidiam atque turbandas politicas
rationes plane natus. Is quum civitate paulo ante quam obsidione
cingeretur excedens, alibi perfidiae suae poenas dedisset . . .",
so entbehrt er des Beweises. Aber er hat insofern Recht, als
wir Roll den Vorwurf des „Verrates" an der Münsterischen
Sache nicht ersparen können.

[1] Cornelius, Berichte der Augenzeugen . . p. 402.

[2] Leiden 1886 p. 392.

[3] Rullius, prévoyant que l'entreprise temeraire de ceux de la Secte
(Matthis, Jan van Leiden etc.) ne pouvoit que leur être enfin très funeste,
abandonna Munster et se retira dans la Province d'Utrecht [?], mais quelques temps après, ayant été pris et convaincu de plusieurs impiétez et blas-
phémes, il fut brûlé. Catrou, Histoire des Anabaptistes. Amsterdam 1699 p. 55.

[4] Niesert, U. S. 119.

[5] s. bei Gast, de Anabaptismi Exordio . . . . p. 149; Bouterwek, zur
Litt. u. Gesch. d. W.-T. p 2.

Bei Hortensius[1]) ist ein Brief Hendriks von Hilversum an seine Wiedertäuferfreunde in Münster erhalten. Catrou erzählt uns: Hendrik sei mit einer Menge Geldes ausgesandt, um Hülfe zu werben; mit ihm gleichzeitig Joh. Nottels. Der erstere habe aber vor den Thoren der Stadt die Partei des „Königs von Zion" verlassen und sei ins Lager des Bischofs übergegangen. Darüber sei man in der Stadt in grosse Aufregung geraten: „Gott hat sein Volk verlassen, wenn selbst die Propheten betrügen!" so habe man in der Stadt ausgerufen. Während der König Johann über Mittel nachgedacht habe, das Volk zu beruhigen, sei der folgende Brief Hendriks angekommen: „Liebe Freunde! Wundert Euch nicht, dass ich mit eurem Gelde eure Partei verlassen habe und ins Lager des Bischofs übergegangen bin. Es ist dies meine Absicht gewesen, seitdem ich meinen und euren Irrtum erkannt habe. Wer kann bei vollem Verstande noch in eurer Gesellschaft leben, wo alle Bande zerrissen sind; wo man den Befehlen eines grausamen Verbrechers gehorchen soll, der alle göttlichen und menschlichen Gesetze missachtet. Nicht lange mehr wird es dauern, so wird man das Joch all der falschen Propheten abschütteln und dem legitimen Herrn die Thore öffnen" etc.

Dieser Brief — der Inhalt ist gekürzt — wird, wie gesagt, dem „Hendrik von Hilversum" zugeschrieben. Dieser wird mit Recht identificiert mit Henrich Roll; so bei Habets, so bei Keller. Starck[2]) hält Hilvers für den Verräter Grass.

Trotzdem sich in dem Briefe eine Stelle findet, welche sich auf den Verräter Wesels: Grass oder Greiss deuten liesse, (er wird übrigens neben Hendrik Grass auch Johann genannt),[3]) so halte ich es doch nicht für ausgeschlossen, dass man Heinrich Roll als Verfasser annehmen darf. Habets identificiert Roll und den ehemaligen Karmeliter Mönch Hendrik van Hilversum[4]) und er-

---

[1]) Hortensius, Tumultuum Anabaptistarum Liber unus vom Jahre 1548 [also Zeitgenosse]; vergl. denselben Brief in D. Lamberti Hortensie von Montfort, van den oproer der Wederdoopers — eerst in't Latyn beschreven en gedruckt tot Basel ende nu in Nederlands overgheset enz. Enchuysen Anno 1614, gross 8°, p. 14 b u. Lambert Hortensius, Oproeren der Wederdoperen. Amsterd. 1660, kl. 8° p. 92; ferner: Catrou, Histoire des Anabaptistes p. 153.

[2]) Starck, Gesch. der Taufe u. der Taufgesinnten. Lpz. 1789 p. 244.

[3]) so bei Starck, so auch bei Keller W.-T. 274; M. Q. II, 94. Ottius p. 67 nennt ihn Henricus.

[4]) Habets a. a. O. p. 101, 102.

wähnt ebenfalls den Brief des Hendrick van Hilversum Goiolandus
bei Hortensius. Er setzt aber hinzu: „Ich vermute, dass dieser
Hendrik von Hilversum aus Gooiland niemand anders war, als der
Hendrik Grass, der Verräter von Münster, der wahrscheinlich
von Hilversum zu Hause war." Woher hat Hubets aber diese
nicht belegte Quelle?

Woher der Brief entnommen ist, und ob er wirklich aus
Rolls Feder stammt, wissen wir nicht. Ohne Zweifel aber giebt
der Brief die Gedanken Rolls wieder, die ihn bei seinem Fort-
gange aus Münster beseelten. Wäre der Brief, wie Catrou annimmt, im Lager des Bischofs geschrieben, so würde er jedenfalls
etwas anders gefasst sein.[1]

Weil Roll nicht zurückgekehrt ist, hat man nur mit Verachtung von ihm gesprochen und spätere haben ihn geradezu mit
dem Verräter Heinr. Graiss verwechselt. Dass man ihn aber auch
Brant Hendrik == der rote Heinrich nur deswegen genannt habe,
um ihn zu verachten[2]) und als Verräter zu brandmarken, kann
ich nicht belegen. Eine Person aus der niederen Klasse, die rote
Haare hat, so zu bezeichnen, — wir erhielten so einen Beitrag
zur Kenntnis des Äusseren Rolls, — liesse sich schon eher hören.
Richtiger jedoch scheint mir die Annahme zu sein, dass Brant
Heinrich nichts anderes bedeutet als Brabanter Heinrich, wodurch
wir an seine Heimatprovinz Nordbrabant, in der Grave lag, erinnert werden.

Über Rolls Aufenthalt und Wirken in den Niederlanden sind wir genauer unterrichtet.

Natürlich wandte er sich zuerst dorthin, wo er bekannt war
und sich den meisten Erfolg versprach. Daher suchte er in erster
Linie Wesel auf. Dort hatte er früher bereits zahlreiche Personen

---

[1]) Catrou hat sich an Hortensius angeschlossen, dem er den Brief entnommen hat. J. Revius, Daventria illustrata, Lugd. Bat. 1650 p. 254 schliesst
sich ebenfalls an Hortensius an. Dieser identificiert allerdings Heinr. Graiss
und Henr. von Hilversum Goylandus, welchen Namen er auch Roll beilegt.
Auf ihn stützt sich wohl auch Ottius p. 58: Originem traxit hic Rollius ex
Goylandia Holandiae. —

Vielleicht ist der ganze Brief fingiert und später eingeschoben. Wie
dem aber auch sei, jedenfalls giebt er die Stimmung sowohl vieler Münsterschen wieder, die, durch die Verhältnisse gebunden, zurückbleiben mussten,
als auch und besonders derjenigen, die jenes Joch abschütteln durften.

[2]) so Sepp, Geschichk. Naspor. II, 7.

getauft.[1]) Von Wesel gelangte er nach Maastricht, wo er sich als
Hendrik von Hilversum (wie er in den späteren Akten stets genannt wird) an die Spitze der dortigen Täufer-Gemeinde stellte
und eine äusserst rege Thätigkeit entfaltete.

Aus seiner Verborgenheit in Maastricht machte er verschiedentlich Reisen ins Jülischsche, um dort seine alten Bekanntschaften
aufzufrischen. In Dieteren, Born und Sittard wirkte neben ihm
als Bischof und Täufer der vielgenannte Jan Smeitken (s. u. II. 4.)
von Maastricht. Sie haben wohl um diese Zeit hier unter den
Täufern die Lehre aufgebracht, die wir später finden, dass es
Ehebruch sei, mit einem Weibe zu leben, die nicht wiedergetauft sei.

Über seine Thätigkeit in Maastricht hören wir bei Habets
(a. a. O. p. 133): „Memorie int cordt vanden feyt ende aenslach
der personen, die inder stat van Triecht aengetast ender ter justitie
gestalt sin, ter causen van der secten Lutheranen off heretiquen“:

In den ersten is te weten, dat inder stat van Triecht comen
is eyn verloupen vanden Carmeliten orden, die in Septembri
vorleden alhyr inder voersz. stadt ter justicie gestalt is ten fuyr
als eyn Lutheraen off heretiq persoen, genaempt her Henrick
van Hilverssom, die welcke diversze hyemliche vergaderingen
in der stadt gemaect heef in secreten ende abstracten plaetsen.
Inde dengienen die by hoem quaemen, onder tschien dat hy hoen
soude leeren ende wyzen den wech der salicheit uyter heylichen
scryfft, heeft die vorgn. her Henrich den burgeren vander stat
ende diegeene, die tot hoem quaemen om sin wordt te hoeren, ·
geinducert mit schoenen bedregelichen worden, dat si hoen hebben
lacten herdoupen, den selven luyden ende burgeren te kennen
gevende, dat die doupe, die si in hennen kintlichen daegen ontfangen
hadden, van nyetten weir, by diversse quaeden falsen ende on-
redelichen opinien, die hy den simpelen luyden voergehalden heeft
gehadt, doer welchen schoenen bedregelichen worden des voersz.
her Henrichs diversse personen hoen hebben lacten daer tou bringen,
dat si hoen hebben laeten herdoupen vanden voersp. her Henrich . . .“

Roll wurde während der Verfolgung (Aug. 1534), welche
durch Leute aus Jülich, meist Landleute aus Dieteren, Born und
anderen Dörfern bei Sittard, die in Maastricht eine Zuflucht suchten,
veranlasst war, neben dem Amtmeister der Krämergilde (s. o. p. 35)

---

[1]) Habets a. a. O. p. 134.

Servaes van der Maer „wegen oncristelyker worden tegen der
Gotheid onss lieffs Heren Jesus Christus" gefangen gesetzt. Es
ist des weiteren einiges über ihn bekannt geworden, woraus hervorgeht, dass er den Münsterschen Terrorismus, Gütergemeinschaft
u. s. w. vollständig aufgegeben und verleugnet hat. Er habe gepredigt gegen die Gebräuche der Katholiken, welche nicht mit
dem Evangelium übereinstimmten; er eiferte gegen das heilige
Sakrament des Altars in der alten Form, gegen die Messe, Fegefeuer, Beichte u. a.

Roll sei der „Bischof" gewesen. 3 Diakonen unter ihm
seien in den Gemeinden für das Armenwesen eingesetzt; sie hätten
die Verwaltung der „Büchse", in welche alle so viel Geld legen,
als ihnen beliebt, „om die armen personen van honne secten doer-
mede te subvenieren ende te hulpen te comen in honnen noet-
lichen saken.[1]

So verborgen Roll auch gelebt hatte, schliesslich war er
seinen Feinden doch in die Hände gefallen. Noch in demselben
Jahre (1534) wurde er zwischen dem 4. und 9. September[2] auf
dem Friedhofe zu Maastricht verbrannt. Er war der erste Blutzeuge in dieser Stadt; mit ihm wurde die spätere blutige Verfolgung hier eröffnet. Habets, der sich das Verdienst erworben
hat, aus den Akten des dortigen Stadtarchivs sein Todesjahr pp.
festgestellt zu haben, hebt mit Recht die eigentümliche Erscheinung
hervor, dass die Richter die Stellung des „Geinstificierten" nicht
im entferntesten geahnt haben, und dass seine Stellung als Bischof
unter den Wiedertäufern und seine Verbindung mit dem gefährlichen Münster verschwiegen geblieben sei. So fiel Roll, wie
noch viele nach ihm in dieser Stadt, als „befaemt mit der lutherschen und andern quaeden Sekten". Eine Weile blieben die übrigen
Mitglieder der Täufergemeinde noch unbehelligt. Selbstverständlich
vermieden es seine Anhänger, die geringste Andeutung über ihren
Lehrer zu machen. Erst lange Zeit nach seinem Tode wurde
bekannt, wer denn dieser Hendrik eigentlich gewesen war. Allerdings hat er sich nicht mit „werven van volk" für das neue Zion
aufgehalten, sondern hat eifrig getauft auf den vor ihm bekannten
Glauben. Neben ihm war sein Schüler Jan Smeitgen thätig, der

---

[1] Habets a. a. O. p. 134.
[2] Habets a. a. O. p. 227.

22

z. B. im Hause des Diakonen Ruth Ketelbueter auf dem Söller predigte und taufte.

Nachdem der Maastrichter Gemeinde ihr besonnener Führer Roll entrissen war, griff bald der niederländisch-münsterische Fanatismus um sich. Die Anabaptisten, die von nun an in Maastricht vor dem Richter erscheinen, erklären, dass sie dem Aufruf der Brüder folgen müssten, mit Schild und Gewehr, „want het gold een aanslag". Die Versammlung vor dem Aufbruch solle stattfinden zu Isenbroeck (Eschenbruch) bei Sittard (Jülich), wo als Erkennungszeichen eine Fahne entrollt werden solle, um dann auf Münster zu ziehen. Zu all diesen Excentricitäten hat wahrscheinlich das „Büchlein von der Rache" verführt, von dem häufiger in den Verhören als vom „boekje van Amsterdam" die Rede ist. Nicht ausgeschlossen ist übrigens, dass unter letzterem auch Rothmanns „Restitution" zu verstehen ist.

Ort und Zeit des Todes Rolls gerieten in Vergessenheit oder wurden absichtlich später datiert, z. B. auf dem Titelblatt seines später wieder aufgelegten Werkes über das Abendmahl: „Henrick Rol, om des geloofs wille anno 1536 verbrant tot Mästricht".[1] Der Zeitgenosse Kerssenbroick gab Utrecht als Ort seines Todes an: „Henricus Rollius apud Trajectum inferius propter anabaptismum igni adjudicatur." Seiner Autorität folgten die späteren Geschichtsschreiber, so Ottius, Hortensius, Hamelmann.[2] (Die Formen Trajectum (Tricht, Triecht, cf. Maastricht, Utrecht) geben leicht zu Verwechselungen Anlass, zumal wenn inferius oder superius übersehen oder weggelassen wurde.) — Übrigens ergiebt sich auch aus anderen als den bei Habets mitgeteilten Quellen unzweifelhaft Maastricht; z. B. Wolfg. Kyriander[3]: „Rolle, ex Holandia, Monachus apostata et catabaptista nephariae seditionis Munsteranorum auctor, qui tandem tragedia peracta in civitate Mastrich incineratus."[4]

* * *

---

[1] Rahlenbeck, l'église de Lütge nahm darnach noch 1536 als Todesjahr an; er giebt ausdrücklich an: „sur la foi de M. Müller," eines rührigen Buchhändlers zu Amsterdam, der das Buch zuerst aufgefunden hat. (vergl. auch Sepp, Geschiedk. Nasporingen I, 71; Kerkh. St. p. 37. Anm. 1.)

[2] Ottius p. 58; J. F. Corvinus, Anabaptisticum Pantheon p. 30 (Utrecht).

[3] Kyriander, Persecutiones ecclesiae MDXXXXI.

[4] cf. Sepp, Geschiedk. Nasporingen II, 1—9. Bekenntnis des Jan. Paeuw — 29. Dez. 1534 zu Amsterdam: „dat broeder Henrich Carmelyt tot

Zum Schlusse dieses Abschnitts ist der bereits o. I. 4, 5 und p. 156 mehrfach genannte Mulstroesche Kaplan Giells von Rothem (= Ratheim bei Höngen) zu erwähnen. Bei dieser Gelegenheit mögen dann auch noch einige Adlige, welche für die Sache der Täufer jedenfalls lebhaft sich interessierten, angeführt werden.

Dem Genannten klangen wie so manchem die Verlockungen und Verheissungen der Münsterschen Propheten gar zu herrlich, als dass „er sich die Sache nicht hätte ansehen sollen". So befand er sich auch in der Schar, die unter Jacobs von Ossenbruch Führung sich nach Münster begeben wollte, in Düsseldorf aber abgefasst wurde. In den Visitations-Protokollen von 1533 wird er mehrfach genannt. Er war Kaplan in dem Wassenberger Dorfe Höngen [1]) und ging unter dem Einflusse der Prädikanten Klopreis und Vinne zu den „Lutheranern" über. [2]) In seinem Hause hatte Slachtscaep vor 1532 verschiedentlich gepredigt. Aus dem Jülich-schen vertrieben, hielt er sich lange bei Verwandten und befreundeten adeligen Gönnern verborgen. Seit Februar 1531 lebte er in der Ehe mit Gertrud Valkenborch, die schwanger aus dem Kloster Neuenhof entflohen war. Sie war die Schwester des Schultheissen Valkenborch zu Neustadt bei Sittard, der dem in Maastricht ge-fangenen Jan Stevens aus Saeffelen bei Sittard (s. o. p. 77) beim Rate der genannten Stadt vergebens Freiheit zu verschaffen bemüht war, nachdem der Drost von Millen, Gerhard von Hauxeler sich

Maestricht gebrandt". — Aus anderen späteren Bekenntnissen seiner An-hänger ergiebt sich ebenfalls Maastricht: so z. B. Luytgen Schlebuss in Wesel (Z. d. berg. Geschv. I, 366): „sie sey von Henricus Wassenbergh widderdoipt, welcher zu Maastricht verbrandt."

[1]) Die kleine Parochie gehörte damals (1530) ebenso wie Born, Millen, Heinsberg und Wassenberg zum Bistum Lüttich. Während der Pastor in Höngen seine Pfarre verlassen und sie an Gys von Rothem übergeben hatte, war dieser zur Reformation übergetreten. Sodann kamen nach Höngen Slacht-scaep und Vinne. Von 230 Kommunikanten hielten hierauf nur 50 ihren vorschriftsmässigen Ostern. Einer der gelehrigsten Schüler der neuen und neuesten Richtung war in Höngen unter Vinnes Leitung der Küster der Kirche: Jan Stevens (318) (s. o. p. 77). Der Ruf Vinnes drang so weit, dass Leute aus Maastricht zu ihm pilgerten (Habets p. 41). Gleichzeitig mit Vinne soll hier in der Gegend von Höngen Joh. Campanus gepredigt haben, der, wie Habets p. 48 anführt, nach de Hoop-Schleffer, Geschiedenis p. 140; Rahlenbeck, leproteestantisme (Revuet rimestrielle XI p. 89, s. o.) in der Gegend der Obermaas sich aufgehalten hat.

[2]) M. Q. II, 223.

ebenfalls umsonst für ihn verwandt hatte.[1] Gielis' Ehe war durch
Slachtscaep in Gegenwart von Klopreis eingesegnet. Die herzogliche Verordnung wegen Austreibung der Prädikanten traf ihn,
als er gerade Kaplan bei Herrn von Mulstroe auf Haus Hall war.
Gezwungen musste er seinen Stab fürder setzen. Eine Zeit lang
durfte er sich beim Junker Michael von Keusweiler in Mordersheim
aufhalten. Lange jedoch war seines Bleibens nirgends. 14 Tage
war er in der Umgegend von Maastricht bei dem Bruder seiner
Frau, dann 3—4 Wochen in Köln und beim Junker Hermann
von der Arft, dazwischen wieder zu Tuschenbroich beim Junker
von der Heiden, dann wieder in Höngen und Havert u. s. w.
Charakteristisch für den „Amtseifer" der herzoglichen Beamten
in dieser Gegend ist es, dass ihm durch die Vermittlung des alten
und jungen Herrn von Mulstroe trotz aller Edikte vom Vogte
zu Heinsberg gestattet wurde, sich auf Jülichschem Gebiet aufzuhalten, „er solle sich nur hüten, ihm unter die Augen zu kommen".
Später beherbergte er sogar den münsterschen Agitator Jac. von
Ossenbruch und Peter Schomecher aus Dremmen in seinem
Hause. Durch sie wurde er verleitet, nach Münster zu ziehen.
Am 28. Februar 1534 wurde er mit letzteren in Düsseldorf gefangen genommen. Sein Verhörsprotokoll ist noch erhalten.[2]

Es scheint ihm Gnade widerfahren zu sein, denn in demselben Jahre finden wir ihn wieder zu Maastricht, wo er mit Servaes
Swaelen in einem Keller die Wiedertaufe spendet. Er befand
sich hier im Gefolge des „Bischofs" Jan Smeitgen.[3]

Nach der Eroberung Münsters hat unser Ratheimer Prädikant
eine wichtige Rolle als täuferischer Prediger und Apostel gespielt.
Er begegnet uns unter den verschiedensten Namen an den verschiedensten Stellen. Meistens wird er später genannt: Gielis
(Gillis) oder Jelis von Aken (Aachen). Er ist den vornehmsten

---

[1] Habets a. a. O. p. 81 ff.; p. 215.

[2] Cornelius, M. G. II, 223; p. 56: 14 Tage sei er gewesen in Maastricht
bei seiner Frau Bruder: Joh. Valkenberg. „Von dannen by der junffr. van
Elschen zu S . . . by IIII dage gewest, darnach by III oder IV wechen
zu Coln und uf seliger Leitgens huss van der Arft by junckher Hermann
van der Arft . . . Zu Havert hat er nach einem usswichen nit mer dan ein
nacht gewest by Lietgin van der Heggen, der auch dem evangelio anhengich
ist . . . Er sagt auch, das er am ersten, als er uns gewist worden, etliche
zeit gewest sy zu Tuschenbroich by dem herrn van der Heiden by Berck."

[3] Habets p. 154.

Lehrern und ersten Ältesten oder Bischöfen der Taufgesinnten zu-
zuzählen neben Obbe und Dirck Philipps, Heinrich von Vrenen,
Antonius[1] von Köln. Mit ihm trat Menno 1547 in Emden zu
einer Beratung zusammen.[2]

Obwohl die Märtyrer fast durchgehends die Namen ihrer
Täufer verschweigen, so wird Gielis doch häufiger in der Pein
der Folterqualen genannt, so 1549 durch 8, 1552 durch 5, 1558
durch einen Märtyrer von Antwerpen zu Rotterdam.[3]

Lange Zeit stand er auf Seiten Menno Simons', der ihn als
Apostel bestätigt hatte, (und zwar gleichzeitig mit Adam Pastor
und Antonie von Köln.[4] Später wurde Gielis von Menno wegen
der über Handhabung des Bannes ausgebrochenen Streitigkeiten
exkludiert (1555), nachdem vorher schon Adam Pastor wegen seiner
abweichenden Ansichten über die Gottheit Christi gebannt war.

Seine Geburt in der Nähe von Aachen oder seine Thätigkeit
daselbst hat ihm jedenfalls seinen Namen gegeben. Längere Zeit
wirkte er zusammen mit Jan Stevens in Jülich und Aachen; auch
in Maastricht und Roermond werden sie häufiger erwähnt. Wohl
in den ganzen Niederlanden waren sie thätig, wie Aussagen in
Amsterdam bestätigen. Schliesslich flohen sie nach Antwerpen,
wo sie ihr Ende fanden.[5]

---

[1] s. oben p. 66, 157 „der fromme Antonius".

[2] s. Brons, Ursprung der Taufgesinnten, p. 96.

[3] vergl. S. Blaupot ten Cate, Geschiedenis der Doopsgezinden 1847,
Bd. I, p. 21 ff.; de Hoop-Scheffer, Inventaris No. 354 (1549:8 W.-T. zu
Amsterdam nennen ihn als ihren Täufer), No. 360 (1550:2), No. 361 (1550:18),
367 (1552:6), 370 (1553:1), 372 (1553:2), 399 (4. Aug. 1562: Vonnis van 't
Hof van Holland, waar bij Feije Hermans, na afsnijding van de tong,
tot den brandstapel verwesen wort, omdat sij verschillende valsche ver-
klaringen had afgelegd, die de justitie in't vervolgen van Gillis van Aken,
Jan van Hasselt en andere Anabaptisten verhinderd hadden." (Hier wird
dann auch schon bemerkt, dass Gillis in Antwerpen gefangen sei.) cf. auch
Brandt, Historie der Reformatie I, 153.

[4] Starck, Gesch. der Taufe und Taufgesinnten; Cramer, Menno
Simons p. 85.

[5] cf. Antwerpsch Archievenblad XIV, 22; VIII, p. 435, 440. Die
Kopie einer „Rechnung des Schultheissen zu Antwerpen" aus dem Reichs-
archiv zu Brüssel befindet sich im „Archiv der Taufges.-Gemeinde zu
Amsterdam". vergl. ferner: Starck, Gesch. der Taufe ... Leipz. 1789 p. 318;
J. Hansen in Z. d. Aachener Geschv. VI, 306; Reitsma, Honderd jaren uit
de geschiedenis der Hervorming ... in Friesland. Leeuw. 1876.

Über seinen Tod finden wir im „Antwerpsch Archievenblad (a. a. O. p. 435) unter: „de Schoutet contra Gielis van Aken (auf dem Rande: Anabaptistarum episcopus) folgendes: overmidts dat den verweerdere herdoopt is ende oik andere diverssche ende ontallicke in getale selve gedoopt heeft, vele ende diverssche conventiculen in diverssche plaetsen houdende, ende soo oirsaeck wesende datter meninghe gecomen syn tot dwalinghe ende daerdoer gecomen ende noch zyn te comene in verlies van siele ende lichaem . . . auf dem Blattrand: Executio. (9. Juli 1557.)

In „Antwerpsch Chronykje" findet sich über seine Hinrichtung: „Item op den 10. July, wirt't 'Antwerpen op den Merct eenen Bischop[1]) gerecht, dier veel herdoopt hadde, ende hy bekende opentlyck, dat hy gedoolt hadde, ende hy ginck syn valsch geloove aff, ende stirf als een goet Kersten menschen." Darnach müssten wir also annehmen, dass er schliesslich seinem bekannten Glauben abgeschworen und ihn verleugnet hat.[2])

Eingehender berichtet uns über sein Lebensende Brandt[3]): (die Quelle ist leider nicht angegeben): Aus Angst vor dem Feuertode habe Gielis seinen Glauben widerrufen. Ja, nachdem ihm sein Leben zugesagt, habe er noch andere Mitgefangene zu gleichem Widerruf zu bringen versucht, ohne dass jedoch diese auf ihn gehört hätten. Hans de Busscher oder der Weber, auch ein Ältester, ebenfalls aus Aachen, habe es dann mit Lebensgefahr gewagt, im Kerker auf ihn einzuwirken, damit er seinen Widerruf für ungültig erkläre. Seine Bemühungen seien endlich belohnt worden, Gielis sei wieder als Bruder aufgenommen und später als ein Abfälliger enthauptet worden, nachdem solches bekannt geworden. Seine letzten Worte waren angeblich: „'T waer te veel, lyf en siel te gelyck te verliesen".

*　　*　　*

Ausser den oben genannten Prädikanten, die wir als „Principallehrer" bezeichnen können, waren noch zahlreiche andere Laien- und Wanderprediger, Vorleser und dergl. in den weiten Gebieten

---

[1]) Antwerpsch Archievenblad VIII, 440: Ein Bote wird gesandt: tot Maestricht ende Remunden, te causen van Gielis van Aken als leeraer geweest hebbende van dyen vander secten der Herdopers.

[2]) so auch bei Jehring, Gründliche Historie . . . p. 103.

[3]) Brandt, Hostorie der Reformatie, Bd. 1. 1671 p. 183/4.

des Niederrheins thätig, so z. B. werden in Süstern, dem Hauptort der religiösen Erweckung, namentlich angeführt: Ercken von Löwen, Geerken Teysken (Gierken Tiesges), Enken Ysebeels und Heyn Scherys. In den nordwestlichen Ämtern werden ferner als eifrige Agitatoren in den Visitations-Protokollen namhaft gemacht: ein Hutmacher aus Venlo, der zur Zeit nach Kaldenkirchen komme, ein Herr Antonius (s. o. p. 66, 157, 341) in Bracht (Amt Brüggen), bei dessen Ankunft man die Glocken zog, ferner in Ratheim „der lahme Pauwels", der Schröder von Doveren, Lietgen Niesen in Höngen und andere mehr.

9. Die Ereignisse in der Stadt Münster. 1533--1535.

Es war im Sommer 1532, als die Prädikanten im Jülichschen ihr altes Wirkungsfeld verliessen und zum Teil Münster aufsuchten, wo sich in der ursprünglich „lutherischen" Gemeinde schon eigentümliche Wandlungen vollzogen hatten oder noch vollziehen sollten. Die Münsterschen Ereignisse der Folgejahre sind nachgerade so bekannt geworden, dass es hier nur eines kurzen Hinweises wegen der ferneren Schicksale der jülichschen Prädikanten bedarf, die wir im vorigen Abschnitt zum Teil bereits vorwegnahmen.[1]

Der Einfluss derselben zeigte sich bald darin, dass Rothmann im Mai 1533 offen als Gegner der Kindertaufe auftrat und gegen sie predigte. Seinem Vornehmen widersetzte sich aber die Obrigkeit, die solchen überschnellen Neuerungen in ihrem Kirchenwesen nicht beistimmen konnte noch mochte. Natürlich erhoben sich deswegen gegen sie sofort die Prädikanten, welche bereits das Kirchenregiment an sich gerissen hatten, und stellten offen den Satz auf, dass in religiösen Dingen allein der versammelten Gemeinde die Competenz der Entscheidung zustehe.[2] Es tritt also hier in anderer Form zu Tage, was man bereits früher im Jülichschen und speziell auch in Maastricht ausgesprochen hatte, wo man sich weigerte, der weltlichen Gewalt überhaupt sich zu stellen. In der weiteren Entwicklung trat dann die eigentümliche Lehre hervor, die einen deutlichen Einfluss der Oberdeutschen und

---

[1] s. Krumbholtz, Gewerbe Münsters. Publikationen a. d. Kgl. preuss. Staatsarchiven Bd. 70, p. 42* ff.

[2] s. o. Campanus: „de jure sedentium" p. 263.

Melchior Hofmans zeigt: es wird viel gepredigt von christlicher Nächstenliebe, woraus die Gedanken über intensive gegenseitige Unterstützung und brüderliche Teilung resultieren, ferner von der echt melchioritischen christlichen Entsagung,[1]) die sich aller irdischen Güter entschlägt und allein auf die Nachfolge Christi bedacht ist. Dazu kamen, gewissermassen als Ausfluss des sächsischen Radikalismus, Gedanken von der bevorstehenden Vernichtung der Gottlosen und Aufrichtung des Reiches der Gläubigen, wo die Frommen unter Christi Herrschaft eine tausendjährige Glückseligkeit geniessen.

So gewannen die Grundgedanken, die man schon im Jülichschen verteidigt hatte, allmählich immer mehr Leben. Gleichzeitig trat aber ein neues Moment in die Entwicklung der Gemeinde zu Münster. Unter dem Deckmantel religiöser Begeisterung, angezogen durch die aufgestellten Doktrinen und die Hoffnung auf allgemeine Teilung des Besitzes, kam von allen Seiten hungriges fahrendes Volk. Infolge der Uneinigkeit der Gegner — Lutheraner und Zwinglische lagen trotz der ihnen drohenden Gefahr in heftiger Fehde — gelang es dann der ihnen geschlossen gegenüber stehenden Partei der Radikalen, durch grossen Eifer bald den völligen Sieg und die Oberhand über die Stadt zu erlangen. (Dabei ist stets gegenwärtig zu halten, dass nirgends so wie in Münster neben dem Kampfe um religiöse Anerkennung ein solcher um soziale und politische Machtstellung nebenher ging.)

Welcher Aus- und Weiterbildung die Wassenberger Lehren fähig waren, sehen wir bald an den ferneren Vorgängen. Die Lehre, dass der Obrigkeit kein Einfluss in geistlichen Dingen gebühre, fand bald sehr praktischen Ausdruck in offener Gehorsamsverweigerung dem Rate der Stadt gegenüber. Einer der Prädikanten, die sämtlich Anstellung bei irgend einer Pfarrei gefunden hatten, weigerte sich am 7. September 1533, die Kinder zweier Ratsherren

---

[1]) „Welcher nit sich selber verleuckt un allem absagt und gelassen stadt, sein creutz uff sich nimpt, christo nachtritt, der mag sein nimmer wirdig werden. Und will auch Gott solche gelassene menschen haben, wie dann der geist spricht Apocal XIII: „Selig sind die todten, die in dem Herrn sterben von nun an, ja der geist spricht, das sy ruwen von irer arbeit"; so äussert sich Hofman in seiner Auslegung der Apokalypse „Weissagung aus heiliger Schrift", welche von Zeitgenossen für sein bedeutendstes Werk gehalten worden ist. cf. Zur Linden p. 192.

zu taufen. Der Rat sah seine Machtlosigkeit ihm und seinen Amts-
brüdern gegenüber ein und liess sich zu einem Compromiss herbei.
Inzwischen strömten immer neue Scharen nach Münster.
Nachdem der Rat auf Drängen des 3. Standes den Prädikanten
verschiedentlich nachgegeben hatte, begann auch der Pöbel seine
Macht und die Schwäche des Ratsregiments zu fühlen. Er war
daher fest entschlossen, ebenfalls seine Wünsche zu befriedigen
und vorwärts zu eilen, eventuell auch ohne Führung der bisherigen
Leiter. Als auf eine Predigt Rothmanns am 3. November ein
Aufstand gefolgt war, wollte der Rat die Prediger vertreiben. Da
entstand von seiten ihrer Anhänger offener Aufruhr: schon stand
man sich bewaffnet in der Stadt gegenüber. Doch noch waren
die Täufer zu schwach, ihren Willen mit Erfolg durchzusetzen;
sie mussten dies Mal nachgeben. Rothmann blieb zwar, doch
verliessen Roll, Staprade, Klopreis, Vinne, Stralen gegen sicheres
Geleite die Stadt, um — recht bald zurückzukehren. — Bald nahte
aber das Verhängnis.

Durch die Entwicklung des Täufertums in den Niederlanden
nahm die Sache der Taufgesinnten eine ungeahnte Wendung. Der
oberdeutsche Anabaptismus war durch Melchior Hofman siegreich
von Süden nach Norden übertragen. Der Einfluss seiner und
seiner Schüler Lehren auf die Bildung des münsterschen Dogmas
war ein entschiedener. Conrad Heresbach[1]) sagt: „In superiore
Germania tragoediam coeptam per choragos quosdam pseudoprophetas, homines indoctos e rudi plebe, scilicet ex sutoribus et
vestiariis, vana conspiratione auctos, qui literas ne gustarunt quidem,
cum tamen has spiritus sanctus per scripturam testetur esse cer-
tissima media et instrumenta ad recte scrutandam intelligendam-
que doctrinam — qui cum illis tentatis omnibus reliquos actus
absolvere non daretur, ad nos secundo quidem Rheno defluxere
(praesertim) occupato semel Monasterio.“[2])

---

[1]) cf. Heresbachii Historia factionis excidiique Monasteriensis ed. Bouterwek p. 12.

[2]) Bisher war vermutet worden, Melchior Hofman sei 1532 persönlich
in Münster gewesen; allein man hat sich durch die Übereinstimmung ihrer
Lehren und die Anhänglichkeit der Münsterschen Wiedertäufer an ihm doch
irre führen lassen. Zur Linden hat nachgewiesen, dass er Münster jedenfalls nicht gesehen hat.

Welches Einflusses sich aber die Münsterschen resp. die Wassenberger Prädikanten, die 1533 noch in Münster waren, von der Seite Melchior

Die grosse Kluft zwischen gemässigtem und radikalstem Täufertum war durch Hofmans Verbot der Wiedertaufe auf 2 Jahre beseitigt und der Haupttrennungsgrund damit weggefallen. So hatten im allgemeinen bis Ende 1533 auf der ganzen täuferischen Linie friedliche Tendenzen geherrscht, wie z. B. die Schrift „Bekenntnis von beiden Sakramenten" (22. Oktober 1533), von 6 Predigern unterzeichnet, bezeugt. Aber der Friede währte nicht allzu lange. Die niederländische Partei, die von je in engster Beziehung zu Münster gestanden hatte, wurde ihres Führers beraubt; Hofman geriet 1533 in Strassburg in Gefangenschaft. (s. o.) Da erstand der führerlosen Partei ein Prophet: Jan Matthys aus Harlem, der unter Erregung grossen Aufsehens Apostel aussandte und die Taufe gegen Hofmans Verbot wieder aufnahm. Er gab dem alten System neue Tendenz und Deutung. Durch seine Änderung rief er eine tiefe Scheidung hervor. Der Geist des Hasses, der Rache und der Verfolgung wurde von ihm gepredigt. Die religiösen Motive wurden durch rein soziale und communistische verdrängt. Nunmehr trat in den Vordergrund die Idee von der Aufrichtung eines neuen Jerusalem.[1] Das neue Reich soll

Hofmans bewusst waren, und wie weit ihr ständiges Interesse an ihm ging, zeigt die Thatsache, dass sie an ihn, der seit Sommer 1533 in Strassburg gefangen sass, den Cornelius Poldermann aus Middelburg (vergl. über letzteren, von dem ein Brief betr Hofman an den Rath zu Strassburg erhalten ist, Cornelius M. A. II, 373; Roerich, Z. f. histor. Theologie 1860 p. 74; Archief vor Zeeland VI (Middelburg 1865) p. 237) Ende 1533 als Abgeordneten nach Strassburg sandten, um seine Freilassung zu vermitteln, vielleicht auch mit geheimen Aufträgen an denselben, da er doch allgemein bei den Seinen als Märtyrer und Prophet galt. (Z. f. histor. Theol. 1860 p. 24); a. a. O, p. 74 (Beilage 23): „Brief Cornelius Poldermanns, den ihm Melchior Hofman hat gedichtet und heissen übergeben. (26. Nov. 1533): „Auch sollt ihr wissen, dass der Grund, welcher hier verdammt ist für Ketzerei, im Niederland an manchen Enden für Wahrheit bezeugt wird öffentlich: auch wird in Westphalen in der Stadt Münster auf freiem Platz der Grund, der hie verdammt ist, von Gelehrten gepredigt für Wahrheit und geschrieben in offenbar Bekenntnis und klagen alle Frommen zu Gott, dass Unbilliges hier gehandelt."

[1] Weder Idee noch Ausdruck waren neu. Schon in Strassburg wurde von dem Propheten Lienhardt Jost 1530 vorausgesagt, dass Strassburg das neue Jerusalem sei, von wo das Panier der göttlichen Wahrheit über die ganze Welt getragen werden solle. Seine Prophezeihungen waren 1533 von Hofman herausgegeben und hatten selbst in den Niederlanden das grösste Aufsehen erregt. In Strassburg gab Hofman in Gesprächen mit

mit der Gewalt des Schwertes herbeigeführt werden. Man soll allgemein die Waffen ergreifen, die Seinigen herbeirufen und die Gottlosen von der Erde vertilgen.

So trat also eine ganz neue „Secte" hervor. —

In der Stadt Münster war unterdessen die Wut des Volkes gegen den Rat entbrannt, der im Dezember 1533 sogar Rothmann hatte answeisen lassen. Doch auch dieses Mal musste der Rat sich bescheiden. Ja, Ende 1533 erschienen sogar die übrigen vertriebenen Prädikanten in der Stadt. In den ersten Tagen des Januar 1534 trafen auch die Abgesandten des Jan Matthys hier ein: es sei ein neuer Prophet erweckt. Sofort begannen sie mit der Wiedertaufe, zu der sich alles drängte. Selbst Rothmann und die Prädikanten wurden dazu vermocht. Die täuferische Partei war bald zur dominierenden erhoben und aus der Verschmelzung des Melchioritismus mit den Lehren der Wassenberger in beider extremster Ausdeutung ging eine neue Dogmenbildung hervor, deren begeisterter und geschickter Interpret Bernhard Rothmann wurde.

den dortigen Theologen offen zu erkennen, dass Strassburg das geistliche Jerusalem sei, wie Rom das geistliche Babylon (cf. Krohm p. 267). Nachdem er aber längere Zeit im Gefängnis festgehalten war, fing man doch an, ihn und seine Prophezeihungen in etwa zu vergessen. Die Apostel aus Holland gerieten auf den Einfall, dass nicht mehr Strassburg, sondern nunmehr Münster das neue Jerusalem sei. Sie waren der Ansicht, Strassburg sei „seines Unglaubens und seiner Tyrannei wegen" verworfen; Münster sei dagegen vom Herrn erwählt, da es sich der grossen Macht so vieler Fürsten des Reiches glücklich mit Erfolg erwehre.

Während der Belagerung der Stadt Münster trat aber doch Strassburg wieder in den Vordergrund; daneben aber wurden gleichzeitig je nach den wechselnden Erfolgen und Aussichten der Agitation Städte wie St. Gallen, Maastricht und besonders Amsterdam ins Auge gefasst als geeignet zur Gründung eines neuen Zion. Die Täufer der Maasgegend scheinen sich z. B. von der Bemächtigung der holländischen Hauptstadt besonders grossen Erfolg versprochen zu haben. — In späteren Täuferbekenntnissen ist öfters zu lesen, dass nach Münster doch die Stadt Strassburg der Sitz des neuen Jerusalem werden solle. Diese Ansicht ist auf erneute Prophezeiungen Hofmanns zurückzuführen. 1534 noch kamen aus seiner Gefangenschaft zahlreiche neue Schriften ins Volk: „es werde ein geistlich Königreich aufgerichtet werden; im 3. Jahre nach Hofmanns Gefangenschaft werde die Stadt Strassburg durch den Kaiser belagert und dann werde das königliche Priestertum durch die wahren Hirten erst recht zum Durchbruch kommen; Gott habe die Stadt Strassburg zu seinem Preis auf dem ganzen Erdboden erkoren, und die Herren von Strassburg würden einst selbst noch mithelfen, dass die Wahrheit siege". Röhrich, Gesch. der Ref. im Elsass II, 104.

Am 13. Januar 1534 kam Jan Bockelson aus Leyden in
Münster an. Als am 9. Februar völlige Glaubensfreiheit gewährleistet war, verliessen die meisten Mitglieder der Ordnungspartei
die Stadt, wofür von draussen haltlose Existenzen in Menge herein-
strömten.[1] Die letzte und höchste Staffel hatte man bald erstiegen:
in der Ratswahl vom 23. September 1534 siegten die Wiedertäufer,
und damit war die Hauptstadt Westfalens in der Gewalt der Anabaptisten und deren Macht begründet.

Aber schon im Siege bereiteten sie sich die ersten Niederlagen: die Pfeiler ihres übereilt aufgebauten Tempels fingen bereits
an zu wanken. Die alten Stützen, die ihnen der religiöse Mittelpunkt gewährt hatte, hatten sie sich dadurch entzogen, dass sie
den radikalen und revolutionären Elementen den Sieg über die
friedfertigen Tendenzen gestatteten. Von neuem erstand unter
ihnen der Geist eines Thomas Münzer. Die Prophezeiung von
der Errichtung des Reiches der Gläubigen und dem Untergang
der Gottlosen schien glänzend erfüllt.

Alles zusammen musste neben der von glühender Begeisterung
getragenen Agitation auch auf ruhigere Köpfe wirken. Was geschehen, war in der That wohl dazu angethan, die stolzesten Erwartungen zu wecken. Alles ging wunderbar schnell. Kaum waren
Matthyssens Sendboten in Münster angekommen, so herrschten sie
auch schon in wenigen Wochen mit den Ihrigen unumschränkt.

Es begann eine beispiellose Propaganda. Die Theorien von
Gleichheit und Brüderlichkeit versagten natürlich ihre alte Anziehungskraft auf den gemeinen Mann nicht.[2] Wie ein nasser

---

[1] Über die Vorgänge in Münster berichtet kurz u. a. eine bisher
unbeachtet gebliebene alte „Cölner Chronik". Manuscript vom Ende des
16. Jahrhunderts. (Biblioth. zu Karlsruhe. Sign. Rastatt 6.)

[2] Brief des Erasmus Schetus an Erasmus von Rotterdam. Antwerpen
1535. Febr. 6.

— — Misere anxiamur per has provincias, praecipue in Hollandia,
nempe ob seditionarium incendium anabaptistarum. Exoritur namque velut
ignis. Vix credo vicus est vel oppidum, quod non habent latentem faecem.
Dum bonorum communitatem predicant, qui habent provintie hominum
nihili, affluunt. Ni Deus averterit districtumque iusticie gladium violenta
manu non obatiterit, vereundum est, quid eventurum, quod Gottorum olim
crudelitate fiat crudelius. Quid presagiant hec signa cum aliis plerisque,
que parit hoc seculum, Deus novit. Non longe dissimilia ab his, que scriptura testatur extremum processura diem, diei possent." Rhedigersche Biblioth.
Breslau. Cornelius M. Q. II, 315.

Schwamm zog das neue Zion die Massen an und gab Propheten von sich. Münster war der Anziehungspunkt geworden für alle Bösewichter aus allen Ländern, die nirgends bleiben konnten. Jetzt strebte alles darnach, „den Triumph der Heiligen" mitzumachen. In sämtlichen umliegenden Gebieten bis fern nach Mansfeld gährte es. Der Nordwesten Deutschlands bildete ein grosses lebendes vulkanisches Terrain, wo allerorts jeder Zeit ein Ausbruch erfolgen konnte.

Unterdessen aber war die Stadt Münster von ihrem bischöflichen Herrn seit Ende Februar 1534 eingeschlossen. Lange jedoch, unverhältnismässig lange währte es, bis das grosse Bollwerk von einem Ringe umgeben war, der eine Kommunikation der Belagerten mit ihren Anhängern verhindert hätte.

Und jetzt wurden die Eingeschlossenen erst recht rührig. Briefe und Schriften flogen hinaus an Freunde und Verwandte mit Versprechungen und Vorspiegelungen. „Man soll Geld und Waffen aufbieten, die Stadt zu entsetzen!" — Besonders wirkungsvoll waren 2 Schriften, die in nicht allzu grossen Zwischenräumen ins Land gesandt wurden: die „Restitution" und das „Büchlein von der Rache", (Oktober und Dezember 1534) wodurch die Bewegung draussen geschürt wurde. Scharenweise wurden zu ihrer Verbreitung Apostel ausgesandt, so z. B. Herbst 1534 nicht weniger als 28 gleichzeitig.

Der Ring um die Stadt wurde immer enger. Immer bestimmter rechneten die Belagerten auf Hülfe, während in der Stadt Greuelscenen und Entsendung von Aposteln mit Ausfällen und Abwehr von Stürmen abwechselten. Gegen Ende des Jahres wurde die Not in der Stadt fühlbar: merklich regte sich der Hunger. Draussen mehrte sich zwar der Anhang der Wiedertäufer. Mancher Misserfolg der bischöflichen Waffen, mit Eklat in die Welt hinausposaunt, zog wieder neue Freunde zu ihnen herüber. Immer wieder gelang es insgeheim vertrauten Brüdern, durch die Blokade ins Freie zu gelangen. Schon lag der Schwerpunkt des ganzen Täufertums ausserhalb der Stadt, wozu eifrige Agitation unter dem Belagerungsheer selbst kam.

Auf die Dauer jedoch konnte trotz aller Mühen und Erfolge die Stadt der überlegenen Macht ihrer Feinde nicht widerstehen; sie musste fallen. Nachdem es dem Bischof nach vielen Verhandlungen und nach Beseitigung der verschiedensten entgegenstehenden politischen Bedenken gelungen war, das ganze Reich in sein Interesse zu ziehen, wurde die Stadt endlich — bedeutsam genug —

durch Verrat genommen in der bis auf den heutigen Tag durch
feierlichen Kirchenaktus in Münster gefeierten Johannisnacht vom
24. auf den 25. Juni.[1]) Damit sank „das neue Jerusalem" und
mit ihm König und Propheten. Zugleich aber war der kriegerische
Anabaptismus seinem Ende nahe gebracht. —

[1]) In einer Dedikationsepistel des Beatus Rhenanus an den Erzbischof
Hermann von Cöln (1536 Aug. 15) heisst es betr. Eroberung der Stadt:
„At in primis commemorandum venit indignum sane, quod non ad omnium
bonorum etiam posteritatis notitiam perducatur, quod tua celsitudo pro
orthodoxa religione asseranda, pro salute reipublicae Germanicae, pro con-
solatione bonorum, tam strenuam operam navavit in expugnandis anabaptistis,
qui Monasteriensem urbem occuparant, quo hominum genere nihil insanius,
nihil pestilentius, nihil exitialius hic orbis vidit unquam. Fateor principes
et civitates imperii tandem tulisse suppetias, sed quid futurum erat ubique
latitantibus et ad spem erectis huius abominabilis sectae complicibus, nisi
perpetua tot mensium obsidione cinctum fuisset oppidum? ad quam rem
erat opus sumptu, cuius magnam partem tuum aerarium suppeditavit. Intererat
autem totius Germaniae, imo orbis christiani hanc excetram esse deletam.
Quae victoria post deum opt. max. tibi non minima ex parte
debetur, cuius opera ad hanc perventum est. Debetur inclyto
Coloniensis ecclesiae collegio, cui hoc gratissimum fuit. Equidem Herculi
non pauli facilius extitit hydram illam centicipitem conficere, quam fuit
istam intestabilium nebolonum lernam expugnare, tot intus ac foris sese
factionibus subinde accrescentibus communientem." cf. Briefwechsel des Beatus
Rhenanus ed. Horawitz und Hartfelder. Lpz. 1886 p. 425.

Die älteste ausführlichere Nachricht über die Eroberung etc. finden
wir in „Burscheri Spicilegium" XVI, p. 18—22 (Brief des Tilman a fossa an
Erasmus, 1535. Aug. 17.); s. Höhlbaum, Buch Weinsberg I. 110. vergl.
ferner die lichtvolle Untersuchung von C. A. Cornelius, „die Eroberung der
Stadt Münster im Jahre 1535" in Raumers histor. Taschenbuch 5. Folge
2. Jahrg. 1872 p. 229—46.

\

II. Die Münstersche Propaganda.

1. Verbindungen Jülichs mit Münster.

Schon früh wurden in Jülich Verbindungen mit Münster gepflegt, wie die Visitations-Protokolle von 1533 aufs deutlichste ergeben. Natürlicher Weise war man allerseits bestrebt, sich die alten Wege offen zu halten, wie es sowohl im Interesse der ausgewiesenen Prädikanten als auch ihrer früheren Gemeindemitglieder lag. Aus der Ferne wirkten die ersteren durch Wort und Schrift; Boten wurden mit Grüssen, Empfehlungen und Traktaten ausgerüstet.

Durch ein günstiges Geschick sind uns drei solcher Traktate erhalten. Sie sind jedenfalls während der Kirchenvisitation im Jahre 1533 infolge der wiederholten Befehle, z. B. zu Dremmen, „binnen zwei tagen alle bücher, so sie von Karlstadt, Campanus, Heinrich von Tongern und dergleichen sacramentarien hätten“, den Vögten auszuliefern,[1] confisciert und in die Akten eingeheftet worden.

Ausser mit den bekannten Prädikanten stand man in Jülich auch mit Bernhard Rothmann in Verbindung, wie sich aus den „Fragstücken“[2] ergiebt, die dem herzoglichen Befehle vom 17. Juli 1533 beigelegt waren. Einen wichtigen Vermittler gab dabei der Rosshändler Joh. Bere aus Millen ab, der wegen seines Gewerbes unbemerkt und unverdächtig hin- und herziehen konnte. So „uber-

---

[1] Z. B. zu Dremmen, „das sie inwendich 2 dagen alle die buecher, so sie hetten von Occolampadio, Zwinglio, Carolstadio, Campano, Kloprisse, Henrico von Tongern und dergleichen sacramentarien, den vogten Her zu Heinsberg brechten“.

[2] Das im 1. Bande der Visitations-Protokolle (D. St. A. IV. c. 6.) nach der herzoglichen Instruktion zur Visitation in den Protokollen vom Amte Brüggen eingeheftete und von Cornelius M. A. I, 224 abgedruckte Blatt, welches die sog. Fragstücke enthält, (es sind Ergänzungen der v o r der Visitation erlassenen Instruktion, die sich durch die Visitation erst ergeben haben können,) gehört ohne Zweifel in den 2. Band und zwar zu dem

gab er des etlich artickel, wes der capellan Millen gepredigt, darin
stehn die antworten der von Millen. Und solich artickel hat Bere
genomen und für Heinrichen in Münster pracht, der die responsiones darauf gestelt." An ihn wurde dann später auch der Brief
„an meine lieben Brüder und Schwestern" gerichtet (s. u. 2). Bald
scheint man aber auf sein Treiben aufmerksam geworden zu sein.
Man setzte ihn fest. Es gelang ihm jedoch zu entfliehen, denn
in späteren Edikten des Jahres 1533 sollen ergriffen werden:
„Joh. Bere und die mit ihm aus der haftung zu Millen ausgebrochenen". Neben vielen andern aus Höngen und Dremmen
hielt er sich in Münster auf. „Es sei Vermutung, dass die aus
Dremmen Verlaufenen sich in Münster und in der Mark aufhalten, um zu erforschen alle Gelegenheit, wie es in der Mark
meinem G. H. begegnen werde. Einige von ihnen hätten gesagt,
es würde dem Herzog etwas zustossen, woraus er entnehmen
werde, dass ihnen zu Jülich Unrecht geschehen sei."

Durch die Kirchen-Visitation waren besonders in den vier
Ämtern Wassenberg, Heinsberg, Born und Millen überraschende
Dinge zum Vorschein gekommen. Daher sind auch die im Anschluss daran nach der Visitation in Sachen der Religion erlassenen
Edikte fast sämtlich besonders an die Amtleute der genannten
vier Ämter gerichtet. Hier war man vor allem bedacht, „die
furgenger, ufenthelder, schoelhelder, forleser und kuntschafter" ding-
fest zu machen. Aber viele hatten bereits dem Jülicher Boden
den Rücken gekehrt und hatten sich, wie gesagt, in die Mark
gewandt. Dort hatten ja die „Evangelischen" in den meisten
Städten die Oberhand bekommen, und man hoffte bei der herrschenden Unsicherheit, während eine Gemeindeorganisation noch nicht
fixiert war, leicht Unterkommen zu finden, wie es thatsächlich
auch gelang.

Trotzdem füllten sich die Gefängnisse im Jülichschen, besonders zu Hambach und Hückelhoven, mit Gefangenen. Von
diesen und den Ausgewichenen liefen bald zahlreiche Bittschreiben
um Befreiung und Wiederzulassung bei den herzoglichen Räten
ein. Daher erliess der Herzog an die Vorsteher der hauptsächlich

___

genannten Schreiben vom 17. Juli etwa zwischen fol. 224 und 225: denn
während der Visitation der Ämter wird kein Gebrauch davon gemacht und
sodann finden wir entsprechende Antworten in den Aussagen der Gefangenen
erst nach dem 17. Juli.

„befaemten" Amter unter dem 15. Juli ein Schreiben des Inhalts, dass sie die Ausgewichenen, „so durch unchristliche verführerische prädikanten jemerlichen verführt", gegen Stellung von sicheren Bürgen wieder einkommen lassen sollten unter der Bedingung, dass sie sich ganz nach des Herzogs Ordnungen halten und den Rädelsführern keine Unterstützung irgend welcher Art bei Strafe Leibes und Gutes gewähren wollten. Dabei sollen sie die als „Anführer" bekannten Gefangenen erst dann auf ihre Bitten entlassen, wenn sie zunächst den genannten Verpflichtungen entsprochen, und dann auch Rede und Antwort „uff disse inverwarte fragstuck"[1]) gestanden haben. Wer dann wirklich als „Führer" erkannt wird, soll noch bis auf ferneren herzoglichen Befehl in Haft bleiben.

Jene „Fragstücke" gewinnen nach der obigen näheren Darlegung des Inhaltes der Protokolle[2]) besonderen Wert. Die Erfahrungen der Behörden betreffs der Zustände und Beziehungen der Gemeinden und ausgewiesenen Prädikanten waren natürlich die Veranlassung gewesen, diese Fragen der Untersuchung zu Grunde zu legen. Ich lasse einige Fragen folgen: „Irstlich wes das furnemen ist?" „Wer sie irstlich dazu bewegt?" „Uss wat grond?" Darauf werden sie wohl keine befriedigenden Antworten erhalten haben. Vielleicht erfolgten mangelhafte darauf: „Wieviel der ist und wa sie sind?" Eine genaue Zahl aber für die Gemeindemitglieder und ihren Aufenthalt konnten sie selbst nicht angeben, da sie ja sehr zerstreut waren und ihre Versammlungen an den verschiedensten Orten abhielten. Ferner: „Wat verstentniss sie mit andern ortern haven in sonderheit zu Soist, Münster, Bremen?" Da sich in ihren „bykompsten" häufig fremde und auswärtige „Hospitanten" gezeigt hatten, vermutete man mit Recht, dass sie ihnen allerlei „Vertröstung" gebracht hätten. „Item ob sie (die Anhänger des Campanus, Klopreis p. p.) einich verstand of kondschaft haven binnen Ach, Tricht, Luidich, Coln, Duiren etc.?" Natürlich wurde der Briefwechsel der Behörden mit den grossen Nachbarstädten Aachen, Maastricht, Lüttich infolge der Vorfälle jetzt besonders rege, weil man nicht mit Unrecht „Anschläge" gewärtigte, um so mehr, als einer zu Süstern gesagt hatte, „es gruwelt im fur fernern unrait" etc. Dabei ist natürlich besonders Gewicht

----

[1]) s. Anm. 2 der vor. S.
· s. o. p. 55 ff.

auf die Fragen nach den Prädikanten Campanus, Klopreis, den beiden Heinrichen etc. zu legen. Man argwöhnte wegen der regen Zwischenträgerei zwischen den einzelnen auswärtigen Städten und Jülich politische Aktionen.

Auch über die innere Organisation der Gemeinden wollten sie sich unterrichten, da sie gehört hatten, dass man „Richter" eingesetzt hatte, um alle Streitigkeiten zu schlichten, wodurch nach ihrer Meinung die von Gott gesetzte Obrigkeit überflüssig geworden wäre. Daran schlossen sich dann noch verschiedene Fragen über Versammlungen, wie sie es ferner mit Zins und Zöllen halten wollten u. s. w. [1]

2. Die drei in den Visitationsprotokollen erhaltenen religiösen Traktate.

In dem etwa Mai 1532 geschriebenen Briefe[2] Heinrichs von Tongern an Bucer heisst es: „Cum igitur ob intervalla locorum vix datur mutuis literis nos agnoscere, librorum lectione interdum datur." So suchten auch die Prädikanten, als sie nicht mehr durch ihre Gegenwart und persönliche Beredsamkeit im Jülichschen wirken konnten, ihr Ansehen durch Schriften und Briefe zu beleben und zu steigern. Es war der einzige Weg, der bei der heftigen Verfolgung blieb, um Verbindungen zu unterhalten und sich über den Stand ihrer Sache zu unterrichten.

Die drei kleinen Schriften nun, die ebenfalls diese Zwecke erfüllen sollen, und die wir im folgenden betrachten wollen, bilden gewissermassen die Vorläufer der grossen von Rothmann in Münster verfassten und von den übrigen Prädikanten mitunterzeichneten Schrift: „Die Bekenntnisse von beiden Sacramenten". Sie haben mit den späteren münsterschen Schriften zusammen der täuferischen Erregung den Weg vorgezeichnet resp. sie weiter getrieben. Durch die Lehren der Wassenberger Prädikanten und ihres Führers war der Boden für eine radikal täuferische Bewegung in Jülich vorbereitet; die von ihnen gestreute Saat war aufgegangen und wurde durch jene Schriften, die sie an ihre „Brüder" richteten, gepflegt und

---

[1] Aus allem ergiebt sich mit Bestimmtheit, dass die „Fragstücke" nicht v o r, sondern n a c h der Visitation verfasst sind, dass sie also durch ein Versehen später an einer falschen Stelle in den Akten eingeheftet sind.

[2] Cornelius, M. A. II, 348; s. o. p. 305 u. u. 367.

zwar im engsten Zusammenhang zunächst mit der spezifisch Münsterschen Lehrentwicklung, die ihr charakteristisches Gepräge erst seit der zweiten Hälfte des Jahres 1534 empfing. Bevor die drei Hauptschriften der Münsterschen erschienen und der extremen Richtung in den Niederlanden Bahn brachen, kursierten in Jülich unter vielen anderen jene drei Traktate, die uns glücklicherweise in den Visitations-Protokollen erhalten sind, und zwar:

1) eine Abhandlung über Abendmahl und Taufe, vorhanden in einer Copie von 16 Quartblättern, deren erstes auf der Vorderseite und deren letztes ganz unbeschrieben ist. In den Akten geht unmittelbar vorher das Verzeichnis der Personen von Süstern, welche nicht zum Sakrament gegangen sind. Seit alter Zeit ist die Abhandlung in einen Umschlag eingeheftet, welcher eine Aufzeichnung von gleicher Hand wie die Abhandlung selbst enthält. Sowohl das halbe äussere Blatt — ein Zeichen, dass man es zusammengefaltet in der Tasche getragen hat, — wie der Umschlag zeigen Spuren starker Benutzung. Zusammengeheftet ist dieser Traktat mit einem andern, der die Ueberschrift trägt: „Ein troistbrief und christliche ermanong an die christlich gemeinde zo Süstern, anno XXXIII." Dann folgt in den Akten ein Brief der Eingesessenen von Süstern an die herzoglichen Räte vom Juni 1533, worin sie sich über den ihnen gesetzten Caplan beschweren und geloben, die Sakramente sofort dann wieder zu gebrauchen, wenn sie einen Kaplan erhalten, der ihnen „dy sacramenta von Christo eingesat zu recht ausdeile".

Die zuerst erwähnte Abhandlung trägt am Schlusse einer Empfehlung an die Brüder das Datum: Anno 32. 19. Februar, während die eigentliche Ausführung beginnt: „Anno 32 ministri verbi[1]) hec difinierunt." 7. Februar.

2) Der „Trostbrief"[2]) steht auf 12 Blatt in Quartformat geschrieben. Die Rückseite des Titelblattes ist leer. Der Brief ist eingeheftet in zwei Folioblätter einer Rechnung des Rentmeisters

---

[1]) Deutet diese Unterschrift gar schon auf eine Synode hin, zu der man sich vorher versammelt hatte, um in Sachen des Glauben Beschlüsse für die Bevölkerung des Landes zu fassen?

[2]) Diese Bezeichnung solcher meist handschriftlich verbreiteten Schriften ist eine häufige. Manche von ihnen sind erhalten. Charakteristisch ist die Wiederkehr tyrischer Wendungen in ihnen: christliche Brüder, Gemeinde Christi, Häuflein Christi (s. p. 70, 75, 102 ff, 112, 368 Anm. 1.)

23*

Joh. von Kolgreven aus Heinsberg vom Jahre 1474. In Heinsberg ist der Brief auch sehr wahrscheinlich, durch den Gebrauch stark beschmutzt und angegriffen, vom Empfänger zum Schutze in jene Blätter eingelegt worden. Beide Schriften sind offenbar aus Anlass der Visitation ebenso confisciert, wie der

3) noch erhaltene Sendbrief: „Aen myn liefte broiders und süsters tot Süstern und omgelegen plaitsen, ouch tot Mastricht und allen anderen fromen christen." Er ist ein Original und ruht im D. St.-A. unter IV. c. 6. zwischen fol. 324 und 325 am Schlusse der Akten, betreffend Amt Millen. Ausser der genannten Adresse trägt er von der Hand eines Kanzlisten (?) die Bemerkungen: „Im Ampt Millen. Johan Bere." Er enthält 8 Blätter in klein 8⁰. Die Aufschrift soll jedenfalls andeuten, dass er dem (Pferdehändler) Joh. Bere aus Millen weggenommen ist.

Über die Verfasser der drei Schriften ist natürlich Bestimmtes nicht überliefert. Die verschiedensten Vermutungen darüber sind, zum Teil ohne jede Begründung, bereits ausgesprochen.

Die erste Schrift, die ich im folgenden kurz als „die Abhandlung" bezeichne, scheint bis jetzt weniger beachtet zu sein, obwohl sie es besonders verdient. Interessant und für die Feststellung des Ursprungs sehr wesentlich ist jedenfalls der Umschlag, der einen zum Teil deutschen, zum Teil lateinischen Text trägt.

Aus allen äusseren Anzeichen ergiebt sich meiner Ansicht nach nun folgendes: Der Traktat wurde von den Wassenberger Prädikanten zusammen, hier als ministri verbi sich selbst bezeichnend, die am 7. Februar 1532 noch sämmtlich im Jülichschen waren, als kurze Bekenntnisschrift für die Brüder verfasst und von diesen viel benutzt.[1] Er wurde verschiedentlich abgeschrieben und zwar unter dem 19. Februar von einem einzelnen, der sie durch einen Boten an eine ihm bekannte Gemeinde — wahrscheinlich die zu

---

Zum Vergleich möge hier hingewiesen sein auf den „Trostbrief" vom Jahre 1524: „Trostbrieff der Christlichen Kirchen diener zu Wormbs an die frommen Aposteln und bekenner Jesu Christi so itzt zu Meintz . . . . . ge fangen liegen, iren lieben Brudern . . ." s. Keller in Monatsheften der Comenius-Ges. Bd. 5, 250 ff.; s. o. p. 111 f.

[1] Die Prädikanten hatten sich zu der Zeit über die wichtigsten Fragen geeinigt. In den Visitations-Protokollen heisst es z. B. von Vinne und Klopreis: beide seien damals (d. h. etwa Ende 1531) nicht derselben Meinung gewesen, wie sie es nun sind; ebenso Vinne und Slachtscaep.

Süstern — bringen liess, um in dem dortigen Kreise als Grundlage bei streitigen Fragen zu dienen. Wer der Abschreiber gewesen ist, ergiebt sich, wie ich glaube, zwingend aus dem Inhalte
des Umschlages. Dieser, von gleicher Hand wie die Copie geschrieben, gehört ohne Zweifel dem Dionysius Vinne. Der Umschlag besteht aus einem halben Bogen in Folio, ist vielfach zusammengefaltet und enthält den grössten Teil eines von Krafft,
Aufzeichnungen Bullingers p. 97 f. mitgeteilten und als von Vinne
herrührend bezeichneten Briefes an Luther, worin sich Vinne u. a.
über den Abendmahlsstreit beklagt, dass tota litis potentia ex tam
paucis verbis pendeat etc.[1]) Allerdings fehlt hier der Anfang des
Briefes, worin der Verfasser sich über sein Vorleben, besonders
seine Verfolgungen und die Lehre „des neuen Propheten Campanus"
ausspricht. Dieses Stück ist bei uns leider vernichtet. Der Entwurf dieses Briefes, denn ein solcher ist es nur, stammt vielleicht
aus dem Jahre 1530, wenn wir dieses als Editionsjahr der Schrift
des Campanus: contra totum post apostolos mundum, die hier als
sarmenta Campani (?) bezeichnet ist, annehmen.[2])

Ausser diesem lateinisch verfassten Teile des Briefes enthält
aber der Umschlag auf seiner der unbeschriebenen Rückseite der
Abhandlung zugekehrten Seite in deutscher Sprache eine kurze
Anrede mit der Bitte, doch den Boten nicht lange warten (= biten)
zu lassen, sondern den Inhalt in sich aufzunehmen und zu verstehen, so kurz sie könnten.

Zur besseren Haltbarkeit hatte der Absender eben seine
Schrift in den bezeichneten Umschlag geheftet, der zufällig den
Entwurf seines für Luther bestimmten Briefes enthielt. Somit
wäre kein Zweifel, dass wir Dionysius Vinne als Verfasser resp.
Abschreiber der Abhandlung anzunehmen haben.

Anders verhält es sich mit den beiden übrigen Sendschreiben.
Als Verfasser des „Trostbriefes" ist bisher übereinstimmend
Slachtscaep vermutet und zwar von Bouterwek und Krafft.[3]) Der
Ansicht der beiden letzteren kann ich mich nur anschliessen. Ich
glaube annehmen zu dürfen, dass der Brief 1533 von Maastricht
aus an die Gemeinde zu Süstern gerichtet ist, als Slachtscaep in-

[1] s. Beilage 2.
[2] s. o. p. 302 u. w. u.
[3] Bouterwek in Z. d. berg. Geschv. I. 282 (ihm folgend auch von
Lendertz, Melch. Hofman p. 227); Krafft, Z. d. berg. Geschv. VI, 282.

folge des gegen ihn erlassenen Edikts Jülich geräumt hatte und sich in Maastricht im Hause des Schuhmachers Jan Berne aufhielt, bei dem er „Briefe und anderes" geschrieben hat. Er erwähnt in seiner Schrift ausdrücklich, dass er mit dem Sendschreiben deshalb so lange gezögert habe, weil er ihnen nicht durch seine Schrift und Ermahnungen neues Kreuz in ihrer Verfolgung habe auferlegen wollen. Er tadelt sie besonders, dass sie „die Ermahnungen und Schriften unseres lieben Bruders Herr Dionys so wenig geachtet, dass nur wenige sie gesehen und gelesen haben". Es ist nicht unwahrscheinlich, dass hiermit die erwähnte „Abhandlung" gemeint ist, aus der er in seinem Briefe einige Gedanken kopiert und von neuem einschärft. Slachtscaep hatte besonders in Süstern und Umgegend gewirkt, war dort allgemein bekannt und durfte deshalb den energischen Ton anschlagen, der durch seine Ermahnungen hindurchklingt. Jedenfalls ist der Brief abgefasst, als bereits strenge Massregeln gegen alles „sakramentarische" Wesen ergriffen waren. Da war gerade der rechte Zeitpunkt gekommen, um mit Erfolg religiöse Gemüter für die eschatologischen Stellen der heiligen Schrift zu erwärmen, mit denen der Brief beginnt. Die Gläubigen sehen an sich die dort den wahren Christen prophezeiten Trübsale erfüllt, wodurch sie in ihrem Glauben bestärkt werden müssen. Zum Troste weiss der Verfasser die Gedanken auf die dem Leiden folgende Erlösung, das Ende der Prüfungen und das bevorstehende Gericht über die Feinde zu lenken. Höher schlagen jedenfalls die Herzen der verfolgten Leser, wenn ihnen im Tone siegesgewisser Überzeugung mit bestimmten Worten der nahe bevorstehende Umschwung der jetzigen Weltordnung und der Anbruch des jüngsten Tages verkündet wird, an welchem alle Thränen getrocknet werden.[1] —

Betreffs der Autorschaft des dritten Schriftstückes sind bisher zwei sehr verschiedene Ansichten laut geworden. Bouterwek[2] nimmt Roll als Verfasser an, während Habets, dem sich Krafft anschloss, bestimmt Slachtscaep annehmen zu müssen glaubt. Der erstere hat als Grund seiner Behauptung hauptsächlich auf die in der Schrift vertretene, sonst Heinrich Roll speziell eigentümliche

---

[1] s. o. p. 104, 112 u. alias.

[2] Bouterwek, Z. d. berg. Geschv. I, 282. Habets a. a. O. p. 219; Krafft, Theol. Arbeiten a. d. rhein. wiss. Predigerverein 1880 p. 123 in einer Besprechung von Habets' Werk.

Lehre vom Abendmahl und den bei diesem so beliebten Vergleich mit dem alttestamentlichen Osterlamm hingewiesen, während Habets durch sprachliche Besonderheiten des Traktates zu dem Schlusse gelangt, den Verfasser in die Limburger Gegend versetzen zu müssen. Das letztere scheint mir jedoch in genauerer Erwägung bei der geringen Bestimmtheit des sprachlichen Ausdrucks weniger in Betracht zu kommen, zumal wir ja nicht wissen, ob nicht auch Roll sich längere Zeit in jener Gegend aufgehalten hat, wenn wir zu dem von Bouterwek geltend gemachten Grunde noch die näheren äusseren Umstände hinzu ziehen.

Die Schrift ist ohne Zweifel dem mit Münster seit langer Zeit in Verbindung stehenden Pferdehändler Bere confisciert, wie die Kanzleinotiz auf derselben besagt. Dort war Roll, der selbst an der Abfassung der „Abhandlung" zu Beginn des Jahres 1532 beteiligt gewesen, schon seit längerer Zeit anwesend. Anfangs 1533 hatten auch die anderen Prädikanten Jülich verlassen und waren zum Teil nach Münster aufgebrochen. Unterdessen aber waren einige Unklarheiten über die Auslegung der Lehre vom Abendmahl entstanden, weshalb man sich kurz entschlossen an Roll und Vinne nach Münster wandte. Hier machte dann in dem vorliegenden Briefe „Her Heinrich" (d. h. Roll; Heinrich Slacht-scaep war damals in der Gegend von Maastricht; er kam erst 1534 nach Münster) die „responsiones" auf die einzelnen Fragen. Der Brief wurde an die Gesamtheit der Gemeinden im Jülichschen und den Nachbarländern, „hauptsächlich aber an den Mittelpunkt Süstern, gerichtet, wie die Adresse besagt. Die Vermutung ist ferner nicht ausgeschlossen, dass in den „Fragstücken",[1] wo es in Beziehung auf Münster heisst: „Item Lietgen Niesen furzuhalden her Heinrichs briefgen", von diesem Briefe Rolls die Rede ist, der wegen seines Formates diese Bezeichnung wohl verdient. (Habets scheint dieses bei seinem Urteil übersehen zu haben.) Schliesslich ist hier noch ein anderes Moment zu wägen: Als Einleitung trägt dieser Brief in der Anrede das bekannte Wort: „Proevet alles und haldet, wat recht es". Nun steht am Schlusse des Titels der uns erhaltenen Schrift Rolls,[2] die man auch im Jülichschen wohl schon damals kannte, gleichsam als Motto ebenfalls die Stelle

---

[1] s. o. p. 351. Anm. 2; ferner Cornelius M. A. I, 225.

[2] „Der Schlüssel des Nachtmahls" cfr. oben p. 323. Cornelius, M. A. II, 162.

1. Thess. 5: „Proevet al ende dat goed behaldt." Sollte das blosser
Zufall sein, wenn auch die Thatsache nicht zu leugnen ist, dass
diese Schriftstelle in sehr vielen täuferischen, radikal-mystischen
Traktaten in ähnlicher Weise Verwendung findet?

Bei weitem das meiste Interesse bietet der Inhalt dieser
3 Schriften.[1]) Sie zeigen vor allem klärlich die genaue Bekanntschaft der Wassenberger mit den Schriften aus den Kreisen „altevangelischer"[2]) Gemeinden und mit den Lehren Melchior Hofmans
und des Campanus. An manchen Stellen lässt sich eine fast wört-
liche Entlehnung aus Hofmans Schriften erkennen. Sodann aber
dürfen die Traktate eine besondere Behandlung beanspruchen, weil
sie uns die Fortschritte der Theologie der Jülicher Gemeinden gegen
diejenige, die uns in den Visitations-Protokollen nur angedeutet
war, zeigen und diese passend ergänzen.

Für die Verwandtschaft der Wassenberger mit Melchior
Hofman habe ich bereits in dem Abschnitt über Joh. Campanus[3])
einige Stellen angeführt. Hier mögen noch einige andere charak-
teristische Beispiele Platz finden: Hofman entwirft z. B. in der
„Auslegung der Offenbarung" eine Beschreibung von dem seligen
Zustande der Überwinder; er verheisst dort den treuen Nach-
folgern Jesu als Lohn, dass sie auf den Berg Zion gelangen sollen,
worunter er die Gemeinde Christi versteht, welche eine Versammlung im Geiste sei. In der „Abhandlung" heisst es: „So
lieve brüder und schwestern, wir sind nu zo ghegangen zo dem
berch Zion, zo der stat des levenden Gotts, zo dem hemelsche
Hierusalem, zo der vergaderung vele dusent engelen, zo der gemeyne der irstgebornen" etc.[4]) Ferner finden wir die Bekannt-

---

[1]) Die dritte ist vollständig wiedergegeben bei Habets a. a. O. p. 219 ff;
die zweite summarisch bei Bouterwek, Z. d. berg. Geschv. I, 283 f.

[2]) s. über die Ausdrücke: „Evangelisch", „alt"- und „neuevangelisch"
Monatsh. der Com.-Ges. VII, 304.

[3]) s. oben p. 297 ff.

[4]) vergl. dazu auch folg. Stelle aus Rothmanns „Restitution", ed. Knaake
p. 47: Gott hat der verderbten Welt seinen eingeborenen Sohn gesandt, „unde
he mochte ein nie volck vorsamelen, dat in hillicheit unde gerechticheit sinen
namen prissen wolde. Ja he hefft de heiden dar tho sinen Sonne geschencket
unde enne aver Zyon sienen hilligen bercht tho einem Könninck ingesath, dat
he en sinen willen solde vorkündigen, und se tho rusten sinem vader tho
einem angenemen volcke." — Dieser Abschnitt kehrt übrigens wörtlich wieder
im Bekenntnis des Thomas von Imbroich s. u. IV. 2.

schaft mit der Hofman eigentümlichen doketischen Lehre von der
Menschwerdung Christi: „Das sei der grösste Irrtum, dass man
lehre und halte, dass Christus ein Fleisch von der Jungfrau Maria
angenommen hab."[1] „Christus sei durch die Jungfrau Maria hindurch-
gegangen, wie ein Sonnenstrahl durch ein Glas." In Übereinstimmung mit ihm heisst es in dem 3. Traktat: (Christus spendet
dem inwendigen geistigen Menschen ein geistiges Himmelsbrot.)
„Das lebendige ewige Wort Gottes, das vom Himmel gekommen
ist und Mensch geworden", oder „dass der Mensch weiss und fest
glaubt, dass das Wort für ihn Mensch geworden ist und Fleisch
und Blut angenommen hat".[2]

Ganz besonders zeigt sich Hofmans Lehre im „Trostbrief"
Slachtscaeps ausgeprägt, der die Bekanntschaft mit Hofmans Buch
„Die Ordinanz Gottes" voraussetzt. Bereits im Jahre 1526 hatte
Hofman in seiner „Auslegung des XII. Kapitels Danielis" das
Jahr 1533 als dasjenige bezeichnet, in dem der jüngste Tag
eintreten werde.[3] In Anlehnung daran beginnt der 1533 er-
schienene „Trostbrief": „Es ist noch umb eyn kleyn zyt zo doen,

---

[1] conf. zur Linden, a. a. O. p. 188; Steitz . . p. 151.

[2] Es ist sehr wahrscheinlich, das der geistige Vater dieser Lieblings-
idee Hofmans ein Gärtner in Strassburg, Clemens Ziegler, gewesen ist,
mit dem er in näherem Verkehr gestanden hat. Ziegler liess schon 1524
in Strassburg die Schrift erscheinen: „Von der vermehelung Marie und
Josephs, dazu von der unverruckten Jungfrawschaft Marie vor, in und nach
der Geburt" etc. cf. W. J. Leendertz, Hofman p. 210, dem sich Camill
Gerbert a. a. O. p. 153 anschloss.

[3] Da wir ähnlichen Vorstellungen vom bevorstehenden Weltende,
einer weit verbreiteten, trotzdem in der Regel wenig beachteten Krankheit,
welche auch den Reformatoren keineswegs fremd war, häufiger begegnen, so
ist es notwendig, hier einen Augenblick zu verweilen.

Obwohl diese Erscheinungen ja an sich hier vielleicht weniger wichtig
sind, so werfen sie doch ein eigentümliches Licht auf die beteiligten Personen
und die ganze Zeit, die so voll seltsamer Verwicklungen und Wirren war, wie
wohl kaum eine andere. Heresbach gab in der Widmung seines Commen-
tars über die Psalmen an den Jungherzog Johann Wilhelm von Cleve eine
kurze Übersicht über die Zeitverhältnisse des 16. Jahrhunderts, die eine
seltene Verworrenheit zeigten: Kein Jahrhundert habe soviel Zerrüttungen
in Staaten und Kirchen gesehen, als ein einziges Menschenalter seiner Zeit.
Wann gab es blutigere Kriege? Der Kaiser Karl nahm die ersten Häupter
der Christenheit: Papst und Franz I. im Kampfe gefangen. Man denke an
den wahnwitzigen Aufstand der Bauern, wie die Schweizer in blutigem
Religionskrieg an einander geraten, wie die Wiedertäufer in Münster mit

so en is der gotlose neit mee: du wutz ma der platzen sien, da
er gewonet hait, und er en wurdt da neit syn". Ferner folgende

ihrem Traum vom neuen Jerusalem fast ganz Europa in Spannung halten,
wie ferner der Kaiser das Jülicher Land mit Feuer und Schwert verwüstet,
später sogar zwei deutsche Fürsten gefangen nimmt, während an den Pforten
des Reiches der Türke seine blutige Geissel schwingt.

Während so greuelvolle Kriege, Verfolgung und Vernichtung religiöser
Gemeinschaften, Pest, unerhörte Krankheiten, Hungersnot, Erdbeben die
Lande schlugen, da braucht uns nicht Wunder zu nehmen, dass sich der
Gedanke an eine gewaltige, nahe bevorstehende Umwälzung der Dinge, an
den Anbruch des jüngsten Tages der Gemüter bemächtigte. Gewalt schien
auf allen Gebieten die Parole geworden zu sein. Noch heutzutage kann
man häufiger in unserer Gegend, wenn irgend etwas Aussergewöhnliches
eintritt, dass die Seele des Volkes und des gemeinen Mannes erregt, die
Worte hören: „Et is an de leste tied" (= es ist an der letzten Zeit!) Wie
viel mehr waren solche Gedanken damals am Platze.

Schon 1523 beutete ein schlauer Franziskaner in den nördlichen
Niederlanden die überspannte kurzsichtige Erwartung des Volkes auf das
Erscheinen des Antichrists, an die Wiederkunft des Herrn und den Beginn
des tausendjährigen Reiches in der Weise aus, dass er, um Kauflustige anzu-
locken, einem Buche gegen Luther den Titel gab: „Van de verveerlicke
aenstaende tyt Endechristes". Mit grosser Klugheit suchte er nachzuweisen,
dass den früheren Prophezeiungen, welche den Anfang des 1000jährigen
Reiches auf 1500 oder 1503 verlegten, (dies wurde u. a. in einem Buche von
1500 behauptet: „de turpissima conceptione, nativitate et aliis praesagiis dia-
bolicis illius turpissimi hominis Antichristi") kein Glaube zu schenken sei;
dagegen suchte er klarzulegen, dass gerade jetzt (1525) die Ankunft des
Antichristes nahe bevorstehe, wie es sich vor allem aus der täglich wachsenden
Schar seiner Vorboten ergebe. cf. De Hoop-Scheffer, Gesch. der Rf... p. 153.

Luther glaubte, dass bald nach Beginn seines Kampfes gegen den Antichrist der völlige Sturz desselben durch die Parusie des Herrn bevorstehe.
Im Jahre 1521 erwartete er, dass die derselben vorhergehende Bewegung der
Himmelskräfte 1534 eintreten werde. Noch 1540 sprach er in einer Schrift:
„Supputatio annorum mundi" die Ansicht aus, dass die Zahl der dieser Welt
bestimmten Jahre zu Ende gehe. Im Anfange jenes Buches führt er folgende
aus dem Talmud stammende und dem Elias zugeschriebene Weissagung an:

> Elia propheta
> Sex milibus annorum stabit mundus
> Duobus milibus inane
> Duobus milibus lex
> Duobus milibus Messiah
> Isti sunt sex dies hebdomadae
> coram Deo, septimus dies sabbatum aeternum est.
>
> Psalm 90. Petri 2.

Nach 1000jährigem Bestehen soll nach Luther wie nach Melanchthon,
von dessen Hand jenes Orakel noch im hebräischen Original vorhanden ist,

wichtige Stelle,[1] wo Hofman von dem Worte des Herrn über die Taufe: „Gehet hin in alle Welt und lehret alle Völker und taufet sie etc." spricht: „Christus als Vorbild für seine Schar liess von Johannes sich taufen und wurde dann durch den Geist Gottes in die Wüste geführt, um 40 Tage zu fasten, und litt alle Ver-

die Welt verbrannt werden, dann aber der Sabbath der Ewigkeit sich an-schliessen, dem aber das 1000jährige Reich folge, welches Luther wie Melch. Hofman nicht kannten. Jul. Köstlin, Theol. St. u. Krit. 1878, p. 625 ff; zur Linden, Melch. Hofman p. 218 Anm 1.

In einem Gespräche mit Melanchthon, der ein grosser Freund der Astrologie war, die Luther mit souveräner Verachtung strafte, weshalb die beiden Männer über diesem Thema häufiger aneinander gerieten, sagte Luther einmal: „wenn wir die Türken wegschlagen, ist die Prophezeiung Daniels erfüllt und am Ende; dann ist der jüngste Tag vor der Thür"; vergl. für die frühere Zeit, Maurenbrecher, kath. Reform. p. 87.

Am weitesten ging offenbar Capito, der sich durch Cellarius geradezu zum Chiliasmus hatte verleiten lassen (Commentar zu Hosea) cf. Heberle, Z. f. histor. Theol. 1857 p. 293.

Mit grosser Schärfe wendet sich Karlstadt in seiner apologetischen Darstellung gegen Luther in: „Anzeig etlicher hauptartikeln christlicher lehre, in welchen Dr. Luther den Andreen Carolstat durch falsche zusag und nachred verdächtig macht", 1525, wo es heisst: „Dr. Luther ist der falschen Propheten einer, der uns mit der Zukunft des jüngsten Tages ein Jahr lang erschreckt und aufgehalten hat, und nun sehen wir, dass er Lügen und Geschichten seines Herzens verkündigt hat." cf. Jäger, Karlstadt p. 473.

Kein Wunder, dass besonders excentrische Gemüter bald zu der unbe-dingten Annahme des bevorstehenden Weltunterganges kamen. Melchior Hofman, Campanus und ihre Schüler sind hier nicht die einzigen gewesen. Nicht allein Wiedertäufer, sondern Anhänger der strengsten Richtung Luthers gerieten in diese schwärmerische Verirrung. Sogar ein Freund Luthers, der Prediger Stifel von Lochau, machte sich derselben schuldig. Er legte sich nämlich, selbst Mathematiker, als Christ und Theologe zugleich auf die Berechnung des Termins für den jüngsten Tag. Bei der Untersuchung der Zahlen im Buche Daniel und der Apokalypse brachte er durch Combinationen als Jahr der Wiederkunft des Herrn 1533 heraus. Im Anfange schwankte er nur noch wegen des Tages, später aber bezeichnete er dafür mit vollster Gewissheit Sonntag, den 19. Oktober und zwar die achte Stunde des Morgens. (Köstlin, Luther II, 325.)

Übrigens war in gleichem Jahre, als Hofman seine Offenbarungen verkündete, in Strassburg (Anfang Juni 1526) aus dem benachbarten Städtchen Benfeld ein Wiedertäufer erschienen, der den Welt-Untergang nach 7 Jahren auf den ersten Glockenschlag der 12. Stunde vorhersagte. — Hans Hut in Strassburg sagte 1527 den jüngsten Tag nach 7 Jahren auf Himmelfahrt

[1] Cornelius M. A. II, 222; zur Linden . . p. 242; Lendertz . . p. 227; s. u. p. 367 u. IV. 2.

suchungen Satans, aber getreu seinem Vater bis ans Ende durchstreitend, überwand er Satan. Also sollen alle Kinder Gottes mit
Christo sich verbinden und durch die Knechte des Herrn sich
einführen lassen in die geistliche Wüste, standhaft in dem Willen

Christi voraus. cf. Krohn, . . p. 101; Capito an Zwingli. 11. Juni 1526.
Zwingli opp. VII, 516; Gerbert a. a. O. p. 19.

Mit allen Zeitgenossen, die religiös ernst gestimmt waren, erwartet
auch Seb. Franck das nahe Weltende. „Diese letzte Zeit rast ihrem Verderben zu wie ein scheu gewordenes Pferd. Es ist ein Hohn, mit Predigen
da noch helfen zu wollen Alle Prophezeiungen und Zeichen deuten mit
Fingern auf diese Zeit"; so im „Kriegsbüchlein" und „Vom gräulichen Laster
der Trunkenheit etc." s. Hegler, Geist und Schrift . . p. 249.

Mich. Stifel legt uns einen Vergleich mit Hofman und Campanus nahe.

Hofman setzt das Ende der Welt ins Jahr 1533 nach dem Sommer;
Stifel in dasselbe Jahr, aber genauer auf den 19. Oktober. Beide schöpften
ihre Lehren aus Daniel, Ezechiel und der Offenbarung. Hofman verkündete
vorher, dass gegen das Ende der Welt die Leute nicht arbeiten und die
Reichen das Ihrige verfressen würden.

Von Stifels Prophezeiungen (sein Büchlein „Ein Rechenbüchlein vom
End Christi" erschien 1532. In der im vorigen Jahre in Bonn versteigerten
Bibliothek W. Kraffts fanden sich laut Katalog: „Ein Rechen Büchlein vom
End Christi. Apocalypsis in Apocalypsim" und „Vom End der Welt. Wittenberg, Georg Rhaw. 1532." kl. 8°.) liess sich eine grosse Anzahl Bauern dermassen einnehmen, dass sie alle Arbeit liegen liessen und ihr gesamtes Vermögen durchbrachten.

Beide glaubten von ihren Träumen sicher überzeugt zu sein. Hofman
ging voll Zuversicht und Vertrauen auf seine Grillen ins Gefängnis.

Über Campanus s. o. p. 274; Petrus Baelius in seinem Dictionaire
Crit. Tom. IV. fol. 3076 sagt (Schelhorn, Anm. litt. XI p. 9): Bredenbach
assure, qu'un certain Campanus fit la même chose dans le pais de Juliers.
Kolde (Luther, II, 420) sagt von Stifel: „Seine ganze Affaire war nur eine
Episode, die geschilderte Bewegung nur auf einen verhältnismässig kleinen
Kreis beschränkt, aber sie beweist, wie tiefgehend die apokalyptische Neigung
war, welchen Boden die täuferischen Schwärmereien vorfanden."

Im übrigen sind über Stifel zu vergleichen Luthers Briefe: de Wette
IV, 474. („Nihil hic novarum, nisi quod Michael Stifel cum sua tuba septima
nobis prophetat diem extremam hoc anno circiter Omnium Sanctorum, cum
antea S. Michaelis diem mihi praediceret: et fit concursus, ut metuere
cogamur, ne tumultus concitet in istis vepribus et paladibus. Ideo vocamus
hodie hominem ad nos." (Luther an Jonas. 1533, fer. 3. post Bartholomaei.)
vergl. ferner Catrou, Histoire des Anabaptistes. Amsterdam 1699 p. 60;
Deyl, het Chiliasme p. 135, Anm, I; Burkhardt, Luthers Briefwechsel, Lpz.
1866 p. 216 ff. (Eingehender Bericht eines Augenzeugen über die Folgen
der Verkündigungen Stifels.) Kawerau in Herzogs Real-Encyclopädie. 2. Aufl.)
Über Stifels Schicksal: Brief des Jonassan Spalatin. 1533 Okt. 26: „Michael

Christi bleiben, bis ans Ende kämpfen und überwinden; solchen Überwindern gelten dann alle Verheissungen. Ihnen, spricht der Herr, will er die Krone des Lebens verleihen, und dass ihnen kein Leid geschehen soll etc. und mit ihnen will er sein Abendmahl halten."[1] Im „Trostbrief" lautet es: „drum hat sich auch der Herr Christus, so bald er von St. Johan getauft war, in die Hand und die Macht (Matth. 4) Satans gegeben und sich versuchen lassen, darum dass er uns lehren sollte, dass unser Leben anders nichts ist, denn ein ewig Streiten und Absterben des Fleisches, welches uns alles durch die Taufe bezeichnet ist, durch welche wir auch mit dem Herrn Christo in seinen Tod eingepflanzt sind, den Sünden abgestorben, die in uns nicht mehr überhand nehmen sollen, und sind darum auch seiner Auferstehung teilhaftig geworden, nur um fortan in einem neuen Menschen zu leben."[2] Weitere Parallelen habe ich oben in dem Abschnitt über Campanus gebracht, der am klarsten diese Beziehungen zeigt. Von ihm ging diese geistige Verwandtschaft zuerst auf die übrigen Prädikanten über, die sie ihrerseits nach Münster brachten und in dem ferneren Verlaufe weitere Konsequenzen zogen.

Zum Schlusse möchte ich noch die Resultate anführen, welche die Traktate als Ergänzung zu dem uns bereits Bekannten für die

Stifel apud nos tenetur constrictus (Kolde: conspectus) (ut vocant) ad manum principis, sed non carcere captivus. Destituetur parochia, aut alias punietur." (Kawerau, Briefwechsel des Justus Jonas I, 200.). Neue Ausblicke gewährt die Notiz in den Monatsh. der Com. Ges. VII, 62. In der Z. f. K. G. Bd. XVIII, 230 veröffentlicht D. Walter in Rostock einen Brief Leonhard Käsers an Michael Stifel vom 9. März 1527; Käser wurde von Luther als lutherischer Märtyrer in Anspruch genommen; in Wirklichkeit ist er als „Wiedertäufer" hingerichtet worden.

[1] „Er bestand alle Versuchungen des Teufels tapfer und getreu und kämpfte sich durch bis ans Ende. Darum wurde er auch zu einem auserwählten Sendboten des höchsten Gottes." — In allen diesen Punkten sollen die Kinder Gottes und Brüder Jesu dessen Nachfolger werden. Nachdem sie sich in der oben angedeuteten Weise dem Herrn übergeben haben, sollen sie sich aus dem Reiche des Satans ausführen lassen und sich öffentlich ohne Scheu und Menschenfurcht durch das „wahrhaftige Bundeszeichen", das Wasserbad der Taufe mit Christo trauen und vereinigen lassen, um fortan allein dem Willen des Vaters, des Sohnes und des heiligen Geistes gehorsam zu sein. (NB. an dieser Stelle sehen wir zuerst die verhängnisvolle Lehre von der Taufe der Erwachsenen in Hofmans System auftreten.) zur Linden a. a. O. p. 243. vergl. dazu o. Clarenbachs Bekenntnisse p. 128, 131 f., 135.

[2] Z. d. berg. Geschv. I, 283; Keller, W.-T. p. 126, Anm. 1; s. u. IV, 2.

Beurteilung des Standes der theologischen Gesamtanschauung der „Wassenberger" Gemeinden bieten.

Zwei der Traktate waren an die „christliche Gemeinde" zu Süstern gerichtet, den Herd einer bedeutenden religiösen Erweckung. Die früher gemachten Mitteilungen und die von Habets veröffentlichten Akten aus dem Stadtarchiv zu Maastricht zeigen, dass eine grosse täuferische Bewegung in Maastricht und Umgebung ihren Ausgangs- und Mittelpunkt in den westlichen jülichschen Ämtern Millen, Born, Wassenberg, Heinsberg, Brüggen und namentlich in dem seit 1815 niederländischen, damals aber jülichschen Orte Süstern hatte. Vor der Münsterschen Katastrophe und während derselben war diese äusserst lebendig und erstreckte sich weithin nach Westen. Am 22. Oktober 1533 kamen in Münster „d i e Bekenntnisse" ans Licht, unterzeichnet von den damals in Münster anwesenden 6 Predigern des Wortes, unter ihnen Klopreis, Roll und Vinne. Sie fanden die weiteste Verbreitung in den Niederlanden. Wir haben in ihnen den Beschluss der Traktate e i n z e l n e r zu sehen; sie stellen eine feste Norm auf. Wie in den Schriften Hofmans und des Campanus, so steht auch hier im Vordergrund der schroffe Gegensatz zur alten Kirche und die heftigste Feindschaft gegen die Reformatoren. Sie bilden die erste vollständige Durchbildung des täuferischen Lehrbegriffs. Sie zeigen auch, dass vor allem das Sakrament der Taufe schon l ä n g e r Gegenstand der Untersuchung und Befehdung gewesen sein muss.

Aus den Visitations-Protokollen ergab sich bereits, dass man die Kindertaufe unter die Adiaphora rechnete. Viele Kinder wurden n i c h t getauft, manche tauften die Eltern als Laien selbst. Der Weg nun von der Unterlassung der Kindertaufe zur Verwerfung derselben bis zur Aufnahme der Taufe der Erwachsenen ist nicht allzu weit und wurde bald zurückgelegt.[1] Jedenfalls steht fest, dass man bereits 1533 noch v o r dem Erscheinen der „Bekenntnisse" in Jülich an einzelnen Stellen

---

[1] Den ältesten Bericht über eine anabaptistische Bewegung teilt mit Kolde (in Briegers Z. f. K. G. V, 323 ff.; s. auch Chr. Sepp, Kerkh. Studiën p 11) vom 18. Dez. 1521: „etzliche gaben an, als were die göttlich schrift zur lare der menschen uncrefftig, allein musste der mensch durch den gaist gelernet werden, dan hette got den menschen mit geschrift wollen gelernet haben, so hatte er uns vom Himmel herab ein biblien gesant." (s. o. den Brief Francks an Campanus) etc.

Die vertraute Bekanntschaft mit der hl. Schrift, welche durch zahl-

wiedertaufte; und zwar ist es, was nicht zu verwundern ist, hauptsächlich unter dem Einflusse Hofmans geschehen. [1]

In den Weseler Wiedertäufer-Bekenntnissen sagt Wilhelm
Koussenmecher aus, dass er eine Münstersche „Confession" ge-
kauft habe, doch fügt er hinzu: „die hebbe oem nit tot der widder-
doep bewegt." Er war also schon vorher Anabaptist. Einige
Stellen in den Traktaten scheinen bestimmt darzuthun, dass die
Wiedertaufe wirklich in Jülich eingeführt war, vor allem solche aus
dem „Trostbrief" und „An meine lieben Brüder und Schwestern".
Siehe oben die Stelle: auch Christus sei versucht, nachdem er

---

reiche Übersetzungen besonders des Neuen Testaments gefördert war, brachte
sie auch schon zu Zweifeln an der Schriftmässigkeit der Kindertaufe. Es
folgt daher in dem obigen Bericht (p. 323): „wie etzliche gezweifelt, ob der
glaub der pathen dem Kinde zur tauffe hulftlich, item etzliche vermainten
an (= ohne) die tauff selig zu werden." Verwerfung der Kindertaufe bis
zum Übergang auf die Taufe der Erwachsenen auf den „bekannten glauben".
s. von Beck-Loeerth, „Blaurock und die Anfänge des Annabaptismus" in
Monatsh. der Com.-Ges. VII, 294 ff.

[1] Vielleicht sind einzelne Prädikanten noch dagegen gewesen; nicht
aber Slachtscaep, der immer einer der freiesten gewesen ist. In dem von
Cornelius M. A. II, 348 von 1533 datierten Briefe desselben an Bucer erklärt er, dass die Anabaptisten in ihrer Lehre von der Taufe zu sehr am
Buchstaben haften (Apud Anabaptistas ut intelligo adhuc baptismus servus
est litterae). Das passt meiner Ansicht nach für ihn, aber nicht zu diesem
Jahre, sondern nur zum vorhergehenden. Der Schreiber, der zu dem aus
Wassenberg datierten Briefe nachträglich die Bemerkung gemacht hat:
responsum est 21. Juni 1533, hat sich verschrieben, so dass 1532 zu lesen
ist, oder es wurde, was nicht gerade wahrscheinlich ist, wirklich erst im
folgenden Jahre, also 1533, geantwortet. Ist unsere Annahme richtig (also
Juni 1532), so konnte Slachtscaep in demselben auch nicht des erst im Spät-
herbst 1532 nach Münster gelangten Dionysius Vinne Erwähnung thun, so
dass er nur von „duo praecones ingenio et spiritu pollentes" Rothmann und
Roll als in Münster anwesend sprechen konnte. Ausserdem hütete er sich,
noch 1533 während der Visitation, nachdem bereits am 1. Nov. 1532 ein
Haftbefehl gegen ihn erlassen war, sich noch in Wassenberg aufzuhalten, wo
er nicht, wie vielleicht Campanus, sicheren Schutz genoss. —

1532 scheint eben Slachtscaep noch auf dem alten Standpunkte Hofmans gestanden zu haben, der lange Zeit die Tauffrage sichtlich gemieden
hat, bis er in Strassburg endlich 1530 im 2. Kapitel der „Auslegung der
Offenbarung" erklärte: „Ein Diener kann auch wohl den äusseren Tauf
führen, aber Christus treibt das inwendig Tauffen" etc., wodurch er allerdings
den eigentlichen Brennpunkt immer noch unentschieden liess und unter seinen
Anhängern Unklarheit und Unsicherheit hervorrief.

von St. Johann getauft sei; es ist ein ewig Streiten und Absterben, welches uns alles durch die Taufe bezeichnet ist.
Fortan sollen wir in einem neuen Menschen leben. Er redet ferner
die (täuferische) Gemeinde an: „Fürchte dich nicht, du kleine
Herde."[1] „Ihr wisst, dass unser Name von den Menschen verachtet und verworfen wird." (womit er den Namen „Wiedertäufer"
im Sinne hat.) Im dritten Traktat wird u. a. von allen gläubigen
Menschen gesprochen, „die up dat neue durch den Glauben in
Christus geboren sind; dagegen ist hinfort zu beachten, dass diese
neugeborenen oder gläubigen Menschen etc.[2] Bezeichnend ist
ferner die Aussage des Wiedertäufers Karl von Süstern in Wesel,
der aus Lüttich geflohen war. (s. o. unter Peter Glasmacher p. 76, 78.)
Er bekennt, dass die Kindertaufe „eine lasterung Gotts" sei. Weitere
Erkundigungen der Kommissare, ob er selbst wiedergetauft sei
und was er von den Wiedertäufern wisse, schnitt er dadurch ab,
dass er ihnen in echtem, uralt täuferischem Sinne antwortete: „der
richter wäre sein Gott nicht; wehre sunsten zwar schuldig mit
lyff und gut der obrigkeit zu gehorsamen, allein in diesen sachen,
darumb man ihn fragte, wehre er nicht schuldig zu antworten."[3]
Hierzu ist die Mahnung Slachtscaeps zur Bekenntnistreue gegen
die Obrigkeit („Trostbrief") zu vergleichen, wo er fortführt: „Und
off edd sich nu fortain also begeven wurde, dat sich einige werlt-
liche obrigkeit annehmen wollten, euch zu einigem falschen Gottesdienst gegen euer eigen herz und conscientie zu drängen, so sollt
ihr ihm also thun und sprechen: „Mein lieber jonkher eder amtmann,

---

[1] s. ob. für Gemeinde der Täufer: auch coetus (s. Register).

s. die „Restitution" des Campanus, sowie die folgende Stelle aus
der „Restitution" Rothmanns, ed. Knaake p. 48: „He (der Sohn Gottes)
hefft gesocht dat vorlaren schaepken und up sinem halse wederumme tho
dem vader gebracht, unde wo wal he nicht an siner werde up erden entseen
ys geworden, dan is van den undankbaren, ock als alle gades gesanten,
gedödet geworden, Nochtan, wo wal ein seer klein hüpken, so hefft he
yo doch ein volxken vorsammelt, dat syn wort hefft upgenommen, unde dat
tho doinn, wat sin wille weer, geneigt was!"

[2] Mit der Einführung der Wiedertaufe ist der letzte Schritt zur voll-
kommenen Absonderung der Gemeinden gethan; vorher bereits hatten sie
jeden Verkehr mit den „Gottlosen" zu vermeiden gesucht (s. o. p. 82). Die
Wiedertaufe ist unter den Lehren eines biblischen Radicalismus die radicalste.
Damit wird der gesamten Christenheit die Christlichkeit abgesprochen und
so das letzte Band mit der Vergangenheit gelöst.

[3] Bouterwek, Z. d. berg. Geschv. I, p. 362.

---

wir bekennen aus gotlichem Gebot, dass man der weltlichen obrigkeit gehorsam sein soll, doch in utwendigen saichen, welche gut und leib angehen. Aber in göttlichen dingen, die unser selen seligkeit angehen, müssen wir Gott, Herrn himmels und erden, gehorsam sein" etc.: „Nun sind wir aber gewiss, dass wir nach seinem göttlichen befehl wandeln und nicht nach menschengesetzen, warum sollen wir dann gegen unser eigen gewissen handeln und das blut des ewigen testaments, damit wir so treu vergolten sind, unter die füsse treten; wir erbieten uns euch und unserem gnädigen landesherrn gutwillig in allen sachen, die leib und blut angehen. Förder ist euch auch kein recht von Gott über uns gegeben. Deshalb wollen wir um Christi willen leiden" etc. Wohl zu bemerken ist, dass Slachtscaep als Beispiel für seine Lehre die drei Gotteskinder aus dem 3. Kapitel des Daniel, anführt. In deutlicher Anlehnung an Hofman mit dessen Vorliebe für die prophetischen Schriften des alten Testaments stellt er ihnen die Genannten als Muster vor. Bereits dem Feuertode übergeben, wurden sie von Gott begnadigt und zu Ehren gebracht. —

Dass wir die obigen Worte gerade im „Trostbrief" finden, zeugt übrigens des weiteren für die Autorschaft Slachtscaeps, der, wie wir gezeigt haben, in den Jülichschen Gemeinden „Richter" eingesetzt hatte, welche die Streitigkeiten unter den Brüdern schlichten sollten.[1]

Eine Stelle aus den Traktaten möge hier noch Platz finden, die für den allgemein mystisch-täuferischen Sinn der Wassenberger zeugen mag:

„Lasst uns denn jetzt abwerfen allen auswendigen Gottesdienst in Kreaturen und suchen allein einen Gott, den Vater, von welchem alle Dinge sind, und einen Herrn Jesum Christum, den Mittler, durch welchen alle Dinge sind, und wir durch ihn und im Himmel, nicht in Broit und Tempeln, sondern im Herzen und in der Wahrheit des Geistes und der Hoffnung", und „sucht Christum in eurem Herzen mit wahrem Glauben. Alle Schrift dient dem Glauben und dem neugeborenen geistlichen Menschen. Vertraget einer den andern aus Liebe". —

Das Ergebnis aber des ganzen uns erhaltenen Materials ist im wesentlichen: wir haben schon im Jahre 1533 im Jülichschen

---

[1] s. o. p. 71.

24

vollständig organisierte täuferische Gemeinden. Die Wiedertaufe ist hier stellenweise bereits eingeführt, bevor sie in Münster durch die niederländischen resp. ultra-melchioritischen Apostel zur Anerkennung gebracht war.

3. Fernere Propaganda der Münsterschen während ihrer Belagerung.

Wir wissen nicht genau, welche Entwicklung die täuferischen Gemeinden in Jülich vom Jahre 1533 bis zu der Zeit, als der grosse Aufruf zur Rache an den Feinden Deutschland durchflog, durchgemacht, wie weit sie die neuen Bestrebungen, die sich in Münster durch die Anhänger des Jan Matthys aus Harlem Bahn gebrochen hatten, geteilt haben. Hatten bisher die ausgetauschten Schriften vielfach nur ein Interesse der Prädikanten an ihren alten Anhängern gezeigt und ein rein dogmatisches Gepräge getragen, so begann man in Münster seit Aufrichtung des Schneiderregiments des Jan von Leyden, seit Belagerung der Stadt lebhaft zu agitieren, zunächst nur um Zuzug in die Stadt, dann aber immer greifbarer, um Unterstützung an Geld- und Lebensmitteln zu erhalten und zum Entsatz die „Brüder" anzufeuern. Die behandelten Traktate geben uns ein Bild von der lebhaften Teilnahme jener Prädikanten an der Entwicklung der Lehre an den Orten ihrer ersten Wirksamkeit und eine Vorstellung von den zahllosen anderen Schreiben und Briefen, in denen sie event. auf Erfragen ihren Rat gaben und zu treuem Festhalten an den erkannten Wahrheiten mahnen, oder worin sie ihnen die neuen Phasen ihrer eigenen Entwicklung mitteilen. In gleichem Tone sind auch die Traktate Rothmanns anfänglich gehalten, so lange sie nur Bekenntnisschriften der in Münster bereits zur Herrschaft gelangten täuferischen Kirche sind und weiter zum Übertritt mahnen und Anhang sammeln sollten. Alle halten sich noch auf dem Boden friedlicher dogmatischer Auseinandersetzung, ohne Beimischung von Phantasterei und Hass. Die „Bekenntnisse"[1]) z. B. machen durchweg den Eindruck, dass

[1]) Der vollständige Titel dieses sehr selten gewordenen Buches lautet: „Bekenntnisse van beyden Sacramenten / Doepe unde Nachtmaele / der predicanten tho / Münster. Mathei x. , We my bekent voer den menschen,

es ihren Verfassern um die evangelische Wahrheit, die sie in sich aufgenommen haben und hochhalten wollen, aufrichtig zu thun ist. Daher sind sie noch frei von aller chiliastischen Überschwänglichkeit und enthalten kaum einzelne Andeutungen jenes anomistischen Standpunktes, der so bald das wesentliche Kennzeichen dieser neuen Glaubensrichtung werden sollte". [1]

Die friedliche Partei aber hatte allmählich ihr Feld der schwärmerisch-kriegerischen Richtung einräumen müssen. Seitdem ist es zu keinem Versuche gekommen, ein festes täuferisches Glaubenssystem in der Stadt Münster aufzustellen. Von da an stand nur die eine Parole im Vordergrunde: Rache an den Feinden, Herstellung eines irdischen Reiches der Gläubigen, welches das der Gottlosen, d. h. Andersgläubigen, vernichtet. Die ausgesandten Apostel mussten um so mehr Erfolg mit ihrer rührigen Thätigkeit unter dem Volke haben, als sie dem Pöbel schmeichelten und ihn aufforderten, an dem „Triumph der Heiligen" in der Stadt Teil zu nehmen. Am 21. Februar wurde Heinrich Roll in die Niederlande und Jacob von Ossenbruch an den Niederrhein entsandt, beide mit Briefen, Ermahnungen und Aufforderungen an Freunde und Verwandte reichlich ausgestattet. Zu derselben Zeit schrieb auch Rothmann an Heinrich von Tongern (Slachtscaep s. o. p. 308), verkündigte ihm die zu Münster geschehenen Wunder und forderte ihn auf, alle Brüder gen Münster zu entbieten, Gold und Silber sammeln zu lassen. Ausserdem wurden allerlei Manifeste, Briefe und Zettel, teils mahnend, teils in lakonischer Kürze schreckend, besonders in den Niederlanden ausgestreut, die mit grossem Wortgepränge unter Drohungen und Verheissungen auf das bevorstehende Gericht hinwiesen und ebenfalls den Aufbruch nach Münster heischten. Der ganze Inhalt war kurz und kategorisch gehalten. Alle trugen die Unterschrift: Emanuel. [2] Diesen folgten dann zwei Schriften der neuesten Richtung in Münster, von deren Eindruck ihre Folgen Zeugnis ablegen: „die Restitution"

---

den wil ick bekennen / voer mynen hemelschen vader. / Im iaer M. D. x. x. x. j. j. j. den v. jjj. / dach Novembris." vergl. Z. d. berg. Geschv. I, 280; Cornelius, Berichte . . . p. xcjv; Sepp, geschiedk. Nasporingen.

[1] Bouterwek in Z. d. berg. Geschv. I, 287.

[2] cf. Habets passim. — In Beilage 4 teile ich die gleichzeitige Abschrift eines solchen Placates mit nach der Copie im „Archiv der Taufges. Gemeinde zu Amsterdam".

24*

und „Das Büchlein von der Rache". Ihre Abfassung fällt in die
Zeit des engeren Einschlusses der Stadt. Der Hauptzweck ist, die
auswärtigen Bundesgenossen zum Zuge nach Münster und zum
Entsatze zu veranlassen. Natürlich wird dabei nicht die Gelegenheit versäumt, das neue „Reich" mit allen seinen Einrichtungen
und Errungenschaften bis ins kleinste zu verherrlichen und aus-
zumalen. Sie treiben die chiliastischen Ideen auf die Spitze.[1]

Um auf die Propaganda in Jülich im einzelnen zu kommen,
greifen wir noch einmal zurück auf den Brief des Herzogs von
Jülich an den Bischof Eberhard von Lüttich vom 16. August 1533:
nach den Aussagen eines zu Unna gefangenen Glasmachers, der
öfters zu Lüttich und in der Umgegend gepredigt, seien in den
umliegenden Städten Gemeinden oder Sekten eingerichtet, und die
Visitations-Protokolle etc. ergaben, dass Jülich zu der Zeit ebenfalls schon wohlorganisierte Gemeinden mit täuferischer Glaubens-
grundlage und Einrichtung besass, wozu jener Glasmacher jedenfalls
auch an seinem Teile beigetragen hat. Dieses Gebiet blieb von
nun an ein Hauptziel der Münsterschen Propaganda. Waren die
Beziehungen zwischen Münster und Jülich schon früher eifrig
gepflegt, so gab man sich seit der Belagerung Münsters doppelte
Mühe. So entsandte man auf das bekannte Missionsfeld in Jülich
Jacob von Ossenbruch, einen Hufschmied, als Zionsapostel,[2]
mit zahlreichen Empfehlungsschreiben und Flugschriften versehen.
Über seine erfolgreiche Agitation sind wir durch seine Bekenntnisse etc. wohl unterrichtet.[3]

Münster und der umgebende Nordwesten Deutschlands stehen
vom Anfang bis zum Ende der Bewegung in ununterbrochenem Verkehr und lebendigster Wechselwirkung. Wie eine ansteckende
Krankheit breitete sich die Bewegung vom Münsterschen Herde
nach allen Seiten aus. Die Bekenntnisse des Jacob von Ossenbruch[4] zeigen recht auffällig die stete Verbindung der nunmehr

---

[1] cf. Cornelius, Keller a. a. O. Bouterwek, a. a. O. I, 237 ff.

[2] Er war auf Heilige-Drei-Königstag 1534 von Johann von Leiden
höchstpersönlich wiedergetauft. Cornelius, M. Q. p. 222.

[3] Niesert, M. U. I, 151; Cornelius, M. Q. II, 220 ff.

[4] Über die Schreibung seines Namens und damit über den Ort seiner
Geburt ist eine Controverse entstanden. Cornelius hat „de Ossenbrug" mit
„von Osnabrück" übersetzt, was Habets a. a. O. p. 211 Anm. 1. als richtig
bezweifelt; er behauptet, dass eine Familie von Ossenbrug oder Ossenbruch
„hier zu Lande gehört und zur Zeit in Linn bei Krefeld wohnte", wozu er

Münsterischen Prädikanten, besonders des Klopreis, mit den früheren Freunden z. B. zu Büderich, Süchteln, Süstern, Dremmen, Wassenberg etc. Wir begegnen daher vielen uns aus den Visitations-Protokollen bekannten Namen.

Von Dremmen zum Beispiel, von wo bereits 12 Personen nach Münster ausgewandert waren, erfahren wir, dass Goddert (Goertgen) Radermacher mit Engel Radermachers Tochter jetzt auszog, das Wort Gottes in Münster zu hören. Sie waren dem mit Jacob gefangenen Gyse, des Schöffen Sohne von Dremmen, „der zu Heinsberg in der Visitation furgewest und das Wort gethan hatte", nebst Peter Schomechern von Dremmen gefolgt." — Über den Zweck der Entsendung des Jacob von Ossenbruch unterrichtet uns das Schreiben der herzoglichen Räte zu Düsseldorf an den Bischof von Münster vom 4. März 1534,[1] wonach er selbst ausgesagt hat, „das er in seiner fürstlichen g. Landen geschickt sy, dem gemeinen einfoldigen man die zeichen und wonder, so zu Munster beschehen sin sollen, anzuzeigen; dabeneven zu erkennen zu gheven, wie die welt zwischen dit und paschen grusam gestraft werden und der zehende minsch nit im leven bliven, ouch nirgent dan binnen Munster frid und sicherheit sin sul, so Munster die

auf „die Heimat, Wochenblatt für die Kunde der niederrhein. Geschichte 1876 Nr. 35" verweist.

Ossenbruch (Ossenbroich) ist eine bekannte Jülicher Familie: Z. d. berg. Geschv. XIII, 18. (Zum Jahre 1576 habe ich im D. St. A. unter IV. c. 14 einen Amtmann Joh von Ossenbroich gefunden. Habets führt ferner mit Recht für seine Ansicht an, dass der genannte Jacob in der Jülicher Gegend gut bekannt gewesen sei; er habe gewusst, dass 8 oder 9 Einwohner von Dremmen sich zu Münster befänden.

Dazu wäre noch hinzuzufügen: Im allgemeinen verwandten die Münsterschen zu ihren Missionen nur solche Männer, welche ihr betreffendes Missionsfeld bereits kannten oder dorther gebürtig waren, wie wir verschiedentlich beobachten können.

Als fernern Grund für Habets Annahme liesse sich vielleicht die Schreibung des Namens anführen, wenngleich aus der schwankenden Willkür-Orthographie des 16. Jahrhunderts meist wenig Schlüsse zu ziehen sind. In Band II. der M. Q. findet sich als Name der Stadt Osnabrück folgende Schreibart: Osenbrugge (4 Mal), Osenbrugk (3), Osenburg (1), Osenbrucke (3), während der Name Jacobs nur die Schreibart: Ossenbrug (2) und Ossenbrug (2) aufweist. Nicht einmal die Metathesis brug > burg findet sich, wonach man die Etymologie von „Brücke" und „Bruch" doch wohl auseinander gehalten zu haben scheint.

[1] Cornelius M. Q. II, 225.

stat des Herrn und newe Hierusalem wer, da der Her die sine
erhalden und ider genoich haven soll; item das allen christen, so
ankhomen, binnen Munster huiser und bedden bestalt und innen
van den andern essen und drinken mitgeteilt werd; dat ouch die
predicanten gesagt, wie die stat so fol christenvolcks komen solt,
das man huiser uf den Domhof, in den dom und kirchen für die
christen bouwen, und in dem des folcks zu viel wurd, sulten dieselvige in der heiden und gotlosen huisern und guederen underhalden werden".

Mit solchen Versprechungen auf die Menge wirkend, begann
Jacob seine Missionsreise, die vom besten Erfolge begleitet sein
musste. Wir wollen uns seine Reiscroute vergegenwärtigen: Von
Münster zog er nach Büderich bei Wesel, wo er bei einem Schuhmacher „by der portzen" wohnte, dem er einen Brief von Klopreis
übergab. Letzterer hatte ja längere Zeit hier gewirkt. Der genannte Schuhmacher ist Peter von Süstern, von dem schon öfter
wegen Schmähung des heiligen Sakraments die Rede war. Von
dort wandte sich Jacob auf Wesel und liess sich in der Herberge
„zum swanen" nieder, dem gewöhnlichen Sammelplatze der Täufer.
„Hier hat er mehr geselschaft, die er nit gekannt und auch nit zu
nennen weiss." Wesel war eine Hochburg des Täufertums geworden,
von wo später der Entsatz Münsters betrieben werden sollte.

Aus dieser Gegend reiste er ins Gelderland und nach Venlo.
Sein weiterer Weg führte ihn stracks nach Wassenberg.[1] Hier
in den westlichen Ämtern verweilte er naturgemäss länger. An
den Drosten zu Wassenberg[2] brachte er einen Brief von Klopreis,
worauf jener antwortete, „dass ihm die ding fast wol haven gefallen". Hier traf er auch einen Boten des Klopreis, der schon
vor ihm agitiert hatte, den Peter von Dremmen,[3] der ihm erzählte,

---

[1] Es ist wohl darauf zu achten, dass er von Wesel nicht geraden
Wegs durch Kölnisches Gebiet auf Wassenberg vordrang, sondern erst die
Niederlande aufsuchte, um von dort in den u. w. Teil Jülichs, das alte
Agitationsfeld, zu gelangen.

[2] Der Drost ist wirklich täuferisch gesinnt gewesen, wie viele seiner
Familienangehörigen. Die Söhne des Drosten erkundigen sich sehr eingehend
bei Jacob, was er von der Kindertaufe halte (Niesert, U. S. I, 158), worauf
ihm dieser antwortet: „gar nichts, es sei des Teufels Wesen und Pfaffen
Gedicht". etc.

[3] Er wurde Anfang 1534 mit Büchern und Geld nach Wesel geschickt.
(Niesert, U. S. I, 138.)

dass „seine Gesellschaft gewöhnlich von Hückelhofen sei". Und
sagt, „das er gein geselschaft kriegen haf us Wassenberg". Wie
lange er sich noch bei dem Drosten aufgehalten hat, ist nicht
bekannt. Er setzte jedenfalls seinen Stab weiter nach Hüngen.
Während er hier viele durch seine verlockenden Reden gewann,
misslang ihm sein Versuch bei Leitgen (= Lietgen Niesen s. o.),
der „mit dem Handel nichts zu schaffen haben wollte". Bei diesem
einstigen Wortführer der Neugesinnten sehen wir den ersten Widerstand gegen die von Münster her eindringenden neuen Gelüste.
Leitgen,[1] der früher ein eifriger Anhänger der Prädikanten gewesen war, wandte sich jetzt von ihnen ab; ihm sagte die Herr-

---

[1] Im Laufe des Jahres 1531 werden sich noch viele von seiner Gesinnung gefunden haben; (s. o. den Abschnitt über Roll. — In Oberdeutschland sagte sich z. B. der eifrige Joh. Bünderlin vom Täufertum gänzlich los.
„Er wollte nichts wissen von den Anhängern einer Richtung, welche in wört-
licher und gedankenloser Auffassung der Bibel und in einer dieser Auffassung
sklavisch angepassten Lebensführung das Wesen der Religion sahen, aber
nichts auch von jenen radikalen Elementen, welche von dem nahen Eintritt
einer Katastrophe und dem Kommen eines 1000jährigen Reiches schwärmten,
in welchem die sozialen Ideen der auserwählten Kirche sich erfüllen würden."
cf. Nicoladoni, Bünderlin, 121.). Machten doch die Dinge in Münster eine
Entwicklung von höchster Eigentümlichkeit und wie im Schnellschritt durch.
„Das anfänglich äusserst einfache Gemeinwesen von unschuldig und friedlich
communistischer Tendenz nach den ursprünglichen Ideen der täuferischen
Mutterkirche in Zürich war zuerst in der Hand der Propheten und unter
dem Drang der Umstände eine kriegerische Theokratie geworden, dann ein
Richterstaat nach dem Muster Israels, zuletzt ein Königreich als Vorbild
für die demnächstige Weltregierung." cf. Cornelius, W.-T. während der
Belagerung Münsters etc. 1869, p. 11.
    Bischof Franz von Waldeck in seiner Epistola ad Papam Paulum III.
(cf. Niesert, U. S. I, p. 78 sq.) weist ausdrücklich hin auf die innocentiae
species, welche die Wiedertäufer zuerst kennzeichnete, dann aber vollständig
verloren ging. (cf. Sepp, Kerkh. Studiën 1885 p. 66.) Rothmann selbst schrieb:
„Gott weiss, dass unser herzlicher Vorsatz war, als wir getauft wurden, um
Christi willen zu leiden, was man uns anthun würde; aber es hat dem Herrn
anders gefallen und gefällt ihm noch, dass wir und alle echten Christen dieser
Zeit nicht nur die Gewalt der Gottlosen mit dem Schwerte abwehren, sondern
er will auch seinem Volke das Schwert in die Hände geben, zu würgen alles,
was ungerecht und Bosheit treibt auf der ganzen Erde, welche er neu
machen will, auf dass allein darin Gerechtigkeit wohne." (So zeichnet also
Rothmann die Umkehr. (Sepp, a. a. O. p. 65.) Interessant ist, hiermit zu
vergleichen den Frieden und Einigkeit predigenden Brief Rothmanns an die
Stadt Soest vom Jahre 1532 (s. o. p. 54 f.).

schaft der radikalsten Elemente nicht zu. An diesem Beispiele,
dem viele gefolgt sind, wird klar, wie unrichtig es ist, die gesamte
Partei der Taufgesinnten mit Jan von Leyden und seinem Gefolge
auf eine Stufe zu stellen, wenn also auch nicht zu verkennen ist,
dass sehr viele der „Bundgenossen" sich damals zu den Anschauungen bekannten, die soeben zur Herrschaft gelangt waren.

In Dremmen konnte er sich 2 Nächte im Hause des genannten Peter aufhalten, wo die „bykompsten" abgehalten wurden.
Zu gleicher Zeit war man aber auch bedacht, aus der weiteren
Umgegend noch Teilnehmer an der Fahrt nach Münster zu gewinnen. Zu diesem Zwecke zogen „zwei Kaufgesellen" nach Odenkirchen und Maastricht, um dort die Wunder zu verkünden. Schon
früher waren von Dremmen an die 10 Personen nach Münster
entwichen, unter ihnen auch Peter, der nach seiner Rückkehr eifrig
agitiert hatte. Hier in Dremmen sollte auch der Versammlungsort
sein, von wo man nach Münster aufbrach. Viele hatten sich auch
bewegen lassen, „umb zu sehen, was wunders von ihnen (d. h. den
Prädikanten) geschehen!" Als der Tag des Aufbruches herannahte,
kam eine bunte Schar[1]) von ungefähr 40 Personen zusammen,
Leute jedes Standes, Alters und Geschlechts, darunter zahlreiche,
die aus den Visitations-Protokollen bekannt sind, so Peter Wirt
zu Hückelhoven, Gerken von Doveren, Arnt in gen Eschenbroich,
Godert Reinartz' Sohn, Gosswin von Orsbach, der Mulstroe'sche
Kaplan Gyss von Rothem, Jenchen Schroeder von Doveren u. s. w.
An die Spitze dieser Schar stellte sich Jacob.[2]) Ohne Wehr und
Waffen, ohne die Gefährlichkeit ihres Unternehmens zu ahnen,

---

[1]) Jan. 1536 schreibt Heresbach an seinen Freund Erasmus nach
Freiburg (Bouterwek, Heresbachii historia p. 19): „Unser Herzog hat einen
Haufen seiner Unterthanen, der unter Führung eines Schmiedes nach Münster
ziehen wollte, verhaftet, die Reuigen sind entlassen, der Führer als
ein Aufrührer, Majestätsverbrecher und Plünderer hingerichtet."

[2]) Schreiben des Herzogs Johann an Bischof Franz von Münster
(3. März 1534 im Münst. St. A.) Keller, W.-T. p. 157. — Über dieses Ereignis berichtet ein Brief der zu Düsseldorf versammelten herzoglichen Räte
unter dem 4. März 1534 an den Bischof von Münster (s. o.) M. Q. II, 225: Der
Inhaber der Stadt Münster habe nach allen Seiten Propheten abgesandt,
um die Leute anzuspornen, dorthin zu ziehen und die Wunder im neuen
Zion zu schauen. Es sei eine grosse Schar Wiedertäufer, meist aus der
Gegend von Heinsberg, Dremmen, Höngen und Wassenberg nach Neuss
gezogen etc. cf. Habets a. a. O. p. 214.

zogen sie nach Neuss, um von dort zu Schiff nach Düsseldorf zu
gelangen. Hier aber wurden sie von den Behörden gefasst und in
den Turm geworfen.[1] Ihre Aussagen wurden von der Regierung
benutzt, um weiteren derartigen unbedachten Schritten vorzubeugen.

[1] Vergl. Schreiben der herzogl. Räte zu Düsseldorf an die Stadt
Neuss. 28. Febr. 1534: Es seien 40 Personen auf der Fahrt nach Münster
gefasst, welche Abgesandten der Münsterschen gefolgt seien, um sich daselbst
wiederum taufen zu lassen. Nach ihrer Absicht gefragt, hätten sie ausgesagt:
„das sie nae der stat Münster zu den propheten zehen wulten und das
Munster neuwe hierusalem sy, das ouch der groisse Dach des Hern (der
doch nit der jungste dagh sin soll) anstae, item das booven der stat vill
wonders geschiet und geschehen ist worden, das derglychen die zwei propheten
Enoch unnd helias kohmen unnd soll Melchior hoenemann (!) Enoch unnd
eyner us bollant van leyden helyas syn, wilche propheten andere usschicken,
um, wie sy sagen, die chrysten zu vergadern unnd van den sunden unnd
gotlosen zu sondern, item das man und frauwen zu Munster wyssagen oder
prophetien, das daesselffa nu van den widergedeufften christen nit mehr
gesundigt wirt mit villen anderen derglychen puncten. Nachdem dan, guide
frunde, diese beswerliche unerhorte und unchristliche handelungen und secten
unsers christlichen glouvens itzo in allen nationen und landen und in-
sunderheit an diesen umbliggenden oertern ingeryssen und ehe
lenger ehe mehr inryssen und zunemen und solche vurgeorte geschickten us
Munster nit alleyn in unseres guedigen Hern landen, sunder ouch in anderen
umbliggenden furstendommen gewesen und wie wir von diesen vernomen,
villicht noch syn, des verhoffens ire unchristlich furnemen uszurichten,
daruyss dan nit alleyn zur trennung der land und luyd, sunder ouch us-
dyligung unseres hylligen chrystlichen glouvens werd erfolgen . . .“ Akten
im Neusser Stadtarchiv. cf. Picks Monatsschrift für die Geschichte West-
deutschlands. 1878 Bd. 4, p. 523/4.

Vergl. auch den ausführlichen Brief des Pensionaris Adriaan Herbonts
an den Bischof von Antwerpen. (Febr. 1531) (Original im städt. Archiv zu
Antwerpen; cf. Antwerpsch Archievenblad VII, 311—16): n' avons voulu
eder à Votre Grâce nostre humble intention, comme sommes icy à Duysseldorff advertis, que ceulx de Munster ont envoyez hors certains prescheurs
et aultres, qui s'appellent prophettes, en tous pays, hault et bas, de sorte
et d'intention, ainsi que entendons, vouloir assembler tous rebaptiseurs,
sacramentaires et aultres bien vueillous et esmonsteurs de leur secte et les
menner au dict Munster, dont aussi du nombre d'iceulx aucuns ont esté
de pays de nostre dict Seigneur, s'ayants joincts et assemblez avec certains
surséauts et subjectz de sa grâce jusques à XL personnes, au lieu de Nuyssen,
où qu'ilz se sont embarquez et bier au mydy arrivez icy, près de Duysseldorff, en vouloir d'aller à Munster surdict pour eulx y faire et laisser
rebaptizer, et pendant que, à cause du maulvais temps et vent, estoient
arrestez, ne puillants passer, sont demourez toute la nuyt au batteau; de
quoy vous estans adverti, avons faict faire enqueste et ordonné, que les

Im Jülichschen selbst hören wir nichts mehr von grösseren Zügen nach Münster. Wohl aber wird man gesondert zu 2 oder 3 gewandert sein, „um die Wunderwerke und Zeichen zu schauen und die erleuchteten Propheten zu hören".

Nachdem die Behörden jenen Fang gethan hatten, erliess der Herzog, der nicht ohne Grund weitere Zuzüge fürchtete, den Befehl, überall ein wachsames Auge auf die Täufer zu haben. In einer Verordnung an die Amtleute vom 3. April 1534 werden in ausführlicher Weise genaue Verhaltungsmassregeln gegeben: [1] „Es komme dem Herzog zu Ohren, dass das wiedertäuferische Vornehmen nicht allein zu Münster, sondern auch in andern umliegenden Fürstentümern und Landen zunehme und einreisse. Überall seien Zusammenkünfte und Conventikel. „Nachdem sich auch gemeinlich die Wynkelprediger und andere lichtferdige Ufroerische in den Wirtzhäusern [2] vergadern und sich daselbs mit ihren ufroerischen, verfoerischen Worden und mit freventlichen . . Rottungen der Ober- und Erbarkeit, auch christlicher walhergebrachter Religion und Ordnung zu wider vernemen lassen, so ist unser ernstlich Meinung und Bevehl, dass ihr alle die Wirt, in unserm Ampt uwers Bevehls gesessen, für uch bescheidet und inen by unser hochster Straf und Ungnad bevehlet, sobald sy sulche ufroerische motwillige Word ader Versammlung, so zu Ufroer oder Verkrenkung der Ober- und Erbarkeit ader sunst zu Verachtung der alten und walhergebrachten Religion und Ordnung dienen, vernehmen und horen wurden, das sy uch solchs anstunt zu erkennen geben, waby dieselben zur geborlichen Straf angenommen und gebracht werden, dan so dasselbig . . . in iren Huysern gescheye und sy uch ader andern unsern Bevelhavern, Boden ader

dietes XL personnes ont esté appréhendées et mises en prison, icy au dict Duysseldorff, et estans interroguez de leur entreprise, ont respondu vouloir aller vers les prophètes à Munster estans Nouveau Ihrerusalem, que aussi le grant jour du Seigneur, n'estant toutesfois le dernier, approchait et que aucuns d'eulx avoient le ouy la première trompette ou voix tubicinelle devant le hault jour du Seigneur."

[1] Concept im Düsseldorfer St. A. - Jul.-Berg. Geistl. S. S. Nr. 9. s. Keller, W.-T. p. 315.

[2] 1533 (2. Juli) kam in Maastricht der Ratsvertrag heraus, „dat alle weerden ende weerdynnen bynnen deser stat nu voirtaen alle avonden koemen sullen op die Landscroen ende hou gesten in scryff overgeven." cf. Habets a. a. O. p. 67. Anm. 1. — s. Beilage 9.

Underdanen sulchs nit anzeigten, hettet ir sy durfür, wie obgerurt, anzusehen und zu strafen." Ferner sollen die Amtleute allen Unterthanen ansagen, dass der Herzog sie zur Angabe alles dessen verpflichte, was sie über etwaige Pläne und Unternehmungen der Täufer vernähmen.

Überall wird nun auf Täufer gefahndet. Trotz alledem mehrte sich die Bewegung, die Zuckungen wiederholten sich, aller Orten war viel Volk auf den Beinen. Die Landesherren liessen es nicht an gegenseitigen Warnungen fehlen. So macht der Herzog Johann am 24. März dem Bischof Franz die Mitteilung von einem beabsichtigten Zuge niederländischer Täufer nach Münster. Am Schlusse fügt er die Versicherung hinzu, dass „er in seinen Landen jede Ansammlung hintertreiben werde, soviel ihm möglich". Als nun gar die sonst so treue clevische Stadt Wesel mit Recht verdächtig wurde, in engster Beziehung zur Stadt Münster zu stehen (bes. seitdem Roll dort die Wiedertaufe eingeführt und zahlreiche Anhänger gefunden hatte), so dass den herzoglichen Landen die grössten Gefahren erwuchsen, da schritt man zu den strengsten Massregeln. Nach dem Muster der burgundischen Lande durchstreiften Trupps leichter Reiter die Gebiete, „um Zusammenrottungen zu vermeiden".[1] Gegen Ende des Jahres 1534, am 12. Dezember, während der heftigsten Pulsschläge des so schwer krankenden Münsterschen Organismus, vereinbarte der Herzog mit dem Erzbischof von Köln ein neues Edikt[2] mit wesentlich verschärften Vorschriften. Wegen seiner Wichtigkeit lasse ich es folgen. Interessant ist es auch deswegen, weil wir daraus eine Reihe von Ursachen erkennen, die zur Wiedertaufe führten, und welche die herzogliche Regierung zur Sicherheit des Landes beseitigen musste.

Dieses Edikt, welches das Datum des 20. Dezember trägt, wurde am 5. Januar 1535 den Amtleuten zugesandt. Die Instruktionen, welche der Herzog in betreff der Ausführung erteilte, lassen erkennen, wie ernstlich es ihm um eine strenge Handhabung zu thun war. Die Amtleute sollen die Verordnung nicht nur allen Gerichtsbehörden zustellen, sondern sie auch an allen Kirchen, Rats- und Gerichtshäusern anschlagen lassen. Den Pastoren sei

[1] cf. Ratsprotokolle der Stadt Köln vom März 1534; Ranke, deutsche Geschichte III⁵ p. 394.

[2] cf. M. Goebel, Gesch. des christl. Lebens 1849; Keller, W.-T. p. 159; Scotti, Clev.-Märk. Provinzial-Gesetze I, 86 ff.

zu befehlen, dass sie das Mandat sofort dem Volke von den Kanzeln herab verständlich vorlesen und verkünden und diese Publikation von jetzt an alle 4 Wochen erneuern sollten. Die Amtleute sollen ferner eine regelmässige Visitation bei allen Vogt- und Herren-Gedingen, bei allen Unterdienern, Boten und Unterthanen vornehmen, um die Handhabung des Edikts zu überwachen. Alle Orte, wo irgend etwas Verdächtiges sich vorfindet, sollen die Amtleute persönlich bereisen und inspizieren. Denn „obschon es bekannt sei, wie es mit den unchristlichen Sekten der Wiedertäufer, Sacramentirer und anderen aufrührerischen verdammten Lehren, auch den Geistlästerern und Schwärmern, heimlichen Rottungen, Conjuration und Winkelpredigern, dergleichen den Friedebrechern, Mordbrennern, Mördern, abgesagten Feinden, Strassenschändern und den andern Ausgebannten samt ihren Aufwieglern, Aufhelfern und Zustehern, auch sonst mit den Buch—druckern, -führern und -verkäufern u. s. w. und der aller Strafe soll gehalten werden; so haben wir es doch mit dem Erzbischof von Cöln in diesem unsern Edikte anzeigen wollen, dass sich niemand einiger Ungewissheit entschuldigen möge. Hiernach sollen alle Wiedertäufer und Wiedergetaufte, auch die dafür halten oder lehren, dass die Kindertaufe nichts sei, nach Inhalt der kaiserlichen Constitution (von 1529) von dem Leben zum Tode geurteilt und gestraft werden ... desgleichen alle, die halten, schreiben oder lehren, dass in dem hochwürdigsten Sakrament des Altars der wahre Leichnam und das Blut unseres Herrn Jesu Christi nicht wesentlich und gegenwärtig, sondern figurlich, bedeutlich oder ganz nicht darin sei, sollen keineswegs geduldet, sondern aus unsern Fürstentümern gebannt sein; also dass wenn sie nach Umgang dreier Tage betreten werden, sie an Leib und Leben gestraft und sonst mit ihnen gehalten werde, wie in der kaiserlichen Constitution von den Wiedertäufern gemeldet ist." —

An dieser Stelle ist es nötig, einiges über die Wiedertäufer in Köln nachzuholen. Wir werden später noch häufiger Gelegenheit haben, über Beziehungen der dortigen Täufer zu denen Jülichs zu sprechen. — Trotzdem die Krone des Katholizismus, die alte Universitätsstadt Köln, mit Argusaugen über die Rechtgläubigkeit ihrer Bürger wachte, hatten sich doch auch dort frühzeitig täuferische Elemente bemerkbar gemacht. Als nun von seiten des Reiches alle Hebel in Bewegung gesetzt waren, das Wiedertäufertum

auf seinen Hauptherd zu beschränken, und die Stände, die selbst
mit täuferischen Elementen zu kämpfen hatten, es sich angelegent-
lichst zu Herzen nahmen, jede derartige Bewegung mit Gewalt zu
unterdrücken, da blieb gewiss Cöln nicht zurück. Doch auch hier
ist es nicht möglich gewesen, das „Übel" sobald mit der Wurzel
auszurotten.

Wann sich die ersten Spuren gezeigt haben, ist nicht sicher.
Jedenfalls ist die Stadt von der Propaganda Hofmans nicht ganz
unberührt geblieben, als dieser seine Hauptthätigkeit nordwärts
nach Ostfriesland verlegte. In den Ratsprotokollen wird am
24. Aug. 1531 eines erzbischöflichen Schreibens an die Stadt bezüglich der Wiedertäufer Erwähnung gethan.[1] Zwei Jahre lang
verlautet dann von ihnen nichts mehr, bis im Jahre 1533, nachdem
die Prädikanten aus Jülich vertrieben waren, die Agitation mit
mehr Ernst behandelt wurde. Vielleicht ist um diese Zeit zu
Köln der erste Wiedertäufer verbrannt.

Weil das Wiedertäufer-Wesen am ganzen Niederrhein durch
die sich überstürzenden Ereignisse „im neuen Jerusalem" frischen
Aufschwung erhalten hatte, war man natürlich besonders auf der
Hut, als in den umliegenden Territorien die umfassendsten
Vorkehrungsmassregeln getroffen wurden. Im Mittelpunkte der
täuferischen Bestrebungen stand damals Dr. Gerhard Westerburg,
der selbst Anfang 1534 in Münster gewesen und dort in Knipperdollings Hause von Roll wiedergetauft ist.[2] Er selbst hat damals
zahlreichen Personen die Wiedertaufe erteilt und zwar zugleich mit
seinem Bruder Arnold, der u. a. Joh. Krufft taufte, von dem später
die Rede ist.[3] Der Erzbischof und Herzog Johann von Cleve
boten der Stadt ihre Beihülfe zur Ausführung der Edikte an. Doch
diese lehnte die Unterstützung ab, und die folgenden Ereignisse
bewiesen, dass der Stadt der alte Glaubenseifer nicht abhanden
gekommen war. —

Auf allen Seiten sehen wir 1534 heftige Verfolgungen der
Wiedertäufer. Trotzdem konnte man nicht vollständig verhindern,
dass immer wieder einzelne den Aufforderungen der Münsterschen
folgten und dem „neuen Jerusalem" zuzogen. Schon trieben gleichzeitig allenthalben die Henker ihr blutiges Handwerk. Die herr-

[1] cf. Ennen, Gesch. der Stadt Cöln IV.
[2] M. Q. II, 405; s. o. p. 45.
[3] s. u. IV. 2.

schenden Parteien hatten im alten Testament eine gewichtige Waffe
gefunden, deren sie sich scheinbar mit Recht gegen alle derartigen
Ketzer bedienen konnten. Man machte von Feuer, Schwert und
Rad, „passant du feu à l'eau, du fer à la corde" derartig Gebrauch,
dass sich aus der Partei schliesslich eine Anzahl verzweifelter
Fanatiker aussonderte, welche das Princip der Gegner adoptierten
und sich mit denselben Waffen wehrten, mit denen man ihnen zu
Leibe zu gehen beliebte. Ein solcher Vorgang hatte sich in Münster
seit der Einführung des „neuen Reiches Davids" vollzogen. [1] Es
waren dort gewiss manche haltlose Existenzen zusammengeströmt,
daneben aber jedenfalls auch manche, die nur Schutz hinter festen
Mauern für ihre Überzeugung suchten. Wie ein lang gehetztes
Wild wandte man sich schliesslich gegen die Verfolger.

Die Grundsätze der niederdeutschen Anabaptisten stimmten
im wesentlichen: Verwerfung des Luxus, dem Gebote der Bruderliebe, der Aufhebung des Umganges mit den Gottlosen, mit den
„Oberländern" überein. Hofman hatte, wie er die Wiedertaufe
nach Norddeutschland verpflanzte, die alte einfache Doktrin der
Oberländer mit einem neuen Mittelpunkte, einem ausgebildeten
apokalyptischen Element, mit der Erwartung der nahe bevorstehenden
Wiederkunft des Herrn ausgestattet und ihr eine feste Grundlage
gegeben. Durch Jan Matthys war eine ganz neue Wendung eingetreten. An die Stelle des willigen Duldens, der begeisterten
Freudigkeit zum Martyrium, welche die ältere Entwicklung des
Täufertums charakterisiert, setzte dieser die Verpflichtung zum
heiligen Kampfe, den Ruf, die Waffen zur Herstellung des irdischen
Gottesreiches, zum Aufbau des neuen Jerusalem zu erheben. [2] Es
entstand eine seltsame Vermischung alttestamentlichen Helden- und
Prophetentums mit sozialen Entwürfen. — Von da an wurde die
Verfolgung immer heftiger, die Wut immer gesteigerter. Eine
gewaltige Erregung bemächtigte sich der Gemüter. Die einst so
friedfertige Partei war zum grössten Teile zu einem kriegerischen

---

[1] s. o. p. 375 Anm.

[2] Mehr als 10 Jahre früher schrieben die Züricher an Münzer: „Rechte
Christen sind Schafe mitten unter den Wölfen, Schafe der Schlachtung,
müssen in Angst, Not, Trübsal, Verfolgung, Leiden und Sterben getauft und
in dem Feuer probirt werden und das Vaterland der ewigen Ruhe nicht mit
Erwürgung der leiblichen Feinde, sondern der geistlichen finden." s. Cornelius, M. A. II, 240; Stähelin, Zwingli I, 472.

Haufen geworden, dessen Verbindungen sich über ganz Nordwest-
deutschland erstreckten. Einzelne dogmatische Unterschiede in der
Partei fielen weg; nur das eine Ziel sollte allen als nächstes vor-
schweben: Befreiung der Brüder, dann Rache an den Feinden,
bittere Rache. Diesem allgemeinen Verlangen waren nun die
münsterschen Prädikanten durch Agenten, Schriften und Geld[1]) entgegen gekommen, und Münster hatte seine Anziehungkraft nicht
versagt. Es übte noch immerfort eine alles überwiegende Gewalt
auf die Geister aus. Man glaubte, der Herr selbst habe sichtbar
bei der Gründung der Gemeinde eingegriffen und ihnen die mächtige
Stadt in die Hände gegeben. Der Sieg konnte ihnen nach ihrem
Glauben nicht ausbleiben. Der wunderbaren Gründung und Erhaltung der Gemeinde zu Münster und der herrschenden Lehre
galt das Hauptwerk Rothmanns: „die Restitution"[2]) ein Büchlein, das sehr schnell verbreitet wurde, so dass in demselben Monat
die zweite Auflage nötig war, und das seinen Weg über den ganzen
Nordwesten nahm.

Um den Worten Rothmanns den nötigen Nachdruck zu
verleihen, wurden 28 Apostel[3]) nach den vier Himmels-

---

[1]) conf. das Bekenntnis des bei einem Ausfall gefangenen Wernher
Scheiffart von Merode (11. Dez. 1534). M. Q. II, 292: „sie hätten vier mit
grotem Gelde na Holland, Brabant und Friesland um proviant utgesandt etc.
Und dair denselben proviande inthobrengen entstande, sollen se mit dem
gelde lude verarbeiden und upbrengen; daimede gedencken se die blockhuser
inthonemmen und sick sulvest mit der Gewalt tho entsetten." „Item ock
etliche na Holland . . . Lüttich und Jülich verfertigt, den yennen, so eren
handel angenommen und gedoept, vertroistinge to doen und anthoseggen,
dat sie sick dairbinnen foegen, want se kunnen tüschen die blockhuiser aen
faer herdurch komen."

[2]) Von den zahlreichen Briefen und Schriften, welche die Münsterschen
an den Rhein und nach Holland während der Belagerung sandten, spricht
Ubbo Philipps ("Ubbo Philipps' Bekenntnis und Aussage, so er vor seinem
Tode (da er im Jahr 1568 gestorben) geschrieben und nachgelassen hat",
s. Jehring, Gründliche Historie p. 208): „Man hätte wohl nötig, ein ganzes
Buch davon zu schreiben, was für Bücher, Schriften und Briefe sie stets zu
uns herausgesandt und was für grosse Zeichen, Wunder, Gesichte und offenbarungen sie täglich gehabt."

[3]) conf. Bouterwek, Heresbachii historia p. 24: Heresbach schreibt,
dass 8 Apostel nach Susatum (Soest) gelangt seien: „Vides quo zelo dogmata
illa sua sacrosancta propagare student anabaptistae, nihil aperte vel scripto
vel praedicatione agentes, (nam homines fere sunt indocti, solum spiritum
jactantes scripturasque carptim degustantes) sed lucem refugientes in cryptis

gegenden[1]) entsandt. Ohne Überlegung, prophetischen Eingebungen folgend, wurde die That unternommen und ohne Vorbereitung ausgeführt. Der Argwohn der Behörden aber war allerseits gestiegen, und Vorsicht wäre nötiger gewesen, denn je. So fielen die meisten derselben natürlich ihren Feinden in die Hände und nahmen ein elendes Ende. Die ihnen auf der Folter abgepressten Aussagen boten Anhalt zur Ergreifung weiterer Massregeln. Bald kam dann nach Münster statt der Kunde über erfolgreiche Wirksamkeit ihrer Apostel meistens nur die Trauerbotschaft ihres Todes, die ihnen mit teuflischer Pünktlichkeit und eilfertiger Geschicklichkeit übermittelt wurde. Es war ein niederschmetternder Schlag für die Stadt, die bisher alle Initiative in ihren Händen gehabt hatte. Jetzt sah sie nur den einzigen Ausweg: die auswärtigen Brüder zu selbstthätiger Mitwirkung anzuspornen.

So lag also seitdem der Schwerpunkt der ganzen Aktion ausserhalb der Stadt. Um diese zu einer möglichst lebhaften und thatkräftigen zu gestalten, wurde im Dezember 1534 das „Büchlein von der Rache" gedruckt:[2]) „Der Herr will das Banner fliegen lassen seiner göttlichen Gerechtigkeit zur Rache über die babylonische Tyrannei und zur Herrlichkeit aller seiner Heiligen; ein jeder soll den Harnisch Davids zur Hand nehmen und sich waffnen zum Entgelt." Am Weihnachtsabende zogen unter dem Schutze der Nacht vier Männer aus den Thoren der Stadt, mit vielem Gelde und 1000 Exemplaren des Büchleins ausge-

---

passim et cavernis, borreis penuariis, per fucos imposturas praestigias vanaque somnia nihil aliud quam seditiones proditiones cruentasque caedes exitant, civitates violenter occupant, cives possessionibus nudant, uxores liberos invitis parentibus ac maritis abducant." (!)

[1]) Interessant ist, dass bereits 1529 der Kürschner Augustin Bader in Augsburg nach den 4 Enden der Welt Apostel ausgesandt hatte, um die zukünftigen Dinge zu erklären. (Er verkündete den Aufruhr, der 3½ Jahre dauern solle, dann beginne das 1000jährige Reich.) Cornelius M. A. II. 57 f.

[2]) Nippold, David Joris, Z. f. histor. Theol. 1863 p. 523. „Es lag in der Natur der Verhältnisse und wird durch gleichzeitige Berichte von gegnerischer Seite bestätigt, dass die unerhörten Grausamkeiten, welche die regierenden Gesellschaftsklassen gegen die armen verführten Menschen sich hatten zu Schulden kommen lassen, den leidenschaftlichen Wunsch nach Rache in den zurückgebliebenen erweckt hatten." Vielleicht keine von den Schriften, die damals in den Kreisen der Münsterschen entstanden sind, hat eine solche Verbreitung erlangt und solche Wirkung geübt, wie das „Büchlein von der Rache". Keller, Westd. Zeitschr. I, 437.

rüstet.[1] Sie sollen das Banner der Gerechtigkeit fliegen lassen (d. h. das Zeichen des Aufruhrs geben) und die Leute um sich sammeln. Zu diesem Zwecke verteilten sie Geld zum Waffenkauf und zur Anschaffung von Munition.

„Man versteht den Verlauf der Ereignisse nur halb, wenn man sich nicht vergegenwärtigt, dass der münsterschen Empörung diejenige Epoche des Täufertums vorangegangen war, wo dessen friedliche und religiöse Bestrebungen mit der entsetzlichsten Härte von den herrschenden Klassen verfolgt worden waren. Ein neuerer Gegner der Wiedertäufer, Nippold, macht die richtige Bemerkung, dass „die grässliche Verfolgung, der die zu Verbrechern gestempelten Schwärmer seit einer Reihe von Jahren ausgesetzt gewesen, aus den Schwärmern schliesslich notwendig Verbrecher machen musste".

Über die ausserordentliche Wirkung[2] des Büchleins, das uns noch in einer Abschrift erhalten ist, haben wir im Verlaufe der

---

[1] Niesert, U. S. I, 147: „aus Münster sind geschickt 1000 Bocken van Quaternen" in alle umliegenden Städte und Dörfer, welches Buch genannt ist „von der Vrache", „um dat gemein volk uprörich to maken, darum dat Munster mochte entsath werden".

Das Büchlein war lange verloren, ist aber endlich wieder aufgefunden durch Bouterwek, (Zur Gesch. d. Litt. d. W.-T. 1864 p. 58 ff.) und zwar in einer Abschrift des Antonius von Dorth in Wesel (1663 angefertigt). Jan van Leiden hatte sich im Erfolg der „Restitution" getäuscht. Die erhofften Mengen Zuzugs aus den Niederlanden blieben aus; „so heft Stuten-Bernt (Rothmann) noch einen rait gefunden und heft noch ein klein boeksken gemacket. Dat selve boeksken solde sin von der Vrake. Und datselve boeksken hebben sie laten drucken und hebben dat ouck in Hollant gesant und in Frieschland, dair sei Wiederdoepers wisten. Dair stunt in dat boeksken, dat sick ein ieder solde up maken und solde dat schwert in die hant nemmen und solde wecken na Nige Israel, die vrake des Herrn wolde von stunden an angein, und solden sick tho der wer stellen und khomen mit gewalt". Aussage Gresbecks (Cornelius, Berichte der Augenzeugen p. 124 f.) Cornelius, die niederl. W.-T. p. 14; Sepp, geschiedkund. Nasporingen 1872 I, 55—157.

[2] Das Büchlein hat auch im Jülichschen einen ausserordentlichen Einfluss gehabt. Noch Anfang 1535 war dort ein lebhafter Wechselverkehr mit Maastricht. Dieses „boexsken" ist es, von dem in den Maastrichter Verhören bei Habets die Rede ist. Es ist von Amsterdam dorthin gekommen. (Von dem Büchlein ist auch in einer Rechnung des Amsterdamer Archivs die Rede (cf. Inventaris der Archiefstukken Nr. 77, 13. Jan. 1535): „Rekening der stad Amsterdam, omtrent een reis van den pensionaris naar den stadhouder, waarop hy een te Munster gedruckt boekje heeft overgebracht, dat als de aanleiding tot de oproerigheid hier te lande kan aangemerkt

25

Darstellung noch weiter zu handeln. Zunächst müssen wir wieder zurückgreifen, um die ferneren Massregeln der Regierungen, unter denen die jülichsche nicht zuletzt rangiert, zu betrachten.

Auf allen Conventen der Fürsten, auf denen über die Unterstützung des Bischofs von Münster zur Eroberung[1]) der Stadt beraten wurde, gab man der Abneigung und Wut gegen die Wiedertäufer,[2]) die eine Stadt im Herzen Deutschlands vollständig an

worden". Es heisst darin (Copie im Archiv der Taufges. Gemeinde zu Amsterdam). „gedruct tot Munster, inhoudende alle oirsaicken omme sedicie eñ opruerte in deze landen gemaict te werdden by den Anabaptisten en hoeren anclevorn mitsgaders en andere saicken dairtoe dienende".

Ruth Ketelbueter sagt aus: „Das Büchlein, dass ihm von Amsterdam gesandt ist, enthaltend, dass eine Stimme aus dem Himmel kommen sollte, und alsdann solle jeder mit seinem Gewehr folgen." Wichtig sind die bei Habets p. 139 mitgeteilten Bekenntnisse von Gefangenen, die sämtlich aus Jülich, besonders der Umgegend von Born und Süstern, dorthin geflohen sind. Sie selbst sagen aus, dass sie sich „Christenbrüder" nennen. Matthys Spangenmeker erklärt über das Büchlein von Amsterdam: „dat by der vrouwen, die dat boexsken van Amsterdam bracht heeft, heeft hoeren seggon, dat eyn stymme comen suldt en alsdan solden sy all volgen met geweer en ghelt." Das Büchlein sei jeder Zeit in jeder Versammlung gelesen. — Ferner wird ausgesagt, dass in ihren Versammlungen fremde Personen gewesen, die erzählt hätten, dass man in Münster einen König gewählt habe etc.

Von der Wirkung des Büchleins zeugt die Angabe, dass in einer Versammlung, wo dasselbe gelesen wurde, an einem Tage 28 getauft seien.

[1]) Besonderes Verdienst um die Eroberung der Stadt Münster habe der Landgraf von Hessen, der die belagernden Truppen, die wegen Soldmangels bereits abziehen wollten, aus seinen Mitteln befriedigt habe. — Bericht über die Eroberung der Stadt Münster 1535 findet sich bei Friedensburg, Nuntiaturberichte aus Deutschland I, 1, 443.

[2]) Obwohl die Sicherheit seines eigenen Landes energisches Handeln erforderte, konnte sich doch der Herzog von Jülich nicht den Unternehmungen der übrigen Mitglieder des westfälischen Kreises gegen Münster entziehen. Aber nicht blindlings verfuhr er wie die übrigen gegen die „Feinde des menschlichen Geschlechts", die jene ausrotten zu müssen glaubten. Der gelehrte Kreis an seinem Hofe hatte auch ihm eine mildere Gesinnung beigebracht. Dass das Schwert hier allein alles bessern könne, davon konnte und wollte er sich nicht überzeugen. Erasmus hatte ihn früher nicht vergebens daran gemahnt, doch dem Henker nicht ins Amt zu greifen. Ihm lag die Eroberung Münsters nicht allein am Herzen. Aus diesem Grunde waren seine Unterstützungen des Bischofs nicht gerade die denkbar schnellsten und ausreichendsten. Er bedachte auch andere Dinge. Auf einer Ratsversammlung zu Düsseldorf (cf. Wolters, Heresbach p. 80 und von Below,

sich gerissen, im Sinne der Zeit weidlich Ausdruck, was sich
natürlich auch auf die Fassung der stets erneuerten Edikte gegen
dieselben übertrug; so auf den Conventen zu Neuss, Essen und
Koblenz (13. Dez. 1534). Auf dem letzten wurde beschlossen, dass
die Kurfürsten und Provinzialstände in ihren Territorien fleissig
auf die Wiedertäufer fahnden, sie ergreifen und gemäss kaiserlichen
Edikts bestrafen sollten.[1] Vor allen entwickelte der Bischof von

Landtagsakten I, 147 Anm. 263.) Okt. 1534 liess er durch seinen Rat Heresbach besonders darüber verhandeln, wie denn die Wiedertäufer zu strafen
seien? Es ist des öftern bezeugt, dass er fest entschlossen war, um der
Wiedertaufe willen keinem Menschen das Leben zu nehmen, es sei denn,
er werde zugleich eines andern todwürdigen Verbrechens, der thätlichen
Empörung oder des Landesverrats, überführt.

[1] Jülich-bergischer Landtagsabschied („der erste Landtagsabschied
formeller Natur") von 1534 Juli 16.: Räte und Ritterschaft haben sich
„einhellig entschlossen und für guet und nötig angesehen, das hochgedachtem
u. g. h. die sach mit Munster nit stac zu verlassen, auch den mutwil und
ufrur in s. f. g. steten nit zu gestaden, sonder zu weren und s. f. g. land
und leut, wie bisher beschehen, in friden, gehorsam und wolfart zu schützen
und schirmen. Und dieweil s. f. g. solichs aus s. f. g. tafelrenten nit tun
kunte und si betracht, das es s. f. g. nit allein, sonder auch einem jedern
selbs leib, guet, weib, kint, er und seelen seligkeit betrift, haben si etliche
von inen zum ausschuss verordent, . . . mit beger, dise sachen dermassen mit
inen zu helfen (!) bedenken, damit derselbiger bestendiglich begegnet" u. s. w.

Hiernach wird die Steuer sowohl zur Bekämpfung der Stadt Münster
wie der Wiedertäufer in des Herzogs Landen bewilligt. — Den Unterthanen
wurde befohlen (1535, Juni 8), sich gerüstet zu halten, und der Ritterschaft,
sich in keine auswärtigen Dienste zu begeben. (cf. von Ledebur, allg. Archiv
III, 232; v. Below, kldtd. Verf. III, 1, 65; 2, 138; von Below, Landtagsakten Bd. I, 102 f.) —

Über Massregeln gegen die Wiedertäufer, die anscheinend nicht auf
Landtagen besprochen worden sind, s. Ranke III (5. Aufl.) p. 394 Anm. 4;
Keller, W.-T. p. 159 und 212; v. Below, Landtagsakten I, 147 Anm. 263.
1540 wird z. B. von der Stadt Soest die bewilligte Steuer für die Wieder-
täufer-Fehde (und für die Ausstattung der Princessin Anna) gezahlt. Es
heisst darüber:

„Von Gaitz gnaden. Wy Wilhelm Hertough . . . doin kondt, als uns
unse sementliche underdanen tot wederstadongh der mercklicher anlagen, so
gegen dat uprurerische u. unchristlich vurnemen der wederdoeper ind in-
hebber der Stad Munster, ouch anderer unchristlichen verdampten Secten, als
in unsen u. andern fürstendommen u. landen leder ingereten eyn eynhellige
Stuir verwilligt . . . u. dass die Soester 1000 Goldgulden hinterlegt haben."
Vorwerksche Mnscr. (Stadtarchiv in Soest) I, 6, fol. 338.

Als gegen Herzog Wilhelm von Jülich am Kammergericht vom Kaiserl.
Fiscal ein Prozess geführt wird wegen rückständiger Beiträge zur „Türken-

25*

Münster eine fieberhafte Thätigkeit. Er war sich nebst vielen seiner 'Brüder mit Scepter und Skapulier seiner Sünden wohl bewusst. Jetzt schlug ihm das böse Gewissen. Wie es im Grunde 1525 mit den Bauern gewesen, so war es jetzt mit den Täufern. Lange geplackt und gedrückt, wurde der deutsche Michel furchtbar beim Ausbruch. Das „Büchlein von der Rache" war erschienen und hatte natürlich brausenden Beifall unter dem Volke gefunden. Hätte man die Täufer vorher ruhiger Selbstentwicklung überlassen, würden sie sicherlich lange Zeit hindurch, wie einst Waldenser u. a., ein heilsamer Sauerteig für die Christenheit bei der allgemeinen Verweltlichung der Kirche gewesen sein. Jetzt rächte es sich: „Vor dem Sklaven, wenn er die Kette bricht, — vor dem freien Menschen erzittert nicht." Der Erzbischof von Köln ermahnte wiederholt den Rat der Stadt Köln, ja ein wachsames Auge zu haben. Infolgedessen fanden im Winter 1534/5 zahlreiche Hinrichtungen statt. Ein gleiches geschah jetzt auch in der Stadt Maastricht und in Jülich.

Übrigens konnten die Behörden zu Beginn des Jahres 1535 eigentlich nicht vorsichtig genug sein;[1]) der grösste Eifer war notwendig geboten. Durchzogen doch die Länder am Niederrhein die Werber sowohl des Bischofs von Münster als auch des Königs von Zion.[2]) Letztere konnten äusserst gefährlich werden, um so mehr, als ihnen auch ohne Geld zahlreiche Scharen zur Verfügung standen. Einer der acht am 16. März entsandten Apostel aus Münster war Johann von Geel, „einer der geschicktesten Partei-

hilfe", beschwert sich (1544 April 1) der Herzog gegen den Kaiser, er sei viel zu hoch veranlagt, sein Land könne das nicht aufbringen. Wenn man ihm aber nichts ablassen könne, so möge wenigstens die betr. Summe abgezogen werden „gegen die restanten, so mir noch bei den standen des h. reichs hinderstendig von dem, das obg. m. h. vatter selig ged. in der Munsterischer widerteufischer steuer dem h. reich furgestreckt, . . ." cf. von Below, Landtagsakten I, 508.

[1]) Selbst unter den Belagerungstruppen suchten sie Anhang. Erhalten ist uns ein „Aufruf der Wiedertäufer in der Stadt an die Landsknechte des Belagerungsheeres, zu ihnen überzutreten." (1535 Jan. 19) Z. d. berg. Geschv. XX, 38.

[2]) s. S. Muller, Catalogus van het Archief Utrecht. 1. Abt. Utrecht 1893 p. 19 (Nr. 184): Plakkaat van Keizer Karel V, houdende verbod van het dienstnemen by andere vorsten zonder toestemming der landvoogdes, op straf van verlies van lyf en goed; uitgezonderd worden zy, die den bisschop van Munster willen helpen tegen de Wederdoopers. 1534.

gänger und besten Offiziere". Ihm gelang es sogar, man muss
staunen, trotz der Wachsamkeit der niederländischen Behörden,
eine weitverzweigte Verschwörung anzuzetteln. Er soll (nach
Kumanns Chronik S.

117) bei der Königin Maria um die Erlaubnis
einzukommen sich erdreistet haben, in ihrem Gebiete Landsknechte
anzuwerben, um sie der Occupationsarmee vor Münster zuzuführen,
und sie auch wirklich erhalten haben.[1]

Nach den mancherlei geschilderten vergeblichen Versuchen
des „Königs" Johann von Leiden, wählte er endlich persönlich

---

[1] cf. Lambert Hortensius, Oproeren der Wederdoperen, Amsterdam
1660 p. 86, 115 ff.

Joh. von Geel hat während der Belagerung Münsters in den Niederlanden eine grosse Rolle gespielt.

Wichtige und ausführlichere Nachrichten über ihn finden sich im
„Stadtbuch von Deventer" unter „criminele Zaken" (vergl. Oerijsselsche
Almanak voor oudheid en Letteren, 4. Jahrj. 1838). Darnach war er Bürger,
erfahrener Kaufmann in Deventer und ging im März oder April 1534 nach
Münster („byplichtig den wedergedoepte en wederspennich onsen christen
geloeve"). Falsch berichten also über ihn Niesert, U. S. I, 147: er sei aus
Utrecht, aus einem Geel geheissenen Dörfchen, sowie Lambert Hortensius:
in Kriegssachen wohl erfahren, sei er vorher Hauptmann gewesen.

Bei seiner Teilnahme an den Münsterschen Wirren, wurde er 21. Dez.
1534 nach Holland gesandt, um die Wiedertäufer zu sammeln und nach Münster
zu führen. Er bekam den Oberbefehl über ihren Haufen und den Auftrag,
zu verkünden, dass durch den Propheten Hendrik von Hilversum kraft
göttlicher Offenbarung ausgesagt sei, 3 mächtige Städte: Amsterdam, Deventer,
Wesel sollten unter die Macht des Königs von Zion kommen. Er agitierte
in Holland und Brabant und „habe den Leuten Geld gegeben, um Gewehre
zu kaufen". Er weilte auch in Antwerpen, wo er einzog in den „tinnen
pot". (Sepp, verboden lectuur, 1889 p. 5.) Auch nach Strassburg sollte er
ziehen, um auch dort das „Banner des Friedens" aufzupflanzen. Schliesslich
beteiligte er sich an der Einnahme des Klosters Bolsward (d. h. Oldekloster),
entkam nach Amsterdam, wo er in dem misslungenen Aufstande seinen Tod
fand. (Man stürzte ihn von einem Turme hinab, auf den er sich geflüchtet.)

Identisch mit ihm ist Hansken Lukuner, der in Deventer getauft hat.
(Doopsgezinde Bydragen, 1875 p. 63 Anm. 1.)

Vergl. über ihn: Schijn, Geschiedenis der Mennoniten 1743 p. 230;
C. P. Hofstede de Groot, Hundert Jahre . . . übers. von O. Greeven 1893
p. 106 ff.; de Navorscher, Jahrg. 6, p. 97; 13, 326; 14, 300 f.; G. Brandt,
Historie der Reformatie, Bd. I. 1671 p. 113, 120 ff.; Catrou, Histoire des
Anabaptistes 1699 p. 131 ff.; Strack, Gesch. der Taufe . . . Lpz. 1789 p. 238,
245 f.; de Hoop-Scheffer, Inventaris der Archiefstukken Nr. 96; Politische
Correspondenz der Stadt Strassburg, Bd.2. hrsg. von Winckelmann) Strassb.
1887 p. 247.

vier Bürger seines Reiches, welche die geheime Agitation — diese zog man vor, seitdem man mit der öffentlichen Predigt[1]) des Aufruhrs durch jene 28 Apostel so elend Fiasco gemacht, — auf einem für die Tendenzen seines Reiches nicht wenig wichtigen Flecken Erde fortsetzen sollten: im Jülichschen. Sämtliche vier Bürger sind aus Jülich selbst gebürtig; es sind: Zillis Leitgen, Lambert Pyell, Heinrich von St. Cornelimünster und Gosswin von Fredenaldenhoven,[2]) die am Neujahrsabend durch das Servatiithor aus Münster zogen. Glücklich gelangten sie an den Wachen vorbei ins Freie. Sie waren mit dem direkten Befehl ausgesandt, die Anhänger aufzufordern, all ihr Gut zu verkaufen und den christlichen Brüdern zu folgen.

Sie wagten es, bis nach Neuss zusammen zu wandern, wo sie sich am Pickartsbrunnen trennten. Hierauf zogen Pyell und Heinrich auf Hambach, Zillis und Gosswin auf Linnich. Sie verabredeten, „sich im Lande zu erkundigen, wo die Brüder bei einander wären; dort wollten sie hinwandern und alsdann mit letzteren vereint auf Wesel oder Münster ziehen". Doch bevor sie den Zug antreten, wollen sie sich zu Randerath oder Zier treffen, um festzustellen, „wie die Sachen zu Wesel oder an andern Orten zugerichtet wären".

Zillis fiel bald darauf auf seinem Wege nach Herzogenbusch den Behörden in die Hände. Leider ist über den Erfolg ihrer Wirksamkeit bis jetzt nichts bekannt geworden. Er scheint nur ein geringer gewesen zu sein.

Um so heftiger war die von den Niederlanden aus geleitete Bewegung, die in den Monaten Dezember und Januar aller Orten unter dem gemeinen Volke sehr merkbar hervortritt. Die Fremden drängten sich selbst bis vor die Stadt Münster und an das Lager des Bischofs heran. Dieser hielt es für nötig, den kaiserlichen Statthalter Georg Schenck von Tautenberg um erhöhte Wachsamkeit zu bitten sowohl auf event. heimlichen Zutritt zur Stadt als auch auf ganze Banden, deren Ankunft man fürchten musste. Besonders deutlich zeigte sich die Stimmung der regierenden Fürsten und ihre Meinung über den Erfolg der Münsterschen Agitation auf dem Landtage zu Telgte am 19. Januar 1535: der

[1] s. o. p. 398 f.
[2] cf. Niesert, U. S. I, 137 ff.

Adel solle wie die gewöhnlichen Lehnsleute auf das Zeichen mit
der Sturmglocke mit Wehr und Waffen den Amtleuten folgen und
sich sammeln, um für den Fall der Not gerüstet zu sein. Ähnliche Befehle erliess der Herzog von Cleve für seine Gebiete:[1]
„Wegen der durch die Wiedertäufer in Münster veranlassten und
sonst im allgemeinen herrschenden [Unruhen und Empörungen
werden die Unterthanen von Adel und sonst wiederholt angewiesen,
sich einheimisch und guter Rüstung bereit zu halten, um auf Er-
fordern bei Aufbietung durch Glockenschlag zur Steuerung des
Aufruhrs beizutragen." Allerlei Gährungen bewiesen denn auch,"
dass die Befürchtungen nicht unbegründet waren. Erhebliche
Scharen sammelten sich in den Niederlanden.[2] Hätte die Wachsamkeit der Behörden nicht die einzelnen kleinen Trupps auf
ihrem Wege zum gemeinsamen Sammelplatze aufgehoben, so wären
die Folgen unübersehbar gewesen.[3]

Um die Wende dieser Zeit sind eine ganze Kette von Aufständen, gewaltsamen Versammlungen und dergl. zu erwähnen, die
sämtlich in causalem Zusammenhange stehen. Nur durch unausgesetzt eifrige Sorge hat man es verhindert, dass ein grösserer Zug
wirklich bis Münster gekommen ist.[4] Alle sind elendiglich zu

---

[1] s. Scotti, Gesetze u. Verordnungen I; von Ledebur, allg. Archiv 3,
232; s. o. 387 Anm. 1.

[2] cf. Cornelius, die W.-T. während der Belagerung Münsters.

[3] s. Beilage 5.

[4] Es möge hier auf Massregeln hingewiesen werden, welche einzelne
Städte zu ihrem Schutze gegen gewaltsames Andrängen von aussen, gegen
Überrumpelungen u. dergl. von seiten grösserer Scharen Gesindels oder auch
Täufer in den wildbewegten Jahren während und nach der Belagerung
Münsters (1534 — 1536) ergriffen. Z. B. Groningen. (vgl. P. J. Block,
Rekeningen der Stad Groningen uit de 16de eeuw. Amsterdam. Nyhoff 1896.)
Zu den Jahren 1535/6: die Stadtwehr wird verstärkt; viele Tausend
Gulden sind verzeichnet unter den Ausgaben „van schattunghe tot den
landsknechten"; Thore u. Mauern werden neu befestigt (p. 127, 172), Waffen
u. Geschütze erneut u. repariert. Viel Geld wird gezahlt an Boten, welche
zu den benachbarten Städten auf Kundschaft gesandt werden, auch „ynt
Sticht van Munster". Im Mai u. Juni 1535 werden „Büchsenmeister" angenommen; der Wachtdienst auf den Türmen der Stadt, an den Thoren,
auf den Bollwerken bei Tag und bei Nacht wird neu geregelt; die Besoldung
für die Bediensteten wird erhöht.
Gleichzeitig wird strenges Gericht gehalten gegen jede Art Ketzer,
deren zahlreiche nach harter Gefangenschaft in „Kellern" hingerichtet werden.

Grunde gegangen: Vielleicht aber wäre doch gegen alles Erwarten eine andere Wendung eingetreten, wenn sich nicht in der Stadt Münster selbst ein gemeiner Verräter gefunden hätte, Heinrich Graiss,[1] der gegen Zusicherung seines elenden Lebens seine eigene Schmach durch schwarzen Verrat vermehrte und alle Pläne des „Königs von Zion" und die Parteihäupter im Nordwesten verriet. Durch ein äusserst geschicktes Manöver deckte er den Feinden alle Hülfsmittel, Schlupfwinkel, Anschläge und Absichten auf. Der Bischof Franz war in diesem Falle geschickt und energisch genug, von dem so gebotenen Material in umfassendster und ausgiebigster Weise Gebrauch zu machen. Der Entsatz der Stadt aber war von da an ausgeschlossen.

Trotz alledem wurde von den Insassen der Stadt nicht alle Hoffnung aufgegeben; bei Niesert (U. S.) wird gesagt: „dat se synt in guter vertroistung, dat sie vor anstanden Paschen süllen erlosct werden". Noch am 16. März wurden acht Apostel ausgesandt. Wiederum hatte man auch J ü l i c h besonders als Zielpunkt der Agitation ausersehen. Dort hatte man immer noch bedeutenden Anhang und durfte stets auf neuen rechnen. Die Absicht der Täufer ging dahin, zu verabredeter Stunde an vier Orten[2] zugleich die Banner fliegen zu lassen und zwar eins „zu Eschenbroich (im Amte Wassenberg, östlich von Heinsberg) bei der Maas im Lande Jülich, eins in Holland und Waterland, das dritte zwischen Maastricht, Aachen und dem Lande zu Limburg, das vierte in Friesland. Jeder „Bundgenosse" soll sich mit Geld und Waffen versehen und sofort nach Erlass des Befehls dem nächsten Banner

---

(p. 256) Gefangen gesetzt sind (Juni: J o h a n v a n G u y l i c k, H a n s v a u T r i c h t, Tyes van Ruremunde. Interessant wegen der Art des Verfahrens mit den Gefangenen, welche meist nur 3—4 Tage lang zu verpflegen sind, sind Notizen folgender Art: die leider sehr oft wiederkehren, (p. 260) 6. April: „Item Tonys Macs betalt, $1\frac{1}{2}$ end. gl. $1\frac{1}{2}$ st, voer $15\frac{1}{4}$ quaerte wyns, de scarprichter voer ende na ghehaelt heft, als he de ghevanghen de bicht hoerde ende justicie dede, de 6. Aprilis 1535"). Ein Kommentar dazu dürfte überflüssig sein. — s. ferner P. C. G. Guyot, Bijdragen tot de Geschiedenis der Doopsgezinden te Nymegen, 1845 passim.

[1] auch Joh. Graess genannt bei Keller, W.-T. p. 274. Warum?

[2] Die Gegenden, wohin der „König" noch Anfang 1535, als die Not am höchsten gestiegen, Boten zu senden wagte, sind selbstverständlich als Hauptherde der täuferischen Bewegung anzusehen, auf die man bestimmt rechnen zu können glaubte.

sich zuwenden, um Münster zu entsetzen."[1]) Ein Teil dieses eben
so grossartigen wie gefährlichen Programms wurde in der That
verwirklicht; so in Friesland, wo man sich in grosser Menge auf
dem sogenannten Oldenkloster fest verschanzt hatte. Erst nach
einer regulären Belagerung war es möglich, ihnen diese Position
zu entreissen.

In den mir zu Gesicht gekommenen Akten ist über eine
Ausführung dieses Coups in Jülich im März 1535 nichts erwähnt.
Eine grössere Versammlung scheint unterdrückt zu sein. Der
Hauptgrund ist wohl darin zu suchen, dass die eigentlichen Täufergemeinden in Maastricht-Jülich den Münsterschen Umsturzideen
völlig abgeneigt waren. (Thätigkeit Rolls, s. o. p. 333.) Vielleicht
auch hat man den Plan hier geändert und ein weitläufigeres Verfahren gewählt. Man wollte, um die Aufmerksamkeit der Behörden
abzuleiten, nicht auf direktem Wege sogleich nach Münster ziehen,
sondern wahrscheinlich sich erst der grossen Stadt Amsterdam
bemächtigen, in der man zahlreiche Anhänger wusste. Ob aber
ihre Endabsicht war, sich der Stadt Amsterdam nur zur späteren
Entsetzung Münsters zu versehen, oder ob man Münster aufgeben
und in Amsterdam ein neues Zion stiften wollte, ist ungewiss.
Jedenfalls hängt auch mit dem Aktionsplan in Jülich und Umgebung jene gefährliche Revolution in Amsterdam zusammen, die
dort 6 Wochen später ausbrach. Habets (p. 140 f.) bringt die
Geständnisse der im Februar 1535 zu Maastricht gefangenen Täufer,
meist Jülicher. Darnach bestand schon vor der Entsendung der
letzten Apostel ein breit angelegter Plan, aus dem hervorgeht, dass
die Versammlung zu Eschenbroich nur eine Vorversammlung zu
einem grossen Zuge nach Amsterdam sein sollte, wohin um diese
Zeit das täuferische Zentrum[2]) aus Münster verlegt war.

---

[1]) cf. die amtlichen Berichte darüber bei Habets p. 135.

[2]) Als in Maastricht im Januar 1535 gegen die Täufer zu wüten begonnen war, flohen viele nach Antwerpen, die meisten aber nach Amsterdam,
wo sie mit grosser Macht auftraten und fast, wie in Münster, zur Oberherrschaft gelangt wären. Hier sollte sich die ganze Macht von 200 000
Menschen sammeln, um sich dann anderer Städte zu bemächtigen.

Joh. inden Volck sagt: „dat Amsterdamme solde syn eyn stadt Goitz."
Auch sei ihm gesagt, dass ein Nebel am Himmel erscheinen werde; dann
sollten die Christenbrüder auf der einen Seite sich halten, die Gottlosen auf
der andern. Merten Perboum aus Born sagt aus, dass die Versammlung stattfinden solle zu Yssenbroeck, dann sollten sie nach Amsterdam ziehen und

4. Beiträge aus Wiedertäufer-Bekenntnissen in Maastricht und Wesel.

Nachdem das kühne Unternehmen auf die Hauptstadt der Niederlande misslungen war, wurde ein Strafgericht abgehalten, grausiger und schrecklicher als das spätere in Münster. Dazu steigerte sich die Verfolgung zu einer unbeschreiblichen. Die Aussagen der zahlreichen Gefangenen blieben natürlich nicht ohne Folgen. Im Januar und Februar 1535 wütete so in Maastricht, dem alten Zufluchtsort der Jülicher, eine heftige Verfolgung. Bis dahin hatten alle Gerichteten geschwiegen, ohne besondere Geständnisse zu machen; als „Lutheraner" waren sie verbrannt. Jetzt aber wurden, wie es scheint, dem Rat die Augen geöffnet, dass auch in Maastricht eine blühende Wiedertäufer-Gemeinde bestanden, die man natürlich jetzt mit Stumpf und Stiel auszurotten sich schleunigst beeilte. Alles ging zu Grunde, was ein Jan Smeitgen,[1]

sich so stark machen, dass sie allein die Welt zwingen sollten. Ein fremder Hausirer aus Eschenbroich habe gesagt, dass der Ruf geschehen solle, und Gott werde ihnen einen Geleitsmann geben, dem sie folgen sollten. Die meisten Anabaptisten, die in Maastricht vor den Richter kamen, erklärten, dass sie dem Aufbruch ihrer Brüder folgen müssten „mit schild und geweer". Der Versammlungsort sei zu „Yssenbroeck" bei Sittard, wo eine Fahne als Erkennungszeichen entrollt werden solle. (Eine solche Fahne, weiss von Farbe, hatte auch der Verräter Heinrich Graiss erhalten, um sie auf dem Markte zu Deventer zu entrollen. Was Deventer für Holland, das sollte Eschenbroich für Jülich und Limburg sein.) „Datselve fentlein war ein fentlein der gerechten und ein christen Fentlein." Der „König" hatte es selbst ausgegeben. M. Q. II, 116.

[1] Jan Smeitgen spielt in der Bewegung der Jahre 1534 und 1535 während der grossen Aufstände eine bedeutende Rolle. In Maastricht hielt er sich länger als Vorsteher der dortigen Täufergemeinde. Man nannte ihn daher mit Vorliebe Jan Smetgen oder auch Smeken (Smekens, Schmeitgen) van Tricht. (Später nannte er sich selbst auch wohl „Jan Hoetz alias Philips, ein Schmied aus Maastricht." Habets, p. 87, 106.) Er gehörte zur Zunft der Schmiede in Maastricht, welche so viel von sich reden machte. Als Lehrling und Schüler Heinrich Rolls übernahm er nach dessen Tode (Sept. 1534) die Gemeinde zu Maastricht, die er schon zu Rolls Lebzeiten als Haupt und Bischof leitete, wozu ihn Roll selbst während seiner Abwesenheit gemacht hatte, „geliche vergaderinge, lerenge ende doupinge te doen, soe ein maester Her Henrich in sinne tyt gedaen bndde". (Habets p. 131.) Als Lehrer beschränkte er sich aber nicht auf die Stadt Maastricht, sondern er zog hinaus auch ins Jülicher Land und taufte

Heinrich von Tongern und Roll durch jahrelangen Fleiss begründet, wofür der letztere bereits den Märtyrertod gestorben war.

dort zu Dieteren, Born und Sittard. Der Müller von Dieteren, Bartholomeus van dem Berge, wurde durch Smeitgen in seinem eigenen Hause wiedergetauft. 10—12 Brüder aus der „buurt" (Nachbarschaft) haben dieser Taufe beigewohnt. Gleichzeitig waren noch einige andere aus Dieteren zu seiner Sekte getreten. Hier war damals der Täufer gewesen: Lenard von Ysenbrock (Eschenbruch), een man kort von postuur en aan hebbende een zwarten rock (s. über ihn unter Lenard Fälber).

1534 taufte Smeitgen, durch einen fremden Lehrer unterstützt, an einem Tage in Maastricht 28 Personen. (Habets p. 119.)

Ein ganzes Netz von Gemeinden spannte er aus über die benachbarten Lande, das bald jäh zerrissen werden sollte. Der Anstoss dazu ging von der Stadt Maastricht aus. Als hier Anfang 1535 die wütende Verfolgung ausbrach, der alle, die nicht rechtzeitig gewarnt entflohen waren, zum Opfer fielen, da sandte der Rath der Stadt Warnungen und schriftliche Bekenntnisse an alle Orte (s. o.), u. a. auch an den Stadthalter zu Dahlem (Dalheim).

Jan Smeitgen hatte sich frühzeitig genug aus dem Staube gemacht (p. 168), um thatkräftig zur Verwirklichung der grossen Pläne des Jan von Geel mitzuwirken.

Hieronymus Pael bekennt (Habets p. 170), dass er von „Jan Smetken bisschop" nach Merxheim (Dorf bei Antwerpen) geschickt sei, um die Brüder dort zum Zuge nach Amsterdam zu sammeln. Es sei viel Geld in ihrem Besitze gewesen. Sie sollten, so sei ihnen befohlen, alle sammeln, die von ihrer Sekte wären. Insbesondere sollten sie am Leben lassen „die wat wits (s. weisse Fähnlein) in die slincke hand hadden ende in dander hand een swaert"; dagegen „elle anderen soude sy doot smieten." Es seien ihrer wohl 200 000 Mann im Einverständnis. Von Amsterdam sollten sie auf Maastricht ziehen, und wenn dieses genommen sei, auf Strassburg; dagegen sollten sie Antwerpen meiden, weil dort „vele volixs" (-Kriegsvolk) wäre. (Die drei Städte sind bemerkenswert, besonders darunter die letztere. „L'an 1533 la ville de Strassbourg se trouva aussi dans un extrême danger. Hoffmann y avait un parti considérable, lors qu'il fut arrêté. Il est sûr, que sa prison sauva la ville, sur laquelle ses sectateurs avoient formé leur premier dessin, et ce ne fut qu'après qu'ils le virent échoié, qu'ils jettèrent la vue sur Munster." (Catrou, Histoire des Anabaptistes. Amsterd. 1699, p. 59, 130.) (Diese Ansicht kehrt des öfteren wieder und ist nicht unwahrscheinlich, da besonders in den Anfangsjahren der Bewegung Strassburg neben Münster und Amsterdam als die Stadt der Hoffnungen bezeichnet wird.)

Nachdem Smeitgen aus Maastricht entflohen war, entfaltete er seine Thätigkeit auf einem weiten Gebiete: bald in Jülich, bald in Amsterdam, Antwerpen, Geldern etc. s. auch Z. f. d. histor. Theologie Bd. 33, p. 59. 1536 hatte er in Obergeldern (Amt Montfort) gepredigt: man müsse von neuem geboren werden; erst glauben und dann sich taufen lassen. Die

Als in Maastricht diese blutige Verfolgung sich einigermassen gelegt hatte, sandte der Rat an alle grösseren Städte und Plätze der Umgebung ein Verzeichnis der „Geiustificierten", u. a. auch

Taufe hatte er vollzogen „met water, 't wellk hy haar op haar hoofd goot, weggende die spreuk: ik doop u in den nam des vaders, des zoons en des heiligen geestes, weggende ook tot haar de spreuk: sta op en wil niet meer zondigen." — Seine uns bekannten Lehren legen die Vermutung nahe, dass er identisch ist mit jenem Smeken, der sich auf der bekannten W.-T.-Versammlung zu Bocholt (Aug. 1536) heftig den Münsterschen und Batenburgern widersetzte. (Von einer durch ihn unterrichteten und getauften Frau wissen wir, dass sie sich dem Menno Simons angeschlossen hat. (s. Doopsgezinde Bydragen, Amsterd. 1864 p. 148.)

In einer im „Archiv der Taufgesinnten Gemeinde zu Amsterdam" befindlichen Copie nach einem Original im Reichs-Archiv zu Brüssel: „Rekening eu verantwoording der Schouten van Antwerpen van Keremit 1534 tot 1562 wegens der verbeurtverklaarde goederen, nagelaten door de Anabaptisten, onder hun regtsgebied geëxecuteerd" heisst es: 1537: „Van Janne Smekens van Tricht, die oick herdoopt is geweest ende verbrant . . . . ."

In einem Aktenstück im dortigen Archiv (vergl. de Hoop-Scheffer, Inventaris Nr. 343) 28. Aug. 1547: „Confessie (auf dem Schlosse von Valkenburg) van Metken, huisvrouw van Jacob Vrenken van Visscherswoerd, waarby zy bekent, dat zy onderricht ontvangen hebbende van den herdooper Smeken van Tricht en later van Menno Simons, twee van haar Kinderen niet heeft laten doopen en met de leer der genoemde mannen geheel en al instemt. Haar broeder en twee van haar zusters zyn om herdoopery ter dood gebracht." (!) Im einzelnen bekennt die Frau, dass sie über ihren Lehrer Smeken später gehört habe, er sei „tot Antwerpen geëxecuteerd". Vor zwölf Jahren (also 1535) habe sie Unterricht von ihm empfangen. Ob ihr Mann wiedergetauft sei, wisse sie nicht zu sagen, glaube es aber, da er 2 Schwestern und einen Bruder gehabt habe, die sämtlich wegen Wiedertäuferei zu Tode gebracht seien, teils zu Stockhem im Lande von Lüttich, teils zu Echt in Gelderland und zu Born in Jülich.

Sie ist seit 12 Jahren nicht zur Beichte gegangen, verwirft die Transubstantiation und weigert sich auf der Folter, ihre „Complicen" anzugeben. Ihre Tochter hat von ihr folgendes Gebet gelernt:

Lof, prijs ende dankbaerheyt
Zy God den hemelschen Vader in den eeuwigheyt,
Die ons deur Jhesum heeft verlost
Ende daghelicx gheeft cleederen ende cost.
God den Coninc alleen wijs
Denselven zy lof ende prijs
Van eeuwicheyt tot eeuwicheyt, Amen.

und ferner: Vreest God den Heer,
Gheeft hem die eer,
Ende nyemant meer.

an den Drosten von Millen und Geilenkirchen, überall dorthin, wo man Wiedertäufer vermutete. Jan Stevens,[1]) der früher in Maastricht mit Hülfe zahlreicher Komplizen aus dem Gefängnis ausgebrochen war, war in Born mit mehreren andern wieder in den Kerker geworfen. Zum ersten Male braucht jetzt der Rat den Namen „Wiedertäufer": „Alsoe tot Borne gefenckelich sitten Jan Stevens ende noch mee andere Luthernnen ende als men versteit ouch „wederdoupers" etc. Die in Maastricht gefangenen Täufer waren zum grössten Teile flüchtige Leute aus Jülich, welche im Hause des Diaconen Ruth Ketelbueter gefasst waren. Aus ihren Bekenntnissen erfahren wir Verschiedenes über den Stand der Lehre und den Erfolg der Münsterischen Propaganda. Wir erkennen an den wenigen Beispielen — wir würden staunen, wenn wir genauere Berichte hätten — welche Vermehrung der Anabaptismus seit der Einschliessung der Stadt Münster erfahren hat. Die grossen Hoffnungen, die man auf das dortige „Reich" setzte, rissen hin. Antwerpen, Aachen, Maastricht, das Herzogtum Jülich etc. besassen Gemeinden; überall zerstreut, auch auf dem platten Lande, sassen die Angehörigen. In Holland war der Anabaptismus an manchen Stellen sogar in der Übermacht gewesen.

In Jülich ist die Wiedertaufe im Schwange: Bartholomeus von dem Berge, ein Müller aus Dieteren, gesteht, dass er nebst 10—12 Personen in seinem eigenen Hause durch einen Fremden, Jan Smeitgen, wiedergetauft sei. Der Täufer habe das Wasser aus einem Topf genommen und dabei die Taufformel gesprochen. Als Lehrer resp. Täufer giebt er an Ghielis Hengelen und Jan in dem Valck zu Wyk von Mervelt. Beide haben ihm bei der Taufe gesagt, dass ein Ruf erfolgen werde aus Münster oder Amsterdam, dem alle Brüder folgen müssten. Ebenso seien seine Hausfrau nebst drei anderen Frauen zu Dieteren durch Lenart aus dem Eschenbroich getauft, sowie einige zu Born, wobei stets verschiedene andere Personen zugegen gewesen seien.

Alle sagen übereinstimmend aus, dass man ihnen befohlen habe, nicht zu glauben an das heilige Sakrament und die Messe. Bartholomeus bekennt, dass er bereits vor 3 Jahren das Abendmahl unter beiderlei Gestalt genossen habe; es sei ihm geboten, nichts zu halten von der Beichte, Fegefeuer und Weihwasser.

---

[1]) s. oben p. 77, 83, 339, 341.

Das Sakrament des Altars sei nichts anderes als Brot und Wein.[1] Dass die Täufer ferner gesagt hätten, wenn nicht Mann und Frau wiedergetauft seien, lebten sie im Ehebruch etc.

Nach abgelegtem Bekenntnis wurden sämtliche zum Tode verurteilt: die, welche um Gnade gebeten haben, (meist Frauen) zum Wassertode, die Männer zum Tode durchs Schwert oder Feuer.

Charakteristisch für die Stadt ist es, dass sie Anfang 1537 vollständig von allen täuferischen Elementen gesäubert war. Mit einem Schlage fast hatte sie die ganze Bewegung erdrückt. Allerdings war eine grössere Anzahl von Wiedertäufern früh genug gewarnt und hatte sich durch rechtzeitige Flucht dem sicheren Tode entzogen. (Es waren deren 54, darunter 19 Frauen.) Ausser dem „Bischof" Jan Smeitgen befanden sich unter den Entwichenen einige Personen von hoher und angesehener Stellung, wie der Rentmeister im Gotteshause zu St. Anthonis, Herr Dirik von Leke, ein von der Heyden u. a.[2] —

In W e s e l hatte am 14. Januar 1535 die Verfolgung begonnen, die eine Anzahl der angesehensten Weseler Bürger und viele andere von auswärts aufs Schafott brachte. Als Grundlage diente der Bericht des erwähnten Verräters Graiss. Er nimmt unter den Münsterschen Emissären unsere besondere Aufmerksamkeit in Anspruch. Unter 22 ausgesandten Propheten war er allein dem Tode entgangen. Freiwillig erbot er sich zum Verrat und erlangte Gnade. Er war bei Otto Vinck,[3] dem Haupte der Weseler Wiedertäufer neben Knippingh,[4] eingeführt und hatte eine genaue Kenntnis dessen erlangt, was Knippingh und seine Mitverbundenen zum Umsturz der bürgerlichen Ordnung in Wesel vorbereiteten.

---

[1] vergl. unten Cap. IV § 1 u. 3.

[2] de Hoop-Scheffer, Inventaris Nr. 235: „Tuschen 1540 en 54 worden geen herdoopers noch herdoopten vermeld". — 1542 werden gefangen: Merten Goltsmyt, Jan Cremers u. a.

[3] Wichtige Nachrichten über ihn in: Dorth, Mnscr. Vol. II im Düsseld. St.-A.

[4] seit c. 1534 in Münster. Seine Persönlichkeit ist von besonderer Wichtigkeit. Bouterwek, Z. Litt. u. Gesch. der W.-T. p. 14 sagt: „Die innere Glaubensentwicklung dieses Mannes, zusammen mit den Geschicken seines äusseren Lebens, die notwendig aus derselben folgten, verdienten ein besonderes Studium." Wichtiges Aktenmaterial im Düsseld. St.-A. Dorth. Mnscr. Vol. II. (Weseler Ratsprotokolle.)

Die Bekenntnisse der zu Wesel Gefangenen liegen zwar ausserhalb des Rahmens unserer Arbeit, sind aber für die Auffassung des Ganzen sehr wichtig. [1])

Schon bevor Graiss die Verfolgung durch seinen Verrat inaugurierte, hatte man durch Schriftstücke, die bei den von den Münster cernierenden Truppen gefassten Propheten gefunden wurden, festgestellt, dass sich in Wesel ein wohlorganisiertes Wiedertäufer-Lager befinde, das dem bedrängten Münster Hülfe bringen sollte, dass fremde Rebellen den alten Rat zu stürzen beabsichtigten. Auf die Kunde von dieser bedrohlichen Lage seiner sonst so treuen Stadt reiste jetzt der Herzog Johann persönlich in ihre Nähe. Am 18. Januar erschienen die herzoglichen Räte in der Stadt, um ihre Hülfe gegen die Aufständischen anzubieten und an ihnen „nach des Kaisers und des Herzogs Mandaten" zu handeln. [2]) Die städtische Obrigkeit wollte strenger einschreiten, doch der Herzog duldete nicht, dass die nach spanischem Muster zugeschnittenen kaiserlichen Edikte in ihrer ganzen Grausamkeit zur Ausführung gebracht wurden. Nur die Aufrührer wurden bestraft, während die in Sachen des Glaubens Hartnäckigen ausgewiesen wurden. Bei all seiner Milde bewies der Herzog einen ungewöhnlichen Ernst. Er war entsetzt vor den finsteren Gewalten, die hier geherrscht hatten. Seine Stadt und sein Land lag ihm am Herzen, die er vor einer Münster ähnlichen Schreckensherrschaft bewahren wollte. [3])

Bisher waren seine Lande von den ärgerlichen Auftritten, wie sie in Münster und den Niederlanden vorkamen, verschont geblieben. Die plötzlich in Wesel [4]) vor seinen Füssen erstandene

___

[1]) vergl. im einzelnen: Wolters, Reformationsgeschichte von Wesel.

[2]) vergl. die Nachricht in einem Briefe des Tilmannus Gravius an Erasmus (d. d. 3. Febr. 1535): „In oppido Vesaliensi ducatus Cleviensis Anabaptistica secta coeperat suas recipere vires. Pristinae religionis assertores re olfecta viribus maiores, numero quindecim ceperunt. Mox indicatur Principi (i. e. Duci Juliacensi), quid actum sit, qui e vestigio eo misit suos consiliarios." s. Burscheri spicilegium XVI, 15.

[3]) Dass die sämtlichen Länder des Herzogs, vor allem Jülich, noch lange Sitze des Täufertums blieben, braucht uns nicht Wunder zu nehmen. Die Edicte gegen die Wiedertäufer passten sich zwar nach Wortlaut und Inhalt den kaiserlichen Erlassen und denen anderer Territorien an, blieben aber in der Ausführung weit hinter dem Gewollten zurück.

[4]) 1544 wollte die Stadt Wesel ihre alte, berühmte Schule wieder eröffnen und liess deshalb nach allen Seiten Einladungen ergehen: „sed quod

Gefahr hatte ihn in Schrecken gesetzt. Trotzdem ging er den Weg der Gerechtigkeit. Mit klaren, ungetrübten Augen konnte er seine Vorkehrungen gegen alles treffen, was das neue Jahr in seinem Verlaufe noch bringen sollte. Dass Vorsicht geboten war, hatten mancherlei Vorfälle gezeigt. Diese konnten um so bedenklicher werden, als Melchior Hofman durch allerlei Kombinationen und willkürliche Trugschlüsse gerade das Jahr 1535 als das der Wiederkehr Christi und Aufrichtung des 1000jährigen Reiches verkündet hatte, nachdem ihm das Jahr 1533 nicht zu Willen gewesen war.

So diktierte der Schrecken neue Gesetze, die ungeschwächt selbst nach der Vernichtung des Münsterschen Königreiches fortbestanden, besonders weil Hofman später auch auf das 6. Jahr seiner Gefangenschaft in Strassburg (1538/39) besondere Hoffnungen gesetzt hatte, welche die Behörden bei dem immer noch mächtigen Einflusse des Propheten auf neue Schritte seiner enthusiastischen Anhänger wachsam sein liessen.

Das milde Regiment des Herzogs von Cleve hatte früher viele von auswärts in seine Länder gezogen. Wilh. Koussenmacher aus Antwerpen sagt in Wesel aus, er sei deswegen hierher gezogen, weil er gehört habe, dass der Herzog dem Evangelium nicht feind sei, sondern leide, dass selbiges klar und lauter gepredigt werde; ebenso Joris von Triecht: „er sei nach Wesel gekommen, dieweil er gehört, dass das Evangelium aldar fredig geleden werde."

id sine auctoritate Caesaris fieri, diceretur, quodque ipsa Vesalia quae Adolphum Clarenbachiam jam A. 1525 habuerat scholae Rectorem, atque deinceps opera Johannis Cloprisii, Gerardi Omkenii et Brixii, Pastorum Budericensium, Evangelicae veritatis gustum acceperat sicque jam quodammodo haereseos suspecta esset, atque Anabaptistis, quod hi anno tricesimo tertio, quarto et quinto se in eam quoque urbem diffudissent, favere crederetur, factum est, ut Edictum Bruxellis d. 7. Martii promulgaretur Caesareum, (Brant, hist. Ref. I, 145) quod ne quis ad Vesaliensem scholam vel proficisceretur vel suos illuc liberos cognatosve aut reliquos suae curae traditos informatum mitteret, severe prohibebatur, „qui secus facerent, eos pro haereticis esse habendos et tanquam haereticos poena capitali afficiendos". Gerdes, histor. reform. tom. III. 1740 p. 178.

Die Stadt blieb also noch lange Jahre hindurch verdächtig; sie musste es um so eher bleiben, als sie ihre grosse Bildungsanstalt (der Venloer Vertrag lag noch gar nicht so fern) nach evangelischen Grundsätzen umzugestalten wagte. — cf. Repertorium der Holländschen Plakkaten p. 52; Z. d. berg. Geschv. IV, 115.

Die Bekenntnisse sind ferner für den Einfluss Hofmaus und die bestehende Uneinigkeit in Glaubenssachen charakteristisch. Eine grosse Unklarheit herrscht besonders betreffs der Lehre von der Person Christi. Die meisten Gefangenen sind klug genug zu sagen: „Wir sind nicht geschickt, davon zu antworten; glauben, wie die hillige kerke davon hielte; sie bleiben bey den articuln des glaubens und der schrifft." Andere sagen (z. B. Joh. Wow), er glaube verbum carnem esse factum; wisse aber nicht, ob es die Menschheit von Maria empfangen. Joh. von Boegen sagt offen heraus, „Christus könne nicht von Maria ontfangen hebben, diewyll hy van den hilligen Geist ontfangen sy. Christus sey ein hemelss Mensch". Joachim Cloess: „Christus habe sein Fleisch von Maria nicht empfangen, sey durch ihr als die Sonne durch das Glas gegangen".

Die Kindertaufe wird verworfen.

Joh. Wow, Bürger in Wesel, bekennt: „Er sy widderdopt im nahmen des vaders, des sohns und des hilligen geistes, und hebbe angelaifft mit rechtem ernste, christlick to wandelen und den fyand und syn lüsten versaickt. Die tauff, so in der kindtheit geschehen, müsse versnickt syn, wenn de widdertauff sol recht angenohmen werden. Und als dieses von hem geschiet, hebbe er gefuhlet beteronng des levens, sy onch vorhebbens christelyken tho leven." Grietgen Möllners sagt, Ott Vincken habe ihr geraten, „man müsste auch nicht mehr in die steinern Kirchen gehen."[1] Bekannte auch, dass sie uff ihre Knyen sitzend[2] getaufft sy, und sy Otto Vinck darby gewesen, der sie gefragt, off sy Christenkinder worden und Christum angetogen? darop sie geantwortet: „Ja".

Hendrich der Schneyder bekannte: . . . wete averst von geinen teiken onder den doeperen, dan dat sy onder malckander

---

[1] s. o. p. 101, 105.

[2] „Die giene, die sick des fridags (am 27. Febr. 1534) lieten doepen upt marckede, die giengen für den predicanten und lieten sick doepen. So stunden up dem marckede drei oder mehr predicanten und doepten die luede. Do sachten die predicanten tho den lueden, die sie doepeden, dat sie dat boese solden laten und doin dat guet, und hedden einen emmer mit water für sick staen. Und so gingen die luede für den predicanten up die Knie sitten. So doepede der predicant die luede mit dry hent rol vaters in dem namen des Vaders, des sons und des heilligen Geistes, Amen." cf. Meister Henr. Gresbecks Bericht von der Wiedertaufe in Münster. s. Cornelius, Ber. d. Augenzeugen. p. 20.

sich begroiten und seyten Frede, darop dan der ander antwoirde: Amen.[1]

Von der Gütergemeinschaft sagt z. B. Wolter Teschenmecher, dass „aus christlicher liebe einer dem andern, doch unbedrongen, van dem synen metdeylen sulle".

Auf die Frage, warum sie die römische Religion verlassen, erklärt Wolter Teschenmecher: „er habe darumb sich ein zeitlang des Kirchengehens enthalten, weilen nicht viel guts da geschiht. Verleugnete auch alle menschensatzungen, so in der Schrift nicht gegründet." Koussenmacher sagt: Wat in der schrifft nicht begrepen wehre, dat wehre nicht aus Gott, sondern es wehre Menschenwerk, und dat muste man versnicken, als den Pauss (Papst) und syn anhang, sampt alles, wat in der schrifft nicht wehre begrepen noch bevohlen." Joachim Cloess gesteht, „der Pauss wehre dat Kindt der verdömnuss und der Antichrist, davon Paulus segge: Darum so dede hy ouch die predicatien nicht hören".

„Von geschehenem Gelübde zum göttlichen Leben" wird von Koussenmacher ausgesagt: „der Tauffer, so ihn gedocpt, hebbe ihm furgehalden, dat hy binnen und buyten Gott bekennen musste und mit gein geweinst noch huchlerisch herte, sondern willichlich in Gades willen gahn und sich selffs avergeven. Es habe derselb ouch darby eine predegt geilhan, die ! uhr gewehret, und viele gute puncten van der lieffde Gades und des nachsten furgebracht." Carl Schuhmacher bemerkt, „die seyen fur keine Christen zu halten, die keine christliche Werke thuen" etc.

Für die damalige Meinung der Behörden von dem Stande und den Absichten der niederrheinischen Wiedertäufer seit ihrer Verbindung mit Münster sind die 14 Artikel[2]) wichtig, welche der Inquisition in diesem Weseler Prozesse von 1535 zu Grunde gelegt wurden und natürlich nicht ohne schwerwiegenden Grund aufgestellt sind. Sie sind bemerkenswert für das ganze herzogliche Gebiet und kehren auch in Jülich in ähnlicher Form bei den Verhören wieder.

[1] „Want sick die mans tho moete qwemen up der straten, so deden sie sick de Haut und kuesten sick für den mund und sachten „lieve bruder, Godes frede sie mit iw". Antwort der ander „Amen". Grosbeck bei Cornelius, Augenzeugen p. 12.

[2] Bouterwek, Z. d. berg. Geschv. I (1863) p. 362 ff.

5. Täuferische Gemeindeorganisation in Jülich.

Nach der Abschweifung des vorigen Abschnitts, die zur
Klärung der Lage notwendig war, kehren wir wieder nach Jülich
zurück. Wir sahen bereits, dass infolge der Visitation von 1533 zahlreiche Familien aus dem Jülichschen flohen und sich der Mark oder
Münster und der ihnen eng verwandten Gemeinde zu Maastricht
zuwandten; es wurde vorgreifend ferner der gewaltige Schlag erwähnt, der die letztere Anfang 1535 getroffen und zahlreiche Personen aus Jülich für ihren bekannten Glauben dem Tode preisgegeben hatte; dass viele sich dem Untergange durch die Flucht
entzogen und Jülich wieder zukehrten, wo wir ihre Namen später
wiederfinden. Es erübrigt nun noch, zunächst die weitere Entwicklung ihrer bereits vor der Visitation grössten Teils organisierten
Gemeindeeinrichtungen etwas näher zu betrachten, wie sie uns um
die Wende des Jahres 1534 begegnen.

Wir erhalten da das Bild eines praktisch-frommen, friedlich-
kommunistischen Gemeindelebens,[1] das trotz aller Propaganda, unberührt von den die bürgerliche Ordnung untergrabenden Münsterschen Hirngespinsten, fortbestand. Die Einrichtungen, welche sich
in diesen Jahren fixiert haben, erhielten sich durch das ganze Jahrhundert und darüber hinaus. Wir werden bei Behandlung der Täufer-
geschichte in der zweiten Hälfte des 16. Jahrhunderts überein-
stimmende Mitteilungen machen können. In den uns erhaltenen
Akten im D. St.-A. ist mir zwar für jene Zeit wenig darüber bekannt geworden, doch geben uns die bei Habets u. a. O. p. 119 ff.
mitgeteilten Bekenntnisse eine ziemlich klare Vorstellung von ihren
Einrichtungen, die um so mehr auch für unser Gebiet in Anspruch
genommen werden dürfen, als der grösste Teil der Maastrichter
Gemeinde Jülicher und erst kurz zuvor eingewandert waren, dann

---

[1] Man war weit entfernt von völliger Entäusserung allen Eigentums;
vielmehr verwandte man es nach Vermögen zu gemeinnützigen Zwecken und
im Dienste der Bedürftigen. — Wie bekannt, wurde ja der Grundsatz des
Kommunismus von den „Sekten" auf verschiedene Weise zur Ausführung
gebracht. Die einen hatten vollständige Gütergemeinschaft unter sich; die
andern bildeten gemeinschaftliche Kassen, aus denen Notleidende unterstützt
wurden, oder es hatten andere schliesslich insofern „Gütergemeinschaft", als
der Besitzende verpflichtet war, den Armen in allen Fällen beizuspringen
und zu helfen. vergl. u. a. K. Hagen, Deutschlands litter. u. religiös. Verhältnisse im Reformationszeitalter. Bd. 3. Erlangen 1844 p. 223.

26*

aber auch, weil wir dieselben Institutionen gerade in Jülich später nachweisen können.

An der Spitze der Gemeinde stand ein Aufseher, der den Titel „Bischof" führte. Ihm lag die Leitung ob; seine Hauptthätigkeit bestand im Predigen, d. h. Auslegen der Schrift und im Taufen. Zur Seite standen ihm drei Diaconen, welche die Armen unter den Brüdern versorgten. Man schenkte und teilte mit nach Vermögen. So schenkte z. B. der Schuhmacher Heinrich von Daelheim dem Diacon Jacob Bylmeker meist „acht sassenerkens om Gots wil voor den armen". Einer der Häupter legte eines Tages 150 Gulden in den Beutel.

Sie nannten sich untereinander „Brüder" oder „Bundgenossen"; in der dritten Person redeten sie von „Christenbrüdern". Ihr Gruss war: „Gottes Friede sei mit dir!" worauf als Gegengruss entweder dasselbe oder ein einfaches „Amen" oder „das muss wahr sein" erfolgte.

In ihrer Blütezeit hat die Gemeinde zu Maastricht wohl an 100 Angehörige gezählt, die meist aus Jülich, Dieteren, Born, Süstern, Millen und Wassenberg eingewandert waren. Dieteren war ein Aussenwinkel des Amtes Süstern, wo weder Kirche noch Priester sich befand, weshalb die Täufer gerade dort besonders starken Anhang besassen. Hier hatten ja auch die bereits genannten Jan Smeitgen und Lenard von Eschenbroich als Täufer fungiert. In Born taufte noch Ende 1534 in einem Hause auf dem Honsbroeck der genannte Lenard in Gegenwart von 11 Männern eine Frau aus der „Buurt". Die Versammlung der Brüder fand gewöhnlich in dem sogenannten Palmenhause (Haus des Palmen) statt. Ebenso war es in Millen und anderen Gemeinden und Ortschaften, wo man vor der Visitation in grösserer Zahl der Osterpflicht nicht genügt hatte.

Als nun aber Anfang 1535 allerseits die heftigste Verfolgung gegen die Täufer ausbrach und auch Jülich nicht verschont blieb, da flüchteten zahlreiche Neugesinnte in die Fremde. Die meisten aber fesselte doch die Liebe zum heimischen Boden an die Scholle, um so mehr, als sich doch auch gelegentlich wieder einige schützende Asyle öffneten, die sie aufnahmen und den rauhesten direkten Angriffen entzogen. So setzten sich z. B. viele im nahen Grevenbicht fest, wo der Herr von Vlodorf seine schirmende Hand über sie ausbreitete und sie für längere Zeit zur Ruhe kommen liess.

III.
Folgen der Eroberung der Stadt Münster
und die
Geschichte der Jülicher Täufer bis 1550.

1. Allgemeine Betrachtung der Zeit 1535—50.

Nachdem in der Johannisnacht vom 24. auf den 25. Juni 1535
die Stadt Münster ihren Belagerern in die Hände gefallen war,[1]
zuckte noch lange der zerschmetternde Schlag nach, sind noch
lange Zeit hindurch die Nachwirkungen des Falles der Stadt an
Siegern wie Besiegten zu verfolgen.[2] Als die Wiedertäufer längst

[1] vergl. Scotti, a. a. O. p. 31. (20. Juli 1535). Der Herzog von
Jülich ordnet ein dreitägiges Landesgebet an zur Danksagung
wegen des über die Wiedertäufer erlangten Sieges und deren
Vertreibung aus der Stadt Münster. cf. auch Erasmi opp. 1703
tom. III, 1509 E, 1512 D.

[2] s. einen „Bericht der Täufer" bei Jehring, Geschichte der Mennoniten
p. 91: „Und diese bittere Verfolgung hat ungefähr 40 Jahre lang gewährt,
vom Jahre 1534 bis 1574, doch den Tropfen des schweren Regens der Verfolgung, so vor uns noch gefallen, nicht dazu gerechnet. In welcher Zeit
die frommen unschuldigen Leute, so die Taufe auf den Glauben gebrauchten
und niemand auf der Welt beschädigten, an vielen Orten der hochdeutschen
Nation durch vielerlei Marter bei Haufen als unschuldige Schafe umgebracht
und getötet sind." Interessant sind bez. der W.-T. die Verhandlungen auf
den Hansetagen bis in die 2. Hälfte des 16. Jahrhunderts; an der Spitze
steht: Warnung vor dem Schicksal von Münster; Drohung mit Ausschluss
einer wiedertäuferischen oder sakramentirerischen Stadt aus der Hanse. (s.
Höhlbaum, Kölner Inventar Bd. I. Lpz. 1896; bes. Waitz, Lübeck unter
Jürgen Wullenwever Bd. 3. (Berlin 1856) z. B. p. 50, 307.) Erst allmählich
ist eine Milderung der Strenge in den Beschlüssen gegen die W.-T. bei allen
Städten mit Ausnahme von Köln zu konstatieren.

cf. Höhlbaum, a. a. O. p. 397: „Recess des Hansetages zu Lübeck.
1555. Juli 12. W.-T. u. Sakramentirer. Der an Lübeck gesandte Entwurf
zu einem Edikt wider sie enthält eine Androhung der Leibesstrafe; diese
erregt Bedenken, weil die Glaubensstrenge der Sektirer Berücksichtigung ver-

ihres schwärmerischen Fanatismus entkleidet, sich als die „Stillen
im Lande" in die verborgensten Winkel zurückgezogen hatten,
wurden sie immer noch mit einem Eifer verfolgt, der den unpar-
teiischen Beobachter auf den ersten Blick verwundern und erschrecken muss. Die katholischen Parteien benutzten die Gelegenheit, um mit ihnen zugleich die Reformierten als „verdammte Sakramentarier" zu vernichten.[1] Mit wahrer Wut wurden die Edikte
ausgeführt, die zur Zeit der höchsten Verirrung gegen die Wiedertäufer erlassen waren. Wiedertäufer, Sakramentierer, Gotteslästerer,
Aufrührer, Strassenräuber stehen ohne Unterschied auf gleicher

diene und der Begriff „Wiedertäufer" nicht feststehe; als höchste Strafe
werden Verweisung und Relegation vorgeschlagen; dem wird aber das Kaiser-
recht mit den kaiserl. Konstitutionen entgegengehalten. Beschluss: im Edikt
soll die Strafe selbst nicht bezeichnet, nur die strengste angedroht werden,
im übrigen ist das Edikt zu verkünden. Köln, hiervon nicht unterrichtet,
nimmt den Beschluss ad referendum, Braunschweig hält allein an den Bestimmungen seiner eigenen Statuten fest."

[1] 1535 kam es auf einem Hansetage zu Lübeck zu Verhandlungen
über die Münstersche Angelegenheit und das Verhalten zu den Wiedertäufern:
also über Gegenstände, welche wohl geeignet waren, noch einmal die
Leidenschaften aufzuregen. Strenge Beschlüsse beabsichtigte man zu fassen
und wurden thatsächlich gefasst gegen alle Städte, denen irgend der Vorwurf
gemacht werden konnte, die vermaledeite Ketzerei zu dulden. Am 16. Juli
erhob sich der Syndicus von Lübeck, Oldendorp, um sich in längerer Rede
gegen strenge Massregeln auszusprechen. Nicht auf Strafen komme es an,
denn es sei ein Verhängnis Gottes, und stehe bei keinem Menschen, es mit
Strafen oder auf anderm Wege abzuwenden. Das erlassene Edikt wolle er
gelten lassen: es sei gut und gerecht; aber es gehöre dazu, dass die
Obrigkeit dafür sorge, dass Gottes Wort recht, lauter und rein
gepredigt, gefördert und gehandhabt werde, und dass man dazu
geschickte und gelehrte Prädikanten brauche, sonst würden alle
Strafen mehr zum Bösen, denn zum Guten führen, wie man Beispiele genug
habe, namentlich aus den Niederlanden, wo viele Leute umgebracht würden
und es doch nichts helfe, weil man dort das heilige Evangelium nicht zulasse
und Christum verleugne. Es sei gar nicht blos Schwärmerei, wogegen man
spreche, sondern man thue Gott an seiner höchsten Ehre Abbruch und
wolle ihn nicht als alleinigen Seligmacher gelten lassen. Oldendorp ist
gegen die Verfolgung der Wiedertäufer, weil er darin eine Gefahr
sieht, dass mit ihrer Lehre auch das evangelische Bekenntnis
selbst verfolgt werden könne; aber er meinte auch wohl, dass die
Grenzen schwer zu ziehen, wenigstens nicht alle zu verdammen seien, die
mit dem Namen belegt würden.
s. Georg Waitz, Lübeck unter Jürgen Wullenwever und die europäische
Politik. Bd. 3 (Berlin 1856) p. 49 ff., 397.

Stufe neben einander. „Es ist ein charakteristisches Kennzeichen
der Unkenntnis über die wahren Vorgänge jener Epoche, dass
sehr viele Menschen noch heute von der Vorstellung ausgehen,
dass die Hinrichtungen und Verfolgungen gegen die „Wiedertäufer"
nur wegen Aufruhrs verhängt seien, und dass die Reformatoren an
diesen Dingen unbeteiligt wären. Nein, es war weder „Aufruhr",
was man bestrafte, noch ist eine der beiden herrschenden Kirchen
unschuldiger als die andere" [1]) etc.

Trotz all der vernichtenden Schläge verschwand aber die Partei
nicht. Weit entfernt ihre neue Kirche zu vernichten, hat die Verfolgung nur ihre Kraft und ihren Widerstand vermehrt. Auch
unmittelbar hat sie den Glauben und die Hoffnung der Brüder
gehoben. Wie in der urchristlichen Zeit bedeutete auch hier Verfolgung nur Sieg, Zerstreuung nur Ausbreitung, und aus dem Mär-
tyrertum schlugen die Flammen der Begeisterung empor. Die Partei
wurde erst recht zu engem gegenseitigen Anschluss und zu treuem
Ausharren ermutigt. Es ist ein vorzügliches Zeugnis ihrer edlen
Gesinnung, die allein aus reinstem Herzen und aus der wohl- und
selbstbewussten inneren Überzeugung, nur das Gute zu wollen,
entspringt, dass sie voll Mut standhaft und freudig dulden und
das schwere Kreuz der Verfolgung auf sich nehmen. [2]) Aber nur
allzu lange dauerte es, bis sie die Mitwelt zu der Überzeugung

---

[1]) Keller, die Reformation p. 446; Nicoladoni, Bünderlin. In seiner
Schrift: „Eine gemeyne berechnung über der heiligen schrift Inhalt" (1530/31)
kämpft Bünderlin gegen die Intoleranz der Katholiken ebenso wie die der
Lutheraner. Er wirft den letzteren vor, dass sie jetzt, wo sie die Oberhand
bekommen haben, gegen Andersgläubige das Schwert gebrauchen wollen,
was doch ganz gegen Christus sei, gerade bei ihnen, die doch vorher, als sie
noch das Papsttum bekämpften, Gewissensfreiheit predigten."

[2]) Vergl. hierzu ein Urteil Luthers. (Analecta Lutherana et
Melanchthoniana, ed. Loesche, Nr. 158: Luther antwortet auf den Einwurf
eines Tischgenossen, die Anabaptisten betreffend: „Aber das ist wunderlich,
quod sie contemnunt mortem et non metuunt"; folgendes: „sed jha illi non
intelligunt peccatum et iram Dei, sie excaecati a Diabolo; quare non anguntur
ut sancti, qui haec omnia sentiunt. Diabolus enim ipsorum aures et animos
tenet occupatos, das sie nicht hören, man sage, was man wolle, den was sie
im synn; ut et Diabolus infatuat stultos, ut nihil videant, nisi quorum ipsis
in animo est." Nr. 159: Anabaptistae occidendi. D. Luther dixit:
„duplices sunt. Quidam aperte seditiose docent contra magistratus; eos jure
occidit elector. (Keller, Reformation p. 449 f.) Reliqui habent fanaticas
opiniones, ii plerumque relegantur."

von ihren lauteren Absichten gebracht hatten. Obwohl es Menno
Simons allerdings längst gelungen war, das fanatische Element aus-
zuscheiden, ihm, der selbst ein leuchtendes Vorbild eines stillen
und segensreichen Wandels ist, kamen doch wieder allerlei Elemente, zeitweilig verborgene Nachwirkungen der in Münster einmal
in verblendetem Wahne aufgetauchten und gepflegten Ideen, in
unedlen, wüsten Köpfen zum Ausbruch, die das auf friedlichem
Wege Erreichte wieder in Verruf zu bringen geeignet waren. Ich
erinnere nur an die Mordbrenner, die dem Batenburg anhingen und
durch ihr Räuberhandwerk Wiedertäufer sogar mit Mordbrennern
identisch machten,[1] ferner an die mystisch-kommunistischen Nicolaiten und an die enthusiastisch-chiliastischen David-Joristen, die
in den Niederlanden eine Zeitlang schwärmten. Natürlich fiel es

---

[1] Im Gebiete des Herzogs von Cleve machte einige Jahre hindurch
viel von sich reden ein „Wiedertäufer" Wilhelm Wilhelmsen und seine Rotte.
In der wüstesten Weise hatte er mit seinen Anhängern die Münsterschen
Wirren und Greuel wieder herbeizuführen gesucht. Allerlei excentrische
Schriften hatten sie dazu verbreitet, wie das 1574 zu Emmerich gedruckte
Buch: „von dem grossen und lästerlichen Missbrauch des unreinen Ehe-
standes" beweist, worin ununwunden die Polygamie gepredigt wurde. Ferner
erschien aus dem Kreise dieser Räubergesellschaft, denn nur eine solche war
es, das Buch: „Restitution oder Wiederbringung des rechten und wahrhaften Verstands der vornembsten articulen des christlichen Glaubens, lehr
und lebens." Die Grundsätze des brutalsten Communismus wurden von ihnen
nicht allein gelehrt, sondern auch durch Beraubung der Burgsitze der Edelleute, der Pfarrhäuser u. s. w. praktisch ausgeübt. Am entsetzlichsten war
das Treiben des Hauptes dieser Bethörten, des Wilhelmsen. Nach vieler
Mühe wurde er endlich in Haft gebracht und in Dinslaken 1580 hingerichtet,
nachdem er um Wesel und Emmerich Mord und Plünderung verübt hatte.
— Nach Teschenmacher besass er 21 Weiber. cf. W. Teschenmacher,
Annales ecclesiastici. (Handschrift auf der Berl. Bibliothek, Mnscr. boruss.
qu. 21.) fol. 407 ff., 414, 447; Heppe, Gesch. der evangel. Kirche von Cleve-
Mark p. 122—25; Z. d. berg. Geschv. I, 313.

Die Geschichte des Wilhelmsen lehrt, welche Verwirrungen die
„Restitution" Rothmanns noch ein Menschenalter nach ihrem Erscheinen am
Niederrhein hervorrufen konnte. Die „Restitution" des Wilhelmsen ist, wie
aus dem von Teschenmacher gemachten Mitteilungen hervorgeht, nur ein
Abdruck der Rothmanns vom Jahre 1534. Die 500 Exemplare starke Auflage
war zu Homberg in der Grafschaft Mörs durch M. Nicolaus Gebhard ge-
druckt. — vergl. auch Catrou, Histoire des Anabaptistes p. 234; Goebel,
Gesch. des christl. Lebens I, 208 f.

Die Furcht der Städte vor den „Wiedertäufern" und die Massregeln
gegen sie spiegeln sich wieder u. a. in den Ausgabeposten der städt. Rechen-

den erstarkten Behörden nicht schwer, diese in ihrer offenkundigen Wühlerei zu vernichten. Bald schwand daher ihr Name und mit ihm ihr Einfluss.

Dagegen war es nicht so leicht, jene in versteckten Winkeln weilenden Täufer bei fleissiger Arbeit aufzustöbern, auf ihren Glauben zu prüfen und event. zu unterdrücken. Sie sind sehr zahlreich geblieben, und Hamelmann hat Recht, wenn er von einer „maxima pars istius faecis" redet, die hier in späteren Jahren noch gesessen habe. Aus den Edikten des Herzogs und den Konfiskationsakten etc. ersehen wir, dass jene stillen, von je waffen- und rachelosen Täufer noch lange an der Schmach und Schuld derjenigen abzutragen hatten, die sie von je verachtet[1]) und denen sie sich des öfteren widersetzt haben. Keinen Augenblick waren sie nach vielen, vielen Jahren selbst bei harter Arbeit und treuester Erfüllung aller Pflichten eines guten Staatsbürgers ihrer Freiheit, ihres Lebens und mühsam erworbenen Eigentums sicher.[2]) In

bücher; vergl. z. B. Arnheim, Nijmegen u. a. 1539 werden grosse Summen in Nijmegen verausgabt für die Sicherung der Stadt, gegen welche man einen Anschlag von seiten der „Batenburger" befürchtete. s. P. C. G. Guyot, Bydrage tot de Geschiedenis der Doopsgezinden te Nijmegen. 1845. p.10.

[1]) 1566 sagt Goddert Schneider aus (D. St. A. IV c. 14 c.): „seine partei hätte die Davidt Juriss und münsterschen sekten für denffelsch gehalden (von den andern wisse er nichts, halte sie aber für unchristlich)."

[2]) Die Abneigung und Wut gegen die Täufer hat sich in unveränderter Stärke noch sehr lange ungeschwächt erhalten. Ja, man kann mit Fug und Recht behaupten, dass sie an manchen Stellen in der Folgezeit noch zunahm. Laienwelt und Clerus haben wetteifernd dafür gesorgt, dass eine Duldung nicht aufkam, selbst dann noch, als jeder Grund zur Verfolgung weggefallen war. In dem „Anabaptisticum et enthusiasticum Pantheon und geistliches Rüsthaus wider die alten Quäker und neuen Frey-Geister" etc. vom Jahre 1702 ist p. 19 noch folgender „Warnungsvers" zu lesen:

„Thomas Müntzer, Johan von Leyden und Knipperdolling sind
zwar todt,
Aber ihr Geist und Nachlass ist noch nicht ausgerottt."

War schon vor dem Jahre 1535 die Verfolgung eine äusserst heftige gewesen, so erreichte sie kurz nachher den Höhepunkt. Keller, Reformation p. 446 sagt darüber: „Es ist unmöglich, auch nur annähernd ein zutreffendes Bild von den Greuelthaten zu geben, deren die herrschenden Parteien sich an diesen Leuten schuldig gemacht haben. Keine Stadt, kein Flecken, ja fast kein Dorf blieb von Verfolgungen, Einkerkerungen und Hinrichtungen verschont."

Nachdem die Stadt Zürich 1527 mit den ersten Hinrichtungen begonnen, wusste Urbanus Rhegius in Augsburg kurz darnach eine systematische

einem stillen, gottseligen Wandel lebten sie ohne Zusammenhang in engstem Kreise dahin; keine grosse Gemeinschaft schien mehr möglich. Mit verschärfter Strenge glaubten katholische wie protestantische Obrigkeiten die alten gegen die „Sectirer" geübten Mittel in Anwendung bringen zu müssen, um die zweifelhaften Erfolge, die sie so eben errungen, auch sicher zu stellen. Beide

Verfolgung zu inscenieren. Die verschiedensten Ursachen wusste man gegen sie ins Feld zu führen, um sie vor den Richter zu bringen. Noch 1607 erschien zu Ingolstadt ein Buch von Christoph Andreas Fischer, betitelt: „Vier und funfftzig erhebliche Ursachen, worumb die Widertauffer nicht sein im Land zu leyden."

Luther erklärte sie in seiner Weise für des Teufels Kinder. In seiner Vorrede zu des Justus Menius' Schrift: „der widderteuffer lere und geheimnis" von 1530 hatte er ihnen vor allem den Vorwurf des Winkelpredigens gemacht und gesagt: „Erstlich ist das gewiss ein zeichen des teuffels, das sie durch die heusser so schleichen und lauffen im Lande umb und nicht offentlich auftreten, wie die apostel gethan und teglich alle prediger thun, sondern sind eitel wenkelprediger, komen auch im fremde heusser und ort, da hin sie nimand beruffen noch von jemand gesandt sind. Können auch solche schleichens und lauffens keinen Grund noch warzeichen bringen. Das stück feilet nicht und ist gewiss, das sie vom teuffel komen."

Charakteristisch für die Behandlung der W.-T. ist ein Bericht, der für sich selber spricht, und den Schreiber und die Auffassung seiner Zeit, die er wiedergiebt, kennzeichnet. (Z. f. histor. Theol. 1860 p. 112.) Hier heisst es in dem Bericht des kathol. Pfarrers Georg Gyr von Rosheim vom Jahre 1538 an seinen Freund Joh. von Marpach zu Strassburg über die Aufhebung einer Täufer-Versammlung im Sermersheimer Wäldchen mit roher Schadenfreude: „es seien 25 wilde Tiere gefangen worden, die den Weinberg des Herrn verwüsteten". — Wie man einst gegen die Waldenser etc. verfuhr, welche man wegen ihrer geheimen Conventikel verunglimpfte, in denen allerlei erschreckliche Dinge passieren sollten, die das Licht des Tages scheuten, so wusste man auch gegen die Täufer Verdächtigungen der verschiedensten Art in Umlauf zu setzen. So lesen wir in Noppius' Aachener Chronik, 1643 II, p. 78: „In diesem Jahr verbrannte man allhie zu Aachen die W.-T., so gegen eines Ehrb. Raths Edicte Nachtpredigten gehalten, von welchen Nachts-Sermonen und was weiteres darauf erfolget, nicht rühmlich ist, viel zu sagen." — Herr von Scheiffart zu Rheydt wird 1705 wegen einer schmählichen Überrumpelung der Mennoniten „corum geheimen und geistlichen Räthen" vernommen und u. a. gefragt, ob er wisse, dass diese secta die lehr habe, heimliche fewersbrunste anzustellen, mit dergestalten ihrer nachbahren güter zu verbrennen?" Derselbe gibt zu, dass ihm damals (1694) die Gemeinde zu Rheydt oft gesagt habe, sie hielten die Wiedertäufer wegen ihres Brandes nicht ohne Ursache suspekt, dass sie ihm damals auch unterschiedliche Ursachen angegeben habe, die er nicht mehr wisse" etc. (D. St. A. unter Jül. Berg. L. A. IV. c. 14 c.)

wetteiferten gleichsam, sich gegen die Theorien zu bewahren, die
nach ihrer Meinung den Glaubensgrund bedrohten, aber doch
eigentlich nichts anderes erstrebten, als Freiheit von jeder Hierarchie,
Selbständigkeit ohne Glaubenszwang. Dieser Zwang hatte ja das
ganze System ihrer Gegner bisher zusammengehalten; fiel dieses,
das wussten sie sehr wohl, so war ein gewichtiger Pfeiler aus ihrem
stolzen kirchlichen Bauwerk herausgerissen.

Wenn aber der täuferischen Gemeinde in dieser Zeit der Unduldsamkeit auch die Freiheit eigener Organisation genommen war,
die Grundgedanken ihres Systems musste man ihnen doch belassen.

Alles das aber war nicht der einzige Grund ihrer Verfolgung.
Nicht die Überzeugung allein, dass das religiöse Bekenntnis eines
Landesherrn von seinen sämtlichen Unterthanen angenommen
werden müsse, wandte die Fürsten von ihnen ab, sondern die Furcht
vor dem schon häufiger erwähnten Reichstagabschied von 1529,
welcher jedem die Acht in Aussicht stellte, der irgend welchen
Anlass gab zu der Vermutung, ihn selbst zu der Sekte zählen zu
können oder sie nur zu dulden. Daher kam es auch, dass die
Stellung der Fürsten zu den Täufern selbst im 17. und 18. Jahrhundert zum Teil noch um nichts sich geändert hatte. —

Bei der argen Zerstreuung der Täufer drängte sich Ein-
sichtigeren unter ihnen allmählich die Ansicht auf, dass es im
eigensten Interesse geboten sei, die Bewegung zu konzentrieren
und unionistische Bestrebungen hervorzurufen und zu fördern, und
zwar zunächst, wenn möglich, für die verschiedenen Richtungen,
in welche die Partei auseinander gegangen war, dann aber auch
für die Glieder jeder einzelnen Strömung. Eine Folge dieser Tendenzen sind die sogenannten Täuferconvente, so der zu Bocholt
(1536) und der zu Greven (1538). Auf Grund des allen Gemeinsamen suchte man die täuferischen Richtungen zu vereinigen. Die
Bedrängnis durch den gemeinsamen Feind zwang sie eben, nicht
völlig jedes Gemeinschaftsbewusstsein bei ihrer ohnedies stark ausgeprägten Separation aufzugeben. — Die Convente waren zahlreich
besucht, auch aus Jülich treffen wir einen Vertreter.[1]

[1] In Bocholt erschienen unter vielen anderen Vertretern solche aus
Oberdeutschland, Holland, Friesland, Geldern, Westfalen, selbst England.
Erwähnt werden Johann von Jülich und Heinrich von Zütphen, welche
die geldrische Gemeinde repräsentierten. — Über die Verhandlungen im einzelnen s. Keller, Westd. Zeitschr. I; Nippold in Z. f. d. histor. Theologie Bd. 33.

Der Fall Münsters ist noch nach einer anderen Seite zu
würdigen. Er hat die innere Entwicklung der „Sekte" in eine andere
Bahn getrieben; die Münsterschen konnten ihre alte Autorität nicht
mehr behaupten, nachdem ihre Reste vertrieben und zerstreut waren.
Die grosse gemeinsame Basis der Taufgesinnten trat wieder hervor,
auf der zwar immer noch allerlei Excentricitäten sich zeigten; vom
alten Stamme wurden die wilden Reben allmählich abgeschnitten. So
gelangten die alten friedlichen Elemente wieder zuF reiheit und Selbständigkeit. Nachdem man sich durch wiederholte Enttäuschungen
überzeugt hatte, dass alle Prophezeiungen und eschatologischen Verkündigungen eines Melchior Hofman, dem so lange ganze Scharen
gelauscht, sowie der Münsterschen Propheten eitel Selbstbetrug
seien, trat an die Stelle chiliastischer Phantasterien und sozialer
Träumereien allmählich wieder der alte leitende Gedanke, auf Grund
der heiligen Schrift die ethischen Momente ihrer Lehre zu betonen
und in ihrem Wandel zum Ausdruck zu bringen. Dadurch dass
diese überlieferte Idee von einem Manne aufgegriffen wurde, der
durch eigenes religiöses Bedürfnis und durch eifriges Studium der
Bibel und der unvergänglichen Schriften der Mystiker, die die
ganze Bewegung mit hervorgerufen oder doch alte vorhandene Ideen
neu belebt hatten, zu dieser „Sekte" geführt war, — ich meine
Menno Simons — entfaltete die Wiedertaufe jene Expansiv-
kraft, deren Spuren uns heute noch vorliegen. Weit nüchterner
als sein schwärmerischer, aber sonst durchaus friedfertiger Vorgänger Hofman, setzte er gerade zu der Zeit mit seiner segensreichen Wirksamkeit ein, als sich der oben geschilderte Umschwung
vollzog. Er hat es verstanden, die besonneren Elemente des Täufertums, dessen Ansehen durch die Münstersche Katastrophe so sehr
gelitten hatte, um sich zu sammeln und so durch eine strenge
Gemeindezucht zu seiner sittlichen Wiedergeburt und Festigung zu
wirken.[1] Bis dahin hatte ein Führer von anerkannter Autorität

---

[1] Der ungenannte Verfasser der Schrift „Von der Kindertauf beständiger — Gegenbericht" 1563 (Münchener Hof- u. Staats-Bibliothek) p. L[1].
sagt: „Sie (d. W.-T.) seind aber nun nit solcherley (d. h. so übel u. schlecht),
nachdem Menno Simon sie ein bessers geleret hat. Darum findet man auch
jetzund vil, ja schier alle seind des sins bey den protstanten, das man mit-
leiden mit jnen haben sol / so lang sie sich uffrurs und der mutwilliger that
enthalten / schlagen auch kein gesprech mit jenen abe / unterlassen nit uff
allerley freundliche wege sie zu berichten ; uñ von jrer Sekt sie zu gemeiner

gefehlt, denn fast alle Häupter waren der friedfertigen Partei bis
dahin mit Gewalt entrissen. Ihm gelang es durch seine hohe
Idealität, ein wirksames Gegengewicht gegen die sozialen Theorien
und Leidenschaften zu bieten, und über seinen engeren Kreis hinaus
bekannt zu werden. So konnte seit 1536 allmählich wieder von
einer geschlossenen Partei des Täufertums geredet werden. Der
Bekehrungseifer, der sich zu Beginn an Handelsleuten, Handwerkern
und Bauern auf dem platten Lande versucht hatte, wuchs. Für
den ganzen Niederrhein und spez. für Jülich ist Menno von ausserordentlicher Bedeutung gewesen, wie sich später aus den „Konfiskationsakten" ergiebt. Leider aber währte es noch lange Zeit,
bis man sich überzeugt hatte, wie ungerecht die blutige Verfolgung
nüchterner, fleissiger, friedlicher Bürger ist. —

Am Schlusse dieser Betrachtungen darf ein weiteres Moment
nicht ausser Acht gelassen werden, dass zahlreiche herzogliche
Edikte uns erklärt, in denen vor allerlei fahrendem Volk und
Pöbel gewarnt wird.[1) Die schweren Notjahre 1531—35 hatten
zahlreiche Elemente an die Oberfläche getrieben, die in den folgenden
Verwicklungen auf irgend eine Weise ihr Unterkommen fanden,
sei es nun, dass sie als Landsknechte in die Dienste irgend eines

kirchen Christi zu furen. Sie tragen auch kein haas der personen, sonder der
unbeständiger lehr und gemüter zu spaltung geneiget. Letzlich furen
sie ein solch gottselig leben (wiewol nit alle:) das mit der Täufferen
leben wol verglichen mag werden in einfalt, mässigkeit und eifer
aller Gottseligen dingen."

[1)] conf. Scotti, Gesetze und Verordnungen. 1. Verordnung vom 12. Juli
1535. Den Amtleuten wird im Einverständnis mit Churköln ein erlassenes
Mandat zur Publikation und Handhabung mitgeteilt, wonach alle bei der
jetzt stattgefundenen Vertreibung der Wiedertäufer aus der Stadt Münster
im Lande sich einfindenden Anhänger dieser Sekte nicht geduldet, sondern
an ihren früheren Wohnort verwiesen, diejenigen Einländer aber, welche früher
mutwillig in die Stadt Münster gelaufen sind und jetzt wieder einlaufen,
verhaftet und edictmässig bestraft werden sollen.
3. Juli 1528. Im Einverständnisse mit Churköln und dem Bischof
zu Osnabrück und Münster wird verordnet, dass weder den herrenlosen und
entlassenen Kriegsknechten noch andern die öffentlichen Strassen und Flüsse
unsicher machenden Mordbrennern, Wiedertäufern, Strassenschändern, Bett-
lern, Zigeunern, Heiden und Aufrührern irgend ein Durchzug oder Aufenthalt im Lande gestattet werden soll und zugleich verkündigt, dass die zur
Erfüllung dieses Zweckes angeordneten Schützen-Rotten auf ihren Streif-
zügen von einem Scharfrichter begleitet werden sollen, welchem dergleichen Gesindel, da, wo es verhaftet wird, zur Bestrafung zu überweisen ist.

. Potentaten oder einer Stadt, die sie ja zur Aufrechterhaltung der
Ordnung und zum Schutze ihrer Interessen dringend nötig hatten,
ihr Brot verdienten, sei es, dass sie das religiöse Moment der
Wiedertaufe zum Umsturz aller gesellschaftlichen Ordnung benutzten. Eine besonders grosse Zahl dieses heimatlosen armen
Gesindels befand sich in und um Münster und wurde natürlich
frei, als die Stadt ihren Feinden zum Opfer fiel. Dazu kamen
zahlreiche Landsknechte, die aus dem Dienste des Reiches und der
Territorien, welche sich nunmehr gesichert glaubten, entlassen waren
und sich vagabundierend und Unruh stiftend im Lande umher-
trieben. Diese wilden Gesellen waren nicht allein lästig, sondern
auch gefährlich. Die Hoffnung auf die Wiedereroberung Münsters
war ja nach dem Sturze der Stadt nur aufgeschoben, nicht aufgehoben. Es ist erwiesen, dass Wiedertäufer in den nächsten
Jahren vielfach gerade unter diesem Volke Anhänger zu gewinnen
suchten, um für den Fall eines erneuten Aufruhrs kriegsgeübte
Hände auf ihrer Seite zu haben. Ueberdies ist zu beachten, dass
ja die Werber des Bischofs vielfach in den vom Anabaptismus
stark infizierten Ländern Leute geworben haben, die selbst damit
„befleckt" waren und jetzt leicht auf die Seite der Täufer gezogen
werden konnten. Daher wandten auch die herzoglichen Behörden
alle Sorgfalt an, sich dieser unliebsamen Gäste zu entledigen, die eine
arge Landplage waren. Die Amtleute in Jülich hatten mit ihnen
alle Hände voll zu thun. In den Amts- und Vogteirechnungen
der Zeit bis 1540 werden zahlreiche Verhaftungen solcher Buben
erwähnt. Besonders in den Vogteirechnungen des Amtes Bergheim[1])
ist während der Jahre 1535—40 oft die Rede von fahrendem
Volk und Landsknechten, die „sich buyssen der struyssen" aufhalten. Zahlreiche Verhaftungen werden vorgenommen. So sind
z. B. 1538 im genannten Amte sechs Landsknechte an einem Tage
zugleich inhaftiert.[2])

---

[1]) D. St.-A. Akten Litt. h⁵.

[2]) Neuss 1538 Januar 18. Räte von Kurköln, Münster, Cleve-Jülich
treffen Vereinbarungen über die Abwehr der herrenlosen Knechte und
die Bestrafung der Mordbrenner, Wiedertäufer, Strassenschänder, Aufrührer. (Ähnliches schon 1533; s. o. Scotti, I, No. 26; Varrentrapp, p. 42.
Z. des berg. Geschv. XXIII p. 58 (1547, Okt. 25) p. 214: „Und damit diese
und andere ungebürliche durchzug und versamlungen desto bass mugen . . .
verhoit werden, so haben sich obger. cur- und fursten rete derhalb eine
streufende rot zu halten vergleichen, also das jeder cur- und furst obg. zu

2. Die Behandlung der Wiedertäufer.

Es ist sehr bedauerlich, dass in den nächsten Dezennien von 1535 an die Nachrichten nur sehr spärlich fliessen. Zahlreiche Schriften und Traktate, welche konfisziert wurden, sind verloren gegangen. Von den vielen Wiedertäufer-Bekenntnissen, von deren Ueberbringung nach Düsseldorf in verschiedenen Amtsrechnungen die Rede ist, ist fast nichts erhalten, wenigstens noch nichts aufgefunden. Dieser Mangel an gleichzeitigen Dokumenten wird um so fühlbarer, als gerade um diese Zeit die grosse täuferische Partei in die verschiedensten Richtungen auseinander ging, deren beste Elemente durch Menno Simons gesammelt wurden. Aus den Berichten des in Kempen (im nördl. Jülich) dauernd die evangelische Kirche schützenden Amtmanns von Rennenberg (s. o. 152 f.) ergiebt sich, dass Menno in den Jahren um 1544 persönlich im Erzstift Köln Propaganda für seine Lehre gemacht hat.[1] Die

dieser streufenden rotten 25 reisigen verordenen (!), welche hin und wider durch irer cur- und f. g. landen rieten und streufen sullen, nit allein sulchen herenlosen knechten die durchzug und versamlong zu weren, sondern auch uf die moertbrenner, widerteufer, straissenschender, mutwillige viande und ander ufrurische . . . kundschaft uszulegen und ufschens zu haben, damit dieselbigen niet geduldt, sonder zu geburlicher straif lut des hiebevoir ufgerichten edietz gestalt werden . . . Auch sal einer jeder streufenden rot ein scharpfrichter zugeordnet oder aber die knecht und ander vurg., so nidergeworfen werden, anstont in den empteren, da sie betreton, der straif bevolhen werden". v. Below, Landtagsakten I, 214.

[1] Cramer, het leven en de verrigtingen van M. Simons . . p. 83 f. Brief des Joh. a Lasco an Alb. Hardenberg, Emden 1544 Juli 26 (cf. Gerdes, Scrinium Antiquarium III. 516): „Sed scio Mennonem versari nunc potissimum in episcopatu Coloniensi et fucum facere multis". Menno war bemüht, seinen Ansichten selbst in reformierten Kreisen Eingang zu verschaffen. (s. Menno Simons' Werke 1682 bl. 235 u. 515.) Ja, er versuchte um jene Zeit mit den reformierten Predigern zu Bonn und Wesel ein Zwiegespräch zu halten, was auf Anraten a Lasco's verhindert wurde. (s. Doopsgezinde Bijdragen 1864 p. 151.) Menno scheint sich besonders von Herm. v. Wied angezogen gefühlt zu haben. „Hij wordt ook in Mennos werken een en andermal met lof genoemd (Cramer, Menno p. 83). Man mag daaruit afleiden, dat deze door dien Bischop met eenige toegevendheit geduld werd". Dass er in Jülich viele Anhänger gehabt hat, davon zeugt z. B. das „Concept van Köln" (s. Beilage 7), welches von zahlreichen Vertretern Jülicher Gemeinden unterzeichnet ist. Über Mennos Wirksamkeit in unserer Gegend sagt Cramer, a. a. O. p. 81: „Menno bleef daur intusschen tot in het jaar 1546 (Menno

vorhandenen Angehörigen seiner Richtung wurden von den Gegnern, ohne irgend eine Unterscheidung zu machen, einfach „Wiedertäufer"[1]) genannt, und es findet sich erst gegen Ende des 16. Jahrhunderts für sie in den Akten häufiger die Bezeichnung Mennoniten, Meniten, Maniten oder Symoniten verwendet.[2]) Zahlreiche Familien, die um 1535/40 zu den „Wiedertäufern" gezählt wurden, werden gegen Ende des Jahrhunderts und später unter den „Mennoniten" erwähnt, ein Zeichen, dass diese Familien schon zu Anfang des 16. Jahrhunderts dem Menno anhingen oder sich ihm zugewandt haben. Dieser Schluss darf mit um so mehr Berechtigung gezogen werden, als sich nirgends eine Notiz über fanatisch-enthusiastisches oder gar aufrührerisches Treiben der Taufgesinnten in Jülich findet,

---

Simons Werke bl. 515). In hoeverre de Gemeenten in die omstreken door zijne dienst uitgebreid, of ook misschien tot gezonder begrippen gebragt zijn, en in het geheel, hoe het bij zijn vertrek met dezelve gesteld was, is mij onbekend. Maar zeker moeten zij daar nog al talrijk geweest zijn, daar het oudste formulier van eenigheid, indien ik het zoo noemen mag, het „Concept van Ceulen" in den jare 1591, door Leeraars uit die gemeenten opgesteld is". s. auch J. A. Starck, Gesch. der Taufe u. Taufgesinnten; Brandt, Historie der Reformatie.

[1]) Zur Zeit der Reformation, schreibt Fueslin a. a. O. III. p. 281 f., war es zur Gewohnheit geworden, alle diejenigen, die es nicht mit den Reformatoren hielten, mit dem Namen „Wiedertäufer" zu belegen. Dass der Name oft lediglich als Scheltname in Gebrauch war, zeigt das Wort Wicels (Cornelius M. A. II, 14): „istorum hominum secta omnibus facile iuvidiam movet, qui vel mentionem eorum faciunt. Qui aliquid de Deo, de vita christiana, in improbos saeculi huius mores dicit, nae istum insignem retinctorem esse opportet. Et sunt qui eam notam fugiendam crebris potationibus censeant. Nam eo perduxit orbem libertas vestratis evangelii, ut si quis detrectet, cum ebriosis suibus volutari, hoc est σοδομίζειν, at vero vitae corrigendae studeat, is sit retinctor oportet." s. auch Sepp, Geschiedk. Nasporingen I, 155.

[2]) „In den zahlreich erhaltenen Protokollen der niederrheinischen Synoden ist oft die Rede von Wiedertäufern. Es ist aber bemerkenswert, dass stets nur der Name „Wiedertäufer" oder „Täufer" (vgl. das Protokoll der Aachener Synode von 1593), niemals aber, soweit ich eingesehen habe, der Name „Mennoniten" vorkommt und gebraucht wird.

In dem Protokoll des Classikal-Convents, welches am 6. Januar 1607 zu Wesel abgehalten ward, heisst es als Erklärung der Gemeinde zu Goch: „Was die Schule bei ihnen angehe, könne die noch zur Zeit nicht aufgerichtet werden; jedoch haben sie einen solchen Schulmeister, der ihre Kinder, wie sie selbst begehren, pflegt zu unterrichten, aber der sei ein Widertaeuffer." Keller, Gegenreformation II, 256.

während uns über die Niederlande zu der Zeit (etwa 1545) Ottius
(annal. anabapt. p. 107) folgendes berichtet (Brief Bucers an Bullinger):
„Oremus pro Ecclesia Dei in Belgia, quae horrendis modis exagitatur
non tam persecutione severissima Caesaris, quam per Davidicas
et Libertinas pestes." Der reformierte Prediger aus Kempen
bestätigt im Gegenteil etwa 1547: „Wiedertäufer sind hier nur
wenige, und diese halten sich schweigsam, bescheiden und
sind es nur im Stillen." Dasselbe war im weiten Jülicher Lande
der Fall.[1] —

Nachdem die lebhaften Versuche, die Täufer zu der herrschenden Kirchenlehre zurückzuführen, sie in ihrer Glaubensüberzeugung nicht schwankend gemacht hatte, versuchte die Regierung
es mit strengen Strafen. „So haben die Wiedertäufer das Land
räumen müssen," heisst es u. a. kurz, trocken und teilnahmlos.[2]
Schnöde vertrieb man Leute stillen, schlichten, ehrbaren Wandels,
ohne jede Spur von Gemeingefährlichkeit. Noch immer dehnte
man mit Rom alttestamentliche Anschauungen und Gebote auf Irrlehrer und Sekten aus. Es ist wunderbar, dass ein derartiges Verfahren bei einer der Reformation nicht ganz abgeneigten Regierung
nicht schon früher schwand, da eine solche Härte doch gerade von
den das neue Testament über alles schätzenden Reformatoren entschieden verurteilt werden musste. Durch jene alttestamentliche[3]
Begründung lässt sich allein jene merkwürdige Erscheinung erklären
(wenn wir uns an der billigen Erklärung, den Mangel an Toleranz
aus dem sogenannten Geiste der Zeit zu deuten, nicht genügen lassen
wollen), dass man, trotzdem man im allgemeinen längst erkannt
haben musste, dass Menno das Wiedertäufer-Wesen auf seine
christlichen Grundlagen zurückgeführt, es gesäubert hatte von seinen
schwärmerischen, sittenverderblichen, destruktiven Tendenzen, die
eigentliche Natur desselben in einer vollständigen Umwandlung des
Herzens und in einem reinen, gottgefälligen, mit den Anforderungen
des Evangeliums übereinstimmenden Leben suchte, dessen Anhänger trotzdem so grimmig verfolgte. —

[1] s. o. p. 156; ferner Nettesheim, Geschichte der Stadt und des
Amtes Geldern.

[2] D. St.-A. Jul. Berg. L. A. IV. c. 14c.

[3] s. Briefe Melanchthons an Myconius. Jena 1596 in 4°; Strobel,
Beiträge zur Litteratur bes. des 16. Jahrh. I. (Nürnberg und Altdorf 1784)
p. 151.

27

Lange ist es unbekannt geblieben, dass Jülich ein Hauptlager der „Wiedertäufer" gewesen ist. Ebenso unbekannt dürfte es aber auch wohl sein, dass schon früh auf diesem Boden Todesstrafen an Anhängern ihrer Partei vollzogen sind, ja dass man zeitweilig in ihrer Verfolgung den benachbarten Regierungen in nichts nachgestanden hat, trotzdem Heresbach und seine Freunde ihrem Fürstenhause stets nachgerühmt haben, es habe nie einen Ketzer, sondern nur Aufrührer getötet. Unter dem Druck des Interim mag ja mancher als Rebell erschienen sein,[1] der früher als Ketzer milder behandelt wäre. Wegleugnen lässt sich aber die Thatsache nicht. Es ist auffallend, wie Conrad Heresbach, einer der einflussreichsten Räte des Herzogs, der Erzieher des Kronprinzen, der einzige, der geistig bedeutend genug war, um ein umfassendes, und, da er damals weder zu den Katholiken noch zu den Protestanten gehörte, unabhängig genug war, um ein unparteiisches Urteil zu fällen, ein Zeitgenosse nicht nur, sondern auch Vertrauter des Herzogs und als solcher eigentlich aufs genaueste eingeweiht, an seinen Freund Erasmus am 1. Oktober 1535 schreiben[2] konnte: Hactenus a principe (d. h. Herzog Johann) nullus capitaliter mulctatus est, eo metu, ne insontem morte condemnaret, malens nocentes aliquot elabi quam innoxios ad supplicium rapi; [nam a vicinis principibus et caesaris atque ecclesiasticorum ditionibus citra delectum quicunque vel Lutheranae vel alterius doctrinae sectatores fuerint tanquam haeretici ad laminam trahuntur, omnes Lutheranos appellitantes tam sacramentarios quam anabaptistas, perinde atque eos, qui sincerae doctrinae evangelii studiosi sunt, constitutis in hoc corycaeis, ita ut, si Christi nostri servatoris verbum quis vel legere vel habere vel contra homunciorum quorundam somnia mutire ausit, continuo haeretici poenis constitutionique Caesareae obnoxius insimuletur atque habeatur.] Die Eingangs dieser

---

[1] Über die Gründe zu den unten aus dem „Martelaersspiegel" mitgeteilten Hinrichtungen sind wir nicht unterrichtet. Wolters, Conrad Heresbach p. 85 stellt es als nicht unwahrscheinlich hin, dass sie die Folge einer Rücksprache des Herzogs mit dem Kaiser (zu Köln, 8. Sept. 1548) seien. (?)

[2] Heresbachii historia factionis ... Monasteriensis ed. Bouterwek p. 19; vergl. zu dem Briefe Heresbachs: Horawitz, Erasmiana IV (Wiener Sitzungsberichte 1885) p. 823, 851 f. — diesen Brief hat seiner Darstellung des Kapitels „von der wiedertauffer raserey zu Münster" zu Grunde gelegt: Teschenmacher, Annales Ecclesiasti. Brl. Mnscr. quart. 21 fol. 111 ff.

Worte gethane Behauptung Heresbachs darf nicht als volle Wahrheit gefasst werden. [1] Es sind vielmehr auch in des Herzogs
Landen zahlreiche Hinrichtungen lediglich um der Wiedertaufe
willen, nicht bloss wegen Aufruhrs, vorgekommen. Dass dies dem
herzoglichen Ratgeber unbekannt geblieben sei, ist ausgeschlossen.
Die Angabe Heresbachs muss ich vollends in ihrem ganzen
Umfange für absichtlich oder unabsichtlich erdichtet halten, seitdem
ich u. a. Amts- und Vogteirechnungen jülichscher Ämter, besonders
von Born und Sittard, in die Hand bekommen habe. Die Verfolgung in diesen Ämtern in den Jahren 1534 und 1535 erinnert
uns an die schlimmsten Zeiten karolinischer Glaubenswut in den
Niederlanden. Besonders abstossend wirken die Farben des Bildes
auch durch die dürre Aufzeichnung der zahlreich Gerichteten in den
Rechnungsbüchern der Beamten. Der Rentmeister von Sittard hat
lange Rechnungen aufgestellt über „Atzonge und Zeronge" derjenigen,
die der Herzog hat „rechtfertigen" lassen oder „mit Gnaden entlassen". Bis in die Mitte des Jahres 1536 hat der Scharfrichter
aus Jülich monatelang seines blutigen Amtes in den verschiedenen
Bezirken an den zahlreich Inhaftierten gewaltet. Die lakonische
Kürze des „gerechtfertigt" am Rande langer Namenlisten erinnert
lebhaft an das Maastrichtsche „geiustificirt" oder das Antwerpener
„executio facta est". Seit September 1534 wurden in Born aus
den Ämtern Born, Sittard und Süstern nicht weniger als 30 Personen, meist Männer, hingerichtet, 1535 noch 6. Nur wenige
werden „in Gnaden ausgelassen" und müssen „ihre Atzong" während
der langen (oft über 200 tägigen) Gefangenschaft selbst bezahlen und
zwar 3 albus pro Tag. Die Namen hier im einzelnen anzugeben,
würde zu weit führen. Gewöhnlich werden nur die Männer am
Leben, die Frauen aber um Gute gestraft, wenn nachgewiesen wird,
dass sie „verführt" sind. [2]

---

[1] Auch der Einwurf ist nichtig, dass die Angeklagten stets wegen
Aufruhrs, nicht wegen ihrer Wiedertaufe hingerichtet seien. In Conrad
Heresbachs handschriftlichem Tagebuche steht z. B. ausdrücklich zu lesen:
„Anno 35. Febr. 19. tres Wesalie occisi propter anabaptismum."
„April 14. Wesalie supplicio affecti Vynck, Slebusch, cum 5alijs." Bouterwek,
Z. des berg. Geschr. I, 380: „etliche aber durch die Justitiam mit dem Todt
bestraft." Teschenmacher, annal. eccl. Mnscr. fol. 118.

[2] Die Tendenzen der Gewalt und des Umsturzes, wie sie in Münster
zum Siege gelangt waren, sind in unserm Gebiete nicht nachzuweisen, obwohl sie im übrigen Nordwesten leicht zu den vorherrschenden werden konnten

27*

Auch die Amtsrechnungen des Vogtes zu Bergheim bieten überraschende Notizen und zwar die ersten schon zum Jahre 1532. „Item is Greet Stroechs besacht worden vur ein teuffersche durch ander teufferschen, die verbrant sind, dardurch in haftung komen, is versocht worden und neit bekentlich gewestet." Darnach sind also wenigstens schon 1532 Personen wegen Täuferei verbrannt, was meine obige Behauptung, dass schon vor der Visitation die Wiedertaufe stellenweise eingeführt war, bestätigt. Im Jahre 1533 haben ferner zwei Kinder, die samt ihrer Mutter wiedergetauft waren, ihre Mutter nächtlich auf dem Kirchhofe zu Bergheim begraben, obwohl sie „sonder beichte und alle sacramente" gestorben war. Beide sind deswegen „gerechtfertigt". Verschiedentlich werden in diesem Jahre Leute aus anderen Dörfern und Städten festgesetzt

und stellenweise geworden sind. Dass man aber auch im Jülichschen eine Reaktion gegen die mit so entsetzlicher Härte geübte Verfolgung religiöser Bestrebungen schliesslich erwartete, das bezeugen die Notizen in einigen Amtsrechnungen über Vorsichtsmassregeln der Amtleute gegen etwaige Aufstände oder Empörung. Es muss auch hier in den unteren Volksschichten allmählich eine unheimliche Missstimmung eingetreten sein. Die Drosten der Ämter haben die Wachtmannschaften ihrer Schlösser verstärkt, „um Aufruhr zu verhüten". Infolge der zahlreichen Hinrichtungen scheint man auf offenen Widerstand gefasst gewesen zu sein. Dass es hier nicht dazu gekommen, erscheint fast wie ein Wunder. Die Geduld der so masslos Verfolgten und unschuldig dahin Geschlachteten (weil sie z. B. im Besitze Münsterscher Bücher getroffen wurden) hätte zu leicht reissen können. Der Drost von Born erwähnt unter „usgeven" in seinen Rechnungen: „Item da die XI zu Born gerechtferdicht worden, da haen ich umbgesessen jonckern inde naberen gebeden, ouch um opror zu verhueden haiff ich die selvige jonckern mit samt iren Knechten mit mir zu Born in dat winhus genomen" etc.; an anderer Stelle sind wieder versammelt gewesen: Boten, Schöffen von Süstern, der Drost von Stockum und andere Junker, „um Aufruhr zu vermeiden".

Mit den benachbarten Städten und Obrigkeiten wurde die eifrigste Korrespondenz geführt, um sich über etwaige Anschläge und Pläne, die man Gefangenen auf der Folter zu entlocken versuchte, zu unterrichten.

Über den Eindruck, den die Hinrichtung zweier Weseler Bürger hinterlassen hatte, dürfen wir wohl das Folgende hinzufügen. In der Bürgerschaft wurde eine nicht unbedeutende Bewegung hervorgerufen, deren Einzelheiten die Weseler Stadtgeschichte angehören. Die Volksstimme äusserte sich laut und missbilligend über die Verurteilung eines Otto Vinck und Schlebusch: „Meinen sy, dat nu alle ding gut sy, nu die twee doit syn? Dair mochten noch wail 200 sterven", hatte einer aus der Bürgerschaft gesagt; ihm stimmten selbst einzelne der Begnadigten bei. (cf. Z. d. berg. Geschv. I, 381.)

und „versucht": so z. B. aus Polheim (?) und Millen, ebenso zwei Gefangene aus Zelessen (?): Jacob Jeckeres und Aloff: Beide haben sich nach peinlichem Verhör als Wiedertäufer bekannt. Nach „versuchter Unterrichtung" ist der eine durch Feuer, der letztere, weil er abgeschworen hatte, durchs Schwert hingerichtet. Ferner werden in Bergheim noch 1539 zwei Männer mit dem Schwerte „gerechtfertigt" u. s. f.

Weitere Nachrichten finden sich im „Martelaers-Spiegel".[1] 1550 wird zu Sittard Remken Ramakers „om de evangelische waerheyd" verbrannt, „een vroom aendachtig Broederen medelidmaet de gemeene Jesu Christi;" ebenso 1552 Maria von Montjoie; zu Linnich 1551 Thennis von Haustelrath, 1552 Barbara zu Jülich, sowie Wilh. von Birck, Christoph von Geistingen, Christian von Uckerath und Tielemann aus Neuskirchen.[2]

Diese Mitteilungen genügen wohl, um darzuthun, dass doch Milde und Duldung im Herzogtum Jülich im allgemeinen nicht so gross gewesen sind, wie man nach den aus Hofkreisen stammenden Berichten anzunehmen bereit ist.[3] —

Doch alle Verfolgungen und blutigen Vorkehrungen halfen nichts. Eine genaue Visitation der jülichschen Ämter, die längst als dringendes Bedürfnis fühlbar geworden war, brachte in den Jahren 1550 und 1559 überraschende Aufklärungen auch nach dieser Seite hin. Je mehr man verfolgt hatte, desto fester hatten sich an einigen Orten die Taufgesinnten festgesetzt, desto mehr waren sie in treuem, tapferem Aushalten bestärkt. Vertrieb man sie, die Liebe zur Heimat, zur Familie zog sie zurück, wofür sich in den „Confiscations-Akten" interessante Belege finden. Die Notiz

---

[1] van Braght, het bloedig tooneel of Martelaerspiegel etc. Amsterd. 1685 II, 98, 131, 132.

In Maastricht werden Anfang 1535 aus Jülich gerichtet: der Müller Bartholomäus von dem Berge aus Dieteren nebst Frau; Merten Perboum aus Born; Lymeke Rameker nebst Bruder Jan; der Schuhmacher Henric von Dalheim. (s. Habets.) Eine Menge entkam frühzeitig genug über Holland nach England. (s. Habets a. a. O. p. 177.)

[2] Goebel, Gesch. des christl. Lebens I, 212.

[3] Teschenmacher (Annales ecclesiastici, Berl. Manscr. quart 21 fol. 226) giebt der Wahrheit die Ehre, wenn er nach Erwähnung von vielfach vergeblichen Bekehrungsversuchen schreibt: „wie auch s. f. g. viel (widertauffern) des lands verwiesen und ahm leben straffen lassen, wie darunter in spezie weiter soll ausgeführt werden." (Leider hat T. letzteres unterlassen.)

des antitäuferisch gesinnten Ottius (annal. anab. p. 51): „Inter alia
unus illorum dicebat: se terrigenam esse, ubique habere patriam"
ist nur auf jene schweifenden Irrlichter der dreissiger Jahre zu
beziehen und würde einem Exemplar der modernen internationalen
Sozialdemokratie alle Ehre machen. Die eingesessenen friedlichen
Täufer in unserm Gebiete haben jenes Wort entschieden Lügen
gestraft. Während der fünfziger Jahre hatten die herzoglichen
Commissare seit der Eroberung Münsters eine besondere Abnahme
der täuferischen Partei nicht konstatieren können. Was ihr an
manchem Orte numerisch entzogen war, hatte moralisch den Rest
gestärkt. Der Wahlspruch: „virescit vulnere virtus", den einer der
vielen Jülicher Adeligen,[1] welche die protestantischen Hochschulen
aufsuchten, in Genf eintrug, ist im ganzen Umfange auf die spätere
täuferische Bewegung in Jülich anzuwenden. De Hoop-Scheffer
stellt in seiner „Geschied. der Kerkhervorming in Nederl." p. 613
den Täufern folgendes ehrende Zeugnis aus: „Luthersche und Zwinglianer boten der Inquisition nicht Trotz, sondern flohen eilend in
die Nachbarländer; Maar andere arbeiders stonden gereed: mannen,
die voor marteling noch dood terug deinsen, die met de eene hand
noch maaiden, als de ander reeds gegrepen werd door den onver-
biddelijken scherprechter: Anabaptisten, Wederdoopers noemden
hunne vijanden hun."

Die Verfolgung dauerte fort; der Ton des Edikts des Herzogs
vom 12. Dezember 1534 wurde in allen späteren Edikten angeschlagen. Ohne Unterschied wurden auch ferner Wiedertäufer,
Sacramentirer, Geistlästerer und Aufrührer, wie solche, die das
Abendmahl „figürlich, bedeutlich" auslegen, auf eine Stufe gestellt,
verfolgt, verbrannt. Wie in den ersten Jahren wurde auch ferner
das Mandat von Speyer in seiner ganzen Härte zur Anwendung
gebracht: Die Hartnäckigen wurden verbrannt, die Widerrufenden
mit dem Schwerte hingerichtet.

---

[1] Joh. Franciscus Quad von Wickradt (17. Nov. 1593) Auszug aus
dem Genfer Rektoratsbuche; Theol. Arbeiten, Elberf. 1872.

IV. Jülicher Täufer seit 1550.

Wer vermuten wollte, dass der Mangel an ausführlichen Nachrichten über das Treiben der Taufgesinnten von 1535—40 mit einer besonders starken Schwächung der Gemeinden zusammenhange, befindet sich im Irrtum. Nach wie vor sind sie zusammengekommen. Wir hören im Jahre 1550, dass sich die Taufgesinnten wieder versammelten, dass heimlich Gemeinden bestanden, in denen man sich an Gottes Wort erbaute und auf den Glauben taufte: eine wunderbare Erscheinung und ein glänzender Beweis der in einem festen, für wahr erkannten Glauben liegenden Wunderkraft. Wie einst der Reorganisator dieser Gemeinden, Menno Simons,[1] durch den Märtyrermut eines Taufgesinnten auf dessen

---

[1] vergl. über ihn: A. M. Cramer, Leven en verrichtingen van Menno Simons. („Das beste über Menno geschriebene Werk", de Hoop-Scheffer, Doopsgezinde Bydragen 1882), ferner „Studien und Mitteilungen" von J. G. de Hoop-Scheffer, in Doopsgez. Bydragen seit 1864.

Am 12. Jan. 1536 that Menno den entscheidenden Schritt und legte sein Amt an der katholischen Kirche nieder. Anfang 1537 kamen 6—8 Männer zu ihm, die er als stille, fromme Christen kannte, und baten ihn dringend, „den grossen, schweren Jammer und die Not der armen bedrängten Seelen zu beherzigen, denn der Hunger sei gross und der getreuen Haushalter wenige".

Wem kommt hierbei nicht in den Sinn, was um eben diese Zeit in Genf mit Calvin sich begab? Auch dieser wünschte, nachdem er aus dem ruhigen Leben eines römischen Priesters durch höhere Fügung herausgerissen war, in stiller Abgeschlossenheit mit seinen Studien sich zu beschäftigen. Auch ihm wurde es aufgedrungen, sich den Angelegenheiten der Gemeinde zu widmen. Auch er war in dieser praktischen Wirksamkeit der Gemeinde zu grossem Segen. Wie Calvin durch die Macht seiner Persönlichkeit eine widerstrebende Bevölkerung in eine neue Bahn geleitet hat, so und noch viel mehr hat Menno durch den Ernst seiner Frömmigkeit, durch seine Einfachheit und Opferwilligkeit, durch seine Treue und Standhaftigkeit die Wunden, welche der Anabaptismus geschlagen hatte, soviel als möglich geheilt und eine Gemeinschaft ins Leben gerufen, die nach ihm vielfach

Lehre aufmerksam geworden und für sie gewonnen war, so dass
der katholische Priester seinem anerzogenen katholischen Dogma
Valet sagte, so haben die Gemeindemitglieder unter dem Kreuze
der Verfolgung und Bedrückung sich an einander aufgerichtet und
dadurch ihrerseits wieder neue Freunde gewonnen. Nachdem seit
den Tagen, als der Herzog von Jülich an den Bischof von Lüttich
wegen eines „Stifters von christlichen Brüdergemeinden" berichtete,
der täuferische Name durch die Münsterschen Greuel geschändet
war, war das stille Treiben jener Gemeinden durch die Schlag-
worte und wilde Propaganda der Münsterschen Propheten übertönt
worden; manche von ihnen waren vielleicht mit dem grossen Strome,
der Nordwest-Deutschland überflutete, geschwommen. Aber zahlreiche „Brüder" in unserer Gegend waren doch ihren alten Prinzipien, selbst als sich die Macht der Münsterschen auf ihrem
Höhepunkte befand, treu geblieben, hatten sich mit Abscheu weg-
gewandt von solch grauser Satire aller religiösen Lehren, von
jenen gewaltthätigen Fanatikern des inneren Wortes, welche den
Communismus auf ihre Fahnen geschrieben und die Zerstörung
der bestehenden Ordnung sich zur Profession gemacht hatten,
von jenen Ausartungen religiöser Schwärmerei, die alles, was die
Sinne bethört, unter dem Mantel der Religion in ihren Dienst
nahmen. Wir haben hierauf schon verschiedentlich aufmerksam
gemacht: einmal bei der Erfolglosigkeit der Münsterschen Propaganda zur Zeit der letzten Ausflucht (Anfang 1535), dann
aber besonders bei Gelegenheit der Bekenntnisse der aus Jülich
nach Maastricht Entwichenen. Wenn Menno Simons nicht gerade
diese in der Verborgenheit schlummernden Kräfte gesammelt und

---

genannt wird, und die das werkthätige Christentum, das er empfohlen, oft
in ergreifender Weise bewährt hat.

Seine Wirksamkeit durch Wort und Schrift erstreckte sich von den
Küsten der Ost- und Nordsee bis nach Wesel, Köln und Bonn. Doch
nirgends konnte er lange verweilen. — „Das biblische, praktische Christentum
war ihm das Höchste, und wiewohl er in seiner Weise auch fest auf den
Lehrpunkten bestand, die er für unumstössliche Wahrheit hielt, so stellte er
doch vom Beginn seiner reformatorischen Wirksamkeit an bis an das Ende
seines arbeitreichen Lebens stets das unvergängliche Prinzip in den Vordergrund, welches er gewohnt war, als Motto auf den Titel seiner Schriften zu
setzen: „Einen andern Grund kann niemand legen ausser dem, der gelegt ist,
Jesus Christus." vergl. auch Hofstede de Groot, Hundert Jahre aus der
Geschichte der Reformation in den Niederlanden.

durch Lehre und Beispiel zu frischem Leben erweckt hätte,
würde er nicht den Erfolg gehabt haben, den noch jetzt die
Nachwelt rühmt.

---

1. Das Ergebnis der „Erkundigungen, der Geistlichen halber in Jülich geschehen" 1550 und 1559.

Die Massregeln der Regierung, die Verordnungen in ihrer
Ausführlichkeit und Strenge, das Ergebnis der „Erkundigungen",
d. h. der Visitation, bieten des Interessanten und Wichtigen so
viel, dass wir genauer darauf eingehen müssen.

Man ist darauf bedacht, durch gründliche Kirchenvisitationen
etc. zu einer durchgreifenden Besserung in den kirchlichen Dingen
des Landes zu gelangen. Im allgemeinen wurden diesen Visitationen vom Jahre 1550 und 1559 die bereits aus dem Jahre
1533 bekannten Edikte und Ausführungsbestimmungen zu Grunde
gelegt, nur in bestimmterer Form. Man ging ausserdem energischer
vor, wollte die Sakramentirer und Wiedertäufer jetzt definitiv, radikal
aus dem Lande entfernen, das „Übel" endlich bei der Wurzel
greifen. Geschützt durch die allgemeinen religiösen Wirren und
Kriege in den vorhergehenden Dezennien war die Aufmerksamkeit
vielfach von den Täufern in etwa abgelenkt worden, so dass sie
an Umfang und Bedeutung gewonnen hatten.

Jetzt (um 1550) sollen die Amtleute, da in den Nachbargebieten und Ämtern allerhand „Beikompsten in Büschen und
Brüchen" gehalten werden, mit den Nachbarherren und Obrigkeiten
„sich vergleichen, guter Zuversicht und Correspondenz versehen",
„wie solche Bykompsten verhindert, Überführer der Gebühr nach
bestraft und zur Besserung gebracht werden". „Nachdem die verführerischen und verdammten Sekten der Wiedertäufer und Sakramentarier je länger je mehr einreissen, erfordert deswegen die
Notdurft, solchem unchristlichen, hochbeschwerlichen Handel mit
gutem gottseligen und zeitigem Rat nachzutrachten und auf die
Wege bedacht zu sein, damit Eintracht und beständiger Friede
erhalten, dem Aufruhr und unrechter Lehre vorgekommen und vermieden bleiben möge". Es werde dem Herzog berichtet, dass
allerlei Unrichtigkeit und Uneinigkeit im christlichen Glauben, in
Zeremonieen der Kirche und Austeilung der Sakramente einreisse,
dass solches vornehmlich durch die Prädikanten und Kirchendiener

verursacht, die das arme Volk verführen mit neuer unerhörter
Lehre, „also das vast allerley wederteuffer und sacramentarischen
Secten sich an den dag thun und vil wederwerdicheit und beschwernus
hin und wieder anrichten."

Um dem zuvorzukommen, richtet die herzogliche Verfügung
das Augenmerk der Kommissare besonders auf 2 Punkte: Da man
allmählich eingesehen hatte, dass gerade die Unterherrschaften der
Ausführung der herzoglichen Befehle hindernd im Wege gestanden
hatten, wurden die Gesandten an die einzelnen Amtleute besonders
darauf aufmerksam gemacht, die Unterherrschaften dieses Mal
nicht zu übergehen. Es folgte daher der besondere Befehl an die
„Befehlshaber", auch dort die Erkundigung gemäss erlassener Instruktion vornehmen zu lassen. Speziell sollten sie die „Amtleute
und Befehlshaber" darauf aufmerksam machen, dass künftig in
ihren Distrikten keiner als Pastor angenommen werden solle ohne
gebührliche Präsentation, Proklamation und Investitur, ohne besondere Prüfung, wes Wandels er sei, u. a. auch, ob er sich halte
nach Sr. Kais. Maj. Ordnung und Resolution, genannt das Interim,
welche dem Reich bewilligt, desgleichen auch „nach meines gnedigen
Herrn Vaters löblicher Gedächtnus". [1]

Ferner wird besonders betont, dass die Aufwiegler, Prädikanten und Verführer und alle, die halstarrig bleiben, gemäss
kaiserlicher Konstitution zu Recht gestellt werden sollen. Alle
Verordnungen gegen die Wiedertäufer sollen von neuem verlesen
werden. Die Conventikelhäuser sollen niedergerissen, wer sich
nicht bekehrt, soll verbannt werden „bis zur Besserung und zum
Abstand des Irrtums". Es soll ferner geforscht werden nach
solchen, „die nyt in Kirchen und Kluysten (Klöstern) khomen noch
sich halten, wie ihre Nachbarn", auf Sectarien, Wiedertäufer und
Wiedergetaufte, auf Aufrührische, Verlaufene und aus andern Landen
Verbannte, ob und an welchen Orten sie heimliche „Rottung" gehalten" etc.

---

[1] Es ist eine besondere „Anzeignus" (Verzeichnis) derjenigen Inhaber
von Unterherrlichkeiten vorhanden, an welche der Befehl besonders ergangen
ist, und zwar in Rheydt an Otto von Bylandt; an Dietherich, Herr zu Millen
(beide Namen tragen die Bemerkung: non comparuit, man scheint sich also
wenig darum gekümmert zu haben), in Gladbach an Wilh. von Palant; an
Joh. Scheiffart von Merode und an die Marseline von Palant (ebenfalls:
non comparuit).

Dazu war man, was wohl zu beachten ist, besonders auch
darauf bedacht, die immer noch nicht viel besser gewordenen allgemeinen kirchlichen Zustände zu heben. Im grossen und ganzen
standen Pfarrer und Kapläne immer noch auf derselben Stufe der
Unbildung wie früher. Auf eine Abänderung dieser und anderer
Kardinalübel richtet der Herzog Wilhelm ebenfalls jetzt sein Augenmerk. Wieder werden von den Visitatoren die Hauptpersonen
der Pfarreien vorbeschieden, um über „Lehre, Leben, Exempel und
Vorbild" der Pfarrer, Kapläne und Prediger, ob sie geschickt und
gelehrt sind, zu prädizieren, vernommen zu werden, ob die „Nachbarn" zufrieden, wo und wie lange sie studiert haben etc., was und
wie sie das Volk lehren von Glauben und Werken, was sie von
den heiligen Sacramenten halten und wie die Austeilung derselben
erfolgt.[1]

[1] Früher schon hatte der Herzog in einem ausführlichen Schreiben
(Instruktion d. d. Düsseldorf, 1555, Okt. 4.) Gelegenheit genommen, seinem
Rate Andreas Masius in Rom folgende Punkte bes. zur Durchsetzung beim
Papste zu empfehlen: Zum ersten: „Dieweil hochged. f. g. u. her in diesen
sorglichen, geferlichen und bösen zeiten, in welchen viel menschen von der
christlicher catholischer und warer religion leider und durch ver-
fuerische lerer und prediger zu der wiederteuffer, sacramentirer und andern
unchristlichen verdampten secten gereizt und gezogen werden, zum höchsten
nötig erachtet, gute christliche lerer und prediger uf allen pfarren zu
haben, welche mit anfrechter ler, auch erbarn unsträflichen leben und wandel
dem gemein man treulich vorsien und die Liebe zu Gott und den negsten,
sampt allen andern christlichen tugenden dem volk mit allem Fleiss in-
bilden" . . . (p. 215). — Zu den übrigen Forderungen, die Masius in Rom
betreiben soll, gehört auch die Gestattung des Laienkelches . . .
s. Lossen, Briefwechsel des Andreas Masius p. 220; v. Below, Landtagsakten I, 773.

Der Herzog selbst schreibt die Vermehrung der Sekten nur dem unbefriedigten Verlangen des Volkes nach Empfang des Abendmahls unter
beiderlei Gestalt zu. s. D. St. A. in den Dorth. Muser. Bd. XIV f. 162 f.

Schreiben des Herzogs Wilhelm an seinen Schwiegervater, den Kaiser
Ferdinand. Düsseldorf, 1559, Januar 12. (cf. Wolters, Heresbach. 1867
p. 261 ff.). Den Gebrauch des Abendmahls sub utraque habe er gestattet,
gerade um dem Sektenwesen zu steuern. Diese Zeremonie sei auch in diesen
Landen schon eine lange Weile her in Gebrauch. „So weiss ich mich nicht
zu erinnern, was ich weiter sol gethan haben, allein dieweil ich bei dem gemeinen Volk das unaufhörliche Rufen gehört, dass sie die Communion unter
beider Gestalt begehrt und darneben befunden, das viel derhalben nicht
allein von der kirchen seind geblieben, sondern haben sich auch an andere
Ort zu den Sectarien begeben, von denen die Sacrament empfangen, auch

Das Ergebnis auch dieser Visitationen war kein besonders erfreuliches, wenn auch an verschiedenen Orten eine Besserung nicht zu verkennen ist. Manche Prediger haben in Wittenberg studiert, bei weitem aber die meisten, wenn sie überhaupt Schule genossen, in Münster und Köln. Einige sind befähigt, ein Glaubensbekenntnis über die wichtigsten Dogmen schriftlich abzulegen. [1] Das sind die Grundlagen, auf denen fussend man diese Erkundigungen einzog, und die Werkzeuge, deren man sich zur Aufrichtung des herzoglichen Kirchenideals in Lehre und Verfassung bedienen musste. Wie wenig hatten die Bemühungen der Kirchenvisitation von 1533 gefruchtet, um die „verdambte Sekte der Widertäufer und Sectarier" auszurotten. Man musste sich über-

---

zu Sacramentirer, Calvinisten, Wiedertäufer und andern sich verfüget, ja auch zu den Winkelpredigern gerathen, auch in den Wäldern des Nachts zu den Predigern gelaufen, ihre Predigten angehört, also dass sie zu ihren Secten assentiret, auch viel sich lassen widdertaufen, wie wir den noch leider viel mit ihnen zu thun haben, und das unter dem Schein, als wolt man sie des göttlichen Worts berauben und der Sacramente, welche ihnen Christus eingesetzet, nicht wolt lassen geniessen, hat man zuletzt diesem vorzukommen und weitere Übel zu verhüten müssen zulassen, wer die Communion nach seiner gehabten Beicht und Leydtwesen seiner Sünden mit einem guten Eiffer begehrte, ihm solchs mit solte lassen weigern." (Keller, Gegenreformation I, 86.)

Verordnung des Herzogs an die Amtleute von Cleve-Mark. Hambach 1567. Oktober 7.

„Den Wiedertäufern, Sacramentirern, Calvinisten und andern Sekten, welche immer mehr einzureissen schienen, geschehe von den Amtleuten trotz der herzoglichen Befehle nicht die gebührende Gegenwehr. Einige Pastoren, deren Beseitigung ausdrücklich befohlen worden, wirkten gleichwohl an denselben oder andern Orten fort. Ob nun gleich des Herzogs Gemüth jederzeit dahin gestanden, dass das göttliche Wort lauter und rein gepredigt und die Sacramente nach der Einsetzung Christi administrirt würden, so habe er doch jederzeit daneben mit Ernst befohlen, die unchristlichen und vom Reich verworfenen Secten nicht zu gestatten, auch die christlichen Ceremonien beizubehalten. — Der Herzog wolle nichts lieberes sehen als den kirchlichen Frieden und die Eintracht seiner Unterthanen." (Keller, Gegenreformation I, 137.)

[1] Eine ganze Reihe derartiger Schriftstücke — meist in barbarischem Latein — hat sich erhalten. —

Charakteristisch für die politische Richtung der Regierung schon damals ist es, dass man es für nötig hält, am Schlusse besonders zu versichern, dass sie katholisch von Glauben und Werken lehren und die Sakramente administrieren.

zeugen, dass das Sektenwesen während eines ganzen Menschenalters trotz aller Aufsicht, Drohungen und Verfolgungen im Stillen sich ruhig fortentwickelt hatte, dass in den einzelnen Pfarreien und Gemeinden immer noch zahlreiche Anhänger sassen, welche Kirche und Sakramente mieden und ihre Kinder gar nicht oder anderswo taufen liessen.[1] Zwar ist verschiedentlich in den Akten die Unterscheidung der Sakramentarier im engeren Sinne, womit man die besonders in der Lehre vom Abendmahl abweichenden Reformierten[2] bezeichnete, und den spez. Wiedertäufern im weiteren Sinne etwas erschwert, da sie bisweilen nicht genau als solche gekennzeichnet sind. Im allgemeinen lässt sich aber doch ein bestimmter Ausweg finden.[3]

[1] Die Verdächtigen werden in den Akten fast alle Sakramentirer genannt wohl darum, weil sie nur die geistige Niessung Christi anerkannten und deshalb manche sich vom Sakrament des Altars und ihre Kinder von dem der Taufe fern hielten. Vielfach haben wir es ja mit Täufern zu thun, die mit Reformierten vermischt wohnten, bei denen letzteren jedoch auch wieder täuferische Meinungen Eingang gefunden hatten, da ja die Überspannung des reformierten Prinzips an sich schon leicht zum Radikalismus und zum Wiedertäufertum führte, daher dann u. a. Sakramentirer und Wiedertäufer bald unterschieden, bald zusammen geworfen werden. (s. u. Anmerkung 3.)

[2] Die einfache Bezeichnung „die christliche Gemeinde", „die Gemeinde Christi oder Jesu Christi" ist (wie man aus Braght, het bloedig tooneel of Martelaerspiegel etc. 1685 und aus andern offiziellen Publikationen der sogenannten Wiedertäufer erkennt) derjenige Name, den die „Anabaptisten" sich selbst beilegten. Auch der Ausdruck „Brüderschaft" kommt vor. Dass sie sich selbst dagegen als „Mennoniten" oder „Täufer' bezeichneten, ist in älterer Zeit nirgends nachweisbar. — Die regelmässige Unterschrift der reformierten Gemeinden war: „Die in Gottes Wort gegründeten Augsburger Confessions-Verwandten." Man stützte sich dabei auf die Thatsache, dass Calvin die veränderte Confession von 1540 mitunterschrieben hatte. (Keller, Gegenreformation II, 117 Anm. 3.)

[3] Wie unsicher und schwer selbst Schöffen und Pfarrern bei der vielfach unbestimmten Färbung die Unterscheidung war, geht aus verschiedenen Andeutungen hervor.
In Süstern sagt der Pastor: „es mögen wohl etliche der Wiedertaufe anhängig sein, ob sie aber wiedergetauft, wisse er nicht. Es seien jedenfalls viele vorhanden, die nicht zum Sacrament kämen". Letztere werden sämtlich namhaft gemacht, und durch die besonderen Zusätze: „Wiedertäufer" oder „Sacramentarius" mit scheinbar grosser Unsicherheit zu unterscheiden versucht.
An andern Stellen, so in Millen, werden einige Personen als der Wiedertaufe verdächtig bezeichnet, die offenbar Reformirte sind. — Es

Es ist wichtig, auch hier wieder hervorzuheben, wie viele
sich der täuferischen Bewegung gerade während der dreissiger
Jahre angeschlossen haben. Häufig wird festgestellt, dass sie vor
15 oder 17 resp. 24 Jahren (d. h. 1533—35) getauft sind und
seitdem das Sakrament in der Kirche gemieden haben.

Ein neues Geschlecht ist bereits in den Anschauungen seiner
Väter herangewachsen und nimmt eifrigen Anteil an ihrer Partei.
Zwar haben viele ihr Vaterland verlassen müssen, aber immer
noch treffen wir Namen, deren Träger bereits 1533 bei der Visitation als verdächtig vorbeschieden, ausgewiesen oder begnadigt
worden sind. Viele sind besonders als solche verzeichnet; „sie
seien begnadigt, aber trotzdem wieder eingekommen".

Interessant ist ferner die Beobachtung, wie oft die Verfolgten innerhalb weniger Jahre ihren Wohnsitz wechseln, um der
Kontrolle zu entgehen, wie gar viele, ausgewiesen, bald wieder die
alten Stätten aufsuchen oder wie fremde Wiedertäufer von auswärts einwandern, Täufer und Apostel mit Erfolg thätig sind und
neue Anhänger gewinnen. In den Protokollen von 1550 werden
manche Orte als frei von Wiedertäufern bezeichnet, während 1559
solche zahlreich in denselben vorhanden sind, und umgekehrt;

ist stets gegenwärtig zu halten, dass zu jener Zeit Wiedertäufer wie Reformierte
heimlich (beide waren ja vom Augsburger Religionsfrieden ausgeschlossen)
ihre Versammlungen hielten, in denen Fremde predigten und auch die Taufe
an Erwachsenen und Kindern vollzogen wurde, je nachdem man der einen
oder andern Richtung zuneigte. In täuferischen Gemeinden, in denen kein
bestimmter Täufer angestellt war, musste man natürlich auf die Ankunft
eines solchen warten, der von auswärts kam und die Brüder besuchte.

Ohne Zweifel aber haben wir stets Wiedertäufer vor uns, wenn
von ihnen berichtet wird (Millen): „die Leute haben Kinder, die noch nicht
getauft sind", oder „ein Laie tauft in seinem eigenen Hause", oder (in
Gangelt): „er tauft achter Lande und tauft selbst"! zuweilen ein wirres
Durcheinander.

Die Bezeichnung „sacramentarius" deutet nicht immer auf einen
Reformierten, sondern sie ist auch für Wiedertäufer in Gebrauch. So heisst
es 1559 in Born von Joh. Schroeder: „er meint, wo die Erneuerung des
Menschen nicht vor der Taufe geschieht, da ist die Taufe untauglich". Die
Kindertaufe hält er für nichtig. Obwohl er hiernach offenbar ein Anhänger
der Taufgesinnten ist, wird er doch besonders als „est sacramentarius" verzeichnet, woraus sich ergiebt, dass Wiedertäufer und Sakramentarier hier
identisch ist, was zwingend ferner daraus hervorgeht, dass viele jetzt als
sacramentarii bezeichnete früher wegen der Wiedertaufe verbannt, jetzt aber
zurückgekehrt sind.

manche sind 1550 an dem einen Ort mit Namen genannt, während
sie 1559 in einer anderen Pfarrei erwähnt werden, z. B. Ercken
Kuypers einmal in Havert, einmal in Millen u. s. f. Ferner erscheinen 1559 in einzelnen Ämtern zahlreiche Taufgesinnte, die
1550 sicherlich dort auch vorhanden gewesen, aber übergangen
sind, denn die Ausführlichkeit der Protokolle und die Strenge der
Durchführung der Untersuchung im Jahre 1559 zeigt, dass die
letzte Visitation bedeutend umsichtiger gehandhabt ist, als die des
Jahres 1550. Während verschiedentlich Ämter, wie Saeffelen,
Havert, Gangelt, Breberen, Heinsberg und Wassenberg als frei
von Wiedertäufern erklärt werden, (1550 waren dort überall solche
vorhanden), haben die Täufer in andern wieder an Zahl zugenommen,
besonders in den alten bekannten Sitzen zu Dremmen, Hückelhoven, Süstern, Millen etc.[1]

Die Zahl derer, welche sich bekehren und unterrichten lassen
wollen, ist sehr gering, während viele gefunden werden, welche
hartnäckig auf ihrer Ansicht bestehen bleiben. —

Zu gedenken ist hier zunächst eines eifrigen Täufers, der
eine umfassende Wirksamkeit während der Jahre 1557 und 58
im Jülichschen und in Maastricht entfaltet hat. Er wird in den
Visitations-Protokollen, wie auch in Kölner Akten, kurz Lembgen
genannt. Sein eigentlicher Name ist Lambrecht Kremer (er war
ein Seifenkrämer[2]). Besonders thätig war er in Süstern (1557),
wo er einmal 15 Personen zugleich getauft hat, ferner in Born
(Sommer 1558); sodann wird seine Anwesenheit erwähnt in Gangelt,
Vucht und Maastricht.[3]

Von seinen Täuflingen sind viele nach Aachen[4] entflohen, wo
er ebenfalls thätig gewesen zu sein scheint. Hier hatte um jene
Zeit das „sectirerische Wesen" weit um sich gegriffen. Noppius be-

---

[1] Charakteristisch genug ist, dass der südliche Teil des Herzogtums
sich stets fast gänzlich frei gehalten hat.

[2] Aus Lambrecht wurden die übrigen Variationen Lembgen und
Lemgen oder Lemchen gebildet. Andere Ableitungen, wie Ennen a. a. O. IV,
118 zu vermuten scheint, sind irrig.

[3] s. über ihn unter IV, 2, 4.

[4] Über die dortige Täufergemeinde: Adrian von Hämstede (12. Sept.
1559): quod animadvertere annabaptistas plurimos civium seduxisse etc. cf.
Hansen, die Wiedertäufer in Aachen, Z. d. Aach. Geschv. VI, 306/7;
cf. die Mitteilungen von Belows in der gnt Z. XVI, p. 2 u. von Below,
Landtagsakten I, 775, 776 Anm. 1.

richtet uns (Aachener Chronik II, 176 f.) zum Jahre 1550: es sei
allerlei Ketzerei vorhanden, worunter die Wiedertäufer nicht den
geringsten Raum einnähmen. Natürlich sei es nicht lange verborgen geblieben, dass diese ihre „Synagog" [1] befestigt, „denn in
allen Winkeln wurden heimliche Conventicula gehalten; uff den
Laden und in den Werkstätten höret man frembde ketzerische
Gesäng und frembde Sprachen. Man siehet frembde Kleider und
neue mores: es wurden uff die Bahn gebracht neue subtile disputationes und unerhörte Lästerungen wider Gott und seine heilige
Kirch, wider die catholische Lehre, wider Geist und weltliche
höchste Obrigkeiten; da wurden Gespräch gehört von der babylonischen [2] Hur, von der christlichen Freyheit, (welche doch

---

[1] cf. E. Demmer, Gesch. der Reformation am Niederrhein, Aachen
1885 p. 3: Aus Clopreis, Sylvanus, Clarenbach u. a. bildete sich ein
Freundeskreis, der sich namentlich in Büderich um die hl. Schrift zu versammeln pflegte. Die verwunderten Bauern sagten davon: „die Synagoge"
kommt zusammen. 1523. s. a. Krafft, Ad. Clarenbach. Über „Synagoge" vergl.
Keller, in Monatsheften der Comenius-Ges. Bd. 5, p. 272, 275, 276 Anm. 1.
s. o. p. 101 f., 120.

[2] vergl. dazu Rothmanns Restitution, I. Cap.: „die babylonische Hure
hat mit den Ersten der Erde zusammengesponnen, den Abfall zu vollenden".
cf. Sepp, geschiedk. Nasporingen I, 55—157.

Die aus der „Restitution" bekannten schwärmerischen Ausdrücke
werden besonders in dem „Büchlein von der Rache" im Übermass verwandt.
Babylon ist die den Täufern feindliche (gleichviel ob weltliche oder geistliche)
Macht, besonders die Gewalt der katholischen Kirche. „Die babilonische
Hoer", bekennt Knipperdolling (Cornelius, Augenzeugen p. 408), moest umb-
gesturtz sin und Gott allein in dem levendigen tempel und hertzen der
menschen geert werden." Die babylonische Hure nennt er alles, was Babylon
und dem papistischen Haufen anhängig ist. So erklären sich die Bezeichnungen „König von Babilon, babilonische gruwel, gewalt, tyrannie, gruwel
der babilonischen gevencknisse, de babilonische gevencknisse unde godtlose
tyrannye", die uns in der „Wrake" bis zur Ermüdung begegnen. — Einmal
wird erklärt: „Babylon, dat is de ungerechten godtlozen", unter denen die
Münsterschen alle Nichtwiedergetauften verstanden; es erweiterte sich also
hier der Begriff von Babylon, so dass der Gegensatz der feindlichen Macht
nicht mehr ausreicht.

Babylon gegenüber steht das Volk Gottes und Christi, dass er „durch
den gheloven unde de doepe warafftich uith der besmittinge dusser werlt und
des düvels macht verlost und gereinigt hefft", die wahren Israeliten und
Bundesgenossen, seine Heiligen, die er durch die Predigt des Evangeliums
erweckt hat und zubereitet zur Rache an den Heiden. (cf. ferner Campanus'
Restitution und Franks Brief s. o. p. 179, 158.)

ihnen nur ein Deckel der Bossheit ist) und was dergleichen mehr." — Der Einfluss Lembgens ist kein geringer gewesen. Alle von ihm Bekehrten stehen wacker für ihre Ansicht ein und bleiben halsstarrig. Besonders hartnäckig verteidigen sie die täuferische Lehre vom Sakrament der Taufe, die er ihnen fasslich und sehr mundgerecht gemacht hatte. Einige sagen aus, sie hätten deshalb im eigenen Hause taufen lassen, „weil der Pastor die Kinder nicht nach Ordnung und Einsetzung Christi habe taufen wollen." Der von ihm getaufte Merten Dingent aus Born, der die Kindertaufe verachtet, sagt aus: „die kynder und Türcken, so ungetheufft sterben, sain nit verdambt, sondern weren durch das bloit Christi selig."[1] Vor der Taufe würden die Kinder aus Gnaden Christi geschützt. Joh. Schroder aus Born bekennt: „der Tauf sei ein Bundtzeichen; er vermeint, wo die Erneuerung des Menschen ihm nit vor der Thauff geschieht, soll der Thauff untuglich sein".[2] Joh. Kesselbusser (= Ketelbueter)[3] sagt: „er gehe nicht zur Kirche, weil dort Götzendienst getrieben werde". Er hält nur die Taufe für gerecht, die auf den Glauben geschieht. Seine Abendmahlslehre ist durchaus täuferisch. Vor 18 Jahren bereits ist er wiedergetauft.[4]

Neben Lembgen hat zu gleicher Zeit Hermes von Aich

---

[1] vergl. hierzu den Abschnitt über Melch. Hofmans Lehre bei K. Hagen, Deutschlands litt. u. relig. Verhältnisse, Bd. 3, p. 232; ferner Imbroich s. u. IV, 2.

[2] vergl. die Aussagen süddeutscher Täufer; Jac. Gross aus Waldshut bekennt 1526 in Strassburg: „die Taufe sei ein Bund eines guten Gewissens durch Gott (1. Cor. 3), die Taufe als solche thue kein Unflath vom Fleische ab, sie sei nichts anderes als eine Änderung des Lebens und ein Absterben des wollüstigen Fleisches. Dem Kinde sei letzteres noch nicht möglich, somit falle auch die Kindertaufe". cf. Gerbert, a. a. O. p. 17.

NB. Auf der Kapitelversammlung zu Augsburg, Frühjahr 1526, wo die Häupter der Täuferbewegung anwesend waren, wurde die Einführung der Spättaufe als Zeichen der Mitgliedschaft der täuferischen Kirche beschlossen und dadurch eigentlich erst die Existenz dieser Kirche begründet. — Nicoladoni, Bünderlin p. 107.

[3] Ein eifriger Führer und Diacon der Maastrichter „Christlichen Brüder" von 1531 wird 1559 in Johann Ketelbueter den Kommissaren in Jülich vorgeführt; trotz aller Ermahnungen hatte er sich nebst 14 anderen Personen aus Born seit 1550 nicht „gebessert".

[4] 1566 sagt einer vor dem Tribunal aus: er sei deshalb nicht zum Nachtmahl gegangen, „dweill dieser zeit des sacraments halber seer streytig und irrich, das es der einer für ein zeichen, der ander, das man den waren leib und blut des Herrn entfangen, verschieden gehalten". (D. St.-A. Jul. Berg. L.-A. IV. c. 14r.)

28

in verschiedenen Häusern wiedergetauft; aber „sie wissen nicht sicher, ob er ein Täufer sei". — Dazu kommt natürlich noch eine Reihe anderer Täufer in Jülich, von denen wir im folgenden Abschnitte einige erwähnen werden.

In den Visitations-Protokollen von 1559 begegnet uns zuerst wieder nach längerer Unterbrechung eine Gemeinschaft, welche sich selbst „christliche Brüder" nennt, und ihren Sitz in Ratheim und dort unter dem Herrn von Mulstroe (s. o. p. 156 f., 343) Schutz gefunden hatte. Selbst der dortige Pfarrer ist ihnen anhängig. Dass die „christlichen Brüder" gerade hier in Ratheim wieder erwähnt werden, wo der bekannte Kaplan Gielis von Rothem lange Zeit verborgen gelebt hatte, der in Maastricht etc. eine eifrige Thätigkeit entfaltete, ist nicht auffallend. Wir haben in ihnen nicht etwa eine besondere Sekte der Wiedertäufer zu sehen, sondern sie sind ein Teil der grossen täuferischen Gemeinschaft, die sich diesen Namen von jeher mit Vorliebe beigelegt hat. Natürlich waren die Gegner im eigensten Interesse bemüht, diese Bezeichnung aus nicht zu verkennenden Gründen zu unterdrücken. Hier auf den Schlössern der von Mulstroe und in deren Umgebung hat sich ihre Gemeinde, wenn auch nicht zahlreich, ruhig fortentwickelt, bis sie schliesslich durch die Regierung zerstreut wurde.

Über die Gemeinde selbst, von der mancherlei Anregungen ausgingen, wird uns des Näheren Folgendes berichtet: „Des Nachts hat ihre Versammlung stattgefunden, an der auch der Pfarrer Joh. von Morscheufft (s. o. p. 152) teilgenommen hat. Es waren anwesend einer, genannt Adrian, „welches ein sehr heilig Mann ist", ferner der „fromme Antonij",[1] der sich sonst auf dem Schlosse der Frau von Mulstroe aufhält. An der Versammlung im Hause Heinrichs, meines g. h. Küpers, „nehmen theil hienach gemelte kristliche broider": Rutger Schroder und sein Bruder, der Spanier, der Küfer selbst, Joh. zom Vogel und der Gärtner nebst ihren Frauen. Die beiden besonders erwähnten Männer, die wegen ihrer „Frombheiten und Heiligkeiten" gerühmt werden, sind zwei wandernde Täuferapostel; sie haben auch die Kinder des Mulstroeschen Gesindes, das seine Kinder „nicht christlich" taufen liess, in die Gemeinschaft aufgenommen. Auch Hermes von Aich hat häufiger in Ratheim getauft. —

---

[1] s. o. p. 66, 157, 341, 343.

Die Untersuchung der herzoglichen Beamten war eine sehr strenge und eingehende; aber nur wenig wurde ihnen berichtet: jener Antonius[1]) sei ein „englisch Lackenhändler", den der Küfer aufgenommen, weil er bei seiner Anwesenheit in England[2]) von ihm Gutes empfangen habe. Von der Schrift hätten sie nichts geredet. Neben andern ausweichenden Antworten erhielten die Visitatoren auch die folgenden: sie seien deswegen aus der Kirche geblieben, weil sie ihrer Nahrung wegen zu thun hätten; sie gingen anderswo zur Kirche. Der Küfer sagt, er habe bereits vor 20 Jahren das Abendmahl sub utraque empfangen. Darnach ist er also schon in den dreissiger Jahren abgefallen. Die Messe ist ihnen ein Greuel. Von einer Predigt halten sie mehr, denn von 10 Messen, weil sie doch nicht verstehen, was dort gelesen und gesungen werde. Die Transsubstantiation ist ihnen nach wie vor unbegreiflich, weshalb sie Messe und Sakrament in alter Form verachten. In Gladbach sagt ein alter Mann aus, er könne sein Gewissen nicht eröffnen; er wäre nun schon in die 20 Jahre dieserhalb bekümmert gewesen und könnte es nicht begreifen. In Ratheim sagt Diedrich Müller, als das Sakrament zu einem Kranken über die Strasse getragen wurde: „man trage den Teufel und nicht Gott auf der Gassen"; ganz analog lautet ein noch drastischerer Ausspruch in den Kölner Akten: „ein Teufel trägt den andern".[3])

Zu den „christlichen Brüdern" gehören jedenfalls auch alle die, welche bereits vor 16 resp. 24 Jahren mit den Behörden in Konflikt gekommen sind. Die Zahl ihrer Anhänger in vielen Gemeinden ist überraschend. In Born werden 1559 noch 14 Personen, in Hückelhoven 28 als zu ihnen gehörig angeführt, zahlreiche ferner in Born, Süstern etc. Während in Havert 1550 noch 35 waren, weiss man 1559 dort nichts mehr von Konventikeln und Wiedertäufern. Immer wieder treffen wir zahlreiche Familien, denen wir

---

[1]) Er ist wohl derselbe, welcher bereits 1532 in Bracht (Brüggen) als Prädikant aufgetreten war. Cornelius, M.-A. I, 227.

[2]) Über zahlreiche Wiedertäufer in England und speziell in London (s. dortige niederl. Gemeinde) 1559—61, 1575 vergl. Werken der Marnix-Vereeniging. Serie III, Teil I, p. 34, 49—52, 108.

[3]) Schon Hubmaier soll während seiner ersten reformatorischen Thätigkeit einmal geäussert haben (1525, Jan.): „Wenn einer das Sacrament in des Priesters Händen sehe, so sei es nicht besser, als sehe er den Teufel." Loserth, Hubmaier p. 44.

28*

bereits 1533 begegneten, so die Palmen, Ercken Cupers, Schlossmecker, Peter uff ghen Blockhuss, Arnt in gen Eschenbroich etc.[1]
In Höngen hielten noch 11 Familien zur Wiedertaufe; ihre Kinder
sind zum grössten Teil noch ungetauft; ebenso ist es in Gangelt,
Breberen, Millen.

Immer noch werden geheime Versammlungen abgehalten.
Die meisten gehen nach Dremmen, wo ihnen ein besonderer Schutz
geboten zu sein scheint, denn „man kommt dorthin z. B. aus Ratheim, Hückelhoven etc. Dort lesen sie, halten Sermonen und singen;
auch haben sie Bücher" (was besonders erwähnt wird).[2]

Die Zahl und Bedeutung der Gemeinden ist im westlichen
Europa im ganzen 16. Jahrhundert erheblicher gewesen, als heute
bekannt ist. So richtete der Bischof von Pomesanien, Joh. Wigand,
im Jahre 1582 ein offenes Sendschreiben an alle Fürsten und
Staaten der Augsburger Konfession und sagte in dessen Eingang
wörtlich: „Es giebt Leute, welche glauben, dass die Sekte der
Anabaptisten von geringer Bedeutung sei; aber sie irren sich in
ihrer Unkenntnis schmählich. Denn dass sehr viele Menschen in
diese Phantasmen verstrickt sind, und dass an zahlreichen Orten
jene Art von Menschen sich ausbreitet, wird durch offene Erfahrung
bestätigt" etc.[3] Dass dieses auch für unsere Gegend zutrifft, bestätigt um 1586 Hamelmann: „Alioqui infinitus per Cliviam Anabaptistarum numerus, quod inde factum est, quod hactenus caruerunt
verbo Dei et praedicatione evangelii. Imo per totas istius
Principis regiones maxima pars istius faecis vel vagatur vel
sedes habet sive ibi locum obtinet."[4]

Immer wieder treten einzelne Orte in den Vordergrund. So
wird 1560 an den Herzog berichtet, „dass sich die Wiedertäufer
zahlreich von Roermond nach Wassenberg begeben, sich dort fest-
setzen und weit um sich greifen."[5]

---

[1] Von ihm heisst es ausdrücklich: „der der widertauferischen Secte
anhengig zur Zeit begnadigt ist, sich jetzt aber immer noch nicht nach
Ordnung hält."

[2] In Millen werden der Anna Clercks „suspekte Schandbocken"
confisciert. (Es wäre sehr erwünscht, wenn im Laufe der Zeit noch einige
solcher confiscierten Werke aufgefunden würden.)

[3] Wigandus, de Anabaptismo. Lpz. 1582 in 4°. cf. Keller, Reformation p. 478.

[4] opp. hist. genealog. p. 1011.

[5] D. St.-A. IV. c. 14°. (Verhandlungen betr. W.-T. etc.)

Im Dekanat Gladbach sind die Täufer besonders zahlreich gewesen. Schon früh (1532)[1] wird dort Fijt Pilgrims verbrannt. Im folgenden Jahrzehnt hatte Menno Simons mit Erfolg im Erzstift Köln Propaganda gemacht. Auf Mendeltag 1544 werden durch den herzoglichen Marschall fünf berittene Grevenbroicher Schützen nach Hardt gesandt der „wedertcuffer halben". 1550 klagen die Pfarrer von Anrath, Hüls, Kempen, dass in Hüls (s. o.) ein Prediger sei, „so ein Landläufer, mit Namen Wolter,[2] mit einem langen weissen Bart, so zu Krefeld wohnhaftig, vorzeit Pastor in Odenkirchen und daselbst ein Anhänger wiedertäuferischer Lehre gewesen ist". „Item her Matthys, predikant von Aachen auf den 22. dag January 1554 zo Gladbach erschienen und folgentz sant Paulus dag daselbst gepredigt, auch met etzlichen wedergetauften und sacramentirern gehandelt und bis satersdach den morgen daselbst verbleven".[3] Zu Süchteln war der Kaplan Peter von Titz 1567 zum Luthertum übergetreten. Seine Gegner hatten zwar über ihn bald den Sieg davon getragen und ihn vertrieben, die Täufer dagegen hatte man nicht beseitigen können. 1569 klagt Abt Heinrich von Mühlheim in Süchteln, „dass etliche Schürenprediger allhie im Kirspel bei Tag und Nacht heimliche Beikünfte und Predigten halten, dass auf allen Wein- und Bierbänken die Kirchendiener verspottet und auswendig verbannte Feld-, Busch- und Winkelprediger aufgehalten werden".[4]

Im benachbarten Brüggen und Tegelen nahm sich der dortige Amtmann Holtmüllen der Vertriebenen an, ja er soll flüchtigen Niederländern und Täufern Unterschlupf auf dem Schlosse Tegelen gewährt haben, weshalb er 1567 vom Herzog einen ernstlichen Verweis erhielt. In dem Erlass des Herzogs Wilhelm an ihn[5] heisst es: „Wir werden glaubwürdig bericht, als solltest du die leut und prediger, so an andern Orten das aufrürisch Wesen angericht un sich gegen ihre ordentliche obrigkeit aufgeleint und

---

[1] so bei Braght, Martelaerspiegel; Norrenberg, a. a. O. p. 187 giebt 1537 an (Vitus to Pijlgrams).

[2] s. o. p. 59.

[3] Norrenberg, a. a. O. p. 163.

[4] Norrenberg, a a. O. p. 164.

[5] d. d. Goch, 1567 Mai 7. D. St.-A. Jul.-Berg. Geistl. S. S. Nr. 9; Keller, Gegenreformation II, 127; Norrenberg, a. a. O. p. 161.

widerstrebt, aufenthalten, an dich ziehen und zu Tigeln [1]) ihre predig
zu thun zulassen, auch deren einstheils auf deiner Behausung
underschleifen, welchs uns dann zu sondern hohen ungnedigen
missfallen gereicht und deiner voriger und mündlicher beschehener
zusage, auch sonst ohne dem deinen pflichten stark zuwider und
entgegen.

Dweil nun solich ungebürlich furnemen allem erbarlichen
wesen, auch des heiligen reichs ordnungen, satzungen und religionsfrieden ungemess und keineswegs zulässig, so erinnern und ermahnen
wir dich nochmals zum überfluss, sonderlich aber bei den pflichten
und eiden, damit du uns als unsser ambtmann verwandt und sonst
als ein angeborner undersass und lehenmann aus schuldigem gehorsam zu thun verpflicht, dass du deiner vorigen zusag [2]) ohn
einige ausflucht stat gebest, die verdechtige entwichene Personen
und prediger gentzlich von dir thuest, dich denselben mit nichten

---

[1]) Tegeln, zum Jülicher Amt Brüggen gehörig, an der Maas (holländisch).

[2]) Ein interessantes Analogon bietet sich hierzu sogar im Bistum
Münster: Am 20. Okt. 1611 richteten die fürstl. Räte einen Erlass an die
Beamten zu Ahaus und Bocholt, in welchem sie sich darüber beklagten, dass
die Amtleute wider gefasste Zuversicht die früheren seit 1607 erlassenen
Befehle nicht steif und fest gehalten hätten, dass vielmehr die Wiedertäufer
allhier im Stift geduldet würden; es müsse bei den Unterthanen ein selt-
sames Ansehen und ärgerlich Exempel gebären, dass ganz wenig oder auch
wohl nichts auf die Befehle gegeben, sondern eine Spiegelfechterei damit
getrieben werde. Daher sei im Namen des Kurfürsten der Räte Willens-
meinung, dass den Wiedertäufern bei Strafe der Gütereinziehung die Räumung
des Stifts binnen Monatsfrist befohlen werde. Am selben Tage erging ausserdem ein Mandat an alle übrigen Amtleute, worin diesen unter Bezugnahme
auf Nachrichten, die dem Kurfürsten zugekommen seien, aufgelegt ward,
die Namen aller Täufer, die sich in ihren Bezirken fänden, aufzuzeichnen
und einzuschicken, damit diejenigen, die sich bis dahin nicht bekehrten, bis
zum 1. April zur Auswanderung gezwungen werden könnten. Daraufhin
erfolgten weitläufige Verhandlungen, Berichte, Bittgesuche; besonders wohlhabende Bürger waren betroffen, Männer, die durch das Vertrauen ihrer
Mitbürger eine starke Stellung innehatten und die seit Jahren gesehen hatten,
dass die Regierung gar nicht die Macht besass, den Edikten des Kurfürsten
und seiner Umgebung die Vollziehung folgen zu lassen.

Viele Täufer erboten sich freilich, Unterweisung anzunehmen; aber
dabei blieb es auch gewöhnlich, und der alte Zustand war stillschweigend
wieder hergestellt.

Als die Amtleute schliesslich einige Wiedertäufer persönlich aufsuchten,
wurde ihnen bedeutet, sie seien gar keine „Wiedertäufer"; vor diesen hätten

anhengig machest und dermassen erzeigest, wie dir als einem gehorsamen unterthanen gebürt und woll anstehet. Solltest du aber solichs noch ferner wollen verachten, werden wir notwendig zu anderen einsehens verursachet, welchs wir dann viel lieber verschont sein wollten" [1] . . . .

In Gladbach nahmen die Wiedertäufer immer mehr zu. Die Äbte daselbst standen der Verbreitung machtlos gegenüber. Von 1593—1612 liessen sie sich indess von ihren Pächtern die kontraktliche Versicherung geben, mit Weib und Kind und Gesinde treu im katholischen Glauben zu verbleiben, keine Winkelversammlungen zu besuchen und sich von dem häretischen Taufen fern zu halten. Als 1592 auch Mitglieder der protestantischen Gemeinden (so zu Dülken und Waldniel) zu den Täufern übertraten, wurde auch vom Gladbacher Quartier-Konsistorium beschlossen, „das Gebet für sie und über sie in der Gemeinde auszusprechen," und bei fortgesetzter Hartnäckigkeit „nach Christi und der Apostel Befehl noch fortzufahren und das Anathema über sie zu verhängen". [2]

sie selbst ein Greuel. (Der Name „Wiedertäufer" ist ja stets wie Papisten oder Sacramentarier nur ein Scheltname gewesen.)

So dauerten die Verhandlungen fort; aber ein Ergebnis wurde nicht erzielt. — Zum Schein waren einzelne Taufgesinnte auch wohl abwesend, aber doch bald wieder zur Stelle. — Das Ansehen der Regierung wurde schliesslich mehr geschädigt als das der „Wiedertäufer". s. Keller, Gegenreformation III, 284.

[1] Wie wichtig dem Herzog die Sache war, geht daraus hervor, dass am Schlusse steht, was sonst bei ähnlichen Spezial-Mandaten nicht Brauch war: illustrissimus princeps subscripsit.

[2] cf. Norrenberg a. a. O. p. 164.

Das Gladbacher Quartier-Konsistorium umfasste die Gemeinden zu Gladbach, Neuenhoven, Süchtelen, Brüggen, Bracht, Kaldenkirchen, Breil und Dülken; nach dem Prov.-Kirchen-Archiv zu Coblenz. S. II, 1, 2, Vol. 1. s. Keller, Gegenreformation I, 139. Der Beschluss lautet: „Nachdem Peter zu Bares und Seligen sein Hausfrau zu den widderteuffern getretten, etliche mal vermanet, so von den Eltisten als auch von den Dienern und Eltisten zugleich und doch gleichwoll mit Verbitterung wider die wahrheit streben, ist beschlossen, dass man das Gebet über und vor sie in der Gemein thun soll und so sie sich nicht wollen bekennen und zu der Kirche kehren, soll man nach dem Befehl Christi und seiner h. Aposteln mit ihnen fortfahren. da man aber könnte, hätte man in Actis classicorum conventuum zu sehen, was darüber decerniert und beschlossen oder in zukünftiger Synode sich zu befragen."

Wichtig ist der Bericht des Abtes von Gladbach an den Herzog (1574), dass die Wiedertäufer sehr zunähmen, dass jetzt nicht weniger als anderthalbhundert Familien, „so mit ihrer eusserlichen falsch scheinenden Wesen öffentlich und heimlich winkelpredigen, lehren und anders thun; dass sie das gemein einfaltig haussvolk heuffigh dermassen verführen, an sich ziehen, und so vill mit dem hl. blut unseres Erlösers theuer erkaufte seelen so jämerlich in die gewisse verdamnung stürtzen. Das imfall diesem gefährlichen unwesen nicht vorkommen oder gestuiert werde, zuletzt eine allgemeine verführung des ganzen einfältigen volks und kirspels hoch zu befürchten.“[1] — Trotzdem früher viele verbannt, ihre Güter confisciert und manche aus dem Lande gewiesen seien, so nähmen sie jetzt gewaltig zu, und „is so weit geraten, dass sie zu ihrer vortpflanzung bei den beampten vor iedermann den vorzug haben“.

In solchen Fällen konnten natürlich Visitation und Edikte keinen Erfolg haben; den Befehlen folgte ja selten die Ausführung. Die höheren herzoglichen Beamten, besonders in den freieren Unterherrschaften, handelten in ihrem eigensten Interesse. Sie sahen wohl ein, dass die täuferisch Gesinnten ihre besten Unterthanen waren, von denen das Land den meisten Nutzen hatte.

Dazu kamen die Wirren am Hofe in der Zeit der Regentschaft, welche natürlich Manches übersehen und Manches ruhig fortbestehen liessen, was unter anderen Umständen vielleicht verhindert worden wäre. —

Die Täufer in Gladbach haben sich in grosser Anzahl Jahrzehnte hindurch erhalten. Es ist noch ein „Verzeichnis der Anabaptisten in Stadt und Kirchspiel M.-Gladbach“ vorhanden.[2] Die Liste, welche 151 Namen enthält, ist nicht ohne Interesse. Von

---

[1] An einigen Orten hatten ja energische und geschickte katholische Priester Erfolg mit ihren Predigten. Der Pfarrer Heinrich Scherpesill zu Süchteln soll um jene Zeit in den ersten Jahren seiner Wirksamkeit „gegen 300 Häretiker in den Schoss der Kirche zurückgeführt“ haben. (Norrenberg.)

[2] „Die Verzeichnus deren Widderteuffern, so allhie in disser Statt und auf dem Kirspel Gladbach wohnen und haushalten“ war bereits 1878 in „der Niederrhein, Wochenblatt f. niederrhein. Gesch. u. Altertumskunde“, Nr. 15 ff., veröffentlicht. Keller liess es abdrucken in seiner „Gesch. der Gegenreformation“ Bd. II. p. 224 f. (,,Der Herausgeber dieses Verzeichnisses in dem seltenen Wochenblatt, Ferber in Düsseldorf, bemerkt sehr richtig zu demselben, dass in der ganzen Litteratur zur Geschichte der Reformation

diesen 151 Täufern sind 36 als Grosshändler und kleinere Kaufleute zum Teil mit grossem Vermögen bezeichnet, 18 als Hand-
werker, 18 selbständige Frauen, die übrigen waren Weber. Auffallend ist das starke weibliche Element. Nicht selten ist der
Mann katholisch, die Frau täuferisch, woraus sich ergiebt, dass
zahlreiche Mischehen geschlossen sind zwischen katholischen jungen
Männern und den Töchtern der fleissigen und reichen Mennoniten. [1]
Das Verzeichnis selbst gehört ins Jahr 1622, [2] nicht in die
Zeit von 1593—97, wie Norrenberg fälschlich angenommen hat. —
Mitte des Jahres 1610 schien die Herrschaft der protestantischen Fürsten gesichert zu sein. Glänzende Hoffnungen auf
glückliche Zeiten schienen sich jetzt in den Herzogtümern zu erfüllen. Hart bedrückte Gemeinden, welche unter dem Joch päpstlicher Tyrannei Jahre lang geseufzt hatten, glaubten mit Recht
aufatmen zu dürfen.

Der Hofprediger des Kurfürsten von der Pfalz, Scultetus,
predigte unter grossem Andrange des Volkes und vornehmer Herren.
Markgraf Ernst von Hohenzollern trat zum reformierten Bekenntnis
über. Seinem Beispiele folgten 1613 Joh. Sigismund und Georg
Wilhelm von Brandenburg. Um 1612 waren allein im Herzogtum
Jülich in 65 Städten und Dörfern protestantische Gemeinden, auf
etwa 20 adeligen Schlössern wurde reformierter Gottesdienst abgehalten. [3]

und Gegenreformation am Niederrhein nur spärliche Andeutungen über die
Wiedertäufer zu finden sind, und dass gleichwohl eine ausserordentlich grosse
Verbreitung der Wiedertäuferei vorhanden gewesen zu sein scheint."[4]

[1] Diese auch anderswo zu beobachtende Thatsache ist vielleicht nicht
die letzte Ursache gewesen all der Streitigkeiten über Handhabung des
„Bannes" und der Rechtmässigkeit der Ehen, deren einer Teil nicht
täuferisch war.

[2] Norrenberg, a. a. O. p. 188 f.; D. St.-A. Jul.-Berg. Geistl. S. S.
Nr. 14 d. Vol. I. fol. 5; Keller, Gegenreformation III, p. 257 (Nr. 200).
Anm. 2. Bei den oben genannten Akten im Düsseld. St.-A. beruht ein
weiteres Verzeichnis der Unterthanen, so sich auf ihren bekannten Glauben
taufen lassen in Stadt und Kirspel Gladbach vom Jahre 1654; dasselbe zählt
138 Familien (mit eingehenden Angaben über deren Vermögens-Verhältnisse)
auf. Ein Protocollum Commissionis von J. 1669 giebt über die damaligen
Zustände der Gemeinde Auskunft; nach 1654 waren viele verzogen z. B.
nach Krefeld, Wickrath und an andere Orte.

[3] von Recklinghausen, Reformationsgeschichte. Elberfeld. 1818, I,
93 f; Keller, Gegenreformation III, 34.

Neben den Reformierten gewannen gleichzeitig die Lutheraner mehr und mehr Boden, wenn auch in den westlichen Gebieten die Reformierten das Übergewicht hatten.

Unter solchen Umständen war es natürlich, dass auch die Täufer-Gemeinden sich einer gewissen Ruhe nach langer Verfolgung erfreuten. Reverse vom 14. und 21. Juli 1609 hatten die Gewissensfreiheit gewährleistet. Der Kurfürst Joh. Sigismund hatte Anfang April 1609 die erste Gesandtschaft an den Rhein geschickt und befohlen, den Landständen zuzusagen, „dass S. Churfürstl. Gnaden die freie, sichere, ungehinderte Übung der christlichen Religion männiglich verstatten wolle".[1] Solche Zusage hatten natürlich auch die Täufergemeinden zu ihren Gunsten ausgelegt. Und sie schienen dies mit Recht gethan zu haben; denn die besitzenden Fürsten nahmen Gelegenheit, im März 1660 dem Vogt zu Sittard zu befehlen,[2] „die Täufer hinfüro der Religion halben unbetrübt zu lassen".

Solche Duldsamkeit war bisher innerhalb des Reiches unerhört gewesen. Aber es sollte wieder anders kommen.

Die Täufer waren, wie wir gesehen haben, kaum irgendwo vollständig vertrieben. Überall hielten sie sich im Geheimen. Ihre Grundsätze ermöglichten ihnen dieses. Die Übung der Sakramente war für sie nicht in dem Sinne, wie für die Kirchen, ein wesentlicher Teil des ganzen Systems. Zu Burtscheid z. B. waren (um 1610) sogar Glieder der Täufergemeinde Kirchmeister der katholischen

---

[1] Keller, a. a. O. p. 30.

[2] In einem Erlass des Markgrafen Ernst und des Pfalzgrafen Wolfgang an den Vogt zu Sittard (Düsseldorf, 1610, Febr. 20 / März 2; Düsseld. St.-A. Jul.-Berg. Geistl. S. S. 144. Vol. II. fol. 6. [Conc.]) heisst es: Die Fürsten hätten den Bericht des Vogtes vom 9. Jan. wegen der etlichen Wiedertäufern auferlegten Brüchten empfangen. Der Vogt solle seinen Bericht vom 24. Okt. 1609 von neuem einsenden, „inmittelst aber mit der bedrohten Execution gegen die Wiedertäufer einhalten und sie hinfüro der Religion halben unbetrübt lassen". (Keller, Gegenreformation III, 166.)

Welch ein Gegensatz zu den scharfen Edikten gegen die Täufer aus den letzten Jahren Herzog Wilhelms, z. B. vom 1. Okt. 1585 (Keller a. a. O. II, 75): „die Amtleute sollen auf allen Herrengedingen oder sonst zu allen 4 Monaten die Bestimmungen gegen die Winkeltänfer und Wiedertäufer öffentlich verlesen lassen; sie sollen ferner wenigstens alle 4 Monate an die fürstliche Kanzlei Bericht erstatten, ob den Befehlen Gehorsam geleistet sei." —

Michaelskirche.[1] Und so auch wohl vielfach anderswo. Daher ist eine Abschätzung ihres Einflusses und eine feste (statistische) Aufstellung ihrer Verbreitung bei ihrem Verborgensein in ihrer Verschleierung sehr erschwert. Zu welcher Blüte ihre Gemeinde u. a. in Gladbach gelangt war, haben wir gezeigt. Vielleicht haben sie hier in diesen Jahren gar in der That öffentliche Religionsübung besessen. Es ist uns im Amsterdamer Archiv der Taufgesinnten-Gemeinde ein Brief erhalten (1611, Febr. 10.), worin die Diener der Gemeinde zu Gladbach, Huppert Jansen, Thones Cornes u. a., sich über das Verhalten der „Waterländer und Hochdeutschen" (s. u. IV, 4) aussprechen resp. sich danach erkundigen.[2] Derselbe „Theunis Cornes" unterschrieb schon 1591 das sogenannte „Concept von Köln" als Vertreter der Gemeinde zu Gladbach.[3] —

Nachdem der Pfalzgraf Wolfgang Wilhelm zur katholischen Kirche übergetreten war, begannen seit 1615 etwa die Religionsbedrückungen von neuem.[4] Bei der Stärke des Widerstandes, der von seiten der Evangelischen zu erwarten war, war ein Verbot der evangelischen Religionsübung einstweilen völlig aussichtslos und undurchführbar. Man musste sich den Reformierten und Lutheranern gegenüber zunächst auf gelegentliche Massregeln, auf die Ersetzung evangelischer Prediger durch katholische Priester und dergl. beschränken.

Entschiedener aber glaubte man den Täufern gegenüber auftreten zu können, deren Gottesdienste durch die Reichsgesetze verboten waren; daher richtete sich die ganze Wucht des Angriffs zunächst gegen diese.

Diese erste bezügliche Massregel erfolgte wohl zu Anfang des Jahres 1619. Am 16. März dieses Jahres reichten „die sämtlichen im Amt Born eingesessenen Religions-Verwandten, so der Widertauff zu Unbill bezichtigt werden", (so lautet ihre eigene Unterschrift) ihrem Amtmann ein Gesuch ein, in welchem sie sich über das am 19. Februar ihnen bekannt gegebene Verbot ihrer Zusammenkünfte beschweren. Sie hätten sich, erklären sie, stets als

---

[1] Hansen, Wiedertäufer in Aachen. Z. d. Aach. Geschv. VI, 316.

[2] cf. de Hoop-Scheffer, Inventaris Nr. 536.

[3] Ausserdem sind unterschrieben und vertreten ihre „Gemeinden": alle Gemeynten in't Landt van Millen en van der Mase; Gemeinden zu Odenkirchen, Gladbach, Cöln, im bergischen Lande. s. Beilage 7.

[4] vergl. für das folgende: Keller, Gegenreformation III, 81 f.

gehorsame und ruhige Unterthanen gezeigt und zu Strafen keinen
Anlass gegeben; man möge sie wegen Religions- und Gewissens-
sachen, „so sich nicht zwingen lassen wollen," nicht betrüben. Auch
bitten sie um Abschrift des fürstlichen Befehls, auf Grund dessen
sie gestraft werden sollen.[1] Merkwürdig ist, dass sie die Abhaltung ihrer Gottesdienste unter Berufung auf die Reversale von
1609 als zulässig erklären. Wenn diese Reversale „die katholisch-
römische wie auch andere christliche Religionen, wie (sie) sowohl
im römischen Reiche als in diesen Fürstenthümern . . . an einem
jeden Ort in öffentlichem Gebrauch" freigeben, so war damit ja
allerdings die bisher stets übliche Beschränkung auf die im Reiche
zugelassenen Konfessionen durchbrochen und jedenfalls die Übung
des reformierten Kultus gestattet, da er unzweifelhaft in öffent-
licher Übung war. Dagegen mochte es zweifelhaft erscheinen, ob
auch der bisher überall im Reiche verbotene Gottesdienst der
Täufer nunmehr erlaubt sei, falls er nicht (was wir nicht wissen)
irgendwo in öffentlichem Gebrauch war. Da indessen, wie wir
oben sahen, in einem Erlass vom März 1610 die fernere Be-
einträchtigung der Täufer seitens der besitzenden Fürsten ausdrücklich untersagt und weitere Verbote gegen sie inzwischen nirgends
erfolgt waren, so mochten die Taufgesinnten dieser Länder annehmen, dass ihnen ebenso wie in den Niederlanden die Religions-
freiheit gewährleistet sei. Es sollte ihnen freilich bald deutlich
werden, dass der Pfalzgraf Wolfgang Wilhelm und seine Ratgeber
die Lage der Rechtsverhältnisse ganz anders auffassten, und dass
von Duldung keine Rede mehr sein sollte.

Bereits am 9. April 1619[2] erschien ein weiterer Erlass der

---

[1] Abschrift im D. St.-A. Jul.-Berg. Geistl. S. S. 14ᵈ. Vol. II, fol. 9.;
Keller, Gegenreformation III, Nr. 192. Der Name „Mennisten" (Mennoniten)
wird von ihnen selbst noch nicht gebraucht. Nur die Gegner hatten ihnen
denselben vorher schon gelegentlich beigelegt, wenn er auch später erst fast
immer für sie in Anwendung kommt.

[2] Erlass des Pfalzgrafen Wolfgang Wilhelm an den Adjuncten zu
Löwenberg. (Düsseldorf, 1619, April 9.) (Düss. St.-A. Jul.-Berg. Geistl. S. S.
Nr. 14ᶜ. fol. 181. conc.: „der Pfalzgraf vernehme mit Missfallen, dass in dem
Amte Löwenberg die Wiedertäufer fast sehr zunehmen und sich häufen,
auch zum öfteren sich hin und wieder zusammenthun und verbotene heim-
liche Conventicula und Beikompsten anzustellen unterstehen sollen. Der
Adjunct soll alle Täufer, die bei solchen Zusammenkünften betreten, in
Strafe nehmen " Keller, Gegenreformation III, 254. (Nr. 193.)

pfalzgräflichen Regierung an den Amtmann des Kreises Löwenberg, in welchem unter Hinweis auf die angebliche Zunahme der Wiedertäufer befohlen wird, die Personen, die bei den Versammlungen und Gottesdiensten betroffen würden, in Strafe zu nehmen.

In der folgenden Zeit wurden zunächst Ermittlungen über die Stärke des Täufertums in den pfalzgräflichen Gebieten angestellt; wir besitzen die Akten darüber leider nicht vollständig; das einzige Stück, welches darüber hat aufgefunden werden können, ist der Bericht über die Täufer in der Stadt und im Kirchspiel Gladbach vom Juli 1622 (s. oben), woraus sich die Gemeinde auf etwa 400—500 Seelen veranschlagen lässt. Es waren meist Weber, zum Teil sehr wohlhabende Männer und angesehene Familien, von denen noch manche heutzutage dort im Lande ansässig ist und in Ansehen steht (s. S. 440 Anm. 2).

Nachdem diese Vorbereitungen erledigt waren, erfolgte am 1. September eine entscheidende Massregel: sämtliche Amtleute und Geistliche erhielten den Befehl, die Ausrottung aller Täufer zu bewirken.[1] „Obwohl die früheren Herzoge in Gemässheit der Reichsgesetze viele Edikte ausgehen lassen, dass niemand, welcher der unchristlichen und abscheulichen Sekte der Wiedertäufer unhange, geduldet werden solle, so sei dem Pfalzgrafen doch berichtet worden, dass diese verführerische, von allen christlichen Potentaten verdammten Ketzer durch die Conniventz der Beamten in die Lande eingeschlichen seien, Erb- und andere Güter an sich gebracht, grosse Händel in- und ausserhalb des Reichs Boden treiben und sich stark bereichern, anderer katholischer Leute Kinder, Knechte und Mägde an sich ziehen, . . . zu dem Ende offene Schulen, Prediger und Lehrer anordnen, welche in Winkeln, Häusern, Gräben, Busch und Wäldern ihre falsche Lehre und Meinung . . verbreiten.

Der Pfalzgraf sei entschlossen, diese „Sekten der Wiedertäufer, Wiedergetauften oder Mennisten“ in seinen Fürstentümern nicht länger zu gestatten, sondern ihnen das Geleite aufzukündigen. Zunächst sollen die Pastoren jeden einzelnen zu sich kommen lassen und ihm ihre verdammte Ketzerei vorhalten. Diejenigen, die sich bereit erklären, das Sakrament der Taufe zu empfangen, auch

---

[1] (D. St.-A. Jül.-Berg. Prov. Verw. Nr. 78. Orig.-Druck; Keller, Gegenreformation III, 257.) (Nr. 201.)

ihre Kinder taufen zu lassen und ihren Irrtum öffentlich in der Kirche zu bekennen und zu widerrufen, dieselben sollen nach Vorzeigung eines gebührlichen Scheins ihres Pastors nach Befinden begnadigt werden. Hierzu sollen ihnen noch drei Wochen nach Publikation dieses Edikts verstattet werden. Wer dies nicht thut, soll alsbald mit allem Anhang aus dem Lande vertrieben werden. Diejenigen aber, „die sich darin widderen oder sich sonsten ihnen auflehnen würden, solche Ungehorsame, wie auch ihre Rädelsführer, Schulmeister, Prediger und Aufwiegler (sollen) in Sicherheit genommen, ihre Versammlungen und Beikompsten verhindert, die Schulen aber, Lehrhäuser und Orte, da ihre Conventicula gehalten werden, ohne einig Übersehen abgebrochen, niedergerissen und in Grund geschleift werden, deren Güter aber, Erbe, Gerait, Schulden, Pfandschaften und Waren sollen alsbald durch unsere Beamte jedes Orts oder die wir sonst dazu sonderlich verordnen mochten, mit Zuziehung zweier unparteiischer Schöpfen und Gerichtschreiber in Verbot und Zuschlag gelegt, fleissig inventarisiert, verzeichnet, auch soviel möglich ästimirt, an einen sichren Ort gestellt und . . . unser weiterer Befelch erwartet werden."

„Allen Amtleuten, Befehlhabern, Dienern, Lehen-, Schutz- und Schirm-Verwandten, Pastoren, Offiziaten, Kirchendienern und Unterthanen wird Entsetzung der Ämter, Verlust der Lehen, Privilegien und Gerechtigkeiten, bei Vermeidung von Straf und Ungnade, dem Edikt Folge zu leisten, auch sonst alle Conversation, Gemeinschaft, Essen, Trinken, Kaufmannschaft mit solchen „gotteslästerlichen Sektariern" verboten."

In diesem Edikt spiegeln sich die Ziele wie die Mittel der Partei, welche in der Umgebung des Pfalzgrafen den Kampf gegen die „Ketzer" leiteten, deutlich wieder: es war, abgesehen von dem Wegfall der Hinrichtung, eine vollständige Erneuerung der Ketzergesetzgebung des 14. und 15. Jahrhunderts; nur durfte man zweifeln, ob die Bestimmungen ebenso wie damals zur Ausführung gebracht werden konnten.

In der That zeigte sich bald die völlige Unmöglichkeit, auf dem eingeschlagenen Wege binnen kurzer Zeit zum Ziele zu kommen. Am 20. Februar 1624 wurde ein weiteres Edikt erlassen, in welchem mehrere Bestimmungen des ersten gemildert, namentlich die Bekehrungsfrist auf 8 Wochen verlängert wurde. Inzwischen aber begnügte man sich nicht mit solchen allgemeinen

Erlassen, vielmehr wurden säumige Beamte durch besondere Befehle an ihre Pflicht erinnert[1]) und vor allem wurde die Niederreissung der Kirchen mit Eifer betrieben. Wir können die Schritte, welche von den Beamten geschahen, um den Befehlen Achtung zu verschaffen, nicht mehr im einzelnen verfolgen; die Ausführung scheint eine sehr ungleichmässige gewesen zu sein, und es ist möglich, dass die Täufer sich schon damals in derselben Weise wie 20 Jahre später Ruhe verschafften: sie zahlten der Regierung oder den Beamten Geldsummen und wurden dafür geduldet.

---

2. Über einzelne Lehrer und Täufer.[2])

Während bis zum Jahre 1530 schon mehr als 2000 Wiedertäufer in Deutschland hingerichtet waren[3]) und in den folgenden Decennien zahllose für ihren bekannten Glauben sterben mussten, konnte noch 1540 der Landgraf Philipp von Hessen mit grosser Genugthuung als Landesherr schreiben,[4]) dass die Todesstrafe an keinem Wiedertäufer in seinem Lande vollzogen sei. Er ist in der That der einzige Reichsfürst gewesen, der wenigstens in Bezug auf Vollziehung der Todesstrafe sich dem Reichstagsabschied von 1529 nicht unterworfen hat.[5]) Blinder Hass vermochte ihm nicht die Augen zu schliessen.

Gewiss geriet auch er unter dem Drucke der öffentlichen Meinung manchmal in Verlegenheit; hülfesuchend und fragend wandte er sich an die massgebenden Autoritäten seiner Zeit. Anfang Dezember 1536 schrieb Philipp Melanchthon an ihn ein „Judicium,

---

[1]) Erlass des Pfalzgrafen an den Amtsverwalter zu Blankenberg (Düsseldorf, 1623, Jan. 29, Jul.-Berg. Geistl. S. S. Nr. 14 d. Vol. I. fol. 12): „der Pfalzgraf habe am 27. Sept. 1622 an den Amtsverwalter wegen Niederlegung der im Kirchspiel Eitorf (im heutigen Siegkreis) bei Rudern im Busch erbauten Behausung geschrieben. Nun vernehme er, dass die Behausung noch stehe und dass, wie zu vermuten, dort wiedertäuferische Zusammenkünfte und Predigten gehalten würden. Daher ergehe von neuem der Befehl, die Behausung niederzureissen". Keller, Gegenreformation III, 259. (Nr. 203.)

[2]) s. o. p. 342 ff.

[3]) Seb. Franck, Chronik, fol. 445.

[4]) Corp. Ref. IX, 420.

[5]) Keller, Reformation p. 449 f.

ob christliche Fürsten schuldig sind, der Wiedertäufer unchristliche Sekte mit leiblicher Strafe und mit dem Schwert zu wehren".[1] Sein Urteil ist bekannt: „Anabaptistarum antesignanos mortis supplicio puniendos esse (et Melanchthon et Lutherus statuebant.[2] Diesem Urteil der beiden von ihm hoch geschätzten Reformatoren stimmte aber Philipp durchaus nicht bei. Er bestätigt einmal ausdrücklich, dass „die Täufer ungleich seien und etliche darunter einfältige fromme Leute," und in einem Briefe an seine Schwester, die Herzogin Elisabeth von Sachsen, sagt er (18. Februar 1530): „Ich sehe auch mehr Besserung bei denen, die man Schwärmer heisst, denn bei denen, die lutherisch sind."[3]

Am 23. Mai 1536 wandte er sich an den Rat der Stadt Strassburg und bat um ein Gutachten, wie die Wiedertäufer zu behandeln seien, da er sie nicht ohne weiteres mit dem Tode bestrafen möchte. (Gleichzeitig bat er dringend um Unterstützung durch einen Prediger.) Die Stadt Strassburg antwortete darauf am 5. August: „Man suche die Wiedertäufer zu beschwören, ihre Irrtümer zu verlassen; wer hierzu nicht zu bewegen sei oder seinen Eid breche, werde aus der Stadt verwiesen. Kehre er trotz des Verbotes zurück, so werde er mit Leibesstrafen belegt."[4]

Das Verhalten der Stadt Strassburg den Täufern gegenüber ist für uns äusserst wichtig. Während der heftigsten Verfolgungswut gewährte sie den Ruhelosen ein sicheres Asyl. Für Oberdeutsche sowohl wie für Niederdeutsche öffnete sich hier für kurze Zeit eine Zufluchtsstätte. Wie Melchior Hofman, so durften auch Roll und Campanus hier neue Kräfte schöpfen (s. o.). Charakteristisch ist das Abschiedschreiben des Täufers Marbeck an den Rat von Strassburg (1532), charakteristisch für den Schreiber wie den Empfänger, durch seinen schlichten, herzlichen Ton nicht wenig für den Charakter dieses Mannes und seiner Richtung sprechend: ... „In Glaubenssachen ist kein Richter als Gott allein. Ich habe mich erboten, des Martin Bucers[5] Artikel und Argumente, so er mir

---

[1] Corp. Ref. III, 195.

[2] Corp. Ref. III, 15.

[3] Rommel, Philipp der Grossmütige III, 40.

[4] Polit. Correspondenz der Stadt Strassburg. Bd. 2 (ed. Winkelmann) Strassburg 1887 p. 369.

[5] Eine vortreffliche Charakteristik Bucers findet sich bei Varrentrap.

gutwillig zugestellt, zu widerlegen, welches ich auch mit höchstem
Fleisse gethan habe, nicht um meiner Person willen, sondern weil
es aller Menschen Heil betrifft in diesen gefährlichen letzten Zeiten.
Ein jeder ist schuldig zu thun, worauf Gott ihn führt. Ist daher
meine hochfleissige Bitt, nachdem ich nit mich, sondern Euch und
ein jeden insonderheit auch, der Handlung Gottes mit hohem Ernst
und Furcht nachzudenken, dass Euch der Herr bisher so gnädiglich in Glaubenssachen vor Blutvergiessen verhütet hat, das wahrlich
von Gott nicht eine kleine Gabe, so dieser hochlöblichen Stadt
Strassburg vor allen Orten der ganzen Welt bisher erhalten worden
ist, welches ich ihr noch von ganzem Herzen bitt und wünsche
als meinen leiblichen Vätern und Herrn, welcher Gutthaten ich
nimmermehr vergessen werde. Dennoch wollen Euer Gnaden nicht
um meinetwillen, sondern um Ihrer selbst willen mit Gottes Gnade
und Geist diese Handlung treulich bedenken, dass Ihr der Verfolgung über die Elenden, so keinen Platz in der ganzen Welt haben
und zu Euch fliehen, gar abstündet, wo Ihr nicht Missethat bei
ihnen gefunden, dass Ihr ihnen bei Euch Aufenthalt mögt geben,
ohne allen Bedrang ihrer Gewissen."[1]

H. v. Wied p. 1057 nebst Anmerkungen; hier auch genaue Litteraturangabe
über neuere Darstellungen, ihn betreffend. —

Anerkennend, dass es den Theologen seines Landes nicht gelingen
wollte, die täuferische Richtung mit Erfolg zu bekämpfen, glaubte Philipp
v. H., dass die Einwirkung eines ausländischen Theologen minder erfolglos
sein würde. Auf seinen Befehl ward daher Bucer berufen, weil man ihn
gerade für sehr geschickt hielt, Unterhandlungen mit den Täufern zu führen.
cf. Nic. Blesdik, Historia Davidis Georgii. Davantriae 1642. 8°. p. 102;
zur Linden, Melch. Hofman p. 311 Anm. 3. Philipp hatte schon früher
des öfteren Bucers gern erteilten Rat eingeholt. Der Landgraf, der in Marburg
1529 das denkwürdige Wort gesprochen hatte: „Ich will den einfachen Worten
Christi mehr glauben als den spitzfindigen Erklärungen der Menschen, ich
will bei der Wahrheit beständig bleiben und darum weder Papst, Kaiser,
Luther noch Melanchthon darin ansehen", fühlte sich wohl besonders hingezogen zu dem Manne, dessen Devise allezeit war: „Wir sind christgläubig,
nicht kirchengläubig." Denken wir noch an Bucers freundliche Art, mit
Andersdenkenden sich auseinander zu setzen, seine von den Zeitgenossen oft
hochgerühmte Fähigkeit, bei aller Betonung des eigenen Standpunktes dem
Gegner gerecht zu werden u dergl., so mochte wohl Philipp keinen geeig-
neteren Lehrer für seine Zwecke finden können.

[1] Cam. Gerbert, a. a. O. p. 105. Vollständig und in genauer Transscription nach dem Thesaurus Baumianus ist der Brief jüngst abgedruckt in
den Monatsh. d. Com.-Ges. V, 311 f.

29

Die Milde des Landgrafen von Hessen[1]) übte denn auch
eine grosse Anziehungskraft aus; während der blutigen Verfolgung
nach dem Falle Münsters suchten allenthalben zahlreiche Flüchtlinge
aus dem Nordwesten seine Gebiete auf. Unter diesen befanden
sich auch zwei Männer, deren wir zu gedenken haben[2]): es sind
die beiden Jülicher Täufer Leonhard Fälber (nicht Föller, wie
Hochhuth fälschlich gelesen hat) und Peter Tasch, „der Verfasser
von Traktaten über die Menschwerdung Christi und andere täuferische Unterscheidungslehren".[3])

Leonhard Fälber war gebürtig aus Brackel, einem Dorfe im
Jülicher Lande, wo er seine Frau zurückgelassen hatte. 1534
ward in Jülich ein Lenard oder Leonard von Ysenbroeck (Eschenbroich) in Gemeinschaft des Bischofs Jan Smeitgen (s. o. p. 78, 84,
336, 340) angetroffen, der ihn unterstützte. In Dieteren sei der Täufer
gewesen: „Lenard von Ysenbroeck, ween man, kort van postuur en
aan hebbende een zwarten rock".[4]) Im Herbst war derselbe in
Born in einem Hause auf den Hoensbroeck; er taufte in Gegenwart von etwa 10 Männern und Frauen „uit de buurt". Die Versammlung fand statt in des Palmen Hause und der Kirche. In
den Jülicher Visitations-Protokollen von 1559 wird ein „Leonhardt
als der Wiedertäufer Haupt" erwähnt. Er habe in Born, Sittard,
Dremmen in den Jahren 1536—41 getauft. Sein Eifer hat auch
in seinem Geburtsort Brackel jene Gemeinde gegründet, die in den
späteren Visitations-Protokollen besonders hervortritt. 1536 hat
er z. B. Geysken Palmen und Merten Berlen in Born getauft,
1541 Joh. Kesselbueter. Seiner und seiner Schüler Agitation
verdanken die vielen Gemeinden, die dort trotz der Verfolgung
entstanden und sich hielten, ihr reges Leben. Mancher von ihnen
hat unter dem allgemeinen Drucke das Leben lassen müssen; ich

[1]) Über Einflüsse der hessischen Täufer s. W. Diehl, Zur Geschichte
der Konfirmation. Beiträge aus der hessischen Kirchengeschichte. Giessen 1897.
[2]) cf. Hochhuth. Wiedertäufer in Hessen; Z. f. histor. Theologie 1858;
zur Linden, Melch. Hofman p. 293 f.; M. Lenz, Briefwechsel Philipps von
Hessen mit Bucer, I, 318 ff. u. p. 46/47.
[3]) In der „Verantwortung und Widerlegung der Artikel, so jetzund
im Lande Hessen über die armen Davider (die man Wiedertäuffer nennt)
ausgangen sind", berufen sich die Täufer auf ein Buch des Niederländer
Täufers Tasch „Von der Menschwerdung". (Z. f. histor. Theol. 1859 p. 167,
bes. p. 173.)
[4]) cf. Habets a. a. O. p. 120.

erwähne z. B. einen gewissen Rennken, der 1536 als Täufer in Millen verbrannt ist.[1]

In den hessischen Protokollen wird er Lenhard von Maastricht genannt.[2] Noviomagus giebt an: „Leonhardum, wie er sagt, us Gülicher Land bürtig, us dem Dorfe Breckel (?)". Georg von Kolmatsch, Statthalter in Marburg, schreibt am 19. Mai 1536 an Philipp von Hessen: „Lenhart von Fritzlar, derselbig ist ein sonderlicher Kern der Widdertäufer us dem Lande von Gulch geschickt."[3]

Wir dürfen wohl annehmen, dass Lenhard eine höhere Bildung genossen hat. „Er sprach gern von der Kraft des lebendigen Wortes, das dem Menschen vom Bösen zum Guten bringe und ganz erneuere; seine Reden offenbaren dialektische Gewandtheit und rhetorischen Schwung. Ziemlich massvoll in der Form, verfehlte er nicht, seine Verachtung der herrschenden Kirche und ihres toten Wortes, das nirgend dem sündigen und befleckten Leben seiner Angehörigen ein Ziel gesetzt habe, hervorzukehren.[4] Noviomagus schreibt über ihn: „. . . als er uns ursach seines Lebens anzeigte und wie er endlich zu den widdertaufern kommen wäre, hat er mit den Worten der ordnung und ein sollich usreddens gebraucht, dass er viele der verführung unwissende in sein meinung hätte ziehen mogen."

Leider ist uns sonst nur wenig über ihn bekannt; so viel lässt sich aber aus dem erhaltenen Material ersehen, dass er lange Jahre hindurch auf einem ausgedehnten Wirkungsfelde eifrig thätig gewesen ist, ein Reiseapostel κατ' ἐξοχήν in der Weise Melchior Hofmans, dessen Lehren er auch vertrat. Als in einem Edikte des Landgrafen 1537 heftig gegen solche geeifert wurde, welche die

[1] Einen Wiedertäufer Lenhard in Geldern nennt Bouterwek, zur Gesch. u. Litt. I, 56, 78. Dieser soll 1534 von einem Münsterschen Sendboten zum Zuzug nach dem neuen Jerusalem geworben sein.

[2] cf. Hochhuth, a. a. O. p. 638; Habets passim.

[3] cf. Lenz, a. a. O. — dass dieser Lenhard Vertreter eines modificierten Melchioritismus war, hat zur Linden gegen Hochhuth (a. a. O. p. 644) mit Recht aufrecht erhalten.

Ottius, Annal. Anab. p. 80 (ihm folgt Krohn, p. 338) hatte die Verhandlungen mit den hessischen Täufern ins Jahr 1536 fälschlich vorlegt. Die Verhandlungsakten wurden der erst 1537 publizierten Kirchenordnung zu Grunde gelegt. — Unrichtiger Weise identifiziert Krohn a. a. O. p 339 unsern Lenhard mit Lenard Jost aus Strassburg.

[4] Lenz, a. a. O. p. 321; Noviomagus p. 322.

29*

Lehre vom Fleische Christi, die Behauptung, dass eine nach der Taufe begangene Sünde keine Vergebung zu erwarten habe, und die (nicht melchioristische) Idee von der Gütergemeinschaft vertraten, verfassten Peter und Lenhard als Leiter der Täufer gegen solche Anschuldigungen eine „Verantwortung", woraus hervorgeht, dass die Lehre Hofmans ohne Beimischung Münsterscher Dogmenentwicklung die ihrige war und bedeutenden Anhang besass. Durch diese beiden Apostel sind Hofmans Lehren in Hessen besonders in Schwung gekommen. Valentin Breuel ist falsch unterrichtet, wenn er meldet an den Landgrafen: „er sei berichtet, dass Peter Tasch hievor in des Münsterschen Königs Handel und Ratschlägen auch gewesen sei".

Zu Marburg detinierte Täufer übergaben 1538 (4 Tage nach Nicolai) ein „Bekenntniss oder Antwort etlicher Fragstücke oder Artikeln der gefangenen Täufer und anderer im Land zu Hessen", worin es u. a. heisst: „Der Glaube muss durch die Liebe zu allen guten Werken thätig sein, oder aber ist kein rechter Glaube, der selig macht, sondern ein eitel Wahn. Welches aber, so es im Grund recht betrachtet wird, findet sich wahrhaftig in dem Werk, dass noch jetzt zu dieser Zeit gar wenig sein unter vielen, die einen wahrhaftigen, lebendigen, kräftigen und seligmachenden Glauben haben, sunder ins gemein ein todten unfruchtbaren Glauben und eitlen Wahn, indem dass man nicht allein das Gute unwillig nicht wirket, sunder auch das Böse willig und völlig vollbringt. Daher auch denselbigen nicht helfen wird, wie viel sie rühmen von solchem Glauben, darauf sie sich in aller Frechheit, Geilheit und in unmässigem Leben sowohl vermessen als trösten, sintemal sie sich auch selbst verrathen, mit dem sie sich beschuldigen der Unfreiheit und des Unvermögens, mit einem Deckel der Fürsehung, der Erbarmung und Erwählung Gottes und aber sich selbst dadurch betrügen".[1]

„Weiter die Münsterschen Händel, als ein Reich Christi hie auf Erden mit weltlicher Pracht und Herrschung, mit dem Königreich und allen Gottlosen auszurotten, item die Ehe mit vielen Weibern halten wir für schädlichen Irrtum und Unverstand. Desgleichen auch die irrig sind, die gar keine Obrigkeit haben und bekennen wollen zur Rache der Übelthat und Schutz der Wohlthat,

[1] Hochhuth a. a. O. p. 613.

die doch Gottes Wille geordnet hat und nöthig ist. Dies aber sagen wir von der Ordnung des Amtes und nicht vom Missbrauch der Personen. Auch achten wir unbillig sein, dat etliche vom Eidschwören Math. 5 gar ohne Unterschied halten und lehren, damit sie das rechte Schwören aus Not und Liebe auch zur Sünde machen, wiewohl auch oft auf der andern Seite viel zu viel geschieht."

Lenhard warf seinem Gegner Bucer die mangelnde göttliche Berufung der theologischen Prediger vor, erklärte die Kindertaufe für einen Rückfall in den Papismus, rügte die Fruchtlosigkeit der theologischen, des wahren Lebens ermangelnden Predigten und strafte die Verfolgung Andersgläubiger durch die offiziellen Kirchen. [1] Er sprach gern von dem Tempel Gottes, der ein geistlicher sei, d. h. die Gemeinde Gottes. Die Arbeiter an diesem Tempel seien alle Diener des Wortes Gottes. Ein solcher sei auch er. [2]

Ihre Lehre vom Fleische Christi ist die Melchior Hofmans, gehört aber nicht dem Melchior Rinck, [3] dem sie wohl fälschlich infolge einer Verwechselung mit Melchior Hofman übertragen ist. [4]

Am 17. Juli 1538 schreibt der Herzog von Jülich an Philipp von Hessen, „dass Peter Tasch nit allein widdergetaufft hat, sondern auch eyn fürprediger und ufwigler des berorten lasters gewest und vill mehr underdanen selbst widdergetauft hat, des namen, lere und wandel by menniglich dermassen bekannt, das ihm

[1] zur Linden p. 312 Anm. 3.
[2] Hochhuth a. a. O. p. 612.
[3] zur Linden (M. Hofman, p. 171 ff.) glaubt es für ausgeschlossen halten zu dürfen, dass Melch. Hofman und Melch. Rinck, beide schwäbische Kürschner, identisch sind, was sekundäre gleichzeitige Quellen stets behaupten. vergl. über ihn und Hofman: Krohn p. 125; Wigandi dogmat. et arg. Anabapt. Lpz. 1582 p. 456; Cornelius, M. Q. II, 370; Keller, W.-T. p. 128; Fusslin, Epistolae (Cent. pr.) p. 152. Ob zur Linden wirklich Recht hat, dass lediglich Verwechselungen vorliegen, dürfte zur Zeit doch noch nicht endgültig entschieden werden können. Die Quellen, aus denen man über Wesen und Auftreten Rincks schöpfen könnte, sind grösstenteils versiegt. Hochhuth, Z. f. histor. Theol. 1858 p. 547; Meshovius, Historia anab. libr. VII, Coloniae 1617 p. 50.
[4] Justus Menius hat in seiner Schrift: „Vom Geist der Wiedertäufer", Wittenb. 1544, zuerst diesen hessischen Täuferaposteln die Hofmansche Lehre vom „Fleische Christi" zugeschrieben. Als Menius dies that (1544), war die Lehre allerdings unter den hessischen Täufern heimisch geworden, doch führen uns die Spuren nicht auf Melch. Rinck, sondern mittelbar ohne Zweifel auf Hofman zurück. (zur Linden a. a. O. p. 178.)

on geferlicheit nit widder dieser ort sich nidder zu setzen und zu underhalden zugestanden werden möge." Darnach scheint er ein Mann von bedeutender Stellung als Täufer gewesen zu sein.

In einem Briefe Bucers an den Landgrafen wird er „ein grosser und seer geschickter fursteher der widdertaufer" genannt.[1] cf. Seidemann, Lauterbachs Tagebuch auf das Jahr 1538 (p. 120): „De Catabaptistis. Illo die (24. Aug.) literae venerunt ab Electore Saxonico de Anabaptistarum furore incessabili, qui omnes regiones inficere studerent suis opinionibus. Nam Landgravium aliquot captivos habere zu Wolkersdorf, apud quos invenit litteras fratris Petri Tasch, qui illos adhortatur ad cursum, nam Angliam, Thuringiam, Gulich etc. habere fratres illius doctrinae, qui eo missi sunt. Ideo has litteras translatas latine quamprimum excudendas ad monendas omnes regiones. Nam mirabili εὐλογίᾳ homines seducunt illae viperae."

Tasch hat seiner Wirksamkeit entsprechend einen ausgedehnten brieflichen Verkehr mit den Häuptern seiner Richtung gepflegt. Der in den obigen lateinischen Worten genannte Brief ist erhalten.[2] Er hat deswegen allgemeineres Interesse, weil er über die weite Verbreitung und rege Agitation der Täufer zu der Zeit unterrichtet. „Dem ausserwelten und beruffenen Im Herrn Jorgen S(chnabel)[3] meynem lieben bruder, sampt synen mytgenossen under den wilden thieren in trübsal und ellend."

„Gnad und frid von Got unserm vatter (der ein vatter ist der lichter und liechts kinder) sey mit Euch allen durch Jesum Christum unsseren Herrn, der da ist unser und der ganzen welt erlöser und aller gläubigen hertzog, vorgänger und wechweisser und auch ihre heilicheit. Amen. —

Darum wyrt uns gut sein, das wir in der liebe bleiben, so blybet die liebe von Gott auch über uns und seine weissheit sich verbinden thut über die gezüchtigten, die in Geduld harren. — Als Du aber bittest und begerest, um die brüder zu ermahnen und auch zu wissen, wie es draussen stehet, ist mir eer lieb und ein freude, das Du so hertzlich für deine brider und kinder sorgest,

---

[1] Corp. Ref. III, 577 ff.; Seckendorf, hist. Luth. III, 151.

[2] Corp. Ref. III, 578; Hochhuth, a. a. O. p. 603; dazu die Berichtigungen von Lenz, a. a. O. I, p. 320 Anm. 3.

[3] Jorg Schnabel wird von den Marburgern zum Wortführer in dem Colloquium mit Bucer gewählt; vergl. Ottius, Ann. anab. p. 89.

far so truwelich fort für die verstreuweten zu sorgen, gott wyrt
wieder für Dich sorgen, dan das gebürt sich auch dyr und auch
mir sampt allen, deyn sorge ist löblich . . . Sunst an andern
orthen und landen ist uf etlichen orthen grosser Hunger und
durst nach der gerechtigkeit, dagegen von der boisshafftigen gross
murren und lestrung und gross verfolgung, wie da pleigt zuzugan
und Ihr wol wissent. Doch in allem trübsal nympt die warheit zu
und mehrt sich fast, aber die feynt brechen und hindern also lange,
biss das Gott seine zwey propheten senden wird, die die hand der
arbeiter stärken werden. Dan wirt der tempel in die höhe kommen,
auch wenn schon der feynt und der brecher itzt noch so viel weren.
Lese das erste boich Esra und bedenke die figur nach dem geist
und nach der geistlichen babilonischen gefenknuss, so wirstu
wol sehen, wilch zeit es ist myt dem baue. Der grunt (got hab
lob) der ist gelecht, und zu seiner Zeit der baue fort gain soll.
Ich hoffe, es sey nit lange dahin . . . In Engellant gait die wair-
heit trefflich in stille fort . . . Lenart weiss wol, wie es im
Jülger lande stait und synt her, das er da war, haben sey
daher, da ich pflege zu wonen, auch hunger erlanget und
etliche sich auch dem Herrn ergeben. Darum mag ich nit
lang auss seyn und sunderlich, da ich mich versehe für den wynter
eyn reiss nach Strassburg gehn (so der Herr wyl), auch hette ich
schyr im sinne, das ich auch nach frankfort reysen wolte, etlicher
Dinge halben. Darum ich noch das andermal, da ich am letsten
hier weilet, also eilet und nit hie verziehen konnte, etlicher nider-
länsche (genannt brüder) halben, die da schreckliche Dinge fürgeben, die ich also kurtz nit schreiben kann."[1]

Der Inhalt des Briefes veranlasste den Landgrafen, mit
den Herzögen von Jülich und Sachsen in Verbindung zu treten.
Joh. Friedrich v. Sachsen liess den Brief nicht nur von Melanchthon
ins Lateinische übersetzen, sondern er liess von demselben auch
ein Begleitschreiben entwerfen und sandte letzteres dem Landgrafen
zur Prüfung und Unterschrift zurück, um es später an den König
von England zu senden.

Der Landgraf konnte sich indes mit dem Inhalte des Schreibens
an den König von England nicht einverstanden erklären; namentlich nahm er Anstoss an folgender Stelle: In Germania in iis locis,

[1] Hochhuth. a. a. O. p. 640.

ubi non docetur pura evangelii doctrina, ac praecipue in Belgico, quia populus abusus veteres reprehendi audivit et ab iis jam abhorret, multi errores ibi pullulant. Nam ubi desunt boni doctores, alii alias opiniones sibi fingunt. Error enim, ut dici solet, res foecunda est. Ex his fontibus ortum est delirium Anabaptistarum ac inde effusum fuit in vicinam Frisiam ac Westpaliam. In caeteris regionibus Germaniae, ubi pure traditur evangelii doctrina, Dei beneficio, homines, quia solida doctrina adversus tales errores praemuniti sunt, sua sponte fugiunt hanc pestem . . ."[1]

Merkwürdig[2] ist, dass die Rädelsführer der hessischen Anabaptisten grösstenteils zur Landeskirche zurückgekehrt sind, darunter auch Tasch. (Ueber das Schicksal Lenards ist mir nichts bekannt geworden.)[3]

[1] 1538; Corp. Ref. III, 577.

[2] Bucer hat eine Reihe der Führer zu seiner Ansicht bekehrt, ja sein Erfolg war ein derartiger, dass er einige von den Bekehrten im Kampfe gegen die anderen Täufer verwenden konnte. Seine Bibelkenntnis und Dialektik, vor allem aber seine Milde haben darnach also einen ziemlich einzig dastehenden Erfolg erzielt. Mit Rücksicht auf später zu verzeichnende negative Erfolge von Bekehrungsversuchen anderer Prediger und Priester mögen hier seine oft zum Ausdruck gebrachten Ansichten mitgeteilt werden. Gleich am Anfang der Unterredungen schreibt er an den Landgrafen: „Es sind der teuffer mer in e. f. g. lauden, denn ich imer gemeinet hätte und under denselbigen fil gutherziger leut, welchen wir prediger doch so verdacht sind, das sie nichts oder seer wenig berichts von unsa annemen. So dann mit straff gegen inen gehandlet wirdt, werden die frommisten damit allein gestärcket." Aber er weiss auch, „wo aber uns der Herre nun helfen wöllte durch ire selb Fürsteher, warlich da würde etwas geschaffet werden", oder „weil dann das Schwerdt und Gefengnuss wenig recht bekeret, sondern meer stercket und wir Prediger diesem gesind so gar verdacht sind, wolt ich warlich, das wir diese leut brauchen konden." — Er liess es aber auch nicht an positiven Vorschlägen fehlen, um den Vorwürfen der Täufer zu begegnen; so schreibt er im Hinblick auf eine Synode zu Ziegenhain und ihr Arbeitsprogramm u. a.: „weil den täufern in keinem weg uns nützlicher und dem einfeltigen pöfel zu besser verwahrung von uns begegnet werden mage, dann so wir die christliche Haushaltung besser bestellen und die christliche Zucht ernstlicher üben". Weiteres bei Hochhuth, Lenz, Hassenkamp, Hessische Kirchengeschichte II; W. Diehl, zur Geschichte der Konfirmation. Giessen 1897 p. 2 ff.

[3] Die Zahl ihrer früheren Anhänger nahm aber deswegen nicht ab. Am 15. Okt. 1538 schreibt der Kanzler Feige an Philipp: „es ist erschrecklich, wie sich die Zahl der Wiedertäufer täglich mehret, also dass mich dunket Gott gebe, dass es nicht also sei — wir sehen einen grossen Unruth vor unseren Augen, das Gott gnädig abwenden wolle, daher denn dem Handel

Peter Tasch wurde 1539 dem Rat zu Strassburg als geschickt empfohlen, Proselyten unter den Wiedertäufern zu machen, zu deren Meinungen er sich früher bekannt hatte.[1] Sogar mit Melch. Hofman soll er Bekehrungsversuche angestellt haben. Bucer sagt über Tasch: „und sey der eine furnehmlich ein solcher, der viele vom Wiedertauf gebracht habe, was sonst keiner vermocht hätte; es sey derselb auch ein Wiedertäufer gewesen und habe ein gut Zeugnis von dem Herrn Landgrafen, der ihm den Ruhm giebt, dass er zu Wege gebracht habe, was seine Prädicanten nicht vermocht."[2]

Sein Bekenntnis scheint Tasch geändert zu haben, ebenso wie man etwa Kleider wechselt. Sebald Büheler erzählt uns[3]: „Im Jahr 1560 war hier ein Bürger Peter Tasch Schulden halb entloffen, war etwa vor 20 Jahren aus Niederlanden von den Wiedertäufern entlassen, deren Seckelmeister er gewesen, und galt hier für einen, der des Evangeliums halb vertrieben, hat ein grossen Pracht hier getrieben mit Kaufmannschaft, und hat zuletzt gegen St. Peter über die zwei grossen Höfe derer von Andlau und Baden gekauft, sie abgebrochen und herrlich wieder gebaut, aber bald darauf entlief er und hat viele um das Ihre betrogen."[4]

*   *   *

Zur Aufrechterhaltung der innerhalb der grossen täuferischen Partei bestehenden Beziehungen dienten auch am Niederrhein eine Reihe von Predigern, Täufern und Prinzipallehrern oder Bischöfen. Sie sorgten dafür, dass das innere Leben in den Gemeinden nicht zu toten Formen erstarb und die religiösen Angelegenheiten mit dem erforderlichen Eifer besorgt wurden.[5] Mit unermüdlichem

nicht länger zuzusehen ist . . . E. f. G. müssen die Sache selbst in die Hand nehmen und angreifen und alle anderen Händel zurücklegen, denn dieser Handel will und muss garathen sein. er geschehe mit Liebe oder mit Leid. oder wir müssen alle eines Ärgeren gewarten." Z. f. histor. Theol. 28, 602.

[1] Röhrich, Gesch. der Reform. II. 105; Z. f. histor. Theol. 1859 p. 181.

[2] Röhrich, a. a. O. p. 116; cf. Lenz, Briefwechsel II. 78, 80. 432. [s. o. unter Campanus p. 269 ff.]

[3] Strassburger Chronik [Handschrift].

[4] Von seinen in der „Verantwortung und Widerlegung" etc. angezogenen Schriften scheint keine mehr vorhanden zu sein. [Z. f. histor. Theol. 1859 p. 181.) 1539 schloss er seinen Frieden mit der Kirche, „nachdem ihn Bucer sehr ins Wanken gebracht hatte".

[5] Charakteristisch für den Eifer der Mitglieder und ihre innere Anteilnahme ist die Aussage des Herrn Peter Loe und des Landdechanten zu

Eifer zogen sie von Amt zu Amt und wirkten durch Predigen. Ermahnen, Einsetzen von Vorlesern oder neuen Predigern, so dass die räumlich getrennten Gemeinden zu einer festen Einheit verbunden wurden.

Einer von jenen Wanderpredigern ist der in den Akten viel genannte Zelis aus der Eifel, der bald in Jülich, bald in den Niederlanden sich aufhielt. Mit unerschrockenem Mute hat er für seine Gemeinden gesorgt, wiedergetauft und neue Täufer aus der Zahl der ihm zur Verfügung stehenden Brüder ausgewählt. Trotzdem in Köln 1552 eine heftige Verfolgung begonnen hatte, nahm er dort doch 1554 seine Thätigkeit wieder auf, die er am ganzen Niederrhein fortsetzte. Von Gemeinde zu Gemeinde bestätigte er die etwa aus ihrem Kreise selbst verordneten Lehrer. [1] Ende 1567 gelang es ihm neben vielen andern die Witwe des Bonner Vogtes, Clara Richwin von Broich, geborene von Fliesteden [2] für seine Gemeinde

Jülich über Thies Kesselbauer im Jahre 1565: „Obwohl nicht gelehrt, weder schreiben noch lesen könnend, ist er durch die verführerischen Lehrer dermassen informiert, dass er von den Sachen also weiss zu reden, dass er viel Einfältige könnt verführen."

[1] Zelis wird in Akten des C. St.-A. 1557 als „Hauptlehrer" bezeichnet; er sei ein Köhler und wohne in der Eifel. Er gehört sicherlich zu einer der zahlreichen taufgesinnten Gemeinden in der Eifel, über welche 1572 der Kerkerand d. h. das Presbyterium der niederl. reformierten Gemeinde zu Köln schreibt: „Item datmen allen middelen wil bedencken, om met Godes woordt door den dienst der Predicanten te wederstaen ende te neder te legghen de secte der Wederdooperen, die in veel plaetsen seere toenemnt, so te Vreeken ende in ander plaetsen inder Eyffel (so wy verstaen hebben.) Welcke toeneminge ofte wtbreydinge sulcker schadelijcker Secte wel beledt sal wordden is te verhopen door Godes ghenade, indien de Predicanten daer van eernstich ondersoeck doen ende wel acht nemen op de eenvaldige hertten. die noch onervaren zijnde inder schrift, van sulcken verleydelijcken endgheveynsde sectarissen aengevogten wordden . . . s. Werken der Marnix-Vereeniging III, 5, 46

[2] Als sie in Köln mit anderen Täufern gefangen gesetzt war, verwandten sich für sie beim Rat der Stadt Köln ihre Angehörigen; Aug. 1565 auch der Graf von Neuenahr. Am 1. Okt. wurde sie der Stadt verwiesen, ebenso die Frau Wirichs von Fliesteden, Hilgin, samt ihrer Tochter Margaretha. August 1565 waren schon vor ihr aus dem Weichbild vertrieben: der Pelzer Matthias von Dülken, die Ehefrau des Prinzipallehrers Heinrich Krufft (s. u.) Anna Derenbach, die Frau des Matthias von Tongern, die Frau des Dionysius von Eppenich, Barbara von Flatten, die rückfällige Margarethe von Bergheim; alle diese Wiedertäufer sollen für immer der Stadt

zu gewinnen. Sie ist, wie viele ihres Geschlechts, eine überzeugte
Anhängerin der neuen Lehre. Vor ihren Richtern gesteht sie, dass
sie auf ihren bekannten Glauben getauft sei. „Da die Obrigkeit nicht
gestatte, das Wort Gottes öffentlich zu predigen, so habe man sich
wie die Apostel in Wüsten und Wälder zurückgezogen und hinter
verschlossenen Thüren gepredigt."[1]

Über des Zelis Persönlichkeit ist sonst wenig bekannt geworden. Anfang der 60ger Jahre scheint er gestorben zu sein;
1565 wird sein Tod erwähnt.[2]

Ein höchst begabter und frommer Lehrer war zur selbigen
Zeit Thomas Drucker von Imbroich, der klar und entschieden,
standhaft und fest vor den geistlichen Inquisitoren sein Glaubensbekenntnis abgelegt hat.[3]

Er wird genannt Thomas Drucker oder Thomas von Truden.
Geboren war er im Jahre 1533, wahrscheinlich im Dorfe Imgen-
broich (daher auch Imbroich, Imbroeck etc. genannt), 5 Stunden
von Aachen.[4] Von Profession war er Buchdrucker. In den
Kölner Akten erscheint er als Thomas von Truden. Darnach ist
es nicht unwahrscheinlich, dass er von St. Troyden im Lüttichschen
nach Köln gekommen ist.[5] Er muss bereits 1554 in Köln ge-

verwiesen sein; jeder, der von ihnen nach Köln zurückkehre, ohne sich
bekehrt zu haben, soll ohne Erbarmen vor Ablauf von 24 Stunden mit dem
Tode bestraft werden. (Thurmbücher Nr. 6, fol 32.) — 1569 kamen ferner
die Jungfrau von Palant im Spiegeler Hof, die Jungfer von Brempt ebenfalls in den Verdacht der Wiedertäuferei.

[1] In den Dortischen Mscr. Bd. XIII fol. 94 (D. St.-A.) findet sich:
„Joachim Westphali Bedenken, warum het ein recht en is in Niederlandt,
heimlich in Häusern und Winkeln zu predigen, zu taufen, das hl. Abendmahl auszuteilen . . . gestellt an die Christen zu Antwerpen (1567, April 29.)",
ein Schriftchen, welches sich in echt lutherischem Sinne gegen die „winkel-
predigende" Art der Wiedertäufer wendet.

[2] D. St.-A. IV. c. 14c. 1566 sagt Goddert Schneider aus: Als er vor
5 Jahren „zu Houff by gueten Leuten" seine Arbeit gethan habe, habe er
hier viel von den Wiedertäufern gehört; sie seien ihm sehr gelobt, er sei zu
ihnen gebracht, habe aber gesehen, „das ire sachen nit bestehen können"
und sie von der Obrigkeit verfolgt würden. Er sei in der Nacht in einem
Busch wiedergetauft von einem, der Zelis genannt sei. Zur selben Zeit seien
ihrer 8 wiedergetauft.

[3] cf. Martelaerspiegel II, 299—313.

[4] Goebel, Gesch. des christl. Lebens I, 215; Z. d. Aach. Geschv. VI, 306.

[5] Allg. deutsche Biographie Bd. 38, p. 73 (Art. v. L. Keller).

wesen sein, wo er nach eigener Aussage in diesem Jahre die Spättaufe empfangen hat. Durch einen Bürger von Köln, Joh. Schuhmacher, war er mit dem damaligen Prediger der kölnischen Gemeinde, die man Täufer nannte, bekannt geworden. Die dortige
Gemeinde war damals äusserst zahlreich (s. p. 18, 92 u. a.). Angesehene[1] und gelehrte Männer besuchten ihre Versammlungen. In
einer solchen lernte Thomas auch den Justus Velsius[2] in der
Buchbinder Hause[3] unter der Pfaffengasse persönlich kennen.
Auch die Gebrüder Lorenz und Matthias Vorstbach verkehrten

[1] Thomas scheint angesehene Verteidiger gehabt zu haben. Im 6.
Sendbrief an seine Brüder sagt er während seiner Gefangenschaft: „Ich wäre
schon heimgegangen, aber etliche wehren es noch und habens auch soweit
gebracht, dass sie meinen, ich solle nicht sterben, sondern sie sollen mich
aus dem Cölnischen Land ausweisen . . .“
[2] a. o. p. 106 f., 280 und Anhang.
[3] Es handelt sich hier um das Haus der Buchbinder-Zunft. 1562
(30. Juni) wurde in Köln ein Stephan Buchbinder ertränkt, weil er Bücher
verkaufte, die er von Anton Keiser, einem Manne aus Jülich, nahe bei
Erkelenz, bekommen hatte. — Des Einflusses der Colporteure und ihrer
Sachen sich wohl bewusst, hat auch der Herzog von Jülich zahlreiche Edikte
gegen Buchhändler und Colporteure erlassen, welche Bücher verkaufen, die
nicht durch die Censur gezogen sind. (s. p. 43.) In einem Edikte vom
9. März 1560 heisst es: „Die im Interesse der Wiedertäufer-etc.-Sekte verbreiteten Schandbücher, Druckschriften oder Gemälde sollen zufolge zweier
früherer Verordnungen von den inländischen Buchführern weder ein-
gebracht noch verkauft, sondern . . . . überhaupt keine Bücher verkauft
werden, die nicht vorher von Pastoren oder Kirchendienern durchgesehen
oder zugelassen worden sind.“
   Wir wissen, dass die deutschen Buchdrucker (damit auch die Buchbinder) wie der Reformation im allgemeinen, so auch dem Täufertum nicht
wenig vorgearbeitet haben; sie sind es gewesen, welche auch die grosse, unvergängliche Litteratur der altevangelischen Gemeinden, die deutschen Mystiker
zuerst wieder zu Ehren gebracht haben.
   Ein berühmter Drucker ist z. B. Joh. Sensenschmidt, der aus Eger
stammte, das früh mit Ketzerei erfüllt war. Interessant ist nun, dass die
Familie Sensenschmidt später in Nord- und Süddeutschland unter den als
„Täufer“ bezeichneten Geschlechtern erscheint. Der Name begegnet uns
unter den mährischen Täufern (cf. Beck, Geschichtsbücher der Wiedertäufer
in Österreich-Ungarn, Wien 1883) und ebenso unter den Jülichschen Neugesinnten schon 1533. Ein Zillis Sensenschmidt wird zugleich mit einem
gewissen „Peter aus dem Lande von Franken im Jahre 1533 als Land-
fremder“ aus dem Jülichschen ausgewiesen. (D. St.-A. IV. C. 6. fol. 59.)
Es ist durchaus nicht unwahrscheinlich, dass jener Zillis selbst aus Mähren
stammt und schon täuferische Schriften vertrieben hat.

damals mit den Wiedertäufern. Die Zahl derer, die ohne die Spättaufe empfangen zu haben, an den Versammlungen teilnahm, war viel grösser, als die der Getauften (vgl. u. § 5 u. 7). Der Rat, der die ersteren nicht wohl fassen konnte oder wollte (die Gemeinde versammelte sich nur im Stillen), erliess in einer Morgensprache des Jahres 1554 angesichts der starken Zunahme der Bewegung eine Warnung, indem er erklärte, dass er gegen alle diejenigen, so sich hätten taufen lassen, die Reichsgesetze werde in Anwendung bringen. Am 10. Juli 1555 wurde diese Bekanntmachung wiederholt. Vielleicht hat Thomas das Einschreiten gegen sich mittelbar oder unmittelbar absichtlich selbst herbeigeführt. Sein brennender Wunsch, für seinen Glauben Zeugnis abzulegen, wenn es sein müsse, mit seinem Blute, wurde erfüllt. 1557 am 23. Dezember wurde er verhaftet, wiederholt in Gegenwart eines Bürgermeisters und geistlicher Personen peinlich verhört und gefoltert. Er wurde von Turm zu Turm geschleppt. Vergeblich suchte man ihn zum Widerruf und zur Angabe seiner Glaubensbrüder zu bringen. Alle Mittel, selbst freundliche Ermahnungen blieben erfolglos. Alle Bekehrungsversuche scheiterten. Schliesslich wurde er als offenkundiger Ketzer am 5. März mit dem Schwerte hingerichtet.[1]

Als er starb, war er erst 25 Jahre alt. Seine Laufbahn ist zu kurz, als dass er schon einen tiefer gehenden persönlichen Einfluss hätte ausüben können. Seine Bedeutung liegt wohl allein in den hinterlassenen Schriften und Briefen. Auch ein Lied ist von ihm erhalten. Sein „Bekenntnis von der Taufe", das er den Inquisitoren zu Köln übergeben hatte, war handschriftlich und gedruckt weit verbreitet und wurde trotz strenger Verbote viel und fleissig gelesen. Noch heute sind einige Exemplare erhalten. Eine Abschrift seines „Bekenntnisses" befindet sich in einem Sammelbande im Archiv der „Taufgesinnten Gemeinde" zu Amsterdam (No. 740), 1°. Bundel getitelt[2]): In diesem Buechlein seind etliche schöne Tractätl verfast / darneben auch ein Bekantnusz. Sammt etlichen sendtbrieffen von einem Schweitzer Brueder, genant Thomas Trueckher begriffen, den frumen tröstlich zu lesen etc. durch Caspar Artlof geschrieben. MDLXXXI. 8°. 390 S. Das „Bekenntnis" darin umfasst 127½ Seite und ist besonders betitelt:

---

[1] cf. de Hoop-Scheffer, Doopsgez. Bijdragen 1870 p. 71.

[2] de Hoop-Scheffer, Inventaris der Archiefstukken.

„A. Confessio. Ein schöne Bekantnusz aines frumen und got-
liebenden christen, sambt etlichen Sendbrieffen und cristliche Er-
manungen aus heilliger schrifft, seiner Hausfrauen und Bruederen,
aus der Gefencknusz geschrieben." Nach einer Vorrede von 9½ Seiten
folgt der zweite Titel: „Confessio oder Bekantnusz so Thomas von
Imbroich -- an die obrigkait geschriben — hatt." [1]

Au gedruckten Exemplaren [2] habe ich folgende eingesehen:
Niederdeutsche Ausgaben der Bibliothek der Taufgesinnten-Gemeinde zu Amsterdam [3]: „Confessio. Een schoone bekentnisse eens
vromen Christen (Thomas van Imbroeck) met etlyke Sendtbrieven
en christlijke vermaninge wt der heyliger Schrift (zynder huys-
vrouwen en broederen) wt de gevanckenisse geschreven. Met corte
aenwijsinghe hoe dat hij zijn geloove tot Ceulen Anno 1558 den
5. Martii volstandigh met zijne bloede betuycht heeft. Hier is
noch byghevoecht een boexken van de verrijsenisse des lichaems
met een schoon Liedeken int eynde. 1579. A¹—P⁵. [4]

In einem Sammelbande o. O. 1702 [5] befindet sich im II. Teile:

1. Eine Vorrede von Thomä von Imbroich seiner Glaubens-
   bekanntnuss. p. 27—43.

2. Die Bekanntnuss desselben selbst, die er auss dem
   Gefängnuss zu Cölln am Rhein an die Obrigkeit und
   Schöpffen der Stadt geschrieben, und dieselbe Anno 1558
   den 5. Mertz mit sein Blut versiegelt. p. 44—120.

3. Sieben Send-Brieffe desselben an seine Haussfrau und
   Brödern. p. 121—199.

4. Dessen Vermahnung an seine liebe N. p. 200—203.

5. Beschluss / samt einigen Reim-Sprüchen. p. 203—210.

[1] Herr Prof. S. Cramer in Amsterdam hatte die Güte, mir dieses und
andere Stücke aus der dortigen reichen Bibliothek und dem Archiv der Taufgesinnten-Gemeinde zur Einsicht und Benutzung zu übersenden.

[2] Eine Ausgabe (von ca. 1560) war 1880 im Besitze des Herrn Pastor
Krafft in Elberfeld.

[3] s. den Katalog derselben (2 Bde. gross 8°.) von de Hoop-Scheffer
II, p. 17.

[4] Auf der Hamburger Stadtbibliothek befindet sich (ich weiss nicht,
wann erschienen): „Een niew Lied: Vorreden; Bekenntnisse: Wedersch. ende
Brieven v. Thom. v. Imbroeck met een Liedeken.

[5] Im Besitze des Herrn Archivrats Dr. Keller zu Berlin.

Für die weite Verbreitung der Täufer am Niederrhein, wozu auch Thomas von Imbroich sein Teil beigetragen hat, zeugt der Brief des reformierten Predigers Engelbert Fabritius an Bullinger (d. d. Wolfstein Palat. 23. April 1562), der wichtig genug ist, hier Platz zu finden. Er bietet dazu eine sehr erwünschte Ergänzung und Bestätigung bereits an anderer Stelle gewonnener Erkenntnis:

„Cum ante biennium (1560) purioris religionis nomine, Coloniensi ditione, patria mea, cum uxore et liberis exulare cogerer .... libellum Thomae Imbrok, Coloniae decollati, fanaticam Anabaptistarum opinionem tenentem, omnium manibus passim teri, adeoque (contemtis piis aliorum scriptis) a plerisque legi et ad sydera tolli viderem, praesagivit mihi animus, multos (qui Spirituum discretione destituuntur) eo fascinandos esse. Sed longe mihi fuit acerbius, quod Idiotis turmatim Catabaptistarum teterrimos erroros amplectentibus obmutescere nolens, apte tamen loqui non potuerim. Non enim sum ignorans, quam mihi sit curta supellex. Quare cum malo huic latius longinsque indies (Gangranae modo) depascenti mederi non possem, maesto tandem animo Francofurtum me contuli, Ecclesiaeque ibidem in Germano Belgicae (in qua Petrus Dathenus Ministerio fungebatur) me adjunxi etc. Ecclesiae tandem Wolfshemianae praefecturae Alseanae in Palat. praefixi me passus, etc. Rebus tandem mediocriter in Ecclesia mea constitutis coepi rursus serio, qua ratione circumventae ab Anabaptistis rudi multitudini consuli posset, circumspicere: Sed Dei O. M. singulari Providentia, nactus sum Bernardi cuiusdam Orientalis Ministri Frisine libellum, quo solide, breviter ac (ni mea me fallat opinio) perspicue Catabaptistarum Strophae dissolvunter, quem germanice reddere pro mea tenuitate conatus sum . . . . . Si porro libellum hunc luce indignum judicaveris, vel alium conscribas quaeso vel addita appendice, quod huic deest, pro insignibus Spiritus S. donis in te effusis, suppleas. Hoc enim Colon. ditionis, Juliac. et viciuarum regionum extrema flagitat necessitas, in quibus veris Pastoribus in exilium ire jussis sectarii omnia vastant et depascunt etc."[1])

Solche Fortschritte hatte also das Täufertum, durch die Wirren der Zeit der Gegenreformation pp. begünstigt, unterdessen

---

[1]) Ottius, Ann. anabapt. (1677) zum Jahre 1558 p. 128.

gemacht.[1] Durch Person und Schrift (Sendbriefe, gedruckte Bücher
und Traktate) hat man gewirkt. An die Stelle des gewaltsam ge-
lösten Zusammenhanges der Täufergemeinden traten zur Ausfüllung
der Lücken für stille Stunden der Erbauung jene kleinen Büchlein
und Lieder,[2] welche durch ihren meist einfachen, kindlich-naiven,
herzinnigen Ton jedes Alter und Gemüt ansprechen mussten.

Bevor wir uns dem Inhalte der Bekenntnisse und Briefe des
Thomas zuwenden, dürfte es nicht unangebracht sein, zum Vergleiche hier eine Stelle aus Melchior Hofmans „Ordinantie Gottes"
einzureihen, die Thomas so genau gekannt zu haben scheint, dass
er ihr fast wörtlich einzelne Stellen nach dem Gedächtnis im
Kerker entlehnen konnte. Dass auch Thomas von Imbroich auf
den Schultern seiner Vorläufer steht, ist selbstverständlich. Wir
finden in diesen Bekenntnissen nicht allein Anklänge an Ausführungen in den Schriften des Campanus, Karlstadt und Erasmus,
sondern der ihm ohne Zweifel bekannten „Mystiker". Die meisten
Ideen des genannten Werkchens von Melch. Hofman, welches absichtlich in niederdeutscher Sprache verfasst war, da es zunächst
zur Verbreitung des „Evangeliums" unter den Brüdern des nordwestlichen Deutschlands dienen sollte,[3] kehren in den schriftstellerischen Erzeugnissen und den Aussagen niederdeutscher Täufer

[1] Alb. Hardenberg schrieb am 23. Mai 1545 aus Bonn an Bullinger:
„Interim, o Deus, quantus monstrosissimorum sectariorum proventus inter
has angustias (persecutiones Belgicas). Et quidem Sathan etiam ex suis
martyribus aliquot dat in medium, ut cum illis pereant fideles. Ita Christus
in medio latronum cernitur crucifixus". Ottius. Annal. anabapt. p. 108.

[2] Interessant ist eine Verfügung der protestantischen Obrigkeit in Bern,
die als Haupt ihrer Kirche kein Mittel unversucht liess, die Herzen und
Geister ihrer Unterthanen zu lenken. Als Mittel zu diesem Zweck verwandte
sie ausgiebig die Censur. Es heisst in einer solchen Verfügung vom
30. Sept. 1692: „In unsern Landen werden widertäufferische Bücher aus-
gestreuet, Eines genannt der ausshund, ein anderes confessio Thomas
von Imbroich und ein drittes der Täufferen in Holland Glaubensbekannt-
niss, wodurch der gemeine Mann beschwört und verführt werden kann. —
So werden auch von hin- und herstreichenden Bücher- und Liedertragern
Lieder auf den Märkten gesungen und verkauft . . . derowegen verordnet,
dass wo dergleichen widertäufferische Bücher und Lieder angetroffen würden,
dieselben denen trägern und händlern abgenommen und abgeschaffet, auch das
Liedersingen auf den Märkten hinderhalten werden solle." cf. E. Müller,
Gesch. der Bernischen Taufgesinnten p. 104.

[3] cf. Auszüge bei Cornelius M. A. II, 219 ff.

in merkwürdiger Genauigkeit wieder, wie in den Traktaten der Wassenberger, eines Campanus, so auch bei Thomas von Imbroich. Melchior Hofman nennt die Taufe das Zeichen des Bundes, das wahrhaftige Zeichen des Bundes mit Christo. Sie ist das Merkmal, dass die Getauften fortan ihrem eigenen Willen gänzlich abgestorben sind und dem Heiland gehorchen, wie die Braut dem Bräutigam gehorsam ist. „Und so werden auch in diesen letzten Zeiten die wahrhaften apostolischen Sendboten die auserkorene Schar versammeln und durch das Evangelium rufen und durch die Taufe dem Herrn antrauen und verbinden." „Christus als Vorbild für seine Schar liess von Johannes sich taufen und wurde dann durch den Geist Gottes in die Wüste geführt, um 40 Tage zu fasten, und litt alle Versuchungen Satans, aber getreu seinem Vater bis ans Ende durchstreitend, überwand er Satan. Also sollen alle Kinder Gottes mit Christo sich verbinden und durch die Knechte des Herrn sich einführen lassen in die geistliche Wüste, standhaft in dem Willen Christi bleiben, bis ans Ende kämpfen und überwinden. Solchen Überwindern gelten dann alle Verheissungen." . . . „Das Zeichen des Bundes ist aber allein für die alten Verständigen und Mündigen eingesetzt, und nicht ein Buchstabe im alten und neuen Testament bezieht sich auf die Kinder. Wehe über die, welche mutwillig die Lüge an die Stelle der Wahrheit setzen und Gott beilegen, was er in der Ewigkeit nicht gewollt und befohlen hat." . . . „Wenn die Braut nun in der Taufe sich ihrem Bräutigam übergeben hat, so nimmt der Bräutigam ein Brot und giebt sich selbst der Braut mit dem Brot, wie sich der irdische Bräutigam seiner Braut mit dem Ringe giebt; ebenso mit dem Kelch. Und indem die Braut Wein und Brot nimmt, empfängt sie durch den Glauben in das Wort Jesum Christum leiblich, so dass sie beide ein Leib, ein Fleisch, ein Geist und Gemüt sind, wie Bräutigam und Braut. So haben es die Apostel verstanden, als der Herr ihnen Brot und Wein gab. Die plumpen Fischer konnten es verstehen, aber die weisen und hohen Schriftgelehrten sind darin zu Narren geworden." . . . „War dann die Braut ihrem Bräutigam nicht getreu und erfolgte nach der Ermahnung keine Besserung, so liess der Bräutigam durch seine Sendboten sie aus der Gemeinde weisen und nahm ihr das Brot und den Wein, wie ein irdischer Bräutigam seiner Braut den Ring abnimmt. So wurde der Bann gehalten zu der Zeit der Apostel." . . .

30

Die Hauptgedanken nun des „Bekenntnisses" des
Thomas von Imbroich sind folgende:[1])

In der Vorrede wendet sich der Herausgeber gegen
die Verfolger, dass sie „so unvernünftig die verurteilen, die sy
doch nit kennen, und ihren Glauben, Leben und Wandel nit wissen,
und auch nit einmal darnach fragen, dann ohn Erfahrung sprechen
sie, es ist ein widertcuffer und Ketzer. Gedenkt doch einmal,
meine lieben Freunde, ob nit Christus, der Sohn Gottes, selber
und alle seine Aposteln für Aufrührer und Ketzer sind umgebracht.
Darum lest die Schriften mit Fleiss und Ernst und setzt das nachfolgende Glaubensbekenntnis dagegen, bitte Gott um Verstand,
siehe nicht auf Concilien und lange Gewohnheiten, sondern fürchte Gott und urteile unparteiisch, so wirst du sehen und
bald erfahren, dass der unschuldige Thomas anders kein Glauben,
Leer und Wandel glaubt, bekannt und gewandelt hat, denn die
Leer, die vor 1500 Jahren von Christo selbst an seine
Apostel gelehrt und befohlen ist."

Dieser Vorrede des Herausgebers folgt das Vorwort des
Thomas an die Herrn der Stadt Köln. „Obwohl ein grosses
Geschrei sich erhoben hat über unsern Glauben, so dass wir vom
gemeinen Volk als Aufrührer und Ketzer gescholten werden, so
sollen sich doch die Ehrsamen Herrn nicht darüber wundern, denn
solches Geschrei ist auch von Paulus und seinen Aposteln ausgegangen. Wie sollte nicht ein gleiches auch von uns geschehen,
obwohl wir nach der Frömmigkeit nicht wert sind, dass wir Paulo
die Schuhe tragen. Wie soll einer, der sich des Namens
Christi rühmt, aufrührerisch und unfriedsam sein? Wir suchen
kein Reich auf Erden, dass mit Eisen und Geschütz zu überwinden
ist. Unser Schwert ist Gottes Wort." „Dieses schreibe ich nicht,
meine ehrsamen Herrn, um meinen Leib zu schonen, sondern euch
zur Warnung: dieweil es schwerlich ist, vor Gott zu verantworten,
das unschuldige Blut zu vergiessen. Aber Gott, der da reich ist
an Barmherzigkeit, gebe euch zu thun seinen Willen. Amen."

In seinem eigentlichen Bekenntnis von der Taufe führt
Thomas aus: „Ich kenne eine doppelte Taufe: eine innerliche mit dem
hl. Geist, eine äussere mit Wasser. Die äusserliche Taufe des Wassers,

[1]) Ich citiere im folgenden nach dem mir freundlichst zur Verfügung
gestellten Exemplare des Herrn Dr. Keller.

die da ist ein Zeuge der geistlichen Taufe und eine Anzeigung
rechtschaffener Busse und ein Zeichen des Glaubens an Jesum
Christum, wird auf Befehl des allmächtigen Vaters und seines
Sohnes und des hl. Geistes und in dem Namen desselben einigen
Gottes von einem wahren Diener des Herrn zugedienet denen, die
Busse gewirkt und sich gebessert haben, dem Evangelio glauben,
ihren Glauben bekennen und die Taufe begehren, sich willig Gott
opfern und ergeben zum Dienste der Gerechtigkeit, ja zu einer
Knechtschaft Gottes und Gemeinschaft Jesu Christi und aller
Heiligen. Lehre und Glauben müssen der Taufe vorhergehen nach
dem Befehle Christi und seiner Apostel.[1]

So bezeugen nun die Worte Christi, dass man die Lehre vor
und nach der Taufe treiben soll, auf dass er das Evangelium nach
angenommener Taufe sich befleissige zu halten, alles, was ihm
befohlen ist; dann ist er nicht mehr seiner selbst mächtig, sondern
wie eine Braut sich ihrem Bräutigam übergiebt, also ist auch einer
nach empfangener Taufe, er ergiebt sich Christo und verliert seinen
Willen, steht aller Ding gelassen, namenlos und willenlos,
lässt den Namen Christi über und in sich herrschen (Matth. 28).
Denn das ist die Bedeutung der Taufe, dass der Christen Leben
nichts dann eitel Sterben und Leiden sei, weil wir dem Bilde
Christi ähnlich und, mit ihm getauft, sterben und leiden müssen,
wollen wir anders mit ihm auferstehen und leben .... Es ist
offenbar, dass die Apostel erst gelehrt haben; aus der Lehre aber
folgt die Busse und der Glaube.

Ein äusserlich Zeichen allein gilt nichts vor Gott, sondern
Glaube, Neugeburt, ein recht christlich Wesen, wodurch der Mensch
mit Gott vereinigt wird. Darum fördert auch die äusserliche Taufe
nicht zur Seeligkeit, wo die innerliche Taufe nicht da ist, nämlich
die Veränderung und Erneuerung des Gemüts.

Paulus nennt die Taufe (Tit. 3) ein Bad der Wiedergeburt,
darum dass die Taufe die Wiedergeburt abbildet, gleichwie die
Beschneidung der Bund gennennet wird, darum dass sie den Bund
abbildete; also auch das Osterlamm wird genannt Pascha, das
ist Übergang, wiewohl es doch nur ein Gedächtnis ist des Über-
ganges. Also wird die Taufe ein Bad der Wiedergeburt genannt,
darum dass sie den wiedergeborenen Kindern Gottes zukommt,

---

[1] s. u. Cervaes p. 475 ff.

30*

die da geboren sind aus dem unvergänglichen Samen, nämlich dem lebendigen Worte Gottes. (Noah ist ein Gegenbild auf Christus, sein Hausgesinde auf die Gläubigen, die Arche auf die Gemeinde und die Sündflut auf die Taufe.)

Dass aber etliche ohne Sorge leben, ist die Ursache, dass sie kein Fürgang sehen und sind also drauf getröstet, nämlich, sie seien Christen-Menschen; denn ich bin getauft, (sagen sie) und meinen, es sei alles gut, wenn man nur getauft ist, aber sie wissen wenig, was die Taufe bedeutet. —

Dieweil aber viele sind, die da meinen, dass die Kinder verdammt seien, als auch die Pfaffen sagen, so wollen wir durch Gottes Gnade eine kurze Antwort geben unsern Widersachern, auf dass auch meine Herren des Kummers ledig werden."

Es folgt hier ein Dialog über die Kindertaufe (defensiones oppositionum oder Ablehnung der Gegenwürfe, in dialogischer Form: „die Kinder sind selig um der Verheissung willen; Christus hat sie ja auch nicht getauft").

Hier zeigt sich Thomas in den Schriften der Kirchenväter und der neueren Schriftsteller wohl bewandert. So führt er gegen seinen „Widersacher" (einen der sich nennt Petrus) auch Sebastian Franck und Erasmus von Rotterdam ins Feuer: „Lies, wie Erasmus in seiner Paraphrasis über das 28. Cap. Matthaei von der Taufe sagt, da er also spricht: „So ihr das Wort Gottes gelehrt habt, glauben sie dann auch und nehmens an, haben sie am vorigen Leben ein Reuen, seind sie bereit die evangelische Lehre anzunehmen, so taufet sie mit Wasser in dem Namen des Vaters, des Sohnes und des hl. Geistes, dass sie mit diesen bedeutlichen Zeichen eingezeichnet und eingeschrieben werden in die Zahl derer, die vertrauen, dass sie von ihren Sünden durch die Gutthat des Todes Christi erlöst und gewaschen seien und zu Kindern Gottes angenommen." — „Der apostolische Grund ist verändert und verkehrt, wie wir aus allen angeführten Historien sehen. Nicht auf das Ungewisse, sondern auf das Wort Gottes wollen wir daher sehen, auf die Lehre und den Befehl Jesu Christi und auf den Brauch der Apostel, denn (der Hauptgrundsatz Menno Simons) in Ewigkeit kein anderer Grund mag gelegt werden ausser dem, der gelegt ist, Jesus Christus."

Eine dem Thomas nicht unbekannte Schrift, die er selbst nennt und der er manches entlehnt hat, ist die folgende:

„Vom warhafftigen Tauff Joannis, Christi und der Aposteln.
Wann und wie der kindertauff angefangen und eingerissen hat.
Item. Wie alle widderreden des Widerchristen wider den Tauff
sollen verantwort werden. Durch Stoffel Eleutherobion geschrieben. Anno Domini
M. D. XXVIII."

Über den Verfasser dieser Schrift, 15 Bl. in 4°, welche sich
in der Utrechter Universitäts-Bibliothek (Miscell. theol. Quarto
No. 288) findet, ist mir Genaueres nicht bekannt.

Für die dogmatische Frage der Täufer, spez. über ihre Lehre
von der Taufe, bringt die Schrift Grundlegendes:

Zunächst findet sich eine „Anzeygung etlicher missbreuch,
so die Päbst bald nach der Apostel zeyt erdacht und aufgesetzt
haben"; der historische Sinn ist dem Verfasser nicht abzusprechen;
er hat sich in der Kirchengeschichte nicht ohne Erfolg umgesehen.
Mit einem gewissen Scharfsinn weiss er allen Einwürfen zu begegnen. Das Evangelium gilt ihm allein als Richtschnur; jede
Tradition wird verworfen.

Der Verfasser anerkennt nur die Taufe der Erwachsenen.
S. A²: Vom eusserlichen Tauff: „Der erst Tauff ist allein deren, so
wol erwachsen warend, sich von stund an bessern wollten, glaubten,
den heiligen geist vor oder nach dem wasser empfiengent und
widergeboren wurdent." Für ihn existiert nur die eine Folge:
lehren und predigen, glauben und taufen. —

p. B⁴: „Dieser warhaftig Tauf bringt verfolgung; dissen
fürchten die Evangelischen / dan sie den kindertauff, alleyn das
sie nicht mit dem creutz Christi verfolgt werden, predigen.[1]) Derhalben sie die gantz welt wider Christum und Apostel, auff das
sie zu frid bleyben, taufen wellen."

„Allerdings giebt es unter den Getauften, fährt Thomas fort,
viel übel Geratene, wie auch Christus einen Dieb und Verräter
unter seiner Gemeinde hatte. Sobald wir sie aber erkennen, die
solche Laster begehen in unserer Gemeinde, werden sie keineswegs
geduldet, sondern nach den Befehlen Christi und seiner Apostel
ausgethan und abgeschnitten, und solang sie sich nicht darin erkennen und von Herzen bekehren und öffentliche Busse wirken,

---

[1]) vergl. dazu oben p. 300, den Trostbrief p. 361; Str. 1 des Täufer-
liedes (Beilage 8).

‑ 470 ‑

wollen wir mit solchen keine Brüderschaft oder Gemeinschaft haben, sondern als ein untüchtig Glied vom Leibe Christi abschneiden.

Auch weiss ich wohl, dass wir hier beschuldigt werden mit Aufruhr und Münsterischen Greueln, als Reich, König, Schwert und Vielheit der Weiber u. s. w.; dagegen bekennen wir aber, dass solches Leben und Greuel nicht aus Gott, sondern teuflisch und viehisch ist, derhalben auch unter den wahren Christen nicht geduldet wird und endlich vor Gott nicht bestehen möge, denn das Reich Christi ist nicht fleischlich, sondern geistlich. Joh. 18. Unsere seint nicht, damit man fleischliche Gewalt übet, sondern mächtig vor Gott, zu verstören die Bevestungen, damit wir verstören die Anschläge und alle Höhe, die sich erhebt wider die Erkentnus Gottes und nehmen gefangen alle Vernunft wider den Gehorsam Christi. 2. Cor. 10. Die Waffen der Christen sind nicht, damit man Städte, Leute und Länder beherrsche und bezwinge, sondern es sind Waffen, damit man das Reich des Teufels zerstöret, nämlich das gottlose Wesen in dem Gewissen der Menschen vernichte und das harte steinerne Herz zerknirsche . . . . . —

So wir dennoch solche Menschen erfunden würden, wie man uns beschuldigt, so sage ich, dass kein elender und verachter Volk von Anfang bis jetzt gewesen ist als wir, nachdem uns das Reich Gottes soll gantz abgesagt und darbey aller Menschen Gunst, Lieb, Fried und Freundschaft beraubt sein. Darin wir aber mit Unrecht beschuldigt werden, verhoffen wir durch Gottes Hülfe mit Geduld zu tragen und dem heimzustellen, welchen Gott richten wird . . . . dass etliche fürgeben, der erschreckliche Tag des Herrn wäre schon vorhanden, item dass die Lehre der Nicolaiten (welche ihre Weiber gemein brauchten) eingeführt werd, dies alles kann den frommen nicht zugerechnet werden, denn obschon Irrthümer sind eingekommen, das Evangelium ist gleichwohl geblieben, darum sei ein jeder sorgfältig in seinem Urteil, damit niemand dem Herrn in sein Gericht greife und gestraft werde. —

Man soll die Kinder lassen aufwachsen und ihnen Gottes Wort lehren und sie ermahnen, bis sie ihren Glauben bekennen und mit den Früchten beweisen. Betreffs der Kindertaufe ist der Rat Gottes, der Befehl Christi und der Brauch der Apostel verlassen. Daher ist die Zeit des Abfalls gekommen, und der Menschen Satzungen sind herfürgebrochen . . . . p. 114: alle die, so nun diesem Evangelio, d. i. der fröhlichen und freudenreichen Botschaft von

Herzen glauben, von ihren bösen Wegen und ihrem Vornehmen sich
bekehren, Gott über alle Dinge fürchten und lieben und ihren
Nächsten gleich sich selbst, Christo, ihrem Vorläufer, mit Geduld
in aller Trübsal nachlaufen und in Gerechtigkeit, Heiligkeit und
Wahrheit mit gutem Gewissen ihm begehren zu dienen, die also
(sage ich) vom Geiste Gottes getrieben werden, die sind Gottes
Kinder und haben nicht einen knechtlichen Geist empfangen, dass
sie sich abermals fürchten müssen, sondern sie haben einen kind-
lichen Geist empfangen, durch welchen wir schreien, Abba, Vater. —
Ja, sie seynd komen zu dem Berge Sion und der Stadt des lebendigen Gottes, zu dem himmlischen Jerusalem, und zu der Menge
vieler Tausend Engel und zu der Gemeinde der Erstgeborenen,
die in dem Himmel angeschrieben sind."[1]

Seine Stellungnahme zur Lutherischen Rechtfertigungs-
lehre lässt nichts an Deutlichkeit zu wünschen übrig: „Ich glaube
auch nicht, dass Du eines andern Glaubens dich rühmst, wie man
jetzt an vielen Orten hört, ja die ihren Glauben also hoch aufheben und schmücken, dass sie aller guter Werke (zu thun) unnöthig
achten, ja der Glaube sei solcher Art, dass er beneben ihm kein
Werk nicht leidet, damit sie die ernstliche Epistel Jacobi als eine
stroherne Epistel verwerffen. — Damit haben sie dem gemeinen
Volke eine Thür geöffnet und dem Fleische in allen Greueln eine
weite Strasse gemacht mit Fressen, Saufen, Hurerei, Lügen, Trügen,
Fluchen, Schwören bei des Herrn Wunden, Leiden und Sacramenten, wie augenscheinlich (Gott erbarm's) gehöret und gesehen
wird, es sei Lehrer oder Jünger, sie führen alle ein ungottsfürchtig
Leben. Rühmen sich also der Gutthat Christi in ihrem vollen
Zechen und haben nicht Acht auf das Werk des Herrn, sondern
der diesen Glauben nur auf den Fingern zählen kann, der ist ein
geschickter Bruder, er lebe auch so fleischlich, wie er wolle, so
ist er doch ein guter evangelischer Mann. Und so dann ungefähr
(aus guter Meinung) einer aus rechter Liebe sie ermahnt und ihnen
Christum Jesum mit seiner Lehre, Sacramenten und unsträflichem
Vorbild recht anzeigt, und dass keinem Christen gehöre, also zu
wandeln mit fressen, Saufen, Pracht, fluchen . . ., der muss gleich
ein Werkheiliger, ein Himmelstürmer oder ein Schwärmer, Gleissner
oder ein Sacramentschänder oder ein Wiedertäufer sein . . . ."[2]

[1] s. o. p. 360 f.
[2] vergl. auch Loserth, der Communismus . . . p. 170.

Seine „Sendbriefe" an seine Hausfrau und seine Brüder sind
voll Zuversicht auf die Gnade des Herrn, die ihn kräftigen werde
in der Stunde des Todes und den Qualen der Folter. „Ich weiss
aber noch von keiner Trübsal zu sagen, mir ist auch noch keine
Traurigkeit in einigerlei Sachen zu Handen kommen, sondern ich
stehe los und frei mit gutem Gewissen für dem Herrn und bin
auch (durch die Hülfe des Herrn) noch willig, alles was mir von
dem Herrn aufgelegt wird, mit Geduld zu tragen, und bin auch
guter Hoffnung, der Herr (durch seine grosse Barmherzigkeit) werde
mich auch bis an das Ende also bewahren, denn ich erkenne, dass
er aus Überfluss über das, was wir bitten, giebt ... Ich begehre
Widerstand zu thun, bis aufs Blut ... Ja, wenn mich der Herr
würdig schätzte, seinen Namen mit meinem Blute zu bezeugen, wie
höchlich wollt ich ihm danken, denn ich hoffe, nicht allein diese
Bande mit Geduld zu tragen, sondern auch zu sterben um Christi
willen, auf dass ich meinen Lauf mit Freuden vollenden möge."
    Dazwischen fliessen reichlich Ermahnungen an die Brüder
ein. „Dass ich soviel von der Kraft des Glaubens schreibe, mein
Bruder, das ist die Ursach: dieweil wir viel Trübsal haben und
leiden müssen um der Taufe willen, die wir allein bekennen, zu
geben auf den Glauben, so ist nötig, dass auch solcher Glaube
bei uns erfunden werde. — Denn die Taufe ist ein Bildnuss des
abgestorbenen Menschen und eine Begrabung der Sünden, so wissen
wir, dass es nicht genug ist, dass Christus gestorben ist, sondern
er musste auferstehen und gen Himmel fahren.[1] — Habt euch
lieb unter einander, denn das ist das Wahrzeichen, daran man euch
erkennen soll. Darum werdet nicht verdrossen, wohl zu thun, und
eins begehre ich von Euch, m. Br., dass ihr fleissig wollt Sorge
tragen für die, die am Evangelio arbeiten, und dass nicht
durch zeitliche Sorge das Werk des Herrn verhindert
werde, wie es wohl geschehen ist."
    Sodann folgt ein Passus, der uns häufig in solchen und ähn-
lichen Schriften begegnet, die als Testamente[2] und letzte Ver-
mächtnisse an die Brüder betrachtet werden sollen: „Dieweil die

[1] Thomas blieb in seinen Verhören standhaft. „Er wisse nichts; der
Wille des Herrn geschehe". Darauf will er leben und sterben. Seine Wiedertaufe sei kein Irrtum. Das Kaiserliche Mandat gehe ihn nichts an, da er
kein Aufrührer sei. (Protokolle im C. St.-A.)

[2] s. ein ähnliches „Testament": Beilage 6.

Zeit meiner Aufopferung vorhanden ist und ich meine Hütte bald werde ablegen, so habe ich aus brüderlicher Liebe nicht können unterlassen, auch ein Gedächtnis nachzulassen, dieweil die Welt ein Brauch hat, dass sie in ein Abschied das letzte giebt ihren Verwandten. Seid männlich im Glauben und lasset euer Zunehmen kund werden vor allen Menschen etc." —

Mit gleicher Gewalt, wie die sittliche Einfachheit und prunklose Grösse des verkündeten Evangeliums, haben die Persönlichkeiten seiner Verkünder, Männer, denen selbst die Feinde sittsames Betragen, Bedürfnisslosigkeit und Ergebung, endlich aber Überzeugungstreue, Begeisterung und seltenen Opfermut zugestehen mussten, auf die Gemüter gewirkt.[1]

In den Märtyrerchroniken und Liederbüchern der Täufer spielt Thomas natürlich keine untergeordnete Rolle. Ein Lied ist erhalten: „Ein ander Marterlied von einem Thomas Drucker genandt, zu Cöllen am Rhein bezengt, Anno 1557. (Und geht im Thon, Durch Adams Fall ist gantz verderbt.)"[2]

Seine Gattin ermahnt ihn schriftlich zu christlicher Standhaftigkeit:

4. „Sein weib schrieb jm ein Brieflein klein,
that jm jr hertz entdecken:
Lieb freundt, bleibt by der warheit rein,
lasst Euch davon nicht schrecken.
Ihr wisst, was Ihr gelobet han,
das creutz lasst euch gefallen:
Christus ging selber diese bahn
und die Apostel alle."

Er antwortete ihr getrost und freudig. Gegen die Inquisitoren sprach er klar und entschieden seinen Glauben aus:

5. „Gelobt sy Gott, liebe Haussfraw
Und Schwester in dem Herren,
des Herren werk und wunderschaw
erfrewt mein Hertz so seere.

[1] Nicoladoni, Bünderlin p. 32 33.

[2] s. Ph. Wackernagel, das deutsche Kirchenlied V. 809; (das Lied ist hier dem „Ausbund" entnommen.) Amsterd. Exempl. des „Ausbundt" p. 139 ff.; vergl. s. Lilieneron p. 18. Zum Jahre 1557 statt 1558 vergl. oben u. Ottius, Annal. anabapt. p. 128.

Ih hör auss eurem schreiben klar,
Dass ihr seid wol zu friden,
Und tröst mich mit der Heilgen schar,
Die vor uns hand gestritten."

15. „Dass ich ewr kirch solt han veracht,
nit kommen in ewr gemeyn,
das ist die ursach, seid bedacht,
ihr halt ewr kirch nicht reyn:
　　Ehbrecher, Wuchrer, Füller vil
halt jr by euch für frommen,
jr seid die grossen in dem spil,
wer wollt dann zu euch kommen?

16. Ih achts für kein jrthumb nicht,
wie wir leben und lehren:
Ih werd dann mit der Schrifft bericht,
Den wil ich mich bekehren.
　　Die Schrifft sagt nichts von Kindertauff,
habt nichts davon gelesen:
die im tauff werden genommen auf,
die sind gläubig gewesen.

17. Es ist ein bad der wiedergeburt,
ein Bund eines guten Gewissens,
Der alt mensch ganz ernewert wurd,
davon die Kindt nichts wissen.
　　Er wascht die sund nit ab vom fleisch,
die wir von Adam erben;
Wer getauft wird, wie's die schrifft erheyscht,
der muss der Sünd absterben." —[1]

13. „Zween Glerten habens zu mir bracht,
Dass sie mich underwiesen:
Die waren uneins jhrer sach,
sie fingen an zu kisen:
　　Es traff die ungetauffte Kinder an,
Ob sie sellig werden zu nennen:
Der ein wolt sie in Himmel han,
Der ander wolts nit kennen."

[1] s. o. p. 468.

Zu den verschiedenen Brüdern, die der oben erwähnte Bischof
Zelis aus der Eifel zu Täufern und Lehrern aufgenommen und
vorgesetzt hat, gehört vor allem der Leineweber Matthias Cervaes
von Ottenheim. Er hat in Gemeinschaft mit Heinrich Krufft,[1]
einem Jülicher, predigend und taufend, die niederrheinischen Gebiete durchzogen, nachdem der Täufer Lembgen[2] seines Amtes

------

[1] Von ihm war schon früher die Rede. Wie er geendet hat, ist mir
nicht bekannt geworden. Er wirkte besonders in Köln, wo 1582 die täuferische
Gemeinde mehr als 100 Seelen zählte. (Ennen, a. a. O. p. 810 ff.)
Neben ihm begegnet uns ein Prediger Johann Krufft. Fast möchte
ich vermuten, dass er mit Heinrich Krufft identisch oder wenigstens ver-
wandt ist. Keller, W.-T. p. 161 vermutet, er sei der „Herr Johan Pastor
zu Rodenkirchen", welcher bei Habets p. 171 in einem Bekenntnis genannt
wird. Letzterer war ein Genosse Westerburgs; von Arnold (dem Bruder
Gerhard Westerburgs, p. 381) getauft, wirkte er zwischen Königswinter und
Beuel, als Prediger umherreisend. Um dieselbe Zeit wirkt dort überall auch
G. Westerburg selbst. Nachdem Westerburg auf die ersten Nachrichten aus
Münster hin aufs Neue als Vorkämpfer der Ideen aufgetreten war und in
Münster die Taufe erhalten hatte, war er Frühjahr 1534 wieder in Köln
und begann hier und in der Umgegend seine Missionsthätigkeit, deren Erfolge trotz aller Heimlichkeit uns später gerade während der Wirksamkeit
Heinrich Kruffts in Köln entgegentreten. Auf Westerburgs wohl beackertem
Felde konnte jedenfalls Krufft leicht weiterbauen. Den Bemühungen Westerburgs unter Verwandten und Bekannten (ein reicher Kölner Patrizier, hatte
er sein eigenes Haus in Köln zum Asyl der Genossen hergegeben) ist es auch
wohl zu verdanken, dass den Täufern die Häuser anderer vornehmer ein-
gesessener Familien für Zusammenkünfte eingeräumt wurden.
1560 wurde in Köln vom Rat in Erfahrung gebracht, dass die Gemeinde der Wiedertäufer 40 Mann stark sei, und dass an der Spitze stehe
als Prediger und Täufer der Mützenmacher Heinrich Krufft, „ein kleiner
vierschössiger Mann", der auch ausserhalb der Stadt vielfach die Wiedertaufe spende. Die Gemeinde komme öfters zusammen im Neuenahrer
oder Moersischen Hofe.
An Krufft ist ein Sendbrief des Cervaes erhalten.
Auch als Liederdichter ist Krufft bekannt geworden; vergl.
Wackernagel, d. d. Kirchenlied V, 832 ff. (Nr. 1095—97.) Nr. 1096: „Ein
ander Marterlied von einem Mattheis Zerfass" hat als Akrostichon (22
Strophen): Henrich von Krufft leerer. Wackernagel teilt das Lied
in 2 Fassungen mit. vergl. von Liliencron p. 19; ein „Schön Gesangbüchl.
Bl 201b; Aus Bundt p. 146; Martelaerspiegel p. 404. Ein anderes Lied
führt das Akrostichon: Henrich von Kruft (15 Strophen); Wackernagel a. a. O.
p. 836.
[2] Lembchen oder Lembgen (s. o. p. 431) ist wohl identisch mit
Lemmen Cremers, „buydelmeker zu Towenbergen", der bereits am 10. März 1533

entsetzt war.[1]) Cervaes erklärte selbst, dass er auf seinen bekannten Glauben nach der Lehre Christi getauft sei. Er habe gar
viele an verschiedenen Orten getauft. Der verstorbene Zelis habe
ihn zum Täufer vorgesetzt, obwohl er sich dagegen gesträubt und
sich unwürdig und untauglich für ein solches Amt gehalten habe.[2])
Wegen seines edlen Charakters gab man sich Mühe, ihn zu
„retten". Seinetwegen wurde sogar der hochgelehrte und als theol.-
wissenschaftliche Grösse geschützte Georg Cassander zu ihm ins
Gefängnis bestellt, um ihn durch Milde und Belehrung zur Kon-
version zu bewegen. Aber vergebens! Cervaes sprach sich mit
entschlossener Offenheit, gerade und scharf für seine Ansichten
aus; die von Menno Simons vertretenen Grundsätze wollte er um
keinen Preis verleugnen.[3]) Offen erklärte er sich in seines Lehrers
Sinn gegen die in Münster verübten Greuel.[4]) Als sich Cassander

vom Rat in Maastricht „wegen Lutherye" angeklagt und festgenommen war.
(Habets a. a O. p. 57.) Vielleicht ist er deswegen seines „Amtes entsetzt",
weil er auch später noch die extreme Richtung zu vertreten suchte aus jener
Zeit, als die Münsterschen Emissäre wühlten.

[1]) Cölner Copiebücher Nr. 80. Ennen IV, 816.

[2]) Ennen IV, 818 ff.

[3]) Opera Cassandri, Parisii p. 1234; van Bracht, Martelaers-Spiegel
(Amsterd. 1685) II, 335; de Hoop-Scheffer, Doopsgez. Bijdragen 1868 p. 45 f.;
Hoog, de Martelaren der Hervorming p. 168.

[4]) s. ob. p. 469 unter Thomas v. Imbroich. 2 mit Cassander geführte
höchst interessante Gespräche sind uns in den Opera Cassandri, Parisii, 1611
(Folio) am Schluss erhalten.

Die echten Anabaptisten schämten sich der Münsterschen Greuel und
stellten jede Beziehung und gar Verwandtschaft mit ihnen in Abrede. Wir
sahen, dass Roll nichts mit ihnen zu thun haben wollte und die Stadt Münster
verliess, als bedenkliche Auswüchse zu Tage traten. Menno Simons und seine
Freunde schrieben wiederholt gegen sie. Gerhard Westerburg wollte später
nichts mehr von seinem zeitweiligen Aufenthalte in Münster wissen. Steitz
a. a. O. p. 165 bemerkt mit Recht, dass Westerburg stets höchst ungern
auf diese Periode seines Lebens aufmerksam gemacht werden wollte. Er
schämte sich nicht etwa seiner Taufe auf den Glauben, sondern der
Münsterschen Greuel.

Dass das Wesen des Anabaptismus nicht durch Fanatismus u. dergl.
ausgemacht wird und seine Lebens- und Anziehungskraft sich nach ganz
anderen Seiten äusserte, erkennen wir z. B. daraus, dass auch dem Falle
Münsters der Anabaptismus zahlreiche Anhänger auch in den höheren Ständen
Westfalens und der Nachbarprovinz fand (Keller, Westd. Z. I, 429 f.)

Entschieden unrichtig daher und vielleicht aus absichtlicher Ver-
kennung der Thatsachen geflossen ist die Behauptung: „Die wiedertäuferische

endlich von der Erfolglosigkeit seiner Bemühungen überzeugt hatte, stand er ab.[1] —

Cervaes war geboren um 1536, war also etwa 3 Jahre jünger als Thomas von Imbroich. Seines Standes war er ein Leineweber. Durch sein einfaches Wesen und seine natürliche Beredsamkeit lenkte er früh die Aufmerksamkeit seiner „Brüder" auf sich, die ihm bald mit Freuden lauschten. Über seine und Heinrich Kruffts Wirksamkeit finden sich in dem Bekenntnis des Thies von Dülcken, dessentwegen sich der Herzog von Jülich an die Stadt Köln gewandt hatte, folgende Notiz: „Heinrich Krufft und Cervaes seien die Prinzipallehrer, die um Gladbach, Dülcken, Süchteln und darumher auf verschiedenen Orten ihr Volk zu lehren und zu taufen pflegen. Die Wohnung des Krufft könne er nicht angeben, da dieser nicht lange an einem Platze zu bleiben pflege. Die Versammlungen fänden zwischen Gladbach und Viersen in einem Steinbruch statt."[2]

Bewegung gipfelt in der blutigen Tragödie des Münsterschen Zion," wie zu lesen ist bei Uhlhorn, Urbanus Rhegius 1861 p. 106. Diese Tragödie ist nicht eine sichere Consequenz des Anabaptismus, sie ist der Auswuchs eines Fanatismus, der von aussen hinein geführt ist durch einen Jan Matthys und Jan von Leyden. -- vergl. dazu v. Beck, Geschichtsbücher der Wiedertäufer (Fontes rerum Austriacarum) 1883; Ph. Wackernagel, das deutsche Kirchenlied 1877 Bd. V, 677 ff.; von Liliencron, zur Liederdichtung der Wiedertäufer (Abh. der Kgl. Bayr. Akad. der Wiss. Class. III. XIII. 1. 1875.); Sepp, Kerkhist. Studien p. 78 f.

[1] cf. Teschenmacher, Annal. ecclesiastici. Mscr. fol. 226.

[2] Im Jülichschen waren die Behörden bereits darauf aufmerksam geworden; der Vogt zu Broich und der Amtmann zu Dülcken hatten alle Teilnehmer vorbeschieden und die Namen der Wiedertäufer in jener Gegend aufgeschrieben.

D. St.-A. Geistl. S. S. Nr 9 enthält das von Theis von Dülcken zu Köln abgelegte Bekenntnis. (Copie.) Der Herzog von Jülich hatte die Stadt besonders darum gebeten, und es wurde ihm übersandt. „Bei den Predigten in den „Peschen", in den Steinbrüchen bei Viersen seien viele zusammengewesen." „Wie gross die Anzahl des Christenvolks des Orts dermalen bei einander gewest, wisse er nicht zu sagen." Es werden einige aufgezählt, die bei jener Gelegenheit wiedergetauft seien. Aber diese seien, wie auch er, keine Lehrer und Täufer, dazu sei er nicht geschickt noch bequem. Bei ihren Zusammenkünften sei die Zahl sehr verschieden gewesen. Wie und wann ein Lehrer predige, das sage ein Bruder dem andern. „Bestimmte Leute oder sichere Anzeiger" seien nicht dazu angestellt (wie es aber z. B. in Köln der Fall war, wo die Gemeinde den ständigen „Berufer" Rompel hatte).

Die Fragen der Behörden nach Einrichtung des Amtes eines stehenden

Auf seinen Missionsfahrten kam Cervaes auch nach Köln. Hier war die Gemeinde nach dem Tode ihres herrlichsten Glaubenszeugen Thomas nicht entmutigt oder zerstreut. 1561 wurden in Köln schon wieder 3 Wiedertäufer ertränkt und 1562 zwei gefänglich eingezogen. Mitten unter beständigen Verfolgungen setzte die „christliche Schar", „das Häuflein Christi klein" die heimlichen Versammlungen fort, bis sie von einem der ihrigen 1565 verraten, vollständig eingeschlossen und sämtlich gefangen genommen wurden. Sie hielten in „Federhennens Weingarten bei St. Johann" nächtlicher Weile ihre Versammlung ab, wurden zu 56 Personen (33 Frauen und 23 Männer) gefasst, namentlich aufgeschrieben und in die verschiedenen Türme und Thorgefängnisse verteilt.[1] Meist waren es auswärtige Handwerker, Weingärtner, Wäscherinnen und Dienstmägde. Den besseren Ständen gehörte nur die Vogtin von Born (s. o. p. 458) und das Vilicher Stiftsfräulein Margaretha Werninckhofen an.

Unter dieser Schar befand sich auch Cervaes, der sich selbst als Lehrer zu erkennen gab und unter den härtesten Qualen der Folter freudig seinen Glauben bekannte. Noch in demselben Jahre wurde er hingerichtet. „Anno 1565 auf Samstag den 30. oder den letzten Tag Juni sind Matthias Servays von Cottenheim, Lehrer und Täufer, seines Amtes Leineweber, Hermann von

Berufers kehren regelmässig um diese Zeit wieder. Vielleicht war man über ähnliche Einrichtungen in Köln und Strassburg informiert, wo man schon 1534 einen besonderen Büttel oder Zusammenberufer zu den geheimen Versammlungen angestellt hatte. Ein Einladungsschreiben zu einer Wiedertäufer-Versammlung, wie sie der Büttel herumzutragen hatte, ist uns erhalten. (Z. f. histor. Theolog. 1860 p. 165.) Es lautet folgendermassen: „Gnad und Fried von Gott dem Vater durch Jesum Christum, unsern Herrn und Heiland. Amen. Geliebter Jacob und liebe Elsbeth, ich lass euch wissen, das uff den zinstag nächst künftig ein Gemein wird zu Schilken in dem Haus, da man zunächst ist gewesen, gehalten. Und kommt nit so spät als zum nächsten und lasset das den alten Mann in Westhofen auch wissen. Darmit seynd Gott befohlen, der Fried sei mit euch allen, die Gott von Herzen lieben. Amen."

[1] „A. 1565 den 23. jun. in einer nacht hat man bei Beien hinder Seien in einem weingart bei die 63 widderdeuffer gefangen, man, frauen, knecht, mede, kinder, meisteils uiswendig, und (man) hat sei die nacht uff Beientorn bracht, etliche sint untkomen, (man) hatte daselbst gepredigct und geleirt. Folgens hat man sei van einander gesetzt, die abfelen, laufen laissen, ein umb schreckens willen fillicht untheubt, die andern, als sei hart hilten, auch uis der stat geweist." cf. Höhlbaum, Buch Weinsberg II, 139.

Daverkhausen und Jost Buterkamp, Tapetenmacher von Brüssel,
alle drei Wiedertäufer, von wegen ihrer Halsstärrigkeit und auch,
weil sie bei Nacht heimliche Conventikel gegen das Gesetz und
den Verbundbrief gehalten, dann weil sie gegen die kaiserlichen
Konstitutionen wiederholt die Wiedertaufe erteilt haben, ferner weil
sie halsstärrig bei ihrem ketzerischen Glauben und der verdammten
Wiedertaufe verbleiben, nicht vom Irrthum haben abstehen, noch
pias admonitiones zulassen, vom Cunibertsthurm dem Grafen und
den Schöffen wie gebräuchlich geliefert worden.“[1] Wie einst Adolf
Clarenbach, so ward auch er in grossem Zuge zum Richtplatz
geführt und dort mit dem Schwerte hingerichtet. Auf seinem letzten
schweren Gange dichtete er ein längeres Gedicht in 23 neunzeiligen
Strophen, worin er Gott für die Gnade der Standhaftigkeit dankt
und seiner innigen Freude Ausdruck giebt, für seinen bekannten
Glauben den Tod erleiden zu können.[2] Vielseitige Teilnahme
ward ihm zu Teil, wie sein Märtyrerlied berichtet[3]:

Laufen daher zusammen
sah man der völker viel,
die solchs zu sehen kamen,
als wers ein wunderspil.

Etlich hatten mittleiden,
sprachen: Ey, das ist schad,
dass der fein man sol sterben,
o Herr, umb solche that.

18. „Ein Jungfraw kam gegangen
und wolt jn sprechen an;
Die thaten sie auch fangen
und stiessen sie davon.

---

[1] Kölner Thurmbücher Nr. 4 fol. 43; Ennen, Gesch. der Stadt Köln
IV, p. 819. In den „Thurmbüchern“ Nr. 6 fol. 27 u. 30 heisst es: „Auf
dienstag den 31. oder letzten Tag Juli ist Mattheis Servaes, Wiedertäufer
und Lehrer, in Kraft der kaiserlichen Constitutionen mit dem Schwert
gericht worden, welcher sich nicht hat wollen lassen berichten, sondern
halsstarrig in seinem Irrthum bis in seinen Tod verharret.“

[2] „Ein ander lied hat Mattheiss Cerfass im Gefängnis gemacht, welcher
zu Cöllen mit dem Schwert gericht anno 1555, und geht im Thon, „eine
feste Burg ist,“ Abgedruckt in Ph. Wackernagel, das deutsche Kirchenlied V, 154 ff. (1555 irrtümlich stat 1565.)

[3] Wackernagel a. a. O. V, Nr. 1096 Str. 17.

> Noh ein knecht wolt ihn grüssen,
> den griffen sie auch an,
> doch thett der Gräf bald rüffen,
> man solt jn lassen gahn."

Im Gefängnis verfasste er ein Marterlied voller Demut und Freudigkeit, voller Liebe und Sorge für eine Gemeinde und die Seinen, sein Weib, seine Kinder und Verwandten:[1]

> „Es will nun an ein scheiden gahn,
> ich befehl euch alle dem Herren.
> Ih beger nun aller znverlau,
> Zu meinem Gott ich keren.
>
>   Mein brueder, mutter, kind und weib
> sie seindt mir sehr lieb
> im hertzen mein,
> noch gib ich sie dir, Herr, willig hin,
> zuletzt mein eigen loben."

Mit Freude und Dank blickt er, wo er jetzt um des Herrn willen leiden und sterben soll, zurück auf die Zeit seiner ersten Begnadigung:

Nach der Einleitungsstrophe:

> „Mit angst in noth rüff ich dich ahn,
> O du mein Gott, mein wehre,
> Wollest doch nun fast bey mir stahn
> durch Christum unseren herren,
>
>   Weil ich werd in die Prob gestalt,
> Gots Reich leidt gewaldt,
> Wers einnemen sol,
> der weg, o Herr, ist schmal,
> der mag wol bitten und wachen",

fährt er fort:

> 4. Hast du mir nit dein handt gereicht
> und mir genadt bewiesen,
> Da ich noch was der sünden Knecht
> und lebte nach allem bösen?

---

[1] a. a. O. Nr. 1092 Str. 23.

Es was mir ein so schwere last,
ich hat keine rast,
tag und nacht,
hat mir lang Zeit vil trawrens bracht,
bis du mir, Herr, thatest helffen.

5. Eine grosse freud ich do empfieng,
Dafür ich dir noch dancken,
Und bitt dich nun, richt meine geng,
das ich von dir nicht wancken,
Das ich nun, Herr, ein schlachtschaff dein
mag wirdig sein
ein Opfer rein
ein zeug der leiden dein
und beharren also ans Ende;

und dazu die Schlussstrophe (24)

Muss es dan hie geschieden sein,
So wolt doch unser gedenken.
Wir drincken hie gar sawren wein,
thut unsern leib sehr krenken.
Aber der Herr macht es so leicht.
diss ist gedicht
im gefengnuss mein:
lobt Gott, der wird noch fein
unss helffen biss ans ende."

Kurz vor seinem Tode durch den Scharfrichter hob er die
Augen gen Himmel, legte die Hände zusammen und rief laut
aus: „O mein Vater, ich preise deinen Namen, dass ich dessen
würdig bin."[1]

Ausser 2 Liedern sind von Matthias Cervaes aus Ottenheim[2]
erhalten:

„Eilff auserlesene Send-Brieffe", welche er vor und in
seinem Gefängnis an seine Verwandten nach dem Geist und Fleisch

[1] s. van Braght II, 327.
[2] Der Name seines Geburtsortes lautet verschieden. Braght, Martelaersp. II, 327 ff.: Matthys Servaes von Kottenom. In einem Sammelbande von Traktaten (1702) heisst er: Cervas von Rottenem (oder
Rottenheim). Das Akrostichon eines Liedes von ihm ergiebt: Mathes Cervas
von Kottenem (so bei Wackernagel a. a. O. V, 824 f.). Eine, wie mir

31

geschrieben und die darin enthaltene Wahrheit endlich mit seinem Blut besiegelt hat. (Im Jahr Christi 1702.) [1]

Der erste dieser Briefe ist anno 1563 vor seiner Gefangenschaft an „einen, welcher zu Niedeck (Nideggen in Jülich) um der Wahrheit willen sehr hart gefangen gelegen", gerichtet. Dieser N. habe dort mit unerträglichen Banden gebunden und bei grosser Kälte im Gefängnis geschmachtet. Da er aus den Briefen desselben ersehen habe, dass er bald über die Lehre vom Abendmahl und von der Taufe examiniert werde, so schicke er ihm zur Unterstützung einige Ausführungen darüber.

Dieses Bekenntnis ist, wie das des Thomas, mit einer so naiven, siegreichen Glaubensüberzeugung geschrieben, mit einer solchen Begeisterung für das Gute und Edle, dass es uns fast nicht auffallen kann, dass nur sehr wenige seiner Anhänger und Leser selbst unter schlimmster Folterung in ihrem Glauben wankten. Welch ein Gegensatz zwischen dem Geist, der aus diesen Bekenntnissen spricht, und dem Genussleben und dem kirchlichen Ehrgeize anderer Parteien. [2] Mit Recht sagt Goebel (I, 217) von seinen im Gefängnis verfassten 10 Trost- und Ermahnungsschreiben: „sie sind

scheint, ältere Fassung des Liedes hat eine Strophe weniger, so dass sich ergiebt: Matthes Cervas von Ottenem (so im „Auss Bundt"). Wackernagel a. a. O. p. 828 meint: das Fehlen der Strophe mit dem Anfangsbuchstaben K beweise, dass der Bearbeiter im „Aus Bundt" die Bedeutung der Strophen nicht gekannt habe. — Richtiger ist aber wohl die Annahme, dass der Redaktor im „Ausbund", selbst wenn die Fassung hier jünger sein sollte, (viele Ausgaben des „Ausbund" sind undatiert) die richtigere Form des Namens (Ottenheim) wohl kannte und absichtlich die Strophe mit dem Anfangsbuchstaben K (ein Ort Kottenem oder Kottenheim ist mir nicht bekannt geworden) ausgelassen hat, zumal wir anderswo ebenfalls von Ottennem als Akrostichon eines Liedes von ihm finden. (s. von Liliencron p. 19: „Ein im Gefängnis von ihm gedichtetes Lied: „Mit angst in noth ruff ich dich an" findet sich im Ausbund I p. 226 mit dem Akrostichon: Mathes Cdro w w von Ottennem"; in der Mitte in Unordnung geraten.)

[1] Sammelband im Besitz des Herrn Archivrats Dr. Keller in Charlottenburg; den Briefen Bl. 37—131 geht eine Vorrede (Bl. 3—36) voran. (Abgedruckt auch bei van Braght, Martelaersp. II, 328—44.)

[2] „Die Akten und Briefe, welche über die Täuferbewegung der Rheinprovinz bekannt geworden sind, haben ihr grosse Achtung verschafft für die Männer, die ihr Leben willig, ja sogar freudig für ihre Überzeugung geopfert haben." (Des Wortes „Opfer" bedienen sie sich gern in Bezug auf den sicher von ihnen erwarteten Tod.) (s. Theol. Arbeiten . . . Elberf. 1880 p. 124.)

wahre Perlen des christlichen Lebens und kommen den schönsten
Zeugnissen evangelischer Märtyrer gleich."

Seinen zweiten Brief richtete Cervaes aus dem Gefängnisse
„an H. K. (Heinrich Krufft), seinen B. I. H. (seinen Bruder im
Herrn), auch seine anderen Mitbrüder betreffend".

„Ich freue mich in meinen Leiden, dass ich vom Herrn
würdig dazu geachtet bin (dessen ich mich doch unwürdig erkenne),
um seines Namens willen Schmach zu leiden."

„Hütet euch auch, dass ihr in der Strafe, im Urteil und in
der Vergebung ohne Ansehen der Person handelt und richtet.
Zeiget allen Abfälligen ein freundlich Gesicht und ermahnet sie in
aller Freundlichkeit an das, was sie übergeben und verlassen haben.
O Brüder, hütet euch für Zerspaltungen; wo ihr könnt, da machet
Friede, so es mit Gottes Gnaden mag geschehen. Ach meine
Brüder, wie liegt mir der Handel im Oberland so herzlich
an, nicht, dass ihr meinen sollt, ich zweifelte, o nein, sondern ich
stehe noch, wie auch meine Briefe, an sie geschrieben, enthalten, — dann alleine sorge ich für den Zwiespalt, dadurch viel,
so es etwa gern gut sehen wollten und unschuldig sind, verderben
möchten; ich weiss nicht, wie man's vor Gott verantworten soll. —
Also liegt mir auch an das Niederland, und hätte gern, dass
ihnen geholfen würde, und dass sie in eine gute Regel gesetzt
würden, dann es mangelt mir noch viel an ihnen, doch sind sie
mir im Herzen lieb . . hätte gern, dass der Hoffart noch viel bei
ihnen abgelegt würde, dass sie sich darnach richteten, dass die
Ältesten nicht daheim bleiben, wenn man zusammen kommt. —
Keiner achte sich höher als die andern, gebet Gott den Preis allein. —

Und ich begehre an alle Brüder und Schwestern, dass sie sich
hüten sollen für allen, so die Gemeinde verlassen, und so ihr könnt,
so saget L. (Lembgen?), dass er sich wohl bedenke in der Gnaden
Zeit, denn wie will er sich können verantworten am Tage des Gerichts? O L! O L! kehre wieder, denn du hast das Beste nicht für!

O meine Brüder, wie lästerhafte Menschen habe ich für mir
gehabt. Der Cassander,[1] ein kleines schwaches Männchen von
Leib, der den Joachim Zuckerbecker[2] abgeführt hat, ist bei

---

[1] Teschenmacher (Annales ecclesiastici. Mnscr. f. 226) setzt die Bekehrungsversuche auf den 12. Juli 1565.

[2] vergl. über ihn: „Von der Kindertauff bestendiger . . . gegenbericht.
1563. (Münchener Hof- und Staatsbibliothek.) Der ungenannte Verfasser

31*

mir gewesen, und hat so manche listige Stricke um mich gelegt, mein Gewissen damit zu fangen. Er hat mir ein gedruckt lateinisch Buch fürgelesen, darin verfasset war, dass die Kindertaufe ein klar Gebot und einhelliger Gebrauch durch die ganze Welt ohne jemands Widersprache gehalten sei . . . es wären noch viel Schriften (ausser dem N. Testament), die auch apostolisch seien; denn sie geben Zeugnis, dass alle Lehrer bekannten, dass dies, nämlich das Neue Testament, die rechte Apostel-Lehre sei, wie auch ihre Taufe; so wir denn das eine verwerfen wollten, wie wir dann das andere erhalten wollten? denn ihr müsset es ihnen, sagt er, glauben, sonst könnt ihrs nicht wissen, also auch mit der Taufe, und sagt weiter, so wir recht hätten, so müsste deraus folgen, dass in 1500 Jahren keine Kirche gewesen sei.[1])

Die grösste Ursache aber unseres Peinigens ist gewesen, dass wir sollen sagen, wie viel der Lehrer wären, wie sie hiessen und wo sie wohnten, wo ich in der Stadt gelehrt, wie viel ich getauft hätte, wo mir das Lehramt aufgelegt und was für Lehrer dagewesen wären.

O meine Brüder, es gilt hier weder ein wissender noch sprechender, sondern ein lebendiger Glaube, welcher mit der Kraft

----

dieser Schrift weiss seine Vorrede zu der Widerlegung einer täuferischen Schrift über die Kindertaufe nicht besser zu schliessen als mit folgendem Bericht: „Amen. Datum Anno M. D. L. XII auff den 30. tag Augstmonatz, als einer genant Joachim Zuckerbecker ein frommer Lehrer unter den Tauffbrüdern, ein sehr verstendig und eiferich Mann, der über CCC Menschen widergetäufft möcht haben / von Gottfrommen Männern berichtet, seiner Sect gütwilliglich abgestanden / und offentlich zu Clone im Clevischen Land in der Kirchen sein jrthumb widerruffen hat."

Bei Gachard (Correspondance de Philippe II, Tome II. Brüssel 1851 p. 484) heisst es in einem Briefe des Inquisitors Titelmanns an die Herzogin von Parma (d. d. Ypres, 14. Nov. 1561) u. s. (Es ist die Rede von zahlreichen Täuferversammlungen zu Antwerpen, Ypres etc.): „Et en toutes les dictes assemblées ont esté rebaptizés aulcuns, tant femmes que hommes, car c'est une règle générale, que personne ne peut faire la cène (. . . comme ils appellent: fraction du pain) avec que les Anabaptistes, ne soit qu'il se laisse rebaptizer ou soit rebaptizé auparavant. Le prince souverain de iceulx est Joachim le Sucrier, sauf que un Joos, naguères par le feu en Anvers exécuzé, a rebaptizé et faict la cène en aulcunes assemblées."

Beide Personen sind ohne Zweifel identisch.

[1]) s. oben p. 466.

der Liebe, der Geduld, der Hoffnung und der Gehorsamheit verbunden ist."

Im 3. Briefe erwähnt Cervaes die bemerkenswerte Thatsache, dass seine Richter und Peiniger nach seinen Reden und Auseinandersetzungen bedeutend milder geworden seien, ja von ihm abgelassen und mit abgewendetem Rücken unter einander gesprochen hätten: „Die Sach wäre wohl recht, wenn nicht aufs letzte ein Aufruhr entstünde."[1] Im 5. Briefe gedenkt er seiner Brüder und Kinder: „Sorget für meine Kinder. Ich vermache jedem ein Testament; das soll ihr Erbe sein von ihrem Vater"[2] u. s. w.

* * *

Zu den täuferischen Aposteln, welche u. a. am Niederrhein gewirkt haben, gehört auch Adam Pastor.

Er hiess ursprünglich Rudolf Martens und war aus Westfalen gebürtig.[3]

Sein Hauptwirkungsgebiet war Cleve. In Goch hatte er

---

[1] Vergl. dazu Brief 5: „doch wann wir wären, dahin uns der Greef wünscht, wir wären los; sein Gewissen stehet nicht frei; es verklaget ihn"; und Brief 8: „Eberhard, des Bischofs Caplan, sagte, es wäre ihm von Herzen leid, gab mir die Hand und ging fort."

[2] Bei Wackernagel, das deutsche Kirchenlied V. Nr. 1057 bis 65 werden einem M. S. 9 Lieder zugeschrieben. Das erste geht im Ton: „Ein feste Burg ist unser Gott." Wackernagel meint (p. 766): „Es liegt nahe, darunter (wie ich IV, 459 gethan) den Michael Sattler zu verstehen." Allein es spricht ein Umstand dagegen, nämlich die Angabe des Tons. Sattler wurde 1527 getötet; Luthers Lied stammt aber aus dem Jahr 1529 oder frühestens 1528, Melodie sogar etwas später gesetzt. s. Zelle, „Ein feste Burg ist unser Gott." Zur Entwicklung des evangelischen Choralgesanges. Beilage zum Jahresbericht der 10. Realschule zu Berlin. Ostern 1895. p. 8. Sollte man hier nicht an Matthias Servaes oder Serfas denken können, der auch an anderer Stelle diesen Ton gewählt hat? (s. das Lied, von dem oben einige Strophen mitgeteilt sind. Wackernagel V, 824.)

[3] vergl. über ihn: Grouwelen der voornaemsten Hooft-Ketteren etc. s 1. et a.; Hamelmann, opp. gen. hist. p. 1181; Jehring, Gründliche Historie p. 103; Sandius, Bibliotheca Antitrinitariorum p. 387; Ottius, Annal. Anab. p. 109, 112; Bock, Histor. Antitrinitariorum II, 277; Feuerlin, Dissertatio Historico-theologica de Formula Consensus Lubecensi (Göttingen 1755 in 4°) p. 26; Krohn, a. a. O. p. 241; Trechsel, Michael Servet, 1839, p. 36.

besonders viele Mitglieder des „Wüllenamtes" zur Wiedertaufe
gebracht. [1]

In seiner Lehre vertrat er eine in manchen Punkten von der
herrschenden täuferischen abweichende Richtung, die ihm von den
Zeitgenossen den Vorwurf, ein „Antitrinitarier" zu sein, einbrachte.

Es ist uns eine Schrift von ihm erhalten, welche mir vorgelegen hat: „Underscheit Tusschen rechte leer unde valsche leer
der twistigen articulen / de hyr vor angetekent syn: dorch A. P."
(s. l. et a. 426 Seiten in 8°.) [2]

Die Hauptgedanken des Werkes, das eine Polemik gegen
einen Ungenannten ist, sind folgende: Das Wort Gottes ist Fleisch
geworden und zwar in der Mutter, ist also eine Frucht des Leibes
der Maria. Die Kraft Gottes ist das Wort, und das Wort ist
die Kraft. Durch die Wirkung der Kraft des Allerhöchsten ist
das Fleisch Christi geworden, nicht durch die Kraft des Mannes.

Jesus Christus wird Gottes Sohn genannt, weil er aus Gott
geboren ist. Der hl. Geist kam in Maria, und so wurde die Kraft
des Allerhöchsten Mensch in ihr. Gegen Melchior Hofman und
damit in diesem Punkte auch gegen Menno Simons wendet er sich
mit den Worten: Hat man je gehört, dass „geboren werden" heisst:
„durchgegangen", ohne etwas von der Mutter anzunehmen?

Gott sagt: ich lebe ewiglich. Daher kann gänzlich nichts
von Gott sterben, also auch nicht sein Wort. Sein Wort ist ver-
wandelt in Fleisch: dieses aber ist nur soweit gestorben, als es
eben etwas von Maria angenommen hatte. Wäre Jesus das Wort
nach dem Fleische, so wäre er nicht Messias gewesen, das heisst
Gesalbter, auf Griechisch: Christus. Gott hat ihn gesalbt mit dem
hl. Geist und mit der Kraft. —

Zwischen Gott und den Menschen giebt es nur einen Mittler
Jesum Christum, der sich selbst gegeben hat zur Erlösung für
jedermann. „Gott hat die Welt so sehr geliebt, dass er ihr seinen

---

[1] s. Annalen des histor. Vereins f. d. Niederrhein VI, p. 62.

[2] Bibliothek der Taufges.-Gemeinde zu Amsterdam. Das Buch, welches
nach Cramer, (Menno Simons p. 87) in den Jahren 1550—52 etwa entstanden
ist, behandelt in 13 Kapiteln zwistige Punkte zwischen Römischen und
Protestanten, zwischen Taufgesinnten und David Joristen. Beigefügt ist ein
„Disput zwischen M. (enno) S. (imons) und A. (dam) P. (astor) über die
Lehre der Dreieinigkeit"; der letzteren wegen war er in den damaligen
dogmatischen Streitigkeiten (s. u. 4. Abschnitt) ausgeschlossen worden.

eingebornen Sohn gab, auf dass alle, die an ihn glauben, nicht verloren werden, sondern das ewige Leben haben." Christus wollte
die Welt nicht richten, sondern erlösen. Kann man Christum nun
mehr verachten, als wenn man die Seelen erlösen will durch Seelen-
messen, Vigilien, Opfer, Fegefeuer etc.? Christus selbst sagt:
„Wer dem Sohne glaubt, der hat das ewige Leben. Wer glaubt
und getauft wird, der wird selig; wer nicht glaubt, wird ver-
dammet werden."

In seiner Lehre vom Abendmahl vertritt er vollkommen den
Standpunkt Karlstadts und des Campanus. Christus hat gesagt,
das ist mein Leib, nicht das wird mein Leib. Es wird also
nur ein anderer Name verliehen, ebenso wie in den Worten Christi:
du bist Petrus d. h. du bist Stein, also du bist ein Stein, nicht
du wirst Stein etc.

Über das Verhältnis vom Vater zum Sohne habe er im vergangenen Jahre zu Lübeck mit M. S. (Menno Simons) gehandelt.

Gott sprach: Ich lebe ewiglich. Daher ist Gott nicht gestorben, und was von Christo im Grabe liegt, ist nicht Gott,
sondern die Menschheit, was Menschliches in ihm war.

Was sonst Gottheit Christi heisst, ist des Vaters Weisheit
in ihm: des Vaters Wort, Wille, Kraft und Wirkung in ihm.
Das gesprochene Wort, das vom Vater ausging und durch welches
die Welt erschaffen wurde, ist Fleisch geworden. Christus ist
nichts anderes als Gottes Sohn, Gottes Hand, Gottes Finger. (Der
Einfluss der Lehren des Campanus s. o. p. 250 f. ist unverkennbar:
Gottes Amtmann, Gottes Diener.)

Pastor gesteht zu, dass Christus wahrer Gott sei, behauptet
aber, dass Gott Vater eher gewesen als der Sohn und mächtiger
sei als dieser. — „Ich glaube, dass der Vater ein selbständiges
Wesen ist, ebenso auch der Sohn. Aber der hl. Geist ist kein
selbständiges oder persönliches Wesen, sondern ist wohl ein Wesen,
wie ein Blasen oder Wind ein Wesen ist. Auch achte ich ihn
so hoch, dass man in seinem Wesen taufen soll" etc.

Ob Adam Pastor durch eigenes Nachdenken zu seinen Ansichten kam, wissen wir nicht. Die Schriften seiner Zeitgenossen,
unter ihnen die des Campanus, sind ihm nicht fremd geblieben.
Von ihm hatte er — wie Campanus war er humanistisch gebildet
und in den drei alten Sprachen unterrichtet — manche Gedanken
übernommen und manche Schroffheiten desselben gemildert.

Menno Simons, der mit ihm und anderen 1547 in Emden zu einer Beratung zusammengetreten war, hat ihn wegen allzu freisinniger Ansichten aus seiner Gemeinde ausgeschlossen. Pastor nimmt zu Menno etwa dieselbe Stellung ein wie Campanus zu Luther, Servet zu Calvin.

Der in Krakau bekannte „Belga, cui nomen Spiritus erat" war nicht Adam Pastor, wie Bock (Historia Antitrinitariorum II, 277) annimmt, sondern Geesteranus.

Hamelmann (opp. 1181) sagt über seine Wirksamkeit: „Post cladem Monasteriensem fuit Anabaptistarum antesignanus in Westphalicis oris per ditionem Monasteriensem, Comitatum de Marca, Ducatum de Monte et Coloniensem ditionem ... In quibus locis ille diu vagatus est, diciturque passim suae factionis multos nobiles in praedictis locis habere." Derselbe Schreiber fährt fort: „Hic refertur mortuus esse Monasterii et trans aquas (in Überwasser) sepulturam consecutus ... Exstant eius aliquot libri, quorum etiam nonnulli mihi visi sunt." (Heutzutage ist von ihm wohl nur noch das oben citierte Werkchen erhalten.)

3. Märtyrerchroniken und Liederdichtung der Wiedertäufer.

Die grosse geistige Bewegung der Reformation gab sich neben vielem andern kund durch eine in ihrer Art einzige litterarische Thätigkeit, wie sie seit Erfindung der Buchdruckerkunst noch nicht vorgekommen war und sich seitdem in solcher Weise vielleicht nicht wieder gezeigt hat. Wie eine mächtige Sturmflut überschwemmte diese Litteratur die Welt. Bekenntnisse und Sendbriefe der Täufer, wie diejenigen Imbroichs u. dergl., flogen, wie solche von Anhängern Luthers etc., seit 1520 zu Hunderten und Tausenden durchs Land. Kurze Abhandlungen, oft nur wenige Seiten stark, trugen sie zur Verbreitung der Ideen der Zeit nicht wenig bei. Wie in allen Dingen, so bestrebte man sich auch hier auf die Urzeit der christlichen Kirche zurückzugehen. (s. o. p. 100 ff.) Auch in jenen Briefen und Traktaten an die Gemeinden folgten die Glaubensboten dem Beispiele der Apostel. Die Sendbriefe sollen die Gemeinden erbauen und zur Nachfolge aufmuntern. Wie der Apostel Paulus sich der Leiden und Mühseligkeiten rühmt, die er um Christi willen ausgestanden, so rühmen sich auch hier die Verfasser der grausamen

Marter, die sie seinetwegen ertragen haben. All die kleinen
Schriften einzelner bedeutender Mitglieder ihrer Gemeinden waren
eine reiche Quelle, aus der sie ihre Erbauung schöpften und in
den Stunden der Qual die Standhaftigkeit bis in den Tod gewannen.
Die meisten Exemplare dieser Elaborate sind verloren gegangen. Nicht die Unachtsamkeit ihrer Leser trägt daran die
Hauptschuld, sondern die Obrigkeit der einzelnen Gebiete.

Eine Hauptgruppe unter jenen Schriften bilden die Märtyrer-
bücher, welche teils als Chroniken handschriftlich in den Gemeinden überliefert und von Fall zu Fall ergänzt wurden, teils
gedruckt als Bücher mit und ohne Kupfer noch den spätesten
Geschlechtern Meldung machten von dem Mute ihrer Bekenner.
Die Wiedertäufer beschäftigten sich mit Vorliebe mit der Geschichte ihres Märtyrertums. Man führte wohl in der Gemeinde
Buch über das vergossene Blut. Von Gemeinde zu Gemeinde,
von Mähren bis ins Niederland sandte man Berichte über die
Verfolgten und standhaften Blutzeugen. In Liedern besang man
ihre Leiden. — So erwuchs eine umfangreiche Märtyrerlitteratur,
deren Stoff, soweit er in Prosa verzeichnet ward, sich am voll-
ständigsten in dem niederländischen: „Martelaers Spiegel der were-
lose Christenen t'zedert Anno 1524" beisammen findet.

Es ist interessant zu beobachten, wie in diesen zahlreichen
Erzählungen von Einkerkerungen, Verhören und Hinrichtungen
gewisse Züge ganz und gar typisch geworden sind. Fast möchte
man manchmal urteilen, dass die Darstellung etwas Schablonen-
haftes an sich trage, wenn nicht dafür auf der andern Seite zu
viel unmittelbare Wahrheit, zu viel lebendige und warme Empfindung in ihr wäre. Vielmehr ist der Grund jener Erscheinung
in dem Umstande zu suchen, dass sich in der Vorstellung der
Brüder ein gewisses Ideal, ein bestimmtes und scharf ausgeprägtes
Bild davon, wie ein rechter Christ zu leiden hat, gebildet hatte,
welches uns darum gleichmässig aus der Haltung der Leidenden
wie aus der Empfindung derer, die sie besingen oder schildern,
entgegen tritt.

Wenn die Täufer stets eine Heiligung durch die That predigten, so gab ihnen die Feuerprobe massenhaften Märtyrertums
Gelegenheit, solche Heiligung durch die That zu bewähren. Auf
eine lange Reihe von Blutzeugen konnte die Gemeinde hinweisen,
und sie durfte sich ihrer in der That mit gerechtem Stolze freuen.

Auch uns ergreift Hochachtung, ja staunende Bewunderung, wenn wir sehen, mit welcher Freudigkeit und Ergebenheit, mit welchem Sieg über alles Irdische diese Männer und Greise, diese Mädchen und Frauen den Tod über sich ergehen lassen.

Wenn die Täufer es als ihre Aufgabe betrachteten, in ihren Gemeinden das Leben der ersten apostolischen Christen wieder herzustellen, so knüpften sie denn auch diese ihre Leiden und Verfolgungen gern an die der ersten Märtyrer des Christentums an, indem sie sich als deren unmittelbare Nachfolger betrachteten. Wie aber jene am Eingang, so glaubten sie selbst am Ausgange der christlichen Kirche auf Erden zu stehen; denn es ist ihre unerschütterliche Überzeugung, dass das Ende der Welt vor der Thüre stehe; und um sich her glauben sie die biblischen Zeichen des hereinbrechenden jüngsten Tages überall zu erblicken. „Der Baum," rufen sie, „tritt in die Fruchtreife!" sie selbst aber, die Verfolgten und um ihres Glaubens willen Hingeschlachteten, dünken sich die Berufenen, welche der Herr unter den letzten Trübsalen um sich sammelt.[1]

Nur weniges ist von den herrlichen Zeugnissen fester Glaubenszuversicht der Vernichtungswut der Gegner entrissen. Oft sind einzelne Stücke als teures Vermächtnis mit Lebensgefahr vom Vater auf den Sohn vererbt.[2] Eine verhältnismässig grosse Menge derartiger Märtyrerchroniken, Sendbriefe, Testamente enthält das Archiv und die Bibliothek der Taufgesinnten Gemeinde zu Amsterdam. Gar manches ist zerstreut und wartet vielleicht noch seines Entdeckers. Im Katalog der Bücher Gerard Maatschoens, welche nach seinem Tode 1752 in Amsterdam öffentlich versteigert wurden, war u. a. ein Band verzeichnet: „Het offer des Heeren (bestaande in Belydenissen, Sendbrieven en Testamenten van verscheidenen,

---

[1] von Liliencron, a. a. O. p. 5; Wackernagel V, Nr. 1046.

[2] Cervaes schreibt in seinem 5. Sendbrief kurz vor seinem Tode aus dem Gefängnis an einen Genossen: „Ich begehre an dich (J. N. B.), dass du dies ordentlich nacheinander abschreibst und verschaffest, dass meiner Hausfrau eines zugestellt werde. Und so es euch gefällt, mag es auch für den Brüdern gelesen werden . . . . Dies sei allen geschrieben, die gern Schrift von mir hätten. Dann ich kann nicht einem jeden insonderheit schreiben: ich suche keinen Ruhm hierin." — Melchior Hofman bedeckte in seinem Gefängnisse schliesslich in Ermanglung des Papieres einzelne Stücke seiner Leinwand mit Ermahnungen und Belehrungen.

die dezelve met huu bloed verzegelt hebben 1551: 1552: 1567:
1570: 1578: 1580: 1589 . . ." Wohin diese Traktate verschlagen
sind, weiss ich nicht.

Charakteristisch für diese Art von Schriften sind die be-
sprochenen Bekenntnisse und Briefe eines Thomas von Imbroich
und Matthias Cervaes sowie das als Beilage abgedruckte Testament
der Aenneken von Rotterdam. Welchen Einfluss solche Briefe pp.
auf die Herzen der Leser ausgeübt haben, darüber sind mancherlei
Notizen erhalten.

Der Glaubensmut der Genossen wurde durch die Berichte
über die Leiden und den Märtyrertod, den einzelne Sendboten
u. a. in Oberdeutschland, in Italien, am Rhein erlitten, angefacht.[1]
„Lasst euch", schreibt Hansl Schmidt, der am 19. Oktober 1558
zu Aachen hingerichtet wurde, in einem Briefe an die Gemeinde,
„zum Abfall nicht verleiten. Bleibt steif im Glauben, Gott soll
euch seinen Tempel sehen lassen." In einem zweiten Sendbrief
klärt er seine Genossen über einen schwierigen Glaubenspunkt,
den Artikel von der Menschwerdung Christi, auf, wie Thomas von
Imbroich die Seinigen über die Taufe. Seiner Gattin schreibt er:
„sie möge keck sein im Worte des Herrn". Seinen Mitgefangenen
schickt er Trostbriefe, welche in der Heimat die Brüder erbauen.
Die Muttergemeinde bittet er, vorsichtig zu sein in der Aufnahme
von Brüdern, da sich viele falsche Brüder umhertreiben. In einem
zweiten Schreiben an seine Frau nimmt er von ihr Urlaub: „sie
werde am besten thun, zur Gemeinde zu ziehen. Er selbst liege
allein im Gefängnis, eine reiche Frau habe ihm Nahrung geschickt.
— Er sendet ihr mehrere Lieder, mit deren Abfassung er sich
die Zeit vertrieben habe".[2] —

Eine ganz besondere Bedeutung hat die umfangreiche täuferische Litteratur der religiösen Poesie (bes. Kirchenlieder). Die
ganze Menge dieser Litteratur ist schwer zu überschauen. Manches
davon ist gedruckt bei Wackernagel (das deutsche Kirchenlied),
ein Teil bei von Liliencron. Eine neue umfangreiche Sammlung
wird demnächst erscheinen.[3] Heutzutage können wir uns kaum

[1] v. Beck, Geschichtsbücher Nr. 204, 205, 208, 217, 218 bis 222,
230, 239.

[2] Loserth, der Communismus p. 160.

[3] s. Jahrbuch der Gesellsch. f. d. Geschichte des Protestantismus in
Österreich. 1894 p. 23 ff.; 1896 p. 64, 187; 1897 p. 90 ff.; „die Täufer-

eine Vorstellung vom Umfange dieser Dichtung machen, da die
wenigen erhaltenen täuferischen Gesangbücher zu bibliographischen
Seltenheiten geworden sind.[1])
Die allgemeine Bedeutung der religiösen Poesie und der
Lieder für eine neue Partei und besonders für die täuferische,
darf nicht unterschätzt werden. Waren erst einzelne Dogmen von
geistesverwandten Dichtern in kirchliche Lieder verflochten, so
„sang man sich unwillkürlich in die neuen Lehren hinein". Die
Lieder genügten dann schliesslich nicht allein den Zwecken religiöser
Erbauung in den gottesdienstlichen Übungen und Versammlungen,
sondern sie wurden zu Bekenntnisschriften bester Art.

Wie die alten Liederbücher mit ihrem Inhalt einen rechten
Spiegel ihrer Zeit im allgemeinen bieten, so sind sie natürlich eine
besonders wichtige Quelle im bes. für die Geschichte der Täufer.

Wie in den prosaischen Berichten, so tritt besonders in den
Liedern ein gewisses typisches Gepräge hervor. Reuig bekennt
der gefangene Täufer am Tage der Marter vor Gott, dass er die
Qualen, die ihm bevorstehen, durch seine Sündhaftigkeit nur zu
sehr verdient habe. Aber er weiss auch, dass Gott sie ihm doch
nicht zur Strafe, sondern aus Gnaden schickt, um ihm Gelegenheit
zu geben, sein Herz zu läutern, seinen Glauben zu bezeugen und
dadurch der Krone des Lebens teilhaftig zu werden. Darum weist
er alle Zaghaftigkeit von sich ab, und je näher die Stunde des
Leidens rückt, um so mehr fühlt sich sein Herz von überirdischer
Freude erfüllt und verklärt. Viele der uns bewahrten Lieder
geben sich als in den letzten Stunden, ja auf dem Todesgange gedichtet kund. Freudestrahlend und liedersingend pflegt der Ver-

---

Lieder, nach Ländern geordnet". In rührender Einfachheit werden hier wie
anderwärts Leiden und Not, das bittere Sterben und die Glaubenszuversicht
jener „Liebhaber der Wahrheit" zur Darstellung gebracht.

[1]) Einige seltene Liedersammlungen wurden jüngst vom Rosenthalschen
Antiquariat in München angezeigt:
Gesangbüchlein, Psalmen, Hymni oder Lobgesäng, so man auff die
Järlichen fürnemen Festag singet Cantica od. Geistl. Kirchenlieder dem
Catechismo zugehörig: Etliche besondere Bätt- vnd hausgesang. ca. 1575. 12°.
Seltenes Wiedertäufer Gesangbüchlein durchaus mit Musiknoten. (Titel
fehlt.) Vorrede und An die Christl. Jugend, Gedicht von Ambr. Blaurer,
ferner Cantica, Bitt- und Hausgesänge nebst Compositionen von A. Lobwasser,
Ambr. u. Th. Blaurer, Knopp, Lobwasser, Ad. Rysner, Burkh. Waldis, Erh.
Hegenwald, H. Vogtherr, Ulr. Zwingli, Endlich, J. Füncklin, Just. Jonas etc.

urteilte aus dem Kerker unter die Menge zu treten. Oft muss der Henker dem Singenden oder Predigenden den Mund gewaltsam schliessen, um zu verhüten, dass er das zuschauende Volk nicht zu tief errege. „Weinet nicht über uns," rufen sie dem Volke zu, „weinet über eure Sünden!" Dann auf das Gerüst steigend, beten sie für ihre Verfolger und für den Henker: „Herr vergieb ihnen; sie wissen nicht, was sie thun!" So schliessen sie mit dem Irdischen ab; dann legen sie sich ruhig selbst auf dem Blocke zurecht oder stellen sich, Gott dankend und lobpreisend, geduldig an den Pfahl des Scheiterhaufens, bis die Flamme ihre Worte erstickt.[1]

Wie die lutherische Kirche ihre herrlichen Glaubenslieder, so haben die Wiedertäufer ihre tief melancholischen und doch freudigen Marter- und Bekenntnis-Lieder.[2] Sie zeigen oft wenig dichterischen Schwung und enthalten namentlich keine eigentlich betrachtende und geniessende Mystik. Dazu hatten sie ja damals zu wenig Zeit. All die Kraft ihres christlichen Lebens mussten sie auf Treue im Wandel und im Bekenntnisse verwenden. Dafür haben diese Lieder einen sehr ernsten und fast strengen Charakter und sind einfach und kindlich fromm gehalten. Ihr Inhalt ist meist erzählend und belehrend. Meistens sind sie nach weltlichen und munteren Melodien gesetzt, wahrscheinlich um Entdeckungen bei ihrem Gesang zu vermeiden.[3]

Wohl eine der ältesten Sammlungen von Täuferliedern ist der „Auss Bundt, das ist etliche schöne christenliche Lieder, wie die in der Gefängnuss zu Passaw in dem Schloss von den Schweitzer Brüdern und von andern rechtgläubigen Christen hin und her ge-

---

[1] v. Liliencron p. 7. (s. Clarenbach, Thomas v. Imbroich, Cervaes u. a.)

[2] Goebel, a. a. O. p. 216 Anm. 1.

[3] Über den Inhalt giebt der Titel einer solchen Liedersammlung (aus den Jahren 1570—83) (Kgl. Bibliothek zu Berlin) Aufschluss: „Ein schon ge / sangbüchlein, darinn / begriffen werden vielerhandt / schöner Geistlicher Lieder auss / dem Alten und Newen Testament / durch fromme Christen zu-sammen gezogen. / In welchem auch ein recht le- / ben und Fundament dess rechten / Christlichen Glaubens ge - lehrt wird / Jetzo von newem widerumb übersehen, / ahn vielen orthen gebessert und mit / etlichen newen Liedern / vermehret :c. // Colossern. 3. // Lehrendt und vermanendt euch selbst mit / gesangen und lobgesangen und Geist- / lichen Liedern in der gnadt, und / singendt dem Herren in eweren Hertzen. //" — s. auch Wackernagel, d. deutsche Kirchenlied I, 484.

dicht worden. / Allen und jeden Christen, welcher Religion sie seyen, unpartheyisch vast nützlich."[1]

Mir stand das Exemplar der Vereinigten Taufgesinnten Gemeinde zu Amsterdam zur Verfügung. Der verstorbene Professor de Hoop-Scheffer hat dieses Exemplar der Bibliothek jener Gemeinde zum Geschenk gemacht. Er selbst hat auf dem ersten Blatte der Sammlung eigenhändig vermerkt: „Dit exemplaar is waarschynlyk het eenige, dat hier te lande bestaat van den Gesangbundel, tot op het einde der 18e eeuw in gebruik bij de gemeenten der Oude Zwitsers te Groningen . . ." Pietätvoll hat man also diese Lieder bewahrt und bis in unsere Zeit noch bei den Gottesdiensten benutzt.[2]

Diese Sammlung enthält ebenfalls eine Reihe von Liedern, welche niederrheinische Märtyrer der Täufer zum Gegenstande oder zum Verfasser haben und alle jene Eigenschaften zeigen, die wir oben hervorhoben. Es genügt, an dieser Stelle hinzuweisen auf die Lieder des Thomas von Imbroich, Matthias Cervaes, Heinrich Krufft und Gerhard Siebenacker aus Sittard.

In anziehender, oft ergreifender Weise treten uns in diesen Liedern im besonderen, wie in der grossen Fülle von geistlichen Liedern, welche aus dem Kreise der mit allen Mitteln blutigster Gewalt verfolgten Täufergemeinden erhalten sind, im allgemeinen, gerade die besseren Seiten des täuferischen Wesens entgegen, während die Schwächen ihrer Doktrin und die Auswüchse ihres Treibens nur selten anklingen. Die Heiligung des Menschen und ihre Bewährung im Leben und Sterben bildet vor allem das grosse und unerschöpfliche Thema dieses Gesanges; denn Liebe allein ist das Kennzeichen der Kinder Gottes. Der Glaube hört einst auf im Schauen, und die Hoffnung stirbt in der Erfüllung, aber die Liebe bleibt ewig.

---

[1] Ohne Angabe von Zeit und Ort der Herausgabe. 2 Exemplare (Ende des 16. Jahrhunderts) befinden sich im Besitze des Herrn Archivrats Dr. Keller in Charlottenburg. —

vergl. im übrigen Ph. Wackernagel, Bibliographie 1855 p. 405 f.; das deutsche Kirchenlied I, 528, V, 677 ff.

[2] vergl. auch die jüngst erschienene Schrift: E. Müller, Geschichte der Bernischen Taufgesinnten p. 104: „Jetzt finden sich noch . . viele als Flugblätter gedruckte Täuferlieder, die mit anderer Marktlitteratur verkauft wurden, in den Händen unserer Taufgesinnten im Emmenthal."

Wie in Streitschriften und Briefen, so wird auch in den
Liedern hervorgehoben, dass wir nur durch den Glauben selig
werden, aber — und darauf machen sie die Evangelischen aufmerksam — nur durch die Vermittlung der Liebe vermag der
Glaube zu Gott empor zu dringen. Dagegen bemerken sie gegen
die Katholiken, dass ja ohne Werke keine Seligkeit möglich sei;
jedoch gilt das gute Werk nur, wenn es aus der Liebe fliesst.

Gerade aus den Liedern, in denen frisch und schlicht die
Lehre ausgeprägt ist, schöpften ja die Täufer den Mut und die
Kraft, mit hehrem Sieg über alles Irdische in den Tod zu gehen,
dass „victi se vicisse proclamant".[1] „Anstatt des dogmatischen
Haders, des leidenschaftlichen Hasses, der masslosen Verketzerungs-
sucht, die in den anderen Erzeugnissen der kirchlichen Polemik
vielfach herrschen, finden wir hier einen Geist der demütigen
Duldung und Ergebung."

4. Parteiungen. Unionsbestrebungen und Propaganda.

Bald nach Melchior Hofmans Ableben verfiel der Anabaptismus vielfach schlimmer Selbstzersetzung. Die Melchioriten, welche
nicht zu den Staatskirchen zurücktraten, schlossen sich andern zum
Teil radikalen Sekten an, den Mennoniten, Hutterianern und namentlich den „Schweizer Brüdern", die, einst von den Hofmanianern
in den Hintergrund gedrängt, schon 1539 letztere im Strassburger
Gebiet zu überflügeln begonnen hatten.

Doch nicht allein unter den Hofmanianern, sondern auch
unter den „Mennoniten" machten sich allerlei Spaltungen geltend.
Um 1550 etwa bieten daher die täuferischen Gemeinden einen
traurigen Anblick dar.

Bei der Betrachtung der zu erwähnenden Zwistigkeiten dürfen
wir aber ihren oft unterschätzten Grund nicht ausser Acht lassen,
dass bis ins 18. Jahrhundert hinein alle jene Männer, von denen
wir sprachen und noch sprechen werden, durch blutige Strenge am
öffentlichen Auftreten verhindert und bald beseitigt worden
sind. Indem man ihre Anhänger zu heimlicher Vereinigung nötigte,
ging denselben sowohl die notwendige Förderung wie die not-

---

[1] Ottius, Annal. anabapt. p. 100.

wendige Zügelung verloren, welche die öffentliche Bethätigung des
allgemeinen kirchlichen Bewusstseins gewährt. Daher sind, wenn wir
auf die weit heftigeren Streitigkeiten innerhalb der herrschenden
Kirchen unser Augenmerk richten, ihre Verirrungen und Streitigkeiten, welche in ihren Reihen ausbrachen, wenn auch nicht ent-
schuldbar, so doch begreiflich.

In merkwürdigem Widerspruch zu ihrer früheren Geschichte,
wo ihre Führer auf eine Reformation der ganzen Welt im gross-
artigsten Massstabe hinarbeiteten, suchten jetzt die aus diesem
Streben übriggebliebenen Kräfte gleichsam eine Ableitung in Anordnungen und Bestimmungen äusserer Lebensverhältnisse von
untergeordneter Bedeutung. Sie vergeudeten ihre geistige Kraft
in unglücklichen Versuchen, die äusseren Ordnungen nach miss-
verstandenen Überlieferungen herzustellen. Die Strenge, mit welcher
derartige Regeln von einzelnen aufgefasst und mit der Kirchenzucht,
deren Ausübung in jeder Gemeinschaft besondere Gefahren und
Schwierigkeiten bereitete, verbunden wurde, führte ferner zu den
zahlreichen Streitigkeiten und Parteiungen, welche die Kraft der
Gemeinschaft schliesslich noch mehr als die Verfolgungen schwächte.

Trotzdem durch die Münsterschen Vorgänge die Erbitterung
gegen die gesamte Täuferpartei aufs höchste gestiegen war, so
schien doch die Konzentration der Bewegung dringend geboten,
und unter Einsichtigen wurde das Aufkommen unionistischer Bestrebungen gefördert. Wie die reformierten Gemeinden sich zu-
sammenschlossen und Beratungen hielten für ihre Lehre, für Kultus
und Leben der Gemeinden, so fühlten auch die Taufgesinnten für
sich dieses Bedürfnis. Die Versammlungen der Täufer trugen den
Charakter brüderlicher Ermahnungen. Man besprach sich über
Zucht, Gemeinde-Einrichtungen. Abneigung hatten sie gegen alle
klassikalen, provinzialen und synodalen Leitungen, da sie dadurch
nur die Aufrichtung einer neuen Hierarchie zu fördern fürchteten.
Ihre erste Vereinigung war zu Sparendam (1. Dezember 1534), die
zweite zu Bocholt (August 1536) und zu Goch (1547).[1]

Für eine Einigung der verschiedenen Täuferparteien war
u. a. lange Jahre hindurch thätig der schwärmerische David Joris.
Bereits 1536 hatte er zu Bocholt Erfolge gehabt. 1538 richtete
er seinen Blick auf die Strassburger Hofmanianer. Durch ein

---

[1] cf. Doopsgezinde Bydragen 1877; s. o. p. 411.

Religionsgespräch in Strassburg beabsichtigte er die Vereinigung der melchioritischen und joristischen Richtungen zu versuchen.[1] David Joris hat auch nach dem Misslingen seiner Pläne nicht abgelassen, für sein grosses Einigungswerk zu arbeiten. Lebendiges Zeugnis von diesen Bestrebungen legt seine grosse Briefsammlung ab, von der zwei starke Bände auf der Bibliothek zu Deventer erhalten sind.[2]

Als David Joris nach Strassburg kam, hatten die Strassburger Hofmanianer bei den Wiedertäufern in Holland, Brabant, Flandern, England und um den Rhein herum grosses Ansehen. Durch briefliche Einladungen wusste David Joris die Vornehmsten aller Parteien um Johannis 1538 zur Zeit des Jahrmarktes nach Strassburg zu dirigieren. Die Verhandlungen der ersten Tage sind mit Einwilligung beider Parteien niedergeschrieben. Man ersieht aus den Gesprächen, wie viel klüger und behutsamer die Hofmanianer geworden sind, nachdem sie fünf Jahre lang durch die eitlen Lügen ihrer Prophezeiungen so mannigfaltige Enttäuschungen erfahren hatten. Als David Joris die Parteien für sich zu gewinnen suchte, gaben sie ihm damals u. a. zur Antwort, dass sie seine Lehre von der Notwendigkeit der Verstossung der Ehefrau um der Verschiedenheit des Glaubens willen und wegen einer üblen That unmöglich billigen könnten[3] u. a. mehr.

Da sich die Strassburger dem David Joris nicht unterwerfen wollten, so verlief die Versammlung ohne den gewünschten Erfolg. Die „Hofmanianer" oder „Melchioriten", für die allmählich der Name

---

[1] Über David Joris und niederländische Täufer in Strassburg und Basel s. O. Winckelmann, Politische Correspondenz der Stadt Strassburg. 3. Bd. Strassburg 1898 p. 543 f. (2 wichtige Briefe aus dem Jahre 1544 [Dez.]; dem ersteren waren beigelegt: „etliche artikel der widerteuferischen secten, so sich nun ein Zeit her in den Niderlanden enthalten haben und deren ein grosse meng sein sollen." Novorum hereticorum professio, quam senatus Daventriensis scripsit magistratui Zutphaniensi in hunc modum").

[2] Diese Briefe zeigen, dass er u. a. am ganzen Niederrhein Freunde und Bekannte hatte. Unter diesen ragt hervor Hans von Jülich, der ebenfalls schon 1536 in Bocholt (cf. Blesdick, Historia . . . David Georgii, Deventer 1642. 8°. p. 13—15) eine Rolle spielte. Auch in Köln werden verschiedene Anhänger von ihm genannt. (Nippold in Z. f. histor. Theologie 1864 p. 570.) Ebenso hatte er solche in „Valkenburg (n. w. von Aachen) unde over Mase". (s. Sendbriefe II.)

[3] Krohn, a. a. O. p. 358.

32

„deutsche" oder „oberländische" Wiedertäufer geltend wurde, bildeten zunächst auch ferner noch eine gesonderte Partei gegenüber den Hutterianern sowohl als den Mennoniten.

Ein Assimilationsprozess der einzelnen Richtungen vollzog sich nur sehr langsam. Nicht so ohne weiteres wollten die Hofmanianer auf die ihnen spez. eigentümlichen Lehren verzichten. Zwar treten uns später im Schosse anderer Religionsparteien, denen sie sich angeschlossen hatten, oder die in ihnen aufgegangen waren, nicht mehr Hofmans eschatologische Ansichten, wohl aber andere ihm eigene Dogmen immer wieder entgegen und behaupten sich noch lange Jahre hindurch mit ausserordentlicher Zähigkeit. Dies gilt namentlich von Hofmanns Lehre vom Fleische Christi, welche sich wie ein roter Faden durch die Geschichte des älteren Anabaptismus hindurchzieht. Dieses spez. melchioritische Dogma vom Fleische Christi verlor unter den oberdeutschen Täufern erst nach und nach an Bedeutung. Erst auf einer Zusammenkunft der mährischen und deutschen Anabaptisten zu Strassburg 1555 (s. u.) wurde es zum Adiaphoron gestempelt.

Unter den niederdeutschen Täufern haben die „Waterländer" schon bald den Glauben un dieses Dogma als etwas Gleichgültiges behandelt, während die friesischen und flämischen Taufgesinnten dasselbe in der durch Menno Simons unwesentlich modifizierten Gestalt mit weit grösserer Stäte festgehalten haben. Mennos Werk trägt, wie allenthalben, so auch hier die Spuren des melchioritischen Bodens, aus dem es erwachsen. Neben der Lehre von der Freiheit des Willens, von der Kirchenzucht, vom Waffentragen deutet namentlich dieses Dogma auf Hofmans Einfluss hin. Menno lehrte, dass Jesus kein Fleisch von der Jungfrau Maria angenommen habe, sondern dass sein Fleisch durch einen besonderen Schöpfungsakt Gottes in der Maria entstanden sei. Nur dadurch unterscheidet er sich von Hofman, dass er annahm, dass dem übernatürlich Erschaffenen alle die Nahrungsstoffe von Maria zugeführt seien, welche ein Foetus von seiner Mutter zu erhalten pflegt.[1] —

[1] zur Linden p. 418.
Im Archiv der Taufges. Gemeinde zu Amsterdam (s. Inventaris Nr. 758) findet sich ein „ausführlicher Bericht wegen Dr. Balthasar Hubmör", welcher in § enthält einen „Bericht wegen der Hofmanischen". Mit Menno seien die Hofmanianer nicht vereinigt. Auf einer Versammlung zu Frankenthal sagt der Sprecher Rauf: „Menno geht uns nichts an; wir sagen von Mennos

Je mehr Menno das christliche Glauben und Leben der Täufer
von der ursprünglich so entscheidend gewesenen Frage über die
Taufe und Wiedertaufe abwendete, desto entschiedener musste sich
derselbe der Lösung der anderen, wichtigeren Fragen von der Reinheit der heiligen Gemeinde und von ihrer Absonderung von allem
Unreinen, also der Kirchenzucht und dem Banne, zuwenden. Diese
Frage war und ward daher von neuem die eigentliche Lebensfrage
aller taufgesinnten Gemeinden, und darum auch in ihrer eigenen
Mitte die nächste und notwendige Ursache der Zwietracht und
Spaltung, die Menno stets bis an sein Lebensende so tief und bitter
beklagt hat. In der allzu energischen Betonung des Unterschiedes
zwischen echten, sündlosen und erleuchteten Christen und solchen,
welche es nicht sind, lag die Gefahr, dass naive, weniger mystisch
angelegte Naturen diesem Unterschied eine gröbere, mehr in die
Sinne fallende Deutung gaben, als die Einigkeit in ihrem Kreise
dulden konnte.[1]

Menno nannte sehr schön und richtig den Bann das Kleinod
der Kirche Christi; ohne den rechten Gebrauch des Bannes zur
Erhaltung ihrer Reinheit und zur Züchtigung des Sünders kann
die Gemeine oder Kirche weder in heilsamer Lehre noch in einem
unsträflich frommen Leben bestehen.[2]

Schriften, dass wir darauf keine Antwort zu geben wissen, weil er mit uns
nicht eins ist und auch noch nicht gewesen ist." Daher irrt Maatschoen,
wenn er (Schijn, Gesch. der Mennoniten 3. Teil p. 137 Anm.) von den Hof-
mannschen ganz allgemein sagt, sie seien „oberdeutsche Mennoniten".

Das Überwiegen des mennonitischen Einflusses datiert erst aus späterer
Zeit. Um die Mitte des 16. Jahrhunderts hatten sich allerdings freilich die
meisten Melchioriten am Niederrhein in der Lehre dem Menno angeschlossen,
wenn sie sich auch selbst noch gern als oberdeutsche Täufer bezeichnen.

[1] Welchen Einfluss am Niederrhein Mennos und ihm verwandte Überzeugungen hatten, zeigt ein Brief Hardenbergs an Vadian (1545, März 22) aus
Bonn: „Memini, vir ornatissime, quod cum tecum essem, dederis fidem, Te
daturum nobis refutationem ad insanias argutias Schwenckfeldii, quam utinam
aliquando contingat videre, nam et nostra inferior Germania iam tota aestuat
talibus furoribus. Habet illa quidem alios suae stultitiae autores, sed tamen
video omnes eo prolabi. Mitto ad Te scriptum venerabilis viri D. Joanni-
a Lasco, quo ille disputat cum furioso quodam nostrate Anabaptista Simone
Mennone, qui ex agrario Pastore factus Episcopus sectariorum
omnes nobis Ecclesias in his regionibus inquinavit . . . ." Theol.
Arbeiten . . 1889 p. 167.

[2] Die Notwendigkeit des Bannes haben die Täufer in allen
Perioden mit Entschiedenheit betont, und das Fehlen desselben in den Re-

32*

Wie weit aber durften die Befugnisse der Gemeinden und ihrer Vorsteher ausgedehnt werden?

Auf den zur Beilegung der hierüber entstandenen Streitigkeiten abgehaltenen Versammlungen treten überall einzelne Lehrer hervor, die bald für, bald gegen Menno sich ereifernd einen Ausweg zu finden suchten.

Es ist notwendig, uns hier mit einigen von ihnen zu beschäftigen. Manche sind uns bereits früher begegnet.[1]

Zu den vornehmsten Lehrern zählten noch 1547 auf einer Täuferversammlung zu Goch: Adam Pastor, Antonie von Köln und Gillis von Aachen. Sie wurden damals als Apostel von Menno ausgesandt und wirkten auch mit grösstem Erfolge, wie an anderer Stelle gezeigt ist. Wohl kurz darauf, vielleicht noch in demselben Jahre wurde aber Adam Pastor, der sich zu „arianischen" Anschauungen bekannte, von Menno in den Bann gethan. Das Lehrstück von der Dreieinigkeit hatte ja schon früher Anlass zu allerlei Auseinandersetzungen gegeben. Menno sandte am 9. September 1550 ein Werkchen: „Eene vermanende belijdinge van den Drieeenigen eeuwigen en waren God" mit einem beigefügten Briefe an die Brüder in Groningen und dem Groninger Land. Menno erklärt darin, dass „in de landen zuidwaarts gelegen" grosser Ärger über die Gottheit Christi und des heiligen Geistes sei, und dass zur Zeit einige

---

formationskirchen hat bei ihnen schweren Anstoss erregt. „Gott fragt nach keinem Tauf", sagt Denck im 7. Cap. seiner zuletzt in Basel verfassten Schrift, „wenn man nur die Ordnung hielt, so einer christlichen Gemeinde zustünde." Ähnlich klagt 1531 Pilgram Marbeck, dass „noch immer keine Ordnung zu Strassburg sei". Schon 1539 wurden Täufer durch den Mangel einer Gemeindezucht bei Andersgläubigen vom Rücktritt zu den Staatskirchen abgehalten. s. z. B. Röhrich, Akten in Z. f. histor. Theologie 1860 p. 53, 113.

[1] Im Jahre 1546 verliess Menno das Kölner Gebiet und begab sich wahrscheinlich zunächst nach Lübeck, wo noch in demselben Jahre eine Verhandlung mit David Joristen stattfand.

Im Jahre 1547 hat er einer kleinen Synode von Taufgesinnten zu Emden beigewohnt. Kurz darnach fand eine ähnliche Synode, die zu Goch, statt. Auf dieser Synode zu Goch wurden zu Aposteln bestimmt, d. h. zur Verkündigung des Wortes ausgesandt:

 1) Adam Pastor,
 2) Hendrik van Vreeden,
 3) Antonie van Keulen,
 4) Gillis v. Aachen. (cf. Cramer, het leven p. 83.)

aus jenen Gegenden, welche dorthin kämen, grossen Verdruss anrichten. [1]

Um 1550 etwa gab es unter den Taufgesinnten zwei Hauptrichtungen:

1. eine freiere, vertreten durch Obbe Philipps, Adam Pastor, später Waterländer,

2. eine strengere in Dirck Philipps, Lenard Bouwens und besonders Menno Simons. Alle griffen an den verschiedensten Orten in die Streitigkeiten ein, indem sie durch Wort und Schrift die Entscheidung in ihrem Sinne herbeizuführen bestrebt waren. Allenthalben war ein lebhafter Streit entbrannt über die Berechtigung und Handhabung des Bannes.

Erkannten auch alle die Notwendigkeit desselben an, so war man doch noch weit entfernt von einer Einigkeit der Meinungen über die Art der Ausübung. Um den an ihn als eine massgebende Persönlichkeit vielfach gerichteten Bitten zu entsprechen und seine Meinung in der für ihn so wichtigen Frage kund werden zu lassen, verfasste Menno verschiedene Sendschreiben, welche aber auch ihrerseits eine Beschwichtigung der Gemüter nicht erreichten. Schliesslich nahm man seine Zuflucht wieder zu einer grossen allgemeinen Versammlung, welche auf 1555 nach Strassburg ausgeschrieben wurde. [2] Man plante sogar eine Vereinigung der ober- und niederdeutschen Täufer. Als Vermittler sollten Zillis und Lembgen dienen. Da aber diese, obwohl Schüler Mennos, mehr den Oberdeutschen zuneigten, so wurde das Band nur noch mehr gelockert. 1556 fand abermals eine Versammlung statt. Sie war von 50 Lehrern und Ältesten aus ganz Oberdeutschland besucht. Gegenstand der Beratungen waren besonders die „Wismarer Beschlüsse". Die Resultate wurden Menno brieflich mitgeteilt. [3]

---

[1] Welche Einflüsse hat hier Menno im Auge? Sind es die Schriften und das Wirken eines Campanus und Adam Pastor oder von Männern aus der Schweiz und Italien?

[2] cf Ottius, Annales anabapt. p. 130: „In einem glaubwürdigen Brieff anno 1557 von der oberländischen an die niderländische Gemeine geschrieben, wird gezeuget, dass von der Eyfelb biss in Moravien wol 50 Gemeine gewesen seyn, deren etlich zu 500 und 600 Brüder stark waren, als dass auch zur selbigen Zeit ohngefehr 50 Eltesten und Diener des göttlichen Worts / uuss den ungefehr bei 150 Meilen umbligenden Landschaften zu Strassburg versammlet gewesen . . .

[3] Brons, Ursprung p. 93—95.

Dem Artikel über die Ehemeidung stimmten die Lehrer in Strassburg ausdrücklich bei mit dem Bemerken, dass jeder besondere Fall mit der grössten Sorgfalt und nach den Worten Christi und der Apostel behandelt werden müsse, und dass man zuerst mit aller Bescheidenheit und nach dem Zeugnis der Schrift den schuldigen Teil zur Reue und Rückkehr zu bewegen suchen müsse und nicht zu eilig in solcher Sache handeln dürfe. Sie bitten ferner die Brüder in den Niederlanden, dieselben freundlichen Gesinnungen gegen sie zu hegen, die sie ihnen ihrerseits entgegen brächten, und hoffen, dass die vorgetragenen Meinungsverschiedenheiten keine Ursache zu Unfrieden werden möchten, gleichzeitig die Bitte nochmals anschliessend, doch nichts auf die Spitze zu treiben.

Eine Einigkeit zwischen den Oberdeutschen und Menno wurde jedoch nicht erzielt. Ob ein allzu starres Festhalten an der eigenen Lehrmeinung oder nur Missverständnisse dieses verschuldet haben, ist nicht aufgeklärt. Selbst die Abgesandten Mennos wurden schliesslich unter sich uneins und suchten unter den Brüdern, auch der mennonitischen etc. Gemeinden, am Niederrhein und in den Niederlanden Anhänger für ihre Ansichten zu gewinnen. Hatte man sich auch über die Notwendigkeit des Bannes geeinigt, so gingen doch die Ansichten im Punkte der Ehemeidung weit auseinander.[1]

Um alle Missverständnisse zu beseitigen, entschloss sich der alternde und körperlich schwache Menno noch einmal zu einer Reise nach Köln,[2] um hier, wo Zillis und Lembgen[3] ihn ebenfalls verdächtigt hatten, eine grosse Versammlung abzuhalten. Man beschuldigte ihn, er sei seiner Ansicht über den Bann nicht treu geblieben; er habe früher anders über dessen Anwendung gedacht und geschrieben, als jetzt. Menno hatte sich in der That in den seit 1540 schwebenden Fragen über den Bann anfangs entschieden für die mildere Auffassung ausgesprochen. Als aber offene Spaltungen eingetreten waren, erklärte er sich zu Gunsten der strengeren

[1] cf. Brandt, Historie der Reformatie I, 183-4; Starck, Gesch. der Taufe. Lpz. 1789 p. 294, 299 ff.

[2] Cramer, het leven van M. Simons p. 134. Es zog den Menno wieder in die Gegenden, wo er die Kraft seines Lebens verbracht hatte, obwohl es hier durchaus nicht gefahrlos war, wie die Hinrichtung des Thomas von Imbroich etc. zeigte, 1558.

[3] 1556 (etwa Mai) kam Lembgen, der ausdrücklich als „een Hoogduitsch Leeraer" bezeichnet wird, mit andern zu Menno, um mit ihm über den Bann zu verhandeln.

Richtung und forderte die sofortige Ausschliessung grober Sünder
und die Ehemeidung des gebannten Gatten.

In Köln einigte man sich in etwa dahin, dass einer, „der in
fleischliche Werke verfallen sei", nicht eher ausgeschlossen werden
solle, als wenn er drei Mal ermahnt sei, ohne sich zu bessern.
Sobald ferner irgend ein Bruder von heimlichen Vergehen eines
anderen etwas erfahre, solle er dieses sofort zur Kenntnis der Gemeinde bringen, damit es dem Schuldigen vorgehalten werde.

1559 gab Menno seine letzte Schrift[1] heraus, eine aus
tief gekränkter Seele geschriebene Verteidigungsschrift gegen Zillis
und Lembgen. Er versucht diesen nachzuweisen, dass nicht er
seine Ansicht geändert habe, sondern dass sie die Unbeständigen
seien, zeigt ihnen, dass ihm keine Wankelmütigkeit in Wort und
Schrift nachgewiesen werden könne und bezeugt die Richtigkeit
seiner Ansicht mit dem Evangelium.

So schwer aber Menno auch litt unter dieser „rabies theologorum", „eins tröstete ihn: die Zerwürfnisse mussten mit der
Zeit schwinden, denn die taufgesinnten Gemeinden standen nach
dem Wahlspruche: „Es kann kein anderer Grund gelegt werden,
als der, welcher gelegt ist, Jesus Christus", frei von allem Dogmen-
zwang auf dem Boden des Evangeliums".[2]

Die allmählich offenkundig gewordene Spaltung in die „feine"
(strengere) und „grobe" (mildere) Partei wurde erst 1591 auf der
Synode zu Köln wenigstens teilweise beigelegt. Jedenfalls kam
hier die Vereinigung einer grösseren Anzahl von Gemeinden zu
stande. Das dort abgelegte Bekenntnis („Concept[3] von Cöln")

---

[1] „Een zeer grondelijke antwoord op Zylis en Lemmeken Faamroven,
Achterklappen en Scheldewoorden over onze gronden leere." 1559. Jan. 23.
Menno erzählt uns in dieser Schrift, (vergl. Mennos Werke, 1646 p. 481a),
dass die beiden Männer früher Lehrlinge, dann seine Freunde gewesen seien.
Sie hätten sich nun sehr ungünstig über sein letztes Werk: „van den apostolischen Ban" ausgelassen. Deswegen kündige er ihnen die Bruderschaft und
spreche den Bann über sie aus: „Ende ten deelen oock moogt weten, hoe
dat ick en de vromen, die bij en met mij zijn, nit de vreeze onzes Gods,
niet meer durven of mogen uwe Broederen zijn en heeten, alzoo lange en
veel daar niet een zulken grond, leer, gehoorzaamheid, bekentenis, verzoening
en boete bij v bevonden wordt, daar door des Heeren Heilige genoemde
gevredigd en een good genoegen aan u hebben kan.

[2] Brons, a. a. O. p. 101.
[3] s. Beilage 7.

ist uns noch erhalten. Es ist in seiner Art das älteste Formular eines gemeinsamen täuferischen Bekenntnisses. Zum Teil zeugt es von der Verbreitung der zahlreichen Bekenner in den umliegenden Landen, (15 Lehrer waren aus Holland und vom Niederrhein in Einmütigkeit versammelt gewesen) zum Teil von der selbstlosen Absicht, durch grösste Einfachheit des Bekenntnisses dem individuellen Glaubensleben einen möglichst weiten Spielraum zu gewähren. Die Handhabung der Wiedertaufe wird von den Taufgesinnten damals abgeschafft und verboten. Sie bekennen damals betreffs der Taufe: „De mensche, hem zelven zondig bekendt, doet en bewijst waardige vrugt van boete, neemt Christus woort geerne aen een uyt syn eygen aanzoek begeert gedoopt te zijn, den zelven door een onstraffelijken daar toe verkoeren Dienaar met water te doopen, in den name des Vaders, des Zoons ende des Heyligen Geestes: Ende jemandt, die allzo als verhald is, gedoopt is, dienzelven niet weder te doopen."[1] —

Zu den Unionsbestrebungen sind auch die Versuche der mährischen Brüder zu rechnen, welche dahin zielten, ein gemeinsames Bekenntnis herzustellen und die Brüder in das gelobte Land der Täufer, nach Mähren, hinüberzuziehen. Mit Recht hat Sepp in seinen „Kirchenhistorischen Studien" (p. 10) darauf aufmerksam gemacht, dass bisher viel zu wenig Gewicht gelegt sei auf die Einflüsse dieses Landes und Böhmens auf Deutschland und die Schweiz. Böhmen war das Land gewesen, wohin Storch und Münzer gezogen waren als Wohnsitz von Geistesverwandten. Bereits 1521 werden die Ansichten dortiger Gemeinden als „irrische böhmische Stück" bezeichnet.[2] Nach Böhmen und Mähren wandten sich bald nach den ersten heftigen Verfolgungen zahlreiche Oberdeutsche und besonders schweizerische Täufer. Dieser Austausch

---

[1] cf. Corn. van Huyzen, histor. verhandeling. Emden 1712 p. 28.
(Vielleicht handelt es sich hier um Personen, die bereits von anderen Sekten in höherem Alter getauft sind.)
Eine vollständige Aussöhnung der verschiedenen Richtungen begann sich seit 1626 anzubahnen und empfing durch die Synoden zu Haarlem (1649) und Utrecht (1661) ihre Bestätigung. s. Keller, Reformation p. 476.
[2] Seidemann, Thomas Münzer (1842) p. 15. — Es möge hier hingewiesen werden auf eine alte Sammlung von Gesängen und Kirchenliedern aus dem 16. Jahrhunderts, die den interessanten Titel trägt: „Ein Gesangbuch der Brüder in Behemen vnnd Merherrn / die man auss hass vnd neyd / Pickharden Waldenses etc. nennet . . ."

der Kräfte ging so weit, dass schweizerische und mährische Brüder
identisch wurden.[1]

Aus aller Herren Ländern kamen sie dorthin. Zu allen Zeiten
werden unter den dort zugewanderten Täufern auch Rheinländer genannt. Eine besonders lebhafte Propaganda nach aussen wurde seit
1550 begonnen. Missionen gingen nach allen Himmelsgegenden, nicht
allein nach Ungarn, Bayern, Tirol etc., sondern auch an den Rhein.[2]

Am Ende der 50er Jahre des 16. Jahrhunderts machten
die mährischen Gemeinden z. B. den Versuch, eine Verbindung
mit den Aachener Täufern herzustellen, um Glieder der Aachener
Gemeinde zum Übersiedeln nach Mähren zu veranlassen. Sie be-
dienten sich zu diesem Zwecke Hans Raiffers, eines Mannes, der
im Kreise der mährischen Glaubensgenossen ein hervorragendes
Ansehen genoss. Einige Lieder von ihm sind erhalten. Er wurde
am 9. Januar 1558 mit 11 Gefährten in Aachen gefangen genommen.
Nach längerer Gefangenschaft folgte der Rat der Stadt Aachen
schliesslich dem Beispiele Kölns, wo im März 1558 Thomas von
Imbroich gefallen war: sie verbrannten ihn (19. Oktober).[3]

Interessant ist, dass sich später gerade in Köln eine schrille
Stimme gegen die Propaganda der Täufer, besonders aus Mähren,
erhob.[4] Der Titel des Werkchens lautet: „Ein anders schön newes
Lied. Darinnen der Betrug und arglistige art der Huetterischen
Widertauffer wahrhaftig und eigentlich vor augen gestellt wirdet.
Allen gutherzigen frommen Christen zu nothwendiger Erinnerung
und getrewen Warnung gemacht und in Truck geben durch Johann
Eysvogel von Cöln, gewesten Hutterischen Widertauffer
Bruder zu Austerlitz in Mährern. Im Thon. Wie man das
Lied von Olmütz singt. Anno MDLXXXVI.“

[1] Besonders die in Nickolsburg als im Hauptsitze zurückbleibenden
Brüder. (Loserth, Communismus p. 141.)
Ein Ältester der Täufer in Mähren (Gabriel Scherding, ein Gegner
Jacob Huters) gab eine Schrift heraus: „Was sich ereignet hat unter den
Brüdern, die aus aller Deutschen Nation vertrieben waren, um des
Glaubens willen, die darum in derselben Zeit ins Mährenland gekommen zum
Aufenthalt ihres Lebens etc.“
[2] vergl. Beck, Geschichtsbücher p. 225, 227, 230, 252, 282.
[3] cf. Hansen, Z. des Aachener Geschv. VI.
[4] Seine Worte benutzte später der Feldsberger Pfarrer Christoph
Andreas Fischer, um auf ihnen seine leidenschaftlich-parteiischen Geschichten
aufzubauen.

5. Täuferische Gemeinden.
Ihre religiösen Anschauungen und Gemeindeorganisation
in der zweiten Hälfte des 16. Jahrhunderts.

Aus Akten im Düsseldorfer Staats-Archiv und Ratsprotokollen etc. der Stadt Köln ergiebt sich, dass trotz der heftigsten Verfolgungen, trotzdem alle Monate auf geringste Indicien hin die strengsten Edikte erlassen bezw. erneuert wurden, sich täuferische Gemeinden erhalten haben, die bei Nacht in verborgenen Winkeln und Gassen ihre Konventikel und Erbauungs-Versammlungen hielten. Über den Ort der Vereinigungen, über die Zahl der Teilnehmer, deren Namen u. s. w. wurden manchem Gefangenen in seiner Todesnot auf der Folter Mitteilungen entpresst, die aufgezeichnet und erhalten sind.

Es war im Jahre 1551, als von seiten des Herzogs von Jülich dem Rate der Stadt Köln die Anzeige zuging, dass der Schröder Nellis auf dem Domhofe und der Schuhflicker Heinrich auf dem Krummbüchel zur Sekte der „Wiedertäufer" gehörten. Diese Mitteilung wurde in Köln die Veranlassung zu einer äusserst grausamen Verfolgung, welche der Täufergemeinschaft am Niederrhein ihre fähigsten Prediger und besten Mitglieder entriss. (s. o.) Auffällig ist, dass von den vielen, welche zu Köln gefangen werden, nur wenige aus der Stadt selbst stammen, dass vielmehr der grösste Teil eingewandert ist, und zwar aus Jülich. Unter den im Jahre 1565 gleichzeitig ergriffenen 57 Personen sind ebenfalls weitaus die meisten aus Jülich oder Berg, in der Mehrzahl auswärtige Handwerker. Nur wenige aus Berg gehörten den besseren Ständen an.

Der Rat in Köln hatte sehr bald herausgefunden, dass sich in der Stadt eine Art Rendezvous-Platz für vertriebene Wiedertäufer herausgebildet habe. Um daher der zahlreichen ferneren Einwanderung fremder Personen, über deren Glaubensbekenntnis man im Zweifel sein konnte, zu steuern, erliess er die Verordnung, dass „die unchristliche verdampte Sekte der Wiedertäufer und andere aufrührische und verführerische böse Lehre nicht geduldet werden solle. Wie auch am Tage erfunden wird, dass allerlei dergleichen unchristliche Sectarii, welche aus anderen Landen und Städten verlaufen, verbannt oder vertrieben werden, sich in diese unsere Stadt ergeben, heimlich unterschleifen und verbotene Conventicula halten". Alle Fremden, die ankommen, sollen von ihrer früheren Obrigkeit ein Attest über ihre Herkunft, ihr Bekenntnis pp. vorzeigen, bevor sie beherbergt werden.

Dieselben Bestimmungen werden in Jülich getroffen. Die Bekenntnisse, die in den Kölner „Thurmbüchern" erhalten sind, ergänzen in mancher Beziehung unsere Kenntnis der täuferischen Bewegung in Jülich; so berichten sie über zahlreiche Versammlungen, z. B. in einem Walde im Amte Montjoie[1] (1555), worüber die Akten im D. St.-A. schweigen.[2] —

Von den vielen in diesen Jahren eingekerkerten Täufern, die, wie gesagt, meist aus Jülich stammten, standen nur wenige von ihrem bekannten Glauben ab. Die Hartnäckigsten wurden den „Gewaltrichtern" übergeben und „gerechtfertigt", wie der stereotype Ausdruck für Folterung und Hinrichtung lautet. In den Monaten August, September und Oktober 1565 wurde eine Schar solcher Menschen, welche trotz aller „Bekehrungsversuche" und Drohungen sämtlich „bei all ihren bekannten Irrtümern verblieben und halsstarrig darin verharrten, „dem Grafen geliefert, um denselben Recht und kein Unrecht" widerfahren zu lassen. Der Graf aber fällte schliesslich in Gegenwart der Schöffen den Spruch, dass diese Wiedertäufer für immer der Stadt verwiesen sein sollten; jeder, der von ihnen nach Köln zurückkehre, solle ohne Erbarmen vor Ablauf von 24 Stunden mit dem Tode bestraft werden.

Im Jahre 1566 (August) wird in Köln „verdragen", an den Herzog von Jülich und den Grafen von Neuenahr[3] zu schreiben,

---

[1] In Montjoie bestand noch 1711 eine Anabaptisten-Gemeinde, die sich in Einruhr versammelte. In dem genannten Jahre wurde in Aachen, Middelburg, Amsterdam u. s. w. eine Collecte abgehalten für die „vertriebenen Monschjouwer bruders auf der Einruhr". (Rechnungsbücher der Aachener Mennoniten-Gemeinde; cf. Hansen, Z. d. Aach. Geschv. VI, p. 306 Anm. 1.)

[2] Wichtig wegen derartiger und ähnlicher Aufklärungen ist ein grosses Papierheft im C. St.-A., welches von der Hand des Turmschreibers angefertigt ist: „Becantnuss der wedertäufern (1565. Juni 25). Confessio anabaptistarum incarceratorum." (s. u. p. 540 f.)

[3] Am 22. Sept. 1561 war schon dem Rate in Köln berichtet, dass Frau Walburg nebst ihrer Dienstmagd Agnes von Aich im Neuenahrschen Hofe wiedergetauft seien. Beide waren deswegen eingezogen, aber auf Bitten der Prinzessin oder Frau des jetzigen Prinzen von Brabant und Gräfin von Mörs und Neuenahr trotz ihrer zuvor bekannten Wiedertaufe der Haft entlassen und mussten in 8 Tagen die Stadt räumen. :) Diese Notiz, vereinigt mit den Mitteilungen, dass auch im Palanter und Renneberger Hof zu Köln Wiedertäufer gewohnt und Versammlungen abgehalten haben, ver-

dass sie nicht gestatten möchten, „dass in den jetzonder gar gefehr-
lichen leufen sich zu Millen und umb die Stadt die Leute etlich
neuen falschen Prädikanten ergeben, da von vielfeltigen secten
und winkelpredigern ein geschrei komme". Wegen der Wichtigkeit
der Angelegenheit wird sogar der Bürgermeister Lieskirchen persönlich abgeordnet, die genannten Herren dazu anzuhalten, dass
keine Versammlungen des Volkes und fremder Prädikanten erlaubt werden. —

Auf die engen Beziehungen, die zwischen den Jülicher und
Kölner Täufern nach jeder Richtung bestanden, auf gegenseitigen
Wechsel der Gemeindeglieder, auf gemeinsame Wirksamkeit von
Predigern und Täufern haben wir bereits hingewiesen. Es erübrigt
nun noch einiges über die Summe ihrer religiösen Anschauungen
und die innere Organisation der Gemeinden, soweit wir darüber
unterrichtet sind, nachzuholen. Es finden sich darüber u. a. einige
zerstreute Mitteilungen in den Bekenntnissen gefangener Täufer
zu Köln, die in den Akten im dortigen Stadtarchiv unter „Kirchliches" erhalten sind. Die Mitteilungen beziehen sich meist auf
die Kölner Gemeinde, die ja hauptsächlich aus eingewanderten
Jülichern bestand und sich trotz der Verfolgungen standhaft erhielt,
so dass ihre Zahl 1562 auf weit über 100 Mitglieder gestiegen
war. Was diese Zahl bedeutet, ermessen und würdigen wir erst,
wenn wir die Mühen der Brüder in Betracht ziehen, aufrichtige Anhänger zu gewinnen, die bei etwaiger gefänglicher Einziehung —
und diese hatte über kurz oder lang jeder zu gewärtigen — auch
die nötige Standhaftigkeit im Glauben nicht vermissen liessen und
die Gemeinde nicht verrieten. Mit der grössten Vorsicht und
Ängstlichkeit gingen die Vorsteher bei ihrer „Probe" vor. Kaum
der dritte Teil derjenigen, welche die Versammlungen zu besuchen
pflegten, war durch den Empfang der zweiten Taufe in den Kreis
der Auserwählten aufgenommen. Gar oft hielten die Wiedergetauften ihren Gottesdienst gesondert von den „Aspiranten" ab.
Die Verhörsprotokolle zeigen, dass dieses Verfahren die erwarteten
Früchte zeitigte. Nur in wenigen Fällen liessen sich einzelne zu

---

breitet einiges Licht. — Wenn die Besitzer der Höfe auch selbst nicht
Wiedertäufer waren, so haben sie dieselben doch auffällig begünstigt, haben
zum wenigsten einen Hauch verspürt jenes Leben spendenden Elementes,
in dem allein eine religiöse Entwicklung sich wahrhaft glücklich vollziehen
kann; von Gewissensfreiheit und Duldung. (s. p. 140 ff.)

Aussagen über die Stärke der Gemeinden, Zusammenkünfte, Prediger, Gottesdienst und andere Dinge bewegen. Fast durchgehends verweigerten sie jede ihre Mitbürger irgend gefährdende Aussage, da sie „dem Beispiele des Verräters Judas nicht folgen" wollten.[1] Was sich für Verfassung, Lehre und Leben der Gemeinden und ihrer Glieder aus den abgerissenen Protokollsätzen ergiebt, ist etwa Folgendes: Die Gemeinde[2] leitete ein Diener des Wortes, der von den „Prinzipallehrern", deren wir oben einige erwähnten, eingesetzt wurde.[3] Er übte in Verbindung mit der Gemeinde einen strengen Kirchenbann.[4] In dem Bekenntnis des Wilhelm Bouff (1561; D. St.-A.) heisst es: „ausserdem thun die Wiedertäufer in ihrer Versammlung inquisition, wer sträflich und bei ihrem fürhaben nit standhaftig verharrt, vor dem sie Furcht haben mochten,

---

[1] Prozessakten des Goddert Schneider aus Bergheim (Jülich) (D. St.-A. Jul.-Berg. L. A. IV. c. 14e) 1566.

Denselben wurden nach einem alten Schema 43 Fragen vorgelegt, z. B. 19. u. 20.: „Was man bei der Aufnahme versprechen müsse in, wie sie es nennen, christlichen Bund? Wo und bei wem Lehrer und Anführer unterschleift und beherbergt werden?

Antwort: Keinen Eid brauchten sie zu leisten, sondern wenn jemand die tauf in irer gemeindt angenommen, so müssen sie globen, daby zu verbleiben und darvon nit abzustehen, und wenn sie auch das leben darüber verlieren sollten, und sovern sie darüber gefangen würden, sollen sie festhalten und ihre mitbroeder und sistern nit melden."

[2] Für diesen Punkt ist die Aussage des peinlich durch den Scharfrichter verhörten Hermann Kleberg wichtig. (D. St.-A. sub. 14c. fol. 435.) (Sie hätten Nachtpredigten abgehalten unter Leitung des Heinrich Krufft und Thies von Dülcken. Ihre Zusammenkünfte fünden statt im Amte Steinbach jenseits Hochkeppel an vielen Orten, auch bei Wipperfürth in einem Busche.) Sie hätten in ihrer Versammlung vier, welche Älteste genannt würden, . . . ihr Amt sei, auf die andern Aufsicht zu halen und sie zu regieren; bei zweien derselben würden die Lehrer „unterschleift".

[3] Die Bestätigung geschah wohl, wie es in Oberdeutschland nach der Weise der altevangelischen Gemeinden Brauch gewesen und noch war, durch Handauflegung.

Ob die Prediger ein bestimmtes festes Gehalt bezogen, wissen wir nicht, ist aber wohl nicht anzunehmen. Sie erhielten jedenfalls von einzelnen für ihren Unterhalt freiwillige Gaben. (D. St.-A. IV. c. 14c: „Kranken und Armen, sowie Lerern gäben sie, was jedem gefällig.") In Köln wird allerdings um 1609 ein Täufer-Prädikant erwähnt, der eine Tagesbesoldung von 6 Albus erhielt.

[4] Einige markante Fälle (Strafen wegen Unmässigkeit, wegen Vergehen gegen das 6. Gebot) finden sich häufiger in den Akten. z. B. D. St.-A. IV c. 14d. vol. I.

die sie und ihre Gesellschaft bei den catholischen und papisten Menschen melden wurde. Wer einige Gemeinschaft und Freundschaft den Papisten und andern Secten[1]) gehalten, werde gestraft in Mitteln und Ansehen dero aller als ein abgesägtes Glied und muss in Gegenwart aller öffentlich Poenitenz thun."[2]) Ausser den Predigern verwalteten besondere Diakonen das Armenwesen.

Die Feier „der heiligen Handlungen, die Christus zum Zeichen seines Bundes eingesetzt hat", — es ist zu beachten, dass sie selbst stets diese Bezeichnung, nicht „heilige Sakramente" wählen — begehen sie streng nach apostolischem Vorbild.

Über die Feier des heiligen Abendmahles erfahren wir: „Wenn das heilige Abendmahl ausgeteilt wurde, nahm der Prediger das Brot in die Hand und brach einem jeden ein Stück davon, und sobald es gespendet war und ein jeder ein Stück in der Hand hatte, nahm der Prädikant auch ein Stück für sich selbst, steckte es in den Mund und ass es; und sofort, sobald das übrige Volk solches sah, that es dasselbe. Der Prädikant bediente sich aber keiner Worte, keiner Zeremonien und keines Segens. Gleich nachdem das Brot gegessen war, nahm der Prädikant eine Flasche mit Wein oder ein anderes Trinkgeschirre, trank zuerst und schenkte dann allen Mitgliedern daraus. Auf diese Weise geniessen sie die „Brotbrechung".[3])

---

[1]) „Ich weiss gewiss", sagt Menno Simons, „dass, wenn wir nicht mit allem Ernst darauf geachtet hätten, die Anhänger der münsterischen Schwärmer fern zu halten durch das Mittel des Bannes, so wären wir jetzt nicht so rein von Greueln der verkehrten Sekten, welches wir jetzt vor aller Welt bezeugen können. Ohne den Bann hätten unsere Gemeinden allen Irrgeistern, allen Verächtern und mutwilligen Sündern offen gestanden, während nun das helle, klare Licht des Evangeliums in dieser Zeit der antichristlichen Greuel uns geoffenbart wird." Eifrig schrieb und mahnte er zur Vorsicht bei Aufnahme neuer Glieder. Seien sie aber erst durch die Taufe der Gemeinde einverleibt, so müssten sie, sobald sie einem ärgerlichen Leben und falschen Lehren (wie sie die Schwärmer aufstellten) verfielen, sofort von der Gemeinde abgeschnitten werden. Brons, p. 77, 78.

[2]) Hierin prägt sich wieder der schroffe Separatismus, die völlige Scheidung der Bekehrten und Unbekehrten aus, was zu dem eigentlichen Wesen der täuferischen Richtung gehört, die eine wahre heilige christliche Gemeinde der Wiedergeborenen durch einen besonderen Bund der Gläubigen darstellen und einrichten will.

[3]) Akten im C. St.-A. Kirchliches Nr. 422; cf. Ennen IV, 812.

Nach derselben wurde gewöhnlich die Wiedertaufe gespendet. Diese wird in der Weise vollzogen (s. Bekenntnis des Wilh. Bouff), dass sich der Täufling vor dem Täufer auf die Knie niederlässt. Letzterer nimmt Wasser aus einem Kruge in die Hand, giesst es jenem auf den Kopf und spricht: „Ich taufe dich auf deinen itzigen bekannten und angenommenen Glauben[1] im Namen des Vaters ...."[2]

Den Predigten der Prädikanten werden zu Grunde gelegt die Evangelien und die Epistel Pauli. —

Was Joh. Schomacher in Jülich 1557 bereits gesagt hatte: „Die Taufe bringe keine Seligkeit, nur Gehorsam", wird in Köln bestätigt. Das was den Taufgesinnten den Namen „Wiedertäufer" gegeben hat, ist durchaus nicht das wesentliche, sondern nur das äusserlich sichtbare Merkmal und steht daher mit der Verwerfung alles weltlichen Wesens (wie die Manichäer lehrten), der Ehe mit „Ungläubigen", alles Kirchenwesens und des obrigkeitlichen weltlichen Amtes auf gleicher Stufe. —

Die Mitglieder der Brüdergemeinden „erkennen sich am Sprechen", d. h. an dem bekannten Grusse und Gegengrusse: „Friede sei mit Dir".

Was den Besitz zeitlicher Güter anbetrifft, so waren ihre Gepflogenheiten von Gütergemeinschaft oder schroffem Kommunismus weit entfernt.[3] Das Unterstützungswesen der ärmeren Brüder war allerdings stark ausgebildet. Die Beihülfe, welche an sie geleistet wurde, war aber bei ihnen stets eine freiwillige und geschah nicht

---

[1] Daher nannten sie sich selbst z. B. in Briefen mit Vorliebe: „Die Unterthanen, die auf ihren bekannten Glauben getauft sind."

[2] cf. Habets p. 110 ff. Hier wird die Wiedertaufe in derselben Weise vollzogen. Der Täufer taufte „met water uit en potteken.) Man hatte auch dort der Kindertaufe die Spättaufe vorgezogen, weil von ersterer in der hl. Schrift nichts gemeldet werde und bei Marcus XVI, 6 und Matth. 28, 19 erst vom Glauben, dann erst von der Taufe gesprochen werde. — Übrigens erklärte der genannte Bouff ausdrücklich, dass sie nicht die Lehre hätten, dass keiner selig werden könne, der nicht die Wiedertaufe empfangen habe.

[3] Etwa um dieselbe Zeit schrieb Conrad Heresbach (1570) sein Werk „Von der christlichen Verwaltung des Staates", worin er sich auch gegen Erasmus, der den utopischen Kommunismus eines Thomas Morus verteidigte, wandte und die Notwendigkeit des Besitzes für jedermann behauptete. (cf. Wolters p. 705.)

etwa in der Art, dass jeder, der in Not geriet, volle Rechtsansprüche
auf die Unterstützung seiner vermögenden Mitbrüder hätte erheben
können. 1562 bekennt z. B. Maria, Tochter des Johann von
Elsserrandt: „Die Mächtigeren und Reicheren geben nach ihrem
Vermögen Geld den Predigern wie den Armen und Bedürftigen
im Notfalle, damit sie nicht verhungern." [1]

Dass unsere Jülicher Gemeinden in Lehre und Leben in der
vollen täuferischen Kontinuität standen, zeigen analoge Täufer-
Bekenntnisse z. B. aus Vorderösterreich (aus den zwanziger Jahren
des 16. Jahrhunderts.) [2]

Der Wiedertäufer Ambrosy Spitelmeier aus Linz sagt aus:
„Sie prauchen nit andere word, den der, „ich tauff Dich jn nomen
des vatters, sonns unnd des heyligen geists", und nemen ein waser
jnn ein schüssel oder pecher, und zweien fingern eingetaucht in
das wasser machen sie dem menschen ein creutzlein an das hirren,
und das ist der furm, weys und art jrer tauff; aber vor prediget
man das wort gottes in den creaturen, und glaubt er den worten,
das es jm also sey, darnach mag man jn tauffen, doch unbezwungen;"
oder „nach der ordnung Christi soll einem zuvor das Wort Gotts
verkundt und gepredigt werden, und so er dann dasselb gelaubt,
soll er darnach getaufft werden; — im selben Tauff verwillig ein
jeder in ir bruederschafft. Dieselbig ihr bruderschafft sey die
cristenlich gemaindt oder die gemaindt Gottes, und die anderen
ausserhalb jrer bruederschafft seyen die gottlosen; ferner: ir widertauff sey khain sacrament, sondern ain Zaichen, dadurch sy sich
got ergeben und ir gemuet, gab, kunst und guet der gemaind
Gottes." —

„Christus hab im nachtmal seinen jüngern allain prot und

[1] Auf die Frage: „ob er jemals befördern wolle oder schon gethan
habe Güter- und Weibergemeinschaft?" antwortet 1566 Goddert Schneider
(D. St.-A. JV c. 14e.): „Die Gütergemeinschaft herrsche unter ihnen; denn
wenn jemand wiedergetauft sei, habe der Lehrer gesprochen: „Nu nemen wir
euch mit leib und gut an, und ir gebt euch mit leib und gut Gott und syner
gemeinde." (!) — Dagegen seien sie sehr gegen Gemeinschaft der Weiber und
Dochter. Käme etwas vor in der Gemeinde von Unzucht und Horen, so
spreche der Profisor: „Wir scheiden euch ab von dem Leib des Herrn", und
es würden diese erst nach einigen Monaten, wenn sie Busse gethan, wieder
aufgenommen." — Sind sie balstarrig in Unzucht, so sprechen sie: dieweil
ihr des Herrn Wort übertreten, geben wir euch dem Teufel."

[2] Nicoladoni, Bünderlin v. L. 162, 230.

wein zu essen und trinken gegeben und nit sein leib. In gedächt-
nuss desselben halten sy, so offt sy aus ainer versammlung von
ainander geen, auch dasselbig nachtmal, und sy essen ain prot und
ain wain, wo sy es haben; — und nyemandt mag sälig werden,
dann durch leyden, das sey die recht tauff des pluets, darin sy
sich durch den tauff des wassers verwilligen."[1]

6. Folgen der Gegenreformation.
Programm der herzoglichen Regierung, die Täufer betreffend.

Während in den verschiedenen täuferischen Gemeinden am
Niederrhein ein friedliches, stillreligiöses und praktisch-frommes
Leben geführt wurde, liessen sich doch einzelne Elemente dazu verleiten, sich den Niederlanden zuzuwenden und an den Schreckens-
scenen Anteil zu nehmen, die dort in der zweiten Hälfte des
16. Jahrhunderts während des niederländischen Befreiungskampfes
die Gemüter in Spannung hielten und von neuem die Regierungen
zur Vorsicht und Strenge aufriefen.[2] Da die herzogliche Regierung
im allgemeinen dem spanischen Regiment nicht zuwider sein konnte,

[1] Des weiteren sind unsere Notizen in Parallele zu stellen mit Mitteilungen bei v. Beck, Geschichtsbücher der Wiedertäufer in Östreich-Ungarn
p. 648—50; Loserth, Balthasar Hubmaier. Gerade in Hubmaiers Schriften
kommt die echt täuferische Gesinnung überzeugungsvoll und beredt zum
Ausspruch. vergl. zu Loserths Werk die Besprechung des Bibliothekars
Detmer zu Münster, dessen vollständige kritische Ausgabe von Kerssenbroichs
Geschichte des Münsterschen Aufruhrs mit umfassendem Commentar demnächst erscheint, in den „Monatsheften der Comenius-Gesellschaft", II,
p. 287-90.

[2] Nettesheim, Geschichte der Stadt und des Amtes Geldern I, 266 ff.:
„dass Anfang August 1566 auch in Geldern fremde calvinistische Prädikanten
erschienen mit einer grossen Masse Volks aus den benachbarten jülichschen
und cölnischen Gegenden."
Vergl. den Brief des Herzogs an die Stadt Wesel. (1566, Sept. 23.)
D. St.-A. Dortsche Mscr. XIII, fol. 49: „Es komme ihm zu Ohren, dass
dort Crucifixe und Marienbilder zerschlagen und weggenommen seien. Er
habe nicht gedacht, dass etwas Ähnliches in seinen Landen vorkommen
könne, und geachtet, dass seine Leute sich den schwermeryen und bild-
stormeryen, als in etlichen benachbarten Landen gantz barbarischer wis
furgenommen werden, aldar mit gesellen wollen und werden."

33

liess sie natürlich auch gegen die friedlichen Täufer, deren wahren
Geist und gute Absichten man nun einmal nicht erkennen wollte,
eine mildere Stimmung nicht aufkommen. Ein missgünstiges Geschick verfolgte jene Leute, die von je die bessere Richtung vertreten hatten, und zertrat alle Anfänge etwaiger Duldung ohne
Erbarmen.

Während die Regierung sich wieder entschiedener dem Katholicismus zuwandte, nachdem sie früher die Reformation zeitweise
geradezu begünstigt hatte, entstand auch in Jülich eine grosse
Verwirrung. Daher ist das Bild, welches ein Zeitgenosse, der
Karthäuserprior Arnold Havenius († 1609) entwirft, gewiss kein
erfreuliches, wenn er seine Betrachtungen schliesst: „Man fand in
einem Hause oft Anhänger von drei bis vier verschiedenen Sekten;
denn ein jeder hielt sich für den gelehrtesten und vom heiligen
Geist am meisten erleuchtet." Das waren die Früchte der Verfolgung, dass man den Zusammenhang der Gemeinden löste, ihre
Glieder auseinander riss und die meisten einer willkommenen Selbstentwicklung überliess, die selten etwas Gutes zu Tage fördert. —

Der Einfluss der Gegenreformation, innere politische Verwicklungen gewannen immer mehr Boden. Ein Schlaganfall hatte
auf dem Reichstage zu Augsburg (29. Oktober 1566) den Herzog
Wilhelm getroffen, so dass er 25 Jahre lang gelähmt war und den
Regierungsgeschäften immer mehr entzogen wurde. Vor den Blut-
gerichten Albas flohen seit 1567 immer mehr Flüchtlinge auch ins
Gebiet des Herzogs von Jülich, wohin ihnen die Wut ihrer Gegner
folgte. Der Herzog von Cleve wurde dazu des öftern an strenge
Erfüllung des Venloer Vertrages von 1543 erinnert [1] .... Alle
Momente, verbunden mit der Besorgnis um Erhaltung der Ruhe
und Ordnung im Innern des Landes, veranlassten die herzogliche
Regierung in diesen und den folgenden Jahren, von neuem die
Verbreitung von Büchern und Druckschriften, „die religiöse Irr-
lehren enthalten", zu verbieten, und solche Eingewanderte, die sich

---

[1] Aus der Darstellung und den Akten des 2. Bandes von Kellers
Gegenreformation geht unzweifelhaft hervor, dass das unmittelbare Eingreifen Spaniens in die deutschen Angelegenheiten für das Gelingen der
Wiederherstellung der katholischen Kirche von ausschlaggebender Bedeutung
geworden ist, dass in unseren Gegenden der Calvinismus und der Anabaptismus den Entscheidungskampf um ihre Existenz auf deutschem Boden aus-
gekämpft haben. (Keller, Vorwort zum 2. Bde. der „Gegenreformation".)

über ihr sektenfreies Religionsbekenntnis nicht legitimieren können,
des Landes zu verweisen. Daher wurde am 21. und 28.

August 1566 schon mit Rück-
sicht auf die in Flandern, Brabant, Geldern herrschenden Religions-
unruhen die Zulassung fremder, unberufener Prädikanten, welche
Religionsneuerungen verbreiten, verboten und zugleich angeordnet,
dass da, wo gegen die bestellten Pfarrer und Seelsorger begründete
Klage zu führen sei, des Falls Bericht erstattet werden solle, um
nach Anhörung der Parteien rechtliche Abhülfe zu schaffen. Die
Irrlehren ausstreuenden Prädikanten und deren Anhang sollen nach
fruchtloser Abmahnung verhaftet werden etc. Im Oktober 1567
erging an die Amtleute der Befehl, nicht nur die Wiedertäufer,
Calvinisten und Sakramentierer und deren Busch- und Winkelprediger zu verhaften, sondern auch energisch dafür zu sorgen,
dass die eigenen Pfarrer keine Neuerung in Religionssachen unternehmen.[1] In den folgenden Jahren jagt ein Edikt das andere; alle
befehlen kurz: Rückkehr zum Landesglauben oder Auswanderung.

Folgendes Edikt bildet gleichsam das Programm der Regierung. Es ist eine ausführliche Verordnung,[2] welche die meisten

[1] cf. Scotti, Clev.-Märk. Verordnungen I, Nr. 65, 67, 68, 70; Lacomblet, Archiv V, 80.

[2] Die Prozesse gegen Thomas von Imbroich und andere (Berichte
darüber wurden zwischen den einzelnen Behörden ausgetauscht) hatten wieder
die ungeahnte Verbreitung der Täufer gezeigt. Man hatte erfahren, wie
eifrig die Schriften der „Winkelprediger und falschen Lehrer" gelesen wurden.
In Wesel fanden 1565 Verhandlungen statt gegen die dortigen David
Joristen. (Über die Anhänger des David Joris am Niederrhein unterrichten
uns die Briefe desselben; 2 grosse Sammelbände (gross 8°) auf der Bibliothek
zu Deventer.) Auszüge aus den Protokollen über jenen Prozess bieten die
Dorthschen Muser. XIV, fol. 288 (D. St.-A.): der Schwerstbelastete ist ein
Jülicher. David Joris' „Wonderbock" sei verlesen. Im Jülichschen hat eine
Gemeinde von David-Joristen bestanden, welche 15 Mitglieder zählte; darunter
in Wesel: Meister Joh. von Roermunde, der Goldschmied, Quirin Kistemeker
aus Geilenkirchen . . . standen in Wesel vor Gericht.
Daher das strenge obige Edict d. d. Düsseldorf 1565, Jan. 23. Gleich-
zeitiger Druck im Clev.-Märk. Allg. L.-A. Vol. 1, I. Vollständig bei
W. Teschenmacher, Annales ecclesiastici. (Berl. Muser. quart 21, fol. 228);
(nach ihm habe ich oben den grössten Teil citiert; der mittlere Teil über
die Güterconfiscation nach Keller, Gegenreformation II, 114 f.); vergl. ferner
Berg, Reformationsgeschichte der Länder Jülich-Cleve, herausgegeben von
Tross, Hamm 1826 p. 217 ff.; Auszug bei Scotti I, 150.

33*

Fragen berührt und einen Ausweg zur Schlichtung der bestehenden
Streitigkeiten sucht. (1565, Januar 25.)

„Gnädigster Befelch Hertogh Wilhelms, darin Ursachen angezeigt werden, welche seine F. G. bewegen, ein Confession des
Glaubens dero Unterthanen mit Rath der Stände vorzuschreiben."

„Von Gottes Gnaden, Wir Wilhelm . . . lassen allen und
jeden unsern Amptleuthen, Befelchhabern und Unterthauen, Lehens-,
Schutzs- und Schirmes-Verwandten, wie gleichfalls allen Pastoren,
Offizianten und Kirchendienern hiemit wissen, wiewoll in der Kays.
Mast. unseres allergnädigsten Herrn und des H. Reichs Ordnungen
und Abscheiden, als imgleichen in den Edicten, so weylandt der
Hochgeborne Fürst unser lieber Herr und Vatter seliger Gedechtnus
aussgehen lassen, und durch uns auch unsern Ritterschaften und
Stätten unser Fürstenthumben und Landen vernewert, auch bei
unser Policey-Ordnung nochmals in Druck gegeben, wir genugsam
erkläret, wie es mit den Wiederteuffern und Wiedergetaufften,
dergleichen mit den Sacramentirern, auch andern Sectariern und
Aufrührischen zu halten, und wir uns demnach güntzlich versehen,
Es solten alle unsere Unterthanen von solchen unchristlichen Secten
hinfurter ein Abschewen getragen und sich darin keineswegs verführen haben lassen, so verstehen wir doch, dass dem allen un-
angesehen obgemelte Secten durch Verführung etlicher Winkelprediger und falscher Lehrer ferner einreissen, auch weitere
verdampte unchristliche opinionen eingeführt und ein Einfältigen aus
einem Irrthumb in den andern kommen und fallen sollen, welches
dann uns als einem christlichen Fürsten zu keiner geringer Beschwerung gereichet, In Ansehung wir unsere Unterthanen gern bey
dem wahren christlichen Glauben erhalten und für allen Ketzereien
und unchristlichen Secten verhütet sehen wollten;

Dieweil wir nun vor uns selbst nötig erachten, auch von
etlichen unsern Amptleuthen und Befelchhabern unterthäniglich an-
gesuchet, der straff halber weitere Erklebung zu thun, damit ferner
Verlauf hierin vorkommen und die armen Einfältigen nicht so
elendig und mit Unverstandt zu ihrer höchster Verdamnus verführet und verleitet werden, In Erwegung, die Wiederteuffer und
Wiedergetaufften halten und lehren, dass die Kindertauff nichts
sey, und dass die so nach empfangener Tauff in Sünden
fallen, nicht selig werden können, dergleichen die Menschwerdung Christi verleugnen, auch von dem hochwürdigen

Sacrament des Leibs und Bluts Jesu Christi nicht recht
halten, zu dem ihrer etliche alle Obrigkeit in der Christenheit stracks verwerfen und sonst mehr grewlichen unchristlichen
Irrthumben zugethan und anhengig sein;

Die Sacramentirer aber in dem hochwürdigen Sacrament des
Altars den wahren Leib und Blut unseres Herrn und Heilandes
Jesu Christi wesentlich und gegenwärtig zu sein nit bekennen
wollen, sondern darauf stehen und verharren, dass derselbe allein
figürlich, bedeutlich oder auch gar nicht darunter sei. Wir befinden
auch, dass etliche sich zu der lästerlicher verführischer
Lehr und Secten David Joris begeben und seinen blass-
phemischen Articulen anhangen, welche dan so woll unserer wahren
christlichen Religion als auch der weltlichen Regierung hochbe-
schwerlich und hochschädlich sein. Und wiewoll etliche solcher
leuth auss gutem Eyffer und Einfalt in diese verdampte Lehren
verführet werden, achten wir gleichwoll nötig, unsere Gemeine
Unterthanen, Auch Schutz- und Schirm-Verwandten dafür güttlich
zu warnen, dieweil den diese drey Irrthumben, alss alle andere verdampte verführische und uffrührische Secten dem seeligmachenden
Wort Gottes zu widder, So ist demnach unsere ernste Meinung
und Befehl, dass ihr unsere Amptleuthe und Befelchhaberen auf
solche Wiederteuffer, Wiedergetaufft Menno Simons und David
Joris Sekten Anhengige, dergleichen Sacramentirer und andere
Sectarien und Aufrührische, so sich von der gemeinen christlichen
Kirche absondern, fleissige Achtung habet, und da einer in ob-
geruhrten grewlichen unchristlichen Irrthumben verführet und damit
befleckt, wollen wir, dass der- und dieselbige inwendig 14 Tagen
den nechstem, nachdem dies unser Mandat in den Kirchen verkündigt, sich unsern Amtmann und Befelchhaberen angeben, von den
Pastoren und andern Gelehrten, dahin dieselbige sie weisen werden,
christlichen Bericht empfangen, mit Gnaden des Allmächtigen sich
von ihren Irrthumben abweisen lassen und zu der christlichen
Gemeinte wiederumb zu begeben, wie auch Ihr unsere Amptleuthe
und Befelchhaberen auf solche Verirrte und Verführte Begehr
etliche Gelehrten, wo Ihr die in unserm Ampt ewres Befehls oder
sonst zu bekommen wisst, ihnen fürzustellen, welche aus göttlicher
Schrift christliche Unterrichtung ihnen geben, und da Ihr solche
Gelehrten nicht haben könntet, uns derwegen ersuchet, im Fall
auch bestimpte Wiederteuffer, Wiedergetauffte, David Joris an-

hängige Sacramentarier und andere dergleichen Secturien inwendig dieser 14 Tage nicht angeben würden, sollen sie unsere Amptleuthe und Befelchhaberen mit allem Fleiss nach denjenigen, so mit solchen unchristlichen Sekten befleckt und aus der Kirche bleiben, fürnemlich bey den Pastoren, Kirchmeistern und Köstern erkundigen und etliche Gelehrte, die sie mit der Göttlicher Schrifft unterweisen können, ihnen fürstellen ' welche nun nach solchem empfangenen christlichen Unterricht von ihrem Irrthumb abzustehen willig, sollen von unserentwegen mit vorgehender offentlicher für der christlichen Gemeinte in der Kirche auf Fürhaltung der pastoren beschehener wiederrufung und nach Befindung und Gelegenheit begnadet, auch Verpflichtung von ihnen genohmen werden, sich hinfürter christlich und woll zu halten, und den Wiederteuffern, Sacramentireren, Menno Simons- und David Joris-Anhengern oder andern Sectarien und auffrührischen kein Vorschub oder Unterschleiffung zu thun, die andern aber so bey dem unchristlichen Irrthumb zu verharren gemeint, hattet ihr unsern Amptleuthen und Befelchhaberen mit Nahmen und Zunahmen sambt allem nottürftigen Bericht uns anstund anzugeben, unseres ferneren Befelchs vermög Kais. Mast. und hl. Reichs Constitution und unseres vorigen Edicts zu gewarten, wie auch deren güter liegendt und fahrend alsspaldt und ohne ferneren unsern Befelch zuzuschlagen, zu dem die Schulen, Lehrhäuser und Conventicula, da die Wiederteufferischen Rottengeister, Sacramentirer und andere Sectarien ihre Bykomst, Underschleiffung, Lehr und Predigt haben, sonder einig Übersehen abzubrechen und zu schleifen."

„Mit Toschlagung aver der Güder soll nafolgende Mat gehalden werden. Erstlich dair Mans ader Wyfs Personen beide wedergedöpt und verlopen und ghiene kinder nagelaten, dern Have und Gueder sollen ohne allen Mittel togeschlagen und confisciert, doch die negsten Frunden up ir Begeren vor Frembden umb ein billichs verlaten werden.

Wair Man und Wyff verlopen und Kinder nagelaten, welche den unchristlichen Secten nit anhengig, sollen dieselvige uth den confiscirten Güdern ertogen und unterhalden werden. Woe dan desfals oere negeste Verwandten vorthobescheiden und derwegen mit oen thohandeln, also dat uns ut solichen Güderen temliche afdruckt geschehe und sy (der Kinder Frunde) genogsame Burgschaft doin, den entwekenen uth denselven Güdern ghien Hulp

ader Stuyr tokomen tholaten. Im Fal oick under solichen Kindern
noch einige ungedöpt (darna man sich mit vlyt tho erkundigen) weren,
dieselvige nha christlicher Ordnung noch tho döpen. Da aver eins,
es sy Man oder wyff, den verdampten Secten anhengich und verloupen und dat ander sonder Kinder verlaten, derselven güder weren
thom halven deil tho toschlaen und to confisciren. Doch wa die
verblivende Person sich derwegen mit u verglichen und billiche Af-
dracht doin wolde, hedde man die mit der Versekerung, den ont-
wekenen darvan ghienen Vorschub tho doin, dartho togestaden." [1] —

    „Es sollen auch unsere Amptleuthe und Befelchhaberen gute
beständige Kundschaft und Aufsehens sonderlich in den Büschen,
Broicken, Heiden und auf andern einsamen heimlichen Platzen und
wan die hohe Festtage vorhanden, dergleichen, wan der Mon voll-
wachsen (Vollmond) und lang scheint, vornehmen, damit die Vorgänger, Lehrer, Aufwiegler, Winkel- und Buschprediger an den
Örtern, da sie ihre Zusammenkompsten haben, mögen bekommen
und in Haftung gebracht werden, umb von denselbigen allen Grund
und Gelegenheit zu erfahren, auch sie, als die Verführer der armen
Einfältigen mit gebührlicher Straf zu verfolgen, und weren unsere
Unterthanen fleissig zu ermahnen und zu warnen, sich zu denselbigen nicht zu begeben." [2]

    Es soll den Unterthanen ferner verboten werden, die ver-
führerischen Lehrbücher der Sectirer, sie seien gedruckt oder geschrieben und unter welchem guten Titel sie auch erscheinen mögen,
zu lesen.

    Die zur Ermittelung und Beaufsichtigung der Sek-
tirer gebrauchten Personen sollen aus den confiscierten
Gütern eine angemessene Belohnung erhalten etc. —

---

7. Mittellungen aus Konfiskations-Akten; Verfahren gegen die Täufer im besonderen.

    Wann man in Jülich dazu überging, die Wiedertäufer all-
gemein durch Einziehung ihrer Güter [3] und Landesverweisung statt

---

[1] s. Keller, Gegenreformation II, 117.
[2] vergl. auch Heppe, Geschichte der evangel. Kirche. Iserlohn 1867.
[3] Blieb das Ziel der Obrigkeit, die Täufersekten auszurotten, unver-
rückt dasselbe, so mussten allerlei Wege betreten werden, die zu diesem

Hinrichtung zu bestrafen, lässt sich natürlich nicht angeben. An
besonders hartnäckigen Bekennern wurde ja zwischendurch immer
noch die Todesstrafe vollzogen. Teilweise Güterkonfiskation war
zur Deckung der durch die zahlreichen Religionsprozesse entstehenden Unkosten, welche die herzogliche Kasse nicht bestreiten
wollte, schon länger vorgenommen worden. Wenn z. B. 1534 der
Amtmann zu Born 540 Goldgulden für „Atzung" der Verhafteten
ausgelegt hatte, so wurde diese Summe durch anderweitige Ent-
schädigung reichlich gedeckt. Daher finden sich schon 1534 und 35
zahlreiche Aufstellungen über das Vermögen gerichteter und ver-
hafteter Täufer. Später wurde genau nach den im vorigen Abschnitte mitgeteilten Bestimmungen verfahren. Im Düsseldorfer
Staats-Archiv befinden sich noch verschiedene inhaltreiche Akten-
fascikel über vorgenommene Konfiskation nebst genauer „Spezifikation" der Güter, welche im Besitze der Betroffenen vorgefunden
sind, die des Interessanten mancherlei bieten. Einen grossen Raum
nehmen darunter ein die Akten aus den Ämtern Born, Sittard,
Süstern, Heinsberg: ein neuer Beweis für die Intensivität der
dortigen täuferischen Bewegung, worauf aufmerksam zu machen
wir ja bei den verschiedensten Gelegenheiten schon Anlass hatten.
Nach jenen Registern und Protokollen befanden sich 1575 u. a.
in Born noch 18, in Höngen 15 täuferische Familien.[1] „Das Proto-
collium, erzeichnus und beschreibung dern im landt von Montjoie
ausgewichenen widertauffer de anno 1597—98" weist in alpha-
betischer Ordnung 67 Namen auf. Nach der „Spezifikation der
Güter" folgt in jenem Protokoll ein allgemeiner Bericht: etliche
Unterthanen seien aus eigenem Fürwitz wider gemeine Kirchenordnung von aller heilsamer katholischer Lehre zu den verdampten
Widdertäufern, Busch- und Winkelpredigern getreten etc., viele seien

Wege führen konnten: Hinrichtung und Tod, Vertreibung und Konfiskation
der Güter, Bekehrung.

Die Konfiskation der Täufergüter zu Händen des Staates schien
anfangs ein selbstverständliches Recht zu sein. Später stellte man das Gut
unter besondere Verwaltung und wahrte das Recht der rechtgläubigen Not-
erben. (s. auch Müller, Gesch. der Bern. Taufges. p. 131.)

Ob die Konfiskation zu Gunsten des Staatsschatzes in der öffentlichen
Meinung Anstoss erregt hat oder nicht, lässt sich nicht entscheiden und ist
auch wohl lokal sehr verschieden gewesen.

[1] 1557 waren in Born noch 75 Personen, welche im Verdacht der
Wiedertäuferei standen.

dazu verführt. Des Amtmanns gütliche und ernstliche Mahnungen hätten nichts gefruchtet, sondern je länger je mehr habe das ketzerisch Übel, Unheil und Sekten-Verderben zugenommen; dann habe der Herzog befohlen, „die halsstarrigen mit linder Geldstraf gnediglich anzunehmen"; als auch dieses nicht gefruchtet, habe er ihnen das Land verbieten und ihre Güter konfiszieren lassen; viele seien ins Schleidische Gebiet gewichen, seien wieder zurückgekehrt und hätten die aufstehenden Früchte der konfiszierten Güter weggeschafft etc.[1]

Die Konfiskationsakten geben ein recht anschauliches Bild von manchen Verhältnissen jener Zeit. Mit Schuldigen und Unschuldigen wurde vielfach in gleicher Weise verfahren. Die Güter, „gereide und ungereide", wurden mit Beschlag belegt und verkauft oder verpachtet. Die von den vertriebenen Mitbürgern hinterlassenen Mobilien und Immobilien wurden den Verwandten und Zurückgebliebenen fast aufgedrungen; man suchte ein möglichst gutes Geschäft damit zu machen. Gar zu oft wurde auf diese Weise nur der Habsucht hilfreiche Hand geboten.

Finden sich keine Leute zur Pachtung oder wird zu wenig geboten, so werden die Besitzungen von staatswegen verwaltet.[2] Die Schützen, Boten und Streifcorps haben vollauf zu thun: bald haben sie Häuser niederzureissen, bald nach entlaufenen Wiedertäufern zu suchen, bald werden sie „binnen die Häuser gestellt, um zu verhüten, dass nicht nächtlich und feindlich die inventarisierten Güter entrissen werden", bald haben sie heimliche Konventikel zu stören u. s. w. Und, damit die Ironie nicht fehle, wird hinzugefügt„ „sie haben nach vollbrachter Arbeit wacker gezecht". —

Aber trotz aller Strenge war doch der Erfolg nicht der gewünschte. Zwar haben sich manche „bekehrt, das christliche Sakrament empfangen und sind wieder zu Gnaden angenommen" gegen eine Busse wegen Ungehorsams (wenigstens 60 Goldgulden), viele aber haben die Flucht vorgezogen. Haben sie ihre Kinder zurückgelassen, die „christlich" von der Eltern Gut erzogen werden,

---

[1] D. St.-A. unter IV. c. 14d. vol. III.

[2] „Es ist Befehl, dass bei solchen entwichenen beharrigen Wiedergetauften und andern Sectarien, bei denen sich keine Verwandten zur Pachtung melden, von staatswegen die Güter verpachtet werden sollen, und dass darüber genaue Verzeichnisse in die Düsseldorfer Kanzlei geliefert werden sollen."

wenn sie sich bekehren, „so lässt man den Sohn des Vaters Übertretung nicht vergelten".

Zum steten Verdruss der eifrigen Bekehrer finden sich aber immer noch viele, die trotz aller angewandten Mittel, selbst Folter und „Schläge", sich nicht von ihrem bekannten Glauben abbringen lassen. In solchen Fällen scheut man sich immer noch nicht, sie dem Tode preiszugeben. So wird 1575 Lessgen Lommans, die in Haftung ist und sich von den Prädikanten nicht will bekehren lassen, „vermög Kais. Constitution zu feure verordelt und verdampt, also sie uf irem beharren und bekenntnusse verblieb".

Wie man sonst des öfteren gegen sie verfuhr, dafür das folgende Beispiel: „Des Täufers Gerts Gemahlin Hilla zu Born, die selbst wiedergetauft, ist gestorben. Von ihren Kindern ist sie ohne Verlaub auf dem Kirchhof begraben worden. Deshalb wird, charakteristisch genug für die Zeit und manche Diener unserer Religion der Liebe, befohlen: nicht das graff zu slichten, gein crux daruf zu setzen, sonder holtzen paggen von dem perdtzviller dar inn zo sluin."[1] —

Trotz der vielen Einnahmen, welche aus den Konfiskationen der Güter, die mit Fleiss und blutigem Schweiss im Laufe harter Arbeitsjahre der schweren Zeit abgerungen waren, wo hohe Abgaben und Kontributionen durchziehender Truppen das Land drückten, in den Säckel der Rentmeister flossen, war das Ergebnis für die herzogliche Kasse nicht so glänzend und klingend, da für die vielen helfenden Kräfte mancher zu gute Batzen abfiel.[2] Den Boten und Schützen müssen wegen „alzu grosser und beschwerlicher unvorhergesehener Mühen" Zusätze zu ihrem festen Lohn gemacht werden. Ferner sind eine Reihe von Predigern und Dechanten in ihrem Bekehrungswerke thätig. Von auswärts hat man z. B. den

[1] Ähnliche Fälle wiederholen sich. Bereits aus dem Jahre 1537 liegt ein Analogon aus Bergheim vor. (D. St.-A. IV. c. 14b.): „Eine sacramentarische Person ist begraben, muss aber wieder aufgegraben und unter dem Galgen bestattet werden. Der Abt von Brunvyler schreibt darüber: „Wy dair in den geistlichen rechten hoichloiblichen verbodden, suliche licham uff hillige ader wiggede stele zu begraben, und wie soliche licham begraben wurde, soel der stadt und kirchof in den Ban gelacht syn, und gein goddesdienst gehalden werden, so lang das licham da ist."

[2] In den Vogteirechnungen des Amtes Bergheim heisst es u. a.: „Item is eine alde gewonheit, wann als man richt, gifft min gnedige lieve here radt, scheffen, boeden und capelaen dat mittagsgelach." —

Matthias von Aachen zitiert, der lange Jahre als Bekehrer und Prediger wirkt. Ausser ihm sind als „Examinatoren" beide Landdechanten von Jülich und Süstern und andere Assessoren zu Sittard thätig. In den Rechnungen der Schultheissen etc. kehren besonders häufig grössere Ausgaben wieder für „gemein Examen etlicher Sectarien oder dergl.". Damit stehen nahe in Verbindung die Ausgaben für „Stricke und Kerzen in dem Thurm". Alles zusammen giebt eine gewiss nicht gerade allzu süsse Vorstellung von der Bekämpfung religiöser Irrtümer durch geistige Waffen [1]

Es mögen hier einige Passus aus Amtsrechnungen eingefügt werden. (Amt Bergheim 1536.) Heinrich Jacobs ist verhaftet worden, weil er seine Mutter, die wiedergetauft war, auf dem Kirchhofe begraben hatte. Im Beisein des Landschreibers ist er deswegen vom Scharfrichter (!) „versucht". Da er „sins vurnemens nit afstain wolde, ist er zu recht gestalt" und mit dem Schwerte gerechtfertigt. Da gleichzeitig einige andere Männer und Frauen vom Scharfrichter geschreckt sind, so belaufen sich dafür im ganzen die Unkosten auf XXI mrc 7 β, und zwar setzt sich die Summe aus folgenden Posten zusammen, woraus zugleich der Gang des Verfahrens in etwa ersichtlich ist:

ein Bote gesandt zum Scharfrichter nach Jülich	4 β
der Scharfrichter, 5 Tage à 11 alb. fac. . . .	9 mrc 2 β
Zur Hinrichtung des Heinrich Jacobs in Bergheim 2 Tage à XXII alb. fac.	3 mrc 8 β
Item der Scharfrichter ist krank, daher an	
Wein für	10 β
an Kerzen	10 β
an Seilen	9 β
Item die Kost für Herrn Pauls aus dem Predigerorden und seinen Caplan, sowie bei der Hinrichtung für Schöffen, Caplan und Boten .	6 mrc

Sa. XXI mrc 7 β

[1] Wie ganz anders verfuhr Philipp von Hessen in seinem Lande gegen sie. Er konnte sich trotz seiner Misserfolge, die er mit seiner Visitationsordnung gehabt hatte, nicht dazu verstehen, von den Grundsätzen, die seiner religiösen Denkart entsprachen, abzuweichen. Wenn der Churfürst von Sachsen und seine Theologen ihm unterschiedslos die Todesstrafe gegen die Täufer als Aufrührer anempfahlen, so sagte er sich, dass der Glaube Gottes Sache sei und der ungerechte Glaube zu Zeiten nicht aus Bosheit, sondern

Rechnung des Schultheissen von Born pro 1573: „vann sulichen kosten, als a° 73 im aprili durch die examinatoren, dem herrn ambtmann haetzfeld, beide lantdechanten Gülich und Süsteren sampt anderen assessoren zu Sittard der widertheuffer und sacramentirer halber verzert und er der rentmeister den wierden (Wirten) verstreckt, betzalt . . . . 57 gl. 15 alb.

Am 1. Juli 1575 haben „der lantdechant Millen, Pastor Sittard sampt rentmeister, schultheissen und gerichtsschreibern zu Born neben bestimpter zu verordneten schreiber und botten . . . etliche widerwerdige zum verhoer vorbeschieden, dern dan etliche von irem irthum abzustehen zum theil bericht . . . haben verthan 13 gl. 3 alb. u. s. fort."

— Geradezu wunderbar ist es, dass viele trotz aller Gewaltmassregeln den heimatlichen Boden nicht verliessen. Mitten unter Verfolgungen und Bestrebungen der Gegner, sie auszurotten, genügen die Täufer ihren religiösen Bedürfnissen; nach wie vor halten sie ihre Versammlungen ab. So wird 1565 und später wiederholt berichtet, „dass sie sich nach Wiedertänfer-Brauch vergadert haben"; ebenso wird des öfteren in den Konfiskations-Akten bemerkt, z. B.: „man hat oft notwendig Boten schicken müssen zu Urmundt und Süstern, umb der Widerwärtigen Predigt zu stören". Der Schultheiss von Born hat mit Schützen und Boten 1567 „etzliche Nächte auf Wiedertäufer, Lehrer und Prädicanten uf Orten und Plaetzen, dar dieselvige ihr Vergaderung und Versammlung gehabt", gewartet.[1]

_____

aus Unverstand komme; und wenn jene sich auf die kaiserliche Konstitution beriefen, so fand er damit nicht erklärt, dass es ein göttliches Gebot sei, Andersglaubende mit dem Tode zu bestrafen, dass wir solches zu thun schuldig vor Gott sind. (Lenz, Briefwechsel p. 319.)

Warum giengen denn all die hochgelehrten Herren nicht ein Mal auf die Worte ein, wie sie die Führer der Täufer häufiger aussprachen und die schon früh in Balthasar Hubmaier einen ihrer edelsten Verteidiger gefunden hatten, der seinen Feinden und Verfolgern stets entgegenhielt: „Wenn ich Unrecht habe, so möge man mit geistlichem Wort mich auf die rechte Bahn weisen. Ich kann als Mensch wohl irren, will aber kein Ketzer sein (d. h. will nicht hartnäckig bestehen oder mich besserer Überzeugung verschliessen)." s. Loserth, Hubmaier . . . p. 51.

[1] Für die Mühen der Verfolgung scheinen sich Schultheiss nebst Schützen durch die Freuden eines derben Landsknechtstrunkes redlich entschädigt zu haben, denn ihre Rechnungen am Kerbholze verschiedener Wirte sind nicht unbedeutend.

In den Akten liegt u. a. aus Höngen ein Schreiben an den Herzog bei, wahrscheinlich vom dortigen Schultheiss, worin aufmerksam gemacht wird, wie beschwerlich es sei, „mit den untreuwen beharrigen Wedergetheuften und Sacramentirern zu handeln". Sitzen sie in Haftung, bitten sie freilich um Gnade, glauben und setzen Bürgen. Nach den Versuchen des Pastors reumütig geworden, werden sie wieder wankelmütig, gewähren etlichen Entwichenen Beihülfe und Unterschleifung; etliche fallen gar wiederum ab. Deshalb führt jener fort: „ob nit gut wär, dass E. f. G. Herrn Mattheisen Prädikant verordnet und gnediglich bevelhen, dass er durch Amt Millen, in Isenbroich, Havert, Höngen, Süstern, Born, Vucht, Bredberen, Saefelen, Dremmen oder wo es E. f. g. am bequemsten erachten lassen wollen, reise, damit das arme verdolte Volk zu gewinnen". Ferner wünscht der Briefschreiber einen strengeren Befehl, dass alle Hartnäckigen und Wiedertäufer jetzt ohne Gnade gestraft, ihre Häuser, Scheunen, alles niedergerissen werde, damit alle jene „Landläufer, Sectirer und Rottische" keine Behausung etc. finden können.

Daraufhin erfolgt dann das herzogliche Edikt: Es soll der Amtmann irstlich in der Kirchen öffentlich ausrufen lassen, dass niemand die Wiedertäufer unterschleift oder ihnen Haus und Herberge gewährt. Wer dieses trotzdem thut, desselben Häuser sollen gleich denen der Wiedertäufer abgebrochen und niedergelegt werden.

Geächtet, friedlos mussten die Täufer die Orte der Heimat meiden; Freistätten gab es für sie im Lande kaum, selbst auf geweihtem Boden durften sie ergriffen werden.

Aber so raffiniert und radikal auch die Mittel und Anstrengungen zur Ausrottung gewesen sind, die Ergebnisse entsprachen doch nicht den aufgewandten Mühen. Die Stürme während der Münsterschen Greuel, alle Edikte und Verordnungen hatten es nicht vermocht, die damals in ihrer ersten Entwicklung stehenden Gemeinden in Jülich zu vernichten. Das Täufertum hatte sich vielmehr im Stillen ruhig fortentwickelt, nunmehr bereits durch 2 Generationen. Die Kinder hatten den Glauben ihrer Väter angenommen und fühlten sich in ihm glücklich; sie hatten Kraft genug gewonnen, um die Stösse der Verfolgung standhaft über sich ergehen zu lassen. Wie sich allerdings zu Beginn der Bewegung den Täufern und ihren Vorläufern mancherlei Schutz

geboten hatte in Unterherrschaften und „Herrlichkeiten", so fehlte
ihnen auch jetzt nicht jede Protektion. (s. o. p. 140 ff.)

Daher blieben die Täufer immerhin zahlreich genug; verliessen
sie auch auf kurze Zeit den ererbten Boden, die Liebe zur Heimat
trieb sie doch bald zurück.

Wie gross noch nach 100 Jahren bei fortgesetztem Druck
die Zahl der Taufgesinnten in Jülich war, davon können uns z. B.
die Einnahmen der Pfalz-Neuburger aus konfiszierten Mennoniten-
Gütern vom Jahre 1694 eine annähernde Vorstellung geben. Die
Neuburger haben es nämlich meisterhaft verstanden, ausser durch
einen gewissen festen Duldungssatz (ein Regal der Pfalz-Neuburger
Krone) noch durch reichliche Konfiskationen ihren Säckel zu füllen.[1]
Aus einem Akten-Fascikel: „Ein kurtzer Status über Empfang und
Ausgab der allhier uffen Rathauss (Born, Millen) woll auch auss
den Ambtern Furstenthumbs Gülich verkoufften Mennonistischen
gereidt und ungereidt Güttheren" — mögen zur Illustrierung des
Verfahrens und der Verwendung der eingezogenen Gelder folgende
Posten angeführt werden.

„Laut gnedigsten Befelchs vom 30. August 1694 sind zum

---

[1] Die starke Familie des Pfalzgrafen Joh Wilhelm (1679—90 Regent
von Jülich) stellte hohe Anforderungen auch an den guten Willen der Landstände. Da er hier nur zu häufig auf energischen Widerstand stiess, kounte
er sich anderwärts durch reichliche Konfiskationen in etwa entschädigen.

Die Art, wie die Pfalz-Neuburger unter ihrem Regiment in Jülich
vorgingen, indem sie bald eine feste Abgabe von den Wiedertäufern für
ihren Aufenthalt im Lande, bald wieder eine ausserordentliche Steuer, gar
ein Viertel des ganzen Vermögens erhoben, bald sie mit Vertreibung aus
dem Lande bestraften, erinnert lebhaft an die Behandlung der Juden.
(Ein Vergleich mit diesen wird auch sonst nahe gelegt.)

Über den Reichtum der Wiedertäufer müssen damals an manchen
Stellen wohl abenteuerliche Gerüchte im Umlauf gewesen sein. In Wien
hatte man sogar den Kaiser durch die Hofkammer um 1604 nahe legen
lassen, man möge doch bei den Wiedertäufern ein Darlehen aufnehmen.
(s. Loserth, Wiedertäufer in Mähren.)

In den Staatsprotokollen der Stadt Köln findet sich zum Jahre 1561
(März 26) folgende Notiz: „Es ist der Wiedertäufer Paul Vassbender gestorben, der über allen Bericht des Pastors die heiligen Sacramente nicht
hat empfangen wollen. Der Pastor will deshalb „den doden corper uff dem
Kirchhof nit begraben lassen, welchs ein rath vur billich geachtet, ouch nit
gestatten, das er uff den ellendigen-kirchof begraben werde, sondern ist bescheit worden, dass die nachparn inen angen Joedenbuchel foeren und
begraben mögen".

2. Male in Sittard gereide und ungereide Güter verkauft und zwar
für 6237 rthlr; aus Rheydt-Gladbach für 4223 rthlr;" dazu „die zur
redimirung deren zu Pafendorf gefangen gewesenen Mennoniten" ge-
zahlten 8000 rthlr (s. u. p. 529 ff.), ferner für Montjoie 380 rthlr.
Die ganze Einnahme beträgt mit einigen andern Summen im ganzen
28267 rthlr 47 alb. (!) Diese Zahl dürfte für sich selbst sprechen.

Zufällig ist auch eine Rechnungsaufstellung erhalten, worin
wir über die Verwendung dieser Gelder unterrichtet werden. Es
heisst dort u. a.: „Ihro churfürstl. Durchl. zu Pfalz sollen haben
und mein Bedienter Hieronymus Ursenich auf ihro Durchl. Befelch
uss dero Cabinet zu behuf der frantzösisch Contribution[1]) vor
Caution den 6. Okt. 1694 empfangen ... zusammen 21 200 rthlr;
ferner den 20. Febr. an Madame Borcher vor ein Kleid zahlet
zu der Prinzessin Leopoldin hochdurchl. sambt unkosten . . . .

---

[1]) Aus einem Erlass des Pfalzgrafen Wolfgang Wilhelm an die jülich-
bergischen Vögte und Beamten (1639, März 3. D. St.-A. IV. c. 14^d vol. I
fol. 32): Obwohl die in den Ämtern vorhandenen Wiedertäufer, weil sie
bisher geduldet und eine geraume Zeit dafür nicht erkannt worden, ein
mehreres zu bezahlen schuldig seien, besonders da der Pfalzgraf entschlossen
sei, solche Gelder zu Kriegs- und Defensionszwecken zu gebrauchen, so habe er doch die in dem betr. Amte sesshaften Wiedertäufer
bloss auf . . . Gulden angeschlagen. Die Beamten sollen diese Gelder sofort
und längstens innerhalb 3 Wochen einschicken.

Daraufhin baten aus allen Ämtern zahlreiche Eingesessene um Milde
und Schonung, so z. B. „die Unterthanen, so uf ihren bekandten glauben
taufen zu Dahlen": der Vogt zu Jülich und Dahlen habe ihnen, den armen,
geringen und verdorbenen Eingesessenen 200 goldgulden für Schutz und
Schirm abfordern lassen. Nun sei aber der wahre Teil ihrer Religionsver-
wandten ausgewandert oder gestorben, so dass ihrer nur noch 5 Hausgenossen
seien. Sie hätten bei der Specificatio zahlen müssen, mussten ebenso wie
alle treuen Unterthanen die Lasten der Kriegsbeschwerde tragen, ihre Güter
seien mehr als überschuldet, so dass sie diese hohe Summe nicht tragen
könnten.

(D. St.-A. IV. c. 14^d. vol. I. fol. 34): „Bescheinigung von Bürgermeister und Rat der Stadt Dülken über das Wohlverhalten ihrer Bürger,
so des Verstandes, auf bekannten Glauben zu taufen." (1639, April 5.)
„Auf die Bitte einiger von unsern geringen und wenigen Vermögens Mitbürgern wird ihnen attestiert und bekannt, dass sich besagte Requirenten
vorher und jederzeit in allen vorgefallenen bürgerlichen Lasten, Umblagen und
Beschwernissen gemeslich eingeschickt, verhalten und ihren obligaten quot
so woll als andere getragen, dass sie bis zum äussersten ihre Güter abge-
geben, um die Forderungen der Durchziehenden zu begnügen, dass sie zur
Conservierung dieser Stadt und Gemeinden Besten und Nutzen

159 rthlr." — Ferner steht u. a. notiert: „Denen garn verstendigen, so von Gladbach anhero citiert worden ... 30 rthlr" .... Es war nämlich eine grosse Summe aus gesponnenem Garn und Erzeugnissen der Weberei erzielt worden. Darnach scheint auch jetzt spez. der Weberstand der Pfleger täuferischer Ideen in Jülich gewesen zu sein. Bezeichnend hierfür ist ein Brief aus dem Jahre 1653: „Unterthänigste Supplication und Pitt der im Fürstenthumb Gulich innewohnenden Unterthanen, so sich auf ihren bekanndten Glauben taufen lassen: gestalt wir mehrentheils Weberhandtwerksleuth und dieselbige Nahrung und Gewerb wir landtkundig allhie in ew. fürstl. Landt erstlich angefangen und vortgepflanzet."[1]) Es sind dieselben, gegen die sich der Abt von Gladbach wandte (s. o. p. 437 f.), denn sie bekennen ausdrücklich, dass sie seit 100 und mehr Jahren hier schon ansässig seien. In einem „Verzeichnis der Wiedertäufer, die in Stadt und Kirchspiel Gladbach wohnen"[2]) (1654) sind für Lurrip, Hocum, Lycken, Dannen, Hatterbruch, Stadt Gladbach, Obergeburth im ganzen 115 wiedertäuferische Familien verzeichnet, die zum grössten Teile Grundvermögen haben und sich ausschliesslich bis auf einen Schmied und einen Blaufärber vom Weben, Spinnen, Leinenhandel, Garnkram, Spinnradmachen ... ernähren.[3])

Trotz aller Schatzungen, Konfiskationen und Ausweisungsbefehle hielten die „armen Leute" fleissig zu ihrer Arbeit, fest an ihrem Glauben, treu zu ihrem Vaterlande, das ihnen ihre Existenz so sehr verbitterte.

Noch gegen Ende des 17. Jahrhunderts und weit darüber

mehr als andere gethan und beigereicht haben, dass wir pillig deren selb sowohl als anderer unserer Mitbürger wegen auf diese bürgerliche Treu ausgestandenen Schaden, Gefahr und Verderbnis sonderliche Commiseration zu tragen bewegt werden ..."

Trotz Vaterlandsliebe, Mannesmut, Pflichtgefühl und Opferwilligkeit wurden sie nicht geduldet.

[1]) In die Stadt Aachen waren schon 1544 zahlreiche Handwerker, bes. Seidenweber, aus den Niederlanden eingewandert. „Durch das ausgeworfene Aas der Nutzbarkeit haben sich aber dadurch allhie am allerersten die Ketzereu eingeschlichen." (Noppius, Aachener Chronik II. 176.)

[2]) (D. St.-A. IV. c. 144.)

[3]) Goebel (Gesch. des christlichen Lebens ...) hat darauf aufmerksam gemacht und durch interessante Belege illustriert, dass gerade die Weber von jeher die Träger eigener Ideen gewesen sind. s. a. o. p. 95 f.

hinaus lebten in den Ämtern, die einst der Hort des Anabaptismus und dann das Hauptziel der Verfolgung waren, zahlreiche Täufer, wenn auch ihre Zahl jetzt allmählich immer mehr abnahm. In einem Schreiben des mit der Commission der Güter-Konfiskation gegen die Wiedertäufer betrauten, vielgenannten fürstlichen Rentmeisters Carolus Pippers („procurator fiscalis") an Philipp Wilhelm von der Pfalz heisst es 1670: er habe sich von Ort zu Ort begehen, sich in Montjoie, Millen, Born und der Herrschaft Rheydt fleissig nach den Wiedertäufern erkundigt: ihr Vermögen habe er spezificiert und mit Arrest belegt; im Amt Gladbach seien de praesenti keine domicilia mehr. Darauf lässt Philipp Wilhelm dem Rentmeister mitteilen (1675, Februar 8.), dass er selbst gegen eine bestimmte hohe Abgabe den Wiedertäufern den Aufenthalt im Lande nicht gestatten wolle „wegen ihrer gefährlichen Sekt und Ketzerey; das periculum perversionis sei zu gross".[1] —

Von allgemeinem Interesse dürften wohl noch die Ereignisse[2]

---

[1] In dorso ist von anderer Hand später bemerkt: „Anno 1671 seynd die Wiedertäufer aus hiesigen Landen vertrieben worden."
D. St.-A. IV. c. 14c. 1669 Aug. 28 war Befehl erlassen: es sei dem Hofe mitgeteilt, dass im Gebiete des Fürstentums Jülich sich noch Wiedertäufer aufhielten, „wir aber selbige darin zu gedulden durchaus nit gemeint seint". Der Procurator solle mit Fleiss in den Ämtern Brüggen, Born, Dahlen, Millen und Gladbach forschen.

[2] Im D. St.-A. unter IV. c. 14c. befindet sich ein noch ungeordnetes umfangreiches Aktenfascikel, welches fast nur Rechnungen und Schriftstücke über An- und Verkauf, über Abgaben etc. von Mennonitischen Gütern enthält. Briefe von Vögten aus den Jahren 1653 und 54 liegen vor, welche zögern, die ihnen zugegangenen Befehle betr. Ausweisung der Taufgesinnten publizieren zu lassen. Ein Schreiben an den Kurfürsten vom 8. Nov. 1682 konstatiert, dass sich in Born und Gladbach hin und wieder Täufer heimlich aufhalten, dass noch Erbgüter und ausstehende Kapitalien vorhanden sind, deren Eigentümer vertrieben, sich ausser Landes befinden, und die infolge früher ergangener Edicte frei seien.

Der Schreiber hat die Berichte der Beamten darüber eingeholt und stellt auf Grund derselben jetzt dem Fürsten und seinen Räten anheim, ob es nicht besser sei, „dass solche wiedertäuferische Erbgüteren und andere affecten annoch nicht anzugreifen, und dabeneben noch der meinung seindt, dass diese vertriebenen wiedertäuffer der commercien halber balder wieder in dem land zu admittieren, wie solches der Vogt zu Gladbach in seinem bericht umstendlich angeführt". Letzterer ist der Herr von Scheiffart. Er hatte als advocatus der Gemeinde zu Rheydt eigenhändig wegen der Wiedertäufer und deren Ausrottung beim Kurfürsten suppliciert, aber ohne Erfolg.

34

des Jahres 1694 in Rheydt sein. Der Sachverhalt ist kurz folgender[1]): Über 30 Jahre hatten die Mennoniten in der Freiherrlichkeit Rheydt und noch länger auf dem Schlosse des Herrn von Bylandt zu Rheydt in Ruhe und stillem Frieden gewohnt, hatten wie alle andern Mitbürger Schatzungen, Steuern und Kriegslasten redlich getragen. Da erschienen am 16. Juli 1694 in frühester Morgenstunde plötzlich 3 kurfürstlich-pfälzische Kommissare in Begleitung einer Schar Bauern und Schützen. Die Wohnungen der Mennoniten wurden überfallen, gewaltsam erbrochen, friedliche Bürger plötzlich geschlagen und gefesselt von dannen geführt. Gegen 30 Personen, darunter Kinder und Frauen mit Säuglingen wurden nach Jüchen geschleppt. Am zweiten Tage bemächtigte man sich mit List des Schlosses und durchsuchte die innerhalb der Wälle liegenden 7 Häuser, aus denen noch 13 Personen (meist Kinder und Frauen, die Männer hatten sich frühzeitig genug entfernt) auf Karren fortgeführt wurden. Mit Tauen und Stricken gefesselt, mussten die Armen einen weiten Weg von 4 Stunden zurücklegen und in einer Scheune, von Schützen bewacht, die Nacht zubringen. Die Mobilien der Leute wurden zum Teil zerstört, zum Teil verkauft oder weggeführt nach Jüchen und Düsseldorf.[2])

Mit den Gefangenen wurde ein scharfes Examen angestellt. Zunächst wurde ihnen die Alternative gestellt: Tod oder Bekehrung von ihrem „verfluchten und verdammten Glauben", wobei ihnen von dem Commissarius Dr. Scheiffart die gegen die Täufer vor 150 Jahren ergangenen kaiserlichen Mandate vorgelesen wurden. Zwei Männer aus der stattlichen Schar von 40 Menschen hat man besonders gepeinigt, um sie zum Widerruf zu bringen: Jan Classen von Aachen

[1]) Ausser den genannten Akten ist noch ein kleines Druckheftchen vorhanden. (8°. 24 Seiten. Bibliothek der Taufges.-Gemeinde zu Amsterdam): „Instrumentum publicum wegen desjenigen, was bey denen Churfl. Pfältzischen Herrn Commissarien gegen die Protestante Menoniste zu Rheydt in Anno 1694 in facta vorgenohmen und sich zugetragen." Crefeld bey J. H. Franke; jüngst abgedruckt von L. Schmitz, Geschichte der Herrschaft Rheydt 1897, p. 265 ff. 26. Beilage. — s. o. p. 158.

Ferner Akten betr. Unterstützung Jülicher . . Gemeinden im Archiv der Taufges.-Gemeinde zu Amsterdam, welche mir vorgelegen haben; s. a. de Hoop-Scheffer, Inventaris Nr. 1195, 1200, 1201. 1205, 1405, 1419, 1427, 1468, 1749—53.

[2]) s. H. H. Giersberg, Geschichte der Pfarreien des Dekanats Grevenbroich. Köln 1883 p. 247; Inventaris Nr. 1127 nebst Akten im Amsterd. Archiv.

und Gotschalck von Elten. Schliesslich verlangte man von ihnen 12000 rthlr., wofür ihnen das Leben geschenkt werden solle. Die Gefangenen, aller Mittel entblösst, waren natürlich nicht imstande, eine solche hohe Summe zu zahlen. Nach inständigem Flehen wurde die Summe endlich auf 8000 rthlr. herabgemindert, welche die Armen innerhalb 3 Wochen zahlen sollten. In ihrer Not wandten sie sich an ihre Freunde und Brüder in Krefeld und Holland. Hier brachte man dank der Opferfreudigkeit bald die Gelder für die Geknechteten in Jülich zusammen.[1]

Wegen des Vorgehens der Jülicher Regierung waren zahlreiche Taufgesinnte aus allen Plätzen nach Krefeld, Maastricht und in andere Städte geflohen, wo sie in grosser Not ankamen und ihr Dasein fristeten. Auch für sie wurden Kollekten bei den umwohnenden Glaubensbrüdern abgehalten. Rechnungen über Einnahme und Verwendung der für sie aufgebrachten Summen sowohl für diese wie frühere Jahre liegen noch vor.[2]

---

[1] „Unterdessen ist auch von sr. königl. majestät von Engeland ahn sr. churfürstl. durchl. zu Pfalts eine sehr freundliche missive abgangen, imgleichen auch von dem herrn residenten von Bilderbeck, nahmens der hochmögenden herren staaten, wodurch die gefangene sich zwar einige hoffnung gemacht, dass ohne zahlung solcher schweren summe erlassen und sonsten sich einiger linderung zu erfreven haben würden; haben aber deme ungeachtet die 8000 rthlr. . . . auff den 28sten august bahr erlegen müssen . . .“ (s. Instrumentum. . . .)

[2] 1695 (Dez.) werden: aan Güliker Broeder: haar geremitteirt tot redemptie uyt hare gevangenis en verlossing van het Martellos haar overkomen gezahlt . . . f. 13000.

1695: Van de doopsgezinde gemeente te Crefeld aan die te Amsterdam, met uitvoerig verslag van de vervolging die de Doopsgezinden in het graafschap Reyd in Gulikerland sedert 16. Juli 1694 geleden hebben en van het rantssoengeld à 10000 Rtbr. betaeld voor de 40 huisgezinnen, die nu te Crefeld in groote armoede zijn aangekommen, met dringend verzoek om hulp.“ (Inventaris 1427.)

Schon aus früheren Jahren liegen Bittgesuche an die holländischen Gemeinden um Unterstützung vor; 3. Dez. 1648:

„Van Henrik Hex van Aken aan de Vlaamsche gemeente te Amsterdam, met verzoek om hulp bij de moeielijkheden, waarin hij geraakt is door het ondersteunen van de vluchtelingen uit Gulik en Bergsland.“ (Nr. 1404) 12. Juli 1678: „Bericht omtrent den toevloed van Doopsgezinden vooral uit Gulik te Crefeld“ (Nr. 1419). —

Nicht allein vielen Täufern ist der Aufenthalt durch die Unterstützung der holländischen Brüder ermöglicht bezw. erleichtert, sondern auch

31*

Wie schon um die Mitte des Jahrhunderts bewährte sich auch jetzt wieder Holland als hülfsbereites Asyl der Glaubens- und Gewissensfreiheit, zu dem es sich seit seinem glorreichen Befreiungskampfe entwickelt hatte. Hier in Holland hatten die aus Deutschland pp. verdrängten religiösen Richtungen ihre Fortbildung empfangen; von hier gewannen sie den Übergang nach England und Amerika. Das Täufertum hatte schon den Ausbruch des Aufstandes in den nördlichen Provinzen Hollands als einen neuen Abschnitt seiner eigenen Geschichte betrachtet,[1] und von hier aus erliess es gleichzeitig mit dem ersten Ausbruch der englischen Unruhen jene prophetischen und chiliastischen Flugschriften, die alle Epochen des Kampfes der Heiligen in England vorbereiteten und stärkten.[2]

Die niederländischen Taufgesinnten nahmen sich ihrer unterdrückten Glaubensbrüder mit solchem Nachdrucke und gutem Erfolge bei dem Könige Wilhelm von Grossbritannien und den Generalstaaten an, dass beide an den Kurfürsten Joh. Wilhelm von der Pfalz nachdrückliche Intercessionsschreiben ergehen liessen, in welchen den gegenwärtigen Taufgesinnten das beste Lob gespendet und betont wurde, dass man sie keineswegs mit den ehemaligen Schwärmern mehr verwechseln und die wider diese ergangenen Verordnungen auf jene anwenden könne, und zuletzt hinzugefügt wurde, dass man ihnen nicht nur vollkommene Freiheit im jülichschen Handel und bürgerliches Gewerbe zu treiben erlauben, sondern auch die ihnen genommenen Güter zurückerstatten müsse.[3]

Die Generalstaaten hatten sich sogar der Jülicher Täufer wegen beschwerdeführend an den Kaiser Leopold gewandt (1694, September 16.), indem sie Verwahrung einlegten gegen den schmählichen plötzlichen Überfall in Rheydt. Sie baten den Habsburger um „aversio contra omnes eiusmodi generis acerbas persecutiones, partim vero plurimorum suorum subditorum, quibus ingens cum Mennonitis

---

ganze reformierte Gemeinden haben sich nur durch sie halten können: „Ja, men segt niet te veel, wanneer men beweert, dat gelijk de meeste zoogenannde kerken onder het kruis derzelver voortdurend aanzijn aan Nederland verschuldigd zijn, zulks inzonderheid . . ." (Archief voor kerkelijke Geschiedenis Bd. 13, p. 233 f.)

[1] Jehring, Gesch. der Mennoniten p. 91.

[2] Weingarten, die Revolutionskirchen p. 445.

[3] Schijn, Historia Mennonitarum p. 267; Starck, Gesch. der Taufe Lpz. 1789 p. 370.

undique commercii versatur interesse, quaerelis ad hoc magis permoti, quod simile ad huius exemplum illis in aliis Sacri Imperii Romani locis imminere videatur persecutionis periculum", wenn nicht der Kaiser selbst dagegen einschreite. Er möge beim Kurfürsten von der Pfalz intercedieren und die brennende Flamme der Verfolgung niederschlagen. Sie bitten, dass den Überfallenen Freiheit und alles Genommene restituiert werde. Sie vertrauen um so mehr auf die kaiserliche Fürsprache, als „Mennonistas non solum in Hollandia, sed et alibi ubique quietam, fidelem, qualem viros ac cives bonos decet, huinsque degisse vitam, ac singulari sua industria et sedulitate ingens commercio in locis a se habitatis addidisse incrementum, cuius rei quatuor ad minimum mille hominum in soli juliacensi ducatu illorum opere subsistentia" etc.

Der Kaiser wandte sich daraufhin wirklich an den Kurfürsten, indem er ihm bei aller Schonung seinen Wunsch zu erkennen gab.[1] Er erinnerte ihn daran, „dass allerdings vermög instrumentum Pacis Westphaliae nur drey religiones im Reich zulässig und gedachte Ministen darunter nicht begriffen seynd", dass er ihm auch gegen sothanen Friedensschluss nichts zumuten wolle; er gebe ihm aber doch den Inhalt des Schreibens der Generalstaaten zu bedenken.

Aber so leichtfertig verzichtete der Kurfürst auf die reiche

---

[1] Wenn in der Verfolgung der Täufer alle Obrigkeiten wetteiferten und Kaiser und Reich mit ihren Mandaten und Executionen vorangingen, so geschah es um die Mitte des 17. Jahrhunderts zum ersten Male, dass sich Staatsbehörden in amtlicher Weise der Verfolgten annahmen und kräftige Fürsprache für sie einlegten. Das schwergeprüfte Volk der vereinigten Niederlande hatte in der Zeit der Schreckensherrschaft eines Herzog Alba den Wert der Glaubensfreiheit kennen gelernt; es hatte sich mit dem Blute seiner Edelsten die Glaubensfreiheit errungen, und das gemeinsame Opfer des Märtyrerblutes hatte die Anhänger Mennos mit denen Zwinglis und Calvins versöhnt. Im Lichte der Duldung waren die Mennoniten nicht mehr gezwungen, im Halbdunkel der Conventikel geistig zu verkümmern, sondern sie hatten im öffentlichen Leben eine einflussreiche Stellung errungen und waren kräftige Mitarbeiter der Cultur geworden. Sie waren imstande, die Magistrate ihrer grossen Handelstädte und die Glieder des Parlaments für die leidenden Genossen auch in der Ferne zu erwärmen.

Mit welcher Energie die Mennoniten in Holland alle Hebel zu Gunsten ihrer verfolgten Glaubensbrüder in Bewegung setzten, davon zeugen ferner die Intercessionsschreiben der Generalstaaten z. B. auch in Bern und Zürich. s. E. Müller, Gesch. der Bern. Taufg. p. 165 ff.

Geldquelle, welche die Mennoniten für ihn gewesen waren, nicht. Deshalb gab er dem Kaiser zur Antwort: „Dass schier strack zuwider einigen meiner untreuen Beambten ihres eigenen Nutzens oder auch andern absehens willen ihnen Mennonisten gegen mein wissen und willen die habilitation in meinen landen einige Jahre hero verstattet, derentwegen ich sowohl sie als auch einiger meiner rhäte, welche an sothaner conniventz theil haben, gebührendt ansehen werde, so hab ich doch dieses unwesens mich selbsten theilhaftig zu machen billiges Bedenkens getragen."

Schliesslich aber musste er dem vielseitigen Drängen der Generalstaaten, des Kaisers, des Königs Wilhelm III. von England ein Opfer bringen, so schwer es ihm wurde. Den Mennoniten wurde ihr zurückgelassenes Eigentum zum Teil wieder zurückerstattet und die Erlaubnis erteilt, ihre unbeweglichen Güter in Jülich zu verkaufen, auch (laut Befehls vom 17. August 1697) „freies Commercium in unsern Landen menniglichen unbehindert zu führen und zu üben gestattet sein soll, wie nicht weniger denselben alle diejenigen Schriften, Dokumente und Bücher, getruckt und ungetruckt, so ihnen abgefordert und bis dato vorenthalten sein mögen, nichts davon ausgenommen, unverzüglich restituiert werden soll".[1]

Im Archiv der Taufgesinnten Gemeinde zu Amsterdam findet sich folgender Erlass des Kurfürsten Joh. Wilhelm vom 12. April 1697[2]): „Also syne churfürstelijeke Doorlughtigheyt vanden pals genadigst hebben geaccordeert ende toe gestaen, dat soodanigen Mennonisten, dewelcke sigh altoos hebben opgehouden int landt van Gulyck ondert resort vann Coningh van Grootbritanien ende den staat van haer Ko: Mo: en wiens goederen syn geconfisqueerte, wederom sullen werden bevredight ende derhalven har goedern wederom sullen werden gerestitueert , soo ordoneert deselve syne churfürstelijeke Doorlughtigheit genadigst alle desselfs Beampten, dass de voorn. Mennonisten of haere bemaghtighden weder in hoere verkoghte goederen sullen hebben te herstellen mits sy door getuygenissen der Magistraeten comen te bewysen, dat lange jaere ondert vorgemelde Ressort of destrict hebben gewoent en geresideert ende haeres weetens haer hebben toe behoort, in welcke ge-

[1] s Instrumentum publicum p. 22.

[2]) cf. de Hoop-Scheffer, Inventaris Nr. 1750.

vallen de Kopers haere koop-penninge sullen werden gerestitueert,
des dat de tegenwoordige possederenden derselver goederen comen
by als te bewysen hoe veel sy voor de voorss: gecoghte goederen
hebben gegeven sullend. haer also hebben t' addresseren aen onsen
Raedt eude Referendaris johan schyffart omme haere betaelinge
t' erlangen. signatum Düsseldorf den 12" april 1697 . . ." —

Doch ich kehre noch einmal zurück. Nach dem Tode des
Herzogs Wilhelm von Jülich (5. Januar 1592) wurden die Zeiten
immer schwieriger, die Verhältnisse verwickelter. Die einst so
blühenden niederrheinischen Länder des Herzogs, den man mit
Recht „den Reichen" genannt hatte, wurden ärmer und menschen-
leerer.[1] Seit 25 Jahren lasteten auf diesen Gegenden die fortwährenden Durchzüge, Plünderungen und Schatzungen der spanischen und niederländischen Kriegsvölker; die Strassen wurden ge-
sperrt, der Handel stockte, die Sicherheit des Verkehrs schwand,
Kaufleute und Handwerker waren ohne Beschäftigung; die besten
Kräfte des Landes verschlang der Krieg.

Zu all dem Elend kam die religiöse Verfolgung im eigenen
Lande: Die Mandate selbst gegen die Evangelischen wurden beständig erneuert. So blieb schliesslich auch den hart verfolgten
Täufern nichts anders übrig, als dem Vaterlande den Rücken zu
kehren. „Die vornehmsten und habseligsten Bürger aus den Städten
begaben sich anderswohin." Holland[2] und England bildeten die
alten Anziehungspunkte.

Diesen Zuzügen verdanken jene Länder nicht zum wenigsten
ihren grossartigen Aufschwung. Nicht die Ärmsten, die nichts zu
verlieren hatten oder denen ihr Glaube nichts galt, wechselten ihre
Sitze; es wanderten nur die aus, welche wohlhabend genug waren,
die Kosten einer gezwungenen Auswanderung bestreiten zu können,
und denen der Glaube Wert genug hatte, dass sie ihn nicht zeitlichen Vorteilen opferten. Es waren Männer von Geist, von
Charakter, die den kühnen Entschluss fassten, eine neue Heimat
zu suchen; der Kern der Bevölkerung wurde gezwungen, sein Brot

[1] Über Kriegsnot, Besetzung und Verheerung Jülichs durch kaiserliche,
burgundische etc. Truppen. s. Buch Weinsberg, ed. Höhlbaum, I, p. 172
und passim.

[2] Hier wurden die Täufer seit 1626 öffentlich und rechtlich geduldet
und anerkannt.

in der Fremde zu essen. Dass unter ihnen die fleissigen, Handel, Kunst und Gewerbe treibenden Taufgesinnten ein besonders starkes Contingent bildeten, dürfte aus dem Früheren klar geworden sein.

8. Bekehrungsversuche und einige ihrer Werkzeuge.

Zu allen Zeiten wurden mit den Täufern durch geschickte, von der Regierung besonders ausgewählte Prediger[1] allerlei Bekehrungsversuche angestellt.

Wie im Kampfe gegen den Protestantismus, so wurden auch gegen die Täufer später gern Jesuiten[2] verwandt. 1565 versuchen z. B. zwei Jesuiten einige Jülicher, die in Köln gefangen waren, von ihrem bekannten Glauben abzubringen und zur alten Kirche zurückzuführen; doch vergebens: sie bleiben standhaft. Auch ferner bezweifeln sie noch die Menschwerdung Christi, dass er von der Jungfrau Maria Leib, Fleisch und Blut empfangen habe; auch ferner leugnen sie noch die Erbsünde und erklären die Kindertaufe für unnütz.[3] —

In ihren Berichten erzählen die Jesuiten[4] wunderbare Geschichten über die Erfolge ihrer Predigten und Bekehrungsversuche. (s. p. 722, 739 f.)

[1] Zur Bekehrung erschien im 16. Jahrh. meistens eine ganze Gesandtschaft: Brüchtenmeister, Landschreiber, Dechant und — der Scharfrichter.

[2] Altera hoc anno (i. e. 1580) Juliacensem in agrum suscepta est expeditio . . . . Pro communi salute gesta complura: ad fidem adducti nonnulli . . . cf. Reiffenberg, Historia Soc. Jesu p. 236.

[3] Über ihre Bekehrungsversuche in Köln lesen wir zum Jahre 1595 in Reiffenberg, Hist. Soc. Jes. p. 310: Eodem incitatus studio perrexit Ordo amplissimus profligare in urbe haereticos, dicto Anabaptistie decretario die, quo universi foro ac lare cederent . . . . Quatuor ex his, deportationis metu, errorem posuere et veriorem edocti sententiam capita sacris aquis ritu solemni abluenda praebuere. Superiore vero anno tantus fuerat resipiscentium numerus, ut maior esset centenuario. (!?) Quae re quantam apud orthodoxos nobis benevolentiam, tantam apud sectarios conflavit invidiam. — Vergl. Norrenberg, Gesch. der Pfarreien . . . p. 193: 1611 sind die Jesuitenpatres Joh. Canisius und Caspar Boss in Viersen auf Mission.

[4] Jos. Hansen, Rheinische Akten zur Geschichte des Jesuitenordens 1542—1582. Bonn 1896. (In Publikationen der Gesellschaft f. rhein. Geschichtskunde Bd. XIV.)

Ihr sittlich reiner Lebenswandel scheint auf die Täufer in der That vielfach einen guten Eindruck gemacht zu haben, so dass sie manchen auf ihre Seite gezogen haben mögen. „Anabaptistas illos vita bona iure moveri iam diversis temporibus cognovi, tum quod malam vitam ecclesiasticorum contra nos primum obiiciant, tum etiam quod cognoscentes, me non eorum more nec male vivere, statim eorum argumentum nihil valere videbantur ipsimet fateri . ." (a. a. O. 487.[1])

Aus dem interessanten Werke Hansens mögen noch folgende Abschnitte hier Platz finden, welche ein Licht werfen auf die Verbreitung der Wiedertäufer in Köln und am Niederrhein in den Jahren 1557—66, auf ihre Behandlung durch den Rat und die geistlichen Behörden, sowie endlich auf die Erfolge der jesuitischen Bekehrungsversuche.

Aufzeichnung des Jesuiten Johann Rhetius über das Vorgehen des Stadtrats in Köln gegen Wiedertäufer und andere Häretiker:

„1557. Dez. 24. Comprehendit senatus anabaptistam, qui et confessus est et prodidit alios; torquebitur, ut prodat plures. (Ennen. IV, 807 ff.) Omnes haereticos expellent ea ratione, ut non revertantur; si revertantur, punientur tamquam rei laesae majestatis, quia eos punire propter haeresim commovet populum." (p. 296.)

Über Einflüsse, wenn auch wohl nur vermeintliche, der Jesuiten, heisst es in dem Kölner Viermonatsbericht über Januar bis April 1558 über das Vorgehen des Rats zu Köln gegen einen Wiedertäufer:

„Mai 22: Senatus quoque, cum nonnihil contra haereticos incaluit aliquot, caepit in anabaptistam, capitis supplicio animadvertit, id, quod ab annis 12 hic, credo, inauditum erat, sine tumultu tamen nunc factum est. Quamobrem saepius, spero, tentabunt. Vicinus princeps, dux Juliacensis, recte quoque caeperet, sed non desunt, qui prava suggerunt, et multi heu nimium ad eum proferuntur libri haeretici. Si haberet penes se virum doctum

---

[1] Eine gedrängte Übersicht über die Berichterstattung deutscher und niederländischer Jesuitenkollegien bezw. Provinzen bis zum Jahre 1582 hat Jos. Hansen aus dem Bestand des Archivs des Kölner Jesuitenkollegs zusammengestellt und im 8. Bde. der Mitteilungen aus dem Stadtarchiv von Köln (Köln 1893 p. 283—90) veröffentlicht.

Societatis, conservaretur, spero, ipse et totus populus cum eo."
(p. 303/4.)

p. 334/5 ist von der öffentlichen Busse eines Wiedertäufers
die Rede.

Vom Jahre 1559 ab beginnt eine Epoche entschiedenen
Auftretens des Kölner Rates gegen die Wiedertäufer, über das
zahlreiche Akten im Stadtarchiv vorliegen. Die Angaben Ennens
IV, 809 haben dieses Material nur zum kleinsten Teile verwertet.
In den Tagen vom 30. August bis 10. September beschäftigte
man sich im Rate der Stadt mehrfach mit Massregeln gegen die
Wiedertäufer. Am 4. September wurde beschlossen: „warnungs-
brieff uffzuschlagen, das alle widderdeuffer und sacramentirer alhie
keinen schutz noch schirm haben sollen." (p. 334, Anm. 1.)
Im Jesuit. Monatsbericht (Sept. 1559) heisst es: „Coloniensis
senatus videtur summam novaturus operam, ut haereticorum praestigias et laqueos detegat ac improbos ipsorum conatus et malitiam
expugnet aut labefactet. Nam post edicti sui contra hereticos
publicationem (s. vorigen Absatz) quendam anabaptistam resipis-
centem ad publicam poenitentiam damnavit, non sine maximo
hominum spectantium concursu. Quo factum est, ut quam plurimi
aut supplicii aut ignominiae metu perculsi extra civitatem au-
fugerint."

Interessant ist die Mitteilung, dass sich zum Ärger der
eifrigen Bekehrer plötzlich ein hoher Beamter weigert, ferner
die Strafen wegen Ketzerei vollziehen zu lassen.

p. 566: „Vicecomes alti judicii Melchior a Brauwiller,[1]
qui sententias capitales per scabinos alti indicii contra facinorosos
latas exequitur, dicere audet, se nullam sententiam contra hereticos
ferendam, etiamsi anabaptistae vel sacramentarii sint, exequi velle.
Et cum olim consules et senatores huius civitatis apud eundem
quondam d. Fredericum electum iustitissent, ut postquam ipsi
aliquos propter crimen heresis carceribus mancipassent, et hi per
suos parochos et theologos informati a suis erroribus desistere nollent,
sed eisdem ut hereticorum mos pertinaciter inherere pergerent,
scabini ipsos absque solemni processu proscriberent, ipsaeque vicecomes huiusmodi sententiam exequeretur, tamen idem electus

----

[1] „Der Graf legte am 28. Juli 1559 sein Amt nieder. Buch Weinsberg II, 196, 201." ‒ s. o. p. 137.

(etiam petente capitulo maioris ecclesiae) malis consultoribus usus, induci non potuit, ut petitam commissionem suis viceecomiti et scabinis concederet."

Der Jesuit Rhetius notiert in seinem Tagebuche zum 17. Mai 1560: „17. die Maji fuit m. Henricus Dionysius Brulum a rev'""" archiepiscopo nostro vocatus, ut ageret cum quodam Anabaptista capto, si forte ad meliorem vitam induci posset." (p. 369 Anm. 1.)

Am 31. Mai 1560 wurde im Rate folgendes beschlossen: „Dweil vil widderteuffer und sacramentirer in dise statt kommen, ist verdragen, das kein burger einiche frembdling inneme, behausen oder auch einiche henser vermeden soll, sy zeigens dan der obricheit erst an, umb zu sehen und zu erfaren, wie die van andern orten gescheiden sein. Welcher darwidder dede, soll nach beschehner warnung den geveldrichtern zehen dalar zu boissen geben" (365, Anm. 4). Am 19. Aug. 1560 wurden weitere Vorschriften in dieser Hinsicht erlassen.

p. 365 heisst es: „Adeo nunc invalescunt hereres, ut anabaptismus (que secta etiam Luteranis est exosa) magnum in dies sumat incrementum et apud multos propagetur, quamquam publico senatus Coloniensis edicto cautum sit, ut, si qui reperiantur anabaptiste, supplicio adigantur, quod uni hic semel contigit, qui spectante populo ense occubuit. Verum nemo est amplius dicto audiens, edicta et a maioribus nostris religiose sancita contemptui habentur, vix enim unum e millibus reperies, qui pro domo dei pugnet. Quibus ea functio incumbit, ut diligenti studio praevestigent sectarios multaque generis eiusdem, frigidi sunt nimium ac remissi tantopere, ut nulla proximorum cura videatur attingere. Quamobrem eo infoelicitatis venimus, ut nullam esse heresim amplius existimemus preter anabaptismum, coetere ne in vitio quidem habentur, quod iam eorum usus dudum invaluerit."

15. Juni: Senatus 7 anabaptistas heresi contuminatos in vincula coniecit. Von der theolog. Fakultät habe man sich Männer zu ihrer Bekehrung erbeten. Iu einem Buchladen, der durchstöbert wurde, fand man schändliche Bücher; der Besitzer sei heimlich entflohen. „Praeterea mulier quedam dives, sed sectaria, quia sacramenta more catholico ante mortem suscipere noluit, pastor, qui aliquando inter convictores nobiscum (d. h. den Jesuiten) habi-

tavit, cadaver sepelire recusavit. Hoc senatus audiens
probavit. Elata igitur cum infamia est extra civitatem et de pago ad pagum tamquam bos aut asinus
in curro circumvecta."[1] (p. 426.)

Zum Jahre 1565 (Juni 24.) heisst es: „Magistratus noster
catholicus una nocte circa festum S. Johannis Baptistae comprehendit 63 anabaptistas, ad quorum conversionem cum aliorum
theologorum tum nostrorum etiam patrum requisita fuit opera, et
dei gratia quidam conversi sunt, quidam vero in heresi obstinati
poenas luerunt, dataque sic nobis est occasio, carceres more
Societatis visitandi." (514.)[2] Die meisten Gefangenen wurden aus
der Stadt verwiesen. Herzog Wilhelm von Jülich setzte sich sofort
im Juni mit der Stadt in Briefwechsel, um von ihr die Namen
der Gefangenen und deren etwaige Verbindung mit Jülichschen
Unterthanen zu erfahren. Und thatsächlich befanden sich Unterthanen des Herzogs von Jülich und des Grafen von Neuenahr
unter den Gefangenen.[3]

Nov. 7. 1566 heisst es in den Jesuitenakten: „In bona pace
sunt hic omnia. Senatus diligenter vigilat et aliquibus commissum
est, ut diligenter visitent omnes parochias et inquirant, an alibi
adhuc lateant heretici, ut expellantur. Hisce preteritis diebus
anabaptistae sic satis solemniter portarunt cadaver sui
concionatoris ad campum, quem habent extra portas. Puto
bene centum fuisse, qui bini sequebantur, inter quos duo
erant doctores juris, sed senatus animadvertit in eos, et sic

---

[1] In den Ratsprotokollen der Jahre 1561 und 62 bildet das Einschreiten des Rats gegen die Wiedertäufer eine ständige Rubrik. 1561 (Okt. 8.)
versuchte der Jesuit Heinrich Dionysius vergeblich die Bekehrung eines
Anabaptisten. Auch mit dem Herzog von Jülich verhandelte der Rat Anfangs 1562 mehrmals über Massregeln gegen die Wiedertäufer.

p. 440. 1562, Okt. 19. D. Henricus bekehrt eine Wiedertäufer-Frau.
p. 464. 1563: Magistratus Coloniensis duos anabaptistas in heresi obstinatos
proximis hisce diebus in Rheno submersit. (9. März); ebenso am 13. Mai.

[2] „Schon seit Nov. 1564 fahndete der Rat auf diese Wiedertäufer.
Die Verhöre der Gefangenen liegen in den Kriminalakten vor." (vergl. Buch
Weinsberg ed. Höhlbaum II, 139.) — s. o. p. 507.

[3] Über den Eifer der Kölner bei der Bestrafung und Austilgung der
Wiedertäufer ist manche wichtige Notiz zu finden in den Verhandlungen
der Hansetage. s. Georg Waitz, Lübeck unter Jürgen Wullenwever und die
europäische Politik Bd. 3. Berlin 1856, sowie Höhlbaum, Kölner Inventar
Bd. 1. Lpz. 1896 passim.

speramus tale aliquid nunquam futurum publice ac medio die amplius, sicut istud factum est." (p. 536/7.)

Man versteht in der That nicht, wie ein derartiges Ereignis in Köln bei den häufig publizierten Edikten gegen die Wiedertäufer möglich ist. Im Januar des nächsten Jahres (1567) forscht der Rat schon wieder eifrig nach einem Prädikanten, der sich in der Stadt aufhalten sollte; im Februar und März schreitet er gegen solche ein, die ihr Kind in Bachem (bei Frechen) durch einen ketzerischen Prädikanten hatten taufen lassen; am 16. März beunruhigt ihn, dass am Tage vorher „vil burger na Rodenkirchen in eine ketzerische predig gelauffen"; der Prädikant hatte schon mehrmals im Niehler Felde unterhalb Köln Predigten gehalten. Der Rat stellt dem Erzbischof und dem Herzog von Jülich die Gefahr vor und ersucht um Gegenmassregeln, worauf in den folgenden Monaten Verhandlungen über einzelne Anhänger der neuen Lehre, über verdächtige Schulmeister eine stehende Rubrik der Ratsprotokolle bilden. (p. 548, Anm. 3.)

In den folgenden Jahren werden Häuserlisten aufgestellt zur Ermittelung eingewanderter verdächtiger Fremder, die nicht in die Kirchen gehen. Zahlreiche Täuferfamilien und Sakramentirer werden namhaft gemacht. —

Die Politik aber des Rates hatte sich doch trotz alles Hetzens allmählich geändert; gegen früher legt er eine ungewöhnliche Milde an den Tag: nur dann legte er noch ein entschiedenes Eingreifen, besonders zur Ausweisung, an den Tag, wenn jemand ein Ärgernis dadurch erregte, dass er sich öffentlich zu einer andern als der katholischen Konfession bekannte. (s. Hansen, a. a. O. p. 560, Anm. 3, 568.) — —

Wir sahen bereits, dass die Konfiskations-Kommissionen in Jülich von einer besonderen Bekehrungstruppe begleitet waren, die vor der Execution und Ausweisung ihre Versuche anstellte, so besonders in Millen, Born, Süstern die Landdechanten von Jülich und Süstern, sowie andere Assessoren zu Sittard. Diese hatten in ihrer Umgebung häufiger den vorzüglichen Prediger Matthias von Aachen, der in besonders wichtigen Fällen das „Examen" der Täufer leitete. (1558 wird z. B. zu Maastricht eine „Katheryn van Kan oft Keuten" verbrannt. Zu ihrer Bekehrung hatte man eine Reihe Personen hinzugezogen. Dem Schultheissen war verkündigt, „dass zu Sittard im Lande Jülich ein sehr gelehrter Pastor

sei, der schon verschiedene derartige Personen bekehrt habe". Aber
auch er hatte sich vergebens bemüht.[1] Jener Matthias ist ferner
derselbe, welcher in den Berichten eines Ungenannten aus Aachen
an den Herzog Wilhelm, worin man letzterem den Rat giebt, Nach-
forschungen über die zu Montjoie zahlreich auftretenden Wiedertäufer anstellen zu lassen,[2] genannt wird: "Predicant im Prediger-
Cloister zu Aich, Herr Matthiss von Sittard". Später wird er
häufiger als "Kais. Majestät Hofprediger" bezeichnet.[3] Um 1557
war er besonders in den Ämtern Born, Millen, Sittard, Süstern
thätig.[4]

Ausser den Erwähnten und manchen andern suchte die Regierung sich auch der Beihülfe Georg Cassanders[5] aus Köln
zu versichern, der am Hofe das grösste Ansehen genoss. Er
urteilt, charakteristisch für seine Persönlichkeit, äusserst gerecht
und milde über die schnöde Behandlung der Wiedertäufer bezw.
Mennoniten.[6] Als er sich nach zwei vergeblichen Bekehrungsversuchen an Matthias Cervaes (s. o. p. 476) überzeugt hatte, dass
er es mit einem bibelfesten, überzeugungstreuen Manne zu thun

[1] Kopie im Archiv der Taufges. Gemeinde zu Amsterdam. s. de Hoop-
Scheffer, Inventaris Nr. 235.

[2] "die sich dort deglichs mehren." (1555. D. St.-A. IV. c. 14e.)

[3] Anno 1566 obiit Matthias Cittardus concionator aulicus Maximil.
imp.; vir doctus et eloquens. Geboren zu Sittard (in finibus agri Juliacensis,
quibus Mosano fluvium spectat). cf. Teschenmacher, vitae virorum illustrium.
Muser. im D. St.-A. fol. 187. Sittard im holländischen Limburg. cf. Hansen,
rhein. Jesuitenakten p. 446. Citardus concionator cesariensis. — Der Domini-
caner Mathias Sittardus war seit 1559 Hofprediger König Ferdinands, dann
Maximilians II.; er starb 1566 Okt. 31. (cf. Ennen, IV, 636.)
Er nahm am Kaiserl. Hofe die Stelle ein, welche vor ihm Faber und
Canisius innegehabt hatten. s. über ihn Lammertz in Dieringers Z. Jahrg. II
(1845) Bd. 2. p. 306, 320; Werner, Gesch. der apologet. u. polem. Literatur
der christl. Theologie Bd. IV. Schaffhausen 1865 p. 255 ff.

[4] Er ist identisch mit Matthias von Aachen, den Bullinger wegen
seiner philosophischen Kenntnisse als tüchtigsten Lehrer der Montaner Burse
in Köln rühmt. Erstlich hiess er Matthias Kremer von Aachen, gewöhnlich
Matthias Aquensis oder Aquanus genannt. Er war ein bedeutender Humanist,
Lehrer z. B. auch des Gerhard Westerburg . . . Krafft, Aufzeichnungen;
Steitz, Westerburg p. 3.

[5] Hamelmann, opp. 1011: der Herzog von Cleve hat Anabaptisten
einkerkern lassen, "et illis adhiberi jussit anno 1563 Georgium Cassandrum".

[6] Opera Cassandri p. 1089.

habe, der kein Bedenken trage, sein Leben für das als wahr Erkannte hinzugeben, dauerte es ihn sehr, dass nach der immer noch zu Recht bestehenden kaiserlichen Konstitution, welche alle halsstarrigen Täufer dem Tode weihte, für Cervaes in seinem jugendlichen Alter die Todesstrafe unvermeidlich sei. Ihn schmerzte es nach den gemachten Erfahrungen sehr, dass seine gesetzliche Bestimmung, welche zu einer Zeit erlassen war, in der die Sicherheit des Staates durch die Wiedertäufer bedroht war, dann noch ihre Rechtskraft nicht verloren hatte, als dem ganzen Täuferwesen nur der Charakter einer gefahrlosen theologischen Doktrin zuerkannt werden konnte. Er war, wie schon mancher andere vor ihm, zu der Überzeugung gelangt, dass man eher darnach trachten solle, die Täufer durch Belehrung und Unterweisung zu bekehren, als durch das Schwert zu strafen.[1]

Sein Lebensbild bedarf noch sehr der Ergänzung. Erasmus, Wicel, Cassander: eine eigentümliche irenische Trias des 16. Jahrhunderts. Alle drei sind, wie viele andere ihrer Zeit, dem Verdachte der Wiedertäuferei nicht entgangen.[2] Nach langen und ernsten Studien hatte sich Cassander in den religiösen Streitigkeiten seines Jahrhunderts zurecht gefunden, obschon ihn seine irenischen Tendenzen, welchen er lebenslang nachhing, selbst noch am Abend seines Lebens in einer schiefen und seitlichen Stellung zu der normalen Strömung innerhalb der Kirche festhielten. In seinem weitherzigen, aber etwas unbestimmten Katholizismus hat

---

[1] Von jener Zeit an scheint Cassander nicht mehr als Lehrer fungiert zu haben. Er starb am 3. Febr. 1566. (cf. Reiffenberg I, 118; Eunen IV, 738; Allg. Biographie IV, 59; Hansen, rh. Jesuitenakten p. 523.) Interessant ist das Urteil Caspars Nidbruck über ihn in einem Briefe an Flacius. 23. Aug 1554 (Cassander wird als Mitarbeiter an Flacius' Katalog der Wahrheitszeugen empfohlen): „Cassander certas habet de fide christiani hominis sententias, in patribus et antiquis ecclesiae ritibus exercitatissimus, qui uil agit potentissimum, quam quod in priscorum ecclesiae rituum et veritatis perquisitione inuadat, vir certe dignus, qui colloquio theologorum adhibeatur, siquod instituendum esset; firmissimis enim argumentis de dissidiis potest disserere." s. Jahrbuch der Gesellsch. f. d. Gesch. des Protestantismus in Östreich. Jahrg. 18, p. 214.

[2] Wiederholt haben wir darauf aufmerksam gemacht, wie jeden, der nicht ganz entweder zu den Papisten oder zu den Reformatoren hielt, leicht der Vorwurf der Wiedertäuferei treffen konnte. Häufig allerdings waren den Gegnern bei manchem heimliche oder offene Sympathieen mit den Täufern nicht entgangen. vergl. schon Jac. Machly, Seb. Castellio. Basel 1862, 96 f.

er den Grundgedanken, Protestanten und Katholiken zu vereinigen, nie aufgegeben. König Ferdinand war durch Georg Wicel auf ihn aufmerksam geworden und hatte ihn an seinen Hof gezogen. Mit Wicel begegnete er sich in dem Gedanken, die ersten Jahrhunderte der christlichen Kirche zum Massstabe in der Prüfung der religiösen Streitigkeiten des Jahrhunderts zu machen.[1] Einige seiner Werke wurden z. B. wegen Bemerkungen über die communio sub utraque auf den päpstlichen Index gesetzt.[2] „So steht denn ein Mann, der sich um die katholische Wahrheit und die kirchliche Einheit bemüht, unter den Schismatikern und Revolutionären." „Aber diese Unbill wird mich nie dahin bringen, dass ich mich von der katholischen Einheit losreisse, oder von dem Bemühen, sie zu verteidigen, ablasse."[3]

Eine Zeit lang glaubten die Protestanten, ihn zu den Ihrigen zählen zu können. Eine wichtige Stelle z. B. in den Briefen Bucers aus Bonn an Melanchthon in Wittenberg (1543, März 12.): „Veniunt hic tres Belgae ad vos, Christi confessores, unus Cornelius Wouterus, alter Georgius Cassander Brugensis. Hi duo admodum sunt cupidi Christi et docti. Tertius Leodiensis est, item Christi studiosus. Ut hos admittas ac consilio tuo juves, praesertim priores

---

[1] In seinem „Typus ecclesiae; Anzeigung, wie die hl. Kirche Gottes inwendig sieben und mehr hundert Jahren nach unsers Herrn Auffahrt gestaltet gewesen". (März 1540); s. Werner, Geschichte der apologetischen Litteratur. Bd. IV. p. 255.

[2] 1585 werden in Löwen seine „Hymni ecclesiastici" verboten. — cf. Reusch, Index I, 351. s. Dorthsche Muser. XIII, fol. 152. Brief des Andreas Masius an ihn. (1565. Febr. 2.) Masius hat ihn vergebens zu trösten versucht wegen seiner Klage, dass er nicht etwa in der zweiten, sondern in der ersten Klasse des Index verzeichnet stehe. (Lossen, Briefe des Andreas Masius II. Lpz. 1886 p. 36. Ennen, Gesch. der Stadt Köln. IV, 737.) Masius berichtet an ihn (13. Febr. 1565): er habe recht gethan, dass er mit der Absendung seiner Consultatio nicht länger gewartet habe. Er (Masius) sei überzeugt, dass die Jesuiten diesen einfältigen und gehässigen Index zusammengestellt hätten. Er teilt ihm mit, dass Wicel über den Index geäussert habe: „Seitdem der Name eines Erasmus auf dem Index stehe, wünsche er, dass man auch den seinigen dort eintrage." Masius glaubt, dass eine Beschwerde bei Kaiser und Papst nicht helfen werde, da diesen Leuten nicht einmal der fast abergläubisch am Hergebrachten hängende Gropper genug gethan habe. (vergl. über Gropper u. s. Religionsgeschichte der Kölnischen Kirche unter dem Abfall der zwei Erzbischöfe ... 2 Bde. Köln. Neuwirth 1761. I', p. 56.)

[3] Cassandri Opp. Parisii 1616 p. 1190.

duos, etiam atque etiam rogo." Offenbar stehen nach dieser Mitteilung die beiden bis zum Tode unzertrennlichen Gefährten damals nicht auf katholischem, sondern evangelischem Standpunkte.[1] Hamelmann (opp. 1339) bezeugt: „Georgius Cassander, cum diu fuisset Evangelicus et cum Sacramentariis summam aluisset familiaritatem, quod ego certis possum judiciis et literis testari, relapus tandem ad Papismum."[2]

Wie auch seine Stellungnahme zu den religiösen Wirren seiner Zeit gewesen sein mag, charakteristisch für sein ganzes Streben bleibt ein unediertes, in den Reisepsalter des schlesischen Theologen Ferinarius bei Gelegenheit des Colloquiums zu Worms 1557 eingeschriebenes Distichon Cassanders, welches den Grundgedanken des merkwürdigen Mannes ausspricht:

> Quando erit, ut tandem discordia noxia cesset
> Concordi, ut celebrent omnia mente Deum.

Quando tandem![3]

---

[1] Es darf nicht unterlassen werden, hier hinzuweisen auf einige Männer, zu denen C. Beziehungen unterhielt: sein Freund war Seb. Castellio in Basel, vergl. dazu Buisson, Seb. Castellion. Paris 1892. (Index, Briefe.) Sein Anhänger war H. Sudermann, der einer angesehenen Kölnischen Familie entstammt, die viele Räte und Bürgermeister lieferte. (Ein Holländer Daniel Sudermann, geb. 1550, ist ein Anhänger und Schüler Schwenkfelds.) Derselben geistigen und religiösen Richtung gehört neben ihm an: der Kölner Ratsherr Constantin Lyskirchen und der clev. Kanzler Olisleger. Lyskirchen ist zu den bedeutendsten Kölner Persönlichkeiten des 16. Jahrhunderts zu rechnen; im Jahre 1554 war er zum 1. Mal Bürgermeister. (Er vertrat die erasmische Richtung.) (Loessen, der Köln. Krieg I, 167. Anm.)

Dem Sudermann widmete Justus Velsius (s. Anhang 3.) einen Commentar zu Aristoteles (1551); vergl. Buisson Castellion II, 468. Anm. 2.; Sepp, kerkh. Stud. p. 115; Hansen, rhein. Jesuitenakten p. 247, Anm. 3; Höhlbaum, Kölner Inventar I. Lpz. 1896 p. 224; Höhlbaum, Buch Weinsberg II, 65.

Im einzelnen wird über diese Beziehungen noch manches klar zu stellen sein. Dem Einflusse jener Männer wird auch wohl die Milde zuzuschreiben sein, welche wir im Verfahren gegen die „Wiedertäufer" allmählich beobachten können.

[2] Z. d. berg. Geschv. Bd. 30, p. 113.

Seckendorf, Historicus et apologeticus Commentarius de Lutheranismo. Frft. u. Lpz. 1680, p. 347: Georgius Cassander Theologus eximius, minime is quidem Lutheranus, sed veritatis amans (et Ferdinandi I et Maximil. II Caesarum consiliarius, quorum iussu consultationem de religione 1564 scripsit, Thuano lib. XXXVI histor. summe laudatam).

[3] Z. d. berg. Geschv. Bd. 30, p. 114.

35

Ein Mann von seiner Geistesrichtung war natürlich dem Herzog von Cleve willkommen. 1564 schien sich dieser wieder ermannen und die Sache der Reformation energischer fördern zu wollen. Dass er auf den Rat seines Kanzlers Oelenschlaeger den Haupteinfluss dabei in die Hand Cassanders legte,[1] ist dafür allein schon bezeichnend. Cassander verstand ja unter Reformation der Kirche nur Abstellung der Missbräuche und die friedliche Vermittlung der Gegensätze, die er sich zur Hauptaufgabe seines Lebens gemacht hatte. Seit 1549 wohnte er dauernd in Köln. Von hier hatte ihn der Herzog Wilhelm nach Duisburg berufen, um ihn zur Rückführung der Wiedertäufer in die Kirche zu verwerten.[2] Die Milde seiner Auffassung machte ihn dazu ausserordentlich geschaffen, und mancherlei Erfolge haben auch seine Tauglichkeit bewiesen, wenn er auch an vielen Stellen vergebens gegen die Überzeugungstreue und Hartnäckigkeit der Täufer eindrang.[3] Letzteres mag ihn dann auch bewogen haben, schliesslich seine Thätigkeit nach dieser Richtung hin aufzugeben. In einem Schreiben des Herzogs an seine Räte zu Düsseldorf (8. Juli 1565) heisst es, dass Cassander trotz seiner Ablehnung nochmals zu ersuchen sei, sich nach Blankenberg und ins Jülichsche zu begeben. Man solle ihm ein Schiff zur Reise von Köln nach Bonn zur Verfügung stellen; von dort solle ihn „eine gemechliche Karre" nach

---

[1] Brosius, Annales Juliae etc. Tom. III, p. 75.

[2] Ottius, Annales anabapt. p. 122. 1560 wohnte er zeitweise in Köln und zeitweise in Duisburg. (cf. Opp. p. 1117.)

Die Jesuiten berichten verschiedentlich über den schlimmen Einfluss Cassanders sowie über die schädlichen Wirkungen der geplanten neuen Universität zu Duisburg; cf. Hansen, rhein. Jesuitenakten p. 349 (Monatsbericht der Kölner Jesuiten über März 1560: „Georgius Cassander Brugensis colloquiis suis et libellis non parum mali apud iuniores primores civitatis facit . . . nec parum religioni catholicae istis in locis oberit Dusburgensis schola modo erecta in ducatu Clevensi, si successum habent; est enim civitas haeretica et haereticos assumit professores." Gleichzeitig fliesst die Bemerkung mit ein: (a. a. O. p. 349) „Ditiones principis Juliacensis valde infectae sunt et in dies magis haeresi inficiuntur." (1560.)

[3] Er schrieb auch zu Zwecken der Bekehrung eine Schrift über die Kindertaufe (Heppe, Geschichte der evang. Kirche in Cleve-Mark. Iserlohn 1867, p. 90).

Ausserdem verfasste er auch ein „Libellum adversus Anabaptistas". cf. Brief des Kanzlers Olisleger (Oelenschläger) vom 17. Dez. 1564. (Lossen, Briefe des Masius . . . p. 359.)

Blankenberg fahren, wo er „ein bequem Gemach an der Erden gelegen" erhalten solle. Wenn er aber trotzdem nicht willig sei, so solle man den Pastor zu Wassenberg oder Herrn Pilchrim neben Herrn Peter von Bonn gebrauchen. — Nicht allein aber katholische Prediger und Gelehrte wurden zur Bekehrung verwandt, sondern auch protestantische.[1]) Zu ihnen gehört der beredte erste evangelische Pastor in Elberfeld, Peter von Lohe (1565). Seine Vorgeschichte ist interessant: Er war selbst Kaplan gewesen, 1555 aber auf Befehl des Herzogs Wilhelm abgesetzt und verbannt, weil er das Abendmahl unter beiderlei Gestalt ausgeteilt hatte. Er wurde sodann gar als Sectirer und Wiedertäufer gefangen gesetzt, weil er in einem Privathause das Sakrament verwaltet hatte.[2]) Peter wusste sich schliesslich mit solchem Geschick zu verteidigen, dass er 1565 zur Prüfung und Unterweisung der zahlreichen im Herzogtum Berg gefangenen Wiedertäufer herangezogen wurde, die von den „papistischen Priestern" nichts wissen wollten.[3])

---

[1]) Die Abneigung der Wiedertäufer gegen die „Papisten" (s. Register) ging soweit, dass sie sich in ihrer Gefangenschaft häufig weigerten, sich auch nur von ihnen vernehmen zu lassen. Daher wurde z. B. Peter von Lohe verordnet.

[2]) Der Lutheraner Erasmus Alberus schreibt 1556 in seiner Schrift: „Wider die verfluchte lere der Carlstadter", Bl. C. 1. „Der Teufel bracht einen neuen Ketzer hervor, der heisst Loe, durch denselben lehret er also: Gott wäre so barmherzig, dass er keinen Menschen liesse verdammt werden, darum werde ein jeder in seiner Religion selig. Dies war ein frommes, barmherziges Teufelein und meinte es sehr gut mit allen Menschen, wie er solchs bewiesen hat in dem Paradeis von Adam und Eva. Wie wohl aber diese Ketzerei gar grob war, dennoch fand sie Discipeln, so grosse Lust haben die Leute zu den Lügen." (In der Ausgabe: Newenbrandenburg 1565 auf der Kgl. Bibl. zu Berlin findet sich diese Notiz nicht.)

[3]) vergl. ausführlich über ihn: Goebel, Gesch. des christl. Lebens I, 213 f. Seiner Thätigkeit thut auch Erwähnung: Teschenmacher, Annales ecclesiasti, Berl. Mnscr. quart 21. fol. 226, wo seine Erfolge neben denen Cassanders betont werden.

Hamelmann, opp. 1011. (Imo per totas istius Principis regiones maxima pars istius fecis (i. e. Anabaptistarum) vel vagatur vel sedes habet sive ibi locum obtinet.) Ita accidit, ut plurimi in praefecturis Blankenberg et Bensberg ducatus Montis caperentur (1563), qui ibi diu conventus celebraverant, quidam noctu in agris, alii in campis, nonnulli in aedibus. His examinandis et in viam reducendis (quia nullos papistas ferebant nec eis respondere volebant) praeficiebatur Petrus Loo Erverfeldensis, vir eloquens et doctus. Nam is vocatur ad 13. Junii à Consiliariis de jussu Principis in arcem

35*

In den unruhigen Zeiten des 30 jährigen Krieges waren Konversionen jeder Art nicht selten. Zahlreiche Katholiken traten zur reformierten Kirche über, der sich unter dem Drucke der ihnen drohenden Ausweisung aus dem Herzogtum Jülich auch Mennoniten anschlossen. In den Konsistorialakten heisst es z. B. für Rheydt: „am 13. April 1633 wurde Theis Hermens op den Kluyver, Wiedertäufer aus Gladbach, getauft; 1664 Oktober 2 Jan Schloter von den Mennisten ist übergetreten; am 23. Dezember 1665: Camp Jan und Korst Brechens aus dem Schultiss, der eine von den Mennisten, der andere von den Papisten, so zu uns gekommen, haben die Bekenntnis ihres Glaubens gethan; am 13. April 1666 wurden 5 Kinder desselben Jan Camp auf dem Schlosse getauft." Am 15. Dezember 1657 beschliesst das Konsistorium: „die Vorsteher der Gemein sollen auch allen möglichen Fleiss anwenden und sich erkundigen, ob nicht bei dieser Ausweisung der Wiedertäufer, so da kraft fürstlichen Befehls hat geschehen müssen, nicht einige anzutreffen seien, die sich zu unserm Gottesdienst bequemen und bei uns verbleiben möchten."[1]

Trotz aller Bekehrungsversuche wurden aber gewiss nicht zuletzt infolge der Rigorosität des Verfahrens doch nur wenige der alten Lehre zurückgewonnen. Welche Erfolge hatte dagegen Philipp von Hessen mit Hilfe geschickter Prediger durch seine Milde erzielt! Als er Martin Bucer 1538 von Strassburg zur Bekehrung einer grossen Schar gefangener Täufer in sein Land berief, da folgte er seinem Gutachten, welches er ihm in einem Briefe vom 3. November 1538 vorlegte: dass man nicht gleich alles vom Volke der Täufer verlangen dürfe, sondern zunächst nur das Unterlassen des Lehrens und Taufens, wenn sie auch nicht gleich zum Tische des Herrn gingen. Vor allen Dingen dürfe man nicht sofort öffentlichen Widerruf verlangen, sondern müsse sie allmählich einkommen lassen. „Weil dann das schwerdt und

---

Blankenburg. Is ibi a die 13. ejusdem mensis usque ad 24. continue egit in praesentia Consiliariorum quorundam aut aulicorum aliorum Et mox vocatur a Principe in Bensberg ad 28. diem ejusdem mensis, ubi quoque egit cum Catabaptistis ab eo die usque ad 2. Julii. Erant omnes plerumque de secta Michaelis Sataleri, qui habebant tres praesidentes. 1. doctores. 2. Lectores. 3. Admonitores . . . Multi ex eis sunt conversi, multi permanserunt praefracti, plerique aufugerunt."

[1] s. L. Schmitz, Geschichte der Herrschaft Rheydt, 1897 p. 146.

gefengnuss wenig recht bekeret, sonder meer stercket, und wir
prediger diesem gesind so gar verdacht sind, wolt ich warlich, das
wir diese leut brauchen konden ... der Herre gebe gnad, das wir
im seine scheflin samlen und nit zerstrowen."[1] Bucern gelang es,
ausser der grossen Menge selbst einige der hartnäckigsten Lehrer,
wie den oben (p. 450 f.) erwähnten Peter Tasch, auf seine Seite zu
ziehen und dessen Bedenken durch freundliche Zusage mit Erfolg
zu zerstreuen. —

Die ungünstigen Erfolge des ferneren Verfahrens gegen die
Wiedertäufer liessen die Regierung in Jülich neben vielem andern
immer mehr zu der Ansicht gelangen, dass sie gegen jene mit
strengen Strafen und Bekehrungsversuchen allein nicht zum Ziele
gelangen würde. Aus diesem Grunde, gewiss nicht zuletzt, kon-
zentrierte daher der Herzog seine Bemühungen vor allem auch auf
Besserung der allgemeinen landeskirchlichen Verhältnisse. Wie ein
roter Faden zieht sich dieses Streben durch viele seiner späteren
Verhandlungen mit der Curie, wie z. B. seine Briefe an seinen
Rat Andreas Masius zur Genüge darthun.[2]

---

[1] Lenz, Briefwechsel a. a. O. p. 49.
[2] Lossen, Briefe des Andreas Masius. 1886 p. 215 f.

Zum Schluss.

Seit dem Ende des 17. Jahrhunderts ist mir kein Fall einer Hinrichtung eines Wiedertäufers bekannt geworden. Zwar wurde Güterkonfiskation immer noch gegen sie in Anwendnng gebracht, wenn auch in beschränkterem Masse als früher. Gegen eine bestimmte jährliche Abgabe ward einzelnen der Aufenthalt im Lande dauernd versprochen, doch traf sie teilweise noch die Strafe der Ausweisung. In einem Edikt vom April 1669 wurde ihnen gegen Abgabe „des eingezogenen und distrahierten vierten Getheils" ihrer Güter Duldung in Aussicht gestellt.

Ausser der Intercession auswärtiger Regenten wurde die Duldung vorbereitet durch die immer zahlreicher einlaufenden Gutachten der herzoglichen Räte, welche sich für sie verwandten. z. B. „Protokoll der Verhandlungen der pfalzgräflichen Regierungsräthe in sachen der Wiedertäufer 1673" (D. St.-A. IV. c. 14ᵈ.): Die Räte fragen bei der hochf. Durchl. an, „ob nit derselben land und leuten bei gegenwärtiger geldklemmiger Zeit gar nutz- und dienlich, dass die von diesem ausgewiesenen und in der benachbarter chur- und fürstenlanden mit grossem Vorteil und allgemeinem beste sich aufhaltenden Wiedertäufer bono modo zu revociren sein"; sie bitten „obiges vor gut angesehenes Werk wegen der durch bemelte Wiedertäufer zu gemeiner Wohlfahrt eifrig betriebener Commercien gnedigst zu ponderiren und zu gemüt zu führen".

Endlich seit Beginn des 18. Jahrhunderts, also nachdem mehr als 5 Geschlechter dahingestorben waren, wurde den wenigen noch in Jülich verbliebenen Täufern die langersehnte Anerkennung zu Teil. Aus den Jahren 1700—1705 liegen eine Menge Klagen und Supplikationen von solchen Leuten vor, welche die Güter der vertriebenen Mennoniten gekauft haben und nun ihr gezahltes Geld zurückverlangen, weil die Mennoniten in ihre alten Besitzungen wieder eingesetzt seien. (Die „Redimirung" war deshalb besonders

mühsam und umständlich, weil die Besitzungen der Täufer meistens
zu $\frac{1}{4}$ oder $\frac{1}{10}$ Loosen verkauft waren.) —

So haben sich die Taufgesinnten also nach fast 200jährigem
Kampfe zu der Anerkennung durchgerungen, welche ihnen gebührt.
„Wir dürfen ihre Bewegung nicht mehr als eine höchst lästige,
unnötige und widerwärtige Äusserung unruhiger, unzufriedener
Geister ansehen, die den Reformatoren in Wittenberg und Zürich
böswillig Schwierigkeiten bereitet haben, sondern als eine selbständige, durchaus evangelisch gesinnte Partei, die ihre eigenen Wege
wandeln musste, und die nicht durch innere Gründe der Wahrheit,
sondern durch die Gewalt der Obrigkeiten unterdrückt worden
ist." Ihre Geschichte zeigt, welch bedeutsames Element sie in der
Entwicklung des christlichen Lebens überhaupt bilden. Sie
legten den Schwerpunkt ihrer „Kirche" nicht in die Theologie,
sondern in die Religion. Sie haben an ihrem Teile beigetragen
zur Bewahrheitung jenes „höchsten Lobes, das der christlichen
Religion gebührt, deren reiner, edler Ursprung sich immerfort
dadurch bethätigt, dass sie nach den grössten Verirrungen, in welche
sie der dunkle Mensch hineinzog, ehe man sichs versieht, sich in
ihrer ersten lieblichen Eigentümlichkeit zur Erquickung des sittlichen Menschenbedürfnisses immer wieder hervorthut". (Goethe.)
Wenn je eine Gemeinschaft in ihrer Mehrheit von den Idealen
des Christentums, einer ächten Religion der Liebe durchdrungen
gewesen ist, so ist es die ihrige. Ihnen kam es vor allem auf
eine innere Heiligung an, weshalb ihnen äussere kirchliche Übungen
ein Greuel waren; sie gaben dem Individuum den grössten Spielraum, sich persönlich mit seinem Gott in Verbindung zu setzen,
und verschmähten daher die von der Obrigkeit gesetzten Diener
am Wort. Sie führten konsequent durch, was Luther zeitweilig
nur gewollt hat; sie sind im wahrsten, vollsten Sinne die Indivi-
dualisten der Reformation. Ihr Ideal war nicht nur äussere Darstellung der apostolischen Gemeinden, sondern eine wirkliche,
herzliche Nachfolge Christi: Daraus resultiert ihr Verbot des
Waffentragens und des Kriegsdienstes, des Eides und die Verwerfung des Eingriffes weltlicher Macht in theologisch-kirchliche
Organisation und Dogmenentwicklung.

So nützlich nun aber auch die Taufgesinnten und ihre
Gemeinden waren, um als brauchbarer Sauerteig in der christlichen Kirche zu wirken: zur Ausbildung einer festen, sicheren

Staatskirche reichte ihr evangelisches System in seiner ersten Eigenart bei den dem Menschen nun einmal anhaftenden Schwächen nicht aus. Beseelt von dem mehr oder weniger stürmischen Drange, den religiösen Bedürfnissen des Subjekts zu genügen, haben sie vergessen, dass dieses in Gefahr gerät und dem Untergange preisgegeben ist, wenn nicht das historisch Mögliche in Betracht gezogen wird. Erst auf dem von Luther mit Hülfe des weltlichen Armes, dessen sich die Welt nicht ganz entschlagen kann, mit praktischer Hand bereiteten Boden konnte der mächtige Eichbaum heranwachsen, von dem Herder singt und unter dessen Schatten die hart verfolgten, endlich zur Ruhe gekommenen Taufgesinnten ihren mildernden Einfluss ausüben können und werden. —

Anhang.

1. Zusammenfassende Betrachtung über die Geschichte der Wiedertäufer.

 a. Warum verbreiteten sich die Täufer fast allerorten mit überraschender Schnelligkeit?

 b. Weshalb verfolgte man sie fast allgemein mit ungemeiner Härte und Grausamkeit?

 c. Wie stellten sich die Zeitgenossen zu ihrer Behandlung durch die geistlichen und weltlichen Gewalten?

Eine Reihe zusammenhängender Momente wirkten mit, um Männer damaliger Zeit zu dem Entschluss zu bringen, die ursprünglich verfolgte Bahn zu verlassen. Bald war zwischen all den Vorkämpfern gegen Rom ein heftiger Streit ausgebrochen. Die Lehre von der Willensfreiheit wurde zwischen Luther und Erasmus leidenschaftlich und persönlich in allbekannter Fehde erörtert. Der Bauernkrieg war unglücklich für die besonders interessierten Kreise verlaufen. Die Reformatoren hatten sich enger an die Fürsten angeschlossen. Als der Abendmahlsstreit ausbrach und der Süden und Norden zunächst in zwei Lager sich schieden, da verlor man vielfach das Vertrauen zu der erwarteten Entwicklung der Reformation. Wenn seit 1522 die lutherische Reformationspredigt mehr und mehr in friedlichere und ruhigere Bahnen gekehrt war, wenn sie mehr und mehr, statt einzureissen und zu zerstören, zum Aufbauen und Einrichten ihre Thätigkeit hingelenkt hatte, so waren hinter und neben Luther her extremere und radikalere Tendenzen emporgekommen. Neue Richtungen hatten sich gegen die alte Kirche herausgewagt.

Enttäuschend wirkte hier oft die Beobachtung der sittlichen Früchte der Reformation im Gebiete der neuen Kirchen.

Von der Wahrnehmung aus, wie viel moralische Laxheit sich mit der Predigt der Rechtfertigung allein durch den Glauben in den evangelischen Territorien verbinde, wurden manche zu Zweifeln an der evangelischen Centrallehre weitergeführt.[1] Ich will hier z. B. erinnern an den bekannten Täufer Hans Hut: „sonderlich dieweil er gesehen, dass keine Besserung vom Predigen zu Wittenberg wöllt kommen, hätte ihn ganz irre gemacht und sich von Tieneken (J. Denck) lassen taufen". Oberösterreichische Täufer erklären dem Untersuchungsrichter, bei der Lehre bleiben zu wollen, die ihnen Bruder Hans Hut aus Gottes Wort vorgetragen, weil die schriftgelehrten Pfaffen in der Lehre selbst untereinander uneinig wären.[2]

„Wir müssen es aufs tiefste beklagen, dass die Reformatoren durch die schroffe Betonung von Lehren, durch welche das Rechtthun für den Gerechtfertigten für unwesentlich erklärt, die Freiheit des Willens, die Grundbedingung aller Sittlichkeit geleugnet und die Schuld an dem Sündenverderben mehr oder weniger auf Gott zurückgeführt wurde, in weiten Kreisen Anstoss erregt und der sektirerischen Opposition selbst wirksame Angriffswaffen in die Hand gegeben haben."[3]

Viele Frauen und rechtschaffene Männer der Zeit hatten schon früh bei dem damaligen allgemein bekannten Verderben der römischen Kirche sehnlichst eine Reformation gewünscht, wodurch allen Unordnungen und Missbräuchen möchte abgeholfen werden. Zu ihnen gehören nicht zuletzt auch die sogenannten Wiedertäufer. Sie waren ja nicht durchgehends eine neue Partei. Viele unter ihnen waren zweifellos Überbleibsel ehemaliger Sonderlinge der mittleren Zeiten, die schon lange auf eine so glückliche Erscheinung

[1] Ambrosius Blaurer bekannte: „Wir selber tragen einen grossen Teil der Schuld. Man will bei uns so wenig von wahrhaftiger Busse hören, dass unsere Lehre selbst dadurch verdächtig werden muss. Arbeit und Leben wird mir zuwider, wenn ich den Zustand vieler wenig evangelischen Städte betrachte, in welchen kaum irgend eine Spur ächter Bekehrung sich aufweisen lässt. Aus der christlichen Freiheit wird durch eine gottlose Auslegung die Freiheit, Sünde zu üben, gemacht. Alles preist die Gnade des Heilands. Es ist behaglich, umsonst gerechtfertigt, erlöst, beseligt zu werden. Aber da ist keiner, der gegen die Abtötung des Fleisches, gegen Kreuz und Leiden und gegen christliche Ergebung sich nicht mit Händen und Füssen sträubt." cf. Th. Pressel, Ambrosius Blaurer. Elberfeld. 1861, p. 86.

[2] Nicoladoni, Bünderlin p. 14.

[3] zur Linden, Melchior Hofman p. 278.

gehofft hatten, da sie von dem drückenden Zwange, unter welchem sie bisher geseufzt hatten, sich würden losmachen können und ihre Grundsätze öffentlich bekennen. „Sie glaubten zur Reformation nicht weniger berechtigt zu sein, als Luther, Melanchthon, Zwingli, Oecolompadius u. a., welche sich der Verbesserung des Kirchenwesens annahmen. Diese Männer hatten dazu nach ihren Grundsätzen keine besseren, ja nicht einmal einen so guten Beruf als sie, waren nur eben so gut wie sie aus den Finsternissen des Papsttums ausgegangen, hatten dazu auch keinen höheren Beruf als ihre eigenen besseren Einsichten gehabt, und wenn sie sich nun auch auf die Autorität der Obrigkeiten beriefen, so hatten sie doch nicht auf Befehl derselben zu reformieren angefangen, sondern waren nur, als schon ein Anfang von ihnen gemacht war, von denselben in Schutz genommen worden."[1]

Der neuen Gemeinde fielen nicht bloss — und daraus erklärt sich ebenfalls ihre weite Verbreitung — die Reste älterer kirchlicher Oppositionsparteien zu,[2] sondern auch alle die zahlreichen Elemente, welche sich in ihren an die bisherigen Wortführer der Reformation geknüpften Hoffnungen so bitter getäuscht fanden. Bullinger findet es bemerkenswert, dass die Wiedertäufer auf dem von den „Evangelischen" beackerten Boden am ehesten und tiefsten Wurzel schlagen; und die Wiedertäufer geben das zu: sie haben sich die Kraft zuerkannt, das von Luther und Zwingli begonnene Werk der Wiederherstellung der Kirche zum rechten Ziele zu führen, das Reich Gottes, d. h. eine politische und soziale, sittliche und religiöse Neuordnung zu begründen.[3]

---

[1] J. A. Starck, Geschichte der Taufe . . . Lpz. 1789 p. 221. „Das anmassende Vorgeben der Wiedertäufer eines auf unmittelbaren Geistesempfang gegründeten Predigtberufs war nicht so allgemein und willkürlich, wie es nach den Darstellungen ihrer Gegner den Anschein gewinnen könnte; auch die Täufer haben die Bedeutung und das biblische Recht eines geordneten und durch feste Anstellung oder Bestellung auch äusserlich geführten geistlichen Amtes stets im Auge behalten." (s. o. z. B. unter Zelis)

[2] Anabaptismus est delirium confusum ex multarum veterum sectarum furoribus, ex Manichaeis, ex Enthusiastis, ex Iudaeorum recentium fabulis. (Non intelligunt discrimen institiae spiritualis et civilis . . . sagt Melanchthon, Loci communes. cf. Erbkam, Gesch. der protest. Secten p. 485.

[3] Loserth, Balthasar Hubmaier p. 3; Gerbert, Gesch. der Strassburger Sectenbewegung p. 17; v. Beck, Geschichtsbücher der Wiedertäufer p. 11, 12 ff.

Manche von den Täufern später energisch verteidigte Fragen waren

Ohne Zweifel aber ist die fast unglaubliche Schnelligkeit, mit welcher sich der Anabaptismus verbreitete, zum guten Teile zu erklären aus dem Ernst, mit dem er auftrat. Ergreifend wirkte die Beredsamkeit eines Denck, Hofman, die dringende Forderung der Bekehrung, die einfache Berufung auf den klaren Befehl Christi, das eindrucksvolle Wort, mit dem der Getaufte, nachdem er das Bundessiegel empfangen hatte, ermahnt wurde: „Stehe auf und wolle hinfort nicht mehr sündigen!"

Wie eine unwiderstehliche, stets wachsende Flut überströmte der Anabaptismus von der Schweiz aus die deutschen Lande und begann auch bald im Norden seine begeisternde und zerstörende Macht zu beweisen. Schon 1524 und 25 hatte er seine Märtyrer in Maastricht, Antwerpen, bald auch in Köln, Aachen, im Jülich-schen und in Wesel.

Dazu kam die Verfolgung: der Bauernaufstand war erdrückt; die Täufer in der Schweiz und in Oberdeutschland wurden gefangen, getötet oder vertrieben.[1] Karl V. erliess 1529 sein berüchtigtes Edikt gegen die Täufer. Die blosse Angabe eines Dritten, ein blosser Verdacht, zur Partei der Täufer zu gehören, genügte,

---

von den Reformatoren ursprünglich offengelassen, manche waren gar im täuferischen Sinne beantwortet. 1528 sagt z. B. Capito noch betreffs der Kindertaufe: „ich weiss wohl, dass die Stützen, welche für die Kindertaufe vorgebracht werden, ohne Beweiskraft sind;" über Zwingli in diesem Punkte s. Zwingli opp. II[1], p. 245; Deijll, het Chiliasme p. 76 Anm. 1., Keller. ein Apostel p. 150; Z. f. histor. Theol. 1860, 1. p. 19; 1857, p. 285 f.; Archief voor nederl. Kerkgeschied. 1889 p. 94. (s. o. p. 50. Anm. 1.)

Die Verhandlungen der Prediger mit den Täufern ergeben des öfteren nach den heftigsten Schmähungen seitens des Täufers: die Prediger seien Pharisäer, die nur Altäre und Mönche wegschaffen könnten. Gerbert, a. a. O. p. 18. v. Beck, Geschichtsbücher p. 12: „Aber was soll man sagen: der Luther hat ein altes Haus niedergebrochen, aber kein anderes an dessen Stelle gesetzt ... Es ist mit ihnen nicht anders gewesen, als ob man einen alten Kessel flickt, in welchem das Loch nur grösser wird (beliebtes Bild!): sie haben dem Papst den Krug aus der Hand geschlagen, die Scherben aber darinnen behalten. Eine Neugeburt sah man bei keinem von ihnen."

[1] Das Martyrium, das die Wiedertäufer erduldeten, gab ihrer Sache vom Anfang des Auftretens an neue Kraft. Felix Manz (der neben Grebel, Blaurock u. a. zu den ältesten Führern der Wiedertäufer in der Schweiz und des Anabaptismus überhaupt gehört.) bestieg, wie bald allgemein bekannt wurde, das Schiff, das ihn zu Tode führte, mit einer lauten Lobpreisung Gottes, dass er um seiner Wahrheit willen zu sterben gewürdigt sei, und beharrte bis ans Ende dabei, dass die Wiedertaufe recht und in Gottes Wort

um ihn auf die Folter und in den Tod zu bringen. Auch diejenigen, die abgeschworen hatten, wurden vielfach hingerichtet; „es sei des Beispiels wegen", sagten die bayrischen Herzoge.[1] Und nun kamen die Münsterischen Greuel ... Zwei Worte mögen hier in ihrer Gegensätzlichkeit wirken: das „Manifest" der zwölf Ältesten der Gemeinde Christi in der heiligen Stadt Münster an die Belagerer 1534: „Gott weiss, dass wir nichts anderes suchen und wünschen als das Reich Christi", — und Luthers Wort auf der Wartburg (Januar 1522), das auch später noch seine Geltung behielt: „In nobis ipsis et inter nostros Satanas molitur hoc gravissimum schisma; verum Christus conteret eum velociter sub pedibus nostris".

In den Decennien nach der Eroberung der Stadt Münster war das Urteil über sie sowie die ihm folgende Strafe in den meisten Fällen übereilt. —

Auf Reformen nicht nur in der Kirche, sondern im Staat hatten die Täufer von Anbeginn ihr Augenmerk gerichtet.[2] Ein neues messianisches Reich, in welchem lauter Wiedergeborene sich befänden, aller Druck aufhören und die selige Gemeinschaft der ersten Christen wieder hergestellt werden würde, war der süsse Traum, mit welchem sie insgesamt ihre Einbildungskraft unter-

---

gegründet sei. Kurz bevor er ins Wasser geworfen wurde, sang er mit lauter Stimme: „In deine Hände, Herr, befehle ich meinen Geist." s. Staehelin, Zwingli I, 523.

[1] Loserth, Communismus p. 148.

[2] Die Täufer sind hierdurch oft von nützlichem Einfluss gewesen auf die Gestaltung und den Ausbau auch der anderen Kirchen. Als die Prediger zu Bern z. B. sich darüber beklagten, dass sie durch das Auftreten der Wiedertäufer in ihrer schwierigen Arbeit gehemmt würden, schrieb ihnen der einsichtsvolle Zwingli (Mai 1527): „Wenn der Herr euch Gnade giebt, so werden sie dem Fortschritt des Christentums bei euch nützlich sein, gerade wie sie es bei uns gewesen sind. Denn nie hat die Menge eifriger nach Christus begehrt, als da die Wiedertäufer alles angriffen und zerpflückten." (cf. Staehelin, Zwingli, Basel 1895 p. 492. Zwingli opp. VIII, 71.)

Die Kritik an der Kindertaufe, welche die Wiedertäufer übten, war, wenn sie auch nicht durchdrang, doch für Zwingli nach dessen eigener Aussage die Veranlassung, dass die dem Taufritus noch beigemischten abergläubischen Elemente beseitigt wurden etc. Auch für die nur mit Mühe durchgesetzte Beseitigung der Messe zu Gunsten einer evangelischen Abendmahlsfeier in der Charwoche 1525 dürfte die vorausgegangene Einführung der letzteren im Kreise der Täufer den Weg geöffnet haben.

hielten. Aber doch gewiss schwärmten nicht alle in gleichem Grade. Der grösste Teil liess es bei Wünschen und stillem Seufzen nach Verbesserung bewenden, setzte den Anbruch des Reiches der Gläubigen noch weiter hinaus und begnügte sich damit, durch die neue Taufe von Babel ausgezogen zu sein, und suchte im Stillen sein Heil zu bauen.

Während nun aber gleichzeitig die weltlichen Mächte mit all ihnen zu Gebote stehenden Mitteln gegen sie vorgingen, die Kirche den ganzen Apparat mittelalterlicher Inquisition gegen die neuen Ketzer resp. die alten im neuen Gewande in Bewegung setzte, um die unglücklichen Schwärmer zur Vernunft zu bringen, während man sie einkerkerte, peitschte, verjagte, ersäufte, köpfte, verbrannte, vermochte man ihnen gewiss keine Liebe einzuflössen und sie von den Ideen ihres glücklichen Thule zu befreien, sondern man vermehrte nur ihren Hass (z. B. bei der Belagerung Münsters) und bestärkte sie in ihren Vorurteilen um so viel mehr, so dass sie sich als solche ansahen, die um der Wahrheit und Gottseligkeit willen also verfolgt würden.

Gar viele Seelsorger und geistliche Berater von Fürsten waren weniger Seelsorger im eigentlichen Sinne, als Kirchenmänner, denen nur der Begriff der objektiven „ecclesia" vorschwebte, die in ihrem Bestande erhalten werden müsse; wer ihre Einigkeit und Einheit störe, müsse weichen. Deshalb wandten sich gar viele nur zu bald an die weltlichen Mächte, ohne vorher den Versuch gemacht zu haben, eine Einigkeit der Kirche durch Gewinnung des einzelnen Subjekts zu erzielen.[1]

„Als ich hiebevor", sagte zu Basel ein Wiedertäufer vor Gericht, „noch in allen Lastern steckte, hat mich niemand verfolgt und gefangen. Nachdem ich mich aber bekehrt und durch die Taufe Vergebung der Sünden von Gott empfangen habe, werde ich von männiglich verfolgt und gleich einem Mörder in den Turm geworfen." —

Freilich konnten Gründe und Überzeugungen nur sehr wenig und langsam auf Leute wirken, die vornehmlich ihr Gefühl zu Rate zogen und nur wenige Männer von Gelehrsamkeit unter sich hatten. Aber die heftigen und langwierigen Verfolgungen, die

---

[1] Vergl. hier die principiell verschiedene Stellungnahme der Strassburger Reformatoren Capito und Bucer; cf. Gerbert a. a. O. p. 73.

man allerorten wider sie inscenierte, wirkten das Gegenteil. Sie zogen Parallelen zwischen ihren Verfolgungen und denjenigen der ersten Christen, sahen sich an für Kinder der Gottseligkeit und Wahrheit. Und waren gleich manche von ihnen wegen ihres Ungehorsams gegen die Obrigkeit und wirklich von ihnen angerichteter Unruhen zur gerechten Strafe gezogen, so muss man doch gestehen, dass nicht wenige für das, was sie nach ihrer Überzeugung für Wahrheit und echte Christusreligion hielten, gestorben sind. Unter dem Drucke und dem Kreuze der Verfolgungen, welchen sie unterworfen waren, gewannen sie daher nicht nur selbst eine desto grössere Abneigung gegen alle anderen Religionsparteien und eine desto grössere, treuere und eifrigere Anhänglichkeit an die ihrige, sondern der Heroismus, die Glaubensfreudigkeit, die fromme Gesinnung, womit sie die grausamsten Todesarten erduldeten, erwarben ihnen auch noch immer neue Anhänger.[1] —

Sie wurden nach alter Tradition auch in der Zukunft noch lange Jahre hindurch, als sie längst als die „Stillen im Lande" sich verborgen hielten, mit einer Grausamkeit verfolgt, die recht oft zu denken giebt. Gab es denn wirklich bloss eine Stimme, nur eine Ansicht? Verfolgte man sie stets nur wegen Aufruhrs und Empörung? Gab man sie nur um dessentwillen dem Tode preis, die man mit Strassenräubern und Strauchdieben auf eine Stufe stellte? Indem man Leuten zu Leibe ging, die eine ungekünstelte Frömmigkeit, Gewissenhaftigkeit in Handel und Wandel, brüderliche Liebe bewiesen und seltensten Glaubensmut bewährten, selbst wenn man ihnen mit den ausgesuchtesten Martern die Namen ihrer Brüder auszupressen suchte, kamen Erscheinungen zu Tage, welche einen unbeschreiblichen Eindruck hinterliessen und die beste Empfehlung ihrer Lehre bildeten, einer Lehre, die ausserdem im Anfang noch genährt wurde durch die Hoffnung auf Erneuerung aller Dinge und des nahe kommenden Gottesreiches. Die zahlreichen Prozesse gegen die Wiedertäufer legen lautes Zeugnis davon ab, dass ihre Standhaftigkeit den nachhaltigsten Eindruck auf die Zeitgenossen machte, und dass das Blut ihrer Märtyrer der Same war, aus dem sich die Wiedertaufe fortpflanzte. Wie viele wurden

---

[1] „Der Satan braucht wider das Evangelium auch disen tuck, das er aus seinen widerteuffern auch mertler machet, auf das er damit die einfeltigen betriege uñ bewege, die verdampte lere der Widerteuffer anzunemen." s. Erasmus Alberus, Wider die verfluchte Lere der Carlstader, p. 5.

erst, nachdem sie Zeugen des Todes dieser Leute gewesen, für
deren Glauben gewonnen."[1])

Allein nicht ihre Standhaftigkeit und Martyrerfreudigkeit,
nicht ihre Lehren[2]) waren es, welche ihnen die Sympathieen der
grossen Masse zuwandten, sondern ihr Leben und ihre ganze
Haltung. Man muss ihren Ruhm von ihren Gegnern, Katholiken
und Protestanten, vernehmen; „sie leben", sagt der Hetzschrift-
steller Chr. Andr. Fischer, (von der Wiedertäufer verfluchtem Ursprung) „nicht stattlich, kleiden sich einfach und kennen keine
weltliche Pracht."

Was in neuerer Zeit[3]) bemerkt worden ist, dass es vornehmlich die Wiedertäufer waren, die schon früh den lutherischen
Predigern und ihren Gemeinden den gänzlichen Mangel an Zucht,
Sitte und wahrer Frömmigkeit vorwarfen und gerade dadurch im
Volke ihren Anhang fanden[4]), dass sie sich selbst vor den Anhängern des Protestantismus durch ein ernstes, sittliches Leben
vorteilhaft auszeichneten, haben schon einsichtsvolle Männer des
16. Jahrhunderts betont und geschrieben. Nur beschränkte man
sich damals nicht einseitigerweise darauf, die Mängel in der
sittlichen Haltung nur bei den Protestanten zu sehen. Nirgends
mehr als in der Umgebung Ferdinands I. drang man auf eine
strengere Erziehung des Clerus und eine Reform, die an diesem

---

[1]) cf. Schijn, de Geschiedenis der Mennoniten, herausgegeben von Maatschoen. Amsterd. 1743 p. 182; Brandt, Historie der Reformatie I, Anhang,
fol. 30. Kardinal Hosius sagt gar einmal: Wenn man die Wahrheit einer
Religion nach der Bereitwilligkeit beurteilen sollte, die ihre Anhänger im
Leiden zeigen, so könne die Meinung keiner Sekte wahrer und zuverlässiger
sein. Loserth, Communismus p. 224.

[2]) Wenn auch viele Leute nicht begriffen, warum Männer wie Luther,
Zwingli, Calvin u. a. mit der Kindertaufe etc. ein gutes Stück Katholizismus
beibehielten.

[3]) Döllinger, Reformation I 2. Aufl. p 196, 213.

[4]) Was auch immer die Menschen angezogen haben mag, beachtenswert bleibt ein Wort des Erasmus (1534) an Guido Morillon, Geheimschreiber
Karls V.: „Anabaptistae non aliter inundarunt Germaniam inferiorem quam
olim ranae et locustae Aegypti, genus hominum lymphatum ac morti devotum.
Irrepserunt sub umbra pietatis, sed exitus erit publicum latrocinium. Et quod
prodigii simile est, quum doceant absurda, ne dicam ἄθυρα, quum proscribant
inamoena, tamen populus fatali quodam affectu seu potius mali dae-
monis instinctu rapitur in eam sectam." Erasmus, Opp.III, 1186; Brandt,
Historie der Reformatie I, 104; Archief voor nederl. Kerkgeschiedenis. 1888. p. 92

Punkte ansetzen müsse, weil so viele, und nicht die schlechtesten
Kreise des Volkes gerade an dem sittlichen Verhalten der Geistlichkeit den grössten Anstoss nahmen. „Ohn' ein gemain Reformation", erklärten die Tiroler Behörden, „könne man die verderb-
liche Sekte nicht austilgen".[1]) Der Rat zu Bern gesteht in einer
scharfen Verordnung gegen die Wiedertäufer (1585) selbst zu, dass
das unheilige Leben der Prediger und der Weltlichen die vornehmste Ursache sei, „dass viele fromme, gottesfürchtige Leute,
welche Christum von Herzen suchen, sich ärgern, von unserer
Kirche trennen und absondern".[2])

Würde man gelinder von seiten der Regierungen gegen sie
verfahren sein, hätte man jedenfalls andere Resultate erzielt und
in kürzerer Zeit.[3]) Als Melchior Hofman in seinem Gefängnisse
zu Strassburg eine bessere Behandlung zu Teil wurde, da warnte
er seine Brüder vor „Rottungen und verbotenen Zusammenkünften

---

[1]) Loserth, Communismus p. 222.

[2]) Goebel, Gesch. des christl. Lebens I, p. 139.

[3]) Ich erinnere an die Erfolge Bucers bei hessischen Täufern. „Bucer
liess nicht nach, (— und darin hatte er stets den Landgrafen von Hessen auf
seiner Seite —) mit seiner hervorragenden Humanität und Kenntnis sie anzugehen und mit allen zu Gebote stehenden Argumenten zu bedrängen, bis er
sie zuletzt grossenteils zur Kirche herüberholte ... Bucer war der rechte
Mann zur Verhandlung mit ihnen. (Accedebat Buceri in ecclesiastica concordia
promovenda incredibile studium et incomparabilis industria dexteritasque cum
summa aequitate et modestia conjuncta.) Er begegnete den Gegnern human,
und wo sich ihm irgend eine Hoffnung auf Einigung zeigte, gab er ihnen
manches nach, wenn nur die eigentliche Summe der Wahrheit blieb." cf.
Nippold in Z. f. d. histor. Theologie, Bd. 33, p. 111.

Es möge auch an den süddeutschen Reformator Ambrosius Blaurer
erinnert werden, der viele Wiedertäufer durch sein versöhnliches Auftreten
wieder für die Kirche zu gewinnen wusste. Aus Esslingen konnte er am
27. Nov. 1531 an Bucer schreiben: „Die Wiedertäufer behandle ich also,
dass sie mich sehr lieb haben und unsern Predigten regelmässig mit aller
Aufmerksamkeit anwohnen; die Mehrzahl derselben ist von ihrem Irrtum
ganz abgestanden und pflichtet uns in allem zu; von den übrigen, deren
Zahl sehr gering ist, versehen wir uns desgleichen." (p. 85.) Am 23. Nov.
desselben Jahres: „Die Wiedertäufer treten mehr und mehr zu uns über;"
am 2. Februar 1532: „Das Gift der Wiedertäufer schadet allenthalben der
Kirche viel; dieses Gift ist um so schädlicher, je verborgener es ist. Hier
schenkte mir Christus einige von diesem Gift angesteckte Bürger, und es
giebt nur noch ganz wenige, die zu dieser Sekte gehören." — Blaurer urteilte
um so milder über die Wiedertäufer, je weniger er sich verbarg, wie ihr

36

in Wäldern", hielt ihnen das schreiende Beispiel Münsters vor und
schärfte ihnen ein, die Obrigkeit stets vor Augen zu haben,
namentlich die der Stadt Strassburg, die eine fromme Obrigkeit
sei. [1] (In seiner „Auslegung des Römerbriefes", Anfang 1533,
hatte Hofman an die Spitze der Erläuterungen zum 15. Kapitel
den Satz gestellt: „Es ist auf alle Fälle wahr, dass die Obrigkeit
von Gott geordnet ist." [2]) [3]

Aber man liess nicht nach in der Strenge. In Holland war
man bald so weit gekommen, dass man sie heimlich zum Tode
bringen musste, da die öffentlichen Hinrichtungen von Täufern
leicht Aufruhr erweckten und „die Ketzerei wegen der Standhaftigkeit der Verurteilten nur zunehme". [3] In Seeland glaubte
man einen Akt der Milde zu vollziehen, wenn man Befehl gab,
diejenigen, welche bei Wiedertäufern gefasst, aber nicht selbst
wiedergetauft waren, laufen zu lassen, und zwar aus welchem
Grunde? — weil man Entvölkerung des Landes fürchtete. [4]

Aber alle Bestrebungen der Täufer, selbst der besten Art,
halfen ihnen nicht. Der tugendhafte Wandel der Taufgesinnten
wurde von ihren Gegnern schliesslich für eitel Heuchelei genommen. Noch 6—8 Jahrzehnte nach den Ereignissen zu Münster
schob man ihnen unausgesetzt Absichten auf Empörung und Umsturz
der bestehenden Verhältnisse unter; die alten Vorkommnisse wurden
ihnen in allen Gegenden Deutschlands immer wieder von neuem
vorgeworfen. Die Äusserungen der Täufer, dass sie mit denen
von Münster nichts gemein hätten, wurden als Lug und Trug hin-
gestellt. Hätten sie erst wieder in einer Stadt oder in einem

---

einseitiges Auftreten durch eine nicht minder gefährliche Einseitigkeit dessen,
was sich damals als evangeliches Wesen da und dort breit machte, hervorgerufen sei. (s. o. p. 554, Anm. 1.) cf. Th. Pressel, Ambrosius Blaurer; Elberfeld, 1861. p. 86. (in der Sammlung von „Leben und Schriften der Väter
der reformierten Kirche". 9. Supplement.)

[1] zur Linden, Hofman p. 401.

[2] Wo bleibt da übrigens der stets wiederkehrende fast allgemeine Vorwurf revolutionärer Bestrebungen? (a. a. O. p. 299) und das zu einer Zeit,
wo der Bäcker aus Harlem die Fackel des Aufruhrs zu entzünden unternahm.

[3] Brief aus dem Jahre 1533, Nov. 6. cf. de Hoop-Scheffer, Inventaris p. 2; Nicoladoni, Bünderlin p. 77.

[4] cf. Pokelharing in Archief voor Zeeland VI, Middelburg 1865 p. 232.
(1534. April 16.)

Lande das Heft in Händen (hiess es), so würden sie das von
ihnen verabscheute Schwert zum Schrecken aller Mitmenschen
schon wieder gebrauchen. Triumphierend glaubte man dabei auf
die kommunistische Wirtschaft in Böhmen und Mähren hinweisen
zu dürfen. Und doch bleibt die beste Widerlegung und Er-
läuterung der Münsterschen Greuelthaten gerade die Geschichte
des täuferischen Kommunismus in Mähren. Hier sahen die Täufer
nach vielen Mühen einige Ideale, vollständig z. B. das der Gütergemeinschaft verwirklicht. „Aber die Gemeinschaft wär nicht
schwer, wenn der Eigennutz nicht wär."[1])

Es blieb auch ferner unter den Täufern beim Experimentieren:
die apostolischen Idealzustände nach Möglichkeit wieder herzustellen oder mit der damaligen Zeit zu versöhnen. Je mehr Widerstand man ihnen entgegensetzte, je grausamer man sie verfolgte,
desto fanatischer wurden die Bedrückten, desto tollere Hirngespinste
kamen ihnen in den Sinn. Schliesslich hat sie aber doch die Not
der Zeit gezwungen abzulassen. —

Geborene Feinde und Widersacher der Täufer waren zum
grössten Teile die Gebildeten und Gelehrten ihrer Zeit. Es möge
ein Zeugnis hierfür genügen. Bonifacius Amerbach schreibt 1524
und 1528 an Alciat: „die Schwärmer erklärten bald alle Bildung
für schädlich". „Sie verurteilen die meisten Wissenschaften als
unnütz für die Theologie — ein Christ brauche nur ein klein
wenig Griechisch zu verstehen, und auch das kaum! sowie Hebräisch
— und indem sie die Autorität der Kirchenväter aufheben, geben
sie dem gemeinen Manne das Recht, die Schrift zu erklären, indem sie ihm die Erleuchtung des Geistes verheissen; so schwindet
dem Volke das Ansehen der Wissenschaft, der Theologie
und auch derer, die sie lehren."[2])

Charakteristisch ist ein Passus aus Agricola, „Erster evangelischer Prozess wider allerlei grausame Irrtümer der Wiedertäufer",

---

[1]) Es wäre interessant zu wissen, wie sich der Sozialdemokrat Kautsky
(s. die Geschichte des Sozialismus in Einzeldarstellungen. Die Vorläufer des
neueren Sozialismus. Bd. I. 1. Teil: Von Plato bis zu den Wiedertäufern.
Stuttgart, Dietz, 1895) zu den Ergebnissen der Forschungen Loserths über
den Kommunismus in Mähren gestellt hätte, wenn Loserths Schrift damals
schon veröffentlicht gewesen wäre.

[2]) cf. Th. Burckhart-Biedermann, Bonifacius Amerbach und die Reformation. Basel, 1894, p. 39, 171, 211.

36*

Köln 1582, wo es heisst: „Unter allen jetzt schwebenden unterscheidlichen Sekten (deren über anderthalb Hundert, ob sie sich gleich alle des hl. Evangelii und einer wahren Reformation mit vollem Munde anmassen, ist keine, so „äusserlichem Scheine nach einen eingezogeneren, besseren, gottseligeren Wandel führt als die Wiedertäufer, oder, wie sie sich nennen, die Täufer; denn während sich die anderen Secten (!), vorab die Lutherischen, Zwinglischen und die Calvinischen in aufrührerisch, blutdürstig und allerlei weltliche und fleischliche Wollüste eingelassen, sind die Wiedertäufer, soviel den äusserlichen und öffentlichen Wandel betrifft, eines gar eingezogenen, ehrbahrlichen Lebens, an welchem kein Lügen, Trügen, Schwören, Hadern, Zanken, kein Fressen, Saufen, keine Hoffart, sondern Demut, Geduld, Treue, Sanftmütigkeit, Wahrheit, Leibeskasteiung, Mässigkeit und allerlei Aufrichtigkeit gespürt und vernommen wird, also dass man meinen sollt, sie hätten den hl. Geist Gottes, wie sie sich denn auch rühmen, gewisslich und ohne Zweifel. Daher auch viele ihnen vor andern Sekten insonderheit geneigt sind, dass sie sich zu ihrer Rotte oder christlichen Brüderschaft begeben, und meinen, dass sie nunmehr den rechten Weg einschlagen und ihrer Seligkeit allermassen versichert sein sollen. Daher sie den Tod zu erleiden kein Scheu tragen, ja sich mit Freuden braten, brennen, sieden und würgen lassen.“ — Aber das sei alles nur äusserer Schein,[1] denn, so fährt jener fort, „unter allen Sekten ist keine schändlicher und abscheulicher als die ihrige“. Dieser Ansicht huldigten vielfach nicht bloss der gemeine Mann, sondern auch viele hochgebildete Leute.[2]

Um die Täufer der allgemeinen Verachtung preiszugeben, hatte man aber noch andere Mittel zur Verfügung, als den Vor-

---

[1] „(zum fünften) helt der Widerteuffer Regel, das sie nicht schweren un fluchen sollen, und halten schweren für Sünde, wenn es schon umb guter sachen willen geschieht. Mit dieser Gleisnerey sperret der Teufel einfeltigen Leuten das Maul auf, das sie die Widerteuffer für ein heilig Volk halten. Dieser Artikel ist auch ein Schafskleid, darunter ein starker Wolff steckt. Denn auf das die einfeltigen betrogen und verfüret werden, so zeuchet der Teufel seinen Widertäuffern eine Mönchkappen an.“ (s. Erasmus Alberus, Wider die verfluchte Lere der Carlstader p. L[3].)

[2] Andererseits verfiel man leicht in ein anderes Extrem: „Heute sieht man alle, so ein gottseliges Leben führen, als Wiedertäufer an“, sagt Schwenkfeld, der freilich selbst als Wiedertäufer verdächtigt war. s. Salig, III, 989; Loserth, Communismus p. 225.

wurf der Gleisnerei im öffentlichen Auftreten. Man holte aus der
alten Rumpelkammer der geistlichen Waffen zur Bekämpfung der
Ketzereien auch das Mittelchen gemeiner Verdächtigungen
hervor. „Ein Elender schämte sich nicht, die Jahrhunderte alten
Lügen der Heiden gegen die Anhänger Christi nachzuahmen und
das Gerücht auszustreuen, die Versammlungsorte der Sakramentisten
seien nichts als Bordelle, wo man sich den tierischten Lüsten
hingebe."[1]

Es ist zu widerwärtig, würde auch zu weit führen, alle jene
schamlosen Dinge hier zu wiederholen, deren man sich bedienen
zu müssen glaubte, um die „verhassten Ketzer niederzuhalten und
auszutilgen". Verweisen möchte ich hier auf Seb. Franck,[2] der
überall seiner Pflicht der Unparteilichkeit und Affektlosigkeit als
Historiker auch ihnen gegenüber zu genügen sucht. Er will all
den „plumpen Berichten in ihrer Thorheit und nackten Abscheulich-
keit" nicht trauen und erinnert an die angeblichen geheimen Greuel
bei den Gottesdiensten der Beghinen. „Man hat die Ketzer verdächtigt, um sie beim Volke verhasst zu machen."[3]

Aber noch ein anderes Moment, welches die Täufer nicht zur
Ruhe kommen liess, darf hier nicht ausser Acht gelassen werden:
die Habsucht der Regenten und Beamten. Abenteuerliche Gerüchte
waren über den Reichtum der Wiedertäufer verbreitet, die selbst
am Hofe zu Wien Glauben fanden.[4] Hatten die Täufer durch
treue Arbeit, durch Nüchternheit und Sparsamkeit sich wieder einiges
Vermögen erworben, so wurde es ihnen durch Steuern, besondere
Kopfgelder, hohe Schatzungen bald wieder zum Teil genommen,
wenn man sie nicht, sie im zweifelhaften Besitze des nackten
Lebens lassend, von Haus und Hof gänzlich zu vertreiben beliebte,

---

[1] de Hoop-Scheffer, Gesch. der Ref. in den Niederl. (1525) p. 313.
Schlüsselburg (Catalogus Haereticorum Tom. XII, p. 30) colportiert solche
Gerüchte noch 1599: „inveni Mennonitas, a Mennone sic dictos, qui Witmar-
siae olim vixit; illi tempore nocturno clam convenientes, candelis extinctis,
foedissimas et promiscuas libidines exercent, vociferantes: Spiritus meus
concupiscit carnem vestram". (cf. auch Sepp, Geschiedk. Naspor. I, 137.)

[2] Zeitbuch und Geschichtbibel (Augsburg 1543) II, 112 f.; 148 b, 183 a.

[3] Vergl. auch Hegler, Geist und Schrift p. 246.
Ein recht drastisches Beispiel findet sich bei Kervyn de Lettenhove,
Documents inédits; Bruxelles 1823 p. $^{13}/_{14}$ (1564).

[4] Loserth, Communismus p. 194, 201.

um so auch noch den Rest ihres Vermögens in den stets leeren
Säckel der Regierung verschwinden zu lassen.

So verfuhr man gegen sie, als sie der Vorwurf des Aufruhrs
u. s. w. unmöglich noch treffen durfte. Gewiss haben die Täufer, was
ja stets betont werden muss, zeitweilig eine schwere Schuld auf
sich geladen. Unsaubere Elemente, welche das Gute wieder in Miss-
kredit zu bringen geeignet waren, kamen in den bewegten Zeiten
immer wieder an die Oberfläche. Aber die „Bundtgenossen" haben
in den Jahrhunderte langen Verfolgungen hinreichend dafür gebüsst.
Unsere Zeit fängt allmählich an, ihnen eine gerechte Würdigung
zu Teil werden zu lassen.

Es erübrigt noch, einige Stimmen aus ihrer Zeit über sie
zu vernehmen. Zunächst Erasmus. Obwohl dieser selbst wegen
seiner Lehrmeinungen in seinen ersten und wichtigsten Schriften
hinreichend verdächtigt wurde, so trug er doch trotz aller praktischen Vorsicht kein Bedenken, in seinen Briefen gelegentlich
seine Meinung über die Täufer offen auszusprechen. Obgleich er
sie natürlich wegen ihrer excentrischen Ideen und Unternehmungen
scharf verurteilte, so vergass er doch nicht, des öfteren hinzuzufügen: Hi vitae innocentia prae caeteris commendantur; ferner:
multi moribus sincerioribus quam caeteri. (quamquam quid ibi
sincerum esse potest, ubi corrupta est fidei integritas?) 1529.[1]

Auffallend ist, dass der sonst so milde Melanchthon den
Wiedertäufern die Todesstrafe als rechtlich wohl verdient zu-
erkannte, was z. B. seinem Freunde Myconius viel zu hart erschien.
(Melanchthon: in capita factionum in singulis locis ultima suplicia
constituenda esse judicavimus.)[2]

Wie ganz anders als die deutschen und schweizerischen Reformatoren spricht von ihnen der Strassburger Capito, der doch
gewiss hinreichende Gelegenheit fand, sie in persönlichem Verkehr
kennen zu lernen; ihm sind die Täufer: „homines, ut ego sentio,
plerique minime mali"; er versichert sogar, dass er die meisten
als Erwählte Gottes, mit der Furcht des Herrn begabt, einige auch
als standhafte Bekenner der Ehre Gottes achte, ja als teure Brüder
lieb habe.[3] In einem Brief vom 31. Mai 1527 (Simlersche Samm-

---

[1] Opp. 1703. Tom. III, p. 1175 c, 1186 f.

[2] s. LXVI selectiores clarissimi viri Melanchthonis ad Myconium con-
scriptae quondam epistulae. Jenae. 1596. 1°; Strobel, Beiträge I (1784) p. 151.

[3] Z. f. histor. Theologie 1857, p. 286.

lung in Zürich) wendet er sich an den Rat der Stadt Rothenburg
am Neckar, wo zahlreiche Täufer gefangen gesetzt und getötet
waren: „In diesen Stücken (Taufe, Obrigkeit, Eid) mögen unsere
lieben Brüder und starken Bekenner der Wahrheit etwas Irrung
gehabt, und die übrigen, so in eurer Stadt sind, noch haben. Aber
in andern Dingen sind sie herrliche Zeugen der Wahrheit und
Gefässe der Ehren, und schadet ihnen nichts an der Seligkeit;
denn der Grund besteht, und Gott weiss die Seinen, die er, ehe
denn der Welt Grund gelegt war, erwählt hat. Aus der Zahl
sein diese gefangenen Leute, so in eurer Stadt sind, gewisslich,
sintemal bei ihnen gewisslich eine Furcht Gottes ist, und sie um
Ernst und Fleiss, die Ehre Gottes zu fördern, in Irrung kommen
sein .... Begehret nun, dass man ihren Irrthum nit peinlich strafe,
sondern sie freundlich eines Besseren berichte, wo sie anders irren,
als sie denn in Hauptstücken des Glaubens und wesentlichen
Punkten gar nicht irren." [1])

Das beste in der Beurteilung der Täufer hat vielleicht
Sebastian Franck geleistet; er ist gleich fern von blinder Anerkennung, wie von fanatischer Verwerfung. Er ist vom tiefsten Mitgefühl erfüllt mit den jammervoll Gehetzten und Hingeschlachteten,
die abgeköpft und abgestümmelt werden, wie das Gras auf dem
Anger, die als aufrührerisch verschrieen werden, weil sie der Gunst
der Welt entsagt haben. Von der Frömmigkeit der Täufer ist
er überzeugt. Er hat immer das Täufertum als grosse Partei
neben den andern seiner Zeit behandelt, und nicht bloss die
Stärke der täuferischen Bewegung, sondern auch die Eigentümlichkeit der treibenden Gedanken hat ihm dazu das Recht gegeben. Das Bild, das er von den Täufern entwirft, ist das best-
gelungene, welches aus der ganzen Reformationszeit auf uns
gekommen ist. Franck hat vor allem auf die grossen Unterschiede
unter den Täufern aufmerksam gemacht, auf ihre verschiedene
Stellung zum Alten und Neuen Testament, zu Geist und Schrift,
auf ihre Haltung der äusseren Gewalt gegenüber, auch auf die
Unterschiede in ihrer sittlichen Qualität. Von einem Michael
Sattler spricht er ganz anders als von einem Hans Hut, von
Denck anders als von Hezer.

---

[1]) Heberle, Capito Verhältnis zum Anabaptismus. Z. f. histor. Theol.
1857 p. 308.

Er selbst hat mit vielen ihrer Anhänger persönlich verkehrt und gesprochen, viele Ansichten hat er geteilt. Was ihn aber vom ganzen Täufertum — der Begriff desselben scharf gefasst — trennt, ist der Versuch gesonderter Gemeindebildungen bei den Täufern.

Was sich sonst Falsches bei ihnen findet, stellt Franck auch klar heraus: „Das Kleben am Schriftbuchstaben, die willkürliche Berufung auf Visionen u. s. w. (aber hierin unterscheiden sich ja die Täufer, in jenem Versuch zeigt sich ein allen gemeinsames Streben). So sieht er auch im Täufertum eine Bestätigung der ernsten Wahrheit, wohin die Veräusserlichung der Religion bei allem guten Willen der einzelnen führt."[1]

„Wie wohl ich für wahr halte und gänzlich achte, dass viel frommer, einfältiger Leute in dieser Sekte sind, und viele ihrer Vorsteher nach Gott geeifert, aber meines Bedünkens nicht nach der Kunst, jedoch sollt man nicht also mit ihnen tyrannisieren, wo sie gleich hartnäckig sich nicht wollen weisen lassen, sondern sie allein Gott befehlen, der allein Glauben geben, Ketzerei austilgen und der Sache, wie gehört, Rath schaffen mag. — Hernach soll man sie hineinfahren, die Hand abthun, stille halten und Gott also nicht in sein Reich und Gericht greifen, mit dem Schwert auf die Faust und nicht auf den Glauben sehen und in geistlichen Sachen mit dem irdischen Scepter hetzen."[2]

In seiner „Chronika" etc. 1565 f. 168b sagt er u. a.: „Dises haben mir zur Antwort geben, sovil ich darumb hab angeredt, sie seyen da, umb Christo willen zu leiden mit Geduld, nit zu fechten mit Ungeduld. Christen sollen umb das Evangelion nit kriegen. Dann das Evangelium lehr und woll nit mit der Faust (wie die Bauwern im Sinn hatten), sonder mit Leiden und Sterben vertheidigt und bestätigt werden . . . . .

Derhalb hett es meiner Achtung nicht grosse not, dass man sich einer Aufruhr besorgt, wie der Teuffel, der gern Mord sieht und ein Lust hat, im Blut zu baden, vielen ein thörichten Eyffer eynbildet . . . Ih besorgt mich vor kein Volck weniger einer Aufruhr, wann ich Bapst, Keyser und der Türck selbs wer, dann vor diesem . . . ."[3]

---

[1] Sepp, Geschiedk. Nasp. I, 164; Hegler, Geist u. Schrift p. 271.

[2] Geschichtbibel I, 445. Gerbert a. a. O. p. 111/112.

[3] s. Monatshefte der Comenius-Gesellsch. Bd. 6, 275.

In einzelnen Fällen kam es bei aller Strenge doch vor, dass man gelegentlich Milde walten liess oder dass einflussreiche Protestanten sich schon früh wohl der Täufer annahmen.[1] Manche von ihnen beklagen die Spaltung und weisen den Protestanten selbst die Schuld hierin zu. Katharina Zell (Gattin des Matthias Zell in Strassburg) schreibt 1557: „Nun die armen Täufer, da Ihr so grimmig zornig über sie seid und die Obrigkeit allenthalben über sie hetzet, wie ein Jäger die Hunde über ein Wildschwein oder Hasen; sie bekennen doch auch Christum mit uns im Hauptstück, darin wir uns vom Papstthum getheilt haben, über die Erlösung aber sich in andern Dingen nit vergleichen können. Soll man sie gleich darum verfolgen und Christum in ihnen, den sie mit Eifer bekennen und viele unter ihnen bis in das Elend, Gefängnis, Feuer und Wasser bekannt haben? Lieber gebet Euch die Schuld, dass wir in Leben und Lehre die Ursache sind, dass sie sich von uns trennen. Der Böses thut, den soll eine Obrigkeit strafen, den Glauben aber nit zwingen und regieren, wie Ihr meint; er gehört den Herzen und Gewissen zu, nit dem äusserlichen Menschen." „Freilich, wenn Euch eine Obrigkeit folgen wollte, so würde bald eine Tyrannei anfangen, dass Städte und Dörfer leer würden."[2]

Diese Stimmung kam den Täufern allmählich in vielen Orten zu Gute.

Freilich müssen wir dabei immer wieder eine andere Stimme zu Worte kommen lassen:[3] „in beiden theilen wirt schwerlich gefehlet, das jene mit unverstandt martyrer werden, diese mit unbillicheit tyrannen . . . Thun darbey, das vil marterer werden zu unserer zeit nit um sonderlichen eifer zu Gott, sonder umb jre Sect und fürnemen zu vertedigen oder die sich aus leichtfertiger ursachen selbst in gefar brengen und geben selbst den Tyrannen in die händ. Wie vil, meinstu, seind der tauffgenossen, die offtmal den todt sterben und verstehen jrer widerpardt uñ verfolger lehr nit / von denselben stücken, drum sie so bereidt leiden? Ja man findet ir, die selbst zulauffen / sich ohn nott und ungefragt erkleren / und ihr unglück selbst forderen . . . Wiewol ich hie nit entschuldigen

---

[1] v. Beck, Geschichtsbücher . . p. 220.

[2] Füsslin, Beiträge V, 273–77.

[3] Der Verfasser der Schrift: „Von der Kindertauff bestendiger . . . Gegenbericht." 1563. Vorrede.

kann oder will, das etliche oberkeit so unvernünftig und tyrannisch damit handelt / und mit dem schwert richtet, die man mit worten berichten soll: umbringt, die man wider zurecht brengen soll: todtet, die / man lebendig machen soll: verjaget, die man wider ruffen soll." . . . .

2. Zur Geschichte der Mennoniten-Gemeinde in Krefeld. [1]

Wann die ersten Täufer nach Krefeld gekommen sind, ist unbekannt. Jedenfalls befand sich hier am Orte schon um 1600 und früher eine kleine Gemeinde. Die ersten geschichtlich nachweisbaren Einwanderungen geschahen um 1609 und zwar aus den benachbarten Orten Kempen und Aldekerk. Die aus letzterem Orte eingewanderte Familie op den Graff bekannte sich schon 1615 frei und offen zur Lehre der Täufer. Wie sich aus einer Kirchenrechnung der Krefelder reformierten Gemeinde ergiebt, beteiligte sich 1637 der Mennonit Hermann uf den Graff im Namen seiner Glaubensgenossen an der Unterstützung bedürftiger reformierter Gemeinden im Fürstentum Zweibrücken und zwar mit 25 Rthlrn. Die Lage dieser Gemeinde muss eine erträgliche und finanziell recht günstige gewesen sein, zumal da bemerkt wird, dass die reformierte Gemeinde mit ihrer Unterstützungssumme um 3 Rthlr. hinter der jener zurückblieb. Eine noch erhaltene und im Museum aufbewahrte gebrannte Fensterscheibe, herstammend aus dem Hause Hermanns op den Graff, charakterisiert den Mann: „Gottfrüchtigt, from und gutt von seden, Luistigh, frundtlich und war von reden, ist christlich und gefalt den herren, Bringt Gunst und setzet menneger zu grossen ehren. Herman op den Graff und Greitgen sein hosfrow. A°. 1630."

Er hatte eine kleine Zahl von Glaubensgenossen um sich versammelt, die sich zum grossen Ärgernis des reformierten Predigers, wie dieser selbst auf der Mörser Synode bekennt, „hier

[1] cf. Herm. Keussen, Geschichte der Stadt und Herrlichkeit Crefeld. Crefeld, 1859—65.

Keussen, Crefelder Zeitung 1894, No. 421.

Weydmann in „Mennonit. Blätter" 1894, p. 75.

Keussen in Annalen des histor. Vereins. LXV, p. 113 ff. („Beiträge zur Geschichte Crefelds und des Niederrheins.")

eingenistet haben und Conventikel abhalten, zu denen sich einige
Einfältige hingezogen fühlten".

Der erwähnte Hermann war ein thatkräftiger Kaufmann, der
einen Tuch- und Leinenhandel betrieb und als ein frommer, duld-
samer Mann sich allgemeiner Achtung erfreute. Seine Hülfe wurde
mannigfach in Anspruch genommen. 4 adelige Nonnen, welche
aus dem benachbarten Kloster Meer entwichen waren, fanden z. B.
bei ihm für einige Zeit dieselbe gastliche Aufnahme (1616), wie bei
seinen Nachkommen und Glaubensbrüdern die armen Vertriebenen
aus Rheydt etwa 80 Jahre später.

Während in den umliegenden kölner, jülicher und bergischen
Landen die religiöse Unduldsamkeit in alter Weise wütete und
landesherrliche Edikte „gegen die abscheuliche, unchristliche Sekte
der Wiedertäufer" erlassen wurden, während mit den Oraniern
aber, denen aus ihrer Erbschaft von den Grafen von Mörs auch
Krefeld zugefallen war, der Geist der Duldung Einzug in die Stadt
hielt,[1] da erfolgten Einwanderungen bedrängter Täufer aus den
benachbarten Orten Kempen, Gladbach, Rheydt, dem Jülichschen
ziemlich zahlreich. Was einst für kurze Zeit Wassenberg und
seine Umgebung gewesen war, wurde und blieb Krefeld: Mittelpunkt und Zufluchtsstätte der Wiedertäufer und Separatisten[2] am
Niederrhein.

Die Einwanderung der Mennoniten bezeichnet einen Wende-
punkt in der industriellen Entwicklung Krefelds. Bald fühlte sich
die Stadt innerhalb der alten Mauern zu enge, und sie hatte nicht
zu bereuen, dass sie solchen gewerbthätigen Ansiedlern die Thore
öffnete.

[1] 1604 erneuert Moritz von Oranien der Stadt ihre Privilegien und
verheisst ihr auch ferner seinen Schutz.

[2] Um 1670 sind zahlreiche Labbadisten, Quäker in Krefeld.
1679 hat der berühmte Penn auf der Rückreise von Herford an einer Versammlung teilgenommen. „Auf einer Synode wurde wieder geklagt, dass
selbst die Quäker aus England in Krefeld Dienst gethan hätten . . . die
Prediger in Krefeld klagten über der Quäker vielfältige Versammlungen,
wozu sich viele aus England begaben, die ihnen Versammlungen hielten und
ihre Lehre trieben . . ." cf. Keussen, in Annalen p. 116. Genaueres bei
Franz Daniel Pastorius, Beschreibung von Pennsylvanien ed. Fr. Kopp.
Krefeld 1884. Die erste deutsche Auswanderungs-Gesellschaft, welche ihren
Fuss auf die amerikanische Küste setzte (6. Oktober 1683), bestand aus
13 Krefelder Familien meist mennonitischen Bekenntnisses.

Seit 1634 predigten die Mennoniten, deren Zahl durch Einwanderung und heimlichen Übertritt immer mehr zunahm, schon öffentlich.[1] Im Jahre 1646 wurden scharfe Klagen gegen sie auf den Synoden vorgebracht. Sie seien, so hiess es, in hohem Grade übermütig; sie hielten öffentlich ärgerliche Zusammenkünfte zu merklichem Nachteil und grossem Abbruch der reformierten Gemeinde. Unter dem Schutz der Mörser Regierung hatten die Reformierten seit 1602 alle Gewalt an sich gerissen, so dass selbst die Katholiken sich nur mit Mühe einige Rechte sicherten. Die oranische Regierung gab aber den wiederholten Vorstellungen der herrschenden Religionspartei, der die Täufer recht unbequem wurden, zu einer Zeit, wo konfessionelle Engherzigkeit jedem ausser sich selbst Licht und Leben missgönnte, kein Gehör. Die Folge war, dass besonders seit 1652 stets neue Einwanderungen, vornehmlich aus den Nachbargebieten, wo die Unduldsamkeit der Pfalz-Neuburger ihren Druck ausübte, folgten.[2] Wie wenig willkommen dieser Zuzug den hiesigen Reformierten war, zeigt der Bericht, den die Beamten von Mörs an die Regierung im Haag ergehen liessen. Der Inhalt des Schriftstückes ist etwa folgender:[3]

Im Jahre 1655 begaben sich auf Veranlassung der reformierten Gemeinde der Prediger und der Bürgermeister von Krefeld nach dem Haag, um dort vorstellig zu werden, dass zu den schon länger in der Stadt wohnenden Mennoniten vor ungefähr zwei Jahren noch 70 andere Familien hinzugekommen seien, welchen man für ein Jahr unter der Bedingung Aufnahme gestattet hatte, dass sie nach Ablauf dieser Zeit sich weiter begeben sollten. Da die Eingewanderten diesem Befehl nicht nachkamen, sondern sich anschickten, in Krefeld sich häuslich niederzulassen, „tot naedeel van

---

[1] Die Lehrer und Prediger der Gemeinde wurden in der ersten Zeit aus den Gemeindemitgliedern selbst genommen, die, ohne eigentliche theologische Studien getrieben zu haben, allwöchentlich öffentliche Lehrvorträge in niederdeutscher Sprache hielten. Der erste Prediger dieser Art war Adam Schouten (geb. 1639, † 1668). Der erste, welcher eine Akademie besucht und wissenschaftliche Fachstudien getrieben hatte, war Wobko Molenaar, der 1794 als Seelsorger der Gemeinde starb.

[2] 1642-50 wurden Täufer aus Jülich und Cleve u. a. auch in Nymegen aufgenommen; sie hatten ihre alten Sitze „wegen Kriegsverderb" verlassen. cf. P. C. G. Guyot, Bijdragen tot de Geschiedenis der Doopsgezinden te Nijmegen. 1845. p. 44.

[3] s. Mennonitische Blätter 1894, p. 75.

polityken sowel als Ecclesiastyken Staet aldaer", so wurde Se. Hoheit, der Prinz von Oranien, ersucht, den genannten Mennoniten entweder den Aufenthalt in Stadt und Land gänzlich zu versagen, oder, wenn dieses nicht möglich wäre, die öffentliche Ausübung ihres Gottesdienstes zu verhindern. Die mörsischen Beamten erhielten daraufhin ein vom 4. Juni 1657 datiertes Schreiben mit der Anweisung, das Gesuch der Reformierten zu prüfen und durch geeignete Mittel dahin zu wirken, dass die Mennoniten still in Krefeld wohnen bleiben und ihren Gottesdienst in einer ihnen vorzuschreibenden Weise abhalten könnten. In betreff der Ausübung des öffentlichen Wacht- oder Sicherheitsdienstes sei zu erwägen, ob den Mennoniten daselbst, wie auch an anderen Orten, eine Kontribution zum Zweck der Unterhaltung von Stellvertretern auferlegt werden könnte. Infolge dieses Rescriptes begaben sich die genannten Beamten am 21. Juni 1657 nach Krefeld, setzten sich mit Magistrat und Kirchenvorstand behufs Ausgleichung der bestehenden Differenzen in Verbindung und brachten auch im Sinne des Prinzen von Oranien eine Vermittlung zu stande.

Die Mennoniten erhielten hiernach zwar in keiner Weise das Bürgerrecht,[1] sollten auch nicht durch Zuzüge von Glaubensgenossen aus anderen Gegenden vermehrt werden, dagegen sollten die bereits Angesiedelten ihren Wohnsitz behalten und wie die anderen Bewohner der Grafschaft öffentlich Handel treiben dürfen. Es wurde ihnen nicht nur bürgerlicher Schutz und Freiheit des Gewissens, sondern auch das Recht freier Ausübung des Gottesdienstes (in der jetzigen Königstrasse) zugesichert, letzteres jedoch in der Weise, dass Kommen und Gehen bei dieser Gelegenheit in aller Stille und Bescheidenheit, ohne anstössiges Wesen und zwar eine Stunde nach dem Gottesdienste in der Parochialkirche stattfinde, „ten dien eynde de gereformeerde gemeente ende goede borgerie in alle wegen moogen praedomineeren".

Immer wieder erneuerten Prediger und Kirchenälteste in den Synodalversammlungen die bittersten Klagen über die heimlichen Konventikel der Mennoniten. Wieder war eine ihrer Petitionen

---

[1] Ausserordentlich zahlreich waren die Taufgesinnten, welche aus Jülich, vor allem Gladbach, zwischen 1639 und 1657 nach Nijmegen flüchteten und dort Bürgerrecht (seit 1639) erhielten. Auch hier haben wir es fast ausschliesslich mit Webern zu thun. s. Guyot, Bijdragen tot de Geschiedenis der Doopsgezinden te Nijmegen. 1845.

an die Regierung[1]) ohne Erfolg, als sie 1670 vernahmen, dass die Mennoniten sich mit dem Gedanken trügen, ein eigenes Lehrhaus zu bauen.[2]) Ja, als Antwort auf erneute, hiergegen gerichtete Vorstellungen wurde den Taufgesinnten von dem edelmütigen, duldsamen Oranier das volle Bürgerrecht verliehen. Sogleich machten 29 Familien davon Gebrauch. 1694 erfolgte dann die letzte grössere Einwanderung, und zwar aus Rheydt und Gladbach,[3]) von denen noch heute zahlreiche Familien hier sitzen, wie von Elten, Fieth, Hendricks u. a. (s. o. p. 530 f.)

Die meisten der Einwanderer waren Weber[4]), die sich auf Anfertigung von Leinentüchern und deren Betrieb verstanden. Nach Anlage von Bleichereien grösseren Stils nach holländischem Muster wurden allmählich die Vorbedingungen gegeben für ein segensreiches Emporblühen und Gedeihen einer neuen Industrie, die für Krefeld bedeutungsvoll werden sollte, für die Seiden- und Sammetindustrie. Die politische Verbindung dazu mit dem benachbarten Holland infolge der oranischen Herrschaft erleichterte den

_____

[1]) Über die grosse Zahl der aus Jülich und Berg vertriebenen Täufer sind zahlreiche Akten erhalten im Archiv der Taufgesinnten Gemeinde zu Amsterdam. (Sie wurden mir s. Z. freundlichst zur Verfügung gestellt.) s. de Hoop-Scheffer, Inventaris der Archiefstukken, berustende bij de vereenigte doopsgezinde Gemeente te Amsterdam, z. B. zum Jahre 1648; d. d. 12. Juli 1678: Bericht omtrent den toevloed von Doopsgez. vooral uit Gulik, te Crefeld; 9. Dezember 1689: Concept-brief van de gemeente bij het Lam aan die in de Palts, op het vernemen van den nood aldaar bieden zij hunne hulp aan en hebben reeds gelden beschickbaar gesteld bij Paulus Prijer te Crefeld, voorts vermaning, vertroosting.

[2]) 1695 wurde der Bau begonnen; 1696 am 19. Januar wurde darin die erste Trauung vollzogen. In der Mitte unseres Jahrhunderts wurde das Bethaus in einfach würdigem Stile renoviert.

[3]) 1794 hatte Krefeld unter 6159 Bürgern 385 Mennoniten. (s. Annalen p. 122.) Nach der freundlichen Mitteilung des Herrn Pastor Weydmann hier zählt die Gemeinde in Stadt und Landkreis augenblicklich 1125 Seelen. Die Zahl der Täuflinge beträgt durchschnittlich 30 im Jahre.

s. de Hoop - Scheffer, Inventaris . . . zum Jahre 1695: Van de gemeente te Crefeld aan die te Amsterdam, met uitvoerig verslag van de vervolging, die de Doopsgez. in het graafschap Reyd in Gulikerland sedert 16. Juli 1694 geleden hebben en van het rantsoengeld à 10000 Rthlr. betaald voor de 40 huisgezinnen, die nu te Crefeld in groote armoede zijn aangekommen, met dringend verzoek om hulp.

[4]) s. o. p. 95 f., 528.

merkantilen Verkehr und gewährte die Möglichkeit zu einer er-
weiterten industriellen Thätigkeit.

Die Seiden- und Sammetindustrie im Rheinlande ins Leben
gerufen und entwickelt zu haben, ist das Verdienst einer einzigen
Mennonitenfamilie, der von der Leyen.[1] Nachdem 2 Mitglieder
dieser Familie, welche sich früh zu den Lehren Mennos bekannte,
für ihre Anhänglichkeit einen gewaltsamen Tod erlitten hatten
(1555 und 59),[2] wanderte der Rest im 16. Jahrhundert aus den
Niederlanden in das bergische Städtchen Radevormwalde. Durch
Unduldsamkeit auch hier vertrieben, fand die Familie um 1665
eine bleibende Stätte unter oranischem Schutz in Krefeld. 1679
erwarben die Brüder Heinrich und Adolf von der Leyen das
Bürgerrecht. — Wie manche andere mit und nach ihnen brachten
sie die Kenntnis zur Ausübung der Seidenfabrikation aus Flandern mit. —

Über die weiteren Schicksale all der eingewanderten Familien,
von welchen viele noch jetzt hier von grösstem Einflusse sind und
zum Teil einen wahrhaft edlen und seltenen Wohlthätigkeitssinn
gezeigt haben, kann an dieser Stelle nicht weiter gehandelt werden.
Der beste Kenner der Geschichte Krefelds sagt mit Recht:[3] „Die
mennonitische Genossenschaft kann das Verdienst für sich in Anspruch nehmen, dass sie durch ihre Einwanderung der Stadt bald
ein anderes Gepräge in jeder Hinsicht gegeben hat." —

3. Justus Velsius Haganus.

Leben und Lehren des Velsius und Campanus sowie ihre
Zusammenstellung durch Zeitgenossen wie Lindanus u. a. legen
es nahe, über diesen eigentümlichen Mann etwas Näheres hier ein-
fliessen zu lassen, zumal die Vermutung nicht ausgeschlossen ist,
dass sich beide persönlich gekannt haben, und es wohl sicher ist,
dass sie wenigstens von ihren Schriften und Bestrebungen gegenseitig Kenntnis hatten.

---

[1] s. Alphons Thun, die Industrie am Niederrhein und ihre Arbeiter.
(Staats- und sozialwissenschaftl. Forschungen ed. Schmoller) Lpz. 1879 p. 86.

[2] cf. Martelaers Spiegel der Werenlose Christenen. Harlem 1671,
p. 193, 316.

[3] s. Annalen p. 113.

Mitteilungen über Velsius finden sich in den „Theol. Arbeiten aus dem rhein. wiss. Predigerverein", 1872, p. 27 Anm.; bei Ennen, Geschichte der Stadt Köln IV. (1875) p. 688, 781 f., 785 ff., 799. Eine eingehendere Studie lieferte Sepp, kerkhistorische Studien 1885, p. 91 ff. Obwohl letzterer mit sichtlichem Interesse mancherlei zerstreutes Material zusammengetragen hat, so bleibt doch noch vieles zu thun übrig, um einiges Licht auf die merkwürdig verschlungenen Pfade seines Lebens und auf die Motive und Entwicklung seiner Lehren fallen zu lassen.

Velsius gehörte zu der grossen Gruppe von Männern, Dissenters des 16. Jahrhunderts, welche auf die kirchliche Gemeinschaft wenig Gewicht legten, dafür aber nachdrücklich betonten: persönliche, individuelle Gemeinschaft mit Jesus Christus; veram fidem et vivam universae virtutis ac justitiae fundamentum esse: das ist auch seine Losung.

Er war aus dem Haag gebürtig und hielt sich wohl zunächst in Strassburg auf, nachdem er, wie Jöcher berichtet, 1542 in Löwen Doktor geworden war.[1] Frühzeitig war er mit Luthers Lehren bekannt geworden und hatte sich ihnen innerlich zugewandt. Strassburg habe er aufgesucht, um der Inquisition zu entgehen. Der Inquisitor Slotanus in Köln weiss von einem Kollegen, Freunde und Gesinnungsgenossen des Velsius, von dem Arzte Hieronymus Marius, manches zu berichten, was seinen Gegner Velsius verdächtigen und den häufigen Wechsel seines Aufenthaltes erklären soll. Velsius habe eine Schrift seines Freundes, der übrigens wie er selbst als „lutheranus" bezeichnet wird, bei seinen Vernehmungen vorgelegt. Die Schrift habe den Titel gehabt: „Eusebius captivus sive modus procedendi in curia Romana contra Lutheranos, in quo praecipua Christianae religionis capita examinantur, trium dierum actis absolutus, per Hieronymum Marium".

Slotanus p. 138: „Qui in eodem pestilentissimo libro sub Eusebii persona, quem ficte introducit de Fide et religione coram summo Pontifice disserentem, praecipua factionis Lutheranae de Religionis negotio capita defendit, eorumque damnata dogmata, summatim collecta, corroborare contendit . . . ."

Den Velsius, welcher ebenfalls in Italien studiert und pro-

---

[1] Slotanus berichtet: Velsius medicinorum se doctorem affirmat Bononiae promotum. (p. 138.)

moviert hat, soll die Freundschaft mit einem Manne verdächtigen,
von dem Slotanus p. 138 weiter sagt:

„Fugit autem Marius ex Italia in Germaniam ob haereticam perfidiam, ne deprehenderetur. Sic enim scribit in Epistola nuncupatoria.
Cum ante triennium papisticam Religionem tanquam Christo adver-
santem repudiassem nullumque mihi in Italia locum a papae tyran-
nide tutum esse conspicerem, illam coactus deserui, libentius enim aut
paternis sedibus aut in alio quovis Italiae loco vixissem, ubi papisticae
abominationi adversari possem. Verum cum nullum piis tutum prae-
sidium aut asylum esse conspicerem, certe mihi vitae periculum imminere agnoscebam, si illuc diutius versarer. Ideo cum saevissima
tormenta, quibus Christiani afficiuntur, perhorrescerem, Italiam deserui, altissimas totius Europae alpes superavi, in Helvetiorum oram
et urbes, tanquam in civitates refugii me recepi.“ Bezeichnend genug
nennt sich übrigens weder Marius noch Velsius irgendwo selbst einen
Lutheraner; stets bezeichnen sie sich als „Christen“.

Vorher scheint er auch eine Zeit lang in Antwerpen geweilt
zu haben und mit den dortigen separatistischen Bestrebungen [1]
bekannt geworden zu sein. Von 1550—54 lebte er in Köln als
Mediziner und Professor in der philosophischen Fakultät (von
Löwen aus war er hierher gekommen) und hielt Vorlesungen über
lateinische und griechische Sprache. Er lehrte am Gymnasium
tricoronatum, dessen Regens Leichius war, und stand in Beziehung zu den dortigen Jesuiten. Da er aber im Herzen längst
neuen Lehren zuneigte, so konnten seine guten Beziehungen nicht
von Dauer sein; 1553 schon waren sie gelockert, und im Jahre
1554 kam es zu völligem Bruche des Velsius mit den Anhängern
der römischen Kirche. 1555 wurde er von der Universität entfernt, und langwierige Unterhandlungen mussten seinetwegen geführt werden (cf. Ennen IV, 688 ff.; 780 ff. und besonders die
Farragines Geleniae XXX, 861 ff. im Kölner Stadtarchiv. vergl.
Hansen, rheinische Jesuitenakten p. 237/8, Anm. 4; p. 209:
1552: „die Schule numerat ... doctori Justo Velsio Hagano philosopho doctissimo, qui in philosophia graeca cum latinis conjungit,
daleros 200;“ p. 235 (1553, Mai 29. werden dem Georg Wassenberg
Grüsse aufgetragen an: „doctum philosophum Justum Velsium“.
9. August 1553: „Quod d. Velsium et Jacobum Leichium, meos prae-

[1] s. o. p. 165 ff.

37

ceptores, a bono quod coeperant desiisse ex litteris tuis cognovi, non parum me contristavit. Sed quomodo nolentes servare possumus?"

In Köln gab Velsius 1554 sein vielbesprochenes Werk heraus: *Κρίσις* sive verae christianaeque philosophiae comprobatoris atque aemuli et sophistae quique antichristi doctrinam sequitur per contentionem comparationemque descriptio, capitibus quibusdam quoad fieri potuit brevissime ad Dei omnipotentis gloriam et proximorum salutem a J. V. H. comprehensa, explicata." cf. Sepp. kerkhist. Studien p. 119; verboden lectuur 1889 p. 114. (Dass Velsius zur prima classis im Index Pauls IV. gehörte, ist selbstverständlich.)

vergl. auch H. Pantaleon, Prosopographiae heroum, Basil. 1566 p. 410, wo sich ein Bildnis des Velsius findet mit der kurzen Charakteristik: „J. V. H. a pueris felicissimo ingenio fuit praeditus. Itaque in patria operam literis dedit et prima rudimenta facile percepit. Inde sese ad varias Academias contulit atque artibus et linguis, in primis vero philosophiae tanto studio et successu incubuit, ut maximis philosophis per Germaniam commemoraretur."

Eine deutsche Übersetzung der *Κρίσις*, welche mir vorgelegen hat, befindet sich auf der Kgl. Bibliothek zu Berlin. sub tit. Dg. 5526. (32 Seiten.) Der Titel lautet: „Beschreibung Urtheil des zuwollobenden bewehrers und nachfolgers der waren Christlichen weyssheit."

s. l. („Geben zu Cöllen auss unserer Studierstuben den x. tag Octobris jm Jar 1554," am Schlusse der Vorrede des Velsius.

Folgende kurze Mitteilungen aus diesem Werkchen mögen für die Auffassung und Stellung des Verfassers zeugen:

A[1]: „Wer ist weise und klug under euch? Der erzeige mit seinem gutten wandel seine werck in der sanftmut und weyssheit.

Zwei Naturen giebt es im Menschen: (B[2])

Dieweil der Mensch auss dem gemüthe und lichnam bestehet oder gemachet ist / Und zum teil dero vernunfftigen, zum teil aber dere unvernünfftigen natur mitgenossig / hat er von wegen seyner vernunfft und verstandes zu Got und den Hymelischen / von wegen aber dere vernunfft untheilhafftigen synne / anmutungen / und seynes leichnams / zu der erdischen natur der wollust und anderer hierauss erwachsenden bewegungen und denen erdischen dingen eine vereinung." (s. o. p. 166.)

Er redet energisch einer praktischen Frömmigkeit das Wort entgegen allen Spitzfindigkeiten der „Sophisten".

„Das dritte Capittel.

Gehet nach denn mittelsten / und den selbigen, darinne ein fortgaug von den anfengen bis zum ende gesehn würt.

Nach dem mol ein zweifeltiger mensch ist, der eine, welchen die heiligen geschrifſte den ausserlichen und althen / der ander, welchen sie / den innerlichen und newen Menschen nennendt / So ist auch von nöthen / das eben so wol und in gleicher weyse zwey und dieselbigen widerwertige geschlecht jres lebens sein müssen, deren das eine des andern thot ist / denn des ausserlichen Menschen leben / welches dann er ein leben, dans doch ist, zu sein scheinet / in dero vernunfft und theilhafftigen natur gentzlich bestehende, dieweil dasselbige, dem vereinigung der wollust uñ genüchlichen bewegung in der entpfindlichkeit oder dem synne nachfolget und mit denen darauss entstehenden einbildungen meynungen vnnd gedechtnüssen grausame finsternüssen und gar einen dicken nebel der bewegungen und unvernünfftigkeit in dem gemüte erreget, Entnymet es allen gewalt des waren lebens und gebrauch der rechten vernunfft deme innerlichen menschen uñ machet jnen in dem jrthumb vnd der sünde, in welchem desselbigen thot gelegen, auch mit schuldig / Darentwegen aber das gemelte geschlecht des innerlichen Menschen lebens, welches dan das ware läben ist / und nach dero vernunfft uñ dem verstande von Gott zuerleuchten angerichtet wirdt. Dieweil dasselbige das allerhöheste guth, mit deme es ein vereinigung und vertrach gemachet / Ime / als vor ein türgesetztes ende haltet / und desselbigen unsichtbaren endes / welches Gott ist / bildtnuss des Herrn Christum mit auffmercklichen augen des glaubens und der einfeldigen verehrung anschawet / und eben als mit flügeln der hoffnung und geduld zu dem selbigen erhaben würdt und unterfleuget / auch durch das bandt der liebe mit dem selbigen seinem heupte zamen gefüget und schier gleichlich zu hauff geleget wirdet, empfindet es eben als durch etzliche geistiche aderen denn gewalt des geistes in sich fliessen / Und dan den verstandt dere erkenntnus der warheit, der weyssheit vnd klugheit / dann auch die bewegung der auffrechtigen wercken vnd gerechtigkeit sonder einiche finsternus allezeit mit geteilet werden und wircket also das licht nicht schewende wercken eines newen Menschen vnd wandelet nun hinfort gleich als mit dere erkenntnuss des weges unterrichtet, ordentlich und bequemlich jm tage / nach dem sein fleisch begirligkeiten sampt andern des gemüts schnellen

bewegungen alle ans Creutz geschlagen / und nuhe der ausserliche
Mensch also gantz und gar gethötet ist." —

Das vornehmste Bedenken, welches Velsius gegen die Sophisten, die Diener des Antichrists, hat, ist, dass ihnen
nicht Darstellung der Tugend und Veredlung des Menschen die
Hauptsache ist, sondern der Streit um Worte.

Da er gegen Sophisten und Antichrist (zwei gangbare Schlagwörter seiner Zeit) schrieb, so fühlten sich verschiedene seiner
Kollegen an der Universität getroffen und setzten eine Untersuchung gegen ihn wegen einzelner Anspielungen durch. Das
Urteil der Löwener Universität, welches eingeholt wurde, lautete
bezeichnend: „Eum libellum esse impium, famosum, seditiosum et
de haeresi violenter suspectum, talemque reddere suum
auctorem. Proinde merito dictum libellum esse prohibendum et
abolendum, auctorem vero ad revocationem et reparationem esse
compellendum." (Bianco, Geschichte der Universität Cöln, p. 791.)

Er wurde schliesslich gefangen genommen und in den Gereons-
turm geworfen, wo er bis zum 26. März 1556 festgehalten und
nach vielen Verhandlungen endlich frei wurde. Es heisst darüber:
„De Velsio autem, quae nobis partim absentibus, partim praesentibus
acciderunt, vix libro comprehendi possent. De hoc alias. Ipse vero
adhuc in carcere conservatur neque quicquam illi hactenus profuit
Augustanam confessionem professum esse aut ad eam provocare.
Constitutum quidem erat a Senatu, ut Comiti traderetur (quod
extremum urbis Senatus in capitalibus causis potest; jus gladii
(Blutbann) penes episcopum, cuius Comes est minister; quare
quem Comiti tradit Senatus, eum capitali supplicio dignum judicat).
Verum nihil adhuc est effectum. Coloniae, 22. janr. 1556."[1]

---

[1] So heisst es in einem Schreiben Cassanders und Corn. Gualthers in
dem Commercium litterarum Casparis a Nidbruck auf der K. K. Hofbibliothek
zu Wien (Cod. V. N. 9737 i u. k). Durch Buissons (Seb. Castellion II, 426)
Anmerkung veranlasst, war ich zu der Meinung gelangt, dort eine grössere
Sammlung von Briefen Cassanders vorzufinden und vielleicht genauere Mitteilungen über Velsius' Schicksale daraus erhalten zu können. Wie mir nun
Herr Dr. Alfred Göldlin von Tiefenau, K. u. K. Custos an der K. K. Hofbibliothek, freundlichst mitteilt, finden sich in jenem Codex nur 3, und zwar
nicht „von Cassander selbst, sondern von seinem Freunde und Mitarbeiter
Cornelius Gualther in beider Namen geschriebene und unterzeichnete Briefe",
die keine weiteren Notizen für uns enthalten.

Aus seiner langdauernden Gefangenschaft schrieb er eine Reihe von Briefen, die bezeichnend sind für seine Stellung zu den herrschenden Lehren seiner Zeit und deren Vertreter.

In der Münchener Hof- und Staatsbibliothek findet sich am Schlusse eines kleinen Sammelbandes (H. Ref. 61 in kl. 8°), der mir vorgelegen hat:

Justi Velsii Hagani Epistolae aliaque quaedam scripta et vocationis suae rationem et totius Coloniensis negotii summam, complectentia, non solum omnibus utilia, sed etiam quam maxima lectu necessaria. (1567. Mense Septembri.) [Das Bändchen ist unvollständig, nur 174 Seiten sind erhalten.] In diesem Bruchstück sind u. a. 2 Briefe vorhanden an einen ungenannten N.

Der 1. (p. 110 f.) trägt die Adresse und Anrede: Ad doctum quendam piumque virum epistola. Gratia et pax Domini nostri Jesu Christi sit tecum, charissime N .... 17. Nov. 1555.

Der 2. (p. 159 f.): Ad pium doctumque virum, qui ob Christum eiusque veritatem a perditissimis Sophistis multa perpessus est, Epistola: in qua evidens quoddam Somnium eiusque interpretatio continetur: causaque ostenditur tum ad Episcopum Coloniensem posterioris scriptae Epistolae, tum praecedentis ad Senatum seriae admonitionis: necnon quid ipsis, nisi resipiscant, sit expectandum, haud obscure significatur. S. P. (wie der erste Brief datiert: Coloniae, e carcere Gereonis, hier postridie Dom. Laetare Anno 1556: Tui amantissimus Justus Velsius.)

Sepp (Kerhh. St. p. 130) hat nicht entdecken können, wer der „doctus et pius vir" ist, an den Velsius diese Briefe als Antwort eines an ihn gesandten Schreibens schickte. Sollte hier nicht an Joh. Campanus zu denken sein? Die Anrede des 2. Briefes lässt sich wohl auf ihn deuten, wenn auch manches noch dagegen zu sprechen scheint.

Wir führten früher bereits aus, dass sich Campanus damals vielleicht noch in Freiheit befunden hat. Wie Lindanus' Mitteilungen ergeben, ist Velsius vielleicht der Veranlasser gewesen, dass sich Campanus später, als Velsius glücklich von seinen Fesseln befreit war, während er selbst bald nachher gefangen wurde, ähnliche Gedanken betr. seiner Befreiung u. s. w. machte und sich ähnlichen Träumereien hingab, wie derjenige, dem er congenial ist, und dessen Lebensschicksale so sehr zum Vergleich mit den seinen herausfordern.

Dass Velsius nicht den Namen Campanus an die Spitze seiner Briefe setzte, sondern ein anonymes N. wählte, ist wohl geschehen einerseits, um sich nicht selbst zu „compromittieren", andererseits, um nicht die Stellung des Campanus in Jülich oder wo er sich gerade aufgehalten haben mag, noch gefahrvoller zu gestalten, als sie vielleicht ohnedies schon war.

Folgendes möge aus den Schreiben mitgeteilt werden:

1. Brief p. 111: „Quod me in carcere propter Christum eiusque veritatem detentum tuis litteris invisere dignatus sis, quae consolationis et fraternae admonitionis plenae Christique spiritum vere redolentes nostrum uberrime spiritum recrearunt, est quod plurimum me tibi debere lubens profiteor. Eo autem nomine longe omnium hae mihi gratissimae fuerunt, quod te prorsus in religionis negotio in eadem mecum esse sententia animadverterem, ut qui fidei justificantis vim, quod paucissimis hodie accidit, exquisite mihi perspexisse videris . . . ." p. 122: „Nunc ut ad ea etiam epistolae tuae veniam, in quibus tam amanter, tam pie me consolari et erigere instituis: scito me, cum ea legerem, prae gaudio spirituali lachrymas continere non potuisse. Sic enim dicebam: Talesne in principum aulis inveniri viros? Sed quid mirum, in eius principis, qui non solum cum regia sua conjuge amantissime simul et piissime vivit, sed etiam ebrietatem, ut audio, et crapulam, his nationibus ἐπιδήμιον malum, quam maxime detestatur et odit: qui non solum ipse multiplici cognitione et prudentia instructus est, sed ejusmodi etiam consiliarios sibi ascivit, viros moderatos et consilii dexteritate conspicuos. Quam etiam ob causam non dubito, quin magni aliquid boni hisce nationibus hinc proficiscetur. . . . Sed ut ad rem redeam, illud vel in primis fuit incundum, quod qua me armatura quotidie munire soleo, ea tu mihi instructo, quasi vaticinans, ut viriliter in hac palaestra consisterem, suadeas: Deo virtutum nobis assistente et internum nostrum hominem corroborante, certissimam spem potiundae contra hostes victoriae faciens: verum in cruce, per quam vicit, suumque egit triumphum ipse Christus. In qua certe, nec ullo alio, mihi victoriam semper polliceor non ignorans, aliam non esse legitimam Christiano homini vincendi, quam hanc rationem. Verum Christianorum proh dolor vulgus in cruce facile offenditur, ut non solum ipsi eam tollere et Christum sequi recusent, sed etiam in aliena cruce offendiculum patiantur: iique etiam ipsi, qui Evangelici haberi volunt: quos non pudet, non solum contraria Evangelio, sed etiam

omni honestati, suadere: indignantes etiam, si quis non repudiato interno spiritus instinctu ipsorum stulta et carnalia sequatur consilia. A quibus plus propemodum, quam ab iis, qui ex professo sunt hostes, molestiae expertus sum. Verum in omnibus his hactenus superior fui per eum, qui me confortat, Christum: et deinceps ut spero et in ipsius misericordia et veritate confido, futurus sum. Magnum autem mihi certamen, cum etiam e carcere hoc liberatus fuero, planeque periculosum restare, manifeste praedicit spiritus. Sectarum omnia sunt plena: ut etiam devictis iis, qui ad Romanum Antichristum, meretricem illam Babylonicam pertinent (quos non ita multo post cum duce suo prosternendos video) longum adhuc bellum cum sectis restet, iis qui se Ecclesiae unitati instaurandae addixerunt et sub duce Christo devoverunt."

Aus dem 2. Briefe: „Qui apud vos, amicissime N, sparsus est rumor, incerto ut scribis, autore certus de mea e carcere liberatione falsus confictus est: cum neque isto modo nec prorsus adhuc carcere liberatus sim." Aber er habe einen Traum gehabt: Ein Weib habe auf ihm gekniet und gesagt: „In 8 Tagen wirst du in der Hölle sein" . . . Er habe an den Erzbischof einen grossen Brief geschrieben und ihm frei auseinander gesetzt, er möge sein Leben christlicher und mehr der Schrift gemäss einrichten oder sonst abdanken, da ihm kein gutes Ende bevorstehe. p. 161: „Scribis te in specula a Domino constitutum[1]) gladium divinae ultionis venientem super Universitatem nimirum hanc Rempublicam et Dioecesim videre" etc. (s. o. p. 280.)

Velsius nennt sich selbst gern: „Servus Dei altissimi et Christi regis aeterni populorum ac gentium." Von seinem Briefe sagt er: „in qua justificantis fidei vis et natura ex sacrarum literarum irrefragabili doctrina lucidissime describitur . . ."

Cassander schrieb über ihn (cf. Burmanni, Sylloge epistolorum II, 237): „De Velsii nostri metamorphosi puto vos quaedam audivisse. Is sibi asserit, carcerem hunc non locum poenarum, sed pietatis vero scholam fuisse, ut qui illum ex prophano Philosopho Christianum theologum reddiderit, ita factum est, ut qui ante, ut nosti, nihil praeter inanes afflaret glorias, nil modo nisi spirituale et coeleste spiret." (Sepp, a. a. O. 134.)

Bei Melanchthon scheint Velsius eine Zeit lang in grossem

---

[1]) s. o. p. 272. Brief des Campanus an Tasch.

Ansehen gestanden zu haben. Aus der Gefangenschaft schrieb er an ihn ebenfalls einen Brief, worüber Melanchthon berichtet: „Ex Belgico accepi Velsii medici captivi litteras ... „Exaudita est mihi vox angeli: brevi videbis ruinam regni pontificii" ... non prorsus contemno talia vaticinia, quae, undicunque sunt, significant, impendere magnos motus, quos, ut Filius Dei gubernet, precor." (Corp. Ref. VIII, 692; Z. f. histor. Theologie 1861, p. 624.)

Dass Velsius, wie er gehofft hatte, endlich befreit wurde, haben wir schon erwähnt. Kaum hatte er Köln den Rücken gewandt, so veröffentlichte er, was er vielleicht im Kerker schon vorbereitet hatte: „Apologia contra haereticae pravitatis appellatos Inquisitores" (1556; ein Exemplar befindet sich auf der Universitäts-Bibliothek zu Utrecht), eine Schrift, in der er den Täufern vielfach nahe kommt. Dass ihm der Vorwurf, mit den verhassten Wiedertäufern zu harmonieren, nicht erspart geblieben ist, möchte fast selbstverständlich erscheinen. Ende 1555 zählt der Erzbischof von Köln ihn so zu denjenigen Häretikern, gegen welche die Inquisitoren wegen der „Schwärmerei des Wiedertaufs, der Sacramentirerei und anderer verdammter Sekten" vorgehen müssten. Er verkehrte sogar in den Versammlungen der Wiedertäufer in Köln. (s. o. p. 280, 460.)

Es ist uns die recht umfangreiche Widerlegung der „Apologia" des Velsius erhalten, so dass wir in der Lage sind, Angaben über seine Stellung zu den Glaubenssätzen besonders der römischen Kirche machen zu können, wenn uns auch der Inhalt seiner „Apologie" nicht bekannt ist.

Aus der erwähnten Widerlegung:

Joannis Slotani (Geffensis, theol. professoris et inquisitoris haereticae pravitatis) Disputationum adversus haereticos liber unus: in quo sub propagatione articulorum Justo Velsio Coloniae propositorum ferme huius seculi controversiae discutiuntur.

Coloniae, 1558. (Kgl. Bibl. Berlin.)

Nachdem Slotanus von der Herausgabe der „pestilentissima Apologia" gesprochen hat, würdigt er das Auftreten des Velsius dahin: „Porro inter omnes nostrae tempestatis haereticos humanae salutis adversarius maximum sui generis serpentem excitavit Velsium, qui astu et dolo serpentinaque calliditate ac demum simulata religione ... eiusmodi excitare conatus est tragoediam, per quam et praeclarae huius Reipublicae tranquillitas et fidei catholicae synceritas . . fuissent perturbatae et funditus eversae, nisi obviatum fuisset."

Velsius erweist sich als heftigen Feind der alten Kirche, die er als „Antichristi ecclesia" brandmarkt, es sei die „Romana ecclesia portentosa papistarum Antichristorum horumque satellitum sophistarum decreta et abominabiles abusus cum horrenda idolomania amplexa et pestis et pernicies et peccatorum gravissima accumulatio". Petri Primat stellt er das allgemeine Priestertum aller Gläubigen entgegen; der Auftrag „pasce oves meas" sei nicht allein an Petrus und den Papst ergangen, sondern „ex aequo reliquis Apostolis". Tradition und Konzilien seien betrügerisch und unzuverlässig; „sacra scriptura praestantissimum esse veritatis canonem". Indem er sich ausspricht gegen den Bau von Kirchen, zumal der grossen und prächtigen, wendet er sich auch gegen die Lehren vom Fegefeuer und besonders der Transsubstantiation. Seinen Inquisitoren, den sophistae Antichristiani, legt er dar, dass sie mehr im Irrtum seien als die Anabaptisten. Die Messe, das Einschliessen und Umhertragen des Sakraments steht er nicht an, für einen Götzendienst zu erklären; „adorationem Christi in Eucharistia appellat idolatriam, sacramentum altaris idolum panaceum." Brot und Wein sind für ihn nur Symbole.

„De ecclesia" hat sich Velsius nach Slotanus so geäussert: „Admittit hanc divisionem ecclesiae, in triumphantem et militantem, sed militantem ecclesiam secat in duas, quarum una ex solis bonis electis et praedestinatis constet, altera quae visibilis in terris statuitur, in qua tam boni, quam mali sint. Priorem illam Ecclesiam, quam ex solis bonis constituit, dicit esse invisibilem, caelestem, internam, illiusque membra dicit esse, qui licet in terris adhuc agant, eorum tamen conversatio est in coelis quique deinceps eiusmodi futuri sunt in spe. Hanc ecclesiam dicit suo post tempore, ubi primum coelum et prima terra, ut inquit Joannes, praeterierit et mare non amplius fuerit, in specie revelandam. Hanc dicit corporeis oculis invisibilem esse, fidei tantum et mentis conspici posse. Non hanc, sed in hanc credendum esse vult."

Auch über seine Ansichten von der Taufe hat man ihm Fragen vorgelegt, weil er 1554 in einem Schreiben an den Erzbischof drei Männer verteidigt hatte, welche als Wiedertäufer verdächtig waren und gefangen sassen, zumal er von ihnen gesagt hatte, dass in diesen Ketzern der heilige Geist Gottes wirksamer sei, als in ihnen.

Der Kölner Weinsberg berichtet uns darüber in seinen „Denkwürdigkeiten" (ed. Konst. Höhlbaum II, 64): „A. 1554 den 11. Dez. haben die theologi zu Coln ein buchlin verdamt, wilchs gemacht hat Justus Velsius Haganus, ein gelerter man und doctor, der etliche jar unverdechtlich in Coln philosophia gelert hat. [siehe oben: Krisis; es stand unter den ketzerischen Büchern auf dem Löwener Index 1558. s. Reusch, Index I, 252.] Daruis verfolget vil unraues dem churfursten und einem rat; der Vilsius wolt das boichlein nit widderroifen; zulest quam er zu torn, wolt nit abstain, zulest wer man siner gern quit gewest und kont in auch nit hinweg brengen. Zu disser zit war auch her Heinrich, der pastoir s. Laurens, van den kirspelalüden vur einen pastoir angenomen on willen der geistliohen und sass der Hornecker und Mattheis Vorbachs und sin broder Laurens umb der religion gefangen und war vil sagens in Cöln." „A. 1555, den 4. Mai hat man dem greven 2 lutheranen geliefert, Mattheis Vorsbach vnd den Hornecker. Der Vorsbach hat lang zit gesessen, aber der Hornecker hat vil phantaseien, sagt, es hette einer im droim mit im geredt wonderliche Dingen, hat auch zu gotzdracht (= Prozession) offentlich uff dem Altenmart ins oisten, westen, süden vnd norden geroifen über die abgotterei, wie er sagt, das man das heilig sacrament umb die stat troig." (Höhlbaum, a. a. O. p. 75.) Die beiden sollten gerichtet werden, entkamen aber den Henkern im dichten Gedränge, das bei dieser Gelegenheit auf den Strassen entstanden war. Der Rat war froh, sie los zu sein. Da aber der Mattheis wieder öffentlich auftrat, musste er abermals ergriffen werden und starb nun zu Brühl im Gefängnis. (a. a. O. p. 81.)

Slotanus lässt ihm die Frage über sie vorlegen (a. a. O. p. 266): „An credat, Matthiam et Laurentium Vorsbach et Godfridum Hornecker, quorum primus parvulorum baptismum improbat, secundus Laurentius Christi vivificatricem carnem, divinitati suae coniunctam, in Eucharistia contineri pernegat, tertius Hornecker Eucharistiam, quando in altare reponitur seu deportatur, vitulum Bethaven proclamat, et simul omnes adorandum esse inficiantur, an credat hos iniuste carcere et vinculis constringi et Inquisitioni objici?"

Velsius hat ihre Partei ergriffen und sie verteidigt. Slotanus berichtet über die 3 Männer folgendes:

Matthias Vorsbach sei, scheusslicher Sekten, der anabaptistischen und zwinglischen, verdächtig, in Köln eingekerkert worden, und die Inquisition habe sich seiner bemächtigt. Hartnäckig habe er sich geweigert, auf die gegen ihn zusammengestellten Fragen zu antworten, weswegen er excommuniciert und als Rebell[1]) verurteilt sei. Nach langem Gefängnis habe er (Slotanus) ihn vorgenommen und endlich das Geständnis erwirkt: „Es sei war, das, als sin kint ongeverlich ein iar alt gewest, sei es noch ungetaufft verblieben, vnd soviel des Kindes tauff belangt, die weill der glaub für geschrieben stehet, soll der glaub für die tauff gehen." Seit 8 Jahren sei er nicht zum Abendmahl gewesen, weil er das Abendmahl unter einer Gestalt verabscheue. Laurentius war vor allem wegen Äusserungen verdächtig geworden, welche gegen die herkömmliche Lehre vom Abendmahl verstiessen. Bei einer Prozession hatte er das Haupt vor der geweihten Hostie nicht entblösst, sondern hatte laut vor allem Volke erklärt, es sei ein Götzendienst, das Sakrament anzubeten. Christus habe in den Einsetzungsworten ausdrücklich erklärt: Esset, das ist mein Leib, nicht, das bin ich. Godfried Hornecker war wegen desselben Vergehens ergriffen worden „et inventus est gravissimis erroribus et haeresibus infectus, multaque erronea, haeretica, blasphema et seditiosa saepius scripsisse."

Die Streitlust seiner Zeit erwachte in Velsius, als er sich in Frankfurt a. M. befand, wo er mit Calvin über den freien Willen disputierte. (Sept. 1556.) Über seinen Standpunkt in dieser Frage und anderen sind uns Mitteilungen erhalten in seinen Briefen an Sebastian Castellio. Buisson, der Biograph des letzteren, hat uns aus dem Kirchen-Archive zu Basel in seinem verdienstvollen Werke: Seb. Castellion, sa vie et son oeuvre (1515—63), Paris 1892. 2. Bde., dankenswerte Mitteilungen aus jenen Briefen gemacht; in einem solchen vom 9. Nov. 1556 d. d. Frankfurt (a. a. O. II, p. 426) dankt er, dass er allmählich nicht nur den römischen Papst kennen gelernt habe, sondern dass er auch nunmehr andere durchschaue, die sich mit dem evangelischen Namen frech brüsten, wie

---

[1]) In den Kämpfen der Gegenreformation in Westfalen und am Niederrhein ist die Bezeichnung „Aufrührer", „Rebell" bei der Niederwerfung religiöser Gegner recht häufig. „Wir haben ja früher schon öfter darauf hinweisen müssen, dass die Anklage des Aufruhrs in den Händen der Hierarchie überall dort ein Kampfmittel gebräuchlichster Art gegen die „Ketzer" ist, wo die religiöse Aufregung der Menge es unthunlich macht, es offen auszusprechen, dass es sich um Glaubensverfolgung handelt." s. Monats-Hefte der Comenius-Gesellschaft VI, 164.

Calvin und a Lasco, und die doch gegen die wahr ausgelegte
Schrift ihre „impiae et adeo blasphemae opiniones" zu verteidigen
suchen; damit spielt er an auf seine neue öffentliche Diskussion mit
Calvin, worüber sich dieser zu Melanchthon ausspricht von dem:
„Insanus quidam Velsius, ad quem bis scripsisti" (17. Sept. 1556).
Deutlicher ist schon: „Francofordiae Velsius quidam, qui anno
superiore Coloniae captivus fuit, homo loquaculus et satis audax,
anglicae ecclesiae pastori D. Horno denuntiavit paulo ante Calvini
adventum se propheticas quasdam revelationes habere, de quibus
publice disputare vellet . . . . Summa propositionum erat haec:
aut esse liberum arbitrium aut Deum tyrannum esse." (opp.
Calvini XVI, 301.) Calvin resumiert darüber: „Tuebatur liberum
arbitrium et praedestinationem oppugnabat." (opp. XVI, 319.)

Mit dem obigen Briefe sandte Velsius einen eigenen Bericht
über die Disputation an Castellio, allerdings „negligentius, simul
cum alio quodam scripto, quod ad doctorem medicum Ducis Juliacensis, virum piissimum et doctissimum, e carcere misi, in quo
quid de justificante fide sentirem, breviter complexus sum. Hoc
scriptum Melanchthon mensibus aliquot apud se habuit . . . mihique
sententiam postulanti . . occupationes excusavit, . . sed συμβολικῶς,
ὡς οἶμαι, literis inscripsit „Justo Velsio δικαίῳ πίτρῳ . . . . Mitto
tibi etiam exemplar apologiae nostrae". (9. Nov. 1559.)

Als ihn schliesslich Melanchthon aufgab, wurde Velsius immer
verbitterter; immer tiefer versenkte er sich in teilweise rein chiliastische Träumereien. Aus einem Briefe an Castellio (d. d. Frankfurt 1558, Sept. 24) (a. a. O. II, 440) ersehen wir, dass Castellio
ihn wegen seiner Schärfe getadelt hat, welche doch nur aus Hass
und Rache gegen Menschen hervorgehe. Er möge sich doch an
sein Prinzip halten: nicht Fehde mit Personen, sondern allein mit
den Fehlern und Sünden. Die unwürdige Behandlung durch Beza
möge er ruhig und gelassen ertragen, denn brevi finis erit ἀποστασίας.
Velsius hatte ihm auch erzählt, dass ihm bis jetzt nichts zugestossen
sei, was ihm nicht vorher der Geist Christi gezeigt habe. „Was
der Welt, was Deutschland droht, das weiss und beklage ich.
Coloniae omna sunt turbata, sed nihil id est prae iis, quae im-
pendent." Selbstbewusst, wie Campanus, schliesst er pathetisch:
„Pestis eram vivus: moriens ero mors tua, Papa!"

Innige Freundschaft verband ihn mit Matthias Weyer
in Wesel († 1560, April 25., im 39. Lebensjahr), dessen Briefe,

die uns erhalten sind (Münchener Staats-Bibl.), eine seltene Gemütstiefe atmen. Auch er hatte mit der katholischen Kirche gebrochen
und erwartete, ebenso wie Velsius, keinerlei Heil von einer bestimmten kirchlichen Verbindung. Das geschriebene Wort (Bibel)
und das inwendige Wort (Gewissen) sollten seine einzigen Führer
sein, um zu dem Ideal der Schöpfung, dem gottgleichen Bilde des
anderen Adam zu kommen.

Im Jahre 1561 hielt sich Velsius als Lehrer der Medicin
in Marburg und ferner in Basel auf; aber auch hier war seines
Bleibens nicht. Über das in Basel Vorgefallene berichtet Hos-
pinianus an seinen Freund Bullinger (Ottius, Ann. anabapt. p. 137);
es sei eine Schrift vorgelesen, welche 4 Kapitel enthalte: 1) se
vocatum a Deo ut Prophetam et Apostolum; D. Lutheri quidem
vocationem fuisse eiusdem generis, sed mancam et mutilam, Mini-
strorum vero Evangelicorum nullam esse.

2) Ecclesias Evangelicas non esse Ecclesias, sed haereticorum
et schismaticorum conciliabula.

3) Lutherum doctrina sua negotium justificationis pervertisse
et cum maxima hominum pernicie corrupisse.

4) Facultates hominis naturales non prorsus nullas esse."
(cf. Sepp, a. a. O. p. 165.)

Bullinger schreibt dann 1561 (Juni 25.) an Beza: „Ex Basilea
audimus, Justum quendam Velsium jactare apostolatum
venisseque Basileam disputandi gratia, ac proposuisse librum
nescio quem, conscriptum contra nos omnes et contra nostrum
ministerium . . . et quantum ex amicorum literis colligere potui,
praefert se Luthero in apostolatum, dicit nullam adhuc collatam
esse ecclesiam, se vero a Deo vocatum et missum, ut Christo
ecclesias colligat. Adserit operum iustitiam, liberum
arbitrium et nescio quae alia." (Corp. Ref. XLVI, 526.)

Auch später wurden ihm noch angebliche nächtliche Offenbarungen zu teil, über die er bezeichnender Weise an Borhäus
oder Martin Cellarius berichtete, einen früheren Anhänger Nic.
Storchs, der allmählich zur Ruhe gekommen war und ein Pfarramt
bekleidete. (Schriften von ihm s. Sepp, verboden Lectuur p. 48.)

Es möge noch hinzugefügt werden, dass sich Velsius 1563,
nach einem Zwischenaufenthalt in verschiedenen Städten der Niederlande, nach London verfügte, wo er in der „flämischen" Gemeinde
allerlei „Unruhen" stiftete. (Näheres darüber siehe: Werken der

Marnix-Vereeniging, Ser. III, Deel I. (Utrecht 1873, p. 57 ff.)
(Geschiedenissen der Nederduytsche Natie ende Gemeynten wonende
in England); ferner Buisson, Castellio II, 470. Vergl. ferner den
Brief des niederl. Gesandten an Granvella, 1563, April 24: „c'est
une grande confusion de la multitude des nostres, qui sont icy
fuis pour la religion ... Il y en a plusieurs, qui désiroient retourner,
comme Velsius a dit au seigneur de Quadra et moy ...." Wie
das folgende zu verstehen sein wird, wird wohl zunächst noch
verborgen bleiben; von Rückkehr zur alten Kirche kann aber wohl
jedenfalls nicht die Rede sein: „Velsius, qui s'est enfui, parce
que Lindanus le menaçoit de l'appoigner, montre un grand
respect pour l'autorité de l'église, surtout depuis qu'il s'est mis à
lire les livres nouvellement trouvé de Denis l'Aréopagite; comme
il est de grande autorité, specialement en Hollande, de bonne vie
et docte." (Gachard, Correspondance de Philippe II sur les affaires
de Pays-Bas. I, 247.)

Über sein Ende ist mir bis jetzt nichts bekannt geworden.
Dass sich der Bischof Lindanus ebenfalls mit ihm beschäftigte,
scheint mir bei dessen Interesse für Campanus und ähnliche nicht
zufällig zu sein.

Über seine Thätigkeit als Arzt und Kritiker vergl. Jöchers
Gelehrtenlexicon; Grosses vollständiges Universal-Lexicon aller
Wissenschaften und Künste. Leipzig und Halle bei Zedler, 1747,
Bd. 54 p. 1611 sub v. Welsens. (Hier citiert: Valer. Andreas,
Biblioth. Belg. p. 605 ff.; Bayle; Sweertius, Athen. Belg.; Kestner,
Medicinisches Gelehrten-Lexicon p. 883; vergl. ferner: Grupe,
Lehrb. einer allg. Literärgesch. Bd. III, Abt. I p. 1242; Daniel
Gerdes, Florilegium historico-criticum librorum rariorum etc. Groning.
1740, p. 352; Jos. Hartzheim, Bibliotheca Coloniensis. Col. 1747
p. 212.

Beilagen.

1. Brief und Gedicht des Joh. Campanus gegen Timann Camener in Münster. 1526.
2. Brief des Dionysius Vinne an Luther. (1530?)
3. Brief Ph. Melanchthons an Bernhard Rothmann. (Anfang 1534?)
4. Wiedertäufer-Manifest. (1534.)
5. Schreiben über die Täuferbewegung in den Niederlanden (1534). Vat. Arch.
6. „Testament Annekens von Rotterdam." 1539.
7. Artijckeln des geloofs in 't Concept van Ceulen. 1591.
8. Täuferlied. (26 Strophen.) (Ende des 16. Jahrh.?)
9. Erlass des Pfalzgrafen Wolfgang Wilhelm gegen die Wiedertäufer. 1637.

1.

Brief und Gedicht

des Joh. Campanus gegen Timann Camener in Münster. 1526.

Johannis
Campani carmen, Timanni cameneri cantilenae respon-
dens, quo Papam Anti-
christum cum suo
Palpone depingit.

Idem, ut uno in saltu apros capiat duos, Leodinos (?) Nodos
eodem cum Timanni facinore nobiles eodem etiam carmine contenti
abeant, rogat.

Eiusdem ad Venerabilem Senatum Monasterien. Epistola.
Wittenbergae. [1]

Prudentissimo Senatui Monasteriensi S. in Christo.

Tres sunt, viri ornatissimi, a quibus summa salusque reipublicae
potissimum pendet. Senatus, Ludimagister et Parochus. Quorum
suum quisque a Deo officium habet. Senatus, ut jus tutetur, pro-
pulset iniuriam. Ludimagister pueris scribendi loquendique peritiam
tradat. Parochus conscientias Evangelio firmet et consoletur. Porro ius et ratio dictant, hos pro re et usu reipublicae,
cui serviunt, eligendos, Rursum si officio non satagant desti-
tuendos. Est enim impiissimum huiusmodi officia, quae a vocante
Deo obtingunt, suo veluti haereditario iure violenter occupare.
Constat enim commodum reipublicae nunquam non quaerendum.
Proinde siquis istorum praeter officium suum faciat aut provinciae
susceptae sit impar, deponatur. Aequius est unum aliquem officio

---

[1] Das Werkchen des Campanus ist erhalten in einem Sammelbande
der Bremer Stadtbibliothek (sign. XII. 5. c. 164); 4 Blätter, klein 8°. Als
Jahr des Druckes scheint die Zahl 1526, die am Schlusse steht, gelten
zu sollen.

38

privari, quam toti reipublicae incommodari. Servatus est mos iste integrior in republica, ubi consulatum in annum transferunt, in quem commodum videtur. At in Papae' regno ne nihil non esset Babylonicum, ecce venditum est officium perpetuo docendi et praedicandi idque turpissimis quibusque nebulonibus, dum non spectarent quam apti essent, sed quantum dare vellent. O tempora, o mores. Adeone salus ac perditio miserarum animarum unius nebulonis avariciae servire cogentur? Quo haec? eo nempe, ut certum habeatis, viri optimi, Timannum vestrum gymnasiarcham et pastorem satis diu vobis praefuisse, dum tam impiis suis scriptis suam in Christum impietatem adeo prodit, ut ne dignus quidem sit, qui vel porcos curet. Et vos tam crasso capiti, ab omni spiritu et verbo alienissimo, vestram totiusque civitatis salutem committetis? qui Christum nihilo plus sapit quam venter? Cui non id satis est ut ignoret, nisi etiam viris Dei maledicat? Viris autem? imo ipsi Christo. Qui enim vos spernit, (inquit Jesus) me spernit. Quod si mihi non creditis, videte fructus, quae quam inepte putet impia ipse longe impiissimus. Videte quid in cantilena sua adversus Lutherum carpat, Pudet certe pigetque, tam stulta et impia hic vobis recensere, quis enim ea pie cordatus non per se vel prima fronte videat impiissima.

Laudat Papam cum suis decretis et statutis, quem vel ex sola Bulla vos avarum didicistis nebulonem. Commendat monasticen, quam quis nescit contra Deum sine verbo Dei maledictam Sodomam? Exigit votivam illam sacrificorum Papistarum et Monachorum castitatem palam contra Paulum et naturam. Sed ipsemet nonne suopte vitae exemplo probat, quod hic invidiose damnat? Vobis itaque hunc vestrum Timannum cautum et declaratum voluimus ut impium Antichristi Papae Diaconum, gregis Dominici seductorem et impurum puri Evangelii Christi blasphematorem. Sic enim jussit Christus, Attendite a falsis Prophetis, quos e verbi fructibus voluit agnoscendos, quos nimium prodit impios hac in cantilena Timannus. Sed qualis Papa cum sua Bulla, talis Timannus cum sua cantilena. Dignum videlicet olla cooperculum. Hunc igitur, viri prudentissimi, si vel officio destituatis vel saltem caveatis, benefeceritis vobisque et reipublicae optime consulueritis. Plato voluit exigi sua republica Pseudopoëtas et vos in repu. Christi permittetis tam perniciosos Pseudoprophetas? Deute 18. Pseudoprophetas Deus jubet occidendos, non obscure declarans, quanta pestis sit doctor malus.

Quod non eo dico, ut occidantur hodie, quibus Moses huiusmodi non jubet, sed ut palam fiat, quam eos Deus voluerit cavendos. Quod si Episcopi errore vel levitate in officiis suis perseveret violenter, Id efficite, ut si sic iuventutem cum rep. pergat inficere, parietes in scholis inveniat erudiendos, non pueros, in templo vero muros et statuas, non homines. Editis aliquot stipendiis potius quam Grammaticae compendiis callide sibi auram popularem paravit, qua hodie vulgus infascinat, ut alicuius esse putent, Sed patescit tandem quid sit in homine, dum Christus praedicatur, qui in hoc ponitur, ut revelentur ex omnium cordibus cogitationes, quae hactenus latuerunt in Papistis et Haereticis, etiam hoc Timanno uno ex illis. Proinde audendum hic vobis est, viri praestantissimi, praesertim cum animae discrimen agatur. Animo hoc corpus est, ut ne quid adfectibus tribuatur, minime enim admittendi sunt mali pastores. Estne extrema huius hominis pravitas propter ventrem suum perditissimum ita maledicere Christo et veris Evangelii viris? Novis? Non agitur, credite viri prudentissimi, non agitur de lana caprina, sed de perpetua animae salute aut perditione. Quod reliquum est, efficite, ne frusta admonuisse videamur. Audete aliquid propter Christum vestramque omnium salutem, et Valebitis.

Timañus habebat:

Haeresis postquam remeavit orco etc.
Nunc Antitimannon vicissim audite.

1. Veritas postquam remeavit alto,
   Proditur quicquid Phlegethontis amne,
   Ille monstrorum pater Anticristus
       Intulit Orbi.

2. En sui tetro Canones veneno
   Prodeunt tandem, quibus imperitum
   Non modo vulgus, solidum sed Orco
       Tradidit orbem.

3. Impijs coeptis speciosa iusti
   Pharmaca, incautum subiens in orbem,
   Miscuit, sceptro vacua potitus
       Mente superbo.

38*

4. Dogmata hic Christi sacrosancta foedis
   Proprij scitis abolevit oris,
   Jura dans Mundo, Superis et Orco
           Tristephanos bos.

5. Ilicet mundo penitus papante,
   Cessit heu Christi pietas fidesque
   In locum, quocum Papicae subivit
           Bulla salutis.

6. Bulla vanarum bene plena rerum,
   Vota fallacem pariens salutem,
   Impudens coelum tribuens, quod unus
           Praestat Jesus.

7. Quo loco Bullam Papa vendidisti,
   Aeoli donum, Patre gnata digna,
   Pontifex larva es, tua Bulla regni
           Larva tuique est,

8. Vane deceptor populi Papatus,
   Simplicem cur Tartareas in undas
   Haud pudet te praecipitare turbam
           Vana docendo?

9. Vis tuis cedant rata verba Christi
   Somniis somnos hebetes citando
   Pro Dei verbo ad populum universum
           Ore nefando.

10. Impius laudat sua iura Rasus,
    Impius laudat Monachus Papatum,
    Bestiae signo bene vietitantes
            Ventri Timanni.

11. Mille pravorum genera extitere
    Monstra doctorum, quibus heu Papatus
    Niteris fulcris satis (ut putasti)
            Robore firmis,

12. Sed secus visum superis, Papatum
    Longius dum non tolerare possent,
    Callidam visum est aperire Bullam ac
            Prodere mundo.

13. Ecce Martinum parat Lutherum,
    Quem sui flatus animavit aura,
    Inserens verbi validum potentis
            Robur in hostem.

14. Unica in tantum ruit hac Papatum
    Vocula oppugnans, rapiendo praedam
    Cepit electos rapietque, donec
            Ceperit omnes.

15. Solius Christi vehit ac ministrat
    Verba, syncerum populo propinans
    Sanguinem Christi, Deus unde nomen
            Indidit olli.

16. Vulgus hinc laetum miser ac popellus
    Laude solenni hunc colit et veretur
    Vt fidem Christi nitide docentem ac
            Vera sonantem.

17. Hicne bellavit gladio Timanne
    Impudens? solus fieret cavebat,
    Nonne Wittemberg requievit usque
            Lingua putanda?

18. Destruit Verbo Papicos Penates,
    Conterit magnum Calamo Antichriston,
    Carpit excelsum Sonitu Papatum
            Stemmate privans.

19. Turba Rasorum Monachique lugent,
    In quibus ventri timet hic Timañus,
    Unde sortitus sibi nomen illud
            Ventri Timannus.

20. Jure monstrosum quia coelibatum
    Vir Dei damnat, Timeanus odit,
    Cum tamen parvos faciat Timannos
          Perfidus ipse.

21. En tuum Regem, miseranda turba,
    Inspice et foedum propius Papatum
    Consulens Christum resipisce, verbum, haud
          Inspice larvam.

22. Pro fide, nugas operum repone,
    Quicquid in mundo nihil est videtur,
    Proderit rerum sine spe tuarum
          fidere Christo.

23. Gratias mentis Deus haud apellas
    Exigit, donum tibi dat seipsum,
    Non ut ad pelles miritum tuopte
          Marte quadrantem.

•

Versus intercenticii.
Christe precor miseri noscant
se Ventri Timani,
Errat, qui Vitium non videt
Ipse suum.
Finis.
Anno 1526.

2.

Brief des Dionysius Vinne an Luther.[1]

„In nomine domini amen (?) rogatum est. Het sol ten besten comen allen gelovighen menschen, wat God overset, keyser, conync, buschop, het moet uns dienen behalven daz wy hen niet in en laten ze den herten meester, dar Christus allene meester is, live broder, willet ten vor mich bidden unde ich vor uch, uren bref verstan, waelmer dese man sal niet langhe beyden, dairomme doet dat verstaen so coert ghy condet. Gruetz de bruderen und zusteren seer. Ich hoer tzo Thongeren is och een predicant; der heer sy loeft.

Item dey ryxdach is vast geboden, und der keyser moet daer op comen bynnen XX daghen na den XV dach Septembris.[2]

Testis est mihi Deus, quod ex puro corde et zelo salutis reipublicae christianae ad te scribo. Dominus Jesus det spiritum suum bo(nis) omnibus nobiscum laborantibus. Ego tot persecutiones a nomine tuo passus. Nam est nomen maledictionis Lutheri. Nam ante X annos Hantwerpiae, tum post sub episcopo Leodiensi plus rabie Herodiana nos persequente verbum seminavi, jam semino vero cum fratre nostro S (laechtscaef) in terra Juliacensi. Semper vita in manibus, semper acclamatur nobis: ad bestias, ad bestias! obprobantes tum nomen Lutheri, tum id genus disceptationis inter frates, qui columnae esse debeant rei christianae in dilectione. Dolet, frater mi, id nobis. Dolete cum dolentibus et sistite gradum. Tum novus dolor a novo propheta Campano. Oravi cum magno studio, ne sua edat sarmenta in vulgus. Idem te oratum velim, ne quid de ea re in lucem (?) video, novum vulnus nobis infligas.

---

[1] cf. oben p. 302, 357. Die Transscription ist wegen der Art der Schrift und des Zustandes des Umschlags leider sehr erschwert, an einigen Stellen unmöglich.

[2] Diese Worte finden sich auf der Seite des Umschlags, welcher auf der leeren Rückseite der Abhandlung lag.

Vos ibi regnum adepti. Nos carceribus hic in dies destinamur tanto studio Gelrorum. Stulta inquies situla, stulta vult situla puteum irrigari.[1]

Nobiles et divites huius saeculi (für ae stets e) egre (aegre) ferunt admoniti (admonitionem) ab iis, qui sunt sortis humilioris; egrius ferunt docti ut probatur (p[uto]) hodie. Ceterum si quis contentiosus fuerit nos [nos fehlt bei Kr.] ecclesia[2] huiusmodi consueti non haberemus (consuetudinem non habet),[3] ut hic non dicam de mordaci inter vos contentione, unde fere tota atheorum natio ausam apprehendit calumniandi tum nos tum doctrinam nostram. quapropter consultissimum foret, frater mi in domino dilecte, rem istam silentio tandem finire quidem [?] (quae denique [?]) huiusmodi procaci certamine, ne unquam quidam dirimatur. Demiror, miramini mecum fratres, quam (quod? a quo) tota litis potentia ex tam paucis verbis pendeat, in tantam prodierit silvam disceptationum convitiorum procacitatum; non dubium quin auctore satana illo [fehlt bei Kr.] omnis unionis pacis dilectionum (dilectionis) hoste vigilantissimo. id quoque habet natura hominis sui amantis, ut cedat opinioni sue juxta calendas grecas; philantia illa disceptionis (deceptionis) bestia d .... (dominatur) super omnes homines, maxime doctos glorie studiosos. meminisse velim huius artis ingenii viros, non in sermone esse regnum Christi .... (qui vero spiritum Christi non habet) ...... ut vero in hoc certamine Christi spiritus, qui est omnis (mititatis) dilectionum (dilectionis) (spiritus) sese exerit (minime). in duobus autem consistit vis utriusque assertionis. nostri sic apprehendunt verba Christi:[4] hoc ./. hic panis est corpus meum et huic affirmationi obsistere posse neminem concludunt alteri fortassis nunquam (non) enim eorum assertiones legi, nisi a ... (nostris allegatas), a consequenti affirmatione (consequentibus affirmant) suam subesse significationem, qui (quod) pro vobis datur scilicet

---

[1] Dieser Teil des Briefes, der in unserer Vorlage leider fehlt, ist dem Briefe bei Krafft, Bullinger p. 97 entlehnt. Den Anfang desselben s. auch bei Habets a. a. O. p. 204. Im folgenden sind die Abweichungen des Textes bei Krafft in ( ) gesetzt.

[2] übergeschrieben.

[3] vielleicht lässt sich verbessern: Ceterum, si quis contentiosus fuerit, ecclesia huiusmodi consuetudinem non habet, ut.

[4] Die beiden letzten Wörter fehlen bei Kr.

in remissionem,[1] quare non refert Christus hoc est corpus meum, quod hic porrigo vobis commedendum, sed quod pro vobis datur. tum extra rationem sacrae scripturae esse, sic absque significatione seu tropo tales locutiones intelligere. haec quoque ... pro se loca in scripturis, haec et altera nostra assertio pro se quod dicat nempe Christus veritas dixit hoc est corpus. dubitant fratres de nostra assertione cum pro se aliud non habemus, quam Christus hoc dixisse: hoc est corpus, quod tamen omnibus satis superque facit, sed quoniam videtur intulisse quod pro vobis datur et facite in meam recordationem rursus in suspensionem consistunt. novum testimonium. deinde utriusque partis maxime nostre impudentia .... alteros, condemnare alteros priusquam dominus illustraverit occulta, cuius rei fructus est, ut hic alius ille huius nomine inflentur alius adversus alium et qui tam saturati in omni scientia habentur postremi et infimi esse nolunt, non credunt honoratiorem vocatum ad nuptias cui cedere loco debeant, q ... cum gemuissent fratres spirituales non carnales ut alius dicat ego ... huc se habuit regnum papisticum in initio frater mi cogita, quae dico, cui multum datum est. Ideo etiam abjecta elegit dominus, ut p .... fiant insignia parvulis revelat ut in sui cognitionem reducat doctos. sientiam enim inflat charitas eruditorum[2] tanto studio operationes tuas assecutus sum tum et Jo. pomerani,[3] qui est vir pietate insignis ut probat in psalterio suo, postquam vero se quoque in hanc concertationem conjecit in tantas salebras incidit, ut non tantum aliis sed et sibi imprecetur: hoc negotium est spiritus illius dissensionis, nos autem noctes et dies communem deum imploramus pro unione ecclesiae et directione spiritus veri ne propter dissensionem nostri male audiant nomine domini apud adversarios."

[1] Hier bricht Krafft mit etc. ab.

[2] Am untern Rande ist zu dieser Stelle bemerkt: Interim scientes fidem nostram non esse in sapientia hominum sic dicta.

[3] Darüber geschrieben: aliorum nostre schole.

3.

Brief Melanchthons an Bernhard Rothmann
(undatiert; etwa Anfang 1534).[1]

S. p. officiose facis, quod nostri congressus et amicitie inter nos constitute memoriam retines. Ego vicissim dabo operam, ut intelligas studium bene de te merendi nusquam defuisse, amo enim te et propter ingenii suavitatem quam ex tua oratione cognovi et propter rectiss. voluntatem erga doctrinam christi que hoc tempore tacito in odio est, ut singularem constantie atque pietatis laudem mereantur, si qui iam docere aut profiteri non gravantur, Tuas questiones Luthero non exibui, id non factum oblivione tui, sed cum esset[2] occupatior ego forte seposui nec forte reperi. Si quid igitur volis, iterum scribes. Nunc ad ea, quae sunt in tuis litteris, respondebo breviter. Ac primum de genere doctrine mi Bernarde te propter gloriam christi oro, ut facis hactenus, autor esto plebei tue, senatui pareat nec properet ad immutandos ecclesiae ritus. Nam nonnulla res admodum immutationis opus habeat, nisi missarum prophanatio eaque re non peccet pupulos, Sed sacrificuli qui quandam ibicinitatem habent nec sunt senatus oppidani imperio subiecti quid opus est cum periculo immutare. Coeterum que ad populum pertinent illud agat populus ut fideliter discat ea que proprie ad ipsorum conscientias pertinent, de fide in christum, de poenitentia, de magistratuum authoritate, de charitate, et in hanc sententiam proderet[3] in eo iuditio populum hortari, qui natura est φιλοχειος.[4] At malis

---

[1] Aus: Variorum Epistolae saec. XVI. Manuscr. a. 10. auf der Stadtbibliothek zu Bremen. fol. 3; gleichzeitige Copie. Nach der Einordnung und der Folge der Briefe in jener Sammlung gehört das Schreiben in die Jahre 1533—34, wogegen inhaltlich nichts spricht. Vorhergeht ein Brief Luthers und Melanchthons an die Äbtissin zu Herford. (15. Jan. 1534; abgedruckt bei Walch XXI p. 366)

[2] essom?

[3] Dafür wohl proderes.

[4] Am Rande steht: .'. amans; sollte nicht φιλοχενος zu lesen sein?

rebus publicis que procelle que tempestates postea existent nos ex perudilo cognovimus. Nihil invito mutavit Lutherus postea nisi misse primate abrogationem et monachorum ut ita dicam manumissionem atque haec sero constitui permisit. Hec summa ē consilii quod si sequeris res ostendet non inutile esse. Sacerdotes mariti omnibus ritibus uti possunt cum suis collegis, tantum de missa underint ut si abstinere nondum possunt impias tamen opiniones abijciant de sacrificio faciendo pro alijs. Ita utantur ea tanquam laici synaxi utentes ad confirmandas et docendas conscientias. Hoc nihil obest eis quod non profitentur palam coniugium. Dissimulavit enim et Abraham coniugium propter tyrannidem. Omnino decet in questionibus talibus quae pertinent ad mores et ritus summam adhibere ἐπιέκιαν.[1] Quare facile patior omnes vitus in quibus non est manifesta impietas servari. Et in primis omnino prius docendi sunt homines quam aliquid publice mutetur. Illud te moneo, ne ad inquisitores Coloniam pertrahi te patiaris. Huc prius tibi fugiendum censeo.

Bene vale.

Philippus M.

Viro optimo domino Bernardo Rothmanno Evangelii ministro apud Monasterienses Westphalie suo amico.

---

[1] Am Rande: ÷ equitatem.

4

Aufruf der Wiedertäufer

an alle gläubigen Bundgenossen, nach Münster zu ziehen. [1]

Alle geloouighe verbont genoten in
christo genade ende vrede sy v van
Godt door synen soone jesum
christum amen.

Lieue broeders ende susters, blijschap ende vrede is den
kinderen godts voorhanden, want haer varloossinghe is voor de
doore. lieue vrinden, ghy sult weeten, als een woort, dat ons van
goodt gedaen is, als dat haem een iegelick op maken sal, um te
trecken na dat niewe Jerusalem, een staedt der behoudinge der
hylighen / want goodt die wil de werelt straffen; een iegelijck sie
toe, dat hij door ongehoorsamheijt noch door onachtsamheijt niet
int oordel een koome ' want janbekelssen phrofet tot münster met
alle mede hulperen in christo hebben ons geschreuen, dat niemant
onder den draek deser werlt vrij sal weessen of bliuen mach '
off hij wort verslonden / het sij met lichhamelichen doot ofte met
geestelicken doot; daeromme niemant en versuime meede te trecken,
op dat hy goodt niet en temteere, want daer is een oproer voor
handen ouer de gansche werelt; want den phrofet jeremia in sijn
51 capittel / vliet vt babilon, op dat een iegelijck syn siele behoude,
op dat v herte niet versacht en werde / van dat gerop, datter in
den landen gehoort sal werden / vn jegelijck sie toe ende gedencke
loots wijef, ende sich niet om naer geenen dinghen, dien opter
aerden is / het sy / man / wijef / ofte kindt / op dat ghij niet
bedroghen en woort; niemant en sie om naer enich ongeloouich

[1] An verschiedenen Stellen in Amsterdam angeheftet (März 1534);
(vergl. J. Wagenaar, Amsterdam I, 237). Die gleichzeitige Copie befindet
sich im Archiv der Taufgesinnten Gemeinde zu Amsterdam. cf. de Hoop-
Scheffer, Inventaris der Archiefsakten etc. Nr. 462. (s. o. p. 349, 73, 82.)

wyeff off man noch en mentse, niet meede noch ongeloouiche
kinderen, dien ongehoorsam sijn / want die inde gemente goodts
niet en dienen / daer is guoets genoch voor den heylijghen, daeromme
en nempt niet mer met u / dan geldt / ende wat linwant ende koost
op den wech te eeten / ende soo wye den mees heeft off een
spiess offt een hantboosse, dien nemtse voor heem / vnde die se
niet en heeft / die koop se / want den heere sal ons ut vercooren
door een machtiegh handt door syn knechten moisus ende aroen
verloossen; daeromme weest vorsichtijch ende liecht alle saken
clerckulichen toe voor den boossen ende past alle samen een
half mil bouiten hassel to weessen omtrent berch cloister
den 24 dach van merte omtrent den middagge; weest voor-
sichtich in allen dinghen; ghy sult voor den beschreuen dach daer
niet weessen noch oock niet laeter; man en sal achter dien tijt
naer niemant wachten, niemant en versuime te komen; bliffet
imant achter, ick wil sijn blood onschuldich weessen / Emanuel.

C 1534. finis. [1]

<hr>

[1] Zu Tausenden flogen seit der engeren Einschliessung der Stadt Münster
(Febr. 1534) solche und ähnliche Zettel, Briefe, Plakate und Manifeste hinaus
in die Welt. Ihr Inhalt war ohne Zweifel mit geringen Abweichungen der
äusseren Form bei allen derselbe.

Mit dem oben mitgeteilten anonymen Manifest stimmt dasjenige überein
(es finden sich allerdings einige Abänderungen), welches Habets a. a. O. p. 115
abgedruckt hat. cf. Keller, Wiedertäufer p. 148; Harting, het Oproer der
Wederdoopers te Münster in de jaren 1534 en 1535, Enkhuizen 1850 p. 78.

Solcher undatierten Schreiben hat sich bei den zahlreichen Gefangenen
jener Tage eine Menge gefunden. Einzelne Stücke sind uns daraus erhalten,
welche uns den übereinstimmenden Inhalt dieser gefährlichen Plakate
bestätigen.

Bei einem in Zwolle gefangenen Täufer wurde folgender Zettel gefunden:
„Lieve bruders, Ghy sult trecken op eene halve mile na Hassel by Barch-
cloister. Dair moit ghy sin voir die middach, nit vroiger of niet laiter, of
die wulf mocht v verstoeren. Dit moet zin. Den 24. dach in Marte moit
ghy dair zin voir de noen, ziet, dat dair nimans achter en blieve, die hem
selven soick, of die wraick sal ben onversiens averkommen." (cf. im Auszug
Cornelius M. A. II p. 227 und ins Lateinische übersetzt bei Revius, Daventria
illustrata p. 252. Bouterwek, Z. d. berg. Geschv. I. 328.)

Aus einem Bericht des Amtmanns zu Grave (Gisbert von Baix cf.
M. Q. II, 226) erfahren wir Ähnliches. „Sie liessen sich vernehmen, dass
sie sich zu 16000 Mann demnächst bei Sollenhove (Overyssel) sammeln
würden." Bei einem der gefangenen Täufer sei ein Zettel gefunden, auf
welchem folgende Worte gestanden hätten: „Lieben Brüder! ihr sollt ziehen

auf eine halbe Meile nach Hasselt bei Bergkloster. Dort sollt ihr sein vor
Mittag, nicht früher und nicht später, oder der Wolf wird euch verstören.
Das muss sein. Den 24. März müsst ihr dort sein vor Mittag. Seht, dass
niemand zurückbleibe, der sich selber sucht, oder die Rache soll ihn unver-
sehens überkommen."

Über den Ort der Zusammenkunft am 24. März 1534 siehe Keller
Wiedertäufer p. 148. Den Erfolg solcher Aufrufe veranschaulicht die folgende
Beilage 5.

Im folgenden Jahre 1535 (28. März) wurde eine grosse Versammlung
bewaffneter Täufer bei Oldekloster in Westfriesland von der Macht der auf-
merksamen Behörden auseinander gesprengt. (Keller, Wiedertäufer p. 276.)

Wenn die Unterschrift „Emanuel" (s. o. p. 371) auch nicht auf einen
bestimmten Führer zu deuten ist, so möge doch bemerkt werden, dass sich
David Joris gern diesen Namen beilegte und dass er auch von seinen
Anhängern und Begleitern bis 1536 so genannt wurde. (s. u. a. Paul Frede-
richs, de Antwerpsche Secte der Loïsten. Gent 1891; besonders die urkundl.
Beilagen.) Im allgemeinen werden wir freilich an die Bedeutung des Wortes
Emanuel $=$ Gott mit uns zu denken haben.

5.

Zwei Briefe über die Täuferbewegung in den Niederlanden.
1534.

(Vat. Archiv. Nunziature di Germania 56. Lettero del P. Vergerio.
Fol. 125 a b [— 126 a]). [1]

R^{me} domine non possum non significare, quid hic cum ana-baptistis paucis ante diebus actum fuerit, ex quo enim coniurationem suam amplius atque clandestina eorum concilia occultare nequiverunt, congregati sunt agminatim in Hollandia atque amplius quinquaginta naves onerate ex omni hominum genere, viris, mulieribus et pueris juxta civitates Swoll et Obelstifft trajecerunt, stagnum Schuiderseę ad conventum peragendum in monasterio quodam prope civitatem Swoll, ad quod monasterium adhuc in dies concurrunt et undique proficiscuntur ex civitatibus, oppidis et villis.

Civitas Munkedam interclusit arrestando duas naves refertas anabaptistis inde navigare volentibus, obseditque militibus portus aquę, ne ultra praeternavigare valeant. Delata res est ad dominos regentes provintiam, quid cum illis agetur incertum, sunt enim omnes miseri et infelices homines seducti per pessimos et maledictos.

Tres ex primatibus anabaptistarum strictis gladiis, quibus tribus alii duo cum bombardis se in cursu adjunxerunt, currerunt, per plateas civitatis valido clamore vociferantes (conabantur enim ut fama fertur commovere populum,) adjuva nos pater celestis atque assiste nobis, hora hora enim nunc venit, qui a judice civitatis capti sunt et inecti carceribus. Misse per dominum Baptistam de Taxis, magistrum postarum cesareę M^{ta}, decima sexta die Martii ex Antuuerpia.

In aliis litteris mihi significatum fuit de illis in hunc modum.

---

[1] Auf obige Schreiben machte mich Herr Prof. Dr. H. Finke in Freiburg freundlichst aufmerksam. Durch die Güte des Herrn Dr. Schellhass, damal. Assistenten am Kgl. preuss. Institut in Rom, wurden mir dieselben in genauer Copie übermittelt.

R^{me} domine elapsis diebus magna turbatio fuit in Hollandia, Selandia atque aliis circumiacentibus civitatibus, adeo quod ex instigatione diabolica multa millia hominum confluxerunt pariter ac se congregaverunt, sed conventia illa postea per magistratus dissipata fuit et interclusa, civitas siquidem Amsterdam septem naves cepit, magistratus oppidi Gelemnet (?) prope civitatem Swoll viginti septem naves cepit cum maxima hominum multitudine utriusque sexus virorum, mulierum et puerorum, inter quos fuit quidam principalis illorum, nomine Erasmus Ritter ex Erfordia, quem prophetam nominant et capitaneum, qui penes se habuit quatuor vexilla, quatuor timpanas, hastas et gladios aliaque arma bellica infinita. Dux Geldrie, dux Cleuie et cives civitatis Swoll multos ibidem ceperunt, qui tormentis quesiti confessi sunt, quod voluere oppugnare civitatem Swoll, ibidem rebaptizationem erigere inhabitareque haud aliter atque fratres illorum, qui monasterium civitatem occuparunt; id vero totum deus avertit, nam, si convenissent sine impeditione, in numero ultra centum millia illorum fuissent. Nunc ubicunque locorum dispersi reperiuntur, nulla habita ratione cuiuscunque status vel ordinis sint, incarcerantur.

Misse per dominum Nicolaum Kotritz, equitem auratum ex Daventria prope Swoll die vigesima sexta Martii anno etc. millesimo quingentesimo trigesimo quarto.

6.

Anneken von Rotterdams Testament aen haeren zoon Esaias.

(gedrukt naer eene oude Copye, die gedrukt is A. 1539)[1])

Hier begint dat Testament, dat Anneken zeliger gedachtenisse Esaias haren Sone bestelt heeft, den XXIV. dach Januarii Anno XXXIX. des morgens te negen uren overgelevert, als sy haer bereyde te sterven, voer den namen unde dat getuchenisse Jesu, Unde nam daer mede oerloff an haren sone, tot Rotterdam.

Esaia onefanckt v Testament.

HOert, myn Sone, de onderwysinge uwes Möders, opent v oren, om te horen die reden myns monts, Siet, ick gae huyden den wech der Propheten, Apostelen vnde Martelaren unde drinke den kelck, den sy alle gedronken hebben.

Ick ghae den wech, segge ick, die Christus Jesus, dat ewige wordt des Vaders, voll genaden vnde warheits, de herder der schapen, Hy dat levent wesende, doer hem selven vnde niet doer enen anderen, gewandelt heeft, vnde hefft dessen kelck moeten drincken, gelyck hy sprack, Ick moet enen kelck drincken, unnde met een doepsell ghedoept werden, hoe bange ys my, tot dat die vre volbracht is. Doer gegaen wesende röpt hy syn schapen,

---

[1]) Bibliothek der „Vereen. Doopsg. Gemeente te Amsterdam". (Tel. bapt. Nr. 98. 4 Bl. klein 8°.)

cf. Braght, Martel. Sp. 55—58; über das obige Testament: J. G. de Hoop-Scheffer in Doopsgezinde Bijdragen 1870 p. 51 (Märtyrerchroniken). Das „Testament" gehört zu jenen Flugblättern und kleinen Volksschriften, welche, seit 1520 zu Hunderten und Tausenden ins Volk gestreut, zum Teil vernichtet und verbrannt, doch vielfach treu bewahrt und als teures Erbstück von Geschlecht zu Geschlecht vererbt sind. Manche von ihnen, wie das obige, hat die Bibliothek der Taufges. Gemeinde zu Amsterdam gesammelt und vor dem Untergang gerettet. — Es bedarf wohl keiner weiteren Auseinandersetzung, warum dieser seltene Beweis von Glaubensinnigkeit und -festigkeit, wie er von den Taufgesinnten und den Verfolgten jener Tage so häufig an den Tag gelegt ist, hier zum Abdruck gebracht wird.

39

vnde syn schapen hooren syn stemme vnde volgen hem na, waer dat hy hen ghaet. Want dit is den wech tot die rechte fonteyne.

Dessen wech syn doer gegaen die kônincklyke priestern, komende van de vpganck der sonnen, soe in Apocalipsis staet, vnde synt ingegaen in die tyden der cwicheiden, vñ hebben dessen kelck moeten drincken.

Dessen wech hebben getreden die doden, die daer liggen under den altaer, die daer ropen, seggende: Here almechtyge Godt, wanneer wyldy wreken dat bloet, dat daer vthgestort is? Vnde haer synt blynkede rocken ghegheven, vnde hoer is geandtwordt: beydet een weynich, tot dat het getal uwer broederen vervult is, die noch gedoot sullen werden om dat getuychnisse Jesu, dease hebben ock den kelck gedroncken vnde syn vpgegaen, om te holden den ewigen hyllygen Zabboth des Heren.

Dit is den wech, den gewandelt hebben die XXIIII. olders, die daer staen voer den stoell Godes, vnde werpen haer kronen vñ herpen voer den stoel des lams, vp hoer ansichten vallende, seggende: Heer, v alleen sy prys, heerlyckheit, krafft und sterckheit, die wreken sult dat bloet uwer knechten unde dieneren, vnde sult die victorie doer v selven beholden. Groet sy uwen naeme, ghy die daer waert, syt ende komen sult almechtech.

Ock hebbense dessen wech gewandelt die geteykenden des Heren, die dat teyken Thau in haer voerhoefft ontfangen hebben, die doer verkaeren synt uth allen geslachten der menschen, die niet met vrouwen besmet syn geweest, verstaet dat, vñ volgen dat lümeken nae, waer heth henen ghaet. Siet, alle dese hebben den kelck der bitterheit moeten drynken. Unde alle de daer noch ontbrecken ant getall unde vervullinge Syons, die bruyt des lams, welck is dat nye Hierusalem, die dâer van bauen uth den hemel daelt, een woenstadt vñ troen Godes, in welcken die heerlicheit des grooten koenincks gesien sal worden, vp die tydt als men holden und vieren sall det hoechtydelicke louerfest, in den daegen der ewiger rûste vñ blyschap. Siet, desse alle en hebben daer niet toe komen muegen, sy en hebben yrst dat oerdell vnde straffinge in haer vleysch gedragen. Want Christus Jesus, die ewige waerheit, hefft die yrste geweest, als geschreven staet, dat lam dat van anbegyn gedôt is geweest. Soe kompt Paulus vnd secht, Also heffitet den Vader beliefft, dat alle die hy van ewicheit voersien hefft, die hefft hie geroepen, verkoeren unde gerechtueerdicht, vnde hefft se gelyckformich gestelt den belde ayns Soens. Ock spreckt vnse salichmaeker (geben): Die knecht en is niet beter, dan syn heer, mer het is hem genoech, dat hy synen heer vn̄ meister gelyck sy. Ock betuycht Petrus seggende: Het ys tydt, dattet oerdel begynt an den huyse Godes, Ist, dattet dan an uns beginnt, wat eyn de wiltet dan nemen met dē gene die ant Evangelion Godes niet gelooft en hebben: Want het hoelt nauwe, dat de rechtverdige salich sal werden, waer wil dan die sundar unde godtlose verschynen? Noch staet Prover. XI. Ist dattet den vprechten hier vp eerden vergolden wort / waer sall dan die sunder unde godtlose apenbaren?

Siet, myn soen, hier hoerd y, datter niemant totten leven en kompt dan doer dessen wech. Daerom gaet in doer die enge poert, vnde nempt v des Heren castyenge en / vnd vnderwisinge vnde boecht v scholderen vnder syn Juck vnde draget lieflick van nwer Jonckheit an, met groter eeren vn̄ blyschap, danckende, want hy genen soen an nempt offt ontfangt, den hy niet en castyet. Voert, secht Paulus / Ist dat ghye die castyenge verlaet, welcke sy alle deelafflich geworden syn, so sy dy bastarden vn gheen kynderen, vn̄ sult vthgestoten werden uth dat erffdeel der kenderen Gades.

Soe ghy dan lust vnde begeerten hebt, om te ghaen in die deelen der hilliger werlt vnde in die erffnisse der hilligen, Soe omgordet v lendenen vnde tredt hoer nae, vn versoekt die schrifftuer vnde sy sal v wysen hoer gaugen. Die engel totten Propheet sprekende, hefft hem gesecht. Daer is eyn stadt vol aller gueden, vnde den inganck vä desen, is maer eens menschē voerstap breet, un die ein syde staet eyn vuyr vn̄ an die ander syde eyn groot water / Hoe kōnt ghy die stadt tot eyn erfdeel ontfangen? ghy most yrsten dat nauwe doer treden; Siet, mijn Soene, desen weck hefft geen wyken, daer en syn gheene omme offte cromme weechskens, welcke ter rechter offter slincken syden valt, is die doot haer erffenisse; Siet dit is den wech, die van so weynich menschen gevunden wort, vnde noch van vele min gewandelt, want daer synt sommige, die wel mercken, dat dit den wech totten leuen is, maer hy ys haer te scherp, het doet haeren vleysch te wee.

Hieromme, myn kindt, en acht op die veelheyt der groter menichte niet, noch en tredet op haer wegen niet, weeret uwen voet aff van haren paden, want sy gaen ter Hellen als Schapen ter doot. Gelick Esaias verhaelt seggende: Die Helle hefft haer kaken wyt

39*

op gesperet, op dat där in gae beyde die Prince vnde dat gemeyne volck / Het is eyn onvorstandich volck, daeromme en sal hy haer uit genadich syn, diese geschapen hefft, Maer waer ghy hoert, dat eyn arm slecht verstoten hoepken is, dat van die werlt verachtet vnd verworpen is, daer schickt v by. Vn daer ghy vant Cruce hoert, daer is Christus, en wyckt daer niet van, vliet de schaduwe deser werlt, wert God toegenoecht, laer die alleene uwe vreese syn, bewaert syn Gebaden, ontholt alle syn woerden, dat ghy daer nae doet, Schryfft se op die tafelen uwer herten, Bintse voer u voerhoefft, Spreeckt van syn gesette dach unde nacht, so sult ghy wesen eyn liefliken boem vnde eyn spruyt in den hoff des Heren, eyn beminde plante opwassende in Syon, nömpt des Heren vreese v Vader te wesen, so sal die wysheyt die moeder uwes verstandes syn. Als ghy dit wettet, myn Soene, selich sydy, yst dat ghyt doet, holdt dat die Heer gebiet, oude hilliget v licham tot synen dienst, op dat synen name in v gehilliget, gepresen, eerlick vnde grood gemaeckt mach werden, En schaempt hem niet te belyden voer die menschen, vreest die meschen niet / verlaet v levent lever, eer ghy vander waerheit wyckt. Yst dat ghy v licham, dat vander eerden gemaeckt is, verliest, die Here v Godt hefft v eyn beter bereyt in den Hemel. — Hier omme myn kindt stridet voer die gherechticheyt totten doot toe, wapent v met die wapeninge Godes. Syt eyn vrom Israhelyt, vertreedt alle ongerechticheit, die werlt vnde wat daer in is, vnd bemint alleen dat boven is, ghedenckt dat ghy van deser werlt niet en syt, so v Heer vnd Meyster oeck niet en is gheweest. Zyt eyn ghetrow discipel Christi, anders en si nyemant bequam om te bidden, dan die syn discipel geworde is / eer niet, Die ghene die dar seyden, wy hebbent al achter gelaten, die sprecken oock, leert vns bidden, die weren, dar die Heer voer badt, vn niet voer die werlt, want als die werlt bidt, so rôpen sy haren Vader den Duuel an, und begeren dat synen wille geschee, alst ock doet. Daer omme, myn Soene, en wert haer niet gelyck, maer schuwet vnde vliet van haer, vn hebt geen deel noch gemenschap met haer, acht al niet, wat vor ogen is. Soeckt alleyn wat bouen is. Och, myn kindt, syt myner vormaninge gedachtich, vnde en vorlaet die selve niet / Die Heer doe v vpwasse in syner vreese, vervullende mit synen Geist v verstant, Hylliget v den Heer, myn Soen, Hilliget alle v wandelinge mit de vreese uwes Godes. All wat gy doet,

laet synen naem daer in gepresen werden, Eert den Heer in die
wercken uwer handen, Lat dat licht des Evangelions doer v lichten,
Hebt uwen naesten lieff, Deylt mit utghestorven vurigen herten
den hongerige v broodt, kledet den naeckten ende en beydet niet
datter yet twevelt by v sy, want daer altyt syn, diet gebreck
hebben. All dat v die Here vorleent van dat sweet ws ansichts /
bouen v nootdrufft, dat deylt den gy wet, die den Heren vreesen,
en laet niet by v blyven totten morgen, So sall die Heer de
wercken uwer hande gebenedyen, vnde syne segeninge v tot eyn
erffnisse gheven. Och, myn Sone, laet v leuen den Evangelio
gelyck syn, unde die Godt des vredes hyllige v an zyel vnd lyff
tot synen Pryse. Amen.

Och hyllige Vader, hylliget den Soen uwer Dienstmaget in
uwer waerheyt, unde bewaret hem van den quaden omme uwes
namens wille Heere.

(Hier eyndicht dat Testament van Anneken an haren Soen /
bouen genoempt.[1])

Nu Ghedrucket na een olde gedruckte Copye. Die gedruckt
geweest is: Iut Jaer als sy Haer lichaem Godt opgeoffert heefft.
Anno 1539.)[2]

<hr>

[1] vergl. hierzu ferner: „Auss Bundt" (Amsterdamer Exempl.) p. 109 ff.

Ph. Wackernagel, d. deutsche Kirchenlied V, 784: es findet sich dort
unter zahlreichen Märtyrerliedern auch das folgende mit der Überschrift:
„Ein ander Marterlied von einem weibe sampt jren Sohn, welche zu Rotterdam
jhren Abschied gethan", von welchem folgende 2 Strophen mitgeteilt werden
mögen, die wie die übrigen nach obigem Testament gedichtet worden sind:

    Str. 2) „Das Annelin erlaubnuss nam
        von jhrem Sohn zu Rotterdam,
        als jr der Todt zustunde:
        Esias hör mein Testament:
        mein letzter will vor meinem endt
        geht jetzt aus meinem munde.

    Str. 3; Ich geh auff der Propheten weg,
        der Märter und Apostel steg
        ist auch nit besser gewesen:
        den Kelch sie haben truncken all,
        Christus auch selbst in diesem Fall,
        wie ich hab hören lesen."

[2] Vergl. auch Z. f. histor. Theologie Bd. 33 (1863): Nippold, David
Joris von Delft p. 56: „Die Verfasserin des obigen Testaments ist von grossem
Einfluss auf David Joris gewesen. Sie selbst, die alleinige Erbin eines be-

deutenden Vermögens und im blühenden Alter, hat alles für ihre Religion geopfert und ist zu den echten Typen der schwärmerisch anabaptistischen Richtung zu zählen", von der wir Joris ebenfalls angeregt sehen. —

Als sie von ihrer Flucht nach England 1538 in die Niederlande zurückkehrte, um noch einige in Delft zu ordnen (p. 58) und auf der Fahrt nach Rotterdam ein geistliches Lied sang, wurde sie von einem, der mit auf ihrem Wagen reiste, in Rotterdam angeklagt. Vor Gericht bekannte sie offen, dass sie, jetzt 28 Jahre alt, vor etwa 4 Jahren zugleich mit ihrem Manne von einem gewissen Meynert wiedergetauft sei, während die mit ihr verhörte Christina Michiel Barents, etwa 50 Jahre alt, zu Leuwen durch Johann von Maastricht wiedergetauft war. (s. o. p. 336 ff.)

Am Morgen vor ihrer Execution machte sie das uns vorliegende Testament. „Und wenn wir überhaupt trotz der vielen ungesunden Schwärmerei, welche die Märtyrer des Anabaptismus kennzeichnet, doch zugleich eine selbstverleugnende aufopferungsfähige standhafte Frömmigkeit bei ihnen finden, wenn keine kirchliche Gemeinschaft so viele Blutzeugen aufzuweisen hat als die taufgesinnte: so müssen wir gerade das Testament der Anneken eines der würdigsten Zeugnisse dieses Geistes nennen." (a. a. O. p. 59.)

7.

De Artijekelen des Geloofs In't Concept van Ceulen.

van den ersten Mey, Anno 1591. [1]

———

Eerstelijk / in der Goddelijcker Drie-Eenigheydt / Vader / Soon / en Heylighen Geest / een eenighe / eeuwige / almachtigen Godt te sijn.

Ende Jesum Christum den eenigen Soon des Vaders van eeuwigheydt, die in den vervulden tijdt door kracht des Alderhooghsten / ende medawerckinghe des heyligen Geests / van Maria ghebooren / en dat eeuwige Wort des Vaders vleesch gheworden is.

Bekennen oock den Heyligen Geest te zijn een kracht Godts / die van den Vader door den Sone uyt-gaet / van Christus belooft en gesonden tot troost der geloovige.

Ende soo wie nu in desen Sone Godts gelooft / dat hy de beloofde en van Godt gesonden Heylant / Salighmaecker ende Verlosser van alle sonden vry sy.

Ende de mensche hem selven sondigh bekent / doet ende bewijst waerdighe vrucht van boete / neemt Christus Woordt geerne aen / en uyt syn eyghen aensoeck begheert gedoopt te zijn / den selven door een onstraffelijcken daer toe verkooren Dienaer met Water te doopen / in den Name des Vaders / des Soons / ende

———

[1] Aus: de algemeene belijdenissen der veren. Vlaemsche, Vriesche en Hoogd. Doopsgezinde Gemeynte te Amsterdam. 1665 . . .

Dieses sog. „Concept von Cöln" ist nach mehr als einer Seite hin für uns bemerkenswert. Nach den zahlreichen heftigen inneren dogmatischen Streitigkeiten seit fast 50 Jahren giebt es uns einen erfreulichen Beweis der Duldung und Wertschätzung. Für die Entwicklung dieser Gemeinden am ganzen Niederrhein sind die Verabredungen dieses Concepts ausserordentlich wichtig. Sie vermochten endlich wieder bei der absichtlichen äusseren Kürze und weiten Fassung des Inhaltlichen ein gemeinsames Band um die zerstreuten Glieder zu schliessen. — Neben dem Inhalt der Abmachungen sind auch die Unterschriften wohl zu beachten.

des Heyligen Geestes: Ende yemandt die alsoo als verhaelt is / gedoopt is / dien selven niet weder te doopen.

Ende alle die alsoo door een Geest tot een Lichaem gedoopt zijn / het Avondtmael des Heeren mit malkander sullen houden / sijn groote Liefde en bitteren Doot daer by te gedencken / en dat met gemeyn Broot en Wien.

Ende dat dese gemeynschap der Heyligen te binden en ontbinden door de Sleutelen des Hemelrijcks macht heeft ; ende sal alsoo van verloop der sonden / tusschen Broeder en Broeder den Regel Matth. 18 : 15—19 ghebruyckt werden.

Maer openbaere wercken des Vleeschs / met rijpen oordeel uyt Gods Woort gestraft.

En na de Leere Pauli 1. Corint. 5. 10. met haer niet te doen hebben / noch te eeten / doch niet in streng misbruyck, als leyder veel geschiedt is / waer uyt oock het misbruyck des Echtmijdingh / en meer andere onordeningh / ghevolght is / dan na de Salvinghe des Heylighen Geestes teghen de gestrafte hen in der Liefde te bewijsen / dat hy magh ghebetert en opgerecht worden / en of dese Spreucke Pauli by den eenen wat hoogher of lagher verstaen wordt als by den anderen / nochtans alle beyde Godtvreesende / altijdt malkanderen tot op wijder genade van Godt in der Liefden te verdragen / ende een yegelijck sijn wetenschap nae der Liefden aerdt te gebruycken / sonder twist of disputeeren. Ins ghelijcks een ketterschen Mensche te schouwen ' als hy eens of twee-mael vermaent is.

Bekennen oock uyt de Heylige Schrift des Ouden ende Nieuwen Testaments / den gheloovigen gheen vryheydt toegelaten ; aen yemandt te Trouwen / dan die met hem door het Gheloove en Lidtmaet Christi / en Broeder of Suster geworden sy / van twee vrye Persoonen / na de eerste Ordonnantie met Adam en Eva begonnen / oock de overtreders des selven straf-waerdigh voor der Gemeynte / ende geen broederlijcke eenigheyt met haer te houden / men speure dan waerdige vrucht van berouw en boete / ende deselve te vermanen / hare ghedane beloften der Echt malkanderen getrouwelijk te houden / sonder haer Egade te verlaten / of noch eens te Trouwen. Dit alles na de Salvinge te recht te houden.

Oock te onderhouden een Voetwasschinge der Heyligen ' als wy van onse Geloofs-genooten versocht worden / in der Liefde die te ontfanghen / ende met hertelijke demoedt te Voeten te wasschen.

Een Bisschop of Leeraer sal onstraffelijck zijn / ende na dat hy beproeft is / sal men hem laten dienen / ende sal hem sulcks met handtoplegginghe der Oudtsten bevolen worden / ende van der Gemeynte met eendracht daer toe verkooren worden.

Ende nae het Exempel der Apostolischen Gemeynten, oock Diakenen te verkiesen / die die Armen sorge bevolen werde / om de goetwillige gaven / tot bystandt der Armen / aen hare handen te bestellen. Op dat de Gave alsoo in het heymelijck zy / na de Leere Christi.

Geenen Eedt te zweeren / nae Christi en Jacobi Leere. Dan, alle woorden en handelingen met waerachtige Ja en Neen te bevestigen / ende niet daer by / ende dat met warheyt als eenen gezwooren Eedt te houden.

Ende nadien Woecker voor Godt grouwelijck / ende voor de Menschen schandelijck ghehouden werdt / gantsch ende gheheel niet toe-ghelaeten / al wat met de Heylighe Schrift sal Woecker te zijn bewesen werden.

Geen weder wraecke toe-gelaten dan verboden / niet alleen met uyterlijcke wapenen / dan oock scheldt-woorden / met scheldtworden te vergelden.

Bekennen oock een Lichaemlijcke verrijsenisse der Dooden / beyde der gherechter ende ongerechter Menschen / en dat in het laetste Oordeel een yeghelijck ontfangen sal / daer naer dat hy gedaen heeft.

Vorder oock uyt rechte sorghvuldigheydt besproocken / ansiende de groote vryheydt der Koopmanschappen der tijdelijcker begeerten / en oock de verrieringhe der uytterlijcker kleedinghe / dat meer de Wereldt ghelijcke / dan Christus demoedt ghespeurt wordt / ende om dat dit bedekte insluypende Sonden zijn / ende vele haer te besorghen tot verderven strecken wil / nochtans een yeghelijck qualijck mate te stellen is / hoe veele hy handelen en wat hy aentrecken sal / maer wilden weldat een yeghelijck in kleyne handelingh en slechte kleedinghe / jae in alle sijn doen de Wereldt verlichten mochte / ende niet als de Wereldt sich vercieren / noch de onvernoeghende onversadighde ghelijck wesen. Is hier omme verdragen / dat alle Wachters over dat Huys Godts met alder-ghetrouwheydt en kracht der Schrift / de Luyden sullen waerschouwen / en sich daer mede reyn houden / van het omkomen der onghehoorsaeme / ende alsoo den eenen Broeder den anderen /

en dat met een Vaderlijck herte / op dat de Vermaninghe des te aenghenamer zy. Ende dit is met veele Handen onder-gheschreven / als volgt.

Dat dees over-ghemelte alsoo met verwillinghe der Dienaren ende Oudtsten en de Gemeenten / Lantschappen Elsas / Prisgaum / Struesburgh / Wittenburg / Landau / Neustadt / Landesheym / Wormbs en Kruytsnach alsoo gescheyden en verdragen / ben ick L e o n h a r d K l o c k van wegen mijn en mijner Metdienaer gestandigh [1] . . . . . .

By my Ameldonck Leeuw, van weghen my en der G e m e y n t e v a n C e u l e n.

David Rutgers.

Diderich Verwer van wegen aller Gemeynten in 't Landt van Millen en van der Mase. [2]

Goossen Schrotten.

Beken ick Wolter van Wetschewel, van weghen der Gemeynte tot Odekercke. Beken ick Teunis Cornes, van wegen der Gemeynte tot Gladbeck.

Beken ick Aernolt Boeckholst, van weghen aller G e m e y n t e n uyt Bergsland. Beken ick Lucas de Graud, en Jan Gerrits van Solingh, van der Gemeynte tot Ceulen. By myn Louys Bouderwijns, van wegen der Gemeynte tot Rees.

---

[1] Es folgen dann hier die Unterschriften der Vertreter niederrheinischer Gemeinden.

[2] Wie viele und welche Gemeinden hier zusammengefasst werden, lässt sich leider nicht angeben. Die Edikte gegen die Täufer wurden immer zahlreicher und die Auswanderungen nicht seltener. Es möge hier u. a. hingewiesen werden auf das strenge Edikt des Herzogs vom 1. Oktober 1585, (cf. Keller, Gegenreformation II, p. 75, „allen Amtleuten wird strenger Befehl zur Ausrottung der Wiedertäufer, Winkeltäufer und Sacramentirer gegeben. Die Amtleute sollen auf „allen Herrngedingen oder sonst zu allen vier Monaten" die Bestimmungen öffentlich verlesen lassen, sie lassen ferner wenigstens alle vier Monate an die fürstliche Kanzlei Bericht erstatten, ob den Befehlen Gehorsam geleistet worden sei" u. s. w.

8.

Täuferlied. [1]
(Ende des 16. Jahrhunderts.)

1. Wir christen hie im jamerthal
   Müssen viel leiden uberal,
   Christus der herr that selber sagen,
   Wir sollen im das kreuz nachtragen,
   Wöllen wir mit ihm herschen unde erben,
   So muessen wir mit ihm leiden undt sterben.

2. Die christlich kirche weit und breit
   Tregt in der welt ein blutigs Kleid,
   Gleich wie Christus ihr bräutigam
   Getragen hat an des creutzes stamm.
   Wer sein wort liebt, bekent sein nam,
   Dem zeucht der Herr sein hofkleid an.

---

[1] Das Lied befindet sich in einem handschriftlichen Bande (klein 8°; Nr. 740[II]) im „Archiv der Taufgesinnten Gemeinde zu Amsterdam". Den Hauptteil des Bändchens füllt eine Märtyrerchronik, welche hauptsächlich Namen oberdeutscher: österreichischer, schwäbischer etc. Märtyrer enthält. Auf den freigebliebenen Blättern des Buches stehen am Schlusse, von anderer Hand geschrieben, allerlei Recepte: Hausmittel gegen Krankheiten an Menschen und Vieh, während 7¹, dazwischen liegende Seiten das obige Lied tragen. Ob dasselbe von dem Schreiber selbst gedichtet oder nach dem Gedächtnisse verzeichnet (dann ist bei der Numerierung der Strophen ein Irrtum untergelaufen: auf 18. folgt 20.) oder aber nach einer Vorlage abgeschrieben ist (wobei Strophe 19 übersehen wurde), bleibt ungewiss, obwohl letzteres, nach dem Inhalte zu schliessen, wahrscheinlicher ist.

Die Märtyrerchronik am Anfange ist von verschiedenen Händen bis 1594 fortgesetzt worden und dann in den Besitz dessen gelangt, der das Lied hinzugeschrieben hat. In den damals vorhandenen Täuferliederbüchern hat letzteres ohne Zweifel noch nicht gestanden, sondern ist damals (vielleicht kurz vorher gedichtet) dort eingetragen. —

Leider liess sich gar manches nicht lesen.

3. Wollen wir den König lieben undt ehren,
So müssen wir uns seins kleidts nit beschweren.
Wer sich seiner schemt undt ist hie stum,
Des wird sich schamen Gottes sohn.
Wer ihn bekent hie vor der wellt,
Derselbig Got im himel gefelt.

4. Got komt mit seinem wort und stim
Und bringt sein heiliges creutz mit ihm,
Das wir von seinetwegen tragen;
Darumb wir im lob und dank drum sagen,
Da er uns würdig hat geacht
Und uns zu seinen kindern gemacht.

5. Das zeitlich leiden hier auf erdt,
Das ist der heiligkeit nit werth, (?)
Die uns Christus der Herr wird geben
Im himmel in dem ewig leben,
Die uns verdient hat gottes sohn.
Kein zung die freud aussprechen kann.

6. Die viel angst, trübsal und leiden hier,
Spricht Christus, kombt alle her zu mir !
Ich wil euch selber erquicken und laben.
In meinem reich wil ich euch haben,
Wil eure zähren mit meiner gnad
Von euren augen wischen ab.

7. Wer nur die warheit frey bekent
Und bleibt bestendig biss an sein endt,
Bey dem wil got auch selber sein
Mit seinem geist und engelein.
Tyrann, du sollst uns nit betrügen,
Got wirt die sach gar wol ausführen.

8. Erschreckt nit vor der beschoren roth,
Befil dein sach dem lieben got.
Ob sie uns gleich vom land thun jagen,

Wollen wir got lob und dank druff sagen.
Christus der her wirt uns wol bescheiden,
Wirt uns ein ander wohnung zeigen.

9. Wir haben ein gute starkhe wehr:
Christus sambt seim himmlisch heer,
Auch alle ausserwelte schaar,
Die sindt uns alle gangen vor;
Die singen und jubilieren fein,
Wir sollen alle fröhlich sein.

10. Müssen wir lassen haus und hoff,
Gedenkhen wir, Christus lebet noch.
Last er uns hie noch lenger leben,
Er wird uns wol ein anders geben.
Er wird uns auch behuden fein:
Wir leben und sterben, so sind wir sein.

11. Wan sie uns gleich ins gefangnuss legen,
So schaut doch Got vom himmel oben.
Er sagt, du gottloser tyrann,
Du greifst mir meinen augapfel an.
Weil du so tobst und wuets mit schallen, (?)
Wirstus müssen in holisch feur bezalen.

12. Wan man uns gleich das leben nimmt,
Und müssen verlassen weib und kindt,
So haben sie doch die seel nit ermört
Und nur die irdische hueten zerstört.
Seit unverzacht in diesem strauss,
Sie treiben uns nur ins himlisch hauss.

13. Beken gotes wort, giebs leben hin:
Das ist vor got ein heilig ding,
Dass auch die götlig majestath
Ein sondern lust undt freud dran hat,
Davon die engel singen all
Dz in den ganzen himel erschall.

14. Ir witwen dürft nit anders glauben,
Got selber hat mit euch nasse Augen. (?)
Weil euch die welt so hoch betrübt,
So hat euch got so hertzlich lieb.
Zu kindern thut got selber sagen
Ihr . . . . tagen.

15. Dess solt ir euch gar hertzlich freuen,
Got selber wil euer vatter sein.
Er wirt euch wol erhalten und wachen, (?)
Ihm mag weder teufel noch die welt nit machen.
Last euch die weill nit wehren laug,
Am jüngsten tag komen wir zusam.

16. Last euch zum abfal nit bewegen,
Dass sie uns nit in freit hof (?) legen.
Got macht den ganzen erdtboden gut,
Das er vergeust sein heiliges blut.
Vom creutze troyfft ers auf ertreich,
Hat uns damit dass ganz erterich (?) gemacht.

17. Die heilig tauff dhun sie erwölen:
Wen solt got einen heuchler stellen,
So doch das kindt unschuldig ist.
O du verstockter blinder papist,
Flickt mir die . . . . schuhe fleissig
Du weisst es got . . . . drau.

18. Christus der spricht selber gar fein,
Was mir der vatter gibt, ist mein.
Mit Christo inemant aus meiner handt
Die kinder haben kein verstandt.
Mein reich ist ihr erworbnes (?) gutt,
Ich habs erlost mit meinem blutt.

20. Sie geben auch kein ehrvolg zusam.
Sie wollen uns treiben mit solchem zwang
Sie thun auch kein mesofer beschreiben (?)

Der nit des bapstes lehr wil glauben.
Und ist doch nur alss menschen tandt,
Nit wert, dass ich hier schreib davon.

21. Ists nit zu erbarmen, ach lieber gott:
Die welt wil nur sein blind und todt.
Du gibst dein wort, dein sohn, dein kindt.
Die wellt verachts, schlechts al in wint.
Dem solches recht zu hertzen ging,
Möchte wohl bluttige zähren weinen.

22. Her got, hemlischer vater mein,
Lass uns nit ungeduldig sein.
Komt uns dz creutz so stark zu hauss,
Und wir nit wissen ein noch auss,
Regiere uns herr, thu uns beistahn /
Führ uns mit deiner gotlich handt,
Weil du uns unter dein creutz wilst habn.

23. Dz wir dein wort bekennen frey
Vor teufel, welt und wer er sey,
Darzu gib mir den heilig geist,
Zu deinem ewig lob und preiss.
Got lob, wir haben das göttlich wort,
Seit nur bestendig fort und fort.

24. Ach bleib bei uns, her Jesu Christ,
Dieweil es abent worden ist.
Al die verfürt mit falscher lehr,
Her Jesu Christ, zu dir bekehr.
Beth fleissig und von hertzen sing,
Dass es zu got durch die wolckhen dring.

25. O Jesu, lieber heilandt mein,
Kom vom himel, sich selber drein.
Ach got, ach got hör unser klag,
Kom bald mit deinem jungsten tag.
Ir lieben christen, seits getrost,
Christus, der hat uns schon erlost,

26. Von sündt, todt, hell, teufl und welt
Hat uns bey got die wohnung bestelt.
Er wird uns auch bald feirabend geben
Undt uns einführen ins ewig leben.
Ich lese, bith, ich schreib und sing,
Mein got gib mir die rechte stim.

27. Lass mir dein wort nit sein ein scherten, (?)
Ach got, schreib du mirs selbst ins herten,
Dass ichs darin ewig behalte und trage,
Drauff will ichs fröhlich Amen sagen.
Amen, amen, lieber herr Christo, amen![1]

[1] Das Lied trifft im allgemeinen den Ton des Bekenntnisses von
Thomas von Imbroich. s. o p. 466 ff.

9.

Erlass des Pfalzgrafen Wolfgang Wilhelm gegen die „Wiedertäufer". [1]

Düsseldorf 1637. September 12.

Unser etc. Wiewoll unsere geehrte Vorfahren, Hertzogen zu Gülich, Cleve und Berg . . ., christmilten Andenkens zu Volnziehung auf verscheidenen Reichstagen durch Chur-fürsten und Stende gemachten Beschluss viel Edicta in ihren Landen ausgehen, publicieren und erneuern lassen, dass keine, welche der unchristlicher abscheulicher Secten der Wiedertaufer anhengig und zugethan, in ihren Landen geduldet, beherbergt oder aufgenohmen werden solln, alles bei Poen und Straf Leibs und Gueter, wie solches in angeregten Edicten ferner ausgeführet;

Obwoll auch in unser Policei-Ordnung genugsamb versehen, dass solche Secten zu Burgern und Einwohnern in unsern Stätten, Flecken und Dorferen nicht angenommen noch einige Wohnung, viel weniger Erb und Erbschaften an sich kaufen und daran nitfest zu machen verstattet werden solle; — So werden wir doch mit hochstem Missfallen berichtet, dass nun etliche Jahren hero angeregte verführische und von allen christlichen Potentaten verdampte wiedertaufrische Ketzer durch unserer Beambten Connivente und Uberführung in unsern Ländern häufig eingeschlichen, ihre Wohnungen angestellt, Erb- und andere Gueter an sich gepracht, grosse Händel und Commercien treiben und sich stark bereichern, anderer katholischer Leute Kinder, Knecht und Mägt an sich zichen, dieselbe mit allerhand Schmeichlerei und Practiken von dem alleinseligmachenden katholischen Glauben und Bekentnus abwenden und zu ihrer verfluchten Ketzerei verfuhren, zu dem Endt heimb- und offentliche Predig und Kinderlehre halten und also hin und wieder ihre falsche Lehr und Meinung

---

[1] D. St.-A. Jül. Berg. L. A. Geistl. S. S. Nr. 14 d vol. I, fol. 15. Conc.

40

verbreiten. Welchem Unheil wir aus christlichem Gewissen und tragendem landfürstlichen Amt zu Abbruch des heil. Reichs Constitutionen und vorangezogener unser Polizei-Ordnung lenger zuzusehen durchaus nit gemeint. Ist derwegen unser gnedigster Bevelh hiemit, dass ihr diejenige, welche solcher Wiedertaufer Sect und Unglauben zugethan, hinfüro in unserm euch gnedigst anbevohlenen Amt in Stätten Flecken und Dörfern ohn unser gnedigst Vorwissen und Bewilligung nit allein ferner nit einschleichen wohnen noch einige Commercia treiben noch sie Heuser oder Landtgüter kaufen lasset, sondern auch diejenigen, welche in den nechsten 6 Jahren eingeschlichen oder sich zu solcher Secte begeben. Davon ihr eine richtige Verzeichnus sambt ihrem Vermögen anhero zugelangen, unser Gleidt aufsaget und lengst inner 6 Monaten aus unsern Land und Gepieten sich zu begeben kraft dieses aufleget, alles bei Confiscation ihrer liegender und fahrender Gueter, so auf den Ungehorsambs und Underlassungs fall verwurkt sein und eingezogen werden sollen. Wornach ihr euch zu richten und, was deretwegen nach und nach verlaufen wirt, jedesmahls anhero zu notificiren versehen, etc. und seint . . . .

Quellen.

Von den benutzten Quellen mögen folgende angeführt sein, (die häufiger zitierten zugleich mit den für sie in Text und Anmerkungen verwandten Abkürzungen):

I. Ungedrucktes Material:

a. Aus dem Düsseldorfer Staats-Archiv (D. St.-A.) und zwar Jül.-Berg. Landes-Archiv
   1. Visitationsprotokolle vom Jahre 1533 (IV c. No. 6, Bd. I u. II).
   2. Erkundigungsbücher, die Geistlichen betreffend, von 1550, 1559.
   3. Geistliche Sachen unter den Chiffren IV. c. No. 5, 14. b, c, d (vol. I, II, III), e: Akta, betreffend das Verfahren gegen die Wiedertäufer in verschiedenen jülichschen Aemtern aus den Jahren 1537—1750,
   4. Amtsrechnungen etc. aus den Aemtern Heinsberg, Wassenberg, Millen, Born, Brüggen, Eschweiler, Bergheim.
b. Akten und Manuscripte aus dem Archiv der Taufgesinnten Gemeinde zu Amsterdam.
c. Aus dem Kölner Stadtarchiv in Auszügen: Thurmbücher, Ratsprotokolle, „Kirchliches" (C. St. A.).
d. Akten etc. aus dem Königl. Staats-Archiv zu Münster. (M. St. A.)
e. Aus der Berliner Bibliothek: W. Teschenmacher, Annales ecclesiastici. Mscr. Boruss. qu. 21.
f. Aus dem Soester Stadt-Archiv: Vorwerksche Mscr. I, 6 u. 7.

II. Gedruckte Litteratur:

(Aus den Bibliotheken zu Münster, Berlin, Bonn, Göttingen, Wolfenbüttel, Bremen, Dresden, München, Amsterdam, Utrecht, Deventer.)

Alberus, Erasmus, Wider die Lere der Carlstader. 1565.
Heinrich von Allwoerden, Historia Michaelis Serveti. Helmstadii 1727. 4°.
Histoire des Anabaptistes contenant leur doctrine, les diverses opinions etc. (von Catrou?). A Amsterdam. 1699.
Arnold, Unparteiische Kirchen- und Ketzerhistorie. 1740.
R. Bachmann, Niclas Storch, der Anfänger der Zwickauer Wiedertäufer. Zwickau 1880.
A. Baum, Magistrat und Reformation in Strassburg. Strassburg 1887.
Baum, J. W., Theodor Beza. Leipzig 1843 ff.
Beard, Die Reformation des 16. Jahrhunderts in ihrem Verhältnis zum modernen Denken und Wissen, übersetzt von Halverscheid. Berlin 1884.
F. A. Beck, Statistik der evangelischen Kirche in der Rheinprovinz. Neuwied 1848.
J. von Beck, Geschichtsbücher der Wiedertäufer in Oesterreich-Ungarn (in Fontes rerum Austriacarum II. Bd. 43.)
De algemeene Belydenissen der Vereenigte Vlaemsche, Vriesche en Hoogduytsche Doopsgezinde gemeynte Goeds. Amsterdam 1665.

40*

G. von Below, Landtags-akten von Jülich-Berg. Bd. I. Düsseldorf 1895.

Benrath, Die Summa der heiligen Schrift. Leipzig 1880.

Berg, Reformationsgeschichte der Länder Jülich etc. Hamm 1826.

Fr. J. von Bianco, Die alte Universität Köln. I. Teil. Köln 1855.

Nic Blesdik, Historia Vitae, doctrinae ac rerum gestarum Davidis Georgii. Deventer 1642.

Bock, Historia Antitrinitariorum. Tom. I, II. Königsberg und Leipzig 1784.

Bouterweck, Heresbachii historia factionis exidiique Monasteriensis. Elberfeld 1866.
— Zur Litteratur und Geschichte der Wiedertäufer.

Braght, Het Bloedig Tooneel of Martelaers Spiegel der Doop-Gesinde of Weerelose Christenen. Amsterdam 1685 (2. Aufl.) fol.

Brandt, Historie der Reformatie en Nederland. Amsterdam 1677. 4 Bde.

Bretschneider, Corpus Reformatorum. Hal. Sax. 1834. (C. R.)

A. Brons, Ursprung, Entwickelung und Schicksale der Taufgesinnten oder Mennoniten. Norden 1886.

Brosius, Annales Juliae Montiumque comitium. 1731. fol.

Buisson, Seb. Castellion. Paris 1893.

H. Bullingeri, Adversus Anabaptistas libri VI. nunc primum e Germanico sermone in Latinum conversi, per Josiam Simlerum Tigurinum. (Tiguri, Froschower M. D. L. X.)

Auss Bundt, das ist Etliche schöne christenliche Lieder, a. l. et a. (Ende des 16. Jahrhunderts.)

Burckhardt, Martin Luthers Briefwechsel . . . Leipzig 1866.

Burckhart-Biedermann, Bonifacius Amerbach. Basel 1894.

Burscheri spicilegia XXXIII. 1784—1802. Leipzig.

G. Cassandri Opera. Parisii 1611 (Königl. U.-B. zu Bonn.)

S. Blaupot ten Cate, Geschiedenis der Doopsgezinden in Holland, Zeeland, Utrecht en Gelderland. 2 Bände. Amsterdam 1847 f.

Clemen, O., Joh. Pupper von Goch. Leipzig 1896.

C. A. Cornelius, Geschichte des Münsterischen Aufruhrs. 2 Bände. 1855 bis 1860. (M. A.)
— Die niederländischen Wiedertäufer während der Belagerung Münsters. (Abhandl. der Münchener Akad. d. Wiss. XI. 1869 p. 57 ff.)
— Die Geschichtsquellen des Bistums Münster Bd. II: Berichte der Augenzeugen etc. 1853. (M. Q.)
— Ueber die Berichte, die Einnahme Münsters 1535 betreffend. Historisches Taschenbuch 1872.

A. M. Cramer, het leven en de verrigtingen van Menno Simons. Amsterdam 1837.

Deijll, Het Chiliasme ten tijde der Hervorming. (Academ. Proefschrift.) Amsterdam 1872.

E. Demmer, Geschichte der Reformation am Niederrhein. Aachen 1885.

Döllinger, Beiträge zur Sektengeschichte.

Drews, Disputationen Luthers in den Jahren 1535—45. Göttingen 1895.

Dumont, Geschichte der Dekanate der Erzdiöcese Cöln (cf. Grevenbroich, M. Gladbach).

Ennen, Geschichte der Stadt Cöln. Band IV und V.

Erasmi Roterdami Opera ed. Le Clerc (1703) Tom. III. (Briefe). 2 Bde. fol.

Erbkam, Geschichte der protestantischen Sekten. 1848.

Förstemann, Urkundenbuch zu der Geschichte des Reichstages zu Augsburg. Halle 1833.

Seb. Frank, Chronika oder Geschichtsbibel. 1543. fol. u. a.

Frederichs, P., De Secte der Loïsten, Eligius Pruystinck. Gent 1891.

Fredericq, Corp. documentorum inquisitionis haereticae pravitatis Neerlandicae. 2. Teil. Gent 1896.

J. C. Fueslinus, Epistolae ab Ecclesiae Helveticae Reformatoribus vel ad cos scriptae. Centuria prima. Tiguri 1742. 8°.

Joh. Gastius, De Anabaptismi exordio, erroribus, historijs abominandis, confutationibus adjectis libri duo. Basileae 1544. (Königl. Paul. Bibliothek zu Münster.)

Camill Gerbert, Strassburger Sectenbewegnng. 1887.

D. Gerdes, Historia Evangelii renovati sive Reformationis. Band 1—4. 1744—52.

— Scrinium antiquarium. 8 Bände. 1756 ff. Groningen.

Giersberg, Geschichte der Pfarreien des Dekanats Grevenbroich. Köln 1883.

Gieseler, Lehrbuch der Kirchengeschichte. Bonn 1840.

M. Goebel, Geschichte des christlichen Lebens in der niederrheinisch-westf. Kirche. Coblenz 1849.

C. P. Hofstede de Groot, Hundert Jahre aus der Geschichte der Reformation in den Niederlanden. 1518 bis 1619. (Aus dem Holländischen von O. Greeven, Vorwort von Nippold.) Gütersloh 1893.

Habets, De Wederdoopers te Maastricht etc. Roermond 1878.

Karl Hagen, Deutschlands litterarische und religiöse Verhältnisse im Reformationszeitalter. Band 3. Der Geist der Reformation. Erlangen 1844.

Hamelmann, Opera genealogico-historica. Lemgo 1711.

Hansen, J., Geschichte Rheinlands und Westfalens im 14. und 15. Jahrhundert. Leipzig 1888.

— Nuntiaturberichte aus Deutschland. 1892.

— Rheinische Akten zur Geschichte des Jesuitenordens. Bonn 1896.

A. Hegler, Geist und Schrift bei Seb. Franck. Freiburg 1892.

Heppe, Geschichte der evangelischen Kirche des Rheinlandes. 1867.

Höhlbaum, Kölner Inventar. Band 1. Leipzig 1896.

— Buch Weinsberg.

J. M. J. Hoog, de Martelaren der Hervorming in Nederland tot 1566. (Acad. Proefschr.) Schiedam 1885.

J. G. de Hoop-Scheffer, Geschiedenis der Kerkhervorming in Nederland.

— Inventaris der Archiefstukken, berustende bij de vereenigde doopsgezinde gemeente te Amsterdam. Amsterdam 1883.

Lambert Hortensius, Oproeren der Wederdoperen. Amsterdam 1660.

Corn. van Huyzen, Historisch Verhandeling van den opkomst ... der doopsgezinde. Emden 1617. 8°.

Jacabson, Geschichte der Quellen des evangelischen Kirchenrechts der Provinzen Rheinland und Westfalen. Band II.

C. F. Jaeger, Andreas Bodenstein von Karlstadt. Stuttgart 1856.

Joach. Chr. Jehring, Gründliche Historie von denen Begebenheiten, Streitigkeiten und Trennungen, so unter den Taufgesinnten oder Mennonisten von ihrem Ursprung an bis aufs Jahr 1615 vorgegangen. Jena 1728. 8°.

Instrumentum publicum wegen desjenigen, was bei denen commissarien gegen die Mennonisten zu Rheydt anno 1694 vorgenohmen. Crefeld 1697.

Jostes, Daniel von Soest. Paderborn 1888.

G. Kawerau, Der Briefwechsel des Justus Jonas. (Geschichtsquellen der Provinz Sachsen 17. 1—2.) 1884.5.

L Keller, Geschichte der Wiedertäufer und ihres Reiches zu Münster. Münster 1880.

— Zur Geschichte der Wiedertäufer nach dem Untergange des Münsterischen Königreichs. (Westd. Zeitschr. 1, 429 ff.)

— Die Reformation und die älteren Reformparteien ... Leipzig 1885.

— Joh. von Staupitz und die Anfänge der Reformation. Leipzig 1888.

— Zur Kirchengeschichte Nordwestdeutschlands im 16. Jahrhundert. Z. d. berg. Geschv. XV, 105 ff.

— Die Gegenreformation in Westfalen und am Niederrhein. (Publikationen aus den Königl. Preuss. Staatsarchiven, Band 9, 33, 62.)

Keussen, Herm., Geschichte d. Stadt u. Herrlichkeit Krefeld. Krefeld 1865 ff.

Von dem Kindertauff, Bestendiger und klarer Gegenbericht, wider das

ungegründetes büchlein eines Widertäuffers ' welchs er genant hat '
Ein schon klar Bericht und anzeigung des warhafftigen Taufs Johannis /
Christi / und seiner Aposteln. — Item zween Sendbrieff Sebastiani
Francken / von auffhebungen aller Kirchē ordnungen und policey / vor
nie in Truck aussgangen. Mit einer einfeltiger warer Widerlegung der
selbigen / die einigkeit der Kirchen Christi zu befordern , vnd allerlei
Secten und Ketzereien dieses zeit zu wehren / fast dienlich vnd nütz-
lich. — An eine Gots fürchtige Jungfrau vom Adel geschrieben. Anno
M. D. LXIII. (Münchener Staats-Bibliothek. Polem. 1328.)

H. H. Koch, Geschichte der Stadt Eschweiler, nebst 2 Supplementheften:
die Reformation im Herzogtum Jülich. 1883 und 1888.

Th. Kolde, Analecta Lutherana. Gotha 1883.

Kolde, Martin Luther.
— Die Augsburgische Konfession, lateinisch und deutsch. Gotha 1896.
— Zum Prozess des Joh. Denk. Leipzig 1888.
— Andreas Althamer. Erlangen 1895.

J. Köstlin, Martin Luther. 2 Bände. Elberfeld 1875.

C. Krafft, Aufzeichnungen des Schweizer Reformators H. Bullinger über
seine Studien zu Cöln und Emmerich. 1870.
— Geschichte der beiden Märtyrer Adolf Clarenbach und Peter Flysteden.
Elberfeld 1886.

Krohn, Geschichte der fanatischen und enthusiastischen Wiedertäufer etc.
Leipzig 1758.

H. Kurtz, Lehrbuch der Kirchengeschichte. 2 Bände. 1858.

Lacomblet, Archiv für Geschichte des Niederrheins. Band IV und V.

F. Latendorf, Seb. Francks erste namenlose Sprichwörtersammlung vom
Jahre 1532. 1876.

Leendertz, Melchior Hofmann. Harlem 1883.

Lenoir, Histoire de la réformation dans le pays de Liège. 1861.

Max Lenz, Briefwechsel Landgraf Philipps des Grossmüthigen von Hessen
mit Bucer. (Publikationen aus den Königl. Preussischen Staats-Archiv.
Band V.) I. Leipzig 1880.

von Liliencron, Zur Liederdichtung der Wiedertäufer. Abhandlungen der
Münchener Akademie der Wissenschaften XII. 1875. (Teil III aus:
Mitteilungen aus dem Gebiet der öffentlichen Meinung in Deutschland
während der zweiten Haelfte des 16. Jahrhunderts.)

Lindani, Pro vero ac vivo Christi Jesu Domini nostri corpore in sancta
eucharistia presente, contra execrandas Johannis Campani Haeresiar-
chae Nestorizantis atque Calvinizantis blasphemias . . . . Responsio.
Coloniae. 1575. (Münchener Staats-Bibliothek Asc. 2889.)
— De fugiendis nostri seculi idolis . . . Coloniae 1580.
— Tabulae vigentium nunc atque grassantium haereseon. Antwerpen 1580.

F. O. zur Linden, Melchior Hofman. 1885.

Loesche, Analecta Lutherana et Melanchthoniana. Gotha 1892.

J. Loserth, Zur Geschichte der Wiedertäufer in Mähren. (Zeitschrift für
allgemeine Geschichte. 1884.)
— Der Anabaptismus in Tirol. Archiv für österreichische Geschichte 78.
Der Communismus der Mährischen Wiedertäufer im 16. und 17. Jahr-
hundert. (Archiv für österreichische Geschichte 81. (1895)
— — Die deutsch-böhmischen Wiedertäufer. (Mittheilungen des Vereins für
Geschichte der Deutschen in Böhmen. XXX.) Prag 1892.
— Balthasar Hubmaier und die Anfänge der Wiedertaufe in Mähren.
Brünn 1893.

M. Lossen, Briefe des Andreas Masius. Leipzig 1886.

J. H. Maronier, Het inwendig woord. Amsterdam 1890.

W. Maurenbrecher, Geschichte der kathol. Reformation. 1. Band. Nörd-
lingen 1880.

Ernst Müller, Geschichte der Bernischen Täufer. Frauenfeld 1895.

Fr. Nettesheim, Geschichte der Schulen im alten Herzogtum Geldern. — Geschichte der Stadt und des Amtes Geldern.

Neuwirth, Religionsgeschichte der Cölnischen Kirche. 2 Bände. 1764.

Nicoladoni, Joh. Bünderlin von Linz und die oberösterreichischen Taufgesinnten. Berlin 1893.

Niesert, Münsterische Urkundensammlung I. Coesfeld 1826. (M. U.); vergl. dazu Cornelius, M. Q. II, p. 411—418.)

Noppius, Aacher Chronik. 1643.

Ottius, Annales anabaptistici. Basel 1672.

Casp. Peucer, Epistolae Melanchthonis. Wittenberg 1565 und 1570. klein 8°. 2 Bände.

G. Plitt, Einleitung in die Augustana. 2 Bände. Erlangen 1867 und 68.

Preger, Tischreden Luthers aus den Jahren 1531 und 1532, nach den Aufzeichnungen von Johann Schlaginhaufen. Leipzig 1888.

Rahlenbeck, L'église de Liège et la Révolution. ed. 2. 1864.

von Recklinghausen, Reformationsgeschichte der Länder Jülich, Berg, Cleve ... 1818 f.

Fr. Reiffenberg, Historia societatis Jesu ad Rhenum inferiorem. Coloniae 1764.

Restitution rechter und gesunder Lehre. Eine Wiedertäuferschrift von Bernh. Rotmann. (Flugschriften aus der Reformationszeit VII. ed. Knaake.) Halle 1888.

Reusch, Der Index der verbotenen Bücher. 2 Bände. Bonn 1883.

Jac. Revius, Daventria illustrata. Lugd. Bat. 1651. 4°.

Richter, Die evangelischen Kirchenordnungen des 16. Jahrhunderts. Band I. Weimar 1846.

T. W. Röhrich. Geschichte der Reformation im Elsass und besonders in Strassburg. 3 Bände. Strassburg 1830 ff.

Sammelband vom Jahre 1702, enthaltend u. a. Matth. Cervas: Eilf Sendbrieff etc. und Thomas von Imbroich, Glaubensbekenntnis (1558) und Sendbriefe.

Sandius, Bibliotheca Antitrinitariorum. Freistadii 1684.

Schelhorn, Amoenitates litterariae. tom. XI. 1729.

J. G. Schelhorn, Ergötzlichkeiten aus der Kirchenhistorie und Litteratur. 1762.

Schijn, Geschiedenis der Mennoniten. 1743.

G. L. Schmidt, Georg Witzel, ein Altkatholik des 16. Jahrh. Wien 1876.

Schmitz, Geschichte der Herrschaft Rheydt. 1897.

Schnorr von Carolsfeld, Erasmus Alberus. Dresden 1893.

Scotti, Sammlung der Gesetze und Verordnungen von Jülich - Berg. Düsseldorf 1821 f.

Seckendorf, Commentarius hist. et apol. de Lutheranismo. 1688.

K. Seidemann, Thomas Münzer. 1842.

Seidemann, Lauterbachs Tagebuch auf das Jahr 1538 .. Dresden 1872.

Chr. Sepp, Kerkhistorische Studien. Leiden 1885. — Bibliothek van Nederlandsche Kerkgeschiedschryvers. Leiden 1886. — Geschiedkundige Nasporingen I. Leiden 1872. — Bibliograph. Mededeelingen. Leiden 1883.

Bern. Spiegel, D. Albert Rizaeus Hardenberg, ein Theologenleben aus der Reformationszeit. (Bremisches Jahrbuch. Band IV.) 1869.

Staehelin, Zwingli. Basel 1895 ff.

Starck, Geschichte der Taufe und Taufgesinnten. Leipzig 1789.

Steitz, Gerhard Westerburg. (Archiv für Frankfurts Geschichte und Kunst. Neue Folge. Band V. 1872.) Vergl dazu Jenaer Litteraturzeitung 1876.)

Strobel, Beiträge zur Litteratur, besonders des 16. Jahrhunderts. 2 Bände. Altdorf und Nürnberg. 1774, 1786/87.

H. Tollin, Luther und Servet, eine Quellenstudie. Berlin 1875.

H. Tollin, Servet und die Bibel. (Zeitschr. für wissenschaftl. Theologie 1875.)
— Die Toleranz im Zeitalter der Reformation. (Histor. Taschenbuch 1875.)
Toorenenbergen, J. J. van, Summa der godliker scrifturen. (Monumenta reform. Belgicae I.) Leiden 1882.
F. Trechsel, Die protestantischen Antitrinitarier vor Faustus Socin. 2 Bde. Heidelberg 1839.
P. Tschackert, Urkundenbuch zur Reformationsgeschichte des Herzogtums Preussen. Band III. 1890.

C. Varrentrapp, Hermann von Wied und sein Reformationsversuch in Köln. Leipzig 1878.
Vogt, Bugenhagens Briefwechsel. 1888.
Th. Volbehr, Zur Geschichte der Münsterer Unruhen. (Mitth. des Germ. Nat.-Museums. 2. 1889.)

Ph. Wackernagel, Bibliographie zur Geschichte des deutschen Kirchenliedes im 16. Jahrhundert. Frankfurt a. M. 1855.
— Das deutsche Kirchenlied. 5 Bände. Leipzig 1867 ff.
Waitz, Lübeck unter Jürgen Wullenwever. Band III. Berlin 1856.
R. Wallace, Antitrinitarian Biography. London 1850. (3 Bände.)
H. Weingarten, Die Revolutionskirchen Englands. Leipzig 1868.
Ge. Wicelii, Epistolarum, quae inter aliquot centurias videbantur partim profuturae Theologicarum litterarum studiosis partim innocentis famam adversus Sycophantiam defensurae Libri IV. Lips. 1537.
Winkelmann, Politische Correspondenz der Stadt Strassburg. Band I. ff.
Albr. Wolters, Conrad von Heresbach und der clevische Hof seiner Zeit. Elberfeld 1867.
— Reformationsgeschichte der Stadt Wesel. Bonn 1868.
H. Wrampelmeyer, Tagebuch über Martin Luther, geführt von Konrad Cordatus. Halle 1885.

Zeitschriften.

Zeitschrift des bergischen Geschichtsvereins.
Zeitschrift des Aachener Geschichtsvereins.
Zeitschrift für die historische Theologie.
Theologische Arbeiten aus dem rheinischen wissenschaftl. Predigerverein. 1873 ff.
(Briegers) Zeitschrift für Kirchengeschichte.
Picks Monatsschrift und Westdeutsche Zeitschrift.
Antwerpsch Archievenblad.
Archief voor Nederl. Kerkgeschiedenis.
Archief voor kerkel. Geschiedenis. 1829 f.
Studien en Bijdragen van Moll en de Hoop-Scheffer. 1870—80.
Doopsgezinde Bijdragen van de Hoop-Scheffer. 1861 ff. u. a.
Monatshefte der Comenius-Gesellschaft u. a.

Register der Personen- und Ortsnamen.

(Das Register ist im Hinblick auf die Namen geschichtlicher Personen, Vereinigungen und Ortsnamen bearbeitet.)

A.

Aachen 6 45 75 78 96 306 41 92 110 32 305 38 56.
Abaillard 91.
Agrippa, Henr. Cornel. 162.
Akademie 214.
Alba, Herzog 314 83.
Albertus, Erasmus 195 255 347.
Albrecht, Herzog v. Preussen 35 45 320.
Aldekerk 570.
Aelius, Joh. (Rektor) 180.
Allemann, Conrad 97.
Altevangel, Gemeinden 89.
Ambrosius 195 230.
Amerbach, Bonifacius 563.
Amsdorff 191 238 90.
Amsterdam 294 318 32 38 47 86 89 93 604.
Angermündt 276.
Anneken von Rotterdam 491, Beilage 5.
Anrath 437.
Antichrist 106 29 219 580 83 85 93.
Antonius, der fromme, von Köln 96 157 341 44 434 f. 241 f.
Antwerpen 164 ff 231 37 302 41 89 93 159 84 559 77 99.
Antwerpen, „Christen" daselbst 17 19 82 48 80.
Arlt, Junker Hermann von der 310.
Arianer 28 29.
Arndt in gen Eschenbroich 71 131.
Arnheim 406.
Artlof, Caspar 461.
Aschersham, Gabriel 230.
Aestkamplanus, Joh. 295.
Athanasius 233.
Augsburg 29 92 199 204 319 84 409 33.
Augustin, St. 12 28 97 195 230 70.

B.

Babylon, Hure 244 452 553.
Baeck, Gysbrecht von 316.
Bader, Augustin 384.
Badius, Jos. 149.
Barbara (Krohl) Prophetin 216 f.
Basel 39 81 102 589.
Batenburg 108.
Batenburger 315.

Bayern 101.
Bedburg 141.
Beghinen 89 93 121 565.
Beier, Chr. 304 12.
Bekestein, Joh. 235.
Bekmann, Otto 211.
Bellarmin 29.
Bellholt, Arnold 179.
Benfeld 163.
Bensberg 342.
Benschop 317.
Berck 159.
Bere, Joh. 68 351 f.
Bergheim 29 414 20 521.
Bergkloster 696.
Bern 71 464 541 57 61.
Berne, Jan 76 78 f 352.
Bernter (Büttel) 497.
Beyenburg 172.
Beza, Theod. 20.
Bientkens, Nicol. 21 31.
Binsfeld, Cuno von 124.
Bitter, Dietr. 144.
Blankenberg 447 646.
Blaurer, Ambr. 211 319 554 61.
Blaurock 48 262 556.
Bocholt 186 411 38 96.
Bockelson, Jan 346 70.
Borgen, Joh. von 401.
Böhmen 89 95 101 10 504 63.
Böhmische Brüder 12 98 110.
Boland, Joh. von 96.
Bonn 155.
Borlähns s. Cellarius 582.
Bonn 90 95 44 152 57 396 62 95 96 93 95 96 404 19 30 31 35 43 60 620 24 28 39 42.
Boost (Beust) 170 313.
Bottrop 312.
Bouff, Wilh. 509 11.
Bouwens, Lenart 501.
Brabant 172 383 89 515.
Bracht 66 343.
Braeckel 150.
Brant (Hinrick) s. Roll.
Brantz, Andreas 70 72.
Braunschweig 206 40 87.
Braumiller, Melchior von 578.
Bredevort 90 170 433 36 575.
Bredenbendt, von 145.
Breit 92.
Brempt, Jungfer von 452.
Brenz, Joh. 215.
Breuel, Valentin 152.
Brolch 145 477.
Brück, D. Georg 186.
Brüder v. gemeins. Leben 11.
Brüdergemeinden 8 12 70 160.

Brüggen 65 93 157 351 56 437 572.
Brühl 313.
Brune, de 285.
Brunner, Leonhard 116.
Brayninx s. Valkenborch 77.
Burer 14 30 153 81 207 11 37 93 94 305 19 445 43 531 48.
Buchbinder 460.
Buchdrucker 30 459.
Burbelius, Theod. 155.
Büderich 13 319 42 74 482.
Bueren, Gräfin von 316.
Bugenhagen s. Pomeranus 243.
Bullinger 14 144 324 26 463 555 84.
Bünderlin 214 29 231 ff 375 407.
Bundesgenossen 16 19 404.
Burtscheid 442.
Buscher, von dem 76 78 f 106.
Buscoducensis, Nicol. 119 302.
Buss (Bois, Boos) 160.
Busscher, Hans de 312.
Bylandt von 158 426 550.

C.

Calvin 14 92 158 60 200 423 89 560 85.
Camerarius 144 243.
Camp, Jan 348.
Campanus, Joh. 14 18 20 25 27 29 40 f 44 77 86 89 92 111 50 25 60 ff 76 231 305 24 29 31 51 57 60 14 54 87 625 81 30 35 ff 53.
Campanus, Joh. Ant. 235.
Campensis, Joh. 234.
Campis, Joh. a 256 f.
Canapis, Joh. de 256.
Camphuel (Campensis) 191 285 ff.
Canis, Diedr. Ge f 80.
Capito 54 99 116 78 207 320 25 63 551 99.
Carlstadt s. Karlstadt.
Carnovranus, Michael 166.
Caesarius, Joh. 30 94 163 285 83 342 ff 81 82.
Cassander, Georg 144 276 476 83 512 ff 553.
Castellio, Seb. 545 57 f.
Cellarius, Martin 236 303.
Cervaes, Matth. 175 f 90 91 342.
Cholerus, Joh. 199.
Christen 167 657.
Christenvolck etc. 477 f.
Christliche Brüder 17 18 33 65 67 73 75 78 102 ff 22 355 404 83 ff 564.

T.

Tasch, Peter 267 69 290 f.
Tegelen 417.
Telgte 294.
Tertullian 219.
Teschenmacher, Wilh. 108 21.
Teschenmacher, Wolter 102.
Theysken s. Tiesges 341.
Thien von Dülcken 492.
Thiesges, Gereke 70.
Tielmanus Gravius 319.
Tiesges 341.
Timan Kamener 163 78 ff
293 ff.
Tirol 56.
Titz, Peter von 142 437.
Tongern 386 229.
Tongern, Heinrich von, siehe
Slachtscnep.
Tongern, Arnold von 118 21
29.
Torgau 188 91 211 41.
Trechsel 185.
Trier 18.
Trip, Joh. 124.
Truden St. 159.
Tucher, Antonius 110.
Tuschenbroich 390.

U.

Ulrhorn 477.
Ulm 92.
Ungarn 56.
Unna 75.
Urmundt 195 524.
Ursinus 115.
Utrecht 18 704.

V.

Vadian, Joachim 107 336.
Valck, Jan in den 295.
Valkenberg 497.

Valkenborch, Gertrud 834 f.
Valkenborch, Schultheiss 77.
Valta, Laurentius 26.
Vassbender, Paul 526.
Velsius, Justus 105 f 280 303
644 73 ff.
Velten, Goldschmied 216.
Venlo 142 343 74.
Verken, Joh. von 155 305.
Verken, Dr. Heinr. 121.
Viersen 477.
Vinck, Otto 328 301 305.
Vinne, Dionysius 12 f 51 66
77 80 83 141 70 64 84 89
222 28 64 98 302 ff 5 15
36 45 77 67 569.
Vlodorf, Herr von 120 404.
Vorsbach, Matth. und Lau-
rentius 369 586.
Vreelen, Hendrik von 740.
Vucht 431 535.

W.

Waldeck, Frans von 122 375
79.
Waldenser 94 94 f 394.
Waldniel
Waldohm 81 438.
Warburg 238.
Warendorf 318 f.
Wassenberg 33 60 65 70 84
118 f 61 94 228 362 6 10
12 21 f 31 62 75 99 404 31
35 441.
Wassenberg, Henricus s. Roll.
Waterländer 443 401.
Weber 354 441 77 428 71.
Welusberg 596.
Werinckhofen, Margaretha
424.
Wesel 16 18 45 67 69 118 f
47 313 36 71 84 f 91 ff 433
443 45 64.
Wessel von Groningen 14.
Westerburg, Arnold 45.

Westerburg, Gebr. 475.
Gerh. 18 35 ff 62
63 81 114 16 32 f 264 f 32
65 319 32 81 476.
Weydmann, E. 571.
Weyer, Matthias 588.
Wied, G. 29 162 77 86 f 954
29 81 543.
Wick, Joh. von der 170.
Wickrath 151 441.
Wied, Hermann von 29 151
217 68 415.
Wigand, Joh. 496.
Wilhelm III, König von Eng-
land 592.
Wilhelm, Herzog von Jülich
etc. 147 70.
Wilhelmsen, Wilh. 216 408.
Winspheling 8.
Wipperfürth 509.
Wittenberg 35 37 42 53 141 60
72 77 87 f 95 113 14 428.
Wolfgang Wilhelm, Pfalzgraf
443 f.
Wolter, Prediger 59 437.
Worms 101, 111 f 392.
Wouterus, Cornelius 51.
Wow, Joh. 401.

Z.

Zelis aus der Eifel 438 f.
Zell, Katharina 392.
Ziegler, Clemens 212 361.
Zillis 56 ff.
Zuckerbecker, Joachim 182.
Zünfte 78.
Zürich 38 81 102 73 301 5 315
364 533.
Zütphen, Heinrich von 411.
Zuttere, Pieter de 218.
Zwickauer 41 335.
Zwingli 1 14 26 39 50 85 88
89 104 77 85 211 13 30 36
36 41 82 324 333 92.
Zwolle 167 7.

Buchdruckerei von Johannes Bredt, Münster i. W.

Druck:
Customized Business Services GmbH
im Auftrag der KNV-Gruppe
Ferdinand-Jühlke-Str. 7
99095 Erfurt